陈连升传

CHEN
LIAN SHENG
ZHUAN

宋福祥 ◎ 著

UNITY PRESS 團結出版社

图书在版编目(CIP)数据

陈连升传 / 宋福祥著. —北京：团结出版社，2020.9

ISBN 978-7-5126-8187-3

Ⅰ. ①陈…　Ⅱ. ①宋…　Ⅲ. ①陈连升(1775—1841)-传记
Ⅳ. ①K825.2

中国版本图书馆 CIP 数据核字(2020)第 161863 号

出　　版：团结出版社
(北京市东城区东皇城根南街 84 号　邮编：100006)
电　　话：(010) 65228880　65244790
网　　址：www.tjpress.com
E－mail：65244790@163.com
经　　销：全国新华书店
出版策划：成都力扬文化传播有限公司　028-86965206
印　　刷：成都兴怡包装装潢有限公司

开　　本：170mm×240mm　1/16
印　　张：33.75
字　　数：600 千字
版　　次：2020 年 9 月第 1 版
印　　次：2020 年 9 月第 1 次印刷

书　　号：ISBN 978-7-5126-8187-3
定　　价：108.00 元

英雄是一个民族的魂魄

宋福祥

郁达夫曾经说过："一个没有英雄的民族，是一个非常悲哀的民族；一个有了英雄而不去敬畏英雄的民族，是一个不可救药的民族。"

而我们中华民族之所以能够屹立于世界的东方，我们中华民族之所以能够站起来、富起来、强起来，能够最终实现伟大复兴的中国梦，是因为中华民族不仅是一个敬畏英雄的民族，而且是一个英雄倍出的民族。

伟大领袖毛泽东主席在给天安门人民英雄纪念碑题写碑文时，最后一句话这样写道："由此上溯到一千八百四十年，从那时起，为了反对内外敌人，争取民族独立和人民自由幸福，在历次斗争中牺牲的人民英雄们永垂不朽！"发生在1840年6月至1842年8月的第一次鸦片战争，是中国近代史的分界线。1841年1月7日在鸦片战争，中英交战的前沿阵地虎门沙角炮台壮烈牺牲的陈连升将军，是中国近代史上第一位民族英雄。

拂去时光厚积下的尘埃，发现原来一百八十年前的那场鸦片战争，看似遥不可及的一幕幕竟是那么生动鲜活。当我们在乙未年的那个早春，踏上沙角炮台，就仿佛听到了当年拼杀的呐喊声与隆隆的炮声，海面上硝烟滚滚的景像立刻浮现在眼前。站在陈连升将军的雕像前，望着他怒视着海面的冷凌的目光，我突然感觉到：英雄的身躯虽然永远凝固在了海疆，但英雄的心却还活着，并且在向我们诉说着当年的悲壮与惨烈。

《陈连升传》的创作，等于是在写英雄的这一段历史。既然是在撰写历史，首先必须尊重历史，追寻历史的本真进行写作，让英雄的生命与形象鲜活起来，并融入历史的背景之中，这是一件很难的事情。但再难也要知难而进，这便是历尽艰辛耗时四年的原因。

历史不但可以给人学识，重要的是还可以给人智慧。它教人用深邃的目光看待过去，品读现在，观照未来。只有这样，才能不被眼前各种光怪陆离的现象所迷惑，而从容地做出判断和选择，寻找出符合历史规律和发展逻辑的前进方向。然而，这一切的必要前提是，历史必须是真实的历史，否则就会背道而驰，贻误后人。

因此，在《陈连升传》的创作过程中，对收集到的所有材料，我们进行了认真甄别，去粗取精，去伪存真，力求围绕真实进行创作，力求用严谨的学术态度写出英雄的心路历程，再现了一位英雄的形象。

当然，从事文学创作没有捷径可走，不仅需要时间，需要付出艰辛的努力，而且还要经得起诱惑和考验，切莫急于求成，急功近利，图一时的虚荣。唯有脚踏实地，辛勤耕耘，方能打磨出让读者满意的作品。在《陈连升传》一书的整个创作过程中，我始终把一句话写在案前：成功的路上并不拥挤，因为能够坚持下来的人并不多。

当我终于完成了这部作品，并把她交到读者手中时，我也把这句话送给尊敬的您，在创业的路上无论遇到什么样的困难和挫折，你都义无反顾地坚持下来，最后的成功一定属于您！

英雄是一个民族的魂魄，我们每一个人都应该敬畏英雄。只有对英雄常怀敬畏之心，追思之意，并用英雄的精神激励自己，鼓舞自己，我们每一个人才有机会，也才有希望把自己锻造成一个大写的“人”。

是为序

（2020 年 8 月 28 日于恩施滨江花园）

目 录 Contents

Contents 目 录

<第一章>

邬阳关擂鼓震天　陈家棚篝火旺烈

001

公元 1789 年农历八月十五，是一个秋高气爽，万里蓝天的好日子。炽热的阳光照耀着鄂西南这片山地里雄伟壮观的景致，把山的气魄，水的妙韵从山湾河谷间托起，在明朗朗的苍穹之间折射出七彩的光环。时而如移动的虹，时而若流淌的霞，时而展亮开阔，时而幽谷深远……奇妙无比的景象，展现的是一幅流动的彩卷，把这个秋日的神韵交汇在了山水间那千古不朽的灵气里。

晌午时分，邬阳关上彩旗飘飘，鼓声雷动，人如潮涌，喊声震天。坪坝正中搭着擂台，四周围着杉木栏杆。擂台的对面还设有观礼台，台上坐着邬阳关四乡五邻之中德高望重的前辈长者和前五届中秋打擂时获胜的擂主。中间那片开阔的坪坝是观众席，四周用石灰划了界线，秩序井然。但邬阳关这种擂台赛称为打秋，不同于江湖争霸，提倡的是可伤筋骨不伤性命，讲友谊没有敌意。纯粹是中秋节日里一个精彩的节目。

一年一度的“打秋”即将开始，土苗山寨的乡邻们成群结队地簇拥而来，都想瞧瞧今年的擂主将落谁家。各路身手不凡的土家汉子等候在擂台前。随着鼓声擂响，令旗挥动，人们的目光随着打擂者的拳脚闪动，心跳随着紧擂的鼓声加快。一些习武练功的后生们，拳头紧捏着，腰带紧勒着，两眼紧盯着，两腿紧绷着，硬生生地摆着一副副临战出征迎敌的架势。

几个时辰过去，擂台上的比武已经渐入高潮。这时，许家的二毛子赢了印家的幺儿，张家的金堂娃赢了李家的木子哥，廖家的笑罗汉打败了刘家的三日牯，陈家的三喜哥出了龚家虎娃子的洋相……每族每家都按邬阳关历年“打秋”的规矩亮出了底牌，选出了身手不凡的俊俏儿男上擂操拳比试。谁要擂台夺冠，就能扛回邬阳关上最好的绣坊里最灵巧的绣娘置办的一面精美锦旗，显出英雄的本色，算是家族的荣光。比武招亲往往是邬阳关“打秋”中的精彩之笔。擂台比武胜出的后生，若被哪位土家姑娘或苗家妹子看中了，还会结下美好的姻缘，成为邬阳关上一则男欢女爱的美谈。

清江南岸的邬阳关，实为“五阳关”：头顶朝阳（朝阳坪），脚蹬阴阳（阴阳田），手扳冠阳（冠垭儿），身困邬阳，面向太阳。自古以来，邬阳关上乡邻和睦，民风淳朴。若遇邬阳关上的红白两喜或是风火灾情，只要站在邬阳关上的中心坪坝里三声锣响，一声吆喝：逮！即可聚众三千。每年八月十五中秋节，正值邬阳关周边果熟谷黄，猪肥羊壮，人寿年丰，五阳兴旺的时节，哪有不尽情狂欢一回的道理呀？八月十五这一天是邬阳关人最为隆重的节日。这时节果子甜润，腊酒浓烈，激情奔放，儿女情长。而这“打秋”还只是邬阳关上白天的精彩，到了中秋月夜，明月当空之时，清辉似水映群山，明月如镜照心房，篝火堆旁摆手舞，月下牵手诉衷肠……

邬阳关人的中秋节，连年都是这么过。过得轰轰烈烈，打得热热火火。晌午时分，赶来看稀奇凑热闹的乡邻越挤越多，整个大坪坝里人头攒动，黑压压的一片。擂台上节拍强劲震撼的鼓声和人潮中的呐喊声吆喝声，欢笑声喝彩声交汇在一起，汇聚成雄浑的乡里和声，刚烈苍劲，震得山响，展露出土苗山人彪悍的性情与豪放的本色。

突然间，只听擂台上一声大吼，早已打了四十几个回合的廖平山与郭小虎已经进入决胜阶段。随着吼声传来，只见郭小虎被廖平山一拳挑出擂台的栏杆，落入台前的人群之中，被众人伸手接住。当廖平山站在擂台中间急促地喘着粗气，举起双手向人群挥动时，鼓声停止。待响过三声牛角号之后，主持人挥动手中的锦旗高喊：“下面还有没有哪家的后生敢与廖平山挑战？还有没有？还有没有?！如果没有！今年的这面擂主锦旗就归廖平山了啊！”

全场的气氛顿时更加紧张起来，人头攒动，在看四周的动静。一个闪念掠过众人的脑海：难道真的没有人再向廖平山挑战了么？紧张的气氛持续了片刻，正当擂台主持人欲将手中的锦旗授予廖平山时，荞麦冲李家的秀兰姑娘抖开比丝卡包袋，羞红着脸蛋儿，把个定情的红绣球和一个绣得几多精美的烟荷包紧紧地贴在扑扑跳动的胸口，万般柔情地望了擂台获胜的廖平山一眼，弓着腰使了劲，用力地向擂台中间抛去。可就在这一刹那间，只听一声清亮的呐喊：“我来也！”

只见一个身材高挑，脸蛋油黑红润，蓄着一条乌黑大辫，长脸上的两眼闪着灵光，高鼻梁下稍厚的嘴唇里随那清亮的一声呐喊露出了一对虎牙。他上身穿一件粗白布汗褂，下身穿一条浅蓝色的染布灯笼裤，脚上穿着一双苎麻细作精打而成的六股绳满耳子草鞋，腰间系着一条红带的土家少年从人群的外围腾地跃起，以众人的肩膀为蹬，如蜻蜓点水一般飞向擂台，双脚在擂台的围栏上轻轻一点，接着一个鹞子翻身，伸手接住了还飘在半空的定情绣球和烟荷包，吓得李秀兰一脸惊愕。土家少年平稳落定在擂台左前方之后拱手向全场众人示意，然后转过身去拱手对立于擂台中间的廖平山大声喊道：“小弟陈年升向廖平山大哥求教，献丑了！”

坐在观礼台上的长者陈富也是一脸惊愕，他不晓得自家孙娃子年升是从哪儿钻出来的。擂台之上拳脚无眼，倘若不慎伤了筋骨如何了得?！他情不自禁地站起身子，挥手大喊：“年升！年升！”可他的声音被淹没在了众人的欢呼声中。擂台上鼓声又起，陈富老人无奈地坐下，怀揣着一肚子担心。

只见陈年升把飞身抢来的绣球和烟荷包系在了腰间的红带上，随身动飘舞，甚是洒脱。随着鼓点不断加快，陈年升拉开架势，两眼逼视着廖平山，右手轻捷地拾起辫梢带劲一甩，一条长约三尺的乌黑发辫就如螺蛳转顶一般缠绕在了他的脖颈之上，他的脚步稳健如松根植地，身子前倾如关公射箭。廖平山虽已累得筋疲力尽，但身形脚步仍然显露出武士雄健的气魄。

当陈年升听见廖平山仍然没有平和气息，还隐隐传出气喘的声响时，他便灵机一动，想出了制服郧阳关上第一高手廖平山的招数。廖平山虽然也是自幼习武，勤于练功，并得到了他爷爷廖大勇板凳拳和廖家棍法的真传，但郧阳关“打秋”的规矩是不能携带武器的，是怕把以娱乐为主的“打秋擂台”当成了报仇泄恨的场所，伤了后生的性命，结下新的仇怨。这是郧阳关各姓各族德高望重的长者们共同立下的规矩，违者将被剔除出局，再不给予擂台展示的机会。陈年升年纪虽小，却从爷爷陈富那里耳闻目染，熟知郧阳关打秋比武时所立下的规矩。既然廖平山不能使出自己的独门绝技板凳拳和廖家棍法，就能凭拳脚功夫取其擂主之位，这表明廖平山的拳脚功夫也肯定不同凡响。但陈年升机灵，见廖平山与其他哥兄在这擂台之上已经激战了不下三百个回合，虽是每每得胜赢了众哥兄。但好汉不经缠，莽汉不经打，功夫之中也讲一个借力打力的巧字。他卡准的就是廖平山筋疲力尽，气喘难平的这个机会。陈年升灵机一动，先用猴拳与廖平山周旋，再耗费他的体力，再用虎拳击其要害，最后使出陈家独传的秘诀三招，打赢廖平山也就有了七成的把握。

顿时，擂台上鼓声急剧，拳脚飞舞，吼声震天，一场好打。而这时陈年升的父亲陈万星着急了，连忙牵着堂客杨彩莲的手在人群之中拼命挤向擂台前沿。哪知人如潮水，密无缝隙，推来涌去间如海面的波涛汹涌，哪里挤得进去呀？母亲杨彩莲的嗓子都喊得有些嘶哑了：“年升！年升！你快点下来，快点下来！你看你人小骨头嫩，怎就这么莽撞的哕?!”然而杨彩莲的声音被人群之中的喝彩声，擂台上的鼓声和嘈杂声淹没，正全神贯注奋力打拼搏斗的陈年升除了节奏明快的鼓声之外其余的什么也听不见。

邬阳关、板桥沟、陈家棚等地居住的陈家族人，看到陈年升小小年纪就有这般胆量，敢于上擂台比武为家族争得荣耀，非常感动，便纷纷朝擂台前沿拥去，为陈年升呐喊助威。家住板桥沟阴阳田一带的廖家族人也不示弱，拼命为廖平山助威呐喊，眼看着廖平山为家族争得的荣耀就要被陈年升夺走，众人心里哪里还能平静得下来？整个坪坝里更加热烈起来。

陈年升年纪虽小却机灵过人，等他把那两套拳脚一一使来，早与廖平山又战了五十余个回合。见火候已到，陈年升使出陈家的独门绝招，果然不出三招便把廖平山打趴在擂台中间，无论执事的主持怎样为他鼓劲，他仍然气喘不止，却怎么也爬不起来了。陈年升站在擂台中间，拱起手环顾四周，然后向父老乡亲深鞠一躬，施了大礼。全场顿时掌声雷动，一片欢呼。陈年升那一双浓眉大眼里，透着土家美少年英俊洒脱的阳刚之气。他身上的粗白布汗褂已被汗水湿透，额前的头发也被汗水沾在了脸颊，瘦瘦的长脸之上洋溢着自豪的神情。

002

打擂的鼓声停了，场上渐渐平静下来。擂台上执事的主持再次提高嗓门大声喊道：“父老乡亲们大家听好了！还有哪家的后生敢来挑战陈年升？还有没有？还有哪家的后生敢于前来挑战陈年升？还有没有？还有没有?!”全场一片哗然，攒动的人头又在四处张望，再没有人出场迎战了。郭家村的郭小虎今年十四岁，年纪虽比陈年升大了两岁，可个头却比陈年升长得矮了一个脑壳。他欠了欠身子，本想一跃而起冲将上去，可被他爹一手按了下来，并在他的耳边厉声喝道：“别逞能，你和陈年升在毛家垭又不是没有交过手，你那几下功夫连廖平山都没打过，还能赢了陈年升?”郭小虎鼻子里喷着粗气，瞪了他爹一个白眼之后这才安静了下来。

板桥沟的廖家人拥向了擂台的一角，扶下了廖平山。这时他牙关紧咬，心情十分沉重。原本是想这次打擂获胜，既为廖家的族人在邬阳关争得荣光，又能如愿迎娶荞麦冲李家的秀兰姑娘，得个双喜临门，也好了却父母要他早些成婚生子的心愿。谁知这回半路里杀出个陈年升，让他丢了廖家的荣光不说，就连秀兰姑娘为他特意准备的定情绣球和烟荷包也被陈年升横空夺了去，这下他廖平山在邬阳关还有何脸面呢！这家族荣光的事倒还可以等到明年的中秋再来奋力相争。这会儿让廖平山倍感伤心的却是秀兰姑娘给他的定情信物还挂在陈年升的腰间，随他身子的走动在自己的眼前摇摆。廖平山一步一回头，望着陈年升腰间挂着的东西，觉得那是一个热血男儿的奇耻大辱。现在自己一个精通拳脚工夫的大老爷们，却兑现不了对秀兰姑娘许下的诺言。还记得今年春上，廖平山就答应过李秀兰，并立下大誓：今年八月十五邬阳关打秋的时候，一定擂台大胜，逮个头彩，然后让大家闺秀李秀兰风风光光、体体面面做他廖平山的堂客。并择吉日接乡邻陪十弟兄、十姊妹，喜庆嫁娶，用一顶大花轿，接吹鼓乐手翻山越岭摇乡过村，迎娶秀兰姑娘过门。可这下擂台败北，丢了定情信物，还有何脸面去见秀兰姑娘的爹娘，提那迎娶之事？

当擂台的主持仔细环顾四周，并再三追问，看到全场再也没有上台来挑战陈年升的习武后生了，这才伸出双手把那杆绣工精巧的锦旗授予陈年升。顷刻之间，全场掌声雷动，一片欢呼。几经周折才挤到擂台前沿的陈万星，见儿子出手不凡，竟然以小胜大夺了胜券，心中大喜，激情化作泪儿涌出。当他被簇拥而来的人群顶着托起，手抓栏杆跨上擂台，双手接过儿子年升手中的锦旗，高高举过额头，向众人施了大礼之后，这才领着儿子陈年升绕到擂台的后沿走下擂台，邀了迎候上来的母亲杨彩莲，昂首阔步走过人群之中为他们让开的一条道。

观礼台上，邬阳关上的各位长者纷纷向陈富老人拱手作揖，恭贺陈家棚的陈家财发人兴，后继有人。只见陈年升的伯伯，身着青布长衫的私塾先生陈万魁走到擂台的中间，面对还未散去的众乡亲，深鞠一躬之后大声说道：“请邬阳关近邻的父老乡亲，今晚都到我们陈家棚去参加中秋篝火晚会，跳土家族摆手舞，吃月饼赏月!”全场又是一片哗然，各自的脸面上掠过一丝快乐的神采，如蜂子朝舞一般散开，各自奔向了回家的路程。陈年升在一片欢呼声中，被一群儿娃簇拥着，欢笑着奔向了回陈家棚的那条山道。

在擂台东侧不远处的一棵桂花树下围了许多人，廖平山背靠着树杆斜躺着，心绪渐渐平静了一些，但他的脸面上仍然是一副疲惫不堪的样子。他的爷爷廖大勇在沟边上的草丛里扯了一把草药，到对门张家的房舍里借了瓦罐为他熬治药汤去了。廖平山深吸着新鲜桂花的清香，双眼却在搜寻着秀兰姑娘的身影。突然，他欠了欠身子，两眼闪耀着激动的泪光。透过模糊的双眼，他看到秀兰姑娘迈着轻盈的脚步，正朝桂花树下走来。众人的目光全都聚到了她的身上，审视着她的俊美，也审视着她的善良。李秀兰羞怯地低着头，双手捏着对襟衫的下摆，本想走近廖平山的身边安慰他几句，可在众人面前却又羞于启齿，只是略略地抬起头来，深情地望了廖平山一眼。当廖平山的目光与李秀兰姑娘柔情的目光相遇时，他的脸面上立刻泛起了羞愧的表情。作为一个自幼习武的土家儿男，本该顶天立地，为自己心爱的女人遮风挡雨。可他却丢了秀兰姑娘抛给他的定情信物，失了颜面，自觉羞愧难当。而聪慧的秀兰姑娘似乎看透了廖平山的心思，大大方方地抬起头走到他的跟前，鼓足勇气说："平山哥！这八月十五打秋的事，也就是乡邻们聚在一起热闹热闹，等于就是闹着玩儿哩，输了赢了都别往心里去。只有经历得起打击和挫折的儿男才是好汉子！在我的心胸里，你几时都是好样的！"

一听这话，廖平山的心被震撼了。他"呼"的一声从地上站了起来，真想张开双臂抱住秀兰姑娘，可在众亲友的眼目下，他没敢。

身材魁梧高大的廖大勇给孙娃子廖平山熬好了药汤，他左手端着滚烫的瓦罐，右手拿着一只土碗，过了流水沟大步朝桂花树下走来。还隔老远，他就大着声嗓爽朗地说："平山哪！你是个好汉子！凭你的耐性和拳脚，绝对是郧阳关武林中的第一高手，可你的心眼儿太实诚，没有陈年升那小子机灵。你晓不晓得陈年升为何要在最后才出场？他就是要等你把体力消耗得差不多的时候才出手的，这才是四两拨千斤的妙招。你如果不那么心切，在一旁沉住气，迟上擂台少打三局，谁也把你压不下去！说你小子实诚，实诚些好啊！"说话间，廖大勇老人给孙儿廖平山倒了一大碗热气腾腾的药汤，端到孙儿的面前慨气自信地说："喝了这碗药汤，打起精神来！凭着你的实诚，这辈子一定是朋贵众多，吃不了大亏的！"

"哈哈哈哈……看来我们廖兄还真会教育后人啦！实诚是交朋结友的根本，实诚些好，实诚些好啊！"众人转眼望去，见是郧阳关陈家棚的长者，陈年升的爷爷陈富老爷子来了，连忙让开道。廖大勇老人连忙拱着手迎了上去，大着嗓门说："哎哟嗬！让陈老爷子见笑了，见笑了啊！"两位长者手拉着手走到了廖平山的跟前。陈富老人当着众人的面对晚辈廖平山百般夸奖，体贴问候，几多亲切。最后他拉着廖平山的手，望了他身边的秀兰姑娘一眼之后说："对不起哟！今天让年升那小子搅了你们十全十美的事情，对不起哟！秀兰姑娘，你回去告诉你的爹娘，就说郧阳关的陈富老爷子，明天要过石龙河爬官家岩到荞麦冲李家府上，为我大勇兄弟的孙子廖平山提亲说媒！"一听这话，廖大勇老人一脸惊愕。陈富老先生是私塾先生陈万魁的老父，又是年轻后生陈年升的爷爷，在郧阳关上是何等尊贵体面的人物？如果真能亲自出马前往荞麦冲李家府上为孙娃子廖平山提亲做媒，那是板桥沟廖家多大的面子呀？他连忙把刚喝完药汤的孙娃子廖平山推到陈富老爷子面前，要他跪拜谢恩。众亲友顿时开了笑脸，不再凄美忧虑，望着廖平山和李秀兰这一对般配的少男少女投去了祝福的目光。

长者陈富抹了一把长长的胡须，躬下身子扶起晚辈廖平山说："明天冠垭儿田家起扇立新屋，大多乡邻中的青壮都在那里帮忙起扇立屋。我们就借那个场子，让你和年升再来几个回合，我保你能在年升手里取回秀兰姑娘送给你的定情信物，挣回面子，还你十全十美之愿吧！”先前一言不发，只是被动应合动作的廖平山，脸面上顿时泛起了激动的表情，情不自禁地扑通一声跪在陈富老爷子的面前，叩了三个响头，嘴里不停地念叼：“多谢陈爷爷成全，多谢陈爷爷成全啊！”廖大勇老汉也是一脸欣喜，连忙扶起孙娃子，拉到自己的身边，激动地对陈富老人说：“那我就替平山他爹、娘谢谢您老人家了。等他们两口子从宜都的木材行里结账回来，我一定支派他们备厚礼，前往陈家棚您老府上谢媒谢恩！”陈富老人又是一抹胡须，慨气地说：“我们陈家棚住的都还是些棚子，哪有什么府上哟。再说这乡里乡亲的，我们几兄弟在清江上放木排的时候也算是过命的兄弟，还谢么得谢哟！我看这天气也不早了，就各自都请回吧！”说完这话，长者陈富一转身洒脱地走了，集在桂花树下的廖家众亲友这才陆续散去。

廖大勇老人转过脸来对孙娃子廖平山说：“你去把秀兰姑娘送过石龙河，等她上了官家岩你再回来，脚头子快些，切莫误了明天的大事。”也许是人逢喜事精神爽，也许是爷爷为他熬的那碗药汤起了作用，廖平山来了劲头，跟在秀兰姑娘的身后，过了邬阳关东面的大沟，绕道冠垭儿根脚，沿石龙寨的山道走去。

太阳虽已西弦，湛蓝的天空下石龙河岸的风景却依然清新美丽。

003

陈家棚位于邬阳关的西南角，也可以说是左下角，与建始县的黄家村隔河相望，是茶莲河右岸的一片坡脚横等台地，东西走向，地势平稳开阔。四周青山环绕，春夏绿荫掩映，秋来果熟枝摇。依山搭建的棚居分成南北两排，中间塔坝连着塔坝，晒场接着晒场，渐渐地形成了一条街道。在这儿聚居的山民多为明嘉靖年间逐步沿清江水系迁徒至此的陈氏家族，在这里挽草为记搭棚栖居为家，久而久之这里便成了远近闻名的陈家棚。到了明末清初，陈家棚周围就有了百户烟灶。陈家族人为了相互有个照应，抵御官匪侵扰，猛兽侵害，便把棚挨着棚，亲连着亲。儿男自幼习武，下河能捕鱼，上山能打猎，麻绳子打草鞋，一代传一代；女子刨土种菜，绣花做鞋，织布缝衣。庄稼就在这里种，果木就在这里长。大家有事抱成团，无事连成座，打架亲兄弟，上阵父子兵。大事小事一声“逮”，粗活细活喊声“撮”，男人女人从不拘礼，开口闭口“擦”先说，只要一声“逮！撮！擦！”敢把官爷拉下马。吃喝拉撒柴和米，油盐酱醋不分家，尊老爱幼是家训，礼义廉耻把家传，男人顶天把地立，女人艰辛把家传……

陈富老人的棚居搭在陈家棚的正东头，依次便是他的长子陈万魁、次子陈万星的棚居。再依次往西便是陈富老人的侄子陈万顺的棚居，都是至亲的家族中人，切肉连皮。陈富老人在邬阳关那棵桂花树下与廖大勇爷孙话别之后，就杵着自己的龙头拐杖，沿邬阳关西头的山道朝陈家棚走去。他一脸幸福的神色，边走边想：年升这小子倒是个机灵娃，不但有勇，而且有谋，日后一定是个可造之才！可男儿走四方认不得方块字不行，这点倒好，年升跟着他的伯父陈万魁上了三年私塾，读了四书五经。眼下最重要的是给年升请名师教武艺，练功夫，绝对不能让他贪图眼前这点虚荣而误了前程啊！男娃子要想成大器，必须千锤百炼才行！可眼下哪儿才有名师？

陈富老人走着想着，不觉就到了陈家棚东侧的大沟边上。山泉哗哗地流淌着，凉风习习吹来，几粒新鲜的山板栗从树梢脱壳落下，滚到了陈富老人的脚边。他弓腰拾起几粒新鲜的板栗，待他仔细看时，只见路边的杂草间滚了许多油亮亮的栗子，棕红黑亮的颜色。他心里甚是喜悦，正愁没给孙娃子年升、年学带点什么哩。待他捡了满满的两衣袋山板栗，正要坐在沟边洗洗手歇歇气的时候，就听见陈家棚东边的山口上有一个少年的声音在高喊："爷爷，爷爷！您怎么还没回来哟？"陈富老人一听，心里凉幽幽的清爽，脸面上泛起了幸福的神情。因为这声音正是他的孙娃子陈年升的声音。他连忙扯起嗓门答道："回来啦！回来啦！我已经到了大沟边里，立马就回来哒！"年升迎道："哦，我接您来了，我接您来了！"接着山道上就听到了一串轻快的脚步声。

陈年升沿山道一阵猛跑，奔到了大沟边，站到爷爷的身边问："您怎么才回来呀？我们都回来个把时辰了。"陈富老人从沟边的岩包上杵着他的龙头拐杖站立起来，伸出手轻轻地拍了拍陈年升的脊背说："年升啦！你是还不晓得哩，你在擂台上把人家廖平山打输了，还抢走了人家的定情信物，那就等于是在邬阳关所有人的面前驳了他的面子，也驳了所有廖家人的面子，人家心里不好受啊！整个廖家的族人心里都憋着一肚子气哩，我不前去安抚一下怎么行哪？常言道人活一口气，佛争一炷香。不能因为这些场面上的事情让你们与人家结下仇怨，以后误了你们的前程。"一听爷爷这话，陈年升板起面孔说："输了就是输了，哪有还不认输的道理？您老人家就这么去安抚人家一番，人家心里就没有仇和怨了么？"陈富老人睁大眼睛望了陈年升一眼，又伸手拍拍陈年升的脊背说："你还年轻，不懂得场面上的事。你爷爷我在邬阳关不是还有一些面子吗？我出面去说几句安慰话，人家心里的怨气兴许也就消了，免得积怨在心，气脉不活，日久酿出仇怨来！"陈年升眨巴了几下大眼睛说："哦，我晓得了。我是怕您老人家前去费了半天口舌，人家心里还不领情，好心前去，还讨个没趣而归。”

陈富老人再次睁大眼睛细看了孙娃子陈年升一眼，觉得这娃子硬是长大懂事了，脸面上就露出了欣慰的笑容，伸手抹了一把胡须说：“不会的，不会的，人家也不是那种硬不转筋的牯世佬，怎么会不领情喃？我和廖平山的爷爷廖大勇，也是从小一路在清江上滚大的。年轻的时候，我们从金鸡口放木簰出桃符口，再在桃符口扎大簰出清江到宜都，经历过多少艰难险阻，也算是生死相依的过命兄弟。只是这些年我们人老了，没有气力再去撑篙放簰了。”说到这里，陈富老人望着孙娃子陈年升叹了一声长气。机灵的年升连忙安慰爷爷说：“您老人家就在屋里安享清福，等到明年春上涨大水的时候，我就到石龙河里去跟着那些老把式学放木簰刹把子，到时候再到金鸡口替您老人家去放木簰行啵？”陈富老人叹了声长气说：“好倒是好哟！可按照你的生辰八字，恐怕你这辈子不会只干刹把子放木簰的营生。你现在年纪尚小，应该刻苦习武读书，不然将来到了江湖之上难以立足。邬阳关这块天地太小太小，外面的世界太大太大，好男儿志在四方！”陈年升跟在爷爷的身后，随老人的脚步慢慢走着。他把爷爷所说的这些话铭记在了心里。

当他们爷孙俩一前一后行走在山路上，快出林子口进入陈家棚那片台地时，突然听到陈家棚山后的林子里“噗”的一声枪响。陈年升惊喜地对爷爷说：“好了！爷爷您今晚又有新鲜的野味下酒了。”陈富老人顿时一脸惊愕，连忙追问孙娃子：“这枪才响，你怎么就知道今晚又有野味下酒了啊？”年升连忙解释说：“爹爹早就给我说了，猎枪打中有血肉的目标之后是收声，没有打中任何目标的时候是敞声，您刚才听到的枪声‘噗’的一下，那是打中血肉目标的征兆。是爹爹一定又打到什么野牲口了。”陈富老人爽朗地笑出声来，一抹胡须大笑着说：“哈咯咋，年升聪明，年升聪明啊！”

陈富老人的笑声还没落停，就听一个婆娘站在陈家棚的东头大声喊道：“年升，年升！你伯伯那门搞的？这个时候还没回来呀？你爹爹在后山打了一只山羊，说有两三百多斤，他一个人弄不起，喊你伯伯他们快去帮忙抬山羊哩！”陈年升一听是他伯娘杨彩玉在喊，就大声答道：“伯伯他说还要到学堂里去安排点事情，一会儿就回来了。抬山羊的事我去喊顺伯伯他们帮忙好啵？”杨彩玉答道：“好！赶紧的！”这杨彩玉正是陈年升伯伯陈万魁的堂客，所以称之为伯娘。而杨彩玉却又是陈年升的母亲杨彩莲的同胞大姐，等于也是陈年升的姨娘。而陈年升所说的“顺伯伯”，正是陈富老人的亲侄子陈年升的堂伯陈万顺，是陈富老人的大哥陈华的独生儿子。

陈年升站在路口，看了看爷爷有些兴奋的表情，眨巴了几下眼睛对爷爷说：“爷爷，我先把您送回屋里之后，再去喊顺伯伯他们帮爹抬山羊吧？”陈富老人喜悦地挥挥手说："你赶快去吧，办完这些事情之后，早点到爷爷的屋里来，我还有重要的事情给你讲。"年升"嗯啊"了一声，接着一个飞蹦子就弹了出去，奔跑着叫喊着，催人抬山羊去了。

太阳渐渐偏西，落日的余晖照着巴东鹤峰建始三县边界起伏的山影，在峡谷间折射出万道金光。陈家棚棚居里的人都忙碌起来，女人们看猪养狗，关好了上笼的鸡子。陈万顺带着一班男人吆喝着，尖叫着，把他堂弟陈万星捕猎的一只大山羊准备抬到陈家棚的中心塔坝里。一路吆喝，虽已累得大汗淋漓，却也几多开心快活。孩子们奔跑穿梭，在中心塔坝的正中间堆起了好大一堆柴禾，只等月上三篙，点火起舞了。

陈万魁在邬阳关私塾学堂里安排好了学堂里的学生之后，领着儿子陈年高和侄子陈年德到邬阳关西头做甜点的作坊里取了几筛篮定做的月饼，用背篓背着一前一后回到了陈家棚。他们径直走到中心塔坝里，卸下背篓，把三筛篮月饼用板凳搁着。在喘气擦汗的当儿，私塾先生陈万魁扫视了一眼塔坝里的人流，却不见堂兄陈万顺和弟弟陈万星的影子时，就转过脸来急着问侄儿子陈年德："你爹和你星幺幺他们做么事去了呢?"刚和大叔陈万魁一路回到陈家棚的陈年德也在东张西望，一时找不到他们的去向了。一个系着肚兜的光屁股孩童从陈年德和陈年高的中间挤了进来，嬉笑着答道："你们还不晓得啵？爹爹在后山打了一头大山羊，顺伯伯他们一大帮人到后山的林子里帮忙抬山羊去了。"这孩童不是别人，正是陈万星的小儿子陈年学，今年七岁了，比他哥哥陈年升小五岁。这孩童正是人烦狗嫌的年岁，很是调皮捣蛋。还没等陈年德和陈年高两位老哥反应过来，年学便猛扑上前，伸手从筛篮里拿了两个中秋月饼折转身飞也似的跑了。伯父陈万魁望了光着屁股蛋蛋儿的小侄儿年学一眼没有责怪于他，反而笑呵呵地说："年学这小子也还机灵，就是该进学堂了。"陈年高转过脸来对父亲陈万魁说："这星幺幺也是哩，一天到晚只顾了打猎捕鱼，哪有时间和心思管教年升和年学呀！不是爷爷还多少有点火头子，这两个伙计硬是飞天的神皇。如果真想把年学也送进您的学堂门，只有您出头去给爷爷说。不然您这个当先生的说的话，星幺幺那烈犟脾气也未必买账。"

私塾先生陈万魁觉得儿子陈年高言之有理，就转过脸来和睦地说："那倒也是，我抽空去与你的爷爷说道说道。"陈万魁与陈年高两父子正说着话，陈年德没有搭腔，却一扭头看见了幺婶娘杨彩莲，就连忙恭敬地叫唤了一声"幺婶娘!"杨彩莲答应一声之后就大声对陈万魁嚷嚷道："这件事没么子说道的，年学今年已经七岁多了，娃儿看即小。我看年学也还不是那种呆头傻脑，指不定也还是块读书识字的料。这件事我就断然做主了，明天我就到邬阳关上去给年学缝套新衣裳，你当伯伯的择个好日子，我叫他爹赶快把年学送到你的学堂里去。不能又跟着他爷爷一天舞刀弄棍，将来成个睁眼瞎！”陈年德连忙笑着说：“幺婶娘，您给年学再不能缝开裆裤儿了，不然光着个屁股蛋蛋儿，进出学堂里要遭同窗们讥笑的！”杨彩莲望着侄儿陈年德也笑着说：“我晓得！我又不是没给年学缝紧裆裤儿？可一过热天他就穿不稳。”私塾先生陈万魁没有插话，他昂着头在听后山树林子里的动静，好像不远处有了吆喝声，知道抬山羊的那拨人也快要奔拢陈家棚了。陈年高机灵，望着既是婶娘又是姨娘的杨彩莲说：“幺姨，今日个星幺幺打的这头山羊，您打算怎么个分法嘞？”杨彩莲倒是慨气，她边走边说：“怎么个分法呀？还是按老规矩，两肢后胯给你的大爷爷和爷爷送去。其余的山羊肉今晚就不再分了，中秋赏月不能干坐着，你们家就出月饼钱，我们家就出山羊肉和盐巴架火烤山羊。年德他们家就出烟和酒，其余的两肢肩膀抬张嘴，来的都是客，见者都有份，图个开心热闹不是。”陈年德一听幺婶娘的吩咐，也还算合情合理，就夸奖道：“你看我们这幺婶娘就是会事，就是安排得好，难怪星幺幺脾气那么犟，可在您面前还能叫左不右的！”杨彩莲冲着侄儿陈年德摆着手说：“去去去！你少在这儿跟我花蜜调嘴，我这人不喜欢听那些无盐淡茶的奉承话，关键时刻来点儿实际的，青菜萝卜都行！”

正说话间，陈年升从后山的小路上跑了回来，举手投足之间硬是一副大人的作派。还隔老远他就大声喊道：“陈年德，陈年高你们两伙计怎么搞的？还待在屋里偷懒，晚上不想逮山羊肉么？哈咯咋，好大一头山羊哟，几个人硬是逮不起，你们还愣着干嘛？还不快些去帮忙？”没等陈年高和陈年德两兄弟说话，陈年升就到了他们兄弟俩的面前，正要伸手到筛篮里去拿月饼，却被陈年高和陈年德兄弟俩拦住了，并一脸严肃地对陈年升吼道：“不能随便拿！这是为晚上赏月时准备的，等跳舞跳得累了的时候一人一个都给发的，不能现在就花散了，晚上发不够。”哪知道陈年升身子一闪就躲过了两位兄长的防守，也是拿他没办法，就由他拿了月饼去了。私塾先生陈万魁见状走了过来，大声喝道：“年升！你手里拿的什么？”陈年升不敢怠慢伯伯的威严，连忙停住脚步立在那里，一脸沉着地对伯伯答道：“我拿了两个月饼，准备给爷爷送去，您觉得如何呀？我去孝敬您爹，您不会训驳侄儿子了吧？”陈万魁瞪着眼睛说：“我训你作甚？筛篮里专门给你做了一个大月饼，是奖给你的，你看是现在就拿去呢？还是晚上人多马众的时候挣挣面子呀？嗯！”陈年升的脸上掠过了一丝儿惊喜的表情，眨巴了几下眼睛之后望着陈年高和陈年德兄弟俩自信地说：“那当然是月饼和面子都要哇！”陈万魁仍然绷着一脸长者的严肃，快步走到搁在板凳上的筛篮前，从边角上抽出几张丝皮纸，分别包了几个月饼递给陈年升说：“这两包月饼，你分别给你大爷爷和爷爷送去。手上拿的两个月饼就归你，抽空把它吃了，就算是给你补补身子吧！你今天算是给我们陈家棚挣了荣光！”陈年升望着伯伯陈万魁说：“您说的这话当真?”陈万魁瞧了侄儿子陈年升那停腔落板的样儿，扑哧一下笑了，伸手一巴掌打在陈年升的屁股上，笑着说：“瞧你那机灵鬼儿的捣蛋样子，都是你爷爷把你娇惯的！”陈年高和陈年德兄弟俩还守在原地没动，是怕离开后那几筛篮月饼遭到孩童们的哄抢，弄得晚上没得开伙的了。陈万魁明白他俩的意思，就对他俩说：“月饼由我来看管，你们快去接你们的星幺幺，帮忙抬山羊，时候不早了，我们抓紧搞！”陈年升脸面上有了一种被伯伯宠爱的自豪感，转过身来给两个兄长做了个怪像，然后拿着月饼走了。

004

陈万星三十六七岁的年纪，身材高大魁梧，右手提着一支啄子火枪，左手杵着一根粗而长的杂树木棒，大步朝陈家棚走来。随后，陈万顺吆喝着陈家棚的一大帮男人，用粗葛藤分别绑住了那头黑黄色山羊的前爪和后爪，用一根野油茶树棍穿入其中，形成独木穿心杠。然后吆喝着搭配好前后的劳力，抬一段歇一稍，累得气喘吁吁，大汗淋漓。因为陈万星咬紧牙关，从陡坡林子里一个人把那头山羊扛出来放到山后的横路上时，就已经给堂哥陈万顺交待过了：“山羊只能抬不能拖。如果拖回来的话就损坏了山羊的皮毛，那张山羊皮也就一文不值了。”陈万顺是个实实在在的本份人，懂得他儿子陈年德的“星幺幺”说的道理，于是吆喝大家拿出劲来上肩抬，歇稍时提醒前后轻轻放下。快到陈家棚屋场上的时候，陈万星扯开嗓门大声喊道：“年升，年升！快帮我把火枪拿去洗了！”陈年升听到爹爹的喊声连忙从爷爷屋里一步蹦出飞奔而来，他远远地望着爹爹那高大的身影，心胸里升腾着一种敬意。在他眼里爹爹永远都是那么英武干练，身手敏捷。每当爹爹打了猎物抬回陈家棚的时候，他的心中都会升腾起一种敬畏。陈年升的嘴里迎声答道：“来哒，来哒！”跑到爹爹的跟前，伸手接过爹爹手中的火枪，取下爹爹腰间挂着的药角子，跑到自家的棚屋前准备灌药洗枪。哪知道陈万星刚满七岁的小儿子陈年学听到爹爹喊哥哥陈年升洗枪，连忙跑到水槽边拿起葫芦水瓢打了水，用只洗脸的木盆端着一路洒着朝哥哥陈年升奔来。快到哥哥年升跟前时，脚丫子踢到了石子，一个趴扑摔在地上，清水洒了一地，那只洗脸的木盆立刻盆底分家，从陈年升的身边滚过。陈年学正欲哭喊，陈年升却把脸一沉讥诮他说：“你这不知世事的小子，洗枪又不是用水洗的，你慌忙端水过来作甚？告诉你吧，洗枪是要少填些火药，插上鸡毛引子打一空枪，是把枪膛里洗干净。”陈年学从泥地上爬起来，红肚兜上沾满了泼水时溅起的稀泥。

他望了哥哥陈年升一眼后，跑到水槽边洗流水澡去了。

陈年升的动作快捷利索，填药插引的动作熟练。只见他举起火枪朝天轻松地那么一比画，“砰”的一声，猎枪就算洗好了。他把猎枪送进棚屋里，倒挂在了他的爹爹陈万星经常挂枪的那扇夹壁子上，收好了药角子和引盒。陈年升走进棚屋的厨房里拉开杉木碗柜拿了一只大土碗，朝剥山羊皮的塔坎上走去。陈年升知道，爹爹每回打了山羊，羊肝那是绝对不会送人的。“羊肝美酒”那是他爹爹陈万星的喜物，每到兴趣浓烈时，爹爹还会把陈年升叫到跟前，要他陪爹爹吮上几口。当然这赶山打猎也是有些规矩的：羊肝归猎手，羊头归猎狗，肉归大家吃，见者都有份。但羊肝羊肺和羊油羊皮就算是猎手的落成。

不一会儿，陈年升就用土碗装着羊肝，提着羊肠羊肚子回来了。正在厨房里蒸饭的母亲杨彩莲连忙喊道：“年升，你把羊肠羊肚子用只木盆盖严实了，怕猫狗拖了去，我恐怕要到明天才有时候清洗了。今日晚上过中秋，要跳土家摆手舞开歌唱，离不得我和你的姨娘哩!”陈年升大声应道：“哦!”他先把羊肠羊肚挂在棚屋外边的夹壁子上，再把羊肝送进厨房里之后，就找来一只木盆收拾羊肠羊肚去了。陈年学洗完流水澡，光着个屁股蛋蛋儿，提着那条湿漉漉的红肚兜钻进棚屋里去，在夹壁的水竹晾衣杆上把哥哥年升的汗褂扯了一件套在身上，就跑出去看爹爹他们砍羊肉去了。长长的汗褂笼起脚背，随身摇摆，下扁搭在脚背上，布扣子还扣错了位，惹得众人一阵哄笑。

私塾先生陈万魁是陈家棚这个中秋晚会的召集人，他站在中心塔坝里大声喊道：“都拢来，都拢来！听我说说晚间的铺排。”陈年高、陈年德和周围的很多人都围了拢来，刚刚砍好羊肉收拾好场子的陈万顺、陈万星两兄弟也来到了陈万魁的跟前。陈万顺一边捡着糊在手臂上的羊肉末，一边对堂弟陈万魁说：“你是教书的先生，相必也是个明白人，你咋铺排我们都依。”陈万星一脸喜色，站在众人中间笑着说：“半年辛苦半年闲，过了月半是中秋。陈家棚的人今儿个高兴，我们把吃的准备充足一些，好好地乐呵乐呵!”

听了堂兄陈万顺和亲弟弟陈万星的话，陈万魁那紧绷着的脸面上展露出了笑颜。站在塔坝中间，看了看场地后就开始铺排晚间的活动。他扫视了一眼之后说：“顺伯伯领两个小子帮忙，负责茶水和装烟迎客；陈年高负责帮你的星幺幺架火烤羊肉，护着些，绝不能遭人哄抢，烤好了之后兼精搭肥用刀切成小块，用土碗分装，来的都是客，见者都有份；陈年德负责检查柴火，多棚些干柴，戌时点火起舞，子时息乐歇歌。年升他娘和年高他娘两姊妹负责分发月饼……你们想想看，还有什么说漏掉了的吗?”陈万星嘿嘿地笑了几声，望着亲哥哥陈万魁说：“你都铺排得差不多了，只是半夜散场以后，我们陈家棚的人不能懒散，要把场子上的东西收拢堆，把火处理好，这天干火炕的怕失格。再就是我要多句嘴，这烤好了的山羊肉我们可以敞起肚子吃，但不能大坨大坨地往自己屋里拿，更不能到处乱扔，这叫饱吃不可浪撒。”陈万顺望着大伙儿，点点头迎合着说：“他星幺幺补充到点子上了，补充得好啊！真的是饱吃不可浪撒呀！”陈万魁也觉得万顺万星兄弟俩说得在理，就连连点头迎合。他一看围拢来的人已经有了几十个，就高兴地大声说：“那好吧，各自行动吧？没有安排到事情的人就尽情地玩，有什么事情就都见子打子，活便些！”陈家棚的节日喜气一下子就膨胀开来了。

陈万星找来铁锤和钉销，还拿了几块宽些的木板，把那张宽大的山羊皮钉在了棚屋后面的夹壁子上，是想晾干了带到金鸡口张皮匠的皮货店里卖个好价钱。弄好了这些，他到火炉房里去伸手从角落的刀匣子上抽了一把砍刀出来，走出屋去仔细削了那根抬山羊回来时顺便从后山砍回来的木棒，准备搭架子穿棒子撒盐巴，点燃栎树柴火开始烤羊肉了。

刚到酉时，杨彩莲、杨彩玉后家杨家村的苗家男女，穿着美丽的节日盛装，从西头的山道上成群结伴朝陈家棚涌来，一路欢歌笑语，一路哼唱嬉闹。东头陈家棚与邬阳关相通的山路上更是热闹，陈万魁私塾学堂里的几十个学生娃子，正抬着红漆大鼓，提着铜锣钹镲，拼了劲头敲打着摆手舞明快的节拍由远而近。听到邬阳关这边的锣鼓一响，建始对门黄家村的五六个吹鼓手，以唢呐发声相邀约，相继出门在茶莲河风雨桥上等候，酉时启程，边走边吹，六乐合奏金凤朝阳。这锣鼓一响，唢呐一吹，邬阳关、班竹园、灯草湖、板桥沟、阴阳田、朝阳坪、猪脑冠的那些少男少女心里也开始痒痒。就连那些少妇们也涌起了情潮。不怕公婆管理紧，不怕丈夫生得恶，穿着新衣把路赶，一路拉歌打呵嗬……

陈富老人用一只陶罐焖好了板栗，起身从夹壁子的竹杆儿上取下一块粗白布的面巾，小心翼翼地包了罐把，将陶罐从火坑里端出，轻轻地放在了火炕边沿镶钳的石板儿上。在他揭开罐盖儿的刹那，热雾升腾起来，浓浓的栗香随热雾升腾弥漫开去。陈富老人深吸了一口，然后眯缝着眼，摇晃了一下脖颈，竟是一脸的陶醉。他站起身，把那块粗白布面巾放回竹杆上晾着，然后走出棚屋，站在塔坝坎上一抹胡须，望着涌来的人群，正准备叫喊年升年学两个孙娃子时，却见老哥陈华领着一个脚夫爬上了陈家棚的塔坝坎，大着声慨气地对陈富老人说：“万顺他幺叔啊，你要的东西我都请张岩匠弄好了，已经给你背了上来，你验验货吧！”陈富老人笑着说：“那就好，那就好！还是兄长有心，为几个孙娃子用心良苦啊！”陈富老人的话音刚落，送货的脚夫就一杵打在了塔坝坎下，嘴里吼出一声吆喝，震得地皮都在抖动。

005

记得是七月十二日月半节那天，陈富老人到板桥沟去看望兄长陈华。陈华比陈富大几岁，是一个奶包吊大的亲兄弟。谈话间他们兄弟俩提到了孙娃子陈年升习武的事情。陈华老人就对老弟陈富说：“这武功高强之人并非天生，要靠后天历练。古人传说中的那些英雄，生下来就如何武功盖世，那都是扯。你我兄弟也都是自幼习武，应该明白这个道理。”陈富望着兄长陈华，一脸凝重地说：“是的吵，今天前来看望您，也是想在兄长面前讨个主意！我看年升这小子是块练武的好料，勤奋爱学不说，还聪明机灵。”陈华老人一抹胡须，笑呵呵地说：“哎呀，哥俩所见略同。在几个孙娃子之中最适合练武的还是陈年升，那小子有咱哥俩小时候的胆气。”陈富听了这话，一脸欣喜，如喝蜜糖。孙娃子陈年升是他心中的宝。他连忙讨教说：“正因为年升是个好苗子，我才这么上心，找您讨教主意，看能否对他进行系统训练，把我们兄弟俩身上会的功夫全部传授给他，到了八成的火候，还可以再拜名师。”陈华的脸上掠过一丝儿怪异的神情，觉得老弟陈富看望兄长是假，掏他身上的独门绝技是真。觉得老弟陈富在使心计，就叹了声长气说：“行啊！反正我们家孙娃子年德也只适合忠厚传家，不适合练功习武。”陈富一下子看出了兄长陈华的心思，就连忙说：“瞧你那心眼子，怎就变得这么小气了？陈年德是你的亲孙子，陈年升又与你的亲孙子有什么两样？分不得彼此的！”陈华老人知道自己失态，连忙掩饰说：“谁说我分彼此啦？还说我的心眼子小，我看你还是学年轻的时候一样，一肚子的小心眼子！”说到这里，两位银须老者仰面大笑。笑过坐定之后，陈华老人说：“我明天就到茶莲河去一趟，选几块好些的石头，叫张岩匠打制几把石锁，送到陈家棚来，让年升他们先练臂力。”陈富听了兄长陈华的话，展露出一脸惊喜，感激地说：“那就好，那就好！还是兄长想的周全。劳驾您去跑腿，银子我出！”

就这样，三把石锁如期打成。陈华带口信请了板桥沟的大力士廖大锤，要他找个粗实的弯架，帮忙把张岩匠打的石锁取来。廖大锤这就去了，把三把石锁一回背到了板桥沟。刚刚歇下弯架，等陈华老人验了货色，就听郧阳关上传回消息，说小小年纪的陈年升打擂获胜，为陈家挣了荣光。陈华老人听了大喜，连忙吩咐老伴给脚夫廖大锤弄了些粗茶淡饭，还斟了一土碗包谷老烧，让他填饱肚子后，就背着石锁跟在陈华身后，朝陈家棚走去，算是给孙娃子陈年升备了一份大礼。

陈富老人见物大喜，亲手掂量了三把石锁。按照郧阳关上的老秤，一把四十斤，一把八十斤，一把一百二十斤。陈富老人提了两把轻些的石锁，快步走到自家棚屋的阶沿角上放下，转身正准备去提那把最重的石锁时，却见老哥陈华提了石锁快步向他走来。陈富一脸惊愕：老哥陈华已经七十有六，年逾古稀，可单臂提着老秤一百二十斤重的石锁，轻松得如拿一把小小的夜壶。陈华轻轻放下石锁，拍拍手对兄弟陈富说："这事你可马虎不得，要把练习的方法详细给他们说透。如果使用不当，闪了腰砸了脚，那可就坏了大事啊！"陈富连忙说："晓得，晓得！"他找了几块麻袋片把三把新打的石锁盖严实了，是怕年升年学见到石锁拿起就使，伤了筋骨。

忙完这些，陈富连忙请兄长陈华进屋喝茶。陈华老人转身就走，嘴里说："我去年德他们屋里看看，有些日子没见到我那孙娃子了！"陈富没有深留老哥陈华，连忙进屋给脚夫廖大锤倒了一碗茶水出来递到了他的手里说："我老哥给你讲清楚了没有？背运石锁的力资该付你多少铜钱？"廖大锤一口扯了半碗茶水在嘴里，咕噜噜吞下去之后才换过一口气来，见陈富老人在问力资的事，就嘿嘿地傻笑着说："您随便支付吧！跟前块头的，哪儿能撑着板凳看地下？"一听这话，陈富又是一怔。你说这年头都是怎么了？连个使笨力的廖大锤都学会说乖话了。对河两岸都晓得，廖大锤力大无比，四肢发达，但头脑简单。他在板桥沟廖家也是大字辈分，与廖平山的爷爷廖大勇还是同宗同族的兄弟。可也就因为他的智力虚弱，缺少灵机滑便，有时候说话还不分老幼上下，有人就在他的辈分"大"字的上面给他加了一横，也就变成"廖天锤"了。

陈富思忖了一下，觉得为人要厚道，特别是不能亏待老实人，就连忙走进屋里，在自己床头的紧布口袋里摸了十枚穿眼儿铜钱出来，递给廖大锤说："你把这力钱收着，改天到了郧阳关上，也好给自家的媳妇子买点儿针头麻线。"廖大锤把十枚穿眼儿铜钱捏在手里，顺手将喝完茶水的土碗递给了陈富老人，然后双手捧着穿眼儿铜钱，红着脸和脖子，嘿嘿地笑着说："我不得给我媳妇子买针头麻线的。"陈富老人觉得奇怪，就关切地问了一句："是你那哑巴堂客不晓得心疼你么？"廖大锤的脸脖子更红了，轻着声有些神秘地说："不是哩！是她每晚钻进被窝里就喜欢摸我鸡鸡。"陈富老人差点笑出声来，摇摇头以年长者的口气说："真是个廖天锤！"他停了一下收住笑，然后大声对廖大锤说："力钱你自个儿拿好。现在天色还早，你想在陈家棚玩也行，趁早回家也行。今晚过中秋，你如果在这儿玩的话，月饼有你一份，烤羊肉也有你一份哩！"廖大锤嘿嘿地笑着点了点头，然后背着弯架提着打杵在陈家棚的中心塔坝里看热闹去了。

006

陈富老人回到火炉房里，揭开罐盖，感觉煮好的板栗已经不那么烫手了，就连忙站身出门，一抹胡须后注视着来往的人群大声喊道："年升，年升！你把年学给我找来哟！"陈年升听到爷爷的喊声，连忙奔到一堆孩童里牵了弟弟陈年学的手，朝爷爷家奔去。还隔老远，年升年学就闻见了润肺的栗香。

坐在火炉边的矮板凳上，看着年升年学各不相同的吃相，陈富老人在陶醉之中思想着两个孙娃子的未来。年升骨骼修长，个头高大，头脑机灵，是个可造之才；年学稍显憨厚的模样，却也透着几分乖巧玲珑，将来也一定是持家的能手。有道是养儿容易望孙难！陈富老人为何活得这么滋润？就因为膝下的两个儿子如愿娶回了杨家村杨家的彩玉、彩莲一对同胞姐妹，一连为陈家添了年高、年升、年学三个男孙，有了传宗接代的根苗，且个个机灵聪明，体魄康健。这是他陈富人生之中的大幸，也是陈家棚陈氏宗族中的大幸。因为这，陈富老人常对老伴黄翠姑诚恳地说："有么得好吃的、好喝的你莫心疼我，我这把老骨头不吃不喝没得怨言，就多多心疼心疼我那几个孙娃子吧！"老伴黄翠姑是个裹了小脚的土家女人，常常一脸微笑，热着心肠，忙前忙后，围着他们爷孙几个转，心里时常乐呵呵的。

听着由远而近的锣鼓声，唢呐声，陈年学按捺不住内心的激动，抬头起身就想溜出去。陈年升伸手按下陈年学的肩膀，让他依旧蹲下，望了爷爷一眼之后，瞪着陈年学用兄长严厉的口吻说："稳沉些嘛，先把肚子逮饱了再说！"哪知陈年升这伸手轻轻一按，用力过重，把个陈年学按得一屁股瘫坐在地上，差点一个仰翻叉向后倒去。陈富老人手疾眼快，起身快步上前，伸手抬住了陈年学的脊背，嘴里轻声细语地埋怨陈年升说："你是习武之人，手脚没得轻重，可别误伤了年学幼嫩的筋骨哟！"

陈年升听奶奶黄翠姑迈着鸡啄米的小脚步子，从厨房里端了一钵新鲜的合渣汤出来，小心翼翼地搁在火炉边的餐桌上。她对老伴陈富说："你叫他们哥俩吃完板栗之后，多喝几碗新鲜的合渣汤，免得肚子作气，屁撒撒的。"一听奶奶这话，陈年升陈年学都咯咯地笑了起来。陈年学憨憨地笑着，伸出圆实的手臂拍拍哥哥陈年升的脊背说："你要多逮两碗合渣汤哩，莫等待会儿跳摆手舞的时候，蹦出一串子屁来。"看到两个孙娃子快乐的嬉闹，陈富老人开心地笑了。哪晓得陈富老人这开心地一笑，却被老伴黄翠姑瞧见了，倚在门边对老伴说："儿孙要宠要疼，但更重要的却不是宠和疼，要给他们创造机会磨砺。宝剑锋自磨砺出！你若能把年学送去上学，再把年升送去跟着廖平山他爹在清江上放得三年木簰，保管年升将来硬是一条出众的汉子!”陈富老人心里一怔，他与老伴相处这几十年来，还总以为黄翠姑这等小脚女人只会生孩子转锅台，哪知道她今天竟能说出如此重要的道理来！陈富老人赞同地点点头，自言自语地说：“是的，好男儿硬是要磨砺！能从金鸡口出清江，跟着老把式放得三年木簰，从春到冬滚得三年，不是个英雄也是条好汉。到那时，再去行走江湖，绝对一摸无挡。”陈富老人站起身来，站在火塘边一抹胡须，心中拿定了主意，老伴黄翠姑的这番话算是一句提醒了梦中人。

一听到说起清江放簰的事，陈年升的心里也是一怔，顿时面露激动之色。其实陈年升的心里早有神往，他用求援的目光望着爷爷陈富老人说：“这事全靠爷爷作主了，孙娃子就是想早些出去闯一闯，可就怕爹娘不答应!”爷爷陈富望着孙娃子陈年升叹了一声长气说：“你爹娘的心思我倒是很理解，清江里放木簰是在血盆里抓饭吃的营生，山上的工夫烈，水上的工夫险，行不得勉强日不得白！况且你年纪尚小，身子薄力气单，那可不是闹着玩的！这个事容爷爷仔细思量几日，作些权衡，不然我自个儿的这一关也过不去。”陈年升望着爷爷一脸凝重的表情，感到想早些出去刹把子放木排的事情并不那么简单，也就不再深说。他在心里暗想：硬是不行，就只有自个儿偷着跑去金鸡口，找那精灵些的木客水手，报上名号，跟师学徒就是了。从陈家棚过茶莲河经顺阴河到金鸡口，脚头子快的人也就一个早工的路程。可陈富老人眼睛一扫，就似乎一眼看透了孙娃子陈年升的心思，连忙脸一沉，用一种十分严厉的口吻说：“年升，你可要沉住气，切莫胡作非为！习武之人要的就是定力！你若敢偷着又往金鸡口跑，让你爹娘担惊受怕，看爷爷怎么收拾你!”陈年升眨巴了几下眼睛说：“我听爷爷的话，保证不会偷着跑了去。不过爷爷您老人家说过的话也要作数哩?”陈富老人一脸惊愕，忙问孙娃子陈年升：“我对你说过么得话？许啥子愿了么?”陈年升笑着望着爷爷说：“您上次讲起，要教我踩软水的，可不能食言呢?”陈富老人想起了上次与孙娃子年升说过的话，没想到让年升惦记上了，就连忙一脸正经地说：“你莫给我耍滑头，我说过的话从来都是作数的。不过这回你可要按照我给你铺的路子去走，一步一步当然要靠你自己吃苦努力。你奶奶说得对呀！男儿要磨砺，要吃苦中苦，才能成为人上人，练功习武之事来不得半点儿虚假。”陈年升望着爷爷那一脸慢慢儿严肃起来的表情，机灵地眨巴着眼睛说：“是的吵，爷爷哪门说，我就哪门依，吃苦耐劳我不怕，只怕没人教我练!”爷爷陈富老人点点头对年升说：“这个你倒是莫急，这两天处理完一些杂事。哦，明天我已经答应廖平山他爷爷了，要去一趟荞麦冲，你早晨把我送到冠垭儿。当然哩，后天我还要去一趟板桥沟，向你大爷爷讨教一些事情。外后天就是八月十八，是个好日子，我开始教你练功，而且陪你三个月。也就是说，只要你吃得苦，过了今冬明春这一关，我就慨慨气气、大大方方送你到清江去放木簰!”陈年升一听，心中大喜，他盼望的就是爷爷的这句话，今日终于有了回。

屋外的锣鼓和唢呐都集齐了，奏出了和谐的曲调，打出了铿锵的节拍。陈年学硬是按捺不住内心的激动，伸手从瓦罐里掏了一把板栗出来后，站身就想溜出去。爷爷连忙说：“别慌乱，吃了合渣再走不迟。”陈年学转身就到餐桌边去吃合渣菜，屁股上的灰尘随之飘散开来。陈年升起身躲避，坐到了爷爷身边的板凳上，恳切地对爷爷说：“送我到清江上放木簰的事就全靠爷爷铺排操心了!”爷爷陈富伸手拍拍陈年升还很单薄的脊背，满含深情地说：“年升你可别着急，慢慢来，一定按照爷爷铺排的路子走。等你以后长大成人了，你就懂得爷爷的良苦用心了!”

天边的云朵变成了漫天的彩霞，一轮明月缓缓地越过了山坳。落日的余晖与初升的月光同在茶莲河畔交汇，形成了一副奇妙的景致。在私塾先生陈万魁的精心组织之下，陈家棚的中心塔坝里已经井然有序。数百人围着篝火，散成一个巨大的圆圈，也像一轮圆月，这是一厢特定的舞台。棚屋前的吞口里，由私塾学堂里的学生娃子组成的锣鼓队拉开了架式，一饼红漆大鼓闪着光亮，摆放在正中的位置。鼓手身着亮色的衣妆，腰缠红绸丝带，头戴红色包头，只等主持一声令下，就会跳起脚步抡锤起鼓。把建始茶莲河对岸及黄家村等地邀约而来的六只唢呐摆在一边，把邬阳关、班竹园、灯草湖等地来的六只唢呐摆在另一边，相距数丈排成八字形。十二只唢呐预示着“月月红”，对吹起来就有了立体感，厚重的镇堂音合在一起震得地皮都抖。八字队形中间的空地上摆着十二张八仙台的苦桃木大桌子，面向圆形中间的那堆篝火，三排并拢，用绳索绑住桌腿连成一个整体，就成了杨彩玉、杨彩莲等一批歌师傅登台歌唱的台面。

陈万顺走到那堆柴火边仔细察看了一番之后，转过身来对儿子陈年德说：“你的脚头子比我快，连忙跑一趟，在我睡觉的房间里把装桐油的竹筒取来，浇几斤桐油在柴禾的底脚助燃，怕的是一开始就闪了火对不起四面八方来的宾客。”陈年德应声就去了。陈万魁走到弟弟陈万星的跟前低声说：“你去把三眼铳找出来装足药，我喊开始你就点火，来点儿带响的大动静热闹些!”陈万星也是应声而去。这时，一股山羊的肉香味从陈家棚的西头飘了过来，燎起了众人的食欲，各自深吸了一口，人人脸面上都露出了喜悦之色。陈万魁再次走进鼓乐、唢呐排列的区域，逐一检查，细说了时刻与曲目，真是万事俱备了。

眼看着鸡子上了笼，燕子归了窝。邬阳关对河两岸的天空中，闪烁的星光捧着如镜的圆月，原野里清新的气息中夹带着烤山羊润肺的肉香。关门戍时刚到，就听三声炮响，篝火点燃，顿时全场一片光亮，映红了众人的笑脸，照亮了陈家棚长廊般的空间。接着就听鼓声大作，唢呐齐鸣，铿锵悦耳之声弥漫开来，升腾在明亮的月光下，流淌在河谷间。身着节日盛装，头戴金银首饰，脚穿绣花布鞋的杨彩玉、杨彩莲姐妹俩，随鼓声明快的节拍登场，步伐轻捷的跳上八仙大桌镶拢的台面，踏着锣鼓奏响的节拍，随唢呐合奏的曲目跳了一曲苗舞之后，就开了歌唱。杨彩玉声音清亮圆润，杨彩莲声若山泉细长。这声音一高一低，一尖一圆搭配起来，几多优美动听。一曲奏完，鼓声唢呐声便戛然而止。只听杨彩玉、杨彩莲和声拉长拖腔一板一眼地大声哼唱道：

天地开张，日吉时良；
鲁班到此，修下华堂。
郎君来到，写篇文章；
娘子来了，开个歌唱。
开个长的，夜半三更；
开个短的，三更半夜。
中秋佳节，明月当空；
欢聚一起，踏歌起舞。
亲友相聚，你来我往；
摆起手来，纵情歌唱；
我们就借着明亮的月光，燃起旺烈的篝火，
照亮棚居草堂，开个不长不短的歌唱，
一夜唱到那个大天亮啰啃喂……

哼腔落下，锣鼓声又大起：咚咚锵，咚咚锵，咚锵咚锵咚咚锵……随着锣鼓声的节拍，两只唢呐先声吹响序曲，十只唢呐齐声大起，合奏出雄浑的曲调，鼓乐声响彻在河谷间，震得地皮都动。燃起的火苗子喷出老高，在陈家棚宽敞的空间里摇拽闪亮，红光四射。只听一声呼喊传来，围坐在篝火前沿圆围之中的青年男女雀跃而起，在这个早已被篝火照亮烤热的舞池里摆起手，扭起身，踏着锣鼓的节拍尽情地舞将起来。欢快中透着刚健，粗放中溢出柔美，脚步前移时如流水作响，双手甩摆时似江中划桨……高弦的秋月照亮了舞者的笑脸和身姿，闪烁的星星像明亮的眼睛，似乎瞧见了山里人较为粗放的自信与快乐。

007

歌舞的场面一下子就拉开了。阵容不容侵扰，鼓乐不容侵扰，歌唱不容侵扰，一切都如行云流水，自然流畅。高亢时如惊雷入谷，轻柔时如春风绕梁……陈万魁退出了中场，把一切都交给了歌师傅杨彩玉、杨彩莲姐妹俩来掌控。他站在塔坝的一角，望着这个激情奔放的场面，有了一种成就感。可当他一脸陶醉，逐步走到舞场的边沿，抬头看见被轻风吹起，被火光映红的那一面在擂台夺冠的锦旗时，他的心里顿时一怔：怎么这么一歇没有见过侄儿陈年升了?

正当陈万魁用目光到处搜寻侄儿陈年升的影子时，在边沿的通道上一个洒脱的少年正朝他的面前奔来，只见他上身穿一件崭新的白布汗褂，下身穿一条浅蓝色的灯笼裤，腰间扎着一根红绸纳成的练功腰带，膝盖下光着的腿杆子黑油油的，脚上是一双有些发白的六股绳的满耳子草鞋。略显黝黑的长脸上五官端正，高鼻梁下嘴角微微上翘且轮廓分明；下额方正，两耳微扬，一头乌黑的长发在头顶上扎了一根竖起的圆柱，使原本高挑的身材又见涨了三寸，发梢自然垂下如一把刷子，左右摇晃摆动，甚是潇洒……陈万魁刚要对侄儿陈年升发问，他却在伯父陈万魁面前立定，伸手从汗褂的衣袋里拿出一小块纸片来对伯伯陈万魁说：“我作了一下清点，今晚在陈家棚来过中秋赏月的人共有四百六十六人，其中男人两百八十三，女人一百八十三，孩子六十四个，六十五岁以上的老人四十八人。这么算来，您买回来的三筛篮月饼，我也给您进行了认真清点，共计三百六十八个。如果每人发一个月饼，就还下差月饼九十八个。如果把那个大月饼分成四份发给四个人，那么就还下差九十四个月饼，差不多还要去买回一筛篮月饼才行。”私塾先生陈万魁听完侄儿陈年升报上来的数字，硬是一脸惊讶。可让他感到惊讶的不是别的：他作为这场晚会的组织者，居然没有想到这些问题，而被一个十二三岁的少年想到了。年高年德比年升大了五、六岁去，而且还是私塾学堂里的得意门生，他俩也没有去精习这些问题，却被他们的这个小老弟想到了。能在这样的场合不为喧哗所动，不去追逐嬉闹，能够如此沉稳的少年，在陈万魁教书讲课的十五、六年间，也还只碰到陈年升这么一个，而且还是一个不爱读书只爱习武的儿男。

私塾先生陈万魁在内心里慨叹道：“年升这儿娃，不是早熟，就是绝对的沉稳聪明，是个可造之才呀！将来定能堪当大用!”他小心翼翼地接过陈年升手中的纸片儿，伸出右手把他邀到一边用商量的口吻说：“这月饼的事还得火速派人到郧阳关上去取，人手一个必须满足，不能厚此薄彼杵了相面，得罪亲友。而且必要的花消也还得预备些，干脆去取一百五十个月饼回来。可时间已晚，派谁去背呢?”陈年升胸有成竹地说："就叫族房里的三叔陈万明去，这人办事稳当、实诚，可以信赖！"陈万魁连忙说："那也就是他了，你快去把他叫到我的屋里，我去给他写好字据，要他速去速回。"陈年升应声去了，给堂叔陈万明派了一趟差事。

做完这些，陈年升又去转了一圈，刚到西头拐弯处，他的小腿被人一把死死地捏住了，捏得硬是生疼。陈年升趁着月光低头一看，原来捏他小腿的竟然是板桥沟的大力士廖大锤。他使劲蹬了几下，可廖大锤的大手越捏越紧，还嘿嘿地憨笑着说："别以为你的功夫好！你今日个不答应我的条件，我就不松手。"陈年升又使劲挣扎了几下，可就是挣不脱。于是就问廖大锤："么子条件？你说吧！"廖大锤仍然憨笑着说："等会儿发月饼的时候，你要给我多逮两个，我要给我娘和哑巴媳妇子带回去。"陈年升灵机一动，也笑着望着廖大锤说："我当是么子大事哩，多给你逮两个月饼的事我答应了。不过你松开手，我要问你几个事。"廖大锤松开手之后仍然嘿嘿地笑着说："你问吧，我直爽，啥事我都告诉你。"陈年升有些好奇地眨了几下眼睛问："听说你一餐能逮完三升炒豌豆籽籽儿，这事是否是真？"廖大锤憨笑着摸摸自己的肚皮说："是真的！"陈年升接着又问："听说你的肩背之上背着三百斤重的东西之后，还能自己解了裤子蹬下来屙屎，这事是不是真的？"廖大锤仍然憨笑着说："是真的，我们在金鸡口飘过彩，我还赢了十几个高粱粑粑的！"听完这些，陈年升有点激动，因为这正是他一直感到好奇的几件事，也是他心里一直惦记着廖大锤的原因。停顿了一下之后，他接着又问："我还听说，你背上一百多斤木柴之后，还爬上了一棵大枞树，这是不是真的？"廖大锤大笑一声说："也是真的！我从树上下来，我爹把我狠狠地揍了一顿，还骂我就是个廖天锤，不晓得天高地厚！"陈年升一伸大拇指说："好样的！以后我就叫您憨大叔！"廖大锤撇着嘴，脸一沉说；"那可不行！你不能叫我憨大叔！按照老亲论辈分，你陈年升应该叫我爷！"听廖大锤这么一说，把周围围坐着的几个人逗笑了。陈年升应了一声说："爷就爷吧！反正喊人又不舍本，只要舌头打个滚。"说完这些，陈年升迈开步子走了，廖大锤望着他的背影大声喊道："你答应给我逮东西的！可要作数哟！"

陈年升没走多远，又被坐在观众席间的大爷爷陈华老人叫住了。他来到大爷爷的跟前，亲热地叫了一声，然后问道："要我给您泡一罐儿茶来么？"陈华老人把年升拉到身边坐下，十分温存爱怜地说："你不必给我泡茶了，我在年德他们屋里坐了歇把烟，喝了一饱餐。我叫住你，只想与你谈几句白话！"陈年升连忙在大爷爷陈华面前乖巧地说："感谢大爷爷心疼，您往日对我的教诲我都铭记在心里。"陈华老人露出一脸喜色，伸手轻轻地捏了捏陈年升的小腿说："廖大锤没把你弄疼啵？他小的时候跟他的爹爹练过铁砂掌，但机会不好，只等他把臂力练到八成，他的爹爹就在桃符口放簰的时候栽了水跟头，没爬起来。”陈年升连忙问：“大爷爷，那铁砂掌是哪门个练法呀？以前也从没听见您和爷爷说起过嘛！”陈华老人一抹山羊胡子说：“还没到给你说这些事情的时候。你今天虽然在邬阳关上打擂获胜，得了擂主，可你千万不要骄傲自满。你们打擂，只不过是一群孩子闹着玩呢，都是些花拳绣腿，伤不了筋骨。年升你要记住：武功之事是中华之精华，博大精深，不苦练、不拼搏就成不了大气候。要始终相信天外还有天，人外还有人，强中还有强中手。”陈年升连忙点点头说：“那是，那是！”陈华老人接着说：“我和你爷爷年轻的时候在邬阳关的各村各寨里头也算没遇到过对手。可那年我们出金鸡口下桃符口放木簰，差点死在了三里城的土匪谭大鹏的手里，不是你爷爷还有几份机灵劲，我们的小命早就弄丢了。”

陈年升心里一怔，他没有想到在清江流域之内还有这样的高手，心生好奇，就连忙追问：“大爷爷呀大爷爷，您不是专门吓唬我的吧？那谭大鹏的功夫竟在您大爷爷之上？”陈华老人一脸兴奋地说：“岂止是在之上！我和你爷爷从小就在板桥沟长大，硬是到了分家立户的时候，你爷爷才跑到陈家棚来搭棚。我小时候也经常领着你爷爷偷着跑到茶莲河里去洗澡，可茶莲河的那点儿水只淹得起脚背，脱裤子洗澡连屁股都淹不到。说实话，我和你爷爷都是旱鸭子，陆上飞得起八丈高，到了水上就只有把人家干望起。”陈华老人叹了一声长气，觉得说起这些过眼的云烟也没有多大的趣味，就转过话题用长者的语气说：“年升你倒硬是一块练武的好料！但要勤学苦练！武功身法，臂腿手眼之功没有捷径可走，唯有苦练方能成器啊！”机灵的陈年升连忙站起身，在大爷爷陈华面前跪下，磕下头去施了大礼。沉稳片刻之后他缓缓地抬起头来，两眼凝视着大爷爷陈华说：“请大爷爷成全孙儿，正式收孙儿为徒吧！孙儿愿意勤学苦练，传承您和爷爷的武功！”周围的人见状轻轻地鼓起掌来，陈华老人连忙起身，上前一步扶起孙娃子陈年升，嘴里慨叹道：“你小子还真是机灵，我就随便这么一说，你就顺杆儿一爬就把大爷爷给套牢了！像你这样有悟性的儿男将来一定是个可造之才！不过这话可又说回来了，我们是自家门第，不必行这拜师之礼！你有空多去板桥沟，勤便些去看望大爷爷这把老骨头就是了。”陈年升连忙站直身子，非常沉稳严肃地说：“我将铭记大爷爷的教诲！常去大爷爷家求教。”陈华老人依然把孙娃子陈年升拉到身边坐下，并语重心长地说：“这个冬春你是有功课做了，我给你赠送的礼物已经请廖大锤送到了陈家棚，交与你爷爷收起了。我听说你年升早就想出清江跟着学扎把子放木簰，那也不是不可以，好男儿志在四方嘛，就这么一辈子待在邬阳关，井里的鱼儿井里好，也没有多大的出息。只要你能把那只老秤八十斤重的石锁单臂高举，在陈家棚这个中心塔坝里连跑三圈，我保证你爷爷放你出去!”一听这话，陈年升一阵惊喜，连忙感激地说：“大爷爷您还给我打了石锁?”陈华老人一开笑脸说：“怕你爷爷说我偏心吵！不花点银子，给你做点实事，怎么对得起我这聪明机灵的孙娃子呀?”陈年升一脸红润，更加感激地说：“我一定不辜负两位爷爷的厚望，苦练一个冬春，明年春上向二位爷爷交账，然后再出清江!”陈华老人伸手拍拍孙娃子陈年升的肩膀笑呵呵地说：“那就看你的造化了！练功的时候多向你的爷爷讨教，我有时间也多到陈家棚来看看。我们都是你的亲爷爷，怎么会袖手旁观嘞!”爷孙俩的谈话就这样持续了很长一段时间。场面上的鼓乐宣泄着，摆手舞者的激情奔放着，篝火的烈焰升腾着，直到明月升到半空，清辉洒满大地，这一场粗放热辣的舞，这一场婉转高亢的歌，仍然还在继续。

陈万明的脚头子算快，领了陈年升给他安排的差事之后，就邀了堂弟陈万忠作伴前去，半个时辰之内就打了回转。可当他们背着一筛篮月饼走到陈家棚东头那条大沟边的时候，一阵狐臭味迎面袭来，接着一声怒吼响起，两道蓝光射出，吓得他俩差点洒了月饼，丢了魂魄。这是在大沟里遇到猫子了。这时，调皮捣蛋的陈年学从人空里挤进来，大声喊道：“遇到猫子了？哪里遇到猫子了啊?”陈富老人上前一步拉住年学，用手捂住了他的嘴巴，躬腰对着他的耳朵低着声严厉地说：“瞎喊什么？别惊惊慌慌地扫了大家的兴致。”年学不敢大喊大叫了，转过脸来望着爷爷问道：“啥叫猫子?”陈富老人仍然低声说：“啥叫猫子？猫子就是老虎，老虎就是猫子！见猪拖猪，见人吃人，晓得啵?!”陈年学一听这话吓得脸色突变，伸了一下舌头。

008

陈万魁从陈万明肩背上接下装满月饼的筛篮，叫他脱了背篓系，然后伸手一摸他的背脊，果然被大汗浸湿透了，热气中散发出一股生盐般的汗味。平时说话挺流利的陈万明、陈万忠弟兄俩，余悸未消，说话打起牙壳子来了。陈万星连忙在屋里的壁子上取下火枪灌了药，准备趁着月光到大沟边去打猫子时，却被父亲陈富拦住了，并用一种严厉的口吻斥责道：“今儿个你给我莫逞能！你这一去，一枪打中了倒也还好，倘若一枪没打中，只把猫子打恶了，你可就闯了大祸。你看这么一场子的人，散了场好多都要从大沟里回转，猫子发恶了，不拖个把人去打打牙祭才怪呢!”陈万星听了爹爹的斥责，转过身把枪放回了原处。

陈年升连忙上前一步，给爷爷陈富轻声说：“那如果我们组织百把个青壮的汉子，手持火把一围，再把陈家棚喂的所有的猎狗全部放出，去赶围仗，能制服老虎么?”陈富老人仍然严厉地说：“不行！用你这个办法把猫子围住了，周围那么多人，谁敢开枪?”陈年升一听，觉得爷爷言之有理，自个儿只是突发奇想，没有考虑周全，就没再言语什么。陈万魁叫侄儿年升把陈万明和陈万忠两个族房的叔父送到爷爷家里去歇息，用冷水洗洗脸，喝点热茶暖暖心。歇息片刻之后，再到场子上来赏月。

可这时，陈年升的脑海里一直想着如何围猎猫子的事情。他把自己设计的方案回过头来再仔细地想了一遍，觉得硬是可行。开枪的问题虽是危险，难道就没有办法解决吗？爷爷担心的问题是有道理的，怎样才能破解这个难题围猎成功呢？他把自己设计的方案一遍遍地在脑海里闪现着。也不知是从什么时候起，陈年升喜欢动起脑筋来了，每每遇到一件事情，他都要想想其中的缘由。

陈万明、陈万忠兄弟俩的心绪渐渐平静了下来，嘴壳子不再打颤了。陈富老人从内房里拿出一个竹筒，轻轻摇动了几下，里面清晰有响，就笑呵呵地对年升说：“你到碗柜里取两只土碗来，我这竹筒里可能还有两碗酒，斟给他们喝了就是，也好让他们壮壮胆子压压惊!”陈年升应声就去取了两只土碗来，平端在面前让爷爷放平竹筒斟酒，杏黄的酒液汩汩流出，一股清香渐渐散开。陈万明起身对堂伯陈富老人说：“您给我斟一大口就行了，我不胜酒力，奈不何一大碗!”陈万忠也连忙站起身来说：“我也不胜酒力，斟个半碗就足够了!”陈富老人也没再深劝，就按他们俩要求的分量斟了酒，笑着说：“我这点酒，还是上回从资丘带回来的糯米酒，一般人我还舍不得拿出来，今夜我是看到你们两个受惊了，才舍得拿出来让你们尝尝的!”陈年升把酒碗分别递给陈万明、陈万忠两位堂叔。在爷爷盖了竹筒转身送酒回房时，他仍然立在那里没动，两眼闪烁着，注视着他们的表情，也是想让他们俩喝完了酒，再把土碗冲洗了放到碗柜里去。陈万明眉头一皱就把那一大口酒吞了下去，伸手把土碗递给陈年升的当儿，竟是一脸痛苦的表情。陈年升微微笑着，对两位堂叔说：“您们两位的胆子也太小了啵，不就是看到一下猫子吗？既没掉块肉，也没流滴血，至于吓得那么糠糠耸吗?”陈万忠喝完酒，把土碗递给陈年升的时候说：“你别在那儿不知天高地厚，猫子是吃人的牲口，你是没碰到过，才这么站起说话不怕腰痛。你如果碰到了，就你现在这点儿功夫照样奈不何，不把卵子果果儿吓搬家算你是条汉子!”一听这话，大家都笑了。这一笑，陈万明、陈万忠就算过了这道坎。陈年升把两只土碗拿到水缸边用冷水涮了涮之后，放到了碗柜的原处。他记得爷爷曾经给他说过，喝过酒的碗具要用冷水清洗，下次再喝或是吃饭的时候才没有酒水的臭味。

陈富老人收好竹筒出来，从那只陶罐里摸了几粒还带着温温热的板栗，分别递给了陈万明、陈万忠两个侄儿子。然后回到板凳上坐下，伸手拿起靠在壁子边的大烟袋，准备喝一口兰花烟，提提精神。陈年升连忙挨在爷爷身边坐下，伸手拿起铁火钳在火塘里夹了火给爷爷把烟点燃了。陈富老人深吸了一口烟，然后慢慢吐出烟雾，把眼睛眯了过去，竟是一脸陶醉。

这时，放在餐桌上的那个灯盏里结了灯花儿，亮光暗淡了下来。陈年升连忙起身拿了灯盏边的竹签子挑了灯花儿，屋子里就又亮堂起来了。陈富老人睁开眼，把大烟袋放回原处，嘴里自言自语地哼唱道："世间处处有风景，时间寸寸好光阴；人间漫步逍遥走，三间茅舍一盏灯！"他的这个哼腔被前来看望陈万明、陈万忠兄弟俩的陈万魁听了个正着，就在棚屋外的阶沿上哈哈一笑说："爹，您这诗作得有点精妙！"陈富老人也睁大眼睛哈哈一笑说："哦，是万魁呀？我好久不这么哼一回，却又被你听见了。你是教书先生，我这只是有感而发随便哼哼，不懂什么诗呀词的！"父子俩正这样说着话，廖大锤找上门来了，把头从门里探进来望着陈年升说："年升，你出来一下，嘿嘿，我有事情要找你。"陈年升当然明白是什么事情，起身扫了众人一眼，迈步走出门去。走在塔坝里，望见了当空的明月和起伏的山影。而他的耳边却仍然回响着爷爷陈富哼诗的腔调。陈年升取了四个月饼出来，用丝皮纸包好了塞在廖大锤的手里说："您说只要两个，我给您逮四个，还有两个算是谢谢您给我送石锁来了。"廖大锤一脸感动，嘿嘿地笑着说："你陈年升爽快！我喜欢。二天只要你有使力的笨活，给我带个甩甩儿信去就妥了，你仗义我也仗义！"陈年升把廖大锤邀到塔坝的一角，站在明亮的月光下，认真其事地问："您说这铁砂掌容易练不？"廖大锤直统统地说："不容易，嘿嘿，那不容易！"陈年升点点头，仍然一脸凝重，接着问："我听大爷爷说，您曾经练过铁沙掌，而且练到了八成，应该动作要领你都很熟练了。您愿意教给我吗？"廖大锤仍然嘿嘿地笑着说；"你陈年升逗人喜欢，从小不欺穷，为人仗义，我愿意教你！几时你有空闲就到板桥沟去找我。我把我爹爹给我抄的要我背诵的口诀也都交给你。"陈年升一听这话甚是高兴，伸手拍拍廖大锤壮实硬邦的肩背说："仗义！那我改天一定来了！"

两个人正说话间，陈万魁小声在喊："年升，年升。"陈年升应声就到了伯父陈万魁的跟前。问道："您有何吩咐？"陈万魁很认真地对侄儿陈年升说："眼看着时辰就要到了，在发月饼、分烤羊肉的当口，你要给我精灵点，把场子上的事照看好，不能造成哄抢，搞得乱七八糟的。"陈年升连忙提议说："您要在鼓停歌歇的时候，站在台面上去拉开嗓门把规矩一一说个清楚。要大家都坐在板凳上等候，然后组织人员依次发放才是。"陈万魁对侄儿年升说；"这我晓得，就怕有些人坐不住，把秩序搞乱了套。"年升说："不会，不会，只要首先言明，秩序我来维护，保证井然有序。”陈万魁点点头说；“那我就放心了，放心了!”

明月当空，山影起伏，篝火熊熊，红光闪亮，众人期待的那一刻终于来临。随着私塾先生陈万魁的话音落下，香喷喷的烤羊肉端上来了，油滑甜润的月饼也端上来了，一片嬉闹欢笑。正热闹间，只见陈富老人差了几个青壮，抬了一口瓦缸放在了塔坝中间，并挥手高喊：“各位远近亲邻啊！吃月饼逮羊肉，没有美酒助兴不行啊！这是我攒了多年的一缸陈年腊酒，今天抬出来给大家助兴，请大家尽情享用!尽情享用啊!”喝酒是土家男人的喜好，见陈富老人抬酒助兴，顿时来了精神，全场一片欢呼。

009

一连几日，在陈家棚乐呵了一夜的乡邻们还沉浸在节日的亢奋与愉悦之中，大家每每凑到一起，谈论的还是那天的舞，那天的曲，那天的烤羊肉和那天的甜月饼。陈年升这回也没有和爷爷陈富老人犟性，顺从了他的安排，借冠垭儿田家立屋的场子，当众与廖平山交手表演了一场打斗，结果以平手收场，让廖平山挣回了面子，取走了李秀兰为他抛掷出来的定情信物……那天一早，廖平山的爷爷廖大勇也就随他一同来到冠垭儿上，一是要对陈富老哥说声感激；二是怕年轻气盛的陈年升性情烈犟，不甘示弱，弄得自家孙儿廖平山再丢面子。亲眼所见事情已经圆满，心里踏实安泰，也就皆大欢喜了。站在冠垭儿的三岔路口上，廖大勇老汉紧握着陈富老人的双手，满脸激动的表情，嘴里千恩万谢。话别之后，陈富老人朝石龙寨河岸走去，廖平山牵了驮着礼物的枣红马紧跟在陈富老人的身后。看见背影已经远去，陈年升这才跟在廖大勇老汉的身后朝邬阳关方向回转，并一直朝板桥沟大爷爷陈华家里奔去。

陈华家的三间木屋建在平塆里，西头是吊脚楼，东头是入户路。平整的塔坝坎外有一棵高大的柿子树，在河谷间支起一道风景。柿树的叶子红的红了，黄的还黄着，那挂满枝头的磨盘柿金灿灿的，几多吊人胃口。正午的阳光照着那栋低矮的木屋，用杉木树皮盖成的屋顶上长了一层薄薄的苔藓，在金色的阳光下闪着绿亮亮的光泽。木屋的大门敞开着，有一缕淡淡的炊烟从房顶升腾弥漫开去，飘散在了屋后的那片树林里。木屋后面的山体围着一块平地，长着一棵桂花树，树冠撑开如一把伞。树下有一块长条形的院坝，用黄泥夯了底，用河沙铺了面，看上去干干净净、平平整整。周围栽植着许多医治跌打损伤的药草，有大救架、滴水生，还有车前籽、五爪龙、田七、青木香，还有一蔸长得几多茂盛的七月一枝花。桂花的清香弥漫在阳光下，整个房舍和庭院连贯起来就像一位隐士的居所。

几只红嘴山雀从远处的树丛里扑来，歇在了柿树的枝丫上，闪着长长的尾毛，抖动着嘴壳子，分明是想打打那黄里透红的磨盘柿的主意。河岸上，那一园金竹的竹冠里歇息着一群竹斑鸠，大约也是看见半坡上那树黄里透红的磨盘柿了，踩得竹冠闪摇展翅飞来，也想尝尝柿子的味道。当四五只斑鸠同时歇在一枝满是柿子的细枝上时，小枝被压得一声脆响，断落下去。四五只斑鸠腾地起翅，以为中了埋伏，慌乱列阵朝竹园飞去。七八个大柿子连枝落下，被刚到塔坝角上的陈年升一眼望见，飞起一步跃出丈许，伸出臂膀，抬手接住了坠下来的那一串柿子。

木屋大门之外阳光下的这一切，被坐在堂屋里掰新包谷的陈华老人瞧了个正着，一惊之下还把手里的包谷籽洒了一地。待他回过神来就哈哈一笑，然后大声说道："哈咯咋！我家年升果然身手不凡！"陈年升一步跨上阶沿，把手里的一串柿子挂在了柱头中间的竹钉上，这才叫了一声："大爷爷！"陈华老人应了一声，满脸喜色相迎，起身拍了拍身上的灰尘后，就提了一把干净的木椅让孙娃子陈年升坐下，嘴里笑呵呵地说："年升你今日个来得正好，你大婆婆今日中午给我炒了几个好菜，你要陪我喝二两！"陈年升连忙说："哎哟，我早晨吃得饱，刚才还没饿！我是把爷爷送到冠垭儿之后，他老人家要到荞麦冲去给廖平山说媳妇子，我就打了回转，专程到板桥沟来看看您老人家。"陈华老人一脸喜色说："你既然已经来了，就在这里多玩一会儿，饭也还在慢慢儿弄。大爷爷懂得你年升的心思，我既然已经答应教你功夫了，就绝对不会让你失望。"陈年升松开了眉头，微笑着说："我今朝也正是想来向大爷爷求教！"当陈华老人抬起头来，看到陈年升额头上溢出的热汗，就关切地问道："看得出你是一路奔跑而来，等你歇干了汗，顺畅了气息之后，把午饭吃了再到后院里去。我今天想教教你怎样练石锁！"一听这话，陈年升有些激动起来，脸蛋儿一红说："大爷爷，谢谢您对孙娃子的关照！"陈华老人把脸一沉，假装生气地说："自家爷孙，你讲那么多客套话干嘛呀？"陈年升感激地望了大爷爷陈华老人一眼后，赶紧起身帮忙捡拾了洒在地面上的包谷籽。

午饭之后，爷孙俩又坐在堂屋的大门边闲聊，眼见着一对白鹤从茶莲河的河谷间朝陈家棚方向飞去，阳光下出现了飘移动感的秋景。陈华老人的脸色有些红润，说话的气息里还散发着一丝酒味。他抽了一袋旱烟之后对孙娃子陈年升说："你歇口气了，就到吊脚楼下的矮墙上把石锁请来，拿到荡沟里去把它清洗干净。我到后院等你，先给你讲讲练习臂力的要领。"陈年升等的就是这一刻，听到大爷爷陈华老人的吩咐，连忙起身跨出门去。

这把闲了多年的石锁还是陈华陈富兄弟俩年轻时练武用过的，手柄光滑，四周方正像一把斗，净重六十斤。陈年升把石锁扛在肩上，去到板桥沟的荡沟里仔细清洗了锁面的青苔和尘埃，露出了光滑清晰的钻痕。像一些规则匀称的花纹。陈华老人换上了练功夫的装束，套了一双软底鞋，提前到后院平常练功的场地上活动了一下筋骨，热了热身子，调理了一下气息。这石锁，他也是许多年没有使过了，晓得还能不能像当年那样舞得虎虎生风，步如行云流水，让人眼花缭乱，达到人锁合一的境界呀？不一会儿，陈年升提锁而归。因为刚刚洗过的石锁，全身沾满了荡沟里的清水后湿漉漉的，不便扛在肩上，以免浸湿了衣衫。陈华老人余光所见，年升虽然个子高挑，长得也还结实，但毕竟也还是个孩子，年小力单，有些吃力地把那石锁提着行进，还时不时就打个绞腿。

陈华老人从陈年升手中接过石锁之后，站在桂花树下匀了气息，拉开步子就甩将起来，这一抛、一掷、一缠、一绕、一推、一拿，硬是恰到好处，身法轻捷如燕，石锁收缩如拳，脚步轻点地面，招式变化自如，令人耳目一新。把个渴望学武的陈年升硬是看得心花怒放。但七八个回合之后，陈华老人明显体力不支，浑身大汗淋漓。当他再次挥锁前行几步，将石锁抛出，绕身回转接住石锁，护身横扫一圈之后回正身法，退步甩锁之时，右脚的鞋底挂在了石子之上，仰面向后倒去，随手绕回的石锁不偏不斜正向他的胸脯砸来。就在这千钧一发的时刻，陈年升飞起一步跃出两丈有余，双手前伸合掌，将石锁猛地推离了陈华老人的身子，飞出去的石锁在药园里的地面上“砰”的一声闷响，砸起一个大坑。

待陈年升回过神来，跪在地上把大爷爷陈华老人扶起来时，他已老泪纵横，拉着孙娃子陈年升的手感慨万千地说：“我老了！不中用了！今日这一招若不是你年升机灵，飞步出手相救，我这老命早已休矣！”陈年升连忙安慰大爷爷陈华老人说：“您这是多年不练石锁了，且多甩了几个回合，脚下挂到石子所致。我知道，既是年升不急于出手，大爷爷您也会顺势一滚，不会让石锁砸在胸脯之上的。”陈华知道，这是机灵的陈年升在给自己捡面子，他仍然流着老泪，感慨地说：“年升你就别给大爷爷顾面子了，老了就是老了啊！只是我如果今天就这么死在了石锁之下，那我也就太没面子了！好在我们陈家后继有人，大爷爷才没有出这个丑！”陈年升想到当时的情景，心里也有些后怕起来，便一时找不出更为贴切的话语来安慰大爷爷了，连忙起身到屋檐下取了一条板凳过来，挨着院中那棵桂花树的树杆放好，然后扶起大爷爷陈华老人靠着桂花树杆坐下，然后去用洗脸的木盆打了些清水端来，搁在陈华老人的面前，示意老人洗洗头面。陈华很快平静了下来，把散落下来的发辫捡起来往后背一甩，然后搓了双手，抿了脸面，长舒了一口气息。陈年升连忙起身，端起木盆将水倒在了药园子里。等他放好脸盆转过身来蹲在大爷爷身边，准备随时听他使唤时，陈华老人叹了一声长气说："年升啊！你今天也是亲眼看到了，练石锁功的一招一式都是很危险的，自残自伤的概率极大。如果方法失误或是招式不当，砸伤腿脚或是伤其性命的事就随时都有可能发生！所以你在练习石锁的时候一定要循序渐进，不能盲目冒进！"陈年升连忙点点头说："大爷爷，我记住了！我记住了！"整个下午，他们爷孙俩都没有离开后院。陈华老人耐心细致地给孙娃子陈年升讲解动作要领，传授练武技法。那一日，陈年升知道自家的亲爷爷陈富老人必定夜宿荞麦冲，也就守着大爷爷陈华老人没有离开，一直探讨武术至夜半三更。

巍巍白虎寨上飘动着一片美丽的云朵，白虎寨下的荞麦冲更是一片迷人的秋色，森林与坡地交错的景致像一幅立体的画卷。官家岩、庙岩屋对峙的石壁清亮如镜，观音坡则如壁画吊挂，魏家岩如耸立的雕塑……蓝天下这片美丽的景致，也正是儿男廖平山心胸里无比神往的地方。

其实从冠垭儿到荞麦冲，相距并不太远，过了石龙河就上庙岩屋，绕过几道山湾，过了李家岭再过周家岭，也就一眼望得见荞麦冲了，脚头子快的角色只是一个大早工的路程。陈富老人迈着慢态的方步，由着自己的性子走着。廖平山跟在老人身后，牵着驮着礼物的马匹，早已是一脸的兴奋与陶醉。陈富老人在邬阳关那是何等威风的人物！今朝他能给板桥沟廖家这么大的面子，亲自动步为他做媒说亲，对于他廖平山来说，那又是何等荣耀的事情。但年纪轻轻的廖平山哪里知道，其实这位陈富老人心胸里却打着很深的算盘，他不为自己寻求什么得失，人情世故对他来说也好像已经无所谓了。而他现在所做的一切，所付出的任何辛劳都是为了孙娃子陈年升。一向深谋远虑的陈富老人不为别的，就为给孙娃子陈年升铺平一条人生道路。陈年升在打秋的擂台上夺了冠，得了擂主，他即使不出面与廖平山的爷爷廖大勇调和，量想他们廖家也只能忍下这口气，即或他们再怎么怨恨也怨恨不到他陈富的头上去，因为说白了这打秋的娱乐，也就是一群老人看着一群孩子闹着玩。可深谋远虑的陈富他不这么想，廖家在邬阳关也是旺族，且廖大勇与他陈富、陈华兄弟俩在清江放簰的那些年间也算是结下了生死情谊，算得上也是过命的兄弟。现在虽然自家的大儿子陈万魁读了诗书后在邬阳关开了私塾学堂，讨得一碗轻省饭吃；小儿子陈万星喜欢打猎，山运也走得正旺，衣食无忧，能过好安稳的日子。可在陈富的眼里，清江放簰那才是土家男人洒脱的营生。而且他还认定：孙娃子陈年升将来一定是块经营水上营生的材料。这廖平山的父亲，廖大勇的儿子廖百川正是邬阳关一带经营水运木材这个行当的头领，如果想入这个行当，只要有了廖百川的照应，那不等于就是一马平川了吗？陈富在孙娃子陈年升打擂获胜后给了廖平山抚慰，感动了廖家的爷孙二人。而当他随口许愿，动步走这一趟，为廖平山做媒提亲，这事传到廖百川的口里，还有不被感动的道理？动步走这一趟，对于他陈富老人来说就等于是还了一个人情，又还赶了一个人情，是个几多划算的差事？由此可见，陈富老人为了孙娃子陈年升也真是费尽苦心了。

010

荞麦冲的李家也是有名的大户，能把秀兰姑娘嫁到木材行的老板廖百川的门下为儿媳，那也算是门当户对。再说这廖平山英俊年少，与李秀兰也是天生的一对。自从李家听说郧阳关有名的龙头老爷陈富要亲自前来荞麦冲为廖平山提亲说媒时，也觉得脸上有光无比荣耀。于是早早地清扫了门庭，通知了李家族中的头面人物挤了满满一屋，还请了上好的厨师准备了丰盛的酒饭。还在李家老屋的高堂之上打起了厢桌，铺了红毯，在李家香火的神龛之上点燃了对子红烛，铺排得几多体面。

晌午时分，爬得一身热汗的陈富老人上了李家老屋的塔坝坎，李家的族人欢天喜地的恭迎出来。一看陈富老人那气宇轩昂的派头，硬像一个地位显赫的土司老爷。一群婆姨挤在一群山妹的中间，仔细地审视着这个牵马而来的俊美男子。只见他个子高挑匀实，肩宽腿长，上身穿一件天蓝色的缎面汗褂，下身穿一条镶了紫红色沿边的天蓝色灯笼裤，脚穿一双白净亮色的六股绳满耳子苎麻织鞋，腰间系了一条紫红色的练功腰带，一身英武的气概。再往上瞧，那是一张圆实的国字脸，五官端正，两眼机灵有神。一头乌黑的长发扎成一根竖柱后散落下来搭在肩背，在阳光下透着柔亮的光泽，好一个英俊洒脱的土家儿男。一群婆姨啧啧称好，一群山妹秋波闪烁，把个挤在闺房门口远远瞧着心上人的李秀兰硬是喜得抿不拢嘴儿了。

李秀兰的弟弟李小三接过廖平山手中的马绳拴了马，卸下了马鞍上厚重的礼物，交与廖平山双手端着，步子稳健地走进高堂放在了厢桌之上。陈富老人一脸笑颜观望了众人，捧起龙头拐杖作杖施礼，然后站在大门前对着李家老屋的香火送了恭贺，被李家族中的头面人物迎进门去，享用烟茶去了。

也正是下午的那个时辰，吃过丰盛午餐后的陈富老人正坐在洒满阳光的塔坝里，与李家族中的长者谈论着后生廖平山与李家闺秀李秀兰的婚事，双方的言词雅净，还说得几多坦诚。陈富老人背靠着白虎寨落坐，面对着郧阳关起伏的山影，时不时就还远眺一眼。突然间，他的右眼犹如鸡啄米似地急跳了几下，心胸里掠过了一丝儿惊慌。他顿时一脸惊愕，预感到了什么事情。他平时就很担心儿子陈万星打猎时擦枪走火，他也担心孙娃子陈年升年轻气盛有什么闪失。可等他缩回手抱在怀中暗自一掐算，心里稍微有了个谱，也就停当了些。按照陈富掐算的方位，要有什么动静的话也应该是在陈家棚的东南方向，多半都在板桥沟的兄长陈华家，按照批语再仔细一分析，即使出了什么意外，也当是有惊无险。他脸上收紧的表情就又松弛下来，慢慢地端起茶杯呷了一小口。

经过双方地坦诚交流，陈富老人贴心贴己的话语感动了荞麦冲李家的族人，为板桥沟廖家和荞麦冲李家牵了红线，促成了一桩美好的姻缘，李家亲朋皆大欢喜。陈富老人见时机得当便跟步而进，为廖平山和李秀兰择了吉日喜期，并商议了迎娶嫁接的相关事宜，把所有的事情都办得妥妥帖帖了。随后还用纸张一一用毛笔记下，交与廖平山揣在怀中，让他回去向他的爷爷廖大勇复命。

又是一个秋高气爽，阳光灿烂的晌午。陈富老人告别了荞麦冲李家，与廖平山沿路步行返回郧阳关。可他中途改变了行程，没去板桥沟按照常规给廖大勇复命，而是把许多细枝末节的事宜都给廖平山一一交代清楚了。他还给廖大勇老汉捎去口信，说改天抽空再去拜访，然后与牵马随后的廖平山话别，由着自己的脚步往陈家棚走去，他不放心家里的事情。

那日陈年升从板桥沟大爷爷陈华老人的家里出来，回到陈家棚的时候也不过是早饭过后。走到自家屋前，见他爹爹陈万星正坐在阶沿上的木椅子上精心地擦拭那支心爱的猎枪。陈年升上前叫了一声："爹爹!"陈万星斜了他一眼，从鼻孔里"嗯"了一声出来就算是应了，也没给他个好脸色，大概是觉得他随爷爷出门的时候也没给爹娘打声招呼的缘故。陈年升径直去了厨房里，叫了娘一声之后问道："年学今日跑到哪儿去了?"杨彩莲看到儿子年升回到家中很是高兴，就大声回答说："年学跟着你伯伯到学堂里读书识字去了，他的脾气可比你温顺本分一些，让他读点诗书之后，将来恐怕也有点出息吵!"陈年升从母亲的话里听出了一点弦外之音，也就没有再问什么。他拿了自己洗澡的木盆，准备到水缸边打水洗澡，然后换一身干净些的衣衫。

杨彩莲心里疼爱着儿子，就关切地问："年升，你吃过早饭没有?没吃的话，饭还在碗柜里，合渣汤也还是热乎的哩!"陈年升回答说："吃过了，我是在板桥沟大爷爷他们家吃过早饭之后才回来的!"杨彩莲心里一怔，连忙问道："哎哟喂，你没跟着你爷爷去荞麦冲啊?"陈年升连忙答道："爷爷是去给廖平山做媒说媳妇子，我跟着跑去干嘛呀?"他母亲扑哧一笑说："我以为你也跟着去荞麦冲，把李家的妹子弄个回来的吵!"陈年升脸儿一红，没再回答什么。倒是他爹陈万星擦完枪装药填膛之后，走进屋来搭了腔："你看他也像个找得到媳妇子的样子吗?整天东游西荡的，早被他的爷爷娇惯坏了，只晓得打打杀杀!"陈年升一听爹爹这话，心里几多冒火，就瞪了爹爹陈万星一眼说："您也是一天就只晓得赶仗打猎，打鱼摸虾，您没得爷爷他老人家想得那么深远!”陈万星更来气了，望着儿子陈年升冷冷一笑说：“我说你爷爷把你娇惯坏了你还不认账！你爷爷和你大爷爷年轻的时候，就想雄霸清江流域，当个大英雄。最后被盘踞三里城的山匪谭大鹏捉了活的，好不容易才把小命捡了回来。他们的梦想没有实现，后来年高懂事后不依你爷爷的摆布，去学堂攻读诗书，准备将来过耕读为本的平凡生活。现在可好！你爷爷把所有的心思都用在你的身上了。其实说白了，你陈年升就是你爷爷的一个梦境。”陈年升倚在门边听得有些傻眼了，他从来没见过他爹一连串说出这么多话来，就在那儿用一种讥讽的口吻说：“哈咯咋，我的个爹呀！您平时嘴皮子笨，有时候当说几句体面话的时候，却搬起两扇石磨还压不出个屁来。原来你还这么会说话呢!”陈万星眼睛一鼓，正准备冲着儿子陈年升大吼，可朝他那机灵的模样儿一细瞧，脸没绷住，“扑”的一声笑了出来。他一边笑还一边断断续续地说：“你小子硬是逮得没得个腔板儿了，叫你这么日弄你爹的么?”

杨彩莲听着夫君陈万星和大儿子陈年升的这番争执，开心地笑了。平时他们两爷子很少沟通，性子都犟起来的时候一个脸朝东，一个脸朝西，生怕他们日久生仇，憋出毛病来了。夫君陈万星这“扑”的一声笑了出来，就让杨彩莲放心了。看来这“父子无隔夜之仇”的话千真万确。就在陈万星笑过之后，还想对儿子年升轻言细语地说道点什么的时候，就听族房里的堂弟陈万忠急切地喊道：“万星哥！万星哥呀！你快去看看吧！对门岩上有一头山羊半头牛大，好吓人哩!”一听这喊声，陈万星提枪就跑，跟在堂弟陈万忠的身后奔去……

陈家棚西头的峡口之上，中间一河之隔，两岸耸立的大山对峙着，相距百丈之遥。河下是深谷，陈家棚这岸是缓坡。站在田坎上仔细瞧去，对岸石壁的横等上，果然有一头小牛般大小的山羊在来回寻路，似是上不去下不来，左右也都是溜岩皮。陈万星眼前一亮，正准备端枪插引。可就在抬起枪颠的当儿，他突然意识到这距离太远，填在膛中的铅弹无法击中目标，就立刻把端起的啄子火枪缩了回来，叹了声长气后对陈万忠说：“对岸打枪难以击中目标，绕道迂回到对门的岩壁上，中间又隔了一个岩嘴，铅弹转不得弯，还是打不中，只有让那头山羊转到咱陈家棚这边山上来了再打!”陈万忠急得双脚跳，可又想不出个办法来，只得离岸而回。陈万星仍然守在对山盯着山羊，观察着山羊的动静。陈万忠也是心神不安，一会儿跑过来瞧，一会儿又跑了回去，只想那头山羊直接就从岩壁上栽下来，让他们好到河谷里去捡，真是好急人哩！陈年升也到河岸上跑了几个来回，眼看着太阳已经偏西，到了下午头歇过的时候，那头山羊仍然困在那道岩等上转悠，没有寻找到逃离险境的路径。

恰在这时，陈年升的爷爷陈富老人拄着龙头拐杖回到了陈家棚。老人家刚上塔坝坎，还在擦汗，陈年升便迎了上去，接过爷爷的龙头拐杖放进里屋去了。陈万星见爹爹已回，就急匆匆地跑过来问道：“爹爹！对门岩上有一头山羊，在那道横等上已经困了大半天了。可观察地形地物，在对门最好开枪打，但火枪的射程不够！”陈富老人转过脸来望着幺儿陈万星笑笑，然后问：“你的火药是用什么树木的炭灰各的？”陈万星连忙回爹爹的话：“浮阳树，怎么啦？”陈富老人慢条斯理地说：“我晓得，你平时打枪药量用得就足。那你赶快用膛条勾出填膛的头发丝儿，再加两角子底药进去，抬高点打，应该够得着！”陈万星似是恍然大悟，急转身就去了。陈年升把爷爷说的这几句话记在了心里，但他没有随爹爹陈万星慌忙而去，也许是他对打猎的行当不那么感兴趣的缘故。

等爷爷稍歇片刻之后，陈年升走近老人的身边说：“我是不是给您烧一炉锅热水，让您洗个热水澡换身衣服呀？您走了这么远的山路，一定累出了几身大汗！”听了陈年升这话，陈富老人感到欣慰舒坦，望着孙娃子年升开心一笑说：“你快去给我烧水吧！我若不是惦记着你年升舍，哪门得这么急着往回跑哟！嗨！算我没有白疼你呀！”就在陈年升生了火，打了一炉锅水挂在梭筒钩上的当儿，就听河坎上“砰”的一声枪响，接着便是一串什物滚落下来砸断树叉树枝子的响动。陈富老人开怀大笑说：“哈咯咋！逮到了！逮到了啊！”陈年升听到枪响，也欣喜地跑出来对爷爷说：“我本来先就想给爹爹出这个加药的点子，可又怕火药加多了火枪炸膛，就没敢说。”陈富老人笑眯眯地对孙娃子陈年升说：“你爹爹给我说，他是用浮阳树木炭灰各的药，我就敢给他出这个主意。浮阳树炭灰各的药，性情温柔一些，如果是杉木炭灰各的药那就加不得了，它的药性硬，横力大一些，真怕火枪炸膛！”陈年升和爷爷正说着话，就听陈家棚的一群男人吆喝着呼喊着，沿河岸的山道朝河谷间奔去，又要去抬猎获的那头山羊了。

011

夜幕降临的时候，陈家棚格外的宁静。炎热的气流仍然在峡谷间弥漫着，柔和的月色映照着远处的群山，隐约传来的水响像轻吹的细乐，几声零散的犬叫拖着尾音，把整个郧阳关朦上了一层神秘悠远的色彩。陈富老人与孙娃子陈年升吃了老伴黄翠姑煮的南瓜苞谷粥之后，就坐在塔坝角上纳凉讲白话。陈富老人讲得眉飞色舞，孙娃子陈年升听得津津有味。

爷孙俩讲着讲着，竟勾起了陈年升的好奇心，他冷不丁问了爷爷一句：“您和大爷爷那年出去放木簰的时候，怎么就被谭大鹏捉到三里城去了呢?”陈富老人哪里晓得孙娃子陈年升会冷不丁问出这么一句话来？他突然打住话题，一脸沉重，过了片刻之后才叹了一声长气说：“都怪你大爷爷逞能！在桃符口这个水码头上放木簰谋生不容易，谁也不敢与三里城的山匪作对。他们的规矩是十根抽一。也就是说，我们从金鸡口放木簰出桃符口，扎的小簰是三十根杉条木，起簰归入材场的时候，就要给谭大鹏的手下交三根条木。这浩浩清江，绿水荡荡，谭大鹏硬说那水道就是他的，这十根抽一就算是买路的钱财。这时间久了，你大爷爷硬是忍不下这口气。木材启岸的那天，你大爷爷发了狠劲，几抓钩把就把谭大鹏手下的一班弟兄扫到清江水里去了，像丢汤圆下锅一般。”陈年升眨巴着眼睛急切地问：“谭大鹏手下的那些兄弟都不会武功?”陈富老人连忙解释说：“武功是会，可哪里是你大爷爷的对手?”到了傍晚，夕阳照着江面，只见三里城后山的小路上下来了七八个人，飘着一叶轻舟就过桃符口这边来了。小船靠岸，汉子登陆，七八个大汉手持兵器直奔我们搭在岸坎上的棚子，形成包围之态。一个掌拐的爷们就大声吼道：“谁是陈华?你是吃了熊心豹子胆！敢坏我桃符口的规矩!”陈富老人停顿了一下之后接着说：“你看你大爷爷没有看到阵势，自认为武功高强，手持一把长长的抓钩，就从棚子里冲了出来，并大声喊道：‘老子就是陈华！哪个小儿竟敢在此直呼你陈爷爷的名号?’可等他闪身一出来，那掌拐的谭大鹏挥手开战，便一起合围上来，把你大爷爷逼到沙滩之上就是一场好打!”陈年升顿时来了兴趣，听得眉飞色舞，连忙插话说：“大爷爷一个人就能拿下他们八个?”陈富老人摇摇头说：“哪里是哟！大概也就是扭打了三四十个回合之后，你大爷爷的抓钩把早已断成了几截。哪知道那七八个人都是三里城的高手，最后把你的大爷爷打趴在地，一个土飞机就架到了那条小船之上。正准备驾船离去，我急了，这才撑篙出手，跳到船头使出横力猛蹬。船在清江水面之上打了十几个圈才稳控下来。两个高手把你大爷爷按在船舱，其余六人与我打斗，虽然船上伸不开家伙，但还是战了几十个回合，最后还是寡不敌众，我也被他们按在了船底动弹不得。船靠江岸之后，一阵风就把我和你大爷爷擒上了三里城，把我们关在了石墙里边。”

陈年升听到这里有些失望，连忙问道：“那最后您和大爷爷兄弟俩又是怎么逃出来的?”陈富老人的情绪已经完全被孙娃子陈年升调动起来，他激动地说：“这事还是不能说我们是怎么逃出来的，因为我们仔细想过了，那三里城机关重重，戒备森严，要说逃走那是万万不可能的。只能说谭大鹏也还是个义气班子，见我和你的大爷爷兄弟俩也是好汉，不想与邬阳关的人结下命债。我们才说通了看守，并由看守连夜给我们带路，才从三里城后山逃出来的。后来我们就一直在想：这一定是谭大鹏故意安排的一个漏洞，既让我们能够逃走，他也不丢面子！”陈年升又插话说：“看来谭大鹏的德性并不是那么坏。”陈富老人连忙说：“可以这么解释！”就这样，一个压在陈年升心底很久的谜团解开了。

陈年升抬起头望了一眼邬阳关雄伟的山影，明亮的月光把山谷间映照得明暗交错。当他的目光回到眼前，看到爷爷陈富老人那花白的长发，以及那满是沧桑的脸面时，心胸里顿时涌过了一丝儿伤感。他似乎一下子明白了爷爷对他的一番苦心。知道爷爷陈富和大爷爷陈华兄弟俩，永远也忘不了那一次的江湖屈辱。征服清江，洗刷屈辱，可能就是爷爷他们心中的梦境。

可是，此时此刻的陈年升虽已胸怀大志，但他的志向也未必就是在清江流域之上称雄，他的志向也未必与他祖辈的梦境相吻合。因此，尽管他的爷爷陈富所说的每一句话都似乎充满了期待，也意味深长，但他似乎在聆听的过程之中始终不可能给爷爷承诺什么。然而在他的心底里却已经萌生了一个愿望。也就是说，只要有机会，他会尽全力为祖辈们找回失去的尊严。

夜渐渐深了的时候，陈年升躺在爷爷家的棚屋里失眠了，他似乎已经预感到自己的人生将是波澜壮阔，自己的前途会是珠联璧合，但摆在自己面前的挑战与考验也将是严酷无情。他的眼前时不时闪现出大爷爷陈华仰面倒地，差点被石锁击毙的情景，心灵的震撼至深。他之所以守口如瓶，没有与爷爷陈富老人提及这件事情，是因为他早已懂得，这仍然是习武之人的耻辱。

又是一个阳光灿烂的秋日，初升的阳光普照着大地，耀射着群山，把白虎寨下的邬阳关装点成了一幅极美的图景。陈年升如时起身，到场地里练功去了。陈富老人梳洗完毕，也早早地开始忙碌起来。他拿起一把镐锄在陈家棚街面的塔坝里转悠，是要在其间选一块平整开阔的场地，供孙娃子陈年升练习石锁功。可选来选去，还是觉得自家塔坝前的那一块平地适合一些，长三丈七八，宽一丈四五，甩得开绕得过举得起冲得出……他用镐锄在地面上这里磕磕，那里打打，清除了那些容易挂脚的尖岩石籽，浇土填平了坑凹，仔细检查过后，这才伸手拍去身上的尘土，收镐洗手。

早饭过后，陈富老人深情地望着孙娃子陈年升说：“年升啊！本来我是下不得心让你练石锁功的，可是练好石锁又是练好其他武功的基础，属于基础性的综合训练，你没得怨言吧?”陈年升笑着说：“常言道，宝剑锋自磨砺出，梅花香自苦寒来！年升既然选择了习武，就不怕吃苦流汗！爷爷您也莫心疼，年升头上顶得起锤得烂八把稻草，愿意吃苦流汗！”陈富老人点点头说：“那就好！那就好啊！我今天就把话说开了，爷爷的心愿就是要把你造就成一个江湖英雄！我不想你在江湖上输给任何人！”陈年升站立在那里挺起胸膛，两眼望着邬阳关雄伟的山影说：“爷爷您放心，年升一定把自己锻造成一块好钢，让自己成为一个顶天立地的汉子！”陈富老人看了孙娃子陈年升的精气神，喜上眉梢，爽朗地说：“那就好！从今天起，我也就拼了这把老骨头，陪你练上一个冬春。你只要练成了石锁功，爷爷就慨慨气气，放心大胆地送你出清江！”陈年升仍然挺身站立在那里，像一棵松。这时倚在门边看了许久的奶奶黄翠姑自言自语地说了一句：“瞧这爷孙俩，硬是搞得几多隆重，像送壮士登程！”

这个日子，是公元一七八九年的农历八月十八，仍然是一个秋高气爽，万里蓝天的日子。也就是从这天起，陈年升开始接受系统训练。先用那把四十斤重的石锁练习身法，体会动作要领，认真领悟爷爷教他的身法口诀，辗转反侧，细细品味其中的奥妙。也正是从这个日子开始，陈年升结束了自由快乐的少年生活。陈富老人不仅给陈年升安排了训练的科目和课程，而且还精心安排好了陈年升一日三餐的食谱，交与老伴黄翠姑，要她用新包谷蒸饭，用合渣煮汤，辣椒调味，大蒜消毒，粉鲊酸菜，适量加肉，大骨熬汤，栗子炖菇，蜂蜜拌枣，腊酒提神……真有点兵马未动，粮草先行的味道。经过爷爷奶奶的精心调理，陈年升体力倍增，身体日日见长。

一晃就到了农历十月，那是一个雨过放晴、秋菊绽放的日子。陈年升曾经肿了又消、消了又肿的腿脚和双臂终于变得舒坦轻松起来，腿肚子上分别绑着的两袋河沙也好像与身子骨合为一体了，手掌里磨去的粗皮，又长出了红泛泛的新肉，那把八十斤重的石锁在他的手里已经抛掷推拉缠绕自如，犹如一个把玩的物件。陈富老人见状，先是一脸惊讶，然后爽朗地笑着说：“哈咯咋！这小子比我和他大爷爷年轻的时候要强许多，真是块好料！”

每天与陈年升同着食谱的陈富老人，也已经养得红光满面，精神焕发，神清气爽，体力大增，洒脱得如一个体魄健壮的硬汉。开心时爷孙俩还要提起精神比划一阵拳脚功夫，过着一种紧张而又快乐的生活。

快到晌午的时候，从邬阳关到陈家棚的横路上有一前一后两匹马奔来，是木材老板廖百川回到邬阳关板桥沟之后，领着儿子廖平山带着厚礼，来陈家棚陈富老人家中谢媒来了。廖百川个子高大，气度不凡，且见多识广，熟知礼数。与陈富老人叔侄相见，格外亲热，说了许多客气感激的话语。廖平山与陈年升相见，也是几多高兴，卸下礼盒之后就挽着马疆到陈家棚的塆垱里遛马去了。

012

坐在棚屋的阶沿上闲聊，陈富老人说出了自己想把孙娃子陈年升送到清江之上锻炼锻炼的设想，是想讨讨廖百川的口气。哪知道廖百川爽快得很，一口应允了下来。并再三表示，愿意把年升当作亲生儿子一样对待，加以关照提携。可是，当廖百川问了陈年升的生辰八字之后，他却沉默了许久，脸面上展露出惊愕之色。陈富老人立刻从廖百川的表情变化之中察觉到了什么，很委婉地问道："贤侄若有什么难处，我不会勉强！到时候我把年升先送到石龙寨河里去学刹把子。山上的工夫烈，水上的工夫险！要想成气候，学得一身本领，还得从头开始！"廖百川开怀一笑说："老叔说的极是。只是我刚才默了一下年升侄儿的命理，他将来应该是一个骑马背刀的角色，恐怕不只是一个清江放簰的水手啊！"陈富老人眼前一亮，很有几分惊讶地问廖百川："贤侄你还精通命相之术？"廖百川很谦虚地回答说："算不上精通，只是闲着没事的时候，喜欢看点闲书，琢磨琢磨。"陈富老人顿时来了精神，呷了一口清香的罐罐儿茶之后，慨叹着说："我这孙娃子年升很是机灵，我倒是不指望他骑马背刀，只指望他将来能够讨得生计，活出个人样。"廖百川认真地说："那倒也是，儿孙自有儿孙福，不过我对年升这娃儿很感兴趣，他那英俊潇洒的模样很是讨人喜欢，加上还有您这样一位高人加以调教，将来必成大器！不过老叔，您对我们廖家有牵线搭桥、促成姻亲的恩德，因此我有话也就直说了！"陈富老人连忙催促着说："你既然懂得命相之术，又在外面见多识广，加上与老叔也是多年友好的关系，有话不要吞吞吐吐，尽管直说！"廖百川也呷了一口清香的茶水，然后慨气地说："其实我在拜访您老人家之前，就听我儿子平山细说了许多有关年升的事情，我就根据他的特征和姓名作了一番探究，总觉得他的这个名号是否可以稍作一下改动，不知老叔意下如何？"

陈富老人知道廖百川不仅浑身是胆，而且也是一肚子见识，既然直言提出了这个问题，其中必然有因果，就接着催促道："你快说来听听？只要说得有理，且对年升有利，我会尽量依从。"廖百川忙说："我看过相关的书籍也仔细地测算过了，如果把陈年升的'年'字改成'连'字就好了！"陈富老人松了一口气，还以为廖百川不晓得要怎么一个改法。那不还是陈连升吗？陈富老人就淡淡一笑说："你这其中有什么说道？他这名号从出生后洗三的那天打发送子娘娘的时候我就起了，而且已经填上了陈氏家族的族谱，是以世系传承的字排行中的'年'字而起的名！"廖百川顺手从地上捡起一小块白颜色的金冈泥，就在阶沿坎的石板上写了"陈连升"三个大字，而在连字的走之之上还少写了一点。陈富老人有些不解，微笑着问道："为何连字上还少写了一点？"廖百川平静地说："我是专门少写了一点，如果我所说的这个名号对他有利，或许会有神来之笔帮忙把这一笔点上。"话音刚落，一对白鹤便从河谷间飞来，歇在了棚屋的屋脊之上，闪动着白色的翅膀……突然一只白鹤盘旋着绕了一圈，张嘴吐出一粒指头大小的白物来，不偏不歪，正好滴在走之写点的位置。陈富老人眼前一亮，大声惊呼："哎呀！这可真是神来之笔！"廖百川见状也是一脸惊愕，他没见过世间之事竟有这般蹊跷的机缘。就这样，活到六十有八，还从来没有屈尊顺从于人的陈富老人，立刻依了廖百川的点化，把孙娃子陈年升的大名改成了"陈连升"。

其实到后来廖百川为何要改动陈连升的名号，连他自己也没有说出个子丑寅卯来。或许其间真有什么来去，或许只是廖百川灵感的展亮。陈连升和廖平山骑着马在陈家棚塆垴里遛了几圈之后，策马一路谈着白话。廖平山问陈连升："感觉如何？"陈连升开怀大笑说："爽啊！很是过瘾！只是这山地里跑马场地太小，找不到那种驰骋疆场的感觉！"廖平山早已在内心深处把陈连升当成了最好的兄弟，也就关切地说："你莫急吵！这江湖之大，必然有你跑马的地方，就看你有没有驰骋疆场的志向。"陈连升望着廖平山那张充满真诚的脸面说："平山哥！但愿他日我等兄弟都能够奔出邬阳关，到外面的世界里去，扬鞭催马，驰骋疆场！"两位英俊的美少年欢快地高喊着，又在塆垴里狂奔了几圈之后，回到了陈家棚，他们把马拴在了平地里那棵栗树之上。当他俩见了石板上的三个大字，听完陈富老人的说道，也是一脸惊愕。倒是陈连升思忖了一下之后高兴地说："或许这就是天意，以后我就用这个名号了，我喜欢这个名号，多谢爷爷和廖伯伯费心！"

陈富老人留廖百川父子俩吃过午饭之后，他们爷儿俩道了别骑马回板桥沟去了。陈连升按照饭后歇息的时刻又开始了紧张的训练，他已经为自己拟定了目标，要圆满完成这个冬春的训练计划，并在心底里发誓，明年春上他决心名正言顺地去闯清江。午饭时，陈富老人为了陪贵客廖百川而多喝了两杯，坐在吞口里的木椅子上打起盹儿来，迷糊间他的脑海里闪现出了浩浩清江滚滚流去的画面，耳边回响着艄工的号子，像一个梦境而又不是梦境，意念间他似乎又见到了清江峡谷间一片绚丽的景象。

初冬的一个日子，陈华老人拧着两袋柿饼，杵着拐杖从板桥沟出发朝陈家棚走去，但他的心里不是个滋味。好多天以来，他就想到陈家棚去看看孙娃子陈连升，可是真要动身的时候，他又觉得还是不见的为好。那个心灵的阴影一直缠绕着他，所以再三迟缓，等他最终克服自己的心理障碍，动步起身的时候也就拖到了初冬。几场秋雨之后，邬阳关就有了几分凉意，他已经穿上了那件青面白里子的羊皮马夹，戴上了那卷青色的包头。爬上陈家棚那道横坎的时候，他望着茶莲河岸，长长地吆喝了一声。正在间隙休息的陈连升听出了大爷爷陈华的声音，连忙转过脸来对爷爷陈富老人说：“是大爷爷来了！”陈富老人微笑着点点头说：“我听到他的声音了，他是来看看你练石锁功的情形的。你脚头子快，去接他几步吧！”陈连升应声而去，还隔多远，他就亲热地叫了一声：“大爷爷！”陈华眼前一亮，有些兴奋地应道：“哎哟喂，几个月不见，连升你又长高了，也长结实了！”陈连升接过大爷爷陈华手中拧着的东西，连忙说：“您莫责怪孙娃子了，这几个月爷爷把我盯得紧，没有抽出空来去看望您老人家，失敬了！”陈华老人连忙说：“哪儿的话哩！让你练好石锁功是你爷爷的心愿，你能这么专心苦练，就是对大爷爷最大的安慰！怎么样？你爷爷没有刁难你啵?!”陈连升连忙解释说：“爷爷对我很慈善，凡事由着我，除了善诱之外，没有刁难我的事情发生。”陈华老人边走边说：“那就好！我就怕他那怪脾气一上来，爷孙俩僵持怄气，影响到你的情绪！”陈连升笑着说：“大爷爷您就放心吧！爷爷从来就不在我面前起高腔发火，要讲什么事情，他都是和风细雨，苦口婆心的！”陈华老人打了个响哈哈说：“你爷爷把你当心头肉，哪里舍得在你面前起高腔嘞！”爷孙俩说着说着不觉到了陈家棚屋门口。站在阶沿上的陈富老人听到了他们爷孙俩的谈话，大声笑着说：“谁叫你们在背后打我的背钻的呀？”陈华抬起头来笑着说：“谁还敢打你的背钻说你的坏话呀？连升口口声声都在念叨着你的好哩！”上到阶沿坎，陈华就在木椅子上落了坐。他忙对孙娃子陈连升说：“也没得么得好吃的心疼你们，炕了些柿饼，给你们带点过来尝尝，蛮甜的！”陈富老人接过孙娃子连升递过来的柿饼，进屋放在了桌子上，然后在火炉上炕了茶叶，给大哥陈华沏了一罐儿香茶出来，接着又到里屋去找了几匹油涮涮的叶子烟递给了大哥陈华。

喝了茶水，过完烟瘾之后，陈富老人慨气地说：“连升啊！苦练几个月了，功夫身法也很有长进。今天你大爷爷专程到陈家棚来一趟，想必也是来指导你练功的。你略作准备，然后把你练熟的石锁功展示一遍给你大爷爷看看，如有不到位的地方，你大爷爷定会赐教于你！”陈连升应声站起，在两位爷爷面前不远处昂首挺胸，如行注目礼一般。片刻之后，陈连升平稳了气息，迈步走进场地，拎起那把八十斤重的石锁开始舞动起来。抛掷推拉缠绕的动作流畅，身法如同行云流水，气息匀称平和，下盘稳健自如，轻松得如跳土家摆手舞蹈一般。

陈富老人看得眉飞色舞，等陈连升不停转换姿势抛举石锁，缠绕伸提甩拉几十个回合之后，最后作收势，平稳地放下石锁，额上渗出热汗时，陈华老人情不自禁地站立起来，走到陈连升跟前慨叹着说：“奇才！奇才呀！大爷爷当年练石锁三年之后，也没有你今天的境界呀！”陈连升长舒了一口气之后说：“承蒙大爷爷抬爱，夸奖！其实这都是您们两位爷爷教导有方！连升只是愿意吃苦流汗而已！”

陈富老人一脸陶醉，顿时一种成就感从他的心底里升腾起来。当他听到大哥陈华对孙娃子连升的夸奖时，他的心里比蜜还甜！他走到大哥陈华与孙娃子陈连升的跟前说：“你可不能光说连升的好，不能娇惯了他！你还仔细想想，哪些地方还需要提升和改进的？”陈华没有立刻回答什么，猛地伸手拉起陈连升的双手，看到那磨掉粗皮之后又长出的新肉，满掌之中都是层层老茧，眼里便闪出了泪花。他心疼地说：“还说你爷爷没有刁难你！瞧你这一双手啊！当年你祖爷爷教我们的时候，可没有你爷爷这么下得手啊！连升你受苦了！”陈连升的性格其实也很刚强，但他内心深处却十分感激爷爷陈富老人对他的磨砺。他语言坚定地说：“练功习武是我之所爱，我愿意吃苦流汗，这点伤痛算不了什么！”陈富老人上前一步，伸出手轻轻地拍了拍陈连升的肩膀，深情地说：“你有这种想法我就放心了！希望你不要停下来，再坚持几个月，你一定会练得出神入化！”

陈华老人终于没有忍住，老泪涌了出来。他此时此刻的心情尤为复杂，他想到了自己年轻时练功习武的情形，脑海里也浮现出了那天连升伸手救他时的情景，真可谓百感交集。让陈华老人万万没有想到的是，陈连升小小年纪，骨子里就有一种不可战胜的气概，每每出手都能让人眼前一亮，心里一怔。而且陈连升还胸怀宽广，理想远大，真是一个让人心生慈爱与敬意的后生。而我陈华从前还心分彼此，小肚鸡肠，没把自己曾经学过的练过的东西全部教给孙娃子陈连升，真是羞愧难当，羞愧难当啊！陈连升这个优秀的后生不仅是自家同胞弟弟陈富的亲孙子，而且还是自己的救命恩人，如果还对他陈连升保留点什么，那就是我陈华为人太不地道！当陈华老人将自己的情绪完全稳控下来之后，便抬头望了一眼周围围拢来看热闹的人群，然后慨气地说：“你们爷孙俩受苦了！这回我也就在陈家棚多待几天，把我所晓得的东西全部传授给连升，不能再这么流汤滴水了！”陈富老人一听这话，哈哈大笑了一声，然后用略带一点讥讽的口气对大哥陈华说：“啊哟！这回硬是想通了？不给陈年德多少留那么一点儿了？”陈华老人的神经像被针刺了一下，他转过脸瞪了老弟陈富一眼之后说：“我看你也是活到一把年纪的人了，怎么也还是这么小肚鸡肠呢?!”陈连升见两位爷爷又要开始打嘴巴仗了，就伸出手做了一个手势，打断两位老人的话题说：“您们别站着累了，快坐着喝茶去！”

邬阳关的这个冬天格外寒冷，大雪纷飞，遍地冰冻。而这个冬天对于陈连升来说，也是一个最为严酷的冬天。他除了苦练石锁功法之外，还把大爷爷陈华传授给他的猴拳、板凳拳、醉拳全部烂熟于心，张弛有度。他像一个生命的舞者，在邬阳关这片神奇的山地里舞出了雄健的身姿，舞出了别样的风采，踏响了铿锵的足音……严冬过后，陈连升期待的那个春天终于到来了！

<第二章>

执石锁不染尘埃　驻河谷风餐露宿

013

郧阳关的春天很美，站在白虎寨上鸟瞰，五寨捧关，气势雄伟。白虎寨、老官寨、凤凰寨、八雅寨四寨高耸如棋盘，石龙寨低洼如镜似肺叶。从金鸡口东进入关，从石龙寨西出清江，都是一方风景如画的乡土，也是历来兵家必争的雄关。

早春时节，春茶绿翠，垂柳散叶，竹笋出土，杜鹃花开。经过一个冬春勤学苦练的陈连升已经不同往日，那把一百二十斤重的石锁，被他拿在手里似是一个把玩之物，抛掷推拉缠绕时只听得嗖嗖的声响。脚下轻点自如，下盘稳若树根，身法渐入意境，臂力如同铁钳。常常把陈华和陈富两位老人看得眼花缭乱，从心底里发出声声惊叹。他们有时候不敢相信自己的眼睛，有时候不敢相信人体的力量会有如此神奇的展现。两位老人常常在背地里惊叹：陈连升或许就是武林中的一个奇迹。

清明节后，一个春暖花开的日子，陈华老人又从板桥沟出发来到了陈家棚。这个冬春以来，由于陈华和陈富老哥俩把所有的心血都倾注在孙娃子陈连升的身上，相互间的情谊也就好像更深了一层，不再相互讥笑，不再心分彼此，也不再保留分毫。而陈连升也像个吸水的棉球，把两位爷爷身上所有的本领全部吸收。而且他还在琢磨中苦练，在苦练中琢磨，把武术的精髓融汇贯通，创出了身法独特的陈氏石锁功。陈连升在最后冲刺至高境界的时候，他把石锁功的收势加以改进。当他偷偷苦练，体验一番之后，再向两位爷爷展示时，陈华和陈富两位老人都是眼前一亮，并不约而同地惊叫一声：“啊!”

原来陈连升在抛掷推拉甩缠那把一百二十多斤重的石锁时，就好像是在自己的身体周围布上了一层网罩，速度快到泼水不进，洒灰不沾。冲锋向前时如同电闪雷鸣，后退防守时犹如惊涛拍岸。而陈华和陈富两位老人教给他的收势只是人体站正，将石锁放于右前方半步，平气息至丹田。而陈连升大胆尝试创新，并将收势改为将石锁放于右前方半步时，右手不离石锁并握紧锁把，身体瞬间倒立，单臂支撑全身，如船上桅杆竖立，硬是出神入化，美妙至极。

曾经有一个日子，陈万星与杨彩莲夫妇，躲在棚屋的一角偷偷观看儿子陈连升练武，片刻之后夫妻俩竟被眼前的情景震撼了。他们万万没有想到，伯伯陈华和父亲陈富会把连升调教成这个样子，心里顿时生出几分感激，就连忙跑回自家的棚屋，取了腊肉和野味送到父亲陈富家去，犒劳他们爷孙。杨彩莲看到儿子这般吃苦并如此长进，感动得流下了热泪。

陈富老人感觉到了儿子陈万星对连升练武的事转变了态度，就微笑着对儿子陈万星说："怎么搞的？你不反对连升练武了？不觉得是我把连升惯坏了么?!"陈万星红着脸面对老父亲说："是儿子错怪您了！世上哪有爷爷不疼爱孙娃子的？又哪有爷爷会故意惯坏了孙娃子的？您们老哥俩为连升倾注了心血，付出了代价，我们都看在眼里，记在心里哩!"陈富老人有些得意地笑着说："你明白就好！你明白就好啊!"

一晃就到了农历的三月间，杜鹃花刚刚谢去，那满山的板栗花就开得毛茸茸的。郧阳关上到处都是青董董的绿影，茶莲河两岸桐籽花开，农人已经开始抛粮下种。陈连升知道一到丰水季节，去闯清江放木簰的事就应该水到渠成了。陈华和陈富老哥俩早已经看透了孙娃子陈连升的心思，也就约好日子，确定在古历三月十九，陈连升十三岁生日这天举行一个结业仪式，召集族人和亲朋，提前为陈连升举行成人大典，送孙娃子陈连升出清江。消息传出，陈氏族人和亲朋乡邻如同期待过节一般，在盼望着那个日子早些到来，而陈连升却在抓紧最后的宝贵时间，像进行临战训练一般。他决心把自己最好的一面展示给陈氏族人和亲朋乡邻，展示给家乡郧阳关的山水美景。

又是接连几天的春雨，茶莲河涨了一河春水，轰鸣之声如闷雷一般拍打着山谷。陈连升站在陈家棚的山口朝金鸡口方向望去，河谷间升腾着迷离的薄雾，就像一个虚幻的梦境。白虎寨高耸入云端，跑马岭风起云涌如万马奔腾。望着郧阳关那磅礴的气势，陈连升的心胸里升起了一种豪迈的激情，那便是大山的气运凝固在他气血之间的胆气，一种锐不可挡的英雄气概。

天宫作大美，人间演传奇。三月十九日是一个晴好的日子。私塾先生陈万魁接到父亲陈富老人的指令后，带着私塾学堂的五十多名大些的学生擂着鼓乐回陈家棚助阵。巳时三刻，族人聚拢，在陈家棚中心塔坝里用石灰划出了界线，挪出了场地，众人都退到线外观阵……去年中秋节在郧阳关打擂比武的木子哥、三日牯、金堂娃、三喜哥、笑罗汉、印老幺、郭小虎和廖平山等一批热爱武术的山娃子也闻讯赶到，都想亲眼目睹并见证一下陈连升练成石锁功后的情形。

陈连升硬是英姿飒爽，气宇轩昂，上身穿一件崭新的粗白布汗褂，下身穿一条深蓝色的灯笼裤，脚上是一双六股绳的满耳子苎麻草鞋，腰间系着一条红绸布纳成的扁带。他的长脸上五官端正，眉目清秀，黝黑的脸面上泛着光泽，两眼充溢着自信的光芒，一头乌黑的长发在后脑勺上扎了一个柱形的发结，竖起后飘落脑后披于肩背，随身动而飘洒，更添加了英俊少年洒脱的风度。当陈连升步入场地，立于起步线上，拱手高举环视一周，随后低头施礼之后，弓腰伸手提起摆在起步线上的三把石锁中最小的那把石锁，开始热身。当他来回舞动，打完整套动作，立于底线放下石锁作收势平气息至丹田时，全场掌声雷动，一片欢呼。

陈连升表情平静，如在玩耍，迈着大步走回起步线，面向众人立定，再次拱手施礼。礼毕，只见陈连升从容地迈出右腿半步，弓腰提起了那把八十斤重的石锁，一路抛掷推拉甩缠时，那嗖嗖的声响传进了众人的耳鼓，身法闪烁间给人以美妙绝伦的享受，真让众人眼前一亮。当他再次做完整套动作，立于底线作收势，平气息至丹田时，全场的掌声长时间响起，如惊雷越过群山……有道是一会看的看门道，不会看的看热闹。廖平山屏住呼吸看傻了眼，陈连升弓步端石锁，猛地冲出时，石锁就成了他巨大的拳头。待他收步拉回石锁绕身举向头顶时，那石锁又像是一把撑开的雨伞，为他遮挡住了滚滚尘埃，倾盆雨势……那嗖嗖之声如巨人的喘息，抛掷收推甩缠自如，做到了身锁合一。那沉重的石锁好像已是陈连升身体的一部分。身法飘逸像舞者，套路清晰展英姿……嗨！那简直就是一组让人眼花缭乱的舞蹈。让廖平山感到惊讶的是，他自个儿也是练武之人，掂过石锁的重量知道动作身法的难度，这绝非是一个十三岁的孩子的身体极限所能完成的。

稍等片刻之后，见证精彩的时刻终于到了。按照陈富老人的授意，私塾先生陈万魁进行了精心安排：由二十名私塾学堂里的学生沿石灰线站成两排，并以条形场地的中线为界，起步线前端的十名学生左手各执木水桶一只，右手拿水瓢一把，待鼓乐响起时，交叉匀称浇水。靠近底线末端的十名学生，各执灰盆一个，鼓乐响起时，用手抓灰抛洒，在百步长廊之中先过水网，再破灰阵。按照规则，陈连升只要操执那把八十斤重的石锁，身法动作如前，只要身上滴水不沾，没有浸染石灰，就算顺利通过结业。

只见陈连升表情凝重地站在起步线上，弓身提起那把一百二十多斤重的石锁，收脚立正身子，稍作停顿之后将石锁举过头顶摇身一晃，就在鼓乐响起的瞬间开始舞将起来。刹那间，头顶如暴雨猛落，脚下如摸油般湿滑，石锁舞出的声响如猫子在吼，脚步踏着鼓点，石锁飞扬护身，抛掷推拉甩缠四十八个回合之后顺利冲出水网，进入灰阵。顿时灰尘弥漫，如薄雾升腾……哪知这石锁舞出的嗖嗖之风形成了一股气浪，粉尘石灰早被气浪鼓吹而去，飘散在空中，只有些许颗粒落于地上。陈连升的身上，发间硬是颗粒未沾。当他舞完整套身法动作，将自己创出的收势展现在眼前，右臂执锁着地，单臂撑身斜立，左手抬伸挥出，二指如禅指向远方，如宝剑刺出，又如仙人指路时，全场一片哗然，惊嘘不已。几十个练功习武的后生，情不自禁地挤到前沿，左腿下跪，右手叩前，施清朝大礼，如壮士拜将，以示对少年陈连升如此境界的敬畏。待陈连升做完收势，站立于底线之时，陈华和陈富两位老人同时从坐位上站起，走到陈连升跟前，见他身上的衣服头发硬是一尘不染、滴水不沾时，陈华老人便挥手致意，并大声向众人宣布："按照预先拟定的考核规则，陈连升考试合格!"

陈连升连忙上前一步，对单腿跪地施礼的众兄弟说："各位兄弟，快快请起!如此大礼，小弟怎敢领受!"跪地在前的郭小虎抬起头来说："连升小弟，从现在起，你就是我辈众兄弟的龙头老大，我们愿意追随你左右，随时听从你的差遣!"陈连升开怀一笑说："众哥兄请起，我明天就要到石龙河谷开始学刹把子放木簰出清江去了，愿意随小弟一同前往的众哥兄，早饭后在冠垭儿等候，我们一同前往!"众兄弟起身站立，围在了陈连升的左右。

014

亲眼目睹了这一场景的族人和亲朋发出了赞许之声，在一种亢奋的状态中散去。陈万星、杨彩莲夫妇为了拜谢儿子连升的两位爷爷及族中长者，特地准备了丰盛的酒饭。席间，陈富老人拿起一只大土碗，斟了满满一碗酒，站起身来走到孙娃子陈连升的身边，语重心长地说："连升啊！按照我们土家族人的规矩，男儿成人也得十六岁！可你今天刚满十三，我们就算是给你过了成人节！明天你就要独自去闯清江。我和你大爷爷也都是吐出唾沫如钉钉的汉子，说话作数！你喝了这碗酒，摔了这只土碗，就算是成人了。从此行走江湖，就做一条顶天立地的汉子吧!"陈连升站在爷爷陈富的面前，伸出双手恭敬地接过酒碗，深情地望了爹爹陈万星、母亲杨彩莲一眼后，一口气喝下了那碗酒。当他掷出酒碗，在地上摔出"砰"的一声脆响时，少年的生活就这样宣告结束了。

接着的那个夜晚是一个亲切而又绵长的夜晚。有道是十五的月亮十六圆，十七更前十八更后。三月十九日月起二更，明亮的月光照着苍茫大地。陈华和陈富两位老人陪着孙娃子陈连升坐到深夜，千叮咛万嘱咐，并为他细说了刹把子放木簰时应该注意的事项，以及从桃符口扎大簰出清江下宜都的各项须知。两位老人将自己在清江闯荡时所积累的经验教训和人生经历，全部细说给了孙娃子陈连升，以便他在闯荡清江时不再吃亏上当。

这是公元 1790 年的春天，一个春雨绵绵充满希望的春天。农历三月二十日的早晨，陈连升吃了母亲杨彩莲亲自为他弄的早餐之后，背着简单的行装，告别了爷爷奶奶，朝冠垭儿方向走去。山道上繁花盛开，丛林间鸟雀和鸣……陈连升迈着坚定的脚步，走向了波澜壮阔的人生之旅。

廖平山的确是一个重情重义的年轻人，他早早起床之后就对堂客李秀兰说："你快些给我弄点早餐吃了，再用个钱袋子装些盘缠。今天是小弟陈连升出邬阳关的日子，我要到冠垭儿上去送他一程。"李秀兰虽是大家闺秀，嫁到廖家几个月之后也操练得很，做事几多轻快，一会儿就把夫君廖平山吩咐的事情弄得妥妥帖帖了。廖平山骑马前行，很快就到了冠垭儿上。他晓得陈连升前往清江放簰的心情迫切，一定早早出门，走迟了就怕赶不上他的脚步了。

要进出邬阳关，冠垭儿是一道必经的口子。从跑马岭延伸下来的那道阳钢石岩岭在冠垭儿擎起绝壁，只有一道口子可以通行。冠垭儿则以岩口子通道为分界线，下边也是一道高耸的脊岭，一直延伸到石门隙和二岔口，整个山上都是原始森林，常有猫子出没。站在冠垭儿细看邬阳关的整个地形，就像一把圈椅。冠垭儿与猪脑冠的岩口子对峙着，就像这把大圈椅的两道扶手。一遇隔河堵水，在茶莲河洪水暴涨的季节，要出邬阳关也就只有两条路：向东行爬岩口子过猪脑冠，向西行也就只有过冠垭儿这道口子了。廖平山立马站在冠垭儿的岩檐上，观看着邬阳关的整个地形，心头涌动着一种别样的情感。太阳升起来了，照得邬阳关轮廓分明，阴阳交错，好一道险要雄关。

不一会儿，六七个诚心实意要跟随陈连升前去石龙寨河谷刹把子放木簰的儿男，都已经陆续到达了冠垭儿，可就是迟迟不见陈连升的影子。廖平山等得有些焦虑起来，难道陈连升天不亮就早早地出门了么？原来是陈连升走到邬阳关之后，他放心不下已在私塾学堂里住读几个月的弟弟陈年学，就绕道去了设在曾家台的私塾学堂里。陈年学见到哥哥陈连升硬是依依不舍，说了许多让人心疼的贴心话语。最后陈连升解开收好的行装，把母亲杨彩莲为他准备的干粮食物全部拿出来给了弟弟陈年学。并在堂外等到伯伯下了课，好与伯伯陈万魁道个别，叮嘱一下弟弟年学读书识字的事情。可等陈连升拧着简单的行装刚出学堂的大门，就被陈年高和陈年德叫住了。陈年高大步冲出去抱住了陈连升的身子，嘴里骂道："你小子也太没良心了吧？

昨日我和年德还领着同窗回陈家棚为你击鼓助威，你今日就只惦记年学，而不惦记我和年德了！”陈连升伸手一把挽过陈年德的脖子，三兄弟就抱在了一起。陈连升满含着热泪说：“我晓得两位兄长几多心疼于我，可我和你们的志向不同，不是专心读书的料。你们抽时间多回去看看两位爷爷，多多代我孝敬他们，心疼他们。等我在清江放木簰挣了钱，就送回来给你们娶媳妇子，让你们生一大班娃娃子，好管我叫叔！”

弟兄三个就这样依依不舍地抱了好大一阵子。陈年德声音有些嘶哑地说：“清江放簰的确是在血盆里抓饭吃的营生，如果太苦太累了你就别行勉强，就早些回邬阳关来，不要硬撑着好啵？”陈连升也低声说：“知道了，年德年高你们都放心，我也还算个精灵人，吃不了大亏的！”不一会儿，一群大些的学生就被他们三兄弟的情谊感动了，紧紧地把他们围在了中间，好一会儿才像竹笋子脱壳，慢慢儿散了抱。陈连升一步一回头，边走边向他们挥手。私塾先生陈万魁见到他们几兄弟那依依不舍的样子，也是触景生情，望着侄儿陈连升渐渐远去的背影，竟然有感而发，哼出一首诗来：

连升初出邬阳关，
山险水横力气单；
一篙撑出八百里，
千重迷雾锁江畔。
年少不畏人间苦，
顶天立地好儿男；
千锤百炼成大器，
他日宝马配金鞍。

当立马站在岩檐上的廖平山终于看到陈连升的身影时，兴奋地大笑一声说：“你小子今日为何姗姗来迟？”等陈连升爬上冠垭儿的山口，廖平山跃身下马，站在垭口拱手说道：“我在此处已经恭候多时了，你今朝为何慢了时刻？”陈连升一脸惊奇，连忙问道：“平山老兄，你也同我前去放木簰么？”廖平山转身望了一眼，冠垭儿的山路上空无一人，那几个伙计早已躲进树林子里去了。他慨气地说：“我是不会陪你去的，你嫂子已经身怀六甲，没人照顾不行啊！我今朝到此只为送你一程。不过还想顺便叮嘱一句：山上的工夫烈，水上的工夫险！连升你千万莫行勉强，不要以为自个儿有了几斤力气，有了一身本领，就去蛮干好吗？”陈连升伸手握住廖平山的手说："多谢平山老兄关爱，连升小弟一定谨慎行事，决不莽撞！"廖平山用兄长的口气说："那就好！有你这句话我就放心了！"说完这句话，廖平山从马鞍下方的皮袋子里取出一个紧布口袋儿递给陈连升说："这是你嫂子特地要我给你捎来的一点盘缠，你把它带在身边，必要的时候拿出来会派得上用场的！你可收好了。"陈连升接过钱袋，轻抖着掂量了一下约有一斤，就感激地说："这可如何是好？我对哥嫂也没有什么好处，还只在给哥嫂添乱，哥嫂却对我这般关爱，小弟实在领当不起呀！"廖平山一脸严肃地吼道："男子汉，少这么婆婆妈妈的行啵？叫你拿着你就拿着。你陈连升如果不把我廖平山当兄长，你把它扔了也行！"陈连升感激地望了廖平山一眼之后，将那钱袋子装进了自己的行囊，然后拱手致谢。站在垭口，正要告别时，廖平山认真其事地对陈年升说："你到了石龙河谷，先学三个月刹把子，一天两趟，从石龙寨刹把子到金鸡口起岸，交了木材再从旱路走回石龙河谷。"陈连升急忙问："为何要等三个月？"廖平山哈哈一笑说："刹把子可不像骑马那么简单！要学会扎把子需要一个月，能在把子上站稳又要一个月，要认得水路还要一个月！你以为那是闹着玩的么？"陈连升一脸凝重"嗯啊"了一声就算是应了。廖平山接着说："你们到了石龙河谷那个滩口，就去找咸盈河的木材老板林国兴，报上我爹廖百川的名号，他就会给你们安排活计的！"说完这话，廖平山伸手拍拍陈连升的肩膀，算是告辞。然后飞身上马，扬长而去。

015

站在冠垭儿的垭口，陈连升倒是觉得奇怪了，昨日当众下跪的那帮小子怎么会言而无信？还说要追随其左右，到了关键时刻却让我形单影只，心里不免生出一丝儿惆怅来。他环顾四周正欲迈步前行时，却听见树林间有了响动，接着一个阴阳怪气的声音在树丛里喊道："此路是我开，此树是我栽，要想保小命，留下买路钱……"陈连升心里一紧，看来这江湖之上还真是险恶！刚出邬阳关还没走几步，竟然就遇到了山匪。他壮着胆子大声吼道："是哪路小贼！敢在此地作恶，还不快快滚出来受死？"话音刚落，就遇一股冷风吹来，接着树摇草动，六七个人影从四面冲出包抄过来，冲到了陈连升的周围，猛地出击准备抱腿箍腰，一齐扑来。陈连升听到响动轻轻地把脚一踮，纵身跃起，抓住一根枞树跃上枝杆。六七个人影扑了个空，脑壳相撞碰得脆响，正要抬头仰望时，只见陈连升如燕子展翅，盘旋压下，张开的四肢转动如一饼锣盘，嗖地一声将还没有伸直腰杆的六七个人齐齐压下，个个扑地啃土。当陈连升纵身一滚，如石磙辗过众人时，下面被压得咿呀怪叫起来。陈连升又是一惊：这些声音好熟悉呀？怎就敢在边近当了山匪？他站在山路中间吼道：“还不快快起来跪下！”等他们一个二个从地上爬起来，摘了头上用伸筋草扎的草帽，看清了一个二个的面相时，陈连升才知道这是郭小虎他们几个伙计在搞恶作剧。陈连升顿时有些气恼，指着他们的鼻子严厉地斥责道：“以后不准搞这种恶作剧！如果我刚才出手太重，伤了你们的性命如何是好！”只见笑罗汉瘫坐在地上，一边扯着头发上的枞毛，一边嘿嘿地笑着说：“都是郭小虎出的嗖主意，我说我们七个伙计同时出手也拿不翻你陈连升，可他硬说要逮一下试试。你看这，害得我嘴巴里到处都是泥巴。”接着又是一阵开心的哄笑。

树林子里光线有些暗淡，显得阴森森的，一群鸟雀从远处飞来，在树颠还没歇稳，就察觉到了林间的动静，扑腾一声惊慌飞去。陈连升仔细瞧着那一群伙伴的模样，一个二个的面像倒也不丑，就是衣衫过余破旧了些。再看看他们一个二个的行装，也都简单得不能再简单了，心里顿时感到有些寒酸，微微地皱了一下眉头，然后大声说：“都起来吧！还不快快赶路？”郭小虎站起来，拍拍身上枞毛说：“连升，你莫急！我们兄弟几个把你作了依靠，出清江闯生计，既然拜了你为龙头大哥，你就得给我们几个说个子丑寅卯。”一听郭小虎这话，大伙儿也都从地上爬起来，随声附和着说：“是的吵，连升你得给我们众兄弟说个明白话！”陈连升哪里知道，带几个伙计出关竟有这么多的麻烦事，自个儿也是新姑娘上轿头一回出门，那里能给伙计们说出个子丑寅卯来？但他机灵，没有流露出心中的虚实，仍然不失龙头大哥的派头，提高声嗓带有几分严肃地说：“你们仔细看看，这树林子里量想也不是商量正事的地方。还是先赶路吧，到了石龙河坝，我们再坐下来商谈不迟。”郭小虎连忙说：“好，我们都听连升的。笑罗汉你在前头带路，我在最后跟着，连升走中间，其他兄弟随意。”笑罗汉提着自己的行装上前走了。陈连升下意识地望了郭小虎一眼，觉得这哥们恐怕还是这班伙计当中的主心骨，以后也可以作些依靠。

一阵奔袭之后，众哥们出了林子口，来到一个名叫倒湾坪的地方。这里地形十分奇特，倒湾如一个平坦的锅底，四周森林茂密，中间是一块田源。大路旁两厢巨大的石块平整如席，像一个天然晒场。笑罗汉正欲飞奔过去，在石板上歇息片刻，却突然听见路边的树林子里“吱呀”一声，一根粗实的香杉树“呼”的一声倒了下来，横拦在路间，挡住了笑罗汉的去路。随后跟来的三日牯也没问什么原由，把个简单的行李包往地上一扔，一手扒开笑罗汉，伸出粗壮的手臂几摇几闪，然后抬着树巅往肩上一扛，猛力一拖，一根六七丈长的粗杉树就从林间拖到了倒湾坪田间。一看这阵势，笑罗汉傻眼了，他哪里知道这个腰粗膀圆的三日牯竟有这么大的本力？随后跟来的是金堂娃、木子哥和陈连升。他们都把三日牯的这一举动看得清清楚楚，也显露出一脸惊愕的神情。那个在林间砍树的老农还在树蔸边歇气，只见那根粗实的树梗子几闪，就如大王蛇一般猛然间梭走了，还以为又是见了神，吓得没敢作声。

三日牯由于用力过猛，脸上挣得通红。他折转身也没言语什么，捡起自己的行装就又准备前行。陈连升站在那儿大喊一声："大伙儿都到前面的石板上歇息一会儿，我有几句话要说。"笑罗汉先一步上了石板，正准备席地而坐。三日牯连忙低声说："连升都还没有落坐，你竟敢坐下?"笑罗汉望了三日牯一眼，没有作声。等后面的人都到齐了的时候，一共八个儿男，高矮胖瘦不一，且都是一些练过功习过武的烈犟脾气，如果不定出几条规矩来，恐怕谁也拿捏不住。陈连升这一路走来，也就思量了许多问题，他觉得硬是到了石龙河谷再作商议，恐怕有些迟缓。就望了大伙儿一眼说："都找个地方坐下吧!"

陈连升仔细辩听了七位老兄放下行李时的声响，都没有那种清脆悦耳的声音。他心里明白：七位老兄之中没有一个人带了铜钱和银子作为盘缠的，除了几件破衣烂衫之外，最多也只是两天的干粮。并且他从七位老兄的装束看得出，三日牯、笑罗汉和金堂娃恐怕还是从家里偷着跑出来的。陈连升已经明显地感觉到，当好这个掌拐的龙头大哥并不是一件容易的事情。一帮兄弟要吃喝拉撒，还要找活计挣钱养家，他似乎一下子感到自己身上有了一副沉重的担子。

停顿了片刻之后，陈连升提高嗓门对大家说："各位老兄，承蒙大家对我陈连升的抬爱!可在我们几个人中，我的年纪最小，你们以后真的愿意听我的号令吗?"另外七个人异口同声地说："愿意!"话音落下之后，郭小虎又补充说："当我们昨日行那跪拜之礼时，我们就都吃了秤砣铁了心!我们看重的是你陈连升的仗义和机灵，我们认定跟着你出去闯生计，绝对没错!"陈连升又提高嗓门问道："你们几个也都是这么想的吗?"另外六个人又是异口同声地答道："是的，我们都是这么想的!"陈连升的表情立刻变得十分凝重，他非常认真地说："既然这样，那我就把自己的想法也说说吧!"陈连升在众人面前站正了身子，面对大家大声说："我们这次出去闯清江，是为了谋生计、强本领。我们几个人一定要情同手足，不离不弃。就要做到有福同享，有难同当!首先，我们每个人要做到三稳：身稳、手稳、口稳；其次是为人仗义讲诚信，活得有气节，不给邬阳关的人丢脸；再次就是心怀忠良之心，但也要有侠肝义胆，路见不平敢于挺身相助!从今朝开始，如果有人胆敢背信弃义，坏了兄弟间的规矩和名声，那就别怪我陈连升的拳脚不长眼睛!大家都听清楚了吗?"在座的众人又是异口同声地回答说："都听清楚了!"陈连升仍然一脸凝重地说："那就好!我们现在先做一件事情，都把自己的真实姓名和年龄报出来，还有爱好与特长也报出来。以后我们兄弟之间都要直呼其名，不准喊外号!"

郭小虎第一个站正了身子报告说："我的真名就叫郭小虎，今年十五岁。特长就是点数记账，过目不忘。"陈连升点了点头。木子哥接着站起身来说："我的真名叫李铁，今年十六岁，我爷爷是个打铁的铁匠师傅，所以就给我起了这名儿，我的特长是抡锤打铁。"大家都斜了他一眼，记住了他的真名。陈连升又点了点头。笑罗汉站了起来，大声回答说："我叫罗汉章，今年十七岁。因为我平时喜欢笑，乡亲们开始叫我喜乐神，等我长到门长树大的时候，乡亲们又叫我笑罗汉。我的特长是杀猪宰羊，做饭拆肠!"听了他这话，大家吃吃一笑。陈连升也差点笑出声来，脸面上红润了一下之后问道："那如果把我们几兄弟的伙食都交给你负责，你愿意承担吗?"罗汉章站正身子说："都听你的铺排，叫我干啥都行!"陈连升点了点头。接着印老幺站了起来，他大声说："我叫印紫竹，今年十七岁。因为我们弟兄五个我是老幺，所以人称印老幺。我没有什么特长，除了会点三脚猫的拳脚工夫之外，也就只会吃饭喝酒，包谷老烧，五碗不醉。也不知道这算不算个特长?"大伙儿笑了一声，陈连升也笑了，现场的气氛顿时活跃起来。这回三日牯忍不住，"嗖"的一声站了起来，他是个腰粗膀圆屁股大的矮胖子，耸了耸肩膀说："我叫杨贞，今年十七岁，在家排行老三。就因为前年我到建始八雅寨去帮人家娶亲，茶莲河涨水隔了河，在背新姑娘过河的时候，脚里一滑，把新姑娘的屁股打湿了，他们就说我是个日牯子。后来一人传十，十人传百，就给我喊了这么个绰号！我其实最恨人家这么喊，这回我算得救了！请兄弟们记住了，我叫杨贞。我对兄弟们不说假，我除了有几斤笨力之外，再没有什么别的特长。"又是一阵哄笑。这时金堂娃和三喜哥同时站了起来，相互望了一眼之后，金堂娃抢先说："我叫刘金堂，今年十六岁，家住灯草湖。练武不精，没特长。"三喜哥连忙抢着说："我叫陈三喜，今年十七岁，家住高桥河陈家大屋场。平时除了练武之外就是在高桥河玩水，别的特长也没有，在水上能玩点儿小把戏。"陈连升的脸上终于有了一点儿喜色，如果这帮人都是一群旱鸭子，如何去闯清江？他连忙大声问陈三喜："你可会踩软水?"陈三喜大声答道："我会，洪水暴涨时，我可以踩过对河。"陈连升伸出大拇指说："好！那就好！你以后就是我们哥几个练水的师傅!"陈连升停顿了一下之后，接着说："请大家也记住了！我原来叫陈年升，现在还叫陈连升。原来的那个'年'是一年两年的年，现在的这个'连'是接二连三的连！我们几兄弟，我是最小的，以后请各位兄长多多关照!"他说着拱起手，行了礼。然后站在那里正色道："下面我给大家分个工，罗汉章负责我们的伙食，郭小虎负责我们的工日账目和活计安排，陈三喜担任师傅，教大家练习水上工夫。以后遇到大事我们共同商议，练功习武是我们每一个人的本分，由我督促监管，不许偷懒。我们兄弟几人的工夫要相互融通，形成整体，不准私藏绝招！大家赞同吗?!”大伙齐声答道：“赞同！服从你的铺排!”陈连升伸手一挥说：“那好！按照原来的次序，出发!”就这样，一行八人朝石龙河谷奔去。

经过一阵奔袭之后，穿过了长长的横林子，进入到了一个名叫中坝的地方。这时，耳边已有水响在轰鸣，等他们停住脚步，抬头仰望白虎寨时，只见绝壁高耸，清亮如镜，石壁半腰那一只巨大的白虎清晰可辩。明亮的阳光映照着白虎寨下的石龙河谷，只见半腰的那道横等上，有几点农舍，有几片田源。几道隆起的山岭恰似石柱擎天，那磅礴的气势重重地压来，让人生出几分惶恐。从风池沟向上方望去，官家岩上就是荞麦冲，山体伸展向上，斜插云端。与石龙寨的寨堡对峙的观音坡，森林茂密，长满香杉。有一条从金鸡口经下车头盘山而来的古道，顺观音坡盘山而上经铁敞坪过五峰土鱼河。从远山斜插到河谷间的一架明岩，透着光亮，如出鞘的寒光宝剑，气势逼人。庙岩屋下那座山巅上的山神庙，像一个轿顶。几根发了新芽的枫香树遮去了山神庙的一角，显出一点神秘的景象来。有一条羊肠小道从岩隙间迂回而下，真像一挂羊肠伸而不展，七弯八拐，插入河岸，像从天际飘将下来。沿石壁顺水流再往下望，岩跟脚生出了一小块坡地，舒缓了一下之后便一气迭入深谷，进入到二岔口，去了那个茶莲河与石龙河交汇的河谷。好一阵惊叹之后，众人向天仰视，却始终没有望见白虎寨的山顶，只有大蟆岩头前那一面绝壁伸向了蓝天与白云交界的地方，像是山顶上再起了一座大山，或许那就是白虎寨的顶峰。

站在中坝后山的那道横等上，望着大山神蟆，陈连升与众哥兄都被白虎寨雄伟的气势震撼了。他们由衷地慨叹道：“好一座雄起的山，好一道闹热的滩，好一河奔涌的水，好一群放艟的汉……”

绕过中坝大路，来到刘家河边的横坡，众人眼前一亮——从风池沟到刘家河坝足有两里地，全是堆积如山的杉条和圆木筒子。岸坎上用杉条木和杉圆木搭架，用茅扇盖顶的简易工棚数以百间，就像一个迁徙到此的部落。驻扎在这里的木客和水手数以百计。罗汉章回头一望，见众兄弟都是一脸惊愕的表情，就哈哈大笑说：“哈咯咋，你们都没见过这么大的场合吧?”陈连升倒是不觉得陌生，因为这些场景爷爷陈富都曾经多次给他作过描述。它的脑海里突然间闪过爷爷说过的一段话：“家有主，船有舵，木客窝里规矩多，吃喝拉撒莫乱讲，吊儿郎当莫下河……”再看那一河麻麻儿浑的水，浩浩荡荡，汹涌澎湃，正好赶筒子、刹把子。

016

到达石龙寨寨堡之下的刘家河坝岸坎之后，陈连升叫众哥兄原地休息，不要擅闯木客们驻扎的工棚，免得初来乍到惹出是非。歇息片刻之后，陈连升对李铁和杨贞两个人说："你们前去打探，看这里是否驻扎着一个名叫林国兴的木材老板，他是咸盈河的人。如果寻着了他，就转来一个人引我去见！"李铁和杨贞起身朝风池沟方向走去，从寨堡根脚绕过河岸，再看那一段河道里，从湾潭河和咸盈河出来的圆木筒子和杉树条木还在滚滚而来。一拨手持抓钩、脚穿草鞋的壮汉，冻红了身上的肌肤，还在使力清理木材，拉开水道，顺岸坎的岩隙而塞，是怕入夜再涨猛水把木材冲走，清不到甚号。

李铁上前来到岸边，大声喊着去问一个壮汉："这位大哥，你可认识一个名叫林国兴的人？"那壮汉瞟了他一眼，像是水响没有听见，招了一下手像是叫他上前几步再说。李铁上前几步，走到岸坎与河水交界处，再次提高嗓门喊道："这位大哥，你可认识一个名叫林国兴的咸盈人？"那壮汉摇摇头说："不认识，我们是从湾潭河方向出来的，与咸盈河的木客不是一帮子。你们到上面的关龙潭去打听打听吧，那前面有一拨赶流送的咸盈人，他们应该认得你要找的人。"李铁说了声感谢，然后退回岸坎，邀了杨贞朝上河走去。沿河而上没走多远，就遇到了一个从上河下来的木客。他手提抓钩，肩膀上还扛着一块浪渣木柴朝下河走来。李铁和杨贞站在路旁，等那人走近之后，便客气地问道："这位大哥，你可认识一个名叫林国兴的咸盈人？"那人停住脚步，斜了李铁和杨贞一眼之后说："你们都是从哪里来的？口气这么大？林国兴的名字也是你们这些小屁孩可以随便叫的吗？"杨贞上前一步，耸动了几下身上的肉疤子之后对那木客说："哎哟，看来我们是找对人了！如果他的名字谁都可以直呼，我们还来找他作甚？我们是从邬阳关来，也是受人委托，专程前来找一个名叫林国兴的人，你就行个方便嘛？"那人一看杨贞的模样，不敢轻视了他，就说："你们跟我走吧，林国兴是我们咸盈河林家班的老板，这会儿可能还在工棚里歇息。"

一听有了林国兴的下落，杨贞和李铁对望了一眼，然后跟着那个木客往下河走。绕过寨堡跟脚，再往石龙寨的下河口一望，顿时开阔了许多。当杨贞和李铁，在一个很大的工棚里见到木材老板林国兴的时候，他们两伙计傻眼了。阳光照着河岸上那一间很大的工棚，光线从棚壁间射进来，把里面照得通亮。这时，河岸的温度虽然暖和了许多，但还没到炎热的季节。棚屋的中间摆放着一把很大的竹躺椅，上面躺着一个肥胖的爷。棚屋的四周挂着一大排粗竹筒，整个空间里弥漫着一种润肺的酒香。

林国兴听了那个木客的禀报之后，从竹躺椅上竖起身子问道："是不是郧阳关的陈连升来了？他可是廖百川老板特意交待过的贵客！如果是，就得马上备酒菜迎接！"说完这话，林国兴趿了一双布鞋，走到棚屋门边，仔细瞧了李铁和杨贞的面相，带着满脸疑惑的神情问道："你们哪位是陈连升？"李铁上前一步答道："我们都不是陈连升，他还在河岸那边等候，专门差遣我们兄弟二人前来寻访林老板哩！"林国兴沉稳地点了点头之后说道："哦，是这么回事呀！陈连升一共带了多少人过来？"杨贞回话说："我们一共有八个人，我们七个都是追随陈连升而来。"一听这话，林国兴顿时一惊，连忙问道："听廖百川老板说，陈连升还只是一个十三岁的孩子，你们长得门长树大，腰粗膀圆，却说追随他陈连升而来，这其中有何原由？"李铁连忙解释说："是因为陈连升武功高强，为人不仅聪明机灵，而且十分仗义。我们众兄弟觉得跟着他出来闯清江谋生计，应该很有指望。"林国兴抬起头一抹嘴上的胡子说："看来你们都是一些很有想法的儿男，只要不怕吃苦，就一定能够闯出名堂来！"李铁见杨贞在与林国兴说话，就抽身走了出来，恭请陈连升去了。

自从木材老板林国兴见到陈连升之后，就被他的气质和机灵所动，心里立刻明白了老板廖百川的用意。他知道对陈连升这样的人绝不能当一个普通的木客看待，这是一个可造之才！那日中午，就在这间河岸的工棚里，摆放了简易的桌凳，备好了午餐，再从棚屋的壁子上取下了两只竹筒，把里面装着的自家作坊里酿制的咸盈河白酒倒了出来，饮了个痛快。

酒足饭饱之后，木材老板林国兴把他的侄儿子林文章叫到跟前吩咐道："陈连升现在是我们的贵客，将来可能就是我们的贵人。他所带来的七位兄弟，从即刻起也就是你林文章的兄弟了！你要照护好！你在你的班子中精选四位既会扎把子，又会刹把子的能手，尽快教会他们。"林文章见叔父发了话，不敢违背，便一口应允下来。接着林国兴转过脸来对陈连升说："你的七位兄弟平时就由你自己掌管，你把他们包括你自己在内分成四个作业小班，先跟林文章挑的四位师傅学徒，学会一个就单独出来一个，自己刹把子扎把子，并开始计算工钱。但平时的管束仍由你陈连升自己负责，活计就由林文章给你们分派。如果我侄儿林文章对你们有怠慢苛刻之处，你陈连升可以随时直接来找我！"陈连升点了点头，以示谢意。说完这些话之后，木材老板林国兴带有几分威严的口吻说："你们都听清楚了吗？"林文章连忙站直身子，毕恭毕敬地回话说："听清楚了！"陈连升也上前一步站直身子，拱起手向林国兴施礼。然后转过身子对林文章说："还请文章大哥多多关照！"林文章给陈连升回了礼之后，也十分恭敬地说：“照顾好你们，是我叔父交给我的差事，我一定尽心尽力，请各位兄弟放心便是！”

随后的一段日子，陈连升、郭小虎、李铁、杨贞、刘金堂、陈三喜、罗汉章、印紫竹等八个人就驻扎在白虎寨下的石龙河谷，开始了一段难忘的水上营生。

离开林国兴的那间大棚之后，陈连升等兄弟就被林文章带到了一排空闲的工棚里，并告诉他们那是大岩包一班木客的居所，因为他们都回段家河赶流送去了，一时半会儿来不到石龙河谷，可以暂时在这工棚里栖身。但有关伙食、铺睡的基本问题，大多都要自行解决。陈连升看了各位老兄所带的行李之后感到为难了，就问林文章：“在这荒郊野地里，也没个商铺，到哪儿去购买铺睡行李和锅碗瓢盆啦？”林文章的脸上顿时掠过了一丝儿难为的表情，并委婉地对陈连升说：“这些难题摆在面前我是解决不了，你不妨再去会会我的叔父林老板，看他能否给予援助。”陈连升摆摆手慨气地说：“不必了，我们先这么将就几日，等到了金鸡口，我们再到商铺里买些物件回来便是。”林文章点点头说：“也好！如果兄弟们出来时，也没带多少铜钱作为盘缠，来购买行李物件的话，我就去给账房里支会一声，先给各位兄弟借支一点，然后在工钱里扣除如何？”一听林文章这话，众兄弟像是看到了希望，脸面上露出了惊喜之色。不料陈连升一挥手，果断地对林文章说：“不必借支了，专程出门，哪有不带些盘缠的道理呀！”林文章也就顺着说：“那倒也是，那倒也是哩！”说完这话，林文章也就走了。

陈连升交待郭小虎给众兄弟安排好了床位，然后叫来陈三喜吩咐道：“从今天晚上起，你的主要任务就是教我们众兄弟练水，不识水性，何以出清江？”陈三喜非常乐意地接受了这项任务，但补充了一句：“现在的河水还很凉，众兄弟该会奈得何啵？”陈连升一脸严肃地对众人说：“顾不得许多了！从今天起，我们每一个人都别想在我的眼皮子底下偷懒，早晨卯时起床，操练武功！晚饭后酉时练水，戌时歇息！从春到冬，依此作息！谁要怕苦怕累，可以趁早回转！”众人听罢，不敢懈怠。

罗汉章一脸喜色，不一会儿他就搭好了烧饭煮菜的简易锅灶，还在河岸上扯回了一捆野蒜和鱼腥草。接着罗汉章把郭小虎叫到身边说：“你去告诉众兄弟，要把所有的干粮和吃食拿出来集中伙食。”郭小虎接着就叫着喊着发了话，大伙儿取出了大包小包的雀面饭，酢辣椒，还有豆豉和猪肉，一凑拢堆也就有了不少的家当。当罗汉章在河滩上洗了一块大石板搬到伙房，当作案板并摆上那些食物的时候，唯独差了盐巴。他连忙去找陈连升，站在他的面前说：“盐巴的事你能否想出个办法？”陈连升没说什么，站起身就往林国兴他们的伙房里跑，见到那伙夫就说：“林老板叫你把盐巴给我等先分三斤，你看如何呀？”那伙夫是个年纪稍大些的老头，见是林老板的贵客陈连升来取盐巴，也就没敢犹豫，分了三斤盐巴用土钵装着递给了他，并赔上笑脸客气地说：“用完了再来拿就是了，这年头盐巴虽然干贵，可林老板有些神通，还从未缺过这货。”陈连升微笑了一下之后，端着盐巴转身走了。

刚回到驻扎的工棚外边，就看见刘金堂和印紫竹两人各捡了一捆浪渣柴回来。陈连升很是高兴，就对二位开了个笑脸。走进伙房，把盐巴交给罗汉章的时候，陈连升问道：“还差什么你就尽管言语。”罗汉章笑着说：“今天的晚餐也就只差主菜了。”这话正好被陈三喜听见，他转身就朝刘家河坝那个滩口的深潭里走去。

午后的阳光映照着还有些麻麻儿浑的水面，虽不见底，却也闪着波光。只见陈三喜在岸边脱了鞋袜和衣裤，站在水里躬下腰去，浇起水珠浸拍了自己的胸膊和两肢臂膀之后，如青蛙扑水一般蹦了出去，钻进了深潭，几个翻身游动之后，两脚倒立在水面一闪，就钻进了深水里。等他再次冒出水面的时候，嘴里竟然含着一条大鱼，两只手中还各抓了一条火钳长短的刁子鱼朝岸边走来，把众兄弟都看傻了眼，接着便是一阵惊呼。等他径直走到伙房外，把三条大鱼扔到岩石间时，这才换了一口气息。接着他到了河边去穿了衣裤鞋袜，并大声叫喊罗汉章：“你快出来看看，今晚的主菜如何呀？”罗汉章一阵惊喜，大声笑道：“哈咯咋，你小子竟有这般能耐，那以后我们煮鱼熬汤的日子可就多了！”陈连升也十分高兴，他的心里顿时在想：“有这么一班人聚在一起，还愁没得吃喝？”当陈三喜再次脱了衣裤鞋袜往深潭走去时，除罗汉章之外的六个人在陈连升的带领下来到滩口，脱了衣裤，正式开始了水上训练。

木材老板林国兴从棚屋里出来，站在河岸上的时候，正好看见了陈三喜抓鱼上岸的那个情节，也听见了他们的言语，先是惊讶，然后感慨地说：“这帮儿男硬是非同小可，将来必定都是些水上蛟龙！”

017

又一个夜晚，明亮的月光映照着石龙河谷。完成了每天练水的时辰之后，陈连升把众人叫到跟前，坐在月光下议事。近段时日，陈连升用心观察了每一个人的心态，觉得都还算是一些仗义之人，可以做生死兄弟。于是他决定迅速改善众哥兄的基本生活条件，把大家的心拧成一根坚固的绳索。

待大伙儿坐定之后，陈连升对众哥兄说：“明早练完武功之后，每个人都记住一件事，并由郭小虎牵头办理。把每个人的身高、腰围，以及脚长都仔细量一遍，然后由郭小虎用纸笔登记后，交于陈三喜。我与林文章商量妥当了，上午的时候，他要扎一块把子，并亲自刹到金鸡口去，试一试水道。我与陈三喜就乘他的把子去金鸡口，找个裁缝铺给每个人做一套衣衫，买一双鞋。最好还要给每个人做两条裤叉子，不然我们每天光着屁股在河里练水，太不雅净!”众人哄笑一阵之后，罗汉章微笑着说：“你是要给我们众兄弟打扮一番了。这事我们倒是喜欢，可银子谁出?”郭小虎也跟着说：“罗汉章说的这话有理，我们在河谷间已住数日，除了练武就是练水，木材还没启运，我们都是分文没挣，哪有银子去抵这些开销?”陈连升站起身来，在洒满月光的沙滩上踱了几步，然后转过身来对众哥兄说：“这些事你们不必操心，照办就是了!”

众兄弟心里欢喜，陈连升的话暖和了大家的心房。停顿了一下之后，陈连升又接着说：“明天早饭之后，郭小虎去一趟孙家湾，听说那里有一个会织蓑衣的棕匠，你去定做八件蓑衣，另外再定做八床宽三尺二寸，长六尺五寸的棕垫子。这些行装都是我们每个人必备的物件。你还顺便打听一下，看孙家湾有没有做斗笠的匠人，如果有也就顺便订做八顶斗笠。”陈连升口齿清晰，说话条理分明。停顿了一下之后，陈连升接着说道：“早饭之后，刘金堂、印紫竹、杨贞三人，负责过风池沟上观音坡，去寻找大指头粗细的鸡火藤，越多越好，并要仔细观察，最低要是生长了两年以上的老藤，当年生长的嫩鸡火藤没用!同时，你们三个人还有一个重要的任务，在观音坡砍八根喜杉树的撑篙回来，长一丈八尺，粗约一手能握。你们三个听明白了没有?”刘金堂、印紫竹、杨贞三人同声答道：“听明白了!”陈连升接着发话说：“李铁吃过早饭后，就去中坝的铁匠铺，打制十六个篙头铁箍，要货真价实。你是行家，认真去办!场地由罗汉章留守，并按时准备午饭。我与陈三喜中午赶不回来，就在金鸡口吃，晚上赶回来吃晚饭。另外，郭小虎还要记住一件事情，在棕匠那里买三十二匹中心棕片回来。都记清楚了吗?”众人答道：“都记清楚了。”

郭小虎有些不解，连忙问了一句：“你要我买棕片作甚?”陈连升一脸严肃地说；“我与陈三喜从金鸡口回来时，还要带回针头麻线，也是每人一份。然后给每人分发四匹棕片，缝制两只棕袋，各装河沙五斤，绑于小腿。近日，我仔细瞧了众哥兄的功夫，恕连升直言，的确不敢恭维!从今往后，我们务必加强训练，任何人不准松懈!大家都记清楚了吗?”众人齐声答道：“记清楚了!”于是陈连升简短干脆地说；“那好，睡觉!”

躺在工棚里的枯草上，郭小虎在反复思考着这样一个问题：这年纪轻轻的陈连升就是与众不同，可到底不同在哪些方面呢?他却又一时难以分辨。陈连升说话的语气、姿态，还有他考虑问题的缜密程度，似乎都不是一个十三岁的儿男所能够具备的格调。看来我们这帮兄弟跟着他从郛阳关出来，去闯清江，或许真的能够奔出点名堂来……斗转星移，晨曦耀天，想得失了眠的郭小虎，在铺草上几个翻身滚过去，就听到石龙寨河谷里的鸡叫了头遍。当一个新的日子开始的时候，跟着陈连升来到石龙河谷的一拨人，一下子有了秩序，按照议事时的分工，大家各知其事，个个都在踏踏实实地去干自己分内的事情，就像有一根坚固的绳索，把他们的心牢固地拴在了一起。

快到头歇过的时候，林文章来叫陈连升到河里去跟他学扎小簰。早已收拾停当的陈连升邀了陈三喜和罗汉章一同来到河岸。只见林文章手脚利索地用首先准备好的鸡火藤，缠绕扎紧了两个三尺直径的藤圈，丢在了浅水里，然后到一码杉树条木中选了一根又粗又大又标直的条木出来做为中心树，树颠朝前，并叫陈三喜和罗汉章帮忙把那根中心树稳在浅水里。接着他又去翻了六根杉树条木出来，也是树颠朝前，与先前的中心树摆成了一排，并把其间两根最小最短的条木放在了两边。林文章拾起两个藤圈交叉着套在了中心树干上，压扁藤圈向两边伸展，并将两边排列着的三根条木分别插入藤圈之内，用绞藤绞紧。林文章边扎木簰边告诉陈连升他们说："这两个藤圈就叫做尖嘴箍，扎木簰的时候以中心树为轴，左箍右、右箍左。这尖嘴箍必须牢实，可以用鸡火藤扎，但在硬是找不到鸡火藤的时候，也可以用生桐麻匹代替，也可以用腊藤来扎。小簰称之为把子，扎簰的时候，要看水的大小。从石龙河谷到金鸡口，河道之中有很多窄口子，所以每块木簰只能扎七根树。而从金鸡口再到桃符口的时候，水大河道宽，每块木簰就可以扎十一根或十三根。但每块木簰的树都必须是单数，扎簰的方法仍然是先选一根中心树，然后把两边的条木搭配均匀，插进尖嘴箍里平齐绞紧。"

林文章停顿了一下，望了陈连升他们一眼之后接着说："木簰的前面窄后面宽，木簰在水面上的行进速度飞快，尖嘴箍便会越箍越紧。由于树巅在前，树蔸在后，整个木簰前轻后重，簰身就会自然抬头，跃水而过。那么前面有尖嘴箍，后面也不能散着，所以就要用一根封梢藤把整个木簰固定成一个整体。封梢藤以两边的那根短树的树蔸为准，锁定封梢，压于簰面。那为何封梢藤不能兜底呢？因为簰过浅滩时，排身容易与岩石产生摩擦，如果岩石折断封梢藤，整个木簰就会立刻被大水冲散，剎把子的人就会跌落水中出现危险。"林文章说着话时又是一阵忙碌，动作熟练地捆好了封梢藤。

陈连升边看边听边想，那封梢藤扎在簰身之上为何不散？是因为杉木轻省浮力强，能够凭借水面上的浮力飘起。也就是半个时辰的工夫，林文章就把一块七个头的木簰扎得紧紧扎扎，平平整整了，湾在河滩上就像一条抛锚的船舶。

陈连升一脸凝重的表情，他目不转睛地盯着扎簰的每一个细节，还时不时向林文章伸出大拇指以示赞赏。林文章心里越是高兴，也就来了劲头，捡起放在岸边的撑篙又说：“其实放木簰也不巧，胆大心细是第一要素，手疾眼快是第二要素。要说过熬的工夫，也就是在木簰快速行进的时候要站得稳。手握撑篙不仅仅是稳住身子，还要如同行船划桨，掌握木簰行进的准确方向，特别是那些拐弯抹角的地方。”林文章把撑篙拿在手里比划了几个来回之后，接着告诉陈连升、陈三喜和罗汉章三个人说：“从石龙河谷刹把子到金鸡口，有三个惊险动作必须学会：一是猫儿上树，二是鹞子翻身，三是卒儿过河……”林文章舞动撑篙就把三个惊险的动作，分别表演了一遍。陈连升顿时眼前一亮，心里一震。他突然明白，为何爷爷不轻易放他出来刹把子放木簰了。林文章稳住气息之后，望着陈连升他们三个人说：“放木簰也跟你们练武功一样，熟能生巧，功多业熟。机灵的人学会放木簰不会超过三日!”一听这话，陈三喜望了陈连升一眼之后对林文章说：“放个木簰要三日作甚？不瞒你说，我现在已经就会了!”

林文章用一种藐视的目光瞪了陈三喜一眼，本想干算他几句却没开口。他心里默想：你小子要不就是从前已经刹过把子，不然怎敢口出狂言！于是就想试探一下他似地说：“你早说呀？害得我费了这么半天的口舌!”陈连升见林文章有些气恼，也就上前一步对他说：“文章大哥你别介意！不瞒你说，我也已经会了!”林文章倒也爽快，把手里的撑篙递给陈连升说：“那行啊！这老板叫我试水的事我就交给你们了，还省得我多走一趟路。”话音未落，陈连升就接过撑篙跳上木簰，陈三喜也是飞起一步跃了上去。只听陈连升一声长吁：“走嘞～～”那木簰咯咯地响了几声之后进到了河中间的深水里，渐渐离岸而去。罗汉章大笑着，对陈连升和陈三喜的行为大为赞赏，却把个林文章再次惹恼了，他原本只想激将一下这两个小子，没想到这两个家伙还真是胆大！望着已经远去的木簰，林文章气恨恨地骂道：“你俩小子不知天高地厚，如果你们今晚上能够活着回来，老子请你们喝酒!”

两岸青山绿水，一河金色阳光。眼看着陈连升把那块木簰刹出了刘家河坝，过了铁匠潭进入狮子岩的时候，一直站在河岸上盯着的林文章，肚心跳到了嗓子眼。他怕陈连升和陈三喜把块木簰控制不住，一头撞在朱家岩嘴之上，落个排散人伤。可陈连升哪里像个刹把子的生手哟！他挥篙自如，动作洒脱，如履平地。在他看来，这刹把子的工夫比骑马奔驰还要惊险刺激许多，这原本就是他一直神往的那种生活。

当把子快要进入朱家岩嘴时，陈三喜在后面大声喊道：“赶快在右岩撑篙，双脚用力左蹬，将簰左转。”陈连升心领神会，动作熟练老道。三篙比划过去，木簰顺利左转过了里从潭，进入了罗家潭。一直站在封梢藤前一步的陈三喜，心里头痒痒，只想亲自执篙刹上一程。等木簰就要进入二岔口的时候，陈三喜在后面大声喊道："连升，能不能让我也来试上一把?"陈连升听到陈三喜的话音后哈哈一笑说："过瘾！过瘾啊！你准备接篙，我让你来试试!"陈三喜瞄准了机会，梭步上前接过撑篙。陈连升也是梭步后退，站立在了封梢藤边。

木簰前行，一步一景。陈三喜也是撑篙自如，动作洒脱。出了顺阴河的时候，河道开阔了许多，陈连升情不自禁地呼喊了一长声："金鸡口，我来了!"也就那么一袋烟的工夫，木簰就顺利地到达了金鸡口。

晌午时分，郭小虎、李铁、刘金堂、印紫竹、杨贞等人先后回到了石龙河谷。午餐的时候，当罗汉章讲述了陈连升拿起撑篙就刹把子的情形时，都是一阵喝彩。大家心里清楚，有陈连升的机灵，有陈三喜的水性，这把子尽管是初试，但也一定是万无一失。郭小虎回来得稍晚一些，他把扛回来的几件蓑衣放在了自己的铺位上，大家都过去看了货色之后，觉得还好。可他们都知道，这是陈连升发话购回的物件，没有他陈连升发句话，谁敢轻易动它?

018

这年头，金鸡口的街市也还不算那么大，就是几十间木屋连在一起形成两排，中间有一条丈余宽的廊道，于是就被三县交界处的百姓称之为"金鸡口街上"了。可莫看金鸡口的街市不那么大，却住着九佬十八匠。要说这年头金鸡口最为繁华的还是连天坡脚下的"买卖街"，水手和木客川流不息，三县百姓推行边贸，显得十分繁荣。陈三喜把木簰刹到岸边，撑篙猛冲上去，让木簰搁在了沙坝上。陈连升凭着木簰的惯性一步飞上了沙滩，踏上了金鸡口的土地。他把个不大的紧布口袋挂在左肩，回望了一眼邬阳关方向那雄奇无比的山影之后，迈开大步朝金鸡口街上走去。陈三喜跟在陈连升的身后，扛着撑篙，还真像两个木客的样子。他们转了好一阵子才找到了一个规模大些的裁缝铺面。陈连升和陈三喜反复挑选布料，最后还是确定，上衣全部用粗白布缝汗褂，下身全部用青布缝马裤，一晃热天就来了，穿着整齐大方，舒适方便就行。通过与裁缝师傅反复交涉，才把布料确定了下来。陈三喜给裁缝师傅交点了每套衣服的尺寸，等谈完价格，他突然想起了什么似的说："年升，你昨晚不是还说要给每个人做两条裤叉子，免得在练水的时候不雅净的吵!"陈连升一怔之后笑着说："哎哟，还差点把这档子事情给忘了!"于是两兄弟又开始选布料。裁缝师傅从内房里搬出一卷从资丘街上带回来的柔软布料说："这料子倒是好，就是贵了些，就看二位识不识货!"陈连升用手仔细摸了摸那布料之后觉得手感好，质地柔软，也就确定给每人再缝两条裤叉子，出门之人没有两套换洗的衣服不行哩！

可等裁缝师傅眯缝着眼，还装腔作势地拨了几下算盘珠子之后，报了价格："一共大小十六套衣服，十六条裤叉子，至少也要十六块银元。"一听这价格，陈三喜一下子傻眼儿了，心里急促地跳起来。他想："我们就这么一帮儿娃子，平时卵吊精光，到哪里去弄这么多的银元呀？"可让陈三喜没有想到的是，陈连升却停腔落板地对裁缝师傅说："我们不少你的价，但衣服必须缝成上等货色。三天之后，我叫这位老哥前来取衣付款，看你是不是要给我们写个字据，以便识别？"这裁缝师傅倒也十分老道，见发话做主的人虽然气宇轩昂，却也嘴上无毛且还带着几分稚气时，心里还是有些不踏实，就十分委婉地说："要不你先交八块银元的定金，我给你写个收据，让他握着，三天后来取衣服的时候出示字据就少付八块银元如何？"陈连升也很耿直的回答说："行啊！就按师傅您说的办。"说完这话，陈连升从肩上取下紧布口袋，拉开紧口，从里面取出了廖平山那天在冠垭儿上塞给他的钱袋子，数了八块银元给他。这时，裁缝师傅也有些惊讶，心里感到疑惑，这是哪家的公子哥，这大批的木材都还没有启运，身上就带着这么多的银元喃？陈连升细瞧了裁缝师傅写的字据后，递给了陈三喜并嘱他收好。正要走时，陈三喜把根撑篙在地上杵了一声脆响。陈连升想起了什么似的连忙缩回脚步来给裁缝师傅说："我把这根刹把子的撑篙寄于您处，等我们回转的时候再来取它如何？"裁缝师傅连忙笑盈盈地点头说："那行，那行，我保证寄物不寄失嘛！"

太阳当顶的时候，陈连升感觉有些饿了，就邀了陈三喜来到河边的一家餐馆，叫店老板炖了一个腊肉火锅，烫了一壶好酒，两人美餐了一顿。而这次，他们的主要任务只为采购急需的物资，奔的都是买卖街的货场和商铺，便没有闲心去欣赏金鸡口的山水风光。一阵子工夫就购买了两大捆东西，大到棉垫床单，小到针头麻线。而让陈三喜十分感动的是，陈连升不仅凡事都征求他的意见，而且一旦确定购买之后就都是一律八份，是给每个兄弟都购买了一份。

太阳慢慢儿偏西的时候，陈三喜就用那根撑篙挑着两捆购买的物资往回走，还真是应了木客们常说的那句话："下来一袋烟，回去要半天。"陈连升一边走路一边思索着这样一个问题，等这批新衣服取回来之后，我们兄弟八人在赶流送，放木簰的人当中就很耀眼了。现在木材老板林国兴存放在风池沟和刘家河坝的圆木和杉条木已经堆积如山，要把这些木材全部运抵金鸡口，恐怕需要几个月。在陈连升心里正是这样想的，从石龙河谷到金鸡口还是他们的第一站，而这一站路程却正是最为艰难的一段路程；从金鸡口再到桃符口这是他们的第二站，这应该就是他们八个人团结起来大显身手的一段路程，也是他们哥几个学本领、长本事的关键一站；走好这一步，再往前走就是经水布垭、盐池河、招徕河、渔峡口、隔河岩然后到宜都，这应该就是他们的第三站了。如果能用一年的时间闯到宜都，并且扫除道路上的一切障碍，那就算成功！

快到二岔口的时候，在前面挑着物资，大步行走的陈三喜觉得有些累了，就上前几步，在河口的那个野稍凳上放下了挑担，开始歇息起来。陈连升也找了一块干净的石头坐下，他有些歉疚地说："你一个人挑这么远的路程，累着了吧?"陈三喜擦了擦额上的汗珠子说："这算个么事哟！我们有的是力气。以后这些事就都交给我们几兄弟，你给我们拿一拿大主意就行了。我通过这次与你出门，懂得了弟兄们为何要这么死心塌地跟着你了，你真的就是一个仗义的角色！"一听这话，陈连升也就来了精神，接着说道："你以后一定要多多提携于我。几个人中就数我的年纪最小，而你们却硬要我来掌拐！这或许就叫不当家不知道柴米油盐贵。今天我们这一趟金鸡口走得值！"陈三喜连忙说："连升你放心，我陈三喜这人实诚，跟随你来也是敬重你是条汉子，以后有什么吩咐只管叫我就是！"陈连升随即发出这样的感慨："那倒也是，虽然你们高桥河陈家和我们陈家棚的陈家不是一族，但是一个'陈'字掰不破！以后水上的事，我就交给你了！要严格操训。包括我在内，个个都必须成为玩水的高手！因为我们今后的生存之道，再也离不开水了。"陈三喜也答应得爽快，带有几分豪气地说："好，这件事就包在我的身上了，我一定用心去做，包你满意！"

午饭过后，罗汉章按照往日的习惯开始给兄弟们准备晚餐。刘金堂、印紫竹和杨贞没有停留，他们继续过风池沟到观音坡找鸡火藤去了。郭小虎与李铁闲着没事，就把床铺上的稻草都搬出来洒到晒热的沙滩上凉晒，不一会儿那散发着霉味的稻草就有了一股清香。郭小虎心里明白，陈连升安排他去孙家湾找棕匠买棕垫，就是为了改善兄弟们的居住条件。要是夜夜都在那潮湿的散发着霉味的稻草上困觉，日子久了谁都受不了，还会损害兄弟们的身体。可让郭小虎又一时没有想明白的是，陈连升这样不动声色，也与各位哥兄一起滚稻草困觉而不吭声的原因，难道就是想检验一下弟兄们的意志吗？如果有谁吃不了这风餐露宿的苦头，还可以趁早打退堂鼓。可这一连十几天以来，却没有一个人有中途退缩的迹象。这或许就是陈连升要经过这么一段时间的历练后，再着手改善生活条件的原由吧！想到这里，郭小虎突然觉得陈连升年纪虽小，而身上透着的绝不仅仅只是机灵，而是拥有着掌控全盘的智慧。等他与李铁两人一阵忙碌，把八个简易床铺上的稻草晒得泡松之后，又一一收到各个床铺上时，太阳已经西悬，量想也是陈连升和陈三喜该要回转的时辰了。于是郭小虎邀了李铁前往金鸡口回转的那条山道上，去接二位兄弟了。半个时辰后，郭小虎和李铁就在二岔口的那个野稍凳与陈连升和陈三喜他们见了面。李铁抢先挑了陈三喜的担子，一摇一晃上前走了，陈连升快步跟了上去。郭小虎接过陈连升肩上的背包走在最后，一路欢快地朝石龙河谷进发。

019

时近初夏，天气渐渐暖和起来，这对于在河水里淌水赶流送剎把子的木客们来说，那是一件很高兴的事情。可为何又要说“木客窝里规矩多”呢？就是因为水上作业奇险无比，水中的情形变幻莫测，流送木材千变万化。木客置身其中便如战士置身沙场，随时都有利剑穿心的凶险。为了安全起见，在所有木客之中就渐渐形成了许多不成文的规矩——早晨起床洗脸的时候不能说“洗脸”，要说“抹面子”；早晨起来梳辫子不能说“梳辫子”，要说“百丝顺”，寓意“百事顺”；早晨吃饭不能说“吃饭”，要说“撮粉子”。因为大多数赶流送、剎把子放木簰的汉子都是吃的包谷面面饭，先把包谷用石磨磨成粉子，然后用木甑拌水蒸成饭之后食之，满口钻的包谷面面儿饭吃了经饿。而这些禁矩的最终愿望还是为了确保安全，让所有下河的人早晨出去后晚上都能安全归来。基于这个原因，在木客驻扎的河谷，上半天就很少有人说话，个个都是绷着脸生怕言多失口。

可自陈连升他们驻扎在石龙河谷之后又立了规矩，每天卯时天刚蒙蒙亮的时候，兄弟们穿衣起床，各自奔赴自己选中的那片河岸沙滩开始练功习武，那响动自然就大了些，时不时还有一声大吼传出来，惊动了林间的鸟，吵醒了熟睡的木客。当然在石龙河谷间驻扎的几百号木客，大多都是木材老板林国兴管辖。大家出门只为挣钱养家，谁也不敢胡言乱语。自从郭小虎在孙家湾取回棕垫，陈三喜在金鸡口取回新衣，陈连升便站在工棚外面的空地上训了话，一并分发了每人一份的衣服和生活有品之后，这帮儿男就变得十分自信，迅速成为河谷间关注的焦点，在众多的木客们眼里，这哪里是来石龙河谷间剎把子放木簰的木客呀？让那些跟随他人的年轻娃娃羡慕得要命，只想别了旧主，都来跟着陈连升混。就连当了多年班头的林文章也对陈连升投去了敬重的目光。

晴了几个日子之后，就又下了一场大雨，涨了一河猛水，这回该是兄弟们一展身手的时候了。陈连升领着郭小虎、李铁、杨贞、刘金堂、印紫竹、陈三喜等人，每日从石龙河谷到金鸡口剎把子跑三个来回。卯时习武，夜间练水依旧，早饭前剎一趟把子到金鸡口，早饭后再扎簰剎把子到金鸡口后回来吃中饭，中饭后再扎簰剎把子一趟，晚饭后再把木簰扎好，稳在河岸，待明日清晨再剎把子去金鸡口。就这样如此循环往复，累计起来，陈连升班子上每日就要多运七块木簰出去。这让木材老板林国兴大喜，照这个进度下去，他的所有木材就可以提前一个月运抵桃符口。

有一天早饭过后，陈连升领着伙计们正在石龙河谷间扎木簰，一切都要就绪的时候，罗汉章连忙跑出来站在河边喊他，说是倒湾坪边上居住的一个姓刘的中年男人找陈连升有要紧的事情商量。陈连升连忙把拿在手里的撑篙放在了扎好的木簰上，起身来到工棚里。那姓刘的中年男人名叫刘满山，就是那天在倒湾坪林间砍树后躲在树蔸边没敢出来的那个男人。他送来了一大块腊肉，还背了一大捆紫皮蒜苗和菜蔬，说是要让陈连升他们改善改善伙食。陈连升有些不解，就问这个名叫刘满山的中年男人道："我们素不相识，你为何要动这些礼行?"那刘满山就如实说了："那天你们站在倒湾坪岩板上说的话我都听见了，我是前来求你们一件事情。"陈连升细瞧了一眼刘满山，觉得这人也不像是那种奸狡巨猾的角色，也就谦和地问他："你遇到么得为难的事情了么?你来求我们，是要我们为你打抱不平么?"刘满山说："那倒不是，我在倒湾坪砍了十几根杉树，想给老父亲和一副寿棺，可那几根杉树都有些粗大，在树林子里打不到出山，想请你们当中的那个名叫三日牯的汉子，帮我耽搁一歇烟的工夫，把十几根杉树扯到倒湾坪那块熟田里，我才下得好锯，然后再请人抬到屋里，好交给木匠使用。"陈连升觉得这事倒是不难，就对刘满山说："你等等，我去河岸找杨贞商量一下之后，再来给你回话。"可待陈连升走出工棚来到河岸，早已空无一人。罗汉章趁着陈连升走进工棚会客的当儿，早就想去刹趟把子过把瘾的他，把撑篙扬起划圈一撑，把子离岸而去，紧随郭小虎和杨贞之后出了铁匠潭。

陈连升回到工棚里，平静地对刘满山说："你在这里歇息一会儿，等他们中午回来吃饭的时候，我再吩咐杨贞去给你帮忙，你看行啵?"刘满山连忙说："那就谢了!"他朝伙房里细看了一下那些简单的用具之后问陈连升道："你们平时由谁负责烧火做饭喃?"陈连升说："是罗汉章负责烧火做饭。可这会儿等我上岸见你的时候，他把我的那块把子刹去了金鸡口，把这弄中午饭的差事儿算是扔给我了。"刘满山嘿嘿一笑说："你莫急，烧火做饭可是我最拿手的事，不如我们就把那块腊肉烧了炖上一锅，中午给你的那些伙计们打个牙祭!"陈连升开怀一笑说："那感情好!你快点给我露一手!"

刘满山果真手脚麻利，不一会儿就把一块腊肉烧好了，并拿到河边去洗得亮亮索索，放到砧板上用刀切肉的时候，陈连升说："我们一共有八个人，加上你就是九个，你切肉的时候就按九份切，一人一坨就是了!"刘满山领会了陈连升的用意，照着做了。等锅里的腊肉散发出一阵油香的时候，陈连升高兴起来。自从来到这石龙河谷，兄弟们的生活一直都很艰苦，除了每天能够吃上河鱼，却很少这么炖一餐腊肉。再看看刘满山这手艺，心里顿时动了一个念头——如果能把刘满山请到这里当个伙夫，让罗汉章也腾出手脚去放木簰刹把子，那不是两全其美的事么？于是陈连升试探着去问刘满山："你这么好的厨艺，怎么不出来谋个差事？也好挣点工钱嘛！"刘满山笑着说："那感情好，如果你们兄弟几个瞧得起我的手艺，我倒是愿意前来给你们效力。"陈连升连忙说："那你开个价，工钱怎么个算法呀？"刘满山倒是爽快，就笑着说："这年头，赚钱不赚钱，赚个肚儿圆。只要你们看得上眼，那工钱的事出得你的手，进得我的门，让我莫打空手回去就行了！"两个人都笑起来，这个事也就算这么定了舵。

快到中午的时候，罗汉章慌了手脚，他快速奔跑着回到了石龙河谷。在金鸡口他把木簰靠了岸，就对郭小虎说："这余下的事就拜托各位兄弟了，我得赶快回到石龙河谷去给你们准备午饭，否则我今天就该受罚了！"郭小虎答应了罗汉章，由他先走了。可等罗汉章奔到石龙河谷时早已气喘吁吁，大汗淋漓。他的脑海里回响着陈连升曾经发过的话，知道自己这回坏了规矩。他走近工棚，放好撑篙，然后来到陈连升跟前跪下，并大声说："连升！你罚我吧！这回都是我不懂规矩，居然没有通过你的允许，就把你扎好的木簰刹了出去，这是我的过错！"

陈连升瞪了跪在地上的罗汉章一眼说："水上的工夫够好玩的吧？嗯！"罗汉章没敢作声，只是抬起头望了陈连升一眼。陈连升沉着脸说："你起来吧！从明日开始，你就不用当这个伙夫了！这些日子以来，我早就看出了你的心思，你感到憋屈，心中的怨气不小。从明日起，你想干嘛就干嘛去吧！"罗汉章一听这话，吓出一身冷汗来，连忙把额头磕到地上说："你可别撵我走，我知错能改！"陈连升就又一本正经地说："你真的觉得自个儿错了吗？"罗汉章抬起头来说："我的确错了，我也知错了！"陈连升说："念你这回还是首次违规，我就饶了你！吃过中午饭后，你自己准备一根撑篙，从今天晚饭后开始，你就和大家一起扎木簰刹把子去吧！"罗汉章连忙说："谢谢连升宽容，谢谢连升宽容！"

见此情景，刘满山傻眼了。看着罗汉章个子高大，年岁也比陈连升大了许多去，却为何要在陈连升面前如此循规蹈矩？他站在那里没敢出大气。罗汉章站了起来，正准备到伙房里去烧火做饭，却闻见一股肉香。陈连升看了他一眼之后说："你先去洗洗，好好歇息一下，等他们都回来了就吃午饭吧。"罗汉章"嗯呵"了一声之后，回工棚里拿了自己的帕子到河岸去了。刘满山走到陈连升的跟前问："你为何要对他如此严厉？从前我只听说，木客窝里规矩多，却还没听说，木客窝里这么严哩！"陈连升抬抬手说："我手下的这拨人，都是些武林中人，比不得平常的木客，如果没有严格的规矩，放任起来，闯出祸端，谁来弥补？”刘满山会意地点了点头，然后问道：“我如果真的前来给你们当了伙夫，不慎做错了点把点事，也要给你下跪么？”陈连升挥挥手说：“不用！不用！看你的年纪比我的爹爹都还大些，那能苛刻你呀？你来给我们效力，我们绝对不会亏待你的！”刘满山放松了许多，望了陈连升一眼之后胆怯地说：“那感情好！要不我就该打退堂鼓了！”陈连升正色道：“那可使不得！我这里没有戏言，眼下我都给罗汉章安排活计了，你可打不得退堂鼓呢！”刘满山点了点头之后，拿了些紫皮蒜苗和菜蔬到河里清洗去了。

这顿午餐，是他们进入石龙河谷之后吃得最好的一顿午餐，一锅腊肉吃得精光不说，就连一锅肉汤也喝得干干净净。陈连升由此想到了一个问题——他在练石锁功期间，爷爷专门还给他安排了一日三餐的食谱，这就说明生活的营养必须与所付出的体力相适应。眼目下水上的功夫苦，早晨要练武功，晚间还要练水，肚子里空荡荡的没得油水，谁能坚持得住？午餐时，陈连升宣布：“今天下午歇假！不再扎木簰刹把子。刘金堂去帮罗汉章置办撑篙，李铁陪同杨贞去刘满山师傅家办差，郭小虎与印紫竹两人负责到孙家湾一带去购买几块腊肉回来，连续三天改善伙食打牙祭。我与陈三喜负责做晚饭。从明天早晨开始，罗汉章与我们同起同落扎木簰刹把子，由这位刘满山大叔给我们烧火做饭，工钱的事统一提取费用支付！大家有什么意见吗？”

郭小虎说：“我没意见！这位大叔的厨艺不错，比罗汉章自己吹的强多了！”大伙一听这话哄笑起来。罗汉章也低下头嘿嘿地笑着说：“我一个大老爷们，原本就不是转锅台的坯子！去放木簰刹把子才是我的正道！”大家嬉笑一阵之后，陈连升挥挥手说：“各自行动吧！”

杨贞走到陈连升的跟前，问明了情由，便与李铁随刘满山走了。郭小虎来到陈连升跟前正要说什么，陈连升立刻明白了他的意思，就笑着说道：“你手上一定又没银子了。两手空空怎么买得回来东西？这么大一帮人，蒸要一甑，煮要一锅，每天吃得盆喊锅叫，我给你的那点银钱想必早就用完了。你到林老板的账房里去，传我的话，先预支十块银元过来购买粮米肉油，记清账目，按月结算收支，扣到人头，做到鱼清水白！要想伙计长，算清伙食账，这是规矩！”郭小虎微笑着与印紫竹一道办事去了。郭小虎没走几步，陈连升突然想起了什么似的对郭小虎的背影大喊一声：“如果看到棕草鞋，每人再买一双！”郭小虎回头应了一声。

这时，河谷间的薄雾已经散开。放眼望去，庙岩屋与石龙寨对峙着，岩檐的峰巅上有一座山神庙。再顺河向上望去，在那风池沟的岩檐上还有一座山神庙。绿树掩映着楼阁，薄雾缠绕着峰巅，飞瀑直下，山雀飞升，好一派朦胧而又和谐的景象。

那雄伟磅礴的白虎寨已被浓雾包裹着，隐于天宇之间，只有河谷间的水响，犹如万古琴弦，奏出了和谐的乐章。在陈连升的心胸里顿时生出这样一个念头来——秋后闲时，一定要选一个晴朗的日子，独自登上白虎寨顶上那个名叫吹风岭的峰巅，去俯瞰一下邬阳关的全景，去审视一下家乡的模样。

陈三喜找了一只洗脸的木盆，弄了少许皂角。收了陈连升和自个儿的衣物到河边清洗去了。当陈连升从薄雾绕山的风景里收回目光，正准备随陈三喜去河边商讨一下练水的方法时，忽然听见工棚后的横路上有人在大声叫唤他的名字。等他侧耳细听，心中大喜，连忙爬上横坎细看，原来是陈年高和陈年德两位兄长，专程前来石龙河谷看望他了。陈年高和陈年德兄弟俩，是奉陈华陈富两位爷爷之命，各自背着一只粗篾背篓，给陈连升带了许多肉食和米粮过来。陈连升见到两位兄长激动无比，在陈家棚家里的时候，他与年高年德两位兄长志不同道不合，虽然无仇无怨，却也并无深情。可自从那日在私塾学堂一别，已有了五十多天的光景，今日石龙河谷一见，兄弟三人已是激情化作热泪涌出，毕竟还是血浓于水的族房兄弟，就是他乡遇故知也算是幸事。陈连升连忙大声叫喊在河里清洗衣物的陈三喜，要他赶快上岸烧水泡茶招待两位兄长。陈年高急忙问道："怎么？你们这个班子里还有一位姓陈的自家兄弟？"

陈连升回答说："他叫陈三喜，是高桥河陈家大屋场的人，虽然与我们陈家棚陈家不是一族，可毕竟一个'陈'字掰不破。他的水性极好，是我们的练水师傅！"陈年德伸了伸大拇指说："爷爷他们都说连升机灵，现在这么看起来，连升不仅机灵，而且还学会爱惜人才了！"陈年高沉静地望着陈连升那英俊洒脱的模样，本想奉承他几句，可他爹爹陈万魁早就说过了，陈连升这个人不能宠，只能打压，他是那种越压越能蹦起来的人。于是就激将他说："年德你可能看错人了，连升是有些机灵，但他胸无大志，不学孔孟之道，充其量等他由一个嫩嫩的功夫小子，长成一个放簰汉子的时候，你我这些读书人可能早就功成名就了。你看陈连升这小子闹得，小小年纪，有书不读，偏要到这荒山野地里找罪受，硬是不可思议，不可思议呀！"听了堂兄陈年高这话，陈连升不仅没有火气满喉，反而哈哈大笑说："陈年高！你别以为我年纪尚小就会冲动，你这些话肯定又是我伯伯教你说的，他要你来试试我的脾性，看我是长进了，还是原来的德性。你回去告诉我伯伯，我是喝了摔碗酒出来的，已经长大了，叫他注意自己的身体，别太为我操心了！"陈年高望了陈连升一眼，心里感到有些震惊。若是从前，陈连升听他说出这种话来，早与他大打出手了。看来这小子将来还真是一个可造之才。

陈三喜为他们三兄弟泡了一罐茶出来，搁在岩板儿上，再到伙房里去取了几只苦竹筒粗制的杯子出来，倒了茶水递给了陈年高、陈年德，最后还给陈连升递了一杯过来。陈年德呷下一口茶水之后对陈年高说：“你别闲扯了，把幺爷爷交待的事情早些同连升说了，我们也好趁早回转。这阵儿母猫子喊春，怕晚了在冠垭儿那道深林子里撞到猫子。”陈年高喝了竹杯子里的茶水，抬起头望着陈连升说：“我和年德是来看看你，爷爷说怕你们一旦转场到金鸡口去，再想看看你的时候就远了。一是给你送些吃的过来，了解一下你现在的情况，回去也好向他老人家汇报。这二来嘛是我们走的时候，爷爷交给我一张图，要我亲手交给你。”说着这话，陈年高从自己的衣袋里小心翼翼地取出一块黄颜色的绸布来，递给了陈连升。

陈连升伸手展开绸布，只见上面有许多圈圈点点。看得出来，此物既不是书信，也不是地图，更不是放簰的河洛。他皱了一下眉头之后，按照原来的折印折叠好了绸布，揣在了怀里。停当之后，陈年高又从腰间取下一个精美的钱袋，拿在手里抖了抖，听到几声脆响之后说：“这是你伯伯叫我给你捎带的一点盘缠，出门在外，手里没得一点儿银子不方便。”陈年高向上一抛，陈连升便伸手一把接住，掂量了一下，里面装的银元不下二十，很是感激。过了片刻之后，陈连升说：“这银元你还是给我伯伯带回去，一晃就要给你娶媳妇子了，起码也要给你修间新房，置办点东西，开销不小哩。再说我现在扎木簰刹把子，已经开始挣钱了。”陈年高连忙慨气地说：“连升你可别傻！你伯伯的钱你不拿白不拿！你万万不可把他当外人，一客套可就脱货了，到时候你后悔都来不及。”陈连升望着兄长陈年高笑笑，觉得他这话说得亲近，也就没再推辞了。

陈年德站起身来，客气地对陈连升说：“我们也就不玩了。你年纪尚小，照顾好自己，多多保重！切莫逞能使那过头力，怕致痨伤。”陈连升点头应允。陈年高接话说：“爷爷交代过了，叫你有事就捎个口信回去，方便的时候我们再来看你！”听到这些话，陈连升硬是有些感动了，眼眶湿润起来，拉着两位兄长的手说：“你们安心读书，早日完成学业，不必惦记小弟，平时把年学照顾好。等我闯出一片天地了，再来回报你们，回报长辈！”话别之后，陈年高和陈年德各自背着个空背篓走了。陈连升站在岸上向他们挥了挥手，以示回见。

020

陈三喜收了茶罐和竹筒儿茶杯之后，仍然到河里清洗衣物去了。陈连升取出那张图铺在岩板上仔细研究起来，这既不是书信，又不是地图，也不是河洛的图，到底是些什么经文呢？难道是一张拳谱吗？他站起身来捡了坐凳，就按图上所示的圈圈点点开始比划，却怎么也找不到套路和感觉。但当他静下心气，拉开距离，再看那张图时，那黄颜色的绸布便像一片洒满阳光的沙滩，上面分布着八个轴心点，如同举起的龙头。再顺着每个轴心点向后延伸，那些如蚂蚁般大小的黑点，犹如万马奔腾……而在分布均匀的八个轴心点之中又好像有一个巨大的漩涡，分若堤岸决水，一泻千里；合若布袋紧口，铁钳封喉；缠若倒海翻江，龙卷狂风；绕若浪打沙滩，千倾如洗……陈连升自练功习武以来，哪里见过这般宏阔的阵势，禁不住倒吸了一口凉气，河边的水响在她的耳边突然变成了万马奔腾的蹄声。陈连升心里一怔，眼前一亮，这难道就是邬阳关传说中的“八阵图”么？当他上前一步，捧起图布再作辨析时，便明白了其中的奥妙，看懂了一些变幻莫测的演变之法。突然间一个念头略过他的脑海，如果我们八个人分别代表一个轴心，形成阵势，合围成一个变幻精妙莫测的怪阵，谁还能轻易破解？陈连升琢磨半晌之后，小心翼翼地折叠起了那张图，依然揣在了怀里，并把那布阵的脉络仔细地铭记在了心间。

其实这会儿刘满山在心中暗喜。自从那天在倒湾坪伐木后躲在树林子里，听到陈连升他们一班儿娃子的言语之后，刘满山就在想着这样一个问题：这几个儿娃之中一定有他家女儿刘叶翠、刘叶禾姐妹俩中意的人。刘满山膝下养有二女，长得俊俏水灵，一个年方十七，一个年芳十五，正值谈婚论嫁的年岁。可由于生在这大山之间，与外界接触甚少，至今还没有找到如意郎君。当今日下午，杨贞和李铁跟在刘满山的身后来到他们刘家时，刘叶翠、刘叶禾姐妹俩便大大方方地走了出来端茶倒水，清纯端庄的模样一下子就揪紧了两个儿娃的心，“砰砰”地跳着，如饮三碗烈酒一般耳脸鲜红。

一会儿工夫，杨贞就把十几根粗大的杉树条木拖到了刘满山家的屋跟前，并一码摆放得整整齐齐了。刘满山惊叹不已，他已年过半百，还从未见过有这么大力气的人。杨贞这人体态肥胖，肩宽腰圆，但样貌虽显蛮板却并不丑陋。李铁相貌英俊，透着阳刚之气，把个清纯美貌的刘叶禾逗得眉开眼笑，时不时还露出一对甜甜的酒窝儿来。刘叶翠端了一盆热水来，拿了面巾要杨贞洗手擦脸，两人目光相遇，手指相碰，竟也臊起了一脸红浑。刘满山笑呵呵地对两个女儿说：“爹爹今日个还找到了一份好差事，确定去给他们这个木客班子烧火做饭，也好挣些银两，到时候多少也得给你们置办点嫁妆不是?”

歇息片刻之后，杨贞和李铁执意要走。刘叶翠和刘叶禾姐妹俩执意相留，要他们吃了晚饭再回石龙寨河谷里去。几番客气之后，杨贞便大胆地做主留了下来。刘满山捆了铺睡行李，又到菜园地里扯了一捆菜蔬，也准备随杨贞他们一同前往。刘叶翠走到爹爹跟前撒娇似地问道：“您说去就去呀？也不和我娘商量一声?”刘满山说道："这有个么得好商量的呀？你娘去了后家，回来了你们姐妹俩代我说一声就作数了。我去挣点银子回家，也好给你娘添件新衣衫不是！"小女儿刘叶禾很是赞成，就站在厨房门边说："那要得，也只隔这么远，没有蔬菜的时候就回来背一捆去。水上剎把子是最吃力的活计，伙食马虎不得的呀！"李铁一听这话，禁不住偷偷地望了刘叶禾一眼，觉得这姑娘说话慨气，还讲良心，做事手脚麻利，是个理家的好手，心胸里顿时生出了一份念想。

在出去的几班人中，罗汉章和刘金堂回得最早，他们把砍回来的撑篙削了皮，斗了铁箍之后，还在河滩上比划了一阵。罗汉章一连做了几个猫儿上树的动作，每回都把撑篙压得直闪。当他把自个儿新砍回的那根撑篙拿到陈连升跟前要他过目时，陈连升一眼就瞧上了，接着问罗汉章道："你这根撑篙用了多少尺寸？"罗汉章一脸自信地说："两丈一尺。怎么了？"陈连升冷冷一笑说："其他木客的撑篙都只用了一丈五尺，我们几兄弟的撑篙比其他木客的撑篙长了三尺，用的是一丈八尺。那是因为我们都是学功夫的，拿得起也顺得开，必要的时候还可以作为武器来用。可你倒好，还长三尺！你是想显示你的武功高强呢？还是有什么别的用意呀？"罗汉章一下子就被陈连升问住了，两眼直勾勾地望着他，没敢再往下言语什么。平时很少说话的刘金堂上前解围，他站在陈连升面前说："那根撑篙是檀木，篙颠细渺，能够舞出风来。我们没有别的意思，只是想把这根撑篙敬献给连升你用，把你原来使用的那根喜杉树撑篙交给罗汉章使用。反正是他上午抢夺撑篙而去，也算是他自愿的了！"听完刘金堂的这句话，陈连升感到很惊讶，平时很少说话的刘金堂，原来也有一肚子的话要说，这就多看了他一眼。然后转过脸来望着一直没敢动的罗汉章问："你不是这么想的吧？"罗汉章连忙点头说："是的，我的想法正如刘金堂所说。"陈连升把脸一沉说："罗汉章你可给我听好了！欺负我年少镇不住你是吧！上午的事我没有为难你，你刚才又给我来这么一出。你的篙子凭么得长三尺，想当龙头老大是吧？不瞒你说，我的撑篙也只比各位哥兄长的三寸，你的胆子也太大了吧，我不是听到刘金堂也还解释得合乎情理的话，我这回可就真的不会饶你了！"罗汉章连忙说："你责罚我吧！是我一再不懂规矩，惹你生气！"哪知道陈连升却哈哈一笑说："那我就真要罚你了！你快去把陈年高和陈年德下午送来的两腿山羊肉烧了炖了，晚上逮酒！"罗汉章紧绷的神经这才松弛下来，知道陈连升是在故意逗他，就开心乐意地到伙房里去忙活了。

这回郭小虎和印紫竹也是满载而归，还把头回就订好了的斗笠也顺便捎了回来。还隔老远郭小虎就闻着炖羊肉的骚味儿了。他大声问道："是哪个伙计在伙房里做饭？"罗汉章也大声回答说："还是本师傅！怎么啦？"郭小虎接着回答说："我闻到了羊骚味，前天从金鸡口带回来的干子豆腐是否还有？如果还有的话就切几块放在山羊肉里，那才是美味！”罗汉章笑嘻嘻地说：“你狗日的还懂这个？我还以为你就是一张通嘴哩！”几伙计都笑了起来。

约莫酉时一刻，杨贞和李铁帮刘满山扛着行李三人一同回到了石龙河谷。陈连升见刘满山言而有信，心中大喜，连忙迎接。等人都到齐了的时候，陈连升叫陈三喜在他的床前，取来了木材老板林国兴赠送给他的两竹筒咸盈河白酒，弟兄们一阵子吆喝之后，便开始大块吃肉，大碗喝酒，一场狂放的酒局就这样持续着。三旬过后，陈三喜端起酒碗，狂放地吼道：“来，湾潭河榨油，猛是一下！”郭小虎有些不胜酒力，连忙摆手说：“别介，别介！我们还是段家河赶筒子，慢慢儿悠吧！”说话间，杨贞端起了酒碗也是大声吼道：“那你们看是逮一口，还是一口逮？”看到陈三喜、郭小虎、杨贞他们三个人争执不下，陈连升站起身来，端起酒碗，也是大声吼道：“逮而撮之！撮而擦之！逮、撮、擦！”

刘金堂、印紫竹、罗汉章、李铁四人也随身站了起来，应声呼和道：“来，打起精神，逮而撮之，撮而擦之！逮、撮、擦！”

等这顿酒喝得最高潮的时候，那第二竹筒咸盈河白酒又被打开了。刘满山在一旁直摇头，心里感叹道：看来这土家族的人狂放起来，硬是吓得掉魂。

021

一个晴天的午后，伙夫刘满山用一根满天星的木杆子秤在称一块腊肉，准备下伙安排晚餐。因为这几天赶园木流送的木客占了河道，还留的两百多根杉条是要压到最后，准备转场金鸡口的时候用木簰搭运行装。正在工棚外与大伙儿研讨武功的陈连升喊道：“刘师傅，你把那根秤杆子拿出来让我们称称看！”刘满山应了一声，放下那块称好的腊肉之后就把秤杆子送了出来。

陈连升示意郭小虎拿了秤，接着说：“我们腿肚子上的棕包沙袋也绑了快两个月了，今日个都脱下来称一称，看看谁的沙袋还足足有五斤的分量？”郭小虎放下秤杆，率先解下了自己小腿上的棕包沙袋过了秤。接着刘金堂、印紫竹、罗汉章、李铁等人也都解下沙袋过了秤，最后一一报出了斤两，除刘金堂的沙袋达到每包有十斤之外，其余几个人的沙包每包仅在五斤以上。陈连升面露喜色，哈哈一笑说：“看来各位也都还实诚，没有偷懒耍滑的角色。”接着陈连升解下了自己双腿上的沙袋，郭小虎称后大惊，并报告大伙儿说：“连升的沙袋一只二十斤，两只四十斤！”众人也是一脸的惊讶。可杨贞和陈三喜却是迟迟不肯动手解下自己的沙袋。郭小虎还以为他俩是在偷懒耍滑，就拉着腔调有几分威严地说："怎么啦？怕羞是啵！是不是要弟兄们动手帮忙？"陈连升眨巴了几下眼睛，知道其中一定有隐情，就大声说："别动！你们不许胡来，还是让他们自己动手好些！"杨贞的脸面上红了一下，然后解开棕绳取下了沙袋。郭小虎称后大惊，有些无地自容地感觉。因为他先前一直以为杨贞是在偷懒耍滑，镇定一下之后才报出了数字："杨贞的沙袋单只二十五斤，总共五十一斤。"一听这话，众人脸上掠过惊叹，嘴里唏嘘一阵。陈连升也是一脸惊讶，他没想到杨贞竟然能够笨鸟先飞，如此用功！接着就轮到陈三喜了，他很不情愿地解下沙袋，扔到郭小虎的面前后一脸严肃地说："绑个沙袋也这么认真干嘛呀？"郭小虎把陈三喜解下的沙袋也过了秤，并伸出舌头以示惊讶，这回他没报数字出来，只把那秤砣的细绳勒着秤杆上的星子递给众人过了目。李铁认了秤之后惊叫了一声："哈咯咋！二十八斤呀？"当众人死盯着秤杆儿，确认陈三喜的棕包沙袋的确是一共五十六斤时，众兄弟全是一脸惊愕。

陈三喜没有言语什么，一脸凝重。只见他慢慢儿站起身来，轻轻地迈出了步子，慢走几步之后还差点儿跌倒在地。那是因为沉重的沙袋突然解下之后，身体一时难以掌握平衡的原由。眨眼功夫，陈三喜就从工棚里穿了蓑衣、带了斗笠出来，像是装扮好了要出来唱大戏一般径直去了河岸，朝铁匠潭奔去。陈连升十分不解，这烈日当空，大地晒得发烫，他穿着蓑衣戴着斗笠干嘛去呀？于是起身跟了去。众哥兄顿时从惊愕之中清醒过来，也随后跟了去。这铁匠潭长约五十丈，深有满满一撑篙。进入铁匠潭的滩口，陈三喜便开始大步狂奔，披在肩上的蓑衣顿时随风飘了起来，戴在头上的斗笠也像是随风鼓起了多高。陈三喜越过沙滩，踩向水面。只见轻波微展，脚踩之处展出筛盘大的窝坑，五十余丈的深潭，不过二十步的功夫竟然平稳地飞了过去，轻轻地落在了潭口外的那块大石头上。

陈连升眼前一亮，心中大喜，随口惊叫道："哈咯咋！陈三喜竟然练成了水上飞呀！"众人从惊愕中回过神来，也是一片惊呼。

陈三喜回到岸上，取下斗笠，解下蓑衣，然后问陈连升道："你看我的脚踩水时有多深？脚窝有多大？"陈连升答道："吃水至螺丝骨，脚窝约筛盘大小。"陈三喜摇了摇头，叹了声长气说："还不到火候！真正成了的时候，水不能漫过脚背，脚窝也不过斗大！"陈连升左手一拍陈三喜的肩膀，右手竖起大拇指说："接着努力，一定要达到你想要的境界。"众人看了陈三喜的水上功夫，个个自愧不如。郭小虎跟在陈连升的身后，唠叨了许多赞许陈三喜的话。可陈连升对郭小虎始终冷着面孔并没有理睬。因为此时此刻，让他陈连升心灵震撼的是陈三喜的那份执着与坚韧。他在带领并教会大家练水的时候，自己也能够潜心苦练，认识水性并悟出其中的道理，这需要毅力和勇气。就跟陈连升当初在陈家棚练石锁功一样。陈三喜平时不张扬，不显摆，处事谨慎低调，而功到却自然而成，这是比什么说道都更有说服力的表现。陈连升的不予理睬，使郭小虎感到很没面子。他甚至痛恨自己，为何当初没想到也绑上一个重些的沙袋呢？

回到工棚外边那片开阔平整的河滩上，杨贞对陈连升说："有个事我已经琢磨很久了。我们刹把子的时候遇到礁石险滩，大伙都没少用过猫儿上树和鹞子翻身的动作。如果我们能把猫儿上树和鹞子翻身的动作集合起来，或者说连贯起来后在陆地上练成一排'大旗飘飘'的阵势，一定很有震撼力。"众人没有听懂杨贞在说什么，那意思也的确没有表述清楚，就都用一种怪异的目光望着杨贞。杨贞转动着脑袋扫了众人一眼，最后把目光定格到陈连升的脸上。见陈连升也是一脸疑虑时，便捡了一根柴棍过来，在沙滩上画了一个图案，并一边比划一边解说，这才勉强把意思表达清楚了。他为了让众人更加明确，还补充说："我们邬阳关、灯草湖一带很早以前就有一种说法叫做'八竿子打不着'。你们想想看，我们几个练功夫的人加在一起有八根撑篙，打不着那是因为我们不打，只撑……"

这下大伙儿总算弄明白些了。杨贞的意思是说："八根撑篙立起为柱，人在空中横飘，双腿叉开两人一组四脚相蹬，腿空连成一个'梭子型'。八根撑篙立于两排，其间形成廊道，人在空中形成四个梭子形状并相互支撑。"陈连升恍然大悟，忙在一块平整的沙滩上定了八个点，两对人马从两边跃起，撑篙之上以一丈二尺为记号，下手捏到刻度而握，高度便为一致了。

陈连升一挥手，就叫各自取来了放簰刹把子才用的撑篙，列队站在了沙滩之上，再由杨贞细说动作要领。陈连升还按各自的高矮次序调整了队形，最后陈连升还进一步强调说："人以猫儿上树的动作升空，但双手与撑篙成三角形，双脚叉开寻找对方的双脚紧蹬，以内力相吸支撑身体的重量！忍气静心、稳控！最后听到下篙的口令后，仍向两边轻轻落下，控制撑篙，防止篙头刺伤了双方的身体。大家都听明白了吗？"众兄弟把撑篙在沙滩上用力一杵，发出一声闷响，如战将临阵。接着陈连升大声吼道："众人听杨贞口令！"

杨贞接着大声喊道："站好位置！预备，起！"众人按照预先定好的距离和步数散开，撑篙跃起，竟然是一气呵成。刘满山听到口令，连忙奔出伙房定睛看时，只见沙滩上立着八根撑篙，空中却多出了四道横梁，在烈日之下像一间房子，又像一处廊道。刘满山禁不住惊叹道："搞拐哒，我的天爷爷！这邬阳关恐怕硬是要出神兵了哟！"片刻之后，杨贞口令下篙，各自用力蹬脚，一个鹞子翻身跃过身子，又如猫儿上树后下篙的动作，各自落下。最后又接连演练了数次，均获成功，只是在空中停留的时间每回都不太长，还大有训练和提升的空间。

可是杨贞却万万没有想到，他的这一琢磨，这一实践，竟给陈连升提供了一个无限的想象空间。“八阵图”所包含的神秘正被他一层层地拨开云雾，展亮得清晰明了。陈连升继续往下设想：如果利用剎把子的撑篙编成八阵，由现在的这八个人各领一阵，那将是一个何等宏阔庞大的阵势，而“八阵图”中所描述的或许正是这么一个宏大的阵势。如果八阵协同，组成一个连环阵，手持撑篙，防堵八方的事已不再是鞭长莫及，而是立竿见影。而八阵合围，又早已破解了八竿子打不着的说道，能够形成铜墙铁壁。陈连升心里清楚，杨贞所发明的这个“大旗飘飘”，并不是所有的人都能一气呵成的，如果没有上成的工夫，谁能飘得起来？而且这个造型之中最为过硬的一个接点就在于四脚相蹬，支撑重心的奥妙之上。而有了这个基础，练成八阵也就是水到渠成的事了。

一连几日，陈连升与杨贞、陈三喜等人手持撑篙，就在那片平整松软的沙滩上设计动作，规范套路。其他几人也都集思广益，出谋划策，最后终于形成了一套较为完整的方案：由陈连升在中间领阵，杨贞在最后压阵，中间六人如风动枝摇，三人一阵，落地时三角而立，前行时如品字展开，锐不可挡；收势三杆合拢如堡垒，足以抵挡外沿攻击。可见练成八阵之后，便是一个极其坚固的防守阵营，适合实战。

有一个晴天的早晨，刘金堂来到陈连升的面前说：“我们的这些撑篙虽然用得顺手，表面也已经磨得十分光滑。可喜杉树的木料易碎，时间久了怕有闪失，是否由我和印紫竹再花上半日工夫，到观音坡的大山上再寻八根檀木的撑篙回来？”陈连升大喜，望着刘金堂说：“你与我想到一块儿去了。那你今日个就邀印紫竹前去，选八根坚实些的檀木回来，均按一丈八尺，留有余料。毛坯扛回来之后，我们精心制作，要让撑篙成为我等手中的利器。”刘金堂与印紫竹两人欣然前往。陈连升随即示意李铁再去铁匠铺里打八个箍子回来。李铁也是即刻行动。

杨贞听到这些，连忙挨近陈连升，似是自言自语却又能让陈连升听见似地说：“习武之人要利器作甚？功夫练到极处，该是撒土成兵，摘叶为器！”一听这话，陈连升心里一怔，两眼盯着杨贞问：“你这话是啥意思？”杨贞坦然地说：“撑篙只能作为我们剎把子放木簰的工具，我们练功习武也只是为了强身健体，没有其他目的！眼下我们初入江湖，并无仇家，因此我们不能惹是生非，还是和气生财为好，你说是啵？”陈连升望着杨贞诡秘地一笑，没有说什么。因为他除了练功习武之外，还从来没有思考过这些问题。可杨贞这人虽然肩宽体胖，一副四肢发达的模样，可头脑却并不那么简单。这些天来，他一直就在暗中隐隐地想——我们练成了“大旗飘飘”，接着仔细研究琢磨训练“八阵”，这是为的哪般啦？我们也没有指望哪一天硬要和谁去干仗呀？有一天夜里，杨贞已经为这事想得失过眠，他是怕陈连升这样不停地摆弄下去，弄得动静大了的时候，惹出官非口舌来。所以今日他才这样善意地提醒陈连升一句。可陈连升却从来就不在乎这些，爷爷陈富早就给他吃过定心丸了。普天之下，都属王土。自古以来哪朝的律法也没有规定练功习武是违背律法的。至于练功习武的方式也是多种多样，一个人是练，八个人也是练。我们只要不作奸犯科，犯上作难，量想他乾隆爷也是一代明君，大清的律法也不至于这么皂白不分。

正这样想着，就听有人在叫陈连升，说是木材老板林国兴有请。陈连升心想，林国兴老板叫他前去，可能是要结算前期的工钱了，就邀了负责管理工账的郭小虎立刻前往。等陈连升和郭小虎进了林国兴老板的那个大棚之后，他把侄儿林文章叫到跟前，然后慨气地说：“连升哪！你这回可为我立了大功了！由于你和你的那帮兄弟的努力，我的所有木材就可以提前一个月到达桃符口，你是有功之臣啊！”陈连升也慨气地回答说：“林老板待我们不薄，我们理当尽全力为您效力！”停顿了一下之后，林国兴老板高兴地说：“我叫账房里认真统计了一下，你们八个人所运往金鸡口的杉条木，相当于林文章他们三十一个人所运条木的总和还多七根！我林国兴有你陈连升相助，真是幸事呀！”陈连升也客气地说：“感谢林老板的夸奖！也感谢林老板的器重！”

大棚里的气氛顿时融洽起来，彼此之间在传递着一种信任与真诚，静了片刻之后，林国兴老板又慨气地对林文章说：“你把郭小虎带到账房里去，给他们把这个阶段的工钱全部结清了，另外还给他们每人奖赏一竹筒咸盈河白酒以示犒劳。等我们转场到了金鸡口安顿下来，我还要摆酒席，给连升和他的那帮兄弟敬酒！”听了这话，陈连升和郭小虎都是一脸兴奋。接着林文章领着郭小虎去了账房，结算前段时间的工钱去了。林国兴老板站起身来从自己的木箱子里取出一个精美的钱袋来，拿在手上抖了抖，然后抬起头来对陈连升说：“这是给你的赏钱，一共五十块，拿着花消吧！”林国兴一抬手就把钱袋扔了过来，陈连升伸手接在手里，有几份感激地说：“林老板客气了，我们既然已经领了工钱，又何必再给赏钱多些花消呢？”林国兴皱了皱眉头说：“连升你是有所不知呀？在运输木材的过程中，每节省一天时间，我就要节省多少开支呀。你为我省下一个月的时间，我就可以先占河道，提前交售木材，我的利润就有可能成倍增加。你说我该不该给你一点赏钱？”陈连升听了林国兴老板这话，也就笑着说：“既然林老板这样说了，那连升也就不再客气了，多谢！”说完这话，陈连升收好了钱袋，作了一个拱手致谢的动作。

停顿了片刻之后，林国兴平和地说：“我明天就要前去金鸡口安顿了，你是否也派一人与我一同前去打前站？先去安排住处，在河滩上搭工棚也行，找一户民家驻扎也行。”陈连升说：“我们一共九个人，还是自搭工棚驻扎较为方便。”林国兴看了陈连升一眼之后点点头说：“也好！如果要搭工棚，你们转场搬家时，就要把这里盖工棚的茅扇带个三四十块下去，免得到了金鸡口之后还要到处割草扎茅扇再盖工棚。”陈连升明白了林国兴老板的意思，点头表示赞同。

林国兴老板拿起一根用金竹竹篼精雕而成的马棒烟袋，装了一袋丝烟抽上，一股菜油的香味立刻弥漫开来。抽完一袋丝烟之后，他把那根精美马棒上的烟嘴用帕子擦干净，然后再次装上丝烟，递给陈连升说：“你也抽上几口，挺香的！”陈连升推辞着说：“我还没有学会抽烟，也不想学抽烟，多谢您了！”林国兴老板收好马棒烟袋后，再次提起话题说：“连升你是有所不知哟！我们这些木材老板也不容易，有人说在清江上放木簰，是在血盆里抓饭吃的营生，这话一点儿都不假。我们也有难言的苦衷啊！”陈连升几多机灵，他快速地眨巴了几下眼睛。或许这就叫听话听落头，向火向柴头。他已经感觉到林国兴老板一定还有要事相托，只是一时难以启齿，也就慨气地说：“林老板，您对晚辈不必客气，有事尽管吩咐。”

林国兴老板皱了一下眉头说：“我的这些木材到达金鸡口之后，如果不加以保护，损失往往就大了。一是金鸡口周围的人本来就差木料，盗抢元木和条木的人夜夜都有；二来进入金鸡口河道之后，就一下子汇入了三条河的木材，有建始猪耳河出来的，有五峰从岳家河出来的，大水一涨就会混在一起，特别是圆木筒子，硬要到了桃符口认斧记才能分出个甚号来。如果一不顶真，那损失可就大了。”陈连升已经基本明白了林国兴老板的意思，就催促他说：“林老板，你也不必把我当外人，有什么事情需要我们帮着做的，您尽管吩咐就是了，也不必这样藏着掖着，有话尽管直说。”林国兴老板听了这话，觉得自己有点失态，就提高嗓门说：“既然连升爽快，我也就直说了！到了金鸡口之后，你们就驻扎在我的材场附近，负责一下我的木材的安全如何？”陈连升爽快地说：“这个容易，有我们八个人为您盯着，可保万无一失！”林国兴用一种感激的目光看着陈连升说：“那这件事情也就拜托连升你了！”

022

其实这段时间以来，陈连升对金鸡口以下的情形早已经有所了解，转场驻扎到金鸡口之后就没有石龙河谷这样清静和单纯了。所有的木材都要点数归堆记码单，然后打上斧记，以便进入桃符口的材场之后清点交货。不仅如此，在丰水季节驻扎在金鸡口的木客和水手少则数百人，多则上千人，就像是一支没有建制和番号的杂牌部队，真是人上一百，种种色色。时常为争夺地盘、争码头、抢河道发生打架斗殴之事，也时常为争木材而发生群殴。甚至有些木材老板为了侵占他人的木材，常用削了人家木材上的斧记，然后打上自己的斧记的手法进行鱼目混珠。在木材行当之中为了扼制这种侵占他人木材的行为，还定出了一条不成文的规矩——凡削掉他人斧记打上自己斧记占有他人木材的，一经查出以挖掉眼珠论处。规矩虽然是这么定了，可有些老板持恶霸强，既是人脏俱获，心知肚明，人家拒不认账，你还敢真的挖了人家的眼珠？因此，尽管林国兴老板在这个行当也算是个有威望有担当的人，但在金鸡口和桃符口这些道口他也没少吃暗亏上闷当。通过这段时间的观察和实践，林国兴老板认准了，他只要能够得到陈连升等众兄弟的辅助，莫说在金鸡口和桃符口，就是直接出清江到宜都也可以一抹无挡。

陈连升回到工棚的时候，郭小虎正在算账，是准备人到齐了的时候分发工钱。见陈连升回来，郭小虎连忙问："你上次与陈三喜到金鸡口给每人缝的衣服，买的棉被，还有我去买的棕垫、蓑衣和斗笠，分算到每个人的头上约为五块钱的账目，在这回发放工钱的当口，应该扣下来才是。"陈连升略加思索之后问道："前一阶段，我们每个人能领到多少工钱?"郭小虎认真地回答说："除罗汉章之外，我们其他的几个人，每人能领三十五块银元。"一听这话，陈连升一脸惊喜，望着郭小虎哈哈一笑说："哈咯咋，这么多呀?"郭小虎解释说："我们每个人的工钱，要比林文章班子上的人多三倍。他们的办法是按件计资，按劳取酬。"陈连升高兴得眉飞色舞，又是哈哈一笑说："看来这个行当苦是苦点，但的确是个赚钱的买卖。照这样下去，不出三年，我们就都发财了!"郭小虎也是一脸惊喜地说："我们兄弟几个都是托你陈连升的福。"陈连升一脸幸福的表情，他慨气地说："你也莫这么讲！你们大伙儿既然信任我，愿意跟随我的左右，那我也就不能亏待你们！那些开销都不扣各位的工钱了，我掏的已经掏了，还提这些作甚?"郭小虎很是感动，望着陈连升问："前面的这些开支都归你出了，这吃的肉钱和饭钱总该扣点吧?"陈连升洒脱地挥挥手说："也别扣了，等大家以后都有了很多银子的时候再说吧。"郭小虎有些不解，两眼望着这个年纪轻轻的陈连升，不再言语什么了。陈连升沉思了一会儿之后说："我给你说个哈数，你照办就是了。把我的工钱拿出来给罗汉章补齐三十五块，不能让他吃亏不好想。如果还有剩下的，就先给刘满山发五块。"郭小虎一脸惊讶地说："你陈连升也太仗义了吧？这就等于是我们这一帮子人都归你养活，而我们挣的钱就可以全部拿回去养活家口。有你这样的老大，那是我们这些兄弟三生有幸!"陈连升望着郭小虎淡淡地一笑说："别在那儿发表感慨抒情了，照我说的办!"

太阳偏西的时候，刘金堂和印紫竹把在观音坡上找到的八根檀木撑篙全部扛了回来，泡在了河岸的浅水里，然后在河水里洗了澡回到了工棚。郭小虎一见他俩回来，就在那儿大声咋气地喊着，要他俩去领工钱。刘金堂先没理会，径直走进工棚里换了一身干净的衣衫。印紫竹走到郭小虎的跟前，想看看这个阶段有多少工钱。当郭小虎从钱袋子里给他数出三十五块锃亮发亮的银元时，他傻眼儿了。印紫竹长到门长树大，从前也不是没用过钱，可都是用的一些穿眼子铜板，哪里一下子看到过这么多的银元？他拿起一块在嘴里猛吹，然后拿到耳边细听，那细微的声音还真是奇妙无比。郭小虎见印紫竹这样，就讥笑他说："这回是不是就打算回去娶个媳妇子生个娃儿了？"印紫竹嘿嘿地一笑说："嗯，听到说郭家村有个名叫郭花花的女子，长得鲜嫩水灵，今年秋后我就回去，请人做媒提亲好啵？"郭小虎知道上当了，脸一沉假装生气地吼道："你小子想得美！"印紫竹和刘金堂都哈哈大笑起来。因为这个名叫郭花花的女子不是别人，正是郭小虎的亲妹子。

这个日子，李铁回得最晚。他在去铁匠铺的路上就一直在想，要把手中的撑篙变成利器倒也不难，撑篙的头子上有铁箍子箍着，如果在尾上再打制一个如梭标一样的东西乼在上面，那撑篙不就变成一件利器了吗？使用的时候，篙头落地是篙，篙尾刺出为器，如此是也！到了铁匠铺后，李铁又与铁匠师傅研究了半天，最后在铁匠师傅的建议之下，把篙尾的铁器打成了铲，一把铲树皮的小铲子。这样说起来，打制的都是些劳动工具，就没有私造兵器的嫌疑了。当李铁把新打制的铁箍和铁铲，提到陈连升跟前，给他细说了其间的用意后，陈连升一脸惊喜，抡起拳头轻轻地击打了一下李铁的肩窝说："你小子真是聪明！"

斜阳照着石龙河谷，庙岩屋旁飞瀑直下，观音坡上浓浓绿影，官家岩幽谷深远，白虎寨高耸云端。陈连升把大伙儿叫到工棚前的河滩上再次议事，并安排了下一阶段的活计。他首先把林国兴老板的意思对大家说了，也把前一阶段的活计做了一个简单的总结和讲评，已经像个有模有样的工头儿了。最后陈连升慨气地说："今天给你们发了工钱，从今天晚上开始，可以先放四个人的假，都把工钱送回家里去，也好顺便看看父母家人。等我们转场到金鸡口之后就越去越远了。今晚回去的，明天晚饭前赶回。哪四个先走？"郭小虎、印紫竹、陈三喜、罗汉章四个人举起手来，陈连升看了一眼之后说："也好！就你们四个先回去，我们四个等你们明天赶到后有人守场子看东西了之后再走。晚饭后刘金堂和李铁开始削制撑篙，我和杨贞去拜山神庙。"

在去庙岩屋拜那山神庙的路上，杨贞给陈连升细细说了刘满山家的情形，并把刘叶翠和刘叶禾姐妹俩的长相和德性也作了一番描述。可陈连升年纪轻轻，也还不懂男女之间的情为何物。现在而今眼目下，他只对武功感兴趣，就仍由杨贞说道，没多搭理。

站在山神庙的阶沿上放眼望去，石龙河谷又是一番别样的景致。那一排排工棚上盖着的茅扇，真如一排排五彩的伞。河水闪着波光，浩浩涌流……石龙寨上蜂飞蝶舞，几只白鹤正朝观音坡山脚飞去。

陈连升转过头来，朝湾潭河谷望去，只见林海莽莽，植被浓绿，一河清流奔涌而来……陈连升长舒了一口气息，胸怀里升腾起了一种惬意之感。杨贞坐在山神庙前的石凳上直喘粗气，头发间冒着热雾，脸盘上全是粉红的颜色。陈连升瞧了瞧他那吃亏的模样说："谁叫你长那么一身肉疤子的?"

回到石龙河谷的工棚里，已经时近黄昏。陈连升把伙夫刘满山叫到跟前说："你今天也抽晚间的时候回去一趟吧，把屋里的事情安排好。等我们一转场到了金鸡口，也就一时半会儿抽不出时间回来了。"刘满山一脸感激，只是接连微笑着点头，竟没有说出一句话来。陈连升停腔落板地说："眼看这天色将晚，时近黄昏，路程虽然不远，却也全是些林子路。为了安全起见，就叫杨贞辛苦一趟，送你回去!"杨贞一听这话，兴奋起来，用一种感激的目光望着陈连升那洒脱的模样说："多谢你了！嘿嘿……"而这话恰好又被削完撑篙、斗完铁箍和铲子的李铁听见，他顿时来了精神，连忙跑到陈连升的跟前调皮地嬉笑道："你看眼下这时月，猫子喊春闹得凶，不如我也去给杨贞打个伴。"陈连升瞪了李铁一眼，然后松开皱起的眉头诡异地一笑说："那好！你也去吧!"李铁顿时一脸兴奋，冲着陈连升红着脸盘子说："你是我哥，你硬是我的亲哥啊!"

夜幕降临了，一弯星月投下微弱的光亮，映照着石龙河谷，显得朦胧而又悠远。陈连升听着悦耳的水响难以入眠，他的脑海里仍然在细细地琢磨着那张"八阵图"。

023

五月端阳节前涨了一河端阳水，那班手持抓钩赶流送的木客算是捡了个便宜，图了个方便，木客们硬是冒着大雨把最后剩下的那批圆木翻了码，推向水道流送出去。他们只需沿河岸前行，遇到漂到岸边停滞的圆木筒子就用抓钩钉上拖出，送入水道即可。等大雨停下来的时候，木材老板林国兴专程从金鸡口派人沿山路来到石龙河谷，通知林文章和陈连升。要他们速速揭了茅扇，撤了工棚，转场金鸡口驻扎。于是林文章前来找陈连升商量，要陈连升先行撤出石龙河谷。林文章的意思很明确，他是怕自己从咸盈河带出来的那班人马技艺不精，在大水中掌控不住，出现"甩梢”、“抽筒”和“卷筒”的险情，阻塞了河道，误了转场的时节。陈连升拍拍林文章的肩膀，爽朗地笑着说：“感谢老兄承让，那我们就不客气了！”

那天早晨吃过早饭之后，陈连升邀了杨贞、陈三喜前往河岸，仔细检查了昨晚已经扎好的八块木簰，对该加固的再次加了固，对该锁口的地方锁了口，以确保万无一失。陈连升一步飞到岸上，站在高处对大家说：“我们今天走排的次序还是按照原来的次序不变。郭小虎走头排，刘金堂、印紫竹跟上，接着是陈三喜、我和李铁，罗汉章紧跟，杨贞最后压阵。每块木簰的封梢藤处捎带八块茅扇，在工棚上选最好的茅扇撤下六十四块。郭小虎的排上带煮饭的炊具和刘满山师傅，刘金堂的排上捎带刘师傅的铺睡行李。印紫竹的排上捎带酒肉和粮米，其他人的排上除捎带好自己的铺睡行李之外，每人给林国兴老板捎带一捆东西。”陈连升的话音落下，大家开始紧张有序的行动，可没有一个人作声，看到这满满的一河麻浑水，个个心里都有几分胆寒。再加上木客窝里的那些不成文的规矩中已经明确告诉过各位了，在上午的时辰里尽量少张嘴，免得言多犯失。

一切准备停当之后，陈连升又叫陈三喜和杨贞挨个仔细检查了搭乘的行装。可在传令启簰之前，陈连升想起了什么似的突然跳到岸上，奔跑上前，把伙夫刘满山叫到了陈三喜的木簰之上，以确保万无一失。这时郭小虎站在排上回望了一眼，并给陈连升打了个手势，然后转过身撑篙蹬簰，同时大喊一声：“走嘞～～”只见头簰缓缓离岸顺水而去，头簰的尾梢出了铁匠潭，二簰撑篙蹬簰，依次而行……紧接着便是林文章班子上扎好的三十一块木簰跟随其后，鱼贯而行，在石龙河谷长长的水道之上，演示出了一道奇妙而又壮阔的景观。

就在拐弯越过朱家岩嘴的当儿，陈连升折身回望了一眼石龙河谷的情形，那场景胜似五月赛龙舟，有着千帆竞发的气势，叹为壮观！

从风池沟外的刘家河坝，出铁匠潭、狮子岩、朱家岩嘴，里从潭、深子坑、花包、罗家潭、喜杉树坑到二岔口这段河道之中，其实陈连升的心一直悬在嗓子眼，因为涨大水的时候，最难控制的一段河道，就是从朱家岩嘴到二岔口。这一段落差大乱石多水流湍急，弄不好就有簰毁人亡的危险。木簰出了二岔口，河道才渐渐地平缓了一些，再加上茶莲河的水汇入，水量更大。出了黄家河、顺阴河、火连圈、母猪口、枧家滩的那个长潭时，金鸡口就在眼前了。有道是头簰拢了金鸡口，后簰肯定还没走；朱家岩嘴急转弯，过了花包才一半。喜杉树坑山连水，黄家河口入平滩；顺阴不阴火连圈，母猪口前顾家滩；撑篙飞舞过险滩，木客水上把命玩；一摸脸巴人还在，金鸡口上笑半天……

金鸡口果真是一片神奇的土地，建始的鸡公山与鹤峰的清华山相对峙，巴东的连天坡又与鹤峰的罗群岩相对峙，这对峙与对峙的交汇之间竟出现了一个一脚踏三县的交叉点——河口。这是一个非常神奇的地界，水分阴阳，土分黑黄，沙有青紫，鱼长翅膀。建始的猪耳河经小溪湾流入金鸡口，五峰与鹤峰分界的岳家河河道经枯笼溪奔腾扑来，与猪耳河形成对冲对流。水消放晴的日子，常能在河口看到赤黑二丘，不同颜色的沙石堆积于河口，强势而来的咸盈河水系浩浩荡荡穿口而过形成主流，三河交汇在河口奔泻而出。

陈连升与郭小虎、陈三喜等人选了一块宽阔的河滩正准备搭棚扎场，木材老板林国兴查看了拢岸的木簰之后，走到陈连升的跟前说："你选的这块地盘是个风口，茅扇盖在上面容易被风卷走，还是退到山根脚犀牛洞旁的那个横等上，离街口也近些。"陈连升仔细观察了山势和地形之后，觉得林国兴老板所言在理，便欣然同意。于是号令众哥兄开始行动起来，几个时辰忙碌过去，他们的新家就算安顿下来了。

傍晚，林国兴老板在小河口上的"枫树楼"请客，摆了整整八桌，菜肴也很丰盛。刘满山自告奋勇的在工棚里留守。陈连升与众哥兄在河里洗了澡，梳了头，统一换上了干净的衣衫，这才前去枫树楼赴宴。当他们一行八人在金鸡口街上出现时，众人眼前一亮。在这金鸡口街上过往的木客，一年少说也有千儿八百，可像这个班子齐齐整整，服装一致，且都是些年轻后生的是属少见，硬像开兵一般。来到街心，倒是裁缝铺里的那个老裁缝看出了眉目，他站在铺面前的门庭里喊道："几位爷！我这铺子里又来了一批好布料，有空再来做一身新衣服如何?"陈连升挥挥手说："一定，一定!"

街巷里一群少妇挤在门缝里对他们指指点点，一群靓妹也在嘻嘻哈哈，瞧得脸儿发红，心儿扑扑地跳。有些闲逛的木客也觉得稀奇了，这是那个老板手下的班子，还连衣装都给置办了哟！看得众人好生羡慕，好生嫉妒。

席间，木材老板林国兴坐在正中的位置，他把杨贞和陈连升拉到他的左右落坐。郭小虎、刘金堂、印紫竹、陈三喜、罗汉章、李铁等六人也分别被请到前排的上席落了坐。林文章和几个金鸡口的长者也被请到中间的那桌坐下，然后林文章手下的三十人各找席位落坐，下余才轮到几十个赶流送的木客围了几桌。等人都坐定，酒都斟上之后，林国兴老板端起酒碗，大笑一声之后满脸喜色地高声说道："今年我们能够提前一个月从石龙河谷的风池沟，转场来到金鸡口，感谢各位起早摸黑，不辞辛劳！在这里我要着重感谢的还是邬阳关连升贤侄，及他带来的七个兄弟，他们八个人，每天要从石龙河谷多剁八块木簰到金鸡口，给我们提前转场赢得了时间。现在我们共同端起酒碗，这第一碗酒，我们就敬陈连升及他的七位哥兄!"酒席场中顿时一片哗然，个个端起酒碗，细瞧了这个年轻后生陈连升一眼之后，喝下了这碗酒。陈连升镇定自若，与林国兴老板轻碰了一下酒碗之后喝了酒。接着林国兴老板又叫席间斟满了酒，起身端起酒碗，对坐在中间桌子上的几位金鸡口的长者说："各位长者，国兴经营木材多年，承蒙各位长者的关照，才借了金鸡口这方水土，谋个生计！这第二碗酒也请大家作陪，我们共同敬金鸡口的几位长者，以后还要请几位长者多多关照！"酒席场中又是一片哗然，喝下了第二碗酒。接着便是狼吞虎咽，大块吃肉的景象。片刻之后，林国兴老板再次端起酒碗，大声说道："请各位把酒斟满，这第三碗酒是我林国兴敬在座的各位！把你们风餐露宿，风里来雨里去，吃尽辛苦！我敬各位，来，干！"三碗酒落定，酒席场中已经有很多人偏东倒西了。

散席的时候，陈连升示意杨贞给刘满山带些酒肉回去。然后他对陈三喜说："叫上李铁陪你到河里走一趟，再找一个练水的去处吧！"陈三喜点点头之后邀李铁走了。接着陈连升沿街道往回走，郭小虎、刘金堂、印紫竹，罗汉章，杨贞一路随行。天渐渐地黑下来了，街口亮起了桐油灯盏，闪烁摇拽的灯火显得孤零零的。

练水归来，夜已深沉，经过水泡之后，众人的酒意全醒。陈连升见众哥兄均还没有睡意，就围坐在工棚前的那片沙滩上闲聊。罗汉章嘻嘻地笑着说："你看看我们这帮伙计，三碗酒逮了之后卵事没得！你再睁大眼睛看看林文章班子上的那些伙计，三碗酒下肚，十有八九偏东倒西了！也难怪他们在河里刹把子的时候也都是些殃家伙的。"陈三喜冷不丁整出一句话来："你罗汉章先莫说别人是殃家伙。进入大河之后，从金鸡口到桃符口刹把子的时候，就不比石龙河到金鸡口那么容易了。说实话，我们最担心的就是你罗汉章。你的撑篙拿得不稳，下篙入水时也时常点得不够到位。"罗汉章一听陈三喜这话，气不打一处来，正要大发雷霆抱怨发泄一通的时候，陈连升连忙说："罗汉章刹把子的技术不到位的事，的确怪不得他自个儿！他是因为要给我们一帮人烧火做饭才耽误了时日，到了金鸡口之后，我们多多帮他就是了。"陈三喜倒也机灵，连忙打个圆场说："那倒也是！"

闲聊了一阵之后，陈连升话归正传，大声说道："陈三喜说的话没错，我们驻扎在金鸡口之后就不比石龙河谷了。金鸡口人多且杂，我们不仅要随时经管好自己的财物，而且还要确保自身的安全。另外林老板之托我们也不能忘记了，人家待我们不薄！"他停顿了一下之后接着大声说道："我们每天起床的时辰不变，练功依旧，晚上照样练水。闲下来的时候，我们的八阵照练不误。我们不仅要练成陆上八阵，而且还要练成水上八阵！除此之外，我可先把话在这儿言过了，我们八个人都是练功习武的角色，尚且都未婚配，没有子女，所以人人都必须坚守'三稳'的节操！如果有谁敢去嫖娼，敢去赌博！坏我兄弟八人的名声！那我就还是那句话，别怪我的拳脚不长眼睛！"众人谨听，谁也不敢争辩。

陈连升的这句“别怪我的拳脚不长眼睛”，刘满山已经听见过好几次了，而且他也已经独自琢磨这话好些日子了。刘满山就是觉得怪怪的，这么大一帮门长树大的男人，却被一个十三岁的孩子管着，而且还管得这么服服帖帖。难道是这帮人真的那么害怕陈连升的拳脚么？当然这帮人中谁也不知道刘满山怎么想，因为他除了烧火做饭，尽量伺候好每一个人之外，其他的事他既插不上言，又帮不上忙。只是杨贞在酒席场中给他带回的酒肉，让他饱食一顿的事，心里十分感激。

到了第二天下午的时候，帮忙记码盘点木材的那帮人总算弄了个数字出来，报到了林国兴老板的手头：杉树条木三千一百根，圆木筒子二万六千一百零九件。林国兴与上次的码单进行比对后发现：条木差了七根，圆木少了十八件。林国兴的心里明白，这等小数并不打紧，只说明前来经管木材的手下，或是送了人情，或是卖了些小钱，也就睁只眼闭只眼算了，做大生意的人也不在乎这等小事。比起往年一丢几百件木材的时候，这也的确算不得什么。林国兴把码单放在了一边，连长气都没叹一声，这事也就算过去了。

眼下最让林国兴老板犯难的事还是放木簰下桃符口，如果把条木全部都由邬阳关的陈连升刹把子出去，又对林文章不好启齿。林文章手下三十个人，陈连升手下七个人，每天如果走三十九块簰。平均按每块木簰十三根条木计算，就是五百零七根，这三千多根条木顶多七天也就到了桃符口。到最后这些圆木筒子也只要一河大水就到了，照这么算，还要在金鸡口驻扎这么一些时日作甚？而让林国兴老板做梦也没想到的是，他想的这些问题，陈连升早就给他想得明明白白了。

024

那天下午，陈连升找到林国兴老板租住的那间木屋里，开门见山地问：“您叫我们在河滩上搭棚扎场，盖了茅扇，安了铺位。可您的条木只需要七天就可以全部运到桃符口，剩下的时间您打算给我们安排么得活计？”林国兴心里一怔，连忙问道：“你凭么事说我的条木只要七天就可以全部运达桃符口？”陈连升把他的木材存量和运输的日进度一一说了一遍，竟与林国兴老板盘算的账单虎口不差，他的心胸里突突地急跳了几下，觉得这娃儿真是奇了！怎就如此机灵？于是他拿出老板带有几分威严的口吻反问了一句：“那你们接下来想干些么得活计呢？”陈连升非常坦率地说：“如果林老板的门下已经没事可做，我就想七日之后前往桃符口驻扎，去做扎大簰出清江的活计！”林国兴的心里又是一怔，忍不住用一种惊异的目光望着陈连升，沉默了一会儿之后才说：“你的气魄不小！只是这桃符口可是龙潭虎穴，还是不要过早地进驻为好！”陈连升见林国兴老板心存忧虑，也就反问了一句：“既然如此，林老板准备如何安排活计？”林国兴老板沉思了片刻之后说：“眼目下唯一的办法就是劝说林文章带人撤回咸盈河，或者我再去段家河岸的把子木买一桩新树，让他们提前回去伐青山。”陈连升听林国兴老板这么一说，心里又好像不落忍，就诚恳地说：“林文章决不能走，他熟悉水道，精通放木簰刹把子的要领，从金鸡口到桃符口，他已刹过四年把子，经历过各种各样的水位状况，因此必须把他留下！我的想法是，叫林文章在他手下的三十人中间再挑选三个高手，与我们八个人合并成一个整体，一起同吃同住，您看如何？”林国兴老板一听陈连升这话也觉得他言之有理，就开个笑脸说：“要得！就按连升你说的办！到把子木买木材伐青山的事我另外派人带队去做。”

其实在陈连升的内心里，也并不想过早地进驻桃符口，他所盘算的也并不是能做多少事能挣多少钱的问题。他所做的一切还是以练功习武为中心，因为他看准了这一点，那就是从金鸡口刹把子去了桃符口，然后又必须走小路步行回到金鸡口，每天起早摸黑奔袭这么一个来回，他们几个人的腿脚之上仍然绑着沙袋，如果只跑七个来回，顶多只能把各位哥兄拖得疲惫不堪，可一旦达到三七二十一天以上，那就会出现神奇的效果！到时候在他们几个人之中就可能会出现陈三喜，杨贞，陈连升三个“水上飞”，这样绝好的机会，他哪里舍得放弃？

一个晴天的早晨，木材老板林国兴委托咸盈河林家班中一个名叫林耀堂的汉子做领班，领着咸盈河的那班木客往回走，个个背着行装，扛着撑篙，如同开兵一般。临行前，林国兴老板还特地交待林耀堂尽快差人回一趟咸盈河，用竹筒再装三百斤白酒送到金鸡口。林文章把挑选出来的关海峰，关海龙，林协堂三人一同搬到了陈连升他们搭建的工棚里住下，而且交了粮米搭了伙。陈连升再吩咐陈三喜和郭小虎到街上裁缝铺里去做粗布沙袋的时候，还特地问清了林文章等四人的衣裤尺寸，也给他们分别做了两套同样的衣衫，四人大喜，感到荣耀，嘴里千恩万谢。

一切安顿下来之后，陈连升问林文章道：“你在石龙河谷的时候，教我们用鸡火藤扎簰。可据我观察，金鸡口四面的山上都不是长鸡火藤的地方，这可如何是好？”林文章笑着答道：“连升你先莫急！在金鸡口扎簰，扎的都是十三根杉条木的大簰，即使有那么多的鸡火藤也不顶用。金鸡口的河谷之中长着很多桐麻，就剥桐麻皮生用，打箍封梢上翘棍。”陈连升这下总算是明白了，难怪在石龙河谷转场金鸡口的时候，连茅扇都撤着搬了下来，就是没说要多带一些鸡火藤的事。原来还真是泥巴服瓦匠，一行服一行。

一连几天，陈连升召集众兄弟，把林文章、关海峰、关海龙、林协堂等人捧为座上宾，缠着他们四个人编成了四个小组：林文章、郭小虎、刘金堂为第一组；关海峰、杨贞、李铁为第二组；关海龙、罗汉章、陈三喜为第三组；林协堂、陈连升、印紫竹为第四组。陈连升还当众宣布：从即日起，凡是放木簰的技术问题全由他们排头的四个人负责。杨贞一听这话，有些不服气了，站出来说："连升，那按你的意思，以后他林文章就成我们的龙头大哥了?"林文章也是个精灵人，知道这事也不是闹着玩的，就连忙给关氏兄弟和林协堂使了眼色，走到陈连升的面前施了大礼。陈连升瞪了杨贞一眼之后说："就你聪明，为何要让他们几个人下不来台?"陈连升站起身来踱了几步，转过身来对林文章等四人说："你们不必行这跪拜大礼！这次放木簰去桃符口的时候，我们是合作者，并拜你们四位为师。等这趟生意做完了，你们四个还得回咸盈河带你们的林家班，而我们几个也还得去揽别的活计。"陈连升扫视了各位一眼之后大声吼道："起来吧！难道你们还没有听明白吗?"林文章应声站起，而后的三个人也随之站了起来。他拱手对陈连升说："连升所言极是，但我们既然有了这样一拜，当然也就认定你了！以后虽然我们还是咸盈河的林家班，可我们还要依附各位兄长，照应我们林家班才是!"陈连升连忙慨气地说："只要你们毫不保留地教会了我们八人放大簰，你们所提的这点事情，我们应了就是!"

这放木簰的活计，还真是应了土家族人常说的一句俗语："逮事的日子时候少，搞架子的日子时候多!"这跟班做活，也讲的是端老板的碗，服老板的管。老板有老板的哈数和规矩，他不发句话，谁也不敢轻举妄动。一连几天吃肉喝酒，玩水遛滩，倒也清闲。

一个晴天的下午，金鸡口天气炎热，河岸已被晒得滚烫，虽有一阵阵河风吹来，却也是热浪扑面。陈三喜来到陈连升跟前说："今日这气候着实不错，我们不妨一起试试?"陈连升当然知道陈三喜说的是什么意思了，扬起眉毛一脸喜色，并对陈三喜说："是不是叫杨贞也试一试?"陈三喜低声说："那当然也是可以的啦，就是他不慎掉进水潭里去，自个儿也能爬起来的。"

几天以来，他们在晚间练水的时候，已经在宽河里选准了一片水域。河口之内有一道深潭，长约六十丈，深不下三丈，宽约二十丈余，还真是一片训练"水上飞"的绝好地段。且更为理想的是，深潭的头前并无乱石，而是一片松软平整的细沙滩。陈三喜、陈连升、杨贞三人回到工棚里换了装束，朝河岸奔去，众人紧跟其后想看个究竟。只见陈三喜一阵飞奔过去，兀开双臂，双脚点水之处，果然窝仅斗大，脚背不见漫水，一步两步三步……真是身轻如燕，双脚如箬叶一般轻飘，最后竟然轻轻跃起，如白鹤展翅，落在了潭口的细沙滩上。众人见状一片惊呼。片刻之后，陈三喜转过身来，站在滩上向陈连升招手。陈连升忍了一口气息之后抬脚狂奔，接着进入深水，抬脚兀手如履平地一般飞了过去，最后轻轻落在了陈三喜身旁不远处的细沙滩上。岸上的众人一阵惊喜，接着又是欢呼一片。又过了少许时刻，陈连升向杨贞招手，并伸出拇指向他鼓动。杨贞开始狂奔，也是接近深水的位置时抬脚飞起，双臂兀开，加力腾跃。一步两步三步，当第四步把脚抬起向前冲去时，只见水面上溅起一朵浪花，人如汤圆一般丢进了水里。众人顿时一脸惊愕，陈连升和陈三喜相视而望，重重地叹了一声长气。

等陈连升和陈三喜再次跃过水面，回到岸边众人中间时，见杨贞冒出头来，游向岸边。可当他回到众人面前时，突然响起一阵撕心裂肺的狂笑。原来杨贞急于下水，忙人无计，竟然忘记取下腿脚之上那沉重的沙袋了。见此情景，陈连升和陈三喜先是一惊，然后随之大笑起来。笑罢之后，陈连升睁大眼睛望着杨贞说："你不妨解下沙袋，再试一次!"

杨贞憨态可掬，但镇定自若。他从容地解下双脚之上那沉重的沙袋扔在地上，伸手脱下已经湿透且裹住身体的上衣扔在沙袋之上，然后活动了一下筋骨，伸展了一下双臂，静心忍气之后开始一路狂奔，最后抬脚飞起，如蜻蜓点水，竟然在潭口没有刹住车，径直飞出河口数丈，最后在小河外的沙丘之上落了下来。当杨贞环顾四周时，那小溪湾河谷间的情形让他一下子惊呆了。

原来就在他们驻扎金鸡口之后玩水遛滩，清闲松散的这几天里，建始猪耳河的大批木材就已经全部拢了小溪湾河口，只等散码进入大河抢占河道了。由于小溪湾之外的山口紧闭，挡住了视线，不到河口去观察，只在金鸡口那个交叉的三角地上观察，小溪湾河谷间的情形便什么也看不见。杨贞站在沙丘之上回过神来，觉得这是一个极其重要的情况，于是一阵狂奔之后飞了回来，传递了这个消息。陈连升听后大惊失色，只觉得这林老板并不机智，为何不派出几个兄弟，去探沿河的情形?但他没有多想，立刻吩咐林文章前去报告了这一情况，看林老板作何处置。眼下如果真让建始猪耳河的木客抢先占了河道，再在黑炭河头前的白岩脚支起条木打上拦码，那就等于是封了河道，林国兴老板堆放在金鸡口材场上的木材，没有十天半月的光景，绝对不想启运。林国兴老板顿时急得束手无策，只知道唉声叹气了。林文章见状有些不忍，就凑到叔父林国兴的面前说："您不妨动步前去找陈连升讨个主意!"林国兴老板鼓起眼睛瞪着侄儿子林文章说："他陈连升还是个孩子，能想出什么好办法来？这可是大人都玩不转的大事哩!"停顿了一下之后，已经束手无策的林国兴老板对侄儿林文章说："不多讲了，你还是快快领我去吧！恐怕这个机灵的伙计，还真能想出个什么办法来!"

正在工棚外边与众哥兄研究水上功夫的陈连升见林国兴老板前来，便立刻起身相迎。还隔丈许，林国兴老板就大声说道：“连升贤侄！这回我是摊上事了，硬是摊上大事了啊！如果我们在金鸡口这地界再塞个十天半月的窝子，那么前面个把月的工期就算是白赶了！”陈连升很稳沉地说：“那林老板打算怎么办?”林国兴老板急着说：“我这不是找你讨主意来了么？我晓得咋办?”陈连升勉强地一笑说：“您论了日子，打算什么时间发簰探水路呀?”林国兴不假思索地说：“后天卯时扎簰，晨时启程!”陈连升还是淡淡地一笑说：“那好！这事您就交给我了！您回去安心休息，我自有办法。”林国兴老板一脸疑惑，心里虽不踏实，但听了陈连升这话之后，还是一言不发地走了。

<第三章>

挥撑篙一身胆气　捉山匪派兵布阵

025

为了化解建始猪耳河的木客即将抢占金鸡口主河道的难题，陈连升邀了陈三喜和杨贞，对金鸡口的河道和山体进行了认真查勘，而这整条河络的来龙去脉还得从石龙河谷说起。石龙河汇集咸盈河水系、湾潭河水系之后，又在建始与鹤峰交界的‘二岔口’交汇了茶莲河水系。建始与鹤峰的地界就以茶莲河为界，并从二岔口一直延伸到金鸡口。鹤峰境内的崇山峻岭高耸入云端，从白虎寨、清华山、罗群岩，一直延伸到岳家河、狮子口，陡峭耸立，气势磅礴。从狮子口一直奔涌而出的岳家河，又正是五峰与鹤峰的界址，五峰与巴东接壤。河水流入岳家河下端与枯笼溪的上端时，又成了巴东与鹤峰的界址。石龙河与岳家河在金鸡口滩头交汇成大河之后流出不过百丈，便在“河嘴”之外与猪耳河流经小溪湾的水系交汇。

“河嘴”就像一个壶嘴，是金鸡口出桃符口入清江的咽喉，也是一道真正的口子，左右两岸关山紧逼，石壁对峙，连续有鹰嘴窝、手扳岩两道险滩深潭。硬要出了白岩脚、黑炭河，过了张家滩出了木马口才是宽河道。且这些地界全都是建始与巴东的归属。猪耳河属建始官店的腹地河流，抢滩占道，确实占有先机。

再看这方山水，从鸡公山下的艾家坡出马落潭，再绕“河嘴”岸头而上，便过茶园坡，偏岩嘴，大湾、康家台，一直连到黄家村、刘家包，且都是建始地界。而鹤峰按界址分，也只有在金鸡口那片“三角形”的版图上占有优势。岳家河出枯笼溪过天桥入金鸡口；石龙河从余辣树潭、渡船口过犀牛洞进入河口与枯笼溪河交汇，所形成的那片三角地带属鹤峰地界，三角地上的长街称之为“金鸡口街上”；连天坡脚下枯笼溪河右岸的数十户人家和那条“买卖街”属于巴东地界。“金鸡口街上”与“买卖街”由天桥相连，形成了一个曲尺枴，有时候也被统称为“金鸡口街上”。

每到夏秋时节，金鸡口便是一片绝好的景致，山水相依，边贸繁荣，流动人口甚多，自古便是一个木材输出的通道，也是一个几县交界处名副其实的边贸口子镇。

那天下午，从建始猪耳河赶流送出来的木客约有百余人，正在金鸡口“买卖街”头前的一家名叫“相遇晚”的餐馆里摆了十二桌，吃的是小河里打捞的土鱼和腊肉猪蹄火锅，鱼肉的清香和锅底油烟肆意弥漫。喝的是金鸡口酿酒作坊里用包谷籽煮出来的“遍山大曲”。陈连升、杨贞、陈三喜三个人查勘山势和水道之后，沿黑炭河过金鸡口的岸上小道步行回来，一到买卖街的街口，踏上光滑的青石板儿街，就听见了劝酒的浪笑之声。可陈连升、杨贞、陈三喜三个穿着统一服装的英俊少年的出现，立刻吸引住了行人与聚餐木客们的目光。

已经喝了几碗酒下肚的那一群木客，看到这三个英俊的儿男，一会儿变成了六个人、九个人、十二个人。在不断出现的重影里，陈三喜显得稳重洒脱，杨贞显得敦厚憨实，陈连升目不斜视，大步向前，却是威风八面。几个半醉的木客冲着杨贞浪笑，并挑逗他说：“你们是哪儿来的后生，来陪本爷喝上两碗如何?”杨贞不想惹事，就斜了那个木客一眼，大声吼道：“本爷今日没空，等本爷办完差事，回转到此一定喝死你!”可刚等杨贞转过脸去跟上陈连升、陈三喜的步伐时，七八个喝得半醉且衣衫褴褛的木客围了拢来，拉住杨贞吼道：“看你小子乳臭未干，嘴上无毛，而你却口出狂言，敢在本爷们面前称爷，我看你是活腻歪了!”接着便围拢来挑衅拉扯。杨贞把双脚轻轻一踮，飞出了七八个人的包围，不想动手。哪知从后面跟来的喝得半醉的建始木客越来越多，像起地皮风一样卷来，安放在街巷里屋檐下的八仙大桌，已有六席空无一人了。

杨贞站定，知道这架可能是非打不可了，就立在那里挥手说：“各位兄弟，我们都是出门求财之人。我们求财、求福、不求祸! 望你们到此止步，不要弄坏了买卖街的东西，伤了各位木客的身子，不瞒各位，本爷今日个的确不想打架!”可等杨贞转过身去正欲迈步，一个会轻功的年轻木客从他背后飞起，在空中翻了两个跟头之后，轻轻落在了杨贞面前不远处，叉腰挥手一脸的蛮横，并咧开大嘴，露出一口煤炭硫黄水侵蚀过的黄牙大声吼道：“有本爷在此，你竟敢称爷! 还不给老子跪下求饶?”

早已听到动静，并站在前面静观其变的陈连升和陈三喜没有作声。这时买卖街的行人都已围了拢来，想看热闹。商贾门店之内的生意人倒是各自忙着，没多搭理，反正这时月在金鸡口街上木客打架斗殴之事连年都有发生，早已是见怪不怪的事了。一听这伙计在充老子，杨贞早已经火气满喉，可未经陈连升允许，他又不敢动手，就踮起双脚朝没隔多远的陈连升、陈三喜望了一眼。不料陈连升向他头一点，右手抬至胸前做了一个动手的手势。杨贞便缩回身子伸手开战，伏地一个扫堂腿，把身后跟来的一拨建始木客扫滚了一槽，接着顺势一滚，如石磙辗出。一群喝得半醉的木客全部倒地。那个喊着称爷的汉子看傻了眼，硬是气不打一处来，又是双脚轻轻一踮，飞过倒地的人群，站在杨贞面前拉开架势，嘴里大声吼道："我看你这傻笨的杂种还真是不长眼睛，叫你跪下求饶，那是给你面子！你竟敢在本爷面前伤我兄弟！"接着便是一场对打。杨贞步步紧逼，那汉子退到"相遇晚"餐馆之侧时，竟然飞身过去，从木客放置的一堆抓钩里抽了一把出来，扫得呼呼生风。杨贞越是怒气上冲，散开缠在头顶上的发辫甩了出去绞下了那汉子手中的抓钩，扔过屋顶，落在河滩折得一声脆响。接着逼到那汉子跟前，飞身绞腿，把那汉子打趴在地上。只见那汉子一个翻身滚过去，爬起来之后又朝杨贞扑来。杨贞见状，下了狠手，翻身一跃而起，伸手抓住了那个伙计的胸肌，五指抠了进去，把那个伙计拿在手里如舞风铃。那个伙计顿时疼得哇哇怪叫，几乎昏死过去。杨贞又把那个伙计举在手里舞了几个回合才算解了心气，正欲甩手将那个伙计扔过屋脊丢向河滩时，一个年长的男人扑通一声跪到杨贞面前，叩了几个响头，嘴里大声喊道："这位爷！你就饶了我儿熊高吧！你可千万往河里扔不得，不然我们熊家就此断了香火啊！"杨贞有些气恼，右手仍然将熊高举在空中，没有放下来的意思。建始的众木客，见老板熊楚清已经求饶跪地，也就跟着在熊楚清的身后跪下。杨贞立在那里，平静了心气之后，才把熊高朝放于阶沿上的一把竹躺椅上扔去……

可还没等杨贞把这架打完，陈三喜在买卖街的那头又摊上事了。陈连升看到杨贞的身手不凡，早已喜上眉梢。

而这时，突然有一阵怪异的吆喝声从小河口的天桥方向传来，等陈连升和陈三喜扭头望去，只见从枯笼溪的河谷间出来了一大拨人，个个扛着抓钩，而抓钩颠上如挂大旗一般挂着裤衩或裤子，且个个表情木讷。原来那怪异的吆喝之声竟是街口的男人女人发出来的。因为在这一拨木客之中竟有大批人赤身裸体打着董董，还有一批虽然上身穿着衫子，下身却光着屁股。街口的一些妇孺和细男小女见状吓得哇哇怪叫，连忙躲避。陈连升脸色一沉，知道又是五峰金山坪一带的木客要在金鸡口街上出出风头了，顿时气不打一处来，连忙挥手，示意陈三喜前去阻挡，并大声吼道："男人不穿裤子不允许进入街口！"陈三喜飞步上前，把那拨木客堵在了小河口的天桥之上。哪知道几个粗野的汉子，竟敢大大咧咧地挤了过来，硬是毫无羞耻之感。陈三喜顿时大怒，并大声骂道："一群畜生！你们家没有姐妹，可还有娘亲？你们竟敢这样不知礼数，不知羞耻！"可谁知那几个大大咧咧夺步而来汉子嘴里浪笑着骂道："是从哪里钻出来的这么一个不知天高地厚的杂种？你管天管地硬是活得不耐烦了，敢管木客不穿裤子的事了！”话音未落，四五根抓钩把就向陈三喜刺了过来。陈三喜纵身一绞，夺下了五把抓钩扔到了河里，接着便是十几个木客蜂拥而来，十几根抓钩把一并刺出，准备把陈三喜挑到河里去，让他放行。哪知道陈三喜气满了咽喉，也动了真格，顺手夺下刺过来的抓钩把，横在胸前猛地一冲，把那群木客逼了回去，并再次立于天桥之上大喊：“凡是没有穿上裤子的木客一律不准进入街口！你们没有听见吗?”

这时几个穿了裤子的木客挤上前来，要过桥去，陈三喜便没有阻拦。见几个穿着裤衩子的木客过了桥，并已经进入了街口，接着后面的那拨把裤子挑在抓钩把上的木客，连忙取下湿裤子穿上之后也挤过了桥。等到已有三四十个木客挤过桥面，停留在买卖街的街口时，只听一个掌拐的木客拖着一口五峰的夹舌子腔大喊一声：“逮!”

接着手持抓钩的众木客齐声回应道：“逮!”两拨人便夹击着包抄过来，把陈三喜堵在天桥之上两面夹打。陈三喜见状，顿时来了精神，一阵好打！两边夹击冲在前面的四十多个木客，都被陈三喜如倒萝卜下仓一般，扔进了天桥下的深水潭里，像丢汤圆下锅，好不容易才爬了起来，后面的木客见状向后退缩。陈三喜拉开架势，离开桥面向街口开阔地带逼进。已经涌入街口的那一拨五峰木客，慢慢向街心退去，没走多远却又被陈连升堵了回来。这时被逼回天桥头前的那拨打董董的光屁股木客已经全部穿上了湿裤子。只听那个领头的又大喊一声“逮!”众木客又是一声“逮”应来，那气势几多吓人。哪知道陈三喜早已看好了有利地势，开始大打出手。不一会儿，就将那拨耀武扬威的五峰木客，一共一百零九个，如码圆木筒子一般码成了三堆，底层的那批人被压得叽里哇啦怪叫！那位掌拐的木客亲眼见了陈三喜的身手，早已吓得魂飞魄散，连忙冲到陈三喜面前不远处，扑通一声跪下，大着声用一口五峰的夹舌子腔喊道：“这位爷！不管你是从哪条路上来的侠客，都是我等有眼不识泰山！现在我们已经领受了你的拳脚，下跪求饶了！请你手下留情吧！我邱万林给你求饶了，我们以后再也不敢了，再也不敢了啊!”

陈三喜立于街口，静了心气之后大声喊道：“那好！本侠今天就饶了你们！你起来，带着你的所有木客进入街口，听我的号令在买卖街中心站好，听我们的老大陈连升给你们训话!”

这时，从天桥下深潭里爬出来的木客，和从街口人堆里爬起来的木客，在班头邱万林的号召之下全部集中到了街中心的指定位置。杨贞见状也来了精神，示意建始猪耳河的木材老板熊楚清号令手下的木客一百二十余人也向街心涌去，并在指定位置集中。等把秩序全部整顿好了之后，杨贞扯了一张八仙台的红漆大桌放在了正中间，并跳上桌面去大声吼道："所有人等，都听好了！下面就请我们的老大陈连升给你们训话，谁要是在底下躁动，当心我的拳脚不长眼睛！"街面上顿时鸦雀无声，就连买卖街所有的流动人员和生意人员也都出门肃立，准备听一个名叫陈连升的人物给他们训话。

就在杨贞跳下那张八仙台红漆大桌的当儿，陈连升一步跃了上去。众人眼前一亮，这是一个英俊潇洒的美少年，只见他面色黝黑，个子高挑，气质不凡。他眉头紧锁，两眼射出威严的光芒。扫视周围一眼之后，他大声吼道："从今日起！我要给金鸡口立个规矩！木客不穿裤褂不准上岸进入街口，住户的男丁不穿裤衩，不准光着屁股蛋子下河洗澡！这是其一。其二，未经允许，无论哪路木客、水手，不允许抢占河道，强霸滩口，持恶霸强！其三，所有人等必须讲诚信，知礼数！自今日起，凡是在金鸡口地带欺行霸市，调戏妇女，偷鸡摸狗，行为不端者，一律押到河嘴，以抱石沉潭论处！"陈连升扫视街上的人流，已是黑压压的一片。他用极其威严的口气训完话，轻轻跳下八仙大桌，与杨贞、陈三喜在街上走成品字形，迈步前去。拥挤的人流自觉给他们让开通道。自此，金鸡口一带和金鸡口街上变得秩序井然。

回到河岸的工棚里，陈连升感到了一阵从未有过的兴奋，他没有想到老天会赐良机于他，让他能够这么快就收服了金鸡口。在他的心胸里顿时有了一种收复失地，攻下城池的豪迈。杨贞和陈三喜也是神清气爽，处在一种极度的亢奋之中。见陈连升、杨贞、陈三喜三个人回来，大伙儿围了拢来，整个下午都稳在工棚里的众哥兄还不知道买卖街上打架的事情。

026

林文章走到陈连升跟前低声问："河道的事处理得怎么样了？与建始猪耳河的木客会面了没有？"陈连升一脸兴奋，望了杨贞一眼之后说："你就放心吧！建始猪耳河的事情杨贞已经摆平了。你快去告诉林老板，后天卯时扎簰，辰时出发！"话音未落，木材老板林国兴就在门外接话说："不用去告诉了。你们在买卖街的动静我已经亲眼所见。真是后生可畏，佩服啊！"陈连升站起身来迎了上去，众哥兄一脸惊愕，因为林老板的话让他们硬是听得一头雾水了。

正说话间，金鸡口街上的几位长者派人来请，并传话说建始猪耳河的木材老板熊楚清和熊高父子呈了帖子，硬要金鸡口街上的几位长者作陪，仍然在"枫树楼"设宴，招待陈连升等众兄弟。听到传的这个话，众兄弟有些兴奋，觉得这是对他们的敬重。可杨贞却不这么想，他走到陈连升的跟前说："我们伙房里的饭菜也已经弄好了，而且是腊肉炖的豆腐干。我看还是不去吃喝为妙。"陈连升觉得杨贞言之有理，就对他点了几下头。正准备发话推辞了宴请，不料木材老板林国兴上前一步说："得去！这是送上门来的机会！像这种宴请客人的规格在金鸡口可以说还是头一回。这说明人家愿意服从你们的管束，臣服了你们在金鸡口立下的规矩。"陈连升望了林国兴一眼之后说："恐怕事情没有这么简单吧？你看看，建始猪耳河的这帮木客就算是臣服了，可五峰的这帮夹舌子刁蛮，可能没得这么纯善吧？"林国兴老板连忙说："连升贤侄你这是多虑了。其实邱万林并不是五峰木材经营的老板，而只是一个班头。他们的老板邱会成已经骑马从巴东杨柳的东门山出清江去了桃符口，先去找木材的销路了。因为从岳家河、枯笼溪赶不出来条木刹不出来把子，他的木材全是圆木，而且椿树、梓树很多，卖不到好的价钱。而且这邱会成与我已经是多年的老相与了，我们之间从没有过摩擦和争斗。"陈连升眨了几下眼睛说："邱会成与您林老板是多年的相与，没有摩擦，这我相信。可我们就不同了，今天陈三喜给他们来了个下马威，他们的心里未必臣服。我认为他们一定不会服这口气，还有摩擦发生。"林国兴语气坚定地说："这么讲吧！连升你不信我，可不能不信金鸡口的几位长者吧！酒席间你可以旁敲侧击地问问金鸡口的几位长者，不就拨开云雾了么？"说了这么半天，大伙儿也都听明白了。陈连升也觉得林国兴老板的话语有几分道理，就转过脸来对杨贞说："你去给刘满山师傅传个话去，叫他独自吃了晚餐，然后守住场子，我们速去速回！"他望着众人接着说："大家速速换了干净的衣衫，立马前去枫树楼！"

今天的枫树楼显得特别气派，用桐油煎了光油刷过的杉木板壁，在落日的余辉映照之下显得古朴而又清新，用土瓦盖成的房顶泛着清亮的油光。用青石板儿铺成的街井里透着傍晚时的清凉。陈连升领着一群穿着统一服装而且时常的年轻木客进入金鸡口街口西端的枫树楼时，建始猪耳河的木材老板熊楚清迎到门口，对走在前面的陈连升和杨贞拱手作揖，非常恭敬客气地说："感谢各位爷能够赏光！你们这是给了我熊某极大的面子呀！"杨贞斜了熊楚清一眼，也没与其搭讪。倒是陈连升洒脱自如地拱手道："让熊老板破费了，真是过意不去呀！"走过厅堂，熊楚清把他们带进了一间宽敞的雅座，这顿宴请可能也是金鸡口自古以来最为丰盛气派的了。

雅座间内摆了四张板栗色的八仙台红漆大桌，每张大桌四周摆了四条板栗色的红漆板凳，桌上摆了十二大碗香喷喷菜肴。有糯米蒸肉、酢广椒炒腊肉、豆豉炒猪头肉，正中间还有一大碗大片片的盖面子肉，旁边两排还有八大碗——有金鸡口的豆腐干，有葛根粉煎成的粑粑，有磨膏豆腐用菜籽油炸成的豆腐果子，还配有洋芋丝丝儿，胡萝卜片片儿，糯米圆子，鸡蛋花儿，上席的位置还有一大碗煮得清香四溢的压桌豆腐。

林国兴上前与熊楚清打过照面之后落了坐，熊楚清把陈连升、杨贞、陈三喜请到了主宾的位置，然后把郭小虎、刘金堂、印紫竹等九位分别安排落坐。人都到齐了的时候，金鸡口一位姓乔的长者站起身来说："今天是建始猪耳河的熊老板宴请宾客，要我们金鸡口的几位长者作陪！借此机会，我先言语几句，金鸡口一脚踏三县，三河汇流连四县，自古流动人口多且杂。这里三河交汇形成了一条黄金水道，还有几条古道交叉通途连接巴鹤建五，是一道兵家和商家必争的口子。可自古以来官家不设衙，朝廷不屯兵。各路商客也是各自为政，大鱼吃小鱼，没有规矩可言！今天劳烦这几位侠客给我们金鸡口定出了规矩，我们万分感激！在此，我代表金鸡口的相与和百姓陪酒，以示谢意。"

那位姓乔的长者话音刚落，熊楚清老板就站起身来说："这位长者说得有理，自古以来到这金鸡口的人都是我行我素，不成体统！这回既然有了规矩，我们所有南来北往的人也就得入乡随俗，理当遵从！我们在吃饭饮酒之前，是不是请陈连升再给我们说几句呀？"四张八仙大桌上坐着的宾客大多迎合着说："给我们说几句！给我们说几句吧！"陈连升从容地站了起来，拱起手环视一眼之后说："我年纪尚轻，也没什么高见！我要所有人都遵从的规矩，先在买卖街都已经言过了，也就不再重复！如果哪位长者家中存有笔墨，最好书写一张贴在街口，以便过往行人熟记于心，互相传颂。当然，我们既不是兵，也不是官，只是一群主持公道的过路人。但我们会监督每一个人的行为，如果有人胆敢违反所定下的规矩，我们一定会让他受到应有的惩罚！我们这样做，既不为钱，也不为米，只为公道！"说完这话，陈连升再次拱手环顾四周，观察了所有人的表情，然后坐在了红漆板凳之上。接着，许多人大声叫好，气氛顿时热闹起来。

这时，每张八仙大桌上的酒碗已经上齐。木材老板熊楚清站在桌外向在座的宾客鞠了一躬之后，走到桌前端起酒碗，慨气地说："我这第一碗酒啊，得先敬陈连升及他的众兄弟！请各位宾客作陪！"陈连升两眼望着熊楚清，伸出右手用三根指头轻轻夹起酒碗，举到胸前慨气地说："谢了！"杨贞、陈三喜见陈连升与熊楚清干了第一碗酒，示意众人端起酒碗作陪一口吮了下去。

第三碗酒下肚之后，熊楚清又亲自执壶，给陈连升、杨贞、陈三喜各斟了满满一碗。然后示意所有的宾客都把碗里的酒斟满，接着他说："酒过三巡，话说真情！我在这里有一个请求，前段日子早就耳闻金鸡口来了一拨武功高强的侠客，今日一见，我算是开了眼界了！我儿熊高，自幼热爱习武，可惜没有得到名师真传。我们的一百二十多名木客之中，他还有三十二名兄弟也都是些身体健壮的儿男，想拜陈连升等为师，跟随精习武功！借此机会请求你们开恩，收我儿熊高及他的三十二个兄弟为徒！请你等无论如何不要剥了我这张老脸，一定得答应我才是！”一听这话，杨贞有些惊慌失措，连忙用一种求援的目光望着陈连升。

可还没等大家回过神来，换了衣衫显得几多英俊的熊高，带着三十二个儿娃纵队走入大厅，齐声跪下。熊高大声说道：“请师傅们受徒弟们一拜！”陈连升站起身来，心胸里顿时掠过一种疑惑，难道在买卖街上缠着杨贞打的那一架是这位熊楚清老板故意安排的么？但他灵机一动，开口问道：“熊高及你的那些兄弟真想拜师学艺么？”熊高抬起头，望了陈连升一眼之后说：“正是！还望师傅们成全！”

陈连升哈哈一笑说：“我们八个习武的人当中，就数与你们交过手的杨贞师傅武功最好。而你们拜师也只能拜一个，怎么能拜师傅们呢？如果你等真想习武，真能吃苦把武功练成，那你们就拜杨贞为师吧！”熊高再次抬头望了杨贞一眼之后，大声喊道：“杨贞师傅！请受徒弟们一拜！”杨贞顿时耳脸鲜红，有些惊慌失措地望了陈连升一眼之后，站起身来走到熊高跟前扶起了他，并对熊高身后还跪着的三十二个儿男慨气地说：“既然我们老大陈连升给我安排了这个差事，我就必须从命！你们快快请起，我答应将我所会的功夫全部教给你们！”听了杨贞这话，众人大喜，熊高连忙走到杨贞跟前说：“师傅您先喝酒，徒弟们退到街口静候！”说完这话，熊高领着一拨人退了出去。

熊楚清满脸堆笑，面红耳赤。他望着陈连升说：“你看这第四碗酒怎么个喝法儿？”陈连升站起身来，也微笑着对熊楚清老板说：“今天是您宴请宾客，您却问我陈连升这酒怎么个喝法儿？莫非我还真能发句话？”熊楚清连忙收住笑容，一脸严肃地说：“岂能见外！既然杨贞师傅已经收了我儿为徒，那么从今往后我们就是一家人，我的事你们就都能做主了！”陈连升觉得熊楚清这话说得也还诚恳，也就端起酒碗，望着众宾客说：“今天这酒我们就喝个四季发财！在此我就借花献佛，一起敬林国兴老板、熊楚清老板，一起敬金鸡口的几位长者！连升年纪尚轻，办事说话定有还不周全之处，望各位长者海涵！来，我们端起酒碗，由我的众哥兄作陪，敬你们一碗，干！”众宾客端起酒碗，一饮而尽。

这顿酒从傍晚喝到二更。等众人都散了的时候，熊楚清在街口与林国兴纳凉，说了几句客套话之后，熊楚清对林国兴说：“你这个人有福，得了陈连升这拨人！他虽然还是个木客儿，可已经是个孩子王！不出三年，他会一统清江！”林国兴嘿嘿地笑着说：“看来你熊老板的两粒眼睛籽儿也还不是桐子壳儿！”

夜渐渐地深了，一脚踏三县的金鸡口，有了一份从未有过的宁静与安详。

027

那天晚上，林文章把金鸡口到桃符口河道中的基本情形给陈连升等人大概地说了一遍：从金鸡口到桃符口的水路八十五里，要经过鹰嘴窝、手扳岩、白岩脚、张家滩、木马口、麻石包、竹园角、母猪嘴、枯牛石、平石板儿，沟口等十一道险滩之后才能到达翟家河。

从翟家河再往前行，过了水波石、箱子角后就有一个叫“飞桥”的地方。河口收窄如瓶口，水流湍急，深不见底，山口两边相碰，其间有页岩伸出，像一座断桥。中间有一道口子约莫丈余，远远望去好像一步能够飞跃而过，所以谓之“飞桥”。出了飞桥就是折身潭洞口，再往下就是峡谷，四十多里悬岩绝壁无人烟。过了煤炭洞、滚水石、犀牛困泥、桐麻树潭、欧家拐，接着就进入了桃符口。这之间在翟家河之下还有一条支流汇入，就是巴东后河。这条河谷里边也盛产木材，但大多是些松树条木，扎的木簰没有杉树条木扎的木簰那么轻巧，十分笨重。要说从金鸡口刹把子到桃符口，只要技术过硬，在中间那些危险的滩口不出差错，起早抹黑也可以一天打一个回转。

在没有涨大水的时候，可以沿峡谷河道返回，过十八道半河，然后从翟家河上岸走金果坪过张家坡，从黑炭河回金鸡口。如果河里涨了大水，不能从峡谷沿河道返回时，就要从桃符口爬那座高耸入云的石柱山，再过火箭山，翻越鸡公山，从偏岩嘴回到金鸡口。这条旱路约九十余里，十分遥远，上陡坡下急岭走起来十分吃力。

陈连升听了林文章的这些介绍后，立刻明白了一个道理：从金鸡口刹把子到桃符口，并没有大家想象的那么简单。按照林文章对河道的了解，也曾建议陈连升是否考虑在翟家河再驻扎一站，把木簰送出飞桥之后弯在岸边，再回金鸡口打转回。也可以分班作业，在他们十二个人中，把金鸡口到翟家河放六个人，再把飞桥外到桃符口放六个人，进行接力转运。这样就可以减少往返的里程，只是伙食不好安排。综合权衡之后，陈连升还是坚持每天从金鸡口到桃符口来回一个往返。

次日卯时，原本是众哥兄练功习武的时刻。陈连升授意众哥兄取消当日的晨练，专心把簰扎好。当晨曦慢慢儿变成朝霞，把金鸡口的山影与河道镀上一层金灿灿的颜色时，已经填饱了肚子，带好了干粮的众哥兄早已整装待发。眼看时辰已到，陈连升抬手一挥，众哥兄跳上自己的木簰，按照起先安排的次序，认准水道，准备撑篙刹出。只听陈连升拉开嗓门大呼一声“走嘞～～”，林文章执掌头排，撑篙离岸驶向河口。

按照先前的约定，头簰进入鹰嘴窝，二簰离岸。二簰出鹰嘴窝，三簰离岸……等林文章、郭小虎、刘金堂的三块木簰过了鹰嘴窝、手板岩、白岩脚，拉开距离之后，关海峰、杨贞、李铁依次撑篙离岸。接着是关海龙、罗汉章、陈三喜依次撑篙离岸。当林协堂看到陈三喜那块木簰的尾梢过了白岩脚的滩口时，撑篙离岸，连撑三篙。并折转身对陈连升和印紫竹喊道："连撑三篙，让木簰有点惯性，走起来轻快些。"陈连升给林协堂打了个手势，表示心领神会，然后挥篙力撑，木簰离岸，漂移而出。印紫竹涌起了一腔豪迈，他没想到自个儿这回也做起了压阵的尾梢。站在河岸上的刘满山，目送印紫竹的木簰尾梢出了河口时，心胸里生出几多激动来。

朝阳冉冉升起，木簰鱼贯而行。只见撑篙飞舞，水声激荡传来……每年初试水道开始放簰的那个日子，都是两岸山民最为欣喜的时日，有一位老农站在张家滩口的右岸，看完河道里飘移而出的木簰后，大声咛气地喊道："哈咯咋！你们今年还是走的月月红呵！"十二块木簰一溜刹出，在旁观者的眼里那就是"月月红"的好兆头。

头簰出了竹园角，后簰还在木马口。竹园角是一道险滩，也是翟家河上游的一道最为狭窄且要九十度拐直角的滩口。这一点林文章、关海峰、关海龙、林协堂等人的心里都十分清楚。也就是说这趟木簰只要在竹园角不出岔子，二歇头上十二块木簰就可以全部抵达翟家河。可没走多远，陈连升就明显地感觉到，从金鸡口刹把子进入大河之后，那种刺激畅快的感觉已经远远超过从石龙河谷刹把子到金鸡口的时候了。河道宽阔、处处激流、险滩刺激、心惊肉跳……许多深潭篙不落底，木簰与乱石的撞击摩擦之声减少了许多，簰过急水处，咯咯响半天。

有道是会看的看门道，不会看的看热闹。陈连升当初这样编队非常合理，他们一路的八个人虽然不识金鸡口至桃符口的八十五里水道，可在石龙河谷到金鸡口，虽然扎的是小簰，却也让他们各自操了一身本领。进入大河道，形成了"一拖二"的格局。前簰与后簰之间相距并不太远，前簰的木客舞动撑篙的姿势，选择的水道以及篙头的落点，后面的木客都能看得一清二楚。这样依次而行，就如同照葫芦画样，只要睁大眼睛看清篙窝和水道，木簰的走势自然就会顺利通畅。

竹园角的河道是一个急转拐，正在拐角处的岸坎上长着一园气韵十足的金竹，由此得名竹园角。河水汇入深潭卷起旋涡，角口是岩壁。木客刹把子路过竹园角时，稍有不慎就会头朝尾，造成甩梢。人若落水卷入旋涡，必定会有生命危险。竹园角深潭的外口处还有两块大石相挨的岩隙，河水枯小之时两块大石露在滩口，涨水时节两块大石潜在水里，抛起一朵洁白的浪花。岩隙间是一个又窄又深的口子，如若撑篙不慎插入岩隙，反弹之力即可把刹把子的木客抛离簰面落入滩口外的急水中被卷走，水性好的木客还可以在母猪嘴那个深潭里爬起来。如果落水时被乱石撞击头部，或者不慎呛水，造成神智昏迷，那么即使在竹园角的旋潭里还有气息，进入母猪嘴那道险滩深潭，也是必死无疑。而这些滩口的危险程度，或者说是怎样构成的危险，林文章在给陈连升等众兄弟介绍河道的情景时却又无法用语言准确地表述清楚。

林文章凭着多年的经验，在竹园角飞篙精准点入篙窝，双手紧握撑篙，身子向右横卧，双脚用力猛蹬，簰头瞬间急转。等他再挥撑篙往右岸一点，簰身顺正，簰尾落入竹园角深潭中，旋涡发力推簰而出，他的那块木簰就算是顺利地通过了竹园角。

郭小虎还算精灵，照着林文章的动作做了一遍，木簰也算顺利地通过了竹园角。刘金堂飞篙用劲，一口气顺利刹出。接着是关海峰、杨贞、李铁的三块木簰也顺利通过了竹园角。已经出了母猪嘴滩口的林文章回望一眼，见有六块木簰已经出了竹园角，心里平和了许多。他在想：这帮小子还真的是些精灵角色！

关海龙过竹园角旋潭的动作与林文章完全相似，也是顺利刹出。可等到罗汉章进入竹园角滩口时，一个蚊沫子迎面飞来钻进了他的左眼，疼痛之下罗汉章伸手去摸，竟没有看清关海龙撑篙蹬簰的动作。等他摸掉了蚊沫子，再度睁眼定睛看时，关海龙的木簰已经过了竹园角。罗汉章顿时手足无措，心中有些慌乱，可还没等他回过神来，自己的木簰就已经快速驶入竹园角。由于罗汉章下篙不准，篙头在岩皮上一滑插入深水，簰尖便是猛地一头撞在岩壁之上，发出闷雷一般的声响，簰尾瞬间横甩出去，在拐角的滩口处散开如扇面，紧接着被大水推卷在了一起。而罗汉章就在木簰撞击岩壁之上发出闷响的刹那，撑篙脱手，一个脑栽掉进深水，被旋涡喝了进去。木簰上的尖嘴箍接连脱出，封梢藤早已折断，甩梢后的木簰变成了散根条木，在竹园角外滩的急流中飘散了半河。

随后跟来的陈三喜见状，急忙将木簰稳在了右岸。等他定睛看时，只见木簰散落，却不见罗汉章的影子。他连忙给后面的木簰发出了靠岸的信号。林协堂、陈连升、印紫竹先后把木簰向右岸靠去，稳住了木簰。陈三喜跳下木簰，开始搜寻罗汉章。陈连升授意林协堂守住四块木簰，是怕木簰漂流出去。他向印紫竹一挥手，撑篙一点便一个猫儿上树的腾跃就跃出去两丈有余，并以最快的速度接近了竹园角。陈三喜已经顺水找出了母猪嘴。并在母猪嘴的深潭里扎了两个闷子下去，却仍不见罗汉章的影子。印紫竹在跳进深潭的刹那，一脚踩在长满青苔的岩皮上滑入旋涡被喝进了深潭。

陈连升瞄准急水，两眼盯住了两块大石间的那朵时高时低的浪花，手持撑篙踩水而去……原来罗汉章栽入竹园角的旋潭时，头部擦伤昏迷过去，被喝入旋涡从潭底部卷出潭口时，左腿被卡在了大石间的岩隙里，腿脚上的沙袋和草鞋的绳索挂在了岩石上无法挣脱，由于水大隙深，浪花飞溅。陈连升难以分辨水中的情形，速用撑篙插入岩隙底部用力朝起一抬，罗汉章脚上的沙袋和草鞋扯脱，被大水卷了出去。陈连升眼前一亮，立刻撑篙跳过花水，一把抓住了罗汉章，用力提出了乱石滩，把他放在了一块凸起的岩板上。这时罗汉章头部出血，鼻子也在出血，肚子里喝的水已经鼓起了多高。陈连升插稳撑篙猛扑上去，双手在罗汉章的肚脐边猛地一按，一股清水从嘴里喷出，喉咙里咯了一声。陈连升跃上凸起的岩板儿，双手猛地抓住罗汉章的双脚踝，提将起来猛抖几下，罗汉章肚子里的水瞬间倒了大半出来。等陈连升再把罗汉章平放在岩板上时，就听见罗汉章哼了一声。陈连升紧锁的眉头这才松开，因为他此刻已经知道罗汉章还没有死！接着又见罗汉章的身子抽动了几下，还哼了两声。陈连升心中大喜，弓腰下去，伸手在罗汉章的脸上轻轻地拍了一下。可等陈连升站起身来放眼向母猪嘴望去时，见到陈三喜搀扶着印紫竹已经爬到上口，正朝竹园角走来，心胸里顿时有了一种别样的感觉……

028

林文章的头簰顺利地出了平石板儿，随后郭小虎、刘金堂、关海峰、杨贞、李铁也都一顺蹓出了平石板儿。可林文章几次回望也都只见到身后紧跟而来的五块木簰时，心里不觉有些慌乱起来。于是林文章选好与巴东后河交汇的那个滩口，利用那片三角地的沙丘靠稳木簰，并挥篙给后面的木簰发了靠岸停泊的信号。六个人集中之后，大家开始分析后面六块木簰的具体情形。杨贞断言说：“要出瘪谷就是罗汉章，连升他们几个不会有问题。”林文章点了点头，然后叹了一声长气说：“只怪我太粗心！只顾着自己往前冲了，没有充分考虑到竹园角的危险性！如果杨贞你的判断没错的话，那么罗汉章甩梢的地点应该就是竹园角！”正说话间，郭小虎惊叫一声：“快看！水面上漂来了两根条木。”林文章、刘金堂、关海峰、杨贞、李铁不约而同地扭头一望，看到后面又跟来了几根条木。林文章大声说道：“快，是有人甩梢了！我们要赶快把条木逼回滩口，准备重新扎簰！”接着看见一根撑篙从水面上漂来，眼看着就要冲出滩口，杨贞飞篙跃起，一个猫儿上树跳入河心的急流中，一把抓住了漂来的撑篙，顺手朝岸上的沙丘扔来，并大声告诉林文章他们：“确信是罗汉章的那块木簰甩梢了，他的撑篙原来是连升用过的，我认得！”紧接着杨贞又把自己的那根撑篙也扔上岸来，人却依然站在河心的急流之中，直到他把罗汉章那块木簰的十三根杉条木全部推到岸边让众人接着。林文章见条木已经全部递到岸边，可杨贞却依然立于河心的急流中没动，就大声喊道："快上岸来！河心水急，怕一个仰翻叉下去又生出事端！"话一出口，关海峰连忙埋怨林文章道："看你说的是什么话呦！现在还没到小中界，你就在胡言乱语！"林文章知道自己说失了口，脸面上红了一阵，这的确是一个多年的木客不该出的差错。杨贞却没有在意，也没有立刻上岸，他在等这块木簰的尖嘴箍和搬翘棍。他知道在这荒郊野地里没有这两样东西怎么扎簰？不巧，没等多久，那搬翘棍和尖嘴箍还真的从水上慢慢儿飘了出来。

杨贞把两个尖嘴箍和一根搬翘棍甩上岸来，然后退出河心从急水之中回到岸上。他对林文章说："你看是否留两个人在此寻找封梢藤扎簰，我们转去四个人看看连升他们的究竟。罗汉章虽然甩了梢，但我敢肯定，他的小命一定没丢！因为有陈三喜紧跟其后。"林文章慨气地说："刘金堂你给关海峰打伴，就在这里爬到后山寻找封梢藤负责扎簰，我们四个立刻动身转去接应他们。好在这个滩口有条小路可以直通竹园角，距离也不过七八里。"李铁吐了一下舌头，嘴里说道："哈咯咋，这眨巴眼儿的功夫，就下来七八里的水路了！"

林文章叫各位木客扛上撑篙，跟在他的后面沿岸上小道往竹园角奔去。李铁有些不解，觉得这七八里山路也还要爬一阵子的，把撑篙放在排上不就得了，扛在肩上踢脚绊手的又是何必？林文章看出了李铁的心思，就对他们三个人说："撑篙是木客的把经本，时刻不能离身。再说这木客窝里有云：有排无篙，别人不捞，有簰有篙，会者必操。他不要你的木簰，但一篙子把块木簰刹到桃符口去图个轻省方便也好嘛。"杨贞有些没听明白，就反问了一句："你这话我等从前好像从没听说过？"林文章有些气恼地说："河道里的规矩你没听说的还多着呢！"杨贞瞪了林文章一眼，也没再争辩，几个人纵队而行。

从竹园角出母猪嘴，牯牛石、蛤蟆石、平石板儿、沟口到翟家河，已经出了六个滩口，而这六个滩口之间都是停不住木簰的，在这段河道之中也就只有与巴东后河交汇处的岔口沙丘才是弯站的码头。林文章一边走一边在想见到陈连升之后的说辞，他怕遭到陈连升的责骂。

关海龙这个时候倒是真的为了难，他早已明白罗汉章甩了梢，想停靠木簰回转上去看个究竟。可这大河之中的河水汹涌，牯牛石和蛤蟆石更是水流湍急，簰速如飞，根本停不下来。他好不容易才在平石板儿上面的平水上把木簰稳住，搁在了一块岩石上。可这时簰的尾梢被急流冲得咯咯作响，几多恐怖。他只得站在封梢藤上撑篙稳簰，弄得进退两难了。眼看着十三根杉树条木从簰左侧擦篙而过，他却不敢动弹，只得任其随波逐流。半个时辰之后，关海龙的体力实在支持不住了，只得撑篙离岸越过平石板儿这道急流险滩，朝翟家河外的那道岔口刹去……

等陈三喜和印紫竹逆水而上，艰难地接近陈连升和罗汉章停留处的那块凸起的石板时，罗汉章已经完全清醒过来，坐在了岩板儿上，只是他的脸色苍白，浑身瘫软无力，被石隙卡过的左腿和脚踝已经青紫。陈连升见状笑着说："你再使劲吐一吐，你先喝了那么一肚子水，该没吞进去几条小鱼啵?"罗汉章扑哧一笑，脸面上才勉强有了一点儿表情和血色。而印紫竹只是受了点惊骇，没有大碍。于是陈连升和陈三喜扶起罗汉章开始逆水上行，准备绕道竹园角上口与林协堂汇合后，再作打算。

林协堂没有闲着，他也知道罗汉章一定没死。有着多年放簰经验的他，晓得落水呛了之后的感受，只有煮些还阳的药物喝下几口之后才能回返，恢复正常。他把几块木簰停靠稳当之后，捡了一捆柴禾，选了一个避风的地方生了堆火，并在自己木簰上的那只竹篓里取出一只瓦罐，烧起了开水。还给罗汉章预先支起了一块大石，好让他落坐之后喝开水疗伤。一切准备停当之后，才顺河岸而下，前去接应罗汉章。

回到竹园角上口弯簰的地方，陈连升松了一口气。当他见到林协堂烧的那一瓦罐已经开了的净水时，折转身从自己的木簰上取了一个楠竹筒儿下来，倒出半把黑条形的物品扔进瓦罐里，顿时一股栗香飘散开来。他笑着说："等我逮一杯郧阳茶下肚，提提精神之后，再做定论。"林协堂在岸坎上扯了一把青蒿垫在手上，双手捧着瓦罐，小心翼翼地放在了一片细砂上，生怕碎了瓦罐，撒了一罐罐儿好茶。陈连升把只装着茶叶的楠竹筒放回簰上，取来两只竹筒儿茶杯，先倒了一杯栗香四溢的茶水递给罗汉章说："先喝杯热茶提提精神，或许这就是灵丹妙药。然后叫林大哥在岸坡上找个熟悉的民家让你歇宿一晚，等我们明天刹把子再到此地时，邀你一同出桃符口。"罗汉章叹了声长气说："都怪我粗心大意，技艺不精，误了众兄弟的行程啊!"陈连升忙挑逗他说："算你还讲良心，没有两脚一伸甩下众兄弟！如果今天你就这么放了长假，那可就真的误了我们的行程，还把我们害惨了。河里的木簰没有人守，把你送回郧阳关又无法向你的爹娘交待！嗨，算你还讲良心，也还算你命大!"

一听陈连升这话，大伙儿心里热乎乎的。林协堂、陈三喜、印紫竹都笑起来。倒是罗汉章感动得热泪长流，哭诉着说："谢谢连升的救命之恩！我仰在水里腿脚被卡，大浪又压在胸面前让我动弹不得，你如果不作出准确地判断将我弄出，还有得半个时辰我将必死无疑。"林协堂站在一旁说："我们今天初试水道，切莫言语这些丧气的话。山上的工夫烈，水上的工夫险！这是木客们都晓得的窍门，甩梢喝水是常事，一夜一睡第二天也就卵事没得了！”众人哄笑。

正说话间，就听见岸坡上也有了说话的声音。陈连升转眼看到了几根扛在肩上的撑篙，断定是林文章、杨贞他们发现险情，回转接应他们了。还隔多远，就听见杨贞在说：“这回罗汉章的卵子果果儿还没吓搬家啵?”陈连升望了杨贞那副憨态的模样一眼之后没有作声。印紫竹在一旁打了个冷补巴说：“吓搬家倒是没有，只是差点被连升给他一撑篙杵掉了！哈哈……”众人围了拢来，见罗汉章平安地坐在石头之上歇着，也就都把心放在了肚子里。

陈连升望着林文章等人有些感动，就关切地问：“你们是到了那道滩口才回转地呀?”林文章连忙回答说：“我们过了平石板儿那道滩口的时候就觉得后面不对，可又选不到地方弯簰，只得到了翟家河与巴东后河交汇的那道滩口，在沙丘边上才停住了木簰。”陈连升接着问：“那你们又怎么判定就是罗汉章甩了梢?”林文章很认真地回答说：“我们的六块木簰都相继稳到滩口后不久，杨贞跳入河心的急水之中抢到一根撑篙，接着又发现散落的杉树条木漂流而下。他认得那根撑篙就是罗汉章的，因此而判断是罗汉章的木簰甩了梢。”陈连升嗯了一声之后说：“也就是说那块木簰的杉条木你们都已经起岸放在滩口了，那个地方能找到扎簰的物件吗?”林文章又把杨贞在急水之中找回尖嘴箍、搬翘棍以及安排关海峰和刘金堂扎好那块木簰的事情细细给陈连升他们说了一遍。

而陈连升听完之后立刻眉头紧锁，急忙问道：“那关海龙的木簰呢?你们见到罗汉章甩梢后的条木了，而关海龙的木簰还在罗汉章前面，却没见到关海龙的木簰?”众人脸面上顿时掠过了一层惊愕的神色，都似乎感觉到事情有些不妙。可林文章镇定了一下之后说：“关海龙应该没事！你们想想看?如果关海龙的木簰有问题，那么罗汉章的杉条木就不可能如数漂流而下，这只能说明关海龙已经发现问题后把木簰稳在平石板儿以上的哪个滩口了。”陈连升点点头说：“言之有理！”林协堂接着说：“平石板儿那个滩口之上绝对稳不住木簰，今天的水这么大！即是他稳住了，也绝对坚持不到半个时辰，指不定这个时候，他也到了岔河口，”众人觉得林协堂的话很有道理，这才松了一口气。

等大伙儿歇息片刻，且都喝了一杯栗香四溢的罐罐儿茶之后，陈连升用平和的口气说：“我们应该启程了！老林兄可否找到岸上的民家，把罗汉章寄宿一晚?”还没等林文章、林协堂回话，罗汉章就淡淡地一笑说：“别寄了！我刚才已经好了许多，还是一路前去桃符口为好。”陈连升望了罗汉章一眼之后说：“也好！寄在半路着实不妥”。他望了大家一眼之后接着说：“从刚才开始，凡是脚上绑有沙袋的，上簰刹把子时都放下来，走旱路回转时再绑上。罗汉章今日卡在岩隙间扯不出去，就与那只绑在腿脚上的沙袋有关!”众人点头应允，郭小虎连忙动手解了腿脚上的沙袋。

林文章望着陈连升用请示的口吻说：“刚才我在前面走陈三喜的那块木簰，后面的次序和距离不变。其他人分别坐在木簰的封梢藤处，等过了平石板儿，到达翟家河的岔口后，再调配次序，叫号启程如何?”听了这话，陈连升抬手一挥，便各自跳上了木簰，在林文章的引领之下，一路刹出……

029

翟家河与巴东后河交汇的那个岔口里，水势较为平缓，风光也是无限美好。待刘金堂与关海峰爬到后山去找封梢藤的时候，俯瞰了这处境地：三面大山高耸，后河水系来势汹涌，河道较为宽阔，入口处还有一块巨石潜在水里，就像搭在岔口的一个戏台。后河之中奔涌而出的大水略成麻浑色，是刚下过大雨的气象。站在高处朝巴东后河的远处望去，刘金堂顿时心里一怔，他看到后河深处的河面上也好像有蚂蚁般大小的人影在晃动，河面上还有蜡黄的颜色，像是扎好的木簰。心里慌乱中，刘金堂与关海峰嘀咕了一句：“夹呀卵哒吵！巴东后河的木客，恐怕也是看了今朝的日子开河试水，我们这一耽搁，假如和他们的那些松条木簰搞得一路了，那就真的夹呀卵哒吵!”关海峰朝后河深处望了一眼之后说：“他们还远，松条木簰不比杉条木簰，很沉！刹起来慢悠悠的。只要连升他们能够早点下来汇合之后，叫号启程，也还来得及。”

说完这话，关海峰和刘金堂拿着已经寻找到的封梢藤，连忙溜下了山梁，紧张地忙碌起来。可时隔不久，就在关海峰和刘金堂顺着沙丘扎好木簰，正准备挨着先前稳岸的那几块木簰靠近摆放的时候，关海龙刹出的那块木簰就在这道河滩的上口冒了头。

而关海龙在平石板儿那个滩口稳住木簰的半个时辰里，已经耗得筋疲力尽。就在关海龙正准备调整方向在沙丘靠岸时，却见关海峰和刘金堂刚刚扎好的那块木簰横挡在河岸，挡住了他靠岸的路径。为避免碰撞，关海龙瞄准水道，准备刹到前簰位置靠岸稳簰。可让关海龙万万没有想到的是：就在他猛撑三篙，向右急转时，角度小了一点，尾梢碰到了林文章那块木簰的尾梢，只听一声闷响，林文章稳在岸边的头簰又向岸上进了数尺。刚刚涨过端阳水的岸口，砂石松软，关海龙猛刹过来的木簰力大无比，竟在右岸坎的河嘴上没有挂住，猛冲过去，搁在后河口那块戏台般大小的石头上去，尾梢向里岸一摆，就横在了后河口上。可还没等关海龙从惊骇中回过神来，就见后河口上的十几块松条木簰接踵而来。他已经来不及思考，甩出撑篙一个猫儿上树就跳上了右岸。可就在关海龙收篙落岸的刹那，巴东后河出来的松木头排的尖梢一抬猛飚了上去，就搁在关海龙的簰上形成了一个十字架。刹出头簰的那个年轻木客，一个脑栽掉进河口的深水里漂出去数丈，爬上岸来就开始破口大骂。

正站在河坎上观阵的刘金堂和关海峰，被眼前的情形惊呆了。原来巴东后河的木客们也是选了今朝的吉日开河试水，也是按照木客窝里的老规矩走的“月月红”。眨眼之间，后簰逐一追尾，十二块松条木簰一溜子码成了一条线。簰上的木客也都是一个动作，逐一脑栽落入水中，那情景真是惊心动魄……

关海龙从惊骇中回神过来，觉得自己实在理亏，准备前去说明情由，并给巴东后河出来的木客道歉。哪知道从水里爬起来的木客们，以为岸上的三人是专门拦河，设卡闹事，便蜂拥而至猛地冲将上来，只想大打出手，以解倒栽落水之气。眼看关海龙就要吃亏，刘金堂飞步上前，一把推开关海龙，站在岸前挡住了猛扑上来的木客，大着嗓门喊道：“你们是想逮架么?”

哪知道冲上来的几个木客几多凶横，操着一口巴东后河的蛮子腔大声叫骂：“你们是哪路娼来的混账东西？敢在老子开河试水之日设卡拦河？想挡我向海山的道，你们真是瞎了狗眼。咯狗杂种的！就连桃符口那个号称水上飞的谭天飞也得让老子三分。在这河道之上敢与老子作对，那就等于是在找死！”那领头的木客一声喊上，陆续从水里爬出来的十一个木客凶猛扑来，在刘金堂的周围散成了一个圆圈。领头的木客向海山一声喊“逮！”十二根撑篙立刻旋风而起，篙头瞬间交叉重叠，就像一枚穿眼子铜钱。刘金堂被困在了筛盘大小的钱眼中。原来巴东后河的木客们摆的正是江湖上早有传说的“铜钱阵”。刘金堂心里一怔，难道巴东后河的木客们也在暗中习武?

刘金堂这回来了精神，决定露两手出来试试向海山他们的深浅。他轻脚一踮，跳出“钱眼”，站在了“钱面”之上。向海山也是一脸惊讶！从前他们在清江水道之上也不知遇到过多少高手，打过多少架，可能够轻脚一踮就跳出半人高的“钱眼儿”的，他还从来没有见过，想必这伙计也绝非等闲之辈。只听向海山大喊一声“反”，那“铜钱”立刻反转。刘金堂独脚立于钱眼之上，伸出一腿抡起脚掌一扫，打了十二张左脸。向海山再喊一声“正”，刘金堂调换腿脚顺势伸出另一只脚掌，又打了十二张右脸。顿时，执篙锁阵的十二个人眼冒金星，有些昏眩。向海山更加气恼，接着又是大喊一声“摇”，旋转之间十二个人同时甩出辫梢，如蛇狂舞，朝立于“铜钱”之上的刘金堂打来，恰似马鞭横抽一阵猛扫，密如雨点。刘金堂伸出双手像抓麻雀一般，一眨眼之间一只手就牢牢地抓住了六根辫梢，死死地挽在手指之间。等到确认抓牢之后，刘金堂飞身旋转，以六根为数绞成了两根辫索，顿时疼得木客们撕心裂肺，各自丢了手中的撑篙，脑壳互相碰得一声脆响之后，趴扑卧地。刘金堂将那辫索缠绞到脚腕，猛踩下去，十二个木客的脑壳摆成两个扇形，在河岸的沙滩上展成两把大扇。

关海峰和关海龙兄弟俩哪里见过这等阵势，在一旁硬是吓哑了口，弄得心惊肉跳。现在他们方才明白，原来陈连升这一路领来的八个人，个个都是邬阳关一等一的武功高手。不一会儿，趴在沙滩上的两扇木客开始躁动起来，大喊饶命。向海山偏过头，露出嘴巴吐了几粒沙子之后求饶似地说："这位爷！你就饶了我们吧，我们这十二块松条木簰也还多少值些银子，全部给你，就当是孝敬你了如何？这回是我们有眼无珠，冒犯了爷，请爷饶命！"刘金堂想起这帮人先前的狂劲狠劲，心中怒气不解，就又把双脚下踩着的发辫用劲猛踩了几下。向海山偏着的脑袋又扑了下去，眼鼻口中弄了很多细砂。再加上众木客内心受辱，已是山崩树倒，没有了回旋之力……

在竹园角上口，林文章撑篙离岸，顺正簰身，弄得河水哗哗作响。陈三喜立于尾梢，仔细盯着林文章挥洒自如的招式，记住了竹园角的篙窝和身法。就在林协堂撑篙离岸的当儿，陈连升对杨贞喊道："你负责去刹印紫竹的那块木簰，让他歇息一阵，怕他的身子支持不住。"杨贞应了一声之后飞篙离岸，跳上了印紫竹的那块木簰。接着陈连升挥舞着撑篙，蹬簰离岸，漂移而出，顺利刹出了竹园角。杨贞在簰面上跑着梭步，扬着轻快，撑篙舞动生风，簰身咯咯作响，他好像是要把原本惊险刺激的木客生活演义成一组轻快的比兹卡舞蹈。

眼看着四块木簰九个人物，一顺溜出了母猪嘴，过了牯牛石、蛤蟆石，到达沟口，接近了平石板儿。林文章还隔老远就在仔细观察岔口的情形，耳边竟然响起了师傅教他放木簰时念过的口诀：头簰靠，二簰跟，三簰四簰紧挨身……看到头簰拢了岸，关海峰、关海龙兄弟俩喜出望外，忙向岸口迎去。刘金堂更是来了精神，双脚踩得更紧。其实在他刘金堂的内心深处也是想让陈连升、杨贞、陈三喜他们看看：咱刘金堂平时少言寡语，可到了关键时刻也绝对不是一个软弱可欺的日牯子。

稳簰靠岸后的众哥兄，看到刘金堂在河滩之上用人头铺排的那两个扇面造型，先是一惊，再是一喜。陈连升放好撑篙上前问道："刘金堂，这是怎么回事？你可不能随便欺负人家呀！"趴在地上的十二个木客，听了陈连升这话，又开始躁动起来，大声求饶，有的竟然杀猪似地怪叫起来。

关海龙上前，把事情的经过和前后的情形给陈连升等众哥兄细细说了一遍。最后关海峰又把刘金堂如何出手击破巴东后河这拨木客布好的“铜钱阵”的事也说给众人听了。陈连升听完这些之后，大着声慨气地说：“哎呦喃！这也怪不得他们呀！人家看见这拦河设卡的景象，还以为我们就是一伙江湖强盗，自然动了肝火骂将起来。其实这原本就是一个误会！好了，快放兄弟们起来！”刘金堂不敢迟缓，连忙松了踩在脚下的十二根辫梢，自己轻轻一踮，跳出了圈子，站在了众人跟前。

已被刘金堂折腾得人模狗样的一群木客，相继爬了起来，瘫坐在地上。由于落水后衣服湿透，细砂沾身，弄得满身污垢，满嘴沙沫。十二个人你瞧着我，我瞧着你，最后竟然个个都嘿嘿地笑了起来。笑过之后，向海山站起身来望着英俊洒脱的陈连升和众木客说：“原来还真是一场误会！正所谓不打不相识，我们就算结交了你们这帮朋友，以后在这清江之上还要多多帮衬我们！”陈连升上前一步，一脸平和地对向海山说：“你快些把你的这帮兄弟带到河里去洗洗脸和身子，然后再到岸上来，我们共同商议下一步的行程。”向海山仍然嘿嘿地一笑之后拉着一口巴东的蛮子腔调说：“要得！那要得！”

巴东后河的十二个木客，一边在河里清洗身子和衣衫，一边议论着说：“看来这帮小子都不是坏人，只要有这帮小子相助，往后在桃符口对服谭天飞也就不是个问题了。”众人各自发表看法，都很善意。过了片刻之后，向海山对兄弟们说：“那按照大家伙儿的意思，我们就与这帮小子在岔河口上，行了兄弟结拜之礼如何?”众木客齐声响应。原来巴东后河的这帮人也都是一些豪爽仗义的土家汉子。上到岸坎，已经洗得干净光鲜的一群年轻木客，走到陈连升等众兄弟跟前，准备言明想法结拜兄弟。向海山上前一步拱手说道：“我叫向海山，土家汉子，家住巴东后河。身后这十一个人都是跟随我闯荡清江多年的兄弟。今朝虽以这种方式与你们相识，也算是有缘幸会，我等商议，愿意与你们众哥兄老弟结拜成兄弟，就看你们意下如何?”

陈连升上前一步，看了各自洗得干净光鲜后的模样，还真是一些精壮的汉子，正准备说话，杨贞却故意上前一步对着向海山说：“这位仁兄倒也爽快，只是我先言过了，在这里我们虽然只来了十二个人，可我的手下还有建始猪耳河的木客一百余人，陈三喜的手下还有五峰从岳家河出来的木客一百余人，另外还有鹤峰咸盈河的林家班七十余人，都归林文章管辖，这样算起来，我们的兄弟也就有了两百七八十人，倒也不多你们几个！可我们的老大却都是陈连升。你们若是硬要与我们结拜成兄弟，那就得先给我们的老大陈连升施了大礼，然后报上各自的名号。”

向海山倒也机灵，连忙退后一步，单腿跪地，低头拱手，然后抬起脸望着英俊潇洒的陈连升说：“我叫向海山，手下的兄弟一共九十四个，全部都是巴东后河纯正的土家族爷们，以向姓、谭姓居多。请老大陈连升受兄弟们一拜，从此认你为兄，听你使唤!”后面的十几个木客见向海山在行跪拜之礼，也就拉开距离相继跪拜施礼。陈连升用一种异样的目光望了杨贞一眼，然后上前一步对向海山等众兄弟说：“其实我们并不想涉足江湖拉帮结派，但我们对诚信相交的土家兄弟又从不拒绝。我先说说我们的规矩，你们若能做到，我便认了!”向海山连忙拱手道：“请兄长教诲，我等如实遵从!”

陈连升摆开姿态慨气地说：“我们的规矩是坦诚相待，求生死与共，求情谊长久。不准欺压百姓，不准欺行霸市，不准坑蒙拐骗。如有违抗，必将重罚！你们愿意遵从这些规矩吗?”向海山抬起脸来慨气地说：“愿意遵从！其实我们先前立下的规矩，也就是这些条文!”陈连升踱了两步，望了刘金堂一眼之后说：“那好！从即刻起，我们就认你等为兄弟。以后你们有事就直接找刘金堂便是!”刘金堂上前一步扶起了向海山，然后召唤后面的兄弟起身。向海山一脸兴奋，上前一步，抬手轮拳在刘金堂的肩窝里轻击了一下说：“你小子下手也真够狠的!”众人见状，哄笑一阵。气氛顿时融洽了许多，正所谓一笑解恩仇。

030

陈连升把林文章叫到跟前说：“我们已经耽搁几个时辰了，要抓紧时间叫号启程，你看这木簰接下来怎么个走法?”林文章肯定地说：“杉条木簰重量轻些，只能走前，松条木簰重一些，行进的速度较慢，只能在后。”陈连升转过脸来望了向海山一眼之后问道：“你觉得如何?”向海山也挺起胸膛慨气地说：“那是自然，这位仁兄言之有理！只是……”陈连升连忙问道：“只是什么？说下去!”向海山望了众人一眼，有些难为情地说：“只是我们的木簰逐一追尾，一蹓子码在河口了，量想谁也推它不动，恐怕是要全体兄弟出手帮忙才行。”陈连升抬手一挥，众兄弟就跟着他去了河口，准备一齐去想办法，看怎样才能把梭着码成一线的十二块木簰撤开。林文章还真是一个放木簰的行家，他看了一下之后说：“这些松条木簰只能进，不能退。如果后退的话，尖嘴箍就会脱出，十几块松条木簰就要重新再扎了。而且进也只能是后簰变前簰，一块一块撤出簰码，从旁边刹出。”向海山仔细观察了松条木簰的情形之后，也表示赞同，就说：“我倒是与林班头想的是同样的方法，只是可能要耽搁半个时辰。把木簰一块一块撤出来后刹到水波石那道河滩的上口，执篙稳簰，让开河道，再让杉条木簰前行如何?”

郭小虎怕向海山有诈，有些忍不住了，挤到前面说：“向海山你可要听明白了，如果你要耍花招不让水道，小心我揍你！”向海山瞪了郭小虎一眼之后说：“我看你这位仁兄有些小肚鸡肠。既然我们已经结拜了兄弟，那就是一家人不说两家话，我还能耍出花招来？”

陈连升点点头说：“那倒也是！杨贞，你还愣着干嘛？还不去露一手出来让兄弟们都开开眼界仔细看看？”杨贞假装有些难为情地说：“我是心想，这等于是在帮刘金堂的忙，怎么也得让刘金堂出来，说句客气话不是！”刘金堂立刻明白杨贞的意思了，连忙上前拱手施礼，然后微笑着说：“就请杨兄助我一臂之力吧！”众兄弟见状，开心地哄笑起来。

只见杨贞捡起自己的撑篙跃出河岸，三步飞将出去就跨上了排码，并大声喊道：“向海山你把次序安排好，人都站齐，我松一块，你们就走一块如何？”向海山蹚水过河绕道簰码的右侧，然后对手下的十一个兄弟说：“我们走簰的次序不变，只是后簰变前簰，在水波石上口稳簰之后，再按原先的次序跟进！都明白了吗？”众木客操着一口巴东后河的蛮子腔大声回话：“晓得了嘞！”接着尾簰松开，簰尖落下顺码滑落到进入水中。杨贞执篙松出松条木簰尖梢的动作，硬是让向海山等人看傻了眼，他们哪里见过肉体凡胎的人物，竟有如此强大的力量！等把松条木簰撤得只剩三块的时候，杨贞大声喊道：“关海龙！你作好准备，自己前来稳簰，免得你的木簰横着滑出外口，又挡住了我们那边的水道！”关海龙拿了撑篙应声而起，进入小河口岸边后，一个猫儿上树，跃上了木簰的尾梢。杨贞抬手一甩，又一块松条木簰撤出后慢慢滑落水中。在撤最后一块木簰的时候，看得有些发呆的向海山，站在簰面，向杨贞深深地鞠了一躬，以示敬畏。

按照向海山先前说好的时辰，陈连升等众兄弟仍还忍在河口。当林文章估计向海山他们的十二块木簰已经全部稳好之时，就大声对陈连升说：“我们可以叫号启程了！”陈连升望着林文章点点头后，走到罗汉章跟前说：“奈得何啵？如果不行就别行勉强！”罗汉章笑着说：“没事了，你放心！”陈连升点了点头，然后望着众人抬手一挥，众兄弟各就各位。林文章猛撑三篙，只听木簰咯咯作响。等木簰顺正之后，他朝陈连升望了一眼，然后大声叫道：“走嘞～～”木簰接着一溜刹出，队形依然是“一拖二”，次序依然如初。

河谷间山石鲜亮，气势雄伟，午后的阳光映照着宽阔的河谷，清流涌出，浩浩荡荡……在水波石滩口，向海山等巴东后河的十二个木客，撑篙稳岸，一顺溜靠右岸让开水道，注视着河道的景象。等林文章刹出的杉条头簰在水波石的上口一露面，他们便拉开嗓门一阵欢快的吆喝，像迎送友军开拔，河道之间的气氛顿时热烈起来。郭小虎、刘金堂挥洒自如，依次刹出；关海峰、杨贞、李铁顺势挥篙而来；接着就见关海龙、罗汉章、陈三喜冒了面，并与向海山等众兄弟挥手而过。当林协堂的木𥳽刹过水波石的时候，陈连升挥舞撑篙而出，向海山他们屏声静气，面向陈连升行起了注目之礼。陈连升一脸凝重，向众兄弟挥手，大家兴奋起来，但不再喧哗。当他的木𥳽行至中间时，他大声喊道："众兄弟注意安全，我等在桃符口等候!"然后一挥手顺势而出，只听见木𥳽与河水发出轻悦的声响。

等印紫竹的后𥳽过了水波石的滩口，向海山抡起撑篙，在𥳽梢上磕了两响，然后长吁一声："走嘞~~"。只见他猛撑三篙，将松条木𥳽推入急流，挥篙前行。后面的十一块松条木𥳽也依次而出。顿时河道中出现了一道壮观的景象，二十四块木𥳽摆成了长阵，连延数里飘将而出。木客们飞篙洒脱的身法动作，让人见了震撼、陶醉。

从水波石往下里许，就是险滩箱子角。箱子角与竹园角相反，竹园角是左转急拐，箱子角是右转急拐，且石壁高约数丈，河水汹涌喘急。这是汇入巴东后河之水后，水量明显加大的缘故。箱子角的上口是一段湍急的花水滩，乱石散落其间，水道七弯八拐。过了箱子角前行半里就是倒洞子，这地方也是生得几多怪异。倒洞子的前滩是一个长约十丈，宽约两丈的岩槽，深不见底。倒洞子却是一个很深的岩壳，底无穿口。大水流进倒洞如和尚撞钟，发出闷雷一般的响声，震耳欲聋，卷回的波涛约有丈许。木𥳽进入岩槽之时先慢后快。木客需要使出全身力气，猛撑十三篙，才能逼得木𥳽的尖梢绕过倒洞子口外，尾梢急转，也从倒洞子口外划过。稍有不慎，木𥳽的尖梢就会插入倒洞，必是𥳽毁人亡。如果十三篙，其中有一篙的落点不到位，不能让整个木𥳽瞬间绕过洞口刹出，尾梢甩入倒洞，那也必然是𥳽散人伤。

其实，只要是在金鸡口出来的这条大河里放过木𥳽、刹过把子的木客，个个心知肚明：从竹园角往下，经母猪嘴、牯牛石、蛤蟆石、平石板儿、沟口、翟家河、水波石、箱子角、倒洞子、折身潭，然后过飞桥，这一共十二道险滩，道道都是鬼门关……只有闯过了这十二道险滩，进入峡谷，河道变得宽阔平展，才算脱离了险境。尤其是像这样浩大的𥳽队，且陈连升等八人也都是头一回过这十二道险滩，这就更加危险，其中的任何一个新手都有可能撑篙不准，用力不均，造成闪失。而这整个𥳽队之中，一旦有一块木𥳽出现状况，都将拖累整个𥳽队。

当林文章的头排快速右转绕过了箱子角，进入倒洞子时，一股冰凉的冷风迎面打来，让他打了个寒颤。待他猛撑几篙再将木𥳽左转，木𥳽尾梢绕开洞口的刹那，他的后背又好像被人猛推一掌，一股寒凉顿时穿心而过。他的眼皮急跳了几下，心里顿觉一怔，好像有了一种不祥的预感：在这二十四块木𥳽之中，必然有人会在倒洞子出现状况。林文章心里默想，在这二十四个木客当中，陈连升等都还是第一回出桃符口的新手，真是让他林文章提心吊胆。出了倒洞子进入折身潭那个滩口时，林文章在平水上轻点了几篙，故意减慢了簰速，并下意识地准备出了飞桥之后找地方稳簰。打算等整个簰队都过了飞桥并确认安全之后，再往前行不迟。

跟在林文章簰身之后的郭小虎，到达倒洞口外时，他也打了个寒颤。但他细看了林文章急剧稳点的十三篙，木簰顺利地绕过了倒洞口。当他那浸得冰凉的身子又被太阳晒热时，他顿时有了一种战胜倒洞子的激情与豪迈，竟在木簰之上昂首挺胸，长舒了一口气。他不由自主地遥望了一眼河谷间壮美的景致，领略了一番河道里磅礴的气势。可等他回过神来，只见林文章已经撑篙蹬脚，几番飘摇挣扎，将木簰在激流中颠踬着顺利地刹出了飞桥。郭小虎顿时慌了手脚，他感到心惊肉跳……因为就在他那一番激情豪迈时，竟把林文章在前簰之上点下的二十几篙的身法给完全忽略了。这一走神，木簰便烈犟起来，完全不听他的使唤了。突然，一片溅起的浪花迎面打来，他的眼前顿觉一片昏暗，只听簰尾咔嚓一声脆响，簰中的条木折断一根，木簰中间裂出一条缝隙，尾梢散盘，尖梢一头撞在飞桥外的岩尖上。郭小虎手中的撑篙飞落，一个脑栽摔在木簰上。当他挣扎着想在木簰上爬起来时，木簰的尖梢已经被猛水顶起，他的身子朝后一滑，左腿插入断头条木的缝隙，并将断头条木压插入水，两边的条木借水势猛然挤拢，卡住了郭小虎的左腿，无论他怎么用力也扯不出来了，只觉得一阵钻心的剧疼……这里的情形是：木簰卡在了飞桥河口，郭小虎的左腿卡在了断了一根杉条木的簰中，生命危在眨眼之间。

刘金堂自从有了后河河口的那一幕之后，开始小心谨慎起来。过了箱子角、倒洞子，他看到郭小虎在前边出了状况，便立刻撑篙把木簰稳在了折身潭的外口，并迅速给后边的关海峰发出了停簰靠岸的信号。紧接着杨贞稳簰，可当他出了箱子角，闯过倒洞子之后，却又迟迟不见李铁冒面。原来李铁的木簰尾梢甩进了倒洞子，人被翻卷而来的波涛抛出，算是捡回一条性命。好在他平时练水用功，大水将他流入折身潭的时候，他抓住杨贞的那块木簰爬了起来。而李铁的那块木簰早已散成单根，相继被大水冲出。

簰队顿时失控，相继稳簰。杨贞、关海峰、刘金堂顺水去救郭小虎，李铁守在滩口，将飘来的条木一根一根拖到岸边。关海龙、罗汉章、陈三喜、林协堂、陈连升、印紫竹等随后而来的六块木簰还算稳当，但被迫给向海山发出了靠岸稳簰的信号之后，将木簰全部弯在了折身潭外的滩口。

陈连升很担心郭小虎的状况，一路顺水向飞桥扑去。

031

已将木簰刹出飞桥的林文章，迟迟不见郭小虎跟来，顿觉心里慌乱，不知所措。可是出了飞桥外口，滩陡水急，根本找不到地方稳簰，一箭刹出数里之后，到了煤炭洞外的那个滩口，这里潭深浪平，外口的右侧还有一片隆起的沙丘。林文章这才把握时机猛撑三篙，尖梢右靠，梭步退到尾梢猛踩，让木簰的尖梢抬起，借贯行将木簰的前端稳稳地搁在了沙丘之上。可等林文章长舒一口气，手持撑篙准备逆水而上，去接迎郭小虎的时候，他面对汹涌的大水打了个寒颤。原来大河出了飞桥之后进入了深谷，两岸绝壁高耸，枯水季节倒还可以逆水踏岸而行，而这时刚刚涨过大水不久，如何行得！林文章多次试水，都难以前行，他处于只能进不能退的境地，被困在了煤炭洞外的那个滩口。

等陈连升奔到飞桥，爬上郭小虎的木簰时，刘金堂、关海峰、杨贞三人想了许多办法，可郭小虎的左腿仍然卡住取不出来。只见郭小虎右腿跪在簰上，左腿卡在簰中，面色苍白早已没有了一丝儿血色。嘴唇青紫，已经奄奄一息。

查看水中的情形，滚滚白浪翻卷，却什么也看不见。陈连升连忙脱了脚上的草鞋和衣裤，然后赤脚两片，穿着裤叉子梭步接近簰尾，钻进水中。杨贞、刘金堂、关海峰三人见状大惊失色，不约而同地大喊一声：“连升！太危险了！使不得！”

可陈连升顾不得许多了，郭小虎的生命要紧。他潜入深水，顺簰尾向前摸去，终于摸到了郭小虎的左脚。原来是横插在岩隙间的一节杂树，尖梢之上有一个枝丫折断后的倒钩，挂住了郭小虎草鞋上的棕绳，在簰面上往上扯腿是个反势，越扯越紧，越挂越深。陈连升伸出双腿，探摸到那节已经长满青苔十分光滑的杂树，绞上双腿稳住了身子，双手十分吃力地脱下了郭小虎脚上的草鞋，伸手将郭小虎的左腿推上了簰面。刘金堂猛扑过去，一把抓住了郭小虎，把他拖到木簰的尖梢扶他躺下时，只见他的左脚踝处已成紫黑的颜色，脸色煞白没有了表情，大腿间被杉条木卡过的地方也已经变成了死血般青紫。

杨贞连忙把陈连升的草鞋和衣服塞给关海峰抱着，连忙梭步朝簰尾接近，他担心陈连升在水下的安危。可陈连升脱下郭小虎的草鞋并把他推上簰面之后，本想依然摸到簰尾爬出。然而簰下的水急力猛，逆水而返已是寸步难行。他只好顺水往前摸去，好不容易才钻到木簰的尖梢，抓住左侧的一根条木伸出头来。关海峰吓得像个痴子，抱着陈连升的衣物不敢动弹。杨贞见状折转身猛冲到尖梢，扑地跪在排面，双手夹住陈连升光滑的身子，把他拉了起来。而等陈连升吐出口中忍了许久的那口水，长舒一口气息时，鼻子里竟然呛出血来……

李铁总算把十三根杉条木全部稳在了岸上，还找回了两个尖嘴箍和搬翘棍，只是自己的撑篙已经被大水冲走，封梢的藤索也被蹦成几截，不知去向。他环顾四周，想爬山去寻封梢藤。可当他坐在岸坎边的岩石上歇息片刻，然后站立起来准备去想办法的时候，突然觉得头昏日眩，两眼冒着金星，腿脚抽筋，疼痛难忍。在倒洞子甩梢的情形让他心生胆寒，不由得浑身瘫软，复又瘫坐在了那块岩石之上。李铁万没想到。从石龙河谷刹把子出金鸡口的时候，自个儿也还算个精灵角色，怎么一出大河就弄成这么一个狼狈的模样，还真是这一簰就不比那一簰了。

当关海龙、罗汉章、陈三喜前来帮忙时，李铁向他们讲述了当时甩梢倒洞子的情形。关海龙安慰李铁说："别往心里去！谁放木簰刹把子不是这么过来的呀？不甩几回梢，不喝几口生水，不会长记性！木客也要经过摔打，经过磨砺，才会在面对汹涌的破涛时从容不迫。我包你再过倒洞子的时候就稳当了！"望着李铁那副狼狈的模样，罗汉章特别想笑，可他笑不得，因为刚刚在竹园角呛了水的肚子，一笑就隐隐作痛，于是他忍住笑对关海龙说："别闲扯耽搁时候了，我们快找封梢藤把排扎好，不然今朝到达桃符口就要摸黑了！"关海龙接着对罗汉章说："你陪李铁歇一会儿，寻找封梢藤的事，我和陈三喜去！"

就在陈三喜、关海龙等人开始忙碌起来的时候，身在飞桥滩口的陈连升浇水洗了鼻血，穿好了衣衫和草鞋，并叫杨贞想办法将木簰松动后推入主河道，叫关海峰刹出木簰让出河道。陈连升接着想办法准备与已经苏醒过来，并恢复正常的郭小虎撤出木簰。可是，当郭小虎从木簰上站立起来时，左腿明显疼痛，且浑身发抖，嘴里哎哟一声。加上草鞋丢了一只，脚不把滑，还怎能刹得把子？陈连升连忙扶他坐下，然后对杨贞说："我带郭小虎逆水上行恐怕不妥！我与关海峰、刘金堂逆水上行去取木簰，等我们三人撤离这块木簰之后，你把木簰刹出去与林文章会合，然后把郭小虎转到林文章排上。"杨贞应了一声之后开始动作，就在陈连升、关海峰、刘金堂三人撤出木簰的当儿，杨贞便喊郭小虎抓稳，自己站在簰上几耸几摇，木簰开始晃动起来，像是被激活了一般。只见杨贞牙关紧咬，猛撑几篙将木簰在飞桥的潭口倒退丈许之后，将尖梢逼进急水，几颠几跛发出了咯咯的声响，木簰快速前行出了飞桥，进入花水滩。

陈连升、关海峰、刘金堂三人手持撑篙，顺岩边的浅水爬出乱石之中，好不容易攀爬到了折身潭上口，与关海龙、陈三喜、罗汉章、李铁会了合。爬上岸坎，陈连升看了李铁一眼，又看了看已经扎好的那块木簰说："李铁你不要紧啵？如果硬是奈不何哒，就叫关海峰把木簰刹出去，你搭乘木簰去桃符口，与郭小虎一起休养，也好作个伴！"陈三喜上前一步对陈连升说："也只有这样了！我看李铁也摔得不轻，刚才还在发抖！”陈连升点点头说：“那好！关海峰你来负责这块木簰，并把李铁安全地带到桃符口。现在林文章可能还被困在煤炭洞滩口，你们都在那里弯稍等候，我们到了之后，再次叫号启程！弄个三下为定！”关海峰点头应了一声之后，把李铁扶上了木簰，然后猛撑三篙出了折身潭。

可现在新的问题就出来了。刘金堂、关海峰、杨贞的三块木簰还弯在折身潭的上口，而还在折身潭上河稳排阻河的林协堂、印紫竹也十分焦急，他们两个人稳着六块木簰松不得手，却又不知道倒洞子和飞桥两处险滩之中到底发生了什么情况。向海山等兄弟们也十分焦急，他们的松条木簰本来就沉就慢，如若在这十二道险滩之中再耽搁两个时辰，木簰出桃符口就要打黑抹，等把木簰起岸上码就要半夜三更，还怎么打得了回转？这可怎个搞法哟！

而当下摆在陈连升他们面前的问题是：还只有三块木簰出了飞桥，却出去了五个人，现在只有七个人却有九块木簰。眼目下唯一的办法也就只有丢下两块木簰，下趟再来人刹把子出去了。可当陈连升把这个想法说出来的时候，陈三喜摇摇头说：“连升！那恐怕不行吧？如果我们把两块木簰丢在这峡谷之间，假若晚间再下大雨涨洪水，木簰飘出桃符口就入了清江，我们得不到工钱不打紧，还要当赔匠，赔那两块木簰的本钱，那可不合算！”

陈连升皱起眉头，向大伙儿问道：“谁有什么好些的办法呀？”关海龙望了陈连升一眼之后说；“要不刚才就由林协堂走头簰稳篙，接着一个跟着一个，跟紧一些，看清前簰的篙窝和身法，可千万不能再出状况了！我在最后与向海山搭界，慢就慢些，我带一块木簰出去算了。”一听关海龙这话，陈连升一脸惊讶，连忙问关海龙说：“怎么个带法？这可不是闹着玩的！”关海龙淡淡一笑说：“让我试试看吧！如果我带一块木簰顺利到达桃符口了，就算我关海龙没有吹牛。不过你们先要给我帮下忙，找根藤子把后簰的尖梢绑在前簰的尾梢之上。”陈连升一听这话面露喜色，接着大声说道：“打起精神，赶快行动！”

很快，关海龙的一块连二簰就绑好了。本来一块木簰就有四丈多长，两块木簰梭着一叠，却也还有六丈有余。陈连升目不转睛地看了一会儿之后感慨地说：“师傅！真是师傅！”紧接着陈连升给各位重新排了次序：林协堂走前，陈三喜、印紫竹、陈连升、刘金堂、罗汉章、关海龙等紧随其后，鱼贯而出。

这回还算顺利，不到半个时辰，八块木簰七个人就顺利抵达煤炭洞滩口，与林文章等五人会了合。可等向海山的前簰过了箱子角，看到岸边弯稍的一块木簰时，知道是有人受伤之后弃排而去。于是向海山撑篙稳簰，决定用杉条木簰拖松条木簰，也等于是来个连二簰，帮忙把这块弃岸的木簰带出去。在靠岸稳簰的当儿，向海山给后簰再次发出靠岸稳簰的信号。在箱子角滩口，松条木簰队伍作了少许停留，弟兄们手脚麻利，很快就帮向海山扎好了连二簰。向海山挥篙上前，由于是用杉条木簰拖松条木簰，速度明显加快。出了倒洞子进入花水滩，向海山的脊背上也冒出了冷汗来……

在煤炭洞滩口，陈连升给兄弟们训了话，要求各位务必小心谨慎，确保安全，已经经历过险情的每一个人也都感同身受。接着陈连升调整了队形，让林协堂依然走头簰，把关海峰、杨贞、林文章依次调到罗汉章之后、关海龙之前，是怕他的连二簰再出现什么状况，也好相互有个照应。一切停当之后，各自撑篙上簰，只听头簰上的林协堂长吁一声："走嘞～～"，头簰撑篙离岸，顺势前行。等头簰出了滚水石滩口，二簰跟进，依次前行。约未半个时辰的工夫，簰队就全部过了滚水石、犀牛困泥、桐麻树潭、欧家拐等峡谷之中的四道险滩，顺行水路四十余里进入了桃符口。当关海龙的那块连二簰也顺利抵达桃符口左转靠岸时，陈连升一脸兴奋地奔跑过来，望着已经累得大汗淋漓的关海龙，感慨万千地说："哈咯咋，师傅！真是个师傅！"

约莫半个时辰之后，向海山带领的簰队也先后一顺溜抵达了桃符口，也是撑篙左转靠岸，紧挨着十一块杉条木簰依次靠岸摆放。当陈连升等人看见向海山也是扎了"连二簰"，帮忙把弯在河岸的那块木簰也带到了桃符口时，十分感动，连忙迎上去，像是久别重逢的亲兄弟。陈连升走到向海山的跟前夸奖他说："好兄弟！讲义气！"

032

按照往日从金鸡口刹把子到桃符口的规矩，是先吃中饭，再启木簰。这八十多里水路虽不算太长，但其艰险的程度却让身临其境的过往木客们不寒而栗。一看这二十多人的木簰队伍已经全额满员地到达了桃符口，陈连升的心里很有几份激动，他对大家说："都到岸上去，把带的中饭都集中在一起，我们一起聚餐！"在拿撑篙上岸的时候，陈连升又对跟在身边的杨贞说："你到我簰上把茶叶和酒取来，叫林协堂煨罐开水，我们泡一壶罐罐儿茶。"杨贞应声去了。林协堂快步走到自己的木簰上在竹篮里取了瓦罐，小心翼翼地上岸生火煨水去了。而陈连升又对陈三喜说；"如果有两条大鱼就好了，今朝的日子，向海山他们是客，我们得好好招待一下才是哩！"陈三喜望着陈连升嘿嘿一笑说："算我的！有我有河的地方就不愁鱼吃！"罗汉章也是个仔细人，他在岸边的草丛里扯了一捆鱼腥草，走到河边洗了泥沙，扯了须根，弄得亮亮索索，只等拌了盐巴就是美味了。

河岸上生起了一大堆柴火，林协堂把水煨在了火头上，不一会儿就冒起泡泡儿来。刘金堂在自己的木篼上取下一袋子洋芋果，围在火边烧起来。印紫竹和杨贞又去捡了一大捆浪渣柴来，把火烧得更旺。不一会儿，就听陈三喜在大声喊："罗汉章！你快些来给我帮下忙啊！"众人扭头望去，只见陈三喜双手把一条十几斤重的大鱼举在头顶。尾巴在甩，身子在摇，弄得陈三喜有些招架不住。罗汉章连忙在自己的紧布口袋里取了一把匕首出来，到河岸杀鱼去了。

向海山不知道陈三喜的底细，见此情景他是一脸惊讶，能从大水里徒手抓起一条十几斤重的大鱼，该要何等的本事！他从前只听说过三里城的谭天飞能够在河水里徒手抓鱼，但最多也只奈得何筷子长的。他在心里默想，我向海山等众兄弟，这回真是遇见一路高人了。

林文章走到陈连升跟前说："这有酒无碗怎么喝？要不我到桃符口码头上的小卖铺里去一趟，买二十四只土碗来？"陈连升一喜，开个笑脸说："这桃符口的荒郊地里，还有小卖铺？还能买东西？"林文章点点头说："是的，都卖些木客们用的东西。有棕片掺稻草打的草鞋，有装东西煨茶的沙罐瓦罐，都是长阳招徕河烧制的窑货。"陈连升伸手从自己的衣袋里摸出两块钱来递给林文章说："快去买吧，有了碗，斟酒才公平。"

罗汉章、杨贞、陈三喜开始在火头上搭架子烤鱼。罗汉章见林文章要到小卖铺去买东西，就冲着他的背影喊了一声："你还买个大些的沙钵回来，好腌鱼腥草。"这时，众木客都在火堆里扒出烧好的洋芋果剥了吃，嘴上手上都糊得黑黢黢的，像是打了花脸一般。陈连升望着一个二个那怪异的模样，乐得咯咯地笑。向海山细瞧着陈连升的一举一动，心里在不停地想：这小子真是聪明机灵，而且气宇不凡，不过在木客们当中他还只能算个"木客儿"，可向海山哪里知道，这"木客儿"的本事何等了得！

片刻之后，林文章就把土碗和沙钵买了回来，还顺便给一直打着赤脚的郭小虎、李铁各买了一双草鞋。就在林文章把一叠土碗和一个沙钵放到中间的大岩板上时，罗汉章斜了他一眼之后说；"哈咯咋，你就只晓得直去直来，不晓得把土碗和沙钵拿到河里清洗干净了再拿回来。"林文章没有理会罗汉章的话，把草鞋分别扔给了郭小虎和李铁，然后转过脸来笑着对众人说；"嘿嘿，我就是这么一个挑起扁担不转肩的伙计。"罗汉章没再埋怨他什么，站起身就到河岸清洗土碗和沙钵去了。这时抹了盐巴、烤得冒油的鱼散发出了一股清香味。向海山沉默了许久之后问陈连升道："看到你们的服装都是统一缝制的，很得体也很整齐，我们就很羡慕，以后我们放簰的十二个兄弟，也和你们一样统一服装如何呀?”陈连升转过脸来望了向海山一眼之后说：“那肯定好！既然我们已经是兄弟，那就应该是这样。”陈连升转过脸来对刘金堂说：“你把十二个兄弟的衣服尺寸都量一下，并把名字也都记清楚。我回金鸡山了接着就到裁缝铺给他们每人做两套衣衫。”刘金堂站起身来回陈连升的话说：“好，我照办！还是连升想得周全。”说完这话，刘金堂顺手拉过一个巴东后河的兄弟，扯下裤子一看，里面空荡光溜，就哈哈大笑说：“那恐怕也还得逮两条裤叉子!”逗得大家一阵哄笑。

等罗汉章把土碗和沙钵洗了回到岸上的时候，林协堂的罐罐儿茶也煨好了，一股栗香顿时扑鼻而来。向海山站起身，走上前，拿了一只土碗来到火边笑着对林协堂说：“你煨的这罐茶实在太香了，能不能先给我逮半碗让我尝尝鲜?”林协堂嘿嘿一笑说：“那当然是行啦！不过这茶叶是连升从陈家棚带来的邬阳茶，你喝过了夜间可不要发梦天!”说话间，林协堂拿起搭在肩膀上的汗巾，包了煨得滚烫的罐把，小心翼翼地端到岩板上搁着，拿只土碗先给陈连升倒了一碗茶水之后，再才给向海山倒了一碗。并对向海山说：“你可别见怪，我们连升喜欢喝茶，也喜欢喝酒，年纪轻轻的就像是上了茶瘾!”

向海山望了陈连升一眼，笑着说；“闻见栗香，就让我口干舌燥，量想这可能也是我的茶瘾发了。”说完这话，他端着一碗茶坐在岩包上嗅着品着，还真像一个懂茶的内行。林协堂端起茶碗走到陈连升的面前，双手递过茶碗说：“我舍不得多放茶叶，煨得有些清淡，你尝一口。”陈连升一脸喜色接过茶碗，吮了一口，然后望着林协堂说：“下回泡茶的时候，最好用只小罐儿先把茶叶炕焦炕香，要闻着茶叶就栗香扑鼻的时候，再把茶叶倒进开水里，或是把开水倒进小罐儿里浸泡，那茶便会奇香无比，沁人心肺。”林协堂就好像学到了一门技术，便记在了心里，然后说：“下次遇到挑窑货的，就记到买两个小陶罐儿，专门给你也备上一个。”陈连升呷了一口茶水之后，抬起头来对林协堂说：“那感情好！你问问林文章，说不定他买土碗的小卖铺里就有那种小陶罐儿，你不妨去看看。”向海山细尝慢品，还是把一碗栗香扑鼻的茶水喝了个精光。他走到林协堂跟前慨气地用巴东后河的一口蛮子腔大声说：“哈咯咋，你们邬阳关的邬阳茶，真是饮中上品，既有香味又有回味呀喂!”一听向海山这话，巴东后河的十几个兄弟就都起身拿了土碗，来找林协堂讨茶喝，接着就听见一片唏嘘，都在感叹道：“哈咯咋，这茶还真是既有香味，又有回味呀喂!”

啃了一阵洋芋果的木客们已经基本上填饱了肚子。众木客相继去了河岸，洗了手脸和嘴上的黑末，一个二个的形象顿时光鲜了许多。回到岸上，依然围着那块餐桌一般大小的岩板坐了下来，就好比要逮一顿团圆的大餐，一个二个乐得眉飞色舞。等鱼烤好了的时候，却又没有那么大那么长一个托盘来装这么一条大鱼。罗汉章灵机一动，就攀爬到岸坎上去，还是用那把匕首砍了两片中心的芭蕉叶来，跑到河里仔细清洗干净了，转身铺到岩板的中间，就成了一个绿色的长长的鱼盘子。烤熟烤焦的大鱼放到芭蕉叶上的时候，还煎得滋滋地响。罗汉章把腌好的那一沙钵鱼腥草就挨着大鱼放着了，大鱼的香味与鱼腥草的香气交织在一起，勾起了木客们的胃口。罗汉章走到陈连升的跟前问："可以开餐了么?"陈连升抬手一挥说："斟酒！吃饱了喝足了，我们还要起簰上岸!"

林文章摆开二十四只土碗，把酒一碗一碗地斟满了，可等他斟到十几碗的时候，竹筒里倒不出来了。他抱着竹筒摇了摇，里面早已空空如也，就红着脸儿讪笑着望着陈连升。陈连升又是抬手一挥，慨气地说；"去我簰上拿呀，还有三筒全部拿来。我请兄弟们喝酒，怎不能喝得欠心挂肠啵!"杨贞应声而起，到陈连升的木簰上拿竹筒去了。等酒都斟齐的时候，杨贞望着陈连升说："你还是发句话呀？你不发句话，我们怎敢喝酒?"陈连升端起搁在面前的酒碗，对围坐一圈的众兄弟打了照面，然后慨气地说："今朝这酒喝得有趣，我们虽然一路走得艰辛，却还是齐装满员地到达了桃符口的地界。这里，的确是一个让我神往了很久的地方。今朝到此，值得庆幸！而更值得庆幸的是：我们早晨从金鸡口出发的时候，只有十二个兄弟，可到了桃符口的时候，我们就已经是二十四个兄弟了，这就等于是遇到了添人进口的喜事，真是可喜可贺！来，为我们来到桃符口，为我们增加了这么多的铁杆儿兄弟，干了这一碗!"众人举碗饮酒，场上的气氛顿时热烈起来。

三碗酒下肚，土家男人的蛮野与粗放也就展露得淋漓尽致了。可等他们把这顿酒喝完的时候，太阳早已落山了，桃符口的山影沉浸在落日的黄昏中，唯独那轰鸣的水声在山谷间荡起久久不灭的回声。

林文章走到陈连升的跟前说："你就在岸上陪郭小虎和李铁他们歇息一下，我带众兄弟把木簰起岸，堆到材场，然后我们再合计今晚回不回金鸡口的事。"陈连升站起身来说："郭小虎和李铁是可以在岸上歇息，可我没时间陪他们。我的那块木簰树大，在水里泡过的条木沉得很，谁都不能偷懒耍滑的!"这时已经到了河岸，却又折返回来的向海山走到陈连升的跟前问道："我们的松条木簰起岸后怎么个堆法？是与你们的杉书条木堆在一起，还是各堆各?"陈连升似乎明白了向海山的意思，望了林文章一眼之后慨气地说："当然是各堆各。你们原来的材场在哪里就堆在哪里。我们虽然人已经成为兄弟，可木材必须还得各为其主。我们的杉条木是林国兴老板的，我们当然就要堆在他指定的材场了。"向海山心里一直悬着的那块石头总算是落地了，原以为陈连升他们这帮伙计到了桃符口之后，是要吞了他们的松条木簰。向海山跑回河岸，大声咛气地对兄弟们喊道："松条木簰起岸后，还是堆到我们原来的材场，不与他们的杉条木堆在一起了！"巴东后河的那拨木客听到向海山的这句放心话，立刻兴奋起来，他们原以为这趟木簰算是白赶了，现在看起来，这陈连升他们还真是一些仗义的角色。

等把条木全部起岸堆好之后，早已暮色苍茫，几颗星星挂在天空，远处有几盏孤灯闪着微弱的光亮。累出一身大汗的向海山走到陈连升跟着说："我们今晚是回不去了。现在河里水大，沿河谷返回要过十八道半河才能到达后河的河口。水路是不可能返回了，而走旱路就要爬东门山过杨柳了。绕道回后河，这一百多里的山路如同羊肠，白天行走都能吓出一身冷汗来，谁还敢摸黑爬那东门山？所以今晚我们就只有露宿桃符口，等天亮之后再返回了。"陈连升有些难为情地说："实在对不住兄弟们，都是因为我们的原因而耽误了兄弟们的行程，实在对不住！"向海山连忙摆手说道："你说哪儿的话哩，这怎么能够怪你们？你们不也和我们一样弄得这么晚了么？"这时，林文章也走到陈连升的跟前说："我们今晚恐怕也只有露宿桃符口了，这黑灯瞎火的，又还要拖着两个伤号，怎么个走法呀？"陈连升一想也是，反正这木客的日子也就是风餐露宿，哪里黑了就在哪里歇了。这试水之日，也就没必要连夜赶回金鸡口。于是，他对林文章说："那你快去通知众兄弟，多在河岸捡些浪楂柴回来，大些架一堆柴火，今晚就只好露宿桃符口了，明天天亮之后再爬石柱山回金鸡口。"林文章应声而去，众兄弟也就都松了一口气。

夜渐渐深了，苍穹之上有一弯新月洒下了微弱的光亮，清江右岸延伸进去的河谷间传来了几声夜莺苍凉的鸣叫，远处那几盏微弱的灯亮已经熄灭，河风与江风交织着拍打着岸上的青蒿和野草，也拍打着木客们的身子。倒是那堆燃得熊熊的火焰，成了今夜的桃符口最为闪亮的光点。

033

陈三喜先前下水捉鱼的时候，就仔细查看了水情，找好了晚间练水的场地。巴东后河的那帮木客晚间也都下河洗了澡，不过还真是个个都打着董董儿，没有一个人是穿着裤衩子下河洗澡的。陈连升、杨贞、刘金堂、罗汉章、印紫竹等五人跟着陈三喜游出了河口，在清江出桃符口的那个叫白蛇滩的深水潭里游了几个来回。林文章、关海峰、关海龙、林协堂四人不敢夜入清江，只敢在内河里游了几下狗刨水，泡了个滩水澡。其间，向海山凑到林文章的跟前说："我看你们那班兄弟，胆子也大，本事也不小。这回我们在桃符口恐怕是真有出头的日子了!”林文章叹了声长气说：“在这桃符口哪有我们出头的日子哟？只可惜这里都是人家的地盘，只要我们的木材一旦堆满材场，那敲竹杠的人就会伸出爪子来。反正年年也都是这么搞的，十根抽一都这么些年了，今年何尝又跑得脱?”向海山也叹了一声长气说：“这刹把子放木簰也真是在血盆里抓饭吃的买卖，我们这回挨帮到了你们这些兄弟，以后出清江也就有了顾帮，不然这一年苦上头，也就是算了盘缠无打发，稍有不慎，一年苦上头就算是跟着和尚睡了。”林文章接着说：“我们两班兄弟相互照应才是个道理，不然的话谁敢独自去闯清江？再说了！在这桃符口，不把三里城的谭天飞摆平，谁又逃得出他的魔掌呢!”

向海山沉思了片刻之后语气坚定地说：“我看还是找一个适当的时候，适当的机会，把三里城谭天飞的事给陈连升他们说说，看他们能不能收拾谭天飞!”正说话间，就看见岸上有一个黑影在闪动。向海山伸手碰了碰林文章，嘴里唏嘘一声，压低声音嘀咕道：“这恐怕就是谭天飞派来的探子!”说声不了，就见那个黑影在河岸上抱了陈连升他们六个人脱下的衣物，正准备溜走。却被专门在岸上看守东西的郭小虎和李铁逮了个正着，算是人赃俱获。他们把这贼押回岸坎上的火堆旁控制住，准备等陈连升、杨贞、陈三喜他们上岸后发落。

向海山见状，连忙召集巴东后河的十几位木客回到岸上，围着那堆火坐了下来，虽然没有言语什么，却给郭小虎和李铁他们壮了胆。林文章、关海峰、关海龙、林协堂四个人没有离开河岸，潜在岸边观察着周围的动静，也盼望着陈连升他们能够早些上岸。哪知道水上的六人在深水里游得正欢，只顾了畅快，没管岸上的情形。再说这岸上除了郭小虎、李铁两个伤员之外也还有十六个人，稍微的事情也不至于没招。

约莫半个时辰之后，陈连升、杨贞、陈三喜等六个人爬上岸来。林文章连忙凑拢去向各位说了事情的原由，哪知道陈连升等人对此不以为然，穿着裤衩子打着董董儿就大大咧咧地朝岸坎上走去。趁着那堆火的光亮，陈连升等人看到郭小虎和李铁用两根撑篙压着那人的腿弯和腰部，使其动弹不得。

刘金堂在郭小虎的身边抱了那堆衣裤过来，六人各自清点了自己的衣裤穿上了。陈连升对杨贞和陈三喜说：“你们两个前去问问，看那个夜间潜入河滩欲偷衣物的人是何来路？若是周边百姓，便放他回去，若是对岸三里城下来的山匪探子，细细盘问后绑了手脚，扔到江里喂鱼去吧!”杨贞和陈三喜大声吟地气应了一声之后，来到郭小虎、李铁身边扯了撑篙，把被擒之人架到火边跪下，让众人趁着火光看清了那人的模样，然后细问。可那人颤颤巍巍，浑身发抖，声称自己就是石柱山的人，跑到河岸也只是为了贪点小便宜，并无杀人越货之念想。

杨贞伸手捏着那人的后颈，提悬起来，旋转着仔细看了，冷不丁丢到地上说："你不如实招来，也就别想离开！就凭你偷我们衣物一事，就很让众兄弟气恼，即使剁了你的双手，也很难解各位兄弟的心头之恨！"陈连升听得有些不耐烦了，就大声说道："你们放他走吧！不必再费口舌，如果他下次还敢前来行窃，再收拾他也不迟嘛！"那人蜷缩成一团，颤抖着说："下次不敢了，下次绝对不敢了！"杨贞两眼瞪着那人吼道："还不快滚！"那人跳出众木客围坐的那个圈子，飞也似的跑了。

众人这才松了一口气，躺在松软的沙滩上枕着撑篙歇息。林文章又把火堆上加了许多柴禾，因为静夜的河岸上风大冷凉，加上蚊叮虫咬，烧堆柴火既可以取暖照明，又可以驱蚊，这是木客们露宿时的必备条件。就在林文章加柴后躺下不久，河岸上便是鼾声屁声大起，响作一团，累了一天的众木客，个个呼呼地睡去。

可这时，陈连升躺在沙滩上闭着双眼，却怎么也睡不着。他心里在想：这桃符口并没有金鸡口那么繁华，明摆着就是一片荒郊野地，清江流经此处，金鸡口河与巴东后河在翟家河交汇之后流到此处，汇入清江，变成了一个木材口岸。同时也是巴东后乡与清太坪、野三关相连接的陆路交通要塞。清江从景阳上游流经峡谷，奔腾扑来。桃符口便成了清江上的咽喉，木材集散的码头，在夏秋的丰水季节，汇聚在此的各路木客多达千余人，条木和原木筒子堆积如山，最多时每年可达一万七千多立方米。在这样一个宏阔的场景里，必有其中的门道，也必有规范的章法。如果只凭以强欺弱，导致弱肉强食，没有秩序，这桃符口不就乱套了么？躺在这冷凉的沙滩，枕着狂响的涛声，陈连升想到了在金鸡口工棚里那段安定舒坦的日子。

好不容易熬到丑时，突然间一阵黑色的狂风吹来，把众木客惊醒了大半。接着便是几道闪电，几声闷雷，把整个桃符口笼罩在了一片漆黑与恐怖之中。片刻之后便下起了倾盆大雨，把睡在河岸沙滩上的众木客淋成了落汤鸡，那堆火渐渐熄灭，柴灰流成一滩。陈连升心里有些难受，他没想到天公会如此不作美。

众木客艰难地熬过两个时辰之后，遥远的天边终于有了一丝儿鱼肚白，被大雨淋透，被河风吹得瑟瑟发抖的众木客，看到了黎明的晨曦也就好比看到了一片生机。向海山抖了抖精神，对伙计们喊道："收拾行装，准备回转！"紧接着巴东后河的十几个木客忙碌起来，找了各自的撑篙和简易的行装，准备等地上洒白就出发。向海山走到陈连升跟前低声说："我们就此别过，明日歇息一天，后天我们依然在后河的河口等候！"陈连升伸手拍拍向海山的肩膀说："就这么说定！不见不散！"打完招呼，陈连升走到郭小虎和李铁的跟前关切地问："奈得何爬火箭山啵？硬是奈不何，我们把你们背也要背回金鸡口。”还没等郭小虎和李铁回话，杨贞来到跟前说：“我和林文章商量过了，郭小虎和李铁我们分别负责，把他俩带回金鸡口休养!”陈连升伸手拍拍杨贞肥厚的肩背说：“这就对了！你们想得周全。那就早些收拾，早些启程吧！回到金鸡口，我们明天也要好好地歇息一天!”

林文章在前边带路，从滩口迂回到了岩跟脚，找到了那条羊肠小道，开始攀爬那座壁陡的石柱山。刘金堂、印紫竹、关海龙负责照顾李铁，爬了一段山路之后，李铁的身子灵活起来，只说行走慢些，倒也不需要人推人扶了。只是郭小虎的左腿红肿，左脚踝也肿得像个发粑粑，每踮一脚都是疼痛难忍。杨贞叫关海峰给他拿了撑篙和行装，索性背着郭小虎爬行在那壁陡的石柱山上，没走多远便已大汗淋漓。随后陈三喜、林协堂、林文章等人轮番背着郭小虎爬山。

爬上石柱山，越过火箭山那架悬岩。陈连升吆喝众兄弟在石柱山的岩等上歇息。当他长舒一口气息，站在高岩之上回望桃符口那道峡江深谷时，雨后的薄雾笼罩着江面，麻浑的江水汹涌澎湃，远远顺江望去，南潭江畔的房舍、野渡已经依稀可见。清江的右岸是高耸入云的东门山，几道山梁凸起直插江岸，生出磅礴的气势。东门山那雄奇无比的山影，连绵数十里，在薄雾的缠绕掩映之下，像是藏着一个幽远的梦境……再望清江的左岸，靠近桃符口江边是一片凹陷的坡地，房舍低矮陈旧，几缕炊烟孤零零地交织在薄雾之间，像一片淡淡的忧伤弥漫在了落寞的心境里。凹陷的深处漫有积水，像一个水荡，与金鸡口大河的出口相对成一条线形，像是河道越过清江之后的延伸。缓坡的滩口有几个穿着蓑衣，戴着斗笠，挥舞着长把捞兜在抢浑水鱼的渔夫。凹陷的前沿便是高耸入云的三里城，三面绝壁环水，临凹陷处的陡坡上有一条羊肠小径，一头连着深谷的水岸，一头伸向天际与白云的交界处。三里城顶部的城墙依稀可见，很有几份幽远与神秘。再把目光左转望进深谷，浩浩清江从景阳关下奔腾扑来，如青龙摆尾，甚是壮观。两岸绝壁高耸，远处大雾茫茫，像一片宁静的仙境……再俯首细看，绝壁的半山腰有一根粗壮高耸的石柱，顶端成椎形，是峡江之中一处奇妙的景致，让人叹为观止。向右远眺，也是一道狭窄幽远的深谷，大河奔涌而出，涛声依稀可闻……陈连升顿觉神清气爽，他在心胸里慨叹：这桃符口虽然孤野，却也是一处奇妙无比的风景。只要冲出峡谷，闯出清江，外面的世界就一定无比精彩。

从桃符口爬上火箭山顶，有陡峭的山路二十五里，再从石柱山翻越鸡公山又是四十三里崎岖的山道，再从鸡公山到偏岩嘴十七里，从偏岩嘴拢金鸡口十五里。这九十八里山道要翻越三座大山，越过四十八道沟壑，脚头子再快的青壮也要大半天的工夫。而当八十五里水道，配上九十八里山路时，恰似一道拉开的弓弦。这就是陈连升当初选定的一道训练长途奔袭的场地。晌午过后，快到头歇的时候，陈连升他们一行十二人到达了偏岩嘴的山顶。望着金鸡口的壮美景色，他们各自的心胸里涌起了无限的激情。

自昨天傍晚以来，伙夫刘满山的心里就十分不安，他知道那帮小子一定是在河道里出现了什么状况，约好回来吃晚饭的时辰一过，他就慌乱起来。昨晚刘满山一夜未眠，他期待着陈连升他们早些归来。他们随时归来，随时都能给这帮小子一口热饭吃。说实在的，自从刘满山来到这帮小子中间，他就对这帮小子有了一种特殊的情感，他欣赏这帮小子的正直、率真、诚信和担当。从今朝早晨开始，他就坐在工棚外的河滩上，望着偏岩嘴那条崎岖的山道，可他把山都望矮了，就是不见那帮小子的身影。他甚至焦急万分，当他终于看见偏岩嘴那段山道上之出现了那帮小子的身影时，他便激动不已，连忙生火煮上肉锅，蒸上饭甑。他量想那帮小子肯定是饿坏了。

可这时，一个清脆的声音传进了伙夫刘满山的耳朵："爹爹！您在哪儿喃?"刘满山心里一怔，这不是小女儿刘叶禾的声音么！刘满山放下炒菜的锅铲就往棚外跑，待他看清河岸上的刘叶翠、刘叶禾姐妹俩的身影时，就大声呼唤道："叶翠、叶禾，爹爹在这儿，爹爹在这儿哩！"接着便是一串儿银铃般咯咯的笑声从河岸飞了过来，直接甜到了爹爹刘满山的心里。这两个活泼可爱的宝贝女儿可是他刘满山的心头肉哩，一晃就已经好长一段时间没有听到姐妹俩欢快的笑声了，心里硬是欠得慌。

034

其实这些天以来，刘叶翠与刘叶禾姐妹俩合计着，要到金鸡口给爹爹他们送些蔬菜去，心里却也是分别惦记着杨贞和李铁两位哥哥了。过了金鸡口的河直奔工棚而来的姐妹俩几多高兴，刘叶翠跑到伙房里悄悄问她爹爹道："那帮小子都刹把子去桃符口了么?"一听这话，刘满山假装生气地说："哎哟喂，你看你呀！爹爹还以为你们两个丫头片子真的是看我这个当爹爹的来了，原来你们心里惦记着的却是那俩小子哟！"刘叶翠倒也几多机灵，连忙红着脸儿说："瞧爹爹说的！我们姐妹俩是专门前来看望爹爹，当然也顺便看看杨贞和李铁那俩小子吵！"刘满山开怀大笑起来，心里乐呵呵的。

当陈连升他们一拨人拢到河岸的时候，顿时出现了一个很温馨的场景，刘满山父女三人给了陈连升等众兄弟一种回家的感觉，长途奔袭的疲惫一下子就减轻了许多。一切落定并吃饱了肚子之后，陈连升连忙支派林文章前去请了金鸡口街上最为出名的郎中，前来给郭小虎和李铁看伤煎药，还专门给罗汉章和印紫竹拿了脉象。刘叶翠、刘叶禾的百般温柔体贴，弄得杨贞和李铁心花怒放，有时候又还红着脸蛋儿羞答答的，让人见了几多羡慕。

等一切都基本安定下来之后，陈连升这才叫了林文章一同前去，给老板林国兴汇报了一路试水出去的情形。当木材老板林国兴听完陈连升与林文章所描述的沿河的情况后，便十分同情地说："这金鸡口到桃符口的八十五里水道，就完全不同于石龙河谷到金鸡口的水道了，其间必然有一个熟悉和适应的过程！初次出去试水，出点状况也是自然，多走几趟也就好了！你们好好歇息一天，然后再扎簰出去，可能也就顺畅了！"陈连升倒是很赞同老板林国兴的观点，也就连连点头称是，说了一些感慨的话语。等陈连升和林文章就要站身回河岸工棚的时候，林国兴连忙说："昨日林耀堂派人给我送了三百多斤咸盈河的白酒过来，连升你和文章多拿几筒到工棚里去，喝完了又过来拿！"陈连升也不再客套，与林文章多拿了几筒白酒回工棚里去了。

随后的一段日子，郭小虎仍然留守在工棚里养伤。李铁喝了几餐中药平了气血之后，便坚持跟班刹把子出去了。按照预先铺排的日程，每日坚持卯时扎簰，辰时叫号启程，到桃符口起簰规一之后便爬石柱山回返，仍然越过火箭山、鸡公山、偏岩嘴到金鸡口，每天八十五里水路，九十八里旱路，如此循环往复。只是每趟都有新体验，每回都有新感觉，那惊险刺激的画面随处可见。日子久了，道路熟了，陈连升与众兄弟感到轻松顺畅起来。而巴东后河的木客们也穿上了刘金堂在金鸡口统一缝制的衣衫，并在向海山的带领下，每天如约而至，等候在后河口，让陈连升等人的杉条木簰先过，然后刹松条木簰跟进，两拨木客的情谊已经日渐深厚。

眼看着桃符口已经起岸的杉条木和松条木早已堆积如山，各路木客也都在相继朝桃符口靠拢。只是猪耳河的原木筒子、枯笼溪河的原木筒子、巴东后河的原木筒子以及咸盈河出来的大批原木筒子都还是堆积在自己河口，要等杉条木和松条木快要运完的时候，才能趁大水发码流送。时间一晃就又过了三七二十一天，郭小虎的腿脚痊愈了，他开始在工棚外的河滩上练习醉拳，恢复体力，准备近日申请陈连升准许他归队刹把子放木簰再去桃符口。可让郭小虎万万没有想到的是，就在他练习醉拳恢复体力的这个时刻，陈连升等众兄弟却在桃符口上演了一场惊心动魄地打斗。

正是那个雨过放晴的日子，陈连升与众兄弟仍然是卯时扎簰，辰时启程，一顺溜就把木簰刹到后河口与向海山等众兄弟会合了，再一顺溜直奔桃符口。快到晌午的时候，众兄弟把起岸的木材一根一根扛到材场码在了材堆上。可等他们正准备聚在一起吃个中饭的时候，从三里城下来的一拨人围了拢来，先对向海山等人大呼小叫，嚷嚷着吼道："你们的木材也都运得差不多了吧？今朝天气正好！就把已经运到的木材点个数吧，还是按照老规矩十根抽一，没得商量！"向海山的心里气愤，但又十分无奈，走上前对领头的人说："我们十几个兄弟起早摸黑，也就挣点工钱。而你们却是风不吹，雨不淋，硬还要每年都把我们的木材连本带工钱十根抽一，是不是狠了点儿?!"那人吼道："给老子的！你敢顶嘴！这可是我们谭爷定下的规矩！本爷可没闲工夫在这里与你们这帮伙计磨嘴皮子，讨价还价！"

向海山气不过，手里杵着一根粗实的撑篙上前几步说："你回去给你们谭爷说说，告诉他，咱巴东后河今年的灾情很重，收成不好，还是叫他饶我们一年吧?!"那领头的角色气势汹汹地冲着向海山吼道："你个狗杂种的！真是不识抬举！十根抽一这是老规矩，你敢赖账不是！"向海山底气十足，挺起胸膛再逼上前去一步说："你们既然硬要蛮横无理，硬要在光天化日之下强抢我等的财物，那就得看看我手中的撑篙答不答应了！"说声不了，向海山横篙出击，狠狠地扫了一棒。于是，巴东后河的兄弟撑篙而起，抱成一团，拉开阵势，眨眼之间就围成了"铜钱阵"，把个凶恶的家伙包在了中间，像一个轴心，飞快地旋转。眼看着领头的那个家伙被困在了铜钱阵中，手下的四十多个山匪蜂拥而至，举起棍棒，围在外圈，一阵乱打。眼看着向海山等兄弟腹背受敌，要吃大亏。

陈连升实在看不下去了，抬手一挥，大声吼道："刘金堂！你还愣着干嘛？"刘金堂应声而起，扑向外围，对四十多个横蛮的山匪，持棍横扫，猛冲猛打。刘金堂挥篙抵挡，拳脚并用，一连四个猫儿上树就横扫了一圈，二十多个山匪被打趴下，其余的二十多个山匪迅速调整队形进行反扑。"铜钱阵"内的那个家伙，已被向海山他们拿下，压在了沙滩之上。刘金堂越打越猛，向扑上来的山匪冲击，用撑篙挑裆，三下五除二，便像码原木筒子的把那二十多人码成了一堆。突然间有三个山匪从人堆里爬出来滚下岸坎，朝清江岸边停靠着的一叶扁舟扑去，紧接着扁舟撑篙离岸，绕过清江外口的白蛇滩，朝江岸的水荡间飘去。一个山匪站在扁舟之上举起三眼铳，朝天放了三响，在给潜在水荡的那艘木船上的几名高手发出了救援的信号。

一直稳在岸坎上观阵的陈连升对众兄弟说："各位仁兄沉住气！这回恐怕是老鼠子拖葫芦——大头子在后头！今天是向海山开的头，可收场就应该是我们的事了！"杨贞看出了门道，他对众兄弟说："向海山的铜钱阵根本不管用，他是十二个兄弟只能拿一个人，而刘金堂一个人就拿下了四十多个人。"李铁斜了杨贞一眼说："几个木客能够练成铜钱阵也不容易，不要埋汰别人。"杨贞、陈三喜、罗汉章、印紫竹、李铁等人围在陈连升周边，观察着江面上的动静，准备迎接强敌。林文章、关海峰、关海龙、林协堂四人躲在陈连升他们身后，吓得浑身发抖。

随着三声炮响，就见泊在三里城下水荡里的木船划桨而来，中间一人个子高大，背刀叉腰神奇得狠！船帮两翼各站四人，一副派头十足的模样。陈连升站起身子，压低声音说道："快！都解下腿脚上绑着的沙袋！李铁、罗汉章、印紫竹你们三人岸上迎敌！杨贞、陈三喜随我前去水上擒贼！你们看：中间的那个披着黑衫，神气十足的家伙，说不定就是水上飞！"李铁、罗汉章、印紫竹三人手握撑篙应声而起，一气冲到了江边，正遇木船靠岸，便是一场好打。木船两翼的八人之中已有六人上岸，个个手持三尺单刀，瞪着血红的眼睛冲杀而来，嘴里吼出了何等的威严。李铁、罗汉章、印紫竹三人舞动着撑篙，篙头的铁环在江岸的砂石间杵得铿锵作响，火星子直冒。撑如立柱冲天，扫如浪打沙滩，收若三角城墙一拐角，飞似猛虎下山辗石滚……也只有二十几个回合，六个高手操持的单刀都已脱手而飞，或落入水中，或飞进乱石。接着李铁一声吆喝，三人同时撑篙跃起，连飞三把猫儿上树，便把仍在挣扎咆哮的六名高手堵在岸上切断了退路。与围拢过来的陈连升、杨贞、陈三喜形成了一个包围圈，步步紧扣，渐渐逼近。杨贞见时机已到便是一声吆喝，沙滩上的六根撑篙立成一个圆圈，人在空中织成一张大网，还没等山匪中的六名高手回过神来，大网闪电一般猛压下来，就像罩网捕捉麻雀一般，六人束手被擒。岸上被打翻在地的众山匪本想趁机反扑，一看六个高手都已被擒，便不敢爬起来再战。

木船上身披黑衫的大汉见状，气得七窍生烟。以前每每交战，都是他们把别人打得鬼哭狼嚎，今朝手下的这帮兄弟是怎么搞的？怎么这般不经事呀？还不到一炷香的功夫，竟被这帮统一了服装的木客打得落花流水了。他觉得该是自个儿发挥"水上飞"的优势，制服那帮木客扳回败局的时候了。于是他吩咐身后的两个伙计守好木船，自个儿双脚一踮便飞向江面，当他的双手兀开，双脚轻点水面时，身后的披风鼓了起来，如蝙蝠张开了翅膀，纵身一摇，便把早就拉开架势的杨贞、陈三喜逼向江中，一路追打，是想各个击破，并把围在近岸的六个木客尽数抓到驳船上去。因为在他的心里，这"水上飞"的功夫，在清江流域都是他的独门绝技，只要他把对手逼下水，必是有死无生。可他哪里想到，眼前的两人只是佯装被逼入水。在这一路追打的时候，他的眼前竟然又出现了两个"水上飞"，而且一胖一瘦，如蜻蜓点水一般灵巧。杨贞、陈三喜是按陈连升先前的授意，先把这个家伙引到清江白蛇滩耗其体力，等他协助李铁、罗汉章、印紫竹控制住近岸的局势之后，再行捉拿。

不到一袋烟的功夫，陈连升已用绳索把捉拿到的六名匪中高手绑了起来，按在江岸跪成一排，让罗汉章、李铁、印紫竹等人用撑篙押住，并让众匪抬头去看江面上的那一场好打。杨贞、陈三喜相互打了一个手势，转身回逼，与披着黑色披风的大汉正面交战，一场猛打。陈连升手疾眼快，飞过江面跃上木岸，又将那两个守船的山匪绑了，让其跪在木船上动弹不得。待一切停当之后，陈连升朝披着黑色披风的大汉扑去，点水猛冲之中飞篙横扫，打中披着黑色披风的大汉的一双腿弯，一个燕儿扑水栽入深水，钻了好长一阵之后，趁其不备，将杨贞扯入深水，揪住按下，想致杨贞于死地。可他哪里知道，在这一拨木客之中，就数杨贞力大无比，一个鹞子翻身折转过来，就把那个披着黑色披风的大汉拖行两丈多远。

陈三喜潜入深水，想在深处打击那个披着黑色披风的大汉的要害。哪知道这家伙入了深水，便比鱼儿还要滑溜，未能得手，只得冒出水面，换了一口气息。等杨贞把这个家伙反拖进入深潭时，在江底摸到一根绳索，绕了过来正准备勒住这个家伙的脖颈拉出水面，不料那绳索在江水里泡的时间太长，朽了去，被这个家伙一手扯断。杨贞便只拖了一结绳头起来，冒出水面，自己的鼻子里竟然沧出了血。陈连升见状大声一喊："杨贞快撤！去岸上帮忙稳阵！"杨贞听令撤出了白蛇滩。陈三喜扑上去又与这个家伙交手，不到五六个回合，已被陈三喜擒住的这个家伙挣脱出来，翻转身子一手卡住陈三喜的喉管，正准备用劲捏碎喉骨，至陈三喜死地。陈连升抡起撑篙猛砸下去，这个家伙的右臂遭到重创，松开了陈三喜的喉管。只见这家伙一个仰面出水，吐了一口气息，睁眼看时，只见一个美少年站在一根飘动的撑篙之上，两眼鼓起圆瞪，高鼻梁下稍厚的嘴唇轮廓分明，身材高挑，英武高大。而这个家伙的右手疼痛难忍。但他越疼越气，伸出左手猛抓陈连升踩在脚下的那根撑篙，推出丈许，江面上掀起一朵浪花，如布帘落下。陈连升轻踮双脚，一个跟头跳跃起来，抡起手中的撑篙插入水中，双脚上跳夹住撑篙，身姿缩成一团缠在篙头，右手伸出在江面猛抓，捞住了这个家伙的发辫飞将出去，如拖一筒元木把他扯出了白蛇滩。陈三喜见状，连忙捞了那根撑篙朝岸上扑去。

035

午后的阳光炽热起来，桃符口四周的山影如画，江水清亮碧绿，一幅炽热的景像。河岸与江岸连接的那片沙丘之上，一共四十九名山匪，被一群手持撑篙，服装统一的木客押着跪成了七排。被向海山用"铜钱阵"拿住的那个气势汹汹的匪头，被撑篙打折了右腿，疼痛得站不起来。早被拖到前排，与李铁、罗汉章、印紫竹等人抓住，又被陈连升用绳索绑住的六名高手跪在了一起。随后依次类推，跪了七排且每排跪了七人。以向海山为首的十二个巴东后河的兄弟，手持撑篙站成两排，挺起胸膛，几多威武，就像列队阵前看守俘虏的兵士。林文章、关海峰、关海龙、林协堂等四人平静了心气，大开了眼界。他们做梦也不曾想到陈连升等几位兄弟竟有这般本事。当林文章等四人看到岸边的匪群已被平息，心气渐渐平和，双腿也不再发抖，并按照刘金堂的指点，整齐地站立在了岸坎边上，面对江面，立着撑篙，挺起胸膛，也站得有模有样。

陈连升把披着黑色披风的家伙拖到清江右岸的浅水里时，还想给他一个机会，看他是否能够自己爬起来。可等陈连升飞上岸坎，巡视了岸上的情形之后再到岸边探望时，这家伙仍然趴在浅水里，多次挣扎也爬不起来时，这就抬手一挥，对站在身边的杨贞和陈三喜大声吼道："架上来！让众人都仔细瞧瞧，看这'水上飞'长什么模样！"杨贞、陈三喜跃上前去，在江岸架起扑在浅水里的高手拖上岸来，按在七排之前，让其单独跪下。这时陈连升才发现，这个高手的双腿被他的那一撑篙伤得严重，已经无法站立，右手重伤垂地，只有左手还能动弹并勉强支撑身子，肩上的黑色披风也不知何时就在白蛇滩被江水卷走……只见他耷拉着脑袋，仰面朝前，望着陈连升这位英俊少年发抖，嘴里在吐出一口血水的同时，长长地叹了一口气息。杨贞、陈三喜站在这个高手的左右，是怕他破罐子破摔，出狠招伤了陈连升。

待一切稳控就绪之后，陈连升立在中间大声问话："谭天飞！你认输吗？谭天飞！你知罪吗？"这个高手睁开双眼，细瞧了陈连升一眼之后低声说："我们认输！我们也知罪！"陈连升一脸威严地吼道："大点声儿！让你手下的这帮山匪都听仔细了！"这个高手十分无奈地提高嗓门，拖着有些颤抖的声音大声喊道："我们认输！我们也知罪！"

陈连升挺胸抬头，抖了抖精神之后，大着声，慨气地吼道："那行！既然认输，也知罪，也就免了你们的皮肉之苦，可以考虑对你们从轻发落。你们占据三里城多年，除了搜刮民财，强抢民女，杀人越货之外，更可恨地就是占据着清江水道！各路木客兄弟，都要经受你们的盘剥！你们吞的吃的都是各路兄弟的血汗钱！今天我不拿你，往后必有别人要来拿你！我两篙废你武功，实属替民众讨回公道。我之所以饶你性命，并且还给你留下一只左臂不废，就是不愿与你结下仇怨！从今朝起，你手下的所有山匪都必须遣散回村，稼穑自食，不允许继续盘居三里城持恶霸强，操控水道，汲取血汗！你们能做到吗？"这家伙抬起脸来大声回答说："我们能够做到！"

陈连升抬起头，朝三里城望了一眼之后仍然大声威严地吼道："你回三里城之后，对受伤的手下发给汤药钱，对残废的手下发给安家费。我等对你们过去已经盘剥的木客们的血汗钱不予追缴，让你安排好手下之后，留些钱财度你的余生吧！自即刻起，如果我等听见你等再不安分，仍在作恶，下回让我碰上，必取你等性命！

你们听清楚了吗?”这家伙再次抬起脸，大声回答说：“我们都听清楚了，并且会如期照办！多谢大侠的不杀之恩！”这家伙仍用左手支撑着身子，叩了一个头。陈连升瞧在眼里，接着大声发话道：“众兄弟细听！我们现在就分批放谭天飞及他的手下回去！杨贞、陈三喜负责送他们过清江到二里城路口。从今往后，谭天飞不准再拥有这条木船了，你们将船开回清江右岸，找几个船工，为过往行人摆渡，方便两岸百姓！清江水道，从此放开使用！”

清江桃符口的峡谷之间顿时明朗起来，一群乌鸦从三里城的岩檐上腾地飞起，散落在了周边的层林之中。一群白鹤越过东门山飞入江岸，展露出一片灵动，在与江岸的白鹭比美，炙热的阳光在峡谷间折射出七彩的光环。陈连升那清晰而且坚定的声音在峡谷间回荡，在深山里绕起了久久不灭的回音……

就在杨贞、陈三喜送走那群山匪，罗汉章、印紫竹、李铁他们清点了场地，找回各自的撑篙和那六把单刀的间隙，林文章对林协堂说：“你的脚头子快，即刻动身回金鸡口，传递捉拿谭天飞和众山匪的好消息。并叫我叔林国兴备好酒宴，一定要给陈连升等众兄弟庆功洗尘！”林协堂也是亲眼目睹了桃符口那惊心动魄的一幕，心神正处于一种亢奋的状态，听了林家班的头领林文章的吩咐，即刻上路先行，爬上了石柱山，越过了火箭山、鸡公山，过偏岩嘴朝金鸡口奔去……

向海山也正处于亢奋状态，被强烈震撼后的心境久久不能平静。也是在这个间隙，他委派手下的一名脚头子快的兄弟速速启程，翻越东门山回转巴东后河，并叫他传口信给伐青山、赶流送的近百名木客兄弟，组织唢呐数只，擂锣鼓、披彩红，以迎娶新亲的最高礼仪，过金果坪，经张家坡、黑炭河，天黑前进入金鸡口，为陈连升等众兄弟设宴庆功，过一个激情奔放、热烈狂欢的月夜。此时此刻，在向海山的心胸里，那个曾经在他眼里嫩酥酥的“木客儿”，已经变成一个令他崇拜敬重的“木客王”了。

当林协堂把陈连升等众兄弟在清江桃符口，捉拿了山匪头领谭天飞及山匪五十余人，废了“水上飞”武功，遣散了“三里城”的所有河匪，收了河匪的木船为清江两岸的众生摆渡过江，清江水道上从此通畅时，金鸡口街上的居民及过往的木客顿时欢欣鼓舞，沉浸在无比的喜悦之中。建始猪耳河的木客头领熊楚清、熊高父子，组织建始猪耳河的百名木客，在鸡公山脚下的河坎边砍来几十捆水竹，又在河岸砍来几十捆林渣，在陈连升等众兄弟搭建在河岸工棚里坎的左边滩口搭起了十二个“毛狗棚”，将几十捆水竹均匀分布其中，是想点燃“毛狗棚”送瘟神时，竹节如炮仗炸响助兴，欢庆陈连升等众兄弟归来。五峰从岳家河出来的木客百余人，也在头领邱万林的带领下，从枯笼溪河口砍了一百多捆木瓜籽树的渣子过来，分别搭在了

“毛狗棚”外，堆了厚实的一层。大家这样齐心合力，是准备在金鸡口河滩上以一种古老而且独特的方式，欢庆这个各路木客都渴望已久的喜讯。金鸡口街上和连天坡脚下的买卖街上的店铺、餐馆，架起了蒸笼蒸起荞粑粑，免费散发给过街的行人和木客们充饥，以此分享宣泄山匪谭天飞被捉，桃符口有了渡船摆渡，使两岸百姓再无堵水之忧的喜悦……

众兄弟清理了桃符口清江右岸的场地，在河边洗了手脸，吃了一些干粮之后，便一路簇拥着陈连升爬上了火箭山。向海山不舍分别，不愿离去，率众兄弟跟随其后，一路二十二人朝金鸡口进发。杨贞、陈三喜、刘金堂、印紫竹、李铁、罗汉章的手里除了撑篙等行物之外，还多了一把缴获而来的单刀，在阳光下明晃晃的有些刺眼。一群统一了服装，手持撑篙的木客手里再拿一把单刀便显得有些多余。陈连升的脑海里立刻闪现出杨贞曾经对他说过的那句话：“练武之人洒土成兵，摘叶为器，要这些单刀作甚？再说，木客手中的撑篙不正是杀伤力极强的武器么?”于是陈连升停住脚步，用一种严厉的口吻对众兄弟说：“回到金鸡口以后，你们要做的第一件事情就是，找一块旧棕垫或是旧蓑衣，把这六把单刀包好捆上，藏于金鸡口河岸的犀牛洞中，不得擅自取出，在人前摇晃!”手里拿着单刀的六位兄弟点头应了一声。

036

当他们爬上石柱山，来到火箭山的高处，再来回望桃符口的景致时，真是山清水绿，深沉宁静。一条渡船静卧在江岸，像一把锁。可就在陈连升朝“三里城”的方向望去时，只见那条壁陡的羊肠小道上，一群山匪正抬着谭天飞在艰难地爬行。他禁不住开心起来，竟然喊起了山歌：

清江水甜客来饮，
邬阳茶香我先尝；
板栗豆豉是佳品，
蜂蜜白酒生豪情……

哪知道，对山爬行的那群山匪，却并没有人们想象的那么凄惨，竟与这边对起歌来。一个山匪在对岸用合韵的山歌调子喊道：

今朝遇到陈连升，
两篙就废我头领；
从此再不当山匪，
做个本分庄稼人……

山歌在峡谷间回荡着，却并没有那种凄惨悲怆的余味。陈连升听后心里一怔，看来这帮家伙还真的是要痛改前非了。

回到金鸡口的时候已近傍晚，落日的余晖照着繁华的街景，河水泛着波光，大山带着微笑。可陈连升却对众兄弟说："我们也不必太张扬，尽管低调些，不就是捉了几个山匪么?"杨贞用一种异样的目光看了陈连升一眼，然后收住六把单刀，在河岸的材场边找了一件旧蓑衣把六把单刀包裹严实了，钻进犀牛洞里藏在了隐秘处。肚子有些饿的陈三喜走进伙房，见刘满山灰冷火熄，还没有做晚餐煮饭烧汤的动静，便有些诧异，开口大声问道："怎么搞的？今朝的晚餐竟还没有着落?"刘满山嘿嘿一笑，然后很客气地说："今晚林国兴老板又在金鸡口街上的枫树楼给你们备了丰盛的酒宴，这个时候可能盖碗肉都端上桌子了。"

向海山收了众兄弟的撑篙和行物，交与刘金堂收捡保管，几个人坐在工棚外的沙滩上喝茶。闻着栗香，品着甘醇，他突然想起了什么似的用一口巴东的蛮子腔对陈连升说："你能不能差个人回到邬阳关去一趟，把你的邬阳茶给我弄几斤来?"陈连升一脸喜色，望着喜欢喝茶的向海山慨气地说："我这里还有几斤茶叶，你先分些去喝。过几天我叫伙夫刘满山托人给廖大锤捎个口信回去，通知他到我屋里去取几斤茶叶给我送过来便是!"向海山满心欢喜，乐得眉飞色舞，就又从瓦罐儿里倒了一杯茶水出来，嘴里还在不停地念叨着："哈咯咋，这茶还真是既有香味，又有回味呀喂!"

等众兄弟在河里洗了澡，换好了干净的衣衫，已被林国兴唤去帮忙准备酒宴的郭小虎和林协堂折回河滩，恭请陈连升和众兄弟前去枫树楼饮酒。陈连升很是高兴，笑着对众兄弟说："难得林老板有这一份心情！走，逮酒去!"正要走的时候，他看见了伙夫刘满山那失落的表情，就转过脸来对郭小虎说："你能不能留守在工棚里看一回场子？让伙夫刘满山也跟着去一回枫树楼，感受一下气氛呀?"郭小虎连忙说："那要得，要得！我这就去请他。"刘满山果然欣喜异常，乐得像一个受宠的孩童。

按照陈连升的吩咐，刘金堂领着向海山等十一位巴东后河的木客兄弟走在前面，陈连升等紧随其后。刚入街口，一股激情与喜庆的气氛迎面扑来，众人赞许与敬重的目光汇成一道热烈的气浪。这一路上身穿着白色短袖衫，下身穿着青色灯笼马裤的年轻木客，在金鸡口街上走出了气势与豪迈。人们的心里深有感触，觉得这就是一拨可以指望和依靠的土家汉子。

酒宴持续到晚间，一轮明月升腾起来，把金鸡口河谷间照得通亮。从黑炭河绕来的一队人马浩浩荡荡，唢呐和鸣，锣鼓喧天，直奔街口。熊楚清、熊高父子，率建始猪耳河的木客点燃了河滩上搭建的一排“毛狗棚”，五峰的木客百余人，在头领邱万林的带领下，涌向滩头参与欢庆。陈连升觉得有些突然，就问林国兴老板说：“这些都是您特意安排的?”林国兴连忙摆手答道：“不是，是大伙儿自发的，他们也只是想借此乐呵一回，没有其他用意，就由他们去吧！这桃符口是过往行人的一道天堑，而今有了渡船，也是一件可喜可贺的事情，这可都是你陈连升的功德啊!”而陈连升却对木材老板林国兴说的这句话不以为然，他们趁着酒兴朝那月光与火光交相辉映的河滩走去。

火在静夜的月光下释放出耀眼的光芒，火在欢庆的时刻激发着人的激情。有着久远的围火踏歌起舞习性的土家族人，见到河滩上燃起的十二堆火焰，放下手中的活计奔向了河滩，尽情狂欢围火起舞，踏歌抒怀。

伙夫刘满山按照陈连升的吩咐，散席后给郭小虎用沙钵端了许多下酒菜回到了工棚里。杨贞、陈三喜、刘金堂三个人去了狂欢的沙滩，稳控着建始猪耳河、五峰金山坪、巴东后河一带的各路木客，说是“兄弟相见”，实则维护秩序，是怕人多拥挤生出事端。近日，在陈连升的心里老是想着，谁都不能坏了已经立下的规矩，也不能在金鸡口的周边百姓当中坏了木客们的口碑。

木材老板林国兴，把陈连升等众兄弟送出街口，也就道了别回住处歇息去了。罗汉章、印紫竹、李铁、林文章等兄弟陪同陈连升回到了河岸的工棚边。都喝了好几碗咸盈河白酒的众兄弟，已有了几分醉意，言谈之中也就道出了一连串荤溜溜的段子，传出一阵阵欢笑来，几多欢快活跃。

被火光映红了的工棚外滩之上，有一块平整的沙丘。罗汉章上前几步，手臂几摇，身子几晃，就来了一个“醉汉倒地”，接着翻滚摔打，晃出手握酒杯之姿，腿脚缠绕之态，烂醉如泥之像，洒脱刚柔之韵，且都到了出神入化的境地。这让陈连升硬是觉得眼前一亮，他在一旁看了很久之后，正要评说几句，只听李铁感慨地说：“哈咯咋，没想到笑罗汉就这么几个月的光景，武功如此长进。”陈连升转过脸来指着李铁的鼻子笑着说：“你犯规了，罚你打一套螳螂拳让我们看看!”就在罗汉章打完那套醉拳，做了收势，顺势一滚，然后仰躺在沙滩上，欣赏那一轮高挂在苍穹之上的明月时，李铁跃身而起，那形似螳螂的身法动作，也让陈连升眼前一亮。他顿时来了兴致，等李铁打完那套螳螂拳，做了收势的时候，陈连升抬手一挥，对众兄弟大声说："走！到火光映红的沙滩上去，各自都露一手，让各路兄弟和金鸡口的众乡亲开开眼界！"接着众兄弟便朝火光映红的那片沙滩走去。

当陈连升领着一帮服装一致的兄弟，进入到那片生了火焰的明亮河滩时，杨贞、陈三喜、刘金堂三个人早已把场子上的秩序调整得井井有条了。这十二堆篝火也是象征着"月月红"，在河岸堆成半圆形，像一张拉了半开的弓。眼下这一场即兴的歌舞就要奏成了。让人刮目相看的是，由向海山召唤来的这帮木客兄弟，不仅能够吹奏唢呐，打击鼓乐，而且个个能歌善舞。向海山不仅是一个会武功的木客头领，而且还是一个像模像样的歌师傅。当陈连升等众兄弟走进中心场地时，全场哗然，欢呼呐喊之声大起，唢呐合奏，鼓乐齐鸣。

向海山站在高处挥手，场子上渐渐安静下来，他拉着一口巴东后河的蛮子腔调大声说："今夜注定要狂欢，所以我支会巴东后河的鼓乐队伍前来金鸡口助兴。在跳摆手舞、毛古斯舞之前，还是请我们所有木客的总头领陈连升，给我们讲几句话！伙计们说好不好啊？"全场大呼一声："好！"喊声震荡着山谷，压过了水响。

陈连升走到向海山跟前，站在了高处，停腔落板地大声说道："今朝晚间，明月高悬，清辉似水，加上篝火助兴，想不乐呵都不行！因此我提议：在歌师傅向海山老兄开歌唱之前，就先开个武会，请各位精通武功的兄弟，先为大家表演一下武功如何？"众人又是一片欢呼，齐声大喊："好！"。

陈连升抬手一挥，罗汉章先出了场，他走着醉步绕场一圈，甩着放开的大动作，把一套醉拳打得出神入化。接着李铁出场表演了螳螂拳，动作精彩绝伦，让人眼界大开。随后陈三喜表演了一套猴拳，杨贞打了一套虎拳，刘金堂打的是一套蛇拳。罗汉章、李铁、陈三喜、杨贞、刘金堂的武术表演也让人大开眼界，全场响起阵阵喝彩声，锣鼓随声响起，形成了欢快的和声。待印紫竹和郭小虎也出场，各自尽情地打了一套熟练的拳术之后，陈连升捡起一条板凳，跃身上前闪亮登场，为在场的观众表演了一套"板凳拳"，把这场别开生面的"武会"推向了高潮……

金鸡口的这个夜晚，是有史以来的第一次狂欢，在人们的脑海之中留下了闪光的记忆。可就在鼓乐之声再次大起，向海山放声歌唱，众人摆手起舞的时候，伙夫刘满山挤到陈连升的身边，大着声给他说："郧阳关板桥沟，一个名叫廖大锤的大力士找你来了，说是有要紧的事情要对你讲。"陈连升心里一怔，连忙起身跟在刘满山的身后，快步朝工棚里走去。还隔多远，廖大锤就迎了上来，拉住了陈连升的手，一时又说不出话来。

<第四章>

石门隙月下打虎　三里城房顶有客

037

近段日子，陈富老人对孙娃子陈连升的思念之情日渐强烈，每当他看到阶沿上放着的三把石锁时，心胸里就会涌起一种别样的情感，不是悲伤，也不是惆怅，好像是一种幸福的思念与牵挂。老伴黄翠姑早已看透了陈富老人的心思，就在一旁嘀咕道："硬是欠得荒，就捎个口信去金鸡口，叫连升回来住个几天，让你们爷孙俩好好地热乎热乎！"陈富老人望了老伴黄翠姑一眼之后，重重地叹了一声长气说："还是别捎口信为好！好男儿志在四方，就由他自个儿去闯吧！我们不能扯他的后腿吵！"

是的，这么长的时间以来，陈富老人的感受尤为深刻。孙娃子陈连升开始离开邬阳关去了石龙河谷以后，他就坐立不安，那种无法割舍的爷孙情感真是难以言说。很长一段时间以后，曾经万千思绪的陈富老人才跳出了那种情感的旋涡，调整好了自己的心态。可眼目下，只要有人提起孙娃子陈连升，或者说自己在闪念间想起孙娃子陈连升的时候，他的心胸里或者说骨子里都会闪现出一种豪迈的气概来。

可今日晌午，板桥沟给陈万顺捎来口信，说他的父亲陈华老人昨夜起病，今日倒床，病得不轻！陈万顺心里很是着急，在去板桥沟看望爹爹之时，特地到了叔父陈富老人的家，告诉了老父陈华得病的消息。陈富与陈华弟兄俩自幼关系甚好，加上在陈连升练石锁功期间，彼此间的情感就又深了一层。老兄陈华已经七十有六，人逾古稀还往前迈了一大步，这是大喜之事。如若这回一病不起，自然与他阴阳两隔，哪有还不速速前去探望的道理？陈富老人披了件汗褂，请出龙头拐杖，一脸沉重地给老伴黄翠姑言语几句之后，便沿着那条熟悉的山路去了板桥沟兄长陈华的家。当陈富老人到了板桥沟，进了兄长陈华家的屋门，来到床前拉着他那干瘪枯瘦的手时，他的兄长陈华老人的第一句话竟然是：“连升近日可好！”陈富老人嗯啊了一声，没有言语什么，心里甚是感动。陈富老人轻摇了几下兄长陈华干瘪枯瘦的手之后，抽身走出那间有些阴暗的房屋，来到那根结满柿子的柿树下，掐了时辰、忆了批章，心里禁不住怔了一下。当他迈步走到塔坝角上，见到正忙着帮侄子陈万顺劈柴的廖大锤说：“你收工之后帮忙去一趟金鸡口，叫连升回来看看他的大爷爷。从他起病的日干上看，连升他大爷爷这回恐怕是难得爬起来了啊！”大力士廖大锤很愿意为陈连升办事，没说二话便点着头一口应了下来。于是就有了大力士廖大锤连夜赶去金鸡口面见陈连升的那一幕。

陈连升见到板桥沟的大力士廖大锤时很高兴，连忙吩咐伙夫刘满山给他弄了充足的酒菜，让他饱食了一顿，然后向他问明了大爷爷陈华病倒时的情形。可陈连升沉默良久之后，却对廖大锤说：“我近日抽不出身来回邬阳关去！我们今朝刚刚端了三里城盘踞数年的那群山匪，废了谭大鹏的孙子谭天飞的武功，桃符口的渡口尚未完全设立，渡船尚未开启。如果我这一回去，恐怕就不是一天两天的事情，这桃符口说不定就又要生出许多事端来。你回去转告我的爷爷和大爷爷，我过些时日之后一定抽时间赶回！”廖大锤一边狼吞虎咽地吃着饭菜喝着酒，一边牢牢地记住了陈连升要他捎回去的口信。

酒足饭饱之后，廖大锤与陈连升坐在月光下闲谈，无意之中就又说起了有关练习铁砂掌的事，但还是没有深谈。待到月挂中天清辉明澈之时，廖大锤执意回返。陈连升连忙在自己的工棚里取了两竹筒威盈河的白酒出来，要他带回板桥沟亲手交给他的爷爷陈富老人，顺便还给廖大锤送了一些糖食糕饼之类的东西，叫他给自家屋里的哑巴媳妇捎回去。廖大锤很是感激，嘿嘿地笑着说：“你陈连升就是仗义，尽管是夜半三更的，我都愿意为你跑腿！”陈连升把廖大锤送过了河，并叮嘱他路途当心。望着廖大锤宽厚的背影，陈连升的脑海里顿时浮现出了邬阳关的山水草木，陈家棚、板桥沟的山水风景，故园的旧事亲情，始终是他的眷念与牵挂。

回到工棚外的沙滩上，听着滩口欢庆的鼓乐，陈连升很快调整好了自己的情绪，他觉得自个儿这不叫心狠，而是一种处事的稳沉。男子汉如果将来真能顶天立地，关键时刻自当以大局为重，懂得轻重缓急，不要优柔寡断。

但无论怎的，大爷爷陈华老人的病情还是在陈连升的心里掀起了情感的波澜。他的脑海里立刻浮现出了大爷爷陈华老人开初教他练石锁功时，仰面摔倒的情景。如果那一个瞬间，他陈连升的动作稍有迟缓，大爷爷陈华老人当场必死无疑，或许那一日便是大爷爷陈华老人应该归去的日子。这之后的时月，就是爷爷陈富老人常说的“缘法”，如果没有大爷爷陈华老人生命的这一段延续，我陈连升的石锁功就不可能练得如此完美。基于这一点，他对大爷爷陈华老人的病情就不能无动于衷。于是陈连升提醒自己，几日之后他必须回一趟邬阳关，到板桥沟去看望正在病中的大爷爷。当然还应该回一趟陈家棚看望一下爷爷奶奶了！人不能优柔寡断，但更不能无情无义。

正这样想着，提前从沙滩上回到工棚里来的郭小虎，走到陈连升的跟前说："我的腿脚已经全好了，今朝打拳踢腿仔细试了几回，已经没有疼痛之感。你看我明天是否可以跟随你们一路扎簰放簰了?!"陈连升没有立刻回答郭小虎的话，只用一种审视的目光仔细地瞧了他一阵，然后平静地说；"这事待林文章他们都回来了，大家商议一下之后再定。你刚才就到河滩上去，给我把刘金堂叫回来，我要给他说点事情。"郭小虎应声去了。

伙夫刘满山小心翼翼地端了一罐儿新鲜茶水走到陈连升的跟前说："我把茶叶儿慢慢儿在火上炕焦了、炕香了，再冲泡出来的茶水格外清香有味，你快尝尝!"陈连升闻见了邬阳茶扑鼻而来的栗香，脸面上露出了喜悦之色，他用一种感激的目光望着刘满山说："您这茶水来得及时，我这会儿正想畅饮一杯。"刘满山用一只清洗干净了的竹筒儿茶杯倒了茶，双手递给陈连升说："你仔细尝尝，看这味道有甚不同?"陈连升深吸了一口栗香，再慢慢儿品着呷下一口茶水之后说："这味道与我爷爷泡的罐罐儿茶差不多了。一晃就有半年多的光景没有喝到过这个味道的茶水了!"刘满山听到陈连升这么一说，立刻来了精神，站在那儿笑呵呵地说："那就好！等你每天从桃符口回来，我都精心给你炕茶叶儿冲泡一罐罐儿香茶如何?"陈连升嘿嘿一笑说："好倒是好，要您不嫌麻烦?"刘满山连忙说："我看你将来一定不是等闲之辈，能够伺候你，那是我的荣耀！只是有一天你若真的成了大气候之后，别忘了我这个每天为你炕茶叶儿泡一罐罐儿茶的老头。"陈连升心里一怔，忙问伙夫刘满山道："哎哟喂，您觉得我这个放木簰的儿娃子还有成大气候的可能吗？您是在奉承我，逗我开心么?!"刘满山连忙摆手解释说："我哪儿敢哄逗你哟！不瞒你说，我年轻的时候也跟师学过几年相面之术，你的相貌和你的作派都摆在那儿，将来一定是个能成大气候的儿男！说不定哪一天还被乾隆老儿看中，还有当大官的福分!"陈连升一听这话，哈哈大笑说："那就好！您们到时候就都跟着我享福吧!"

话音还没落停，郭小虎就领着刘金堂来到了陈连升的跟前，他十分恭敬地问道："连升！你有何吩咐!"陈连升望了一眼跳摆手舞累得黑汗水流的刘金堂说："你可别只顾着自个儿乐呵了，你和郭小虎快去问问向海山，看他们巴东后河一共来了多少兄弟，然后到买卖街西头的那家餐馆里给他们安排宵夜。人家这么大老远地赶起来，奏鼓作乐开歌唱为我们助兴，我们可不能让人家空着肚子回去!"刘金堂知道自己错在哪儿了，脸巴子红了一阵之后点点头说：“那是！那是！”当郭小虎与刘金堂转身要走的时候，陈连升冲着他俩的背影大声喊道：“郭小虎，你不带些银钱，准备在买卖街赊账甩饼么？”郭小虎急忙转身回到自己的床头去取了银钱，嘴里嘟噜道：“不敢！不敢！”等他们转身走后，刘满山十分感慨！眼前的情景甚至让他难以置信：为何这么一群大孩子，却被一个十四岁的小孩子管得服服帖帖的呀？陈连升就好比木簰中间的那根中心树，他的仗义与坦荡就好比尖梢上的两个尖嘴箍，硬是把一帮兄弟越箍越紧。

陈连升喝了几杯罐罐儿茶水之后酒意全消，顿觉神清气爽，竟在沙滩之上单臂支撑玩起了倒立。几个回合之后，他总觉得手里缺少了一点什么，却又一时感觉不出来到底缺少了一点什么。当他的右手掌被河滩上的沙砾刺得有些疼痛的时候，他记起了手握石锁作倒立收势时的情形，突然想到自个儿已有半年多的时间没有精习过石锁功了。于是他站直身子，练了几下抛掷推拉缠绕的招式，总觉得手中缺了石锁也就缺了胆气。陈连升转过身来，对立在一旁的伙夫刘满山说：“您明日找点空闲的时间，到街上去打听一下，看这金鸡口可有打制石磨的石匠？若有，就叫他三日之内给我打制三把石锁，一把四十斤，一把八十斤，一把一百二十斤。”刘满山一听陈连升吩咐他去办理这件差事，心里很是舒坦，就在一旁笑呵呵地说：“这你放心，三日之内，我一定把这差事办得妥妥的！”陈连升拍去手掌上粘连的细沙之后补充说道：“价钱不少人家的，石料最好选用河里的那种绿豆色的麻沙谷，这种石头又重又硬，经得起摔打。只是可能石匠在打制的过程中有些难度，因此这工钱就少不得人家的！”刘满山仍然笑呵呵地应着，一副和睦可亲的模样。

待到明月西悬的时刻，沙滩上的鼓乐渐渐停了下来，一群群狂欢后的人流各自散去。一拨余韵未尽的年轻木客嘻嘻哈哈地朝犀牛洞滩口走来。杨贞和陈三喜走在前面，印紫竹、李铁、罗汉章紧跟其后。伙夫刘满山见他们归来，连忙走上前去问杨贞和陈三喜道：“看你们也是累着了，想必也饿了吧，要不我去给你们煮一锅稀饭，煎些荞粑粑也吃个宵夜如何？”杨贞望了陈三喜一眼，没有立刻回话。陈三喜答话说：“您去问问连升吧，他说吃得我们就吃，他说奈不何，我们也就莫搞了！”杨贞也跟着附和道：“要得！您赶快去问问连升，他如果答应逮两碗，我们就陪他逮两碗。”陈连升听着这些话总觉得有些别扭，就在那儿大声说道：“各位仁兄，你们也不要么得事都拿我出来当挡火皮，硬是还想逮点儿什么到肚子里之后才睡得着的话，就赶快到买卖街的西头去，叫郭小虎和刘金堂再给你们摆一桌。如果谁还奈得何逮酒的话，就在我的床头取一筒带去。不过我可有言在先，喝酒不能误事，明天仍然是卯时扎簰，辰时启程啰！”杨贞望着陈连升问：“那你为何不去？你都不去我们又怎么好去呀？”陈连升连忙解释道：“刘师傅给我炕茶叶泡了罐罐儿茶，我喝了几杯早已填饱了肚子，就不想去凑这个热闹了。你们几兄弟快快前去，也好陪陪向海山等兄弟们。”陈三喜倒是爽快，冲着众兄弟说：“连升叫咱去，咱就赶快去吧，看你们一个二个挺起个沙钵肚，谁还奈不何几碗涝糟汤？”众兄弟就随杨贞和陈三喜嬉闹着去了买卖街。

不一会儿，林文章、关海峰、关海龙、林协堂四个人回工棚来了，他们原以为陈连升也去了买卖街，所以散场后就去见了一下老板林国兴，商量了一下林耀堂他们在段家河、把子莫一带新买的那庄木材的事。林文章见陈连升还在工棚里，就连忙过来把这些事情毫不隐瞒地说了一遍。陈连升对此没有言语什么，只是问道：“你们到不到买卖街去吃点什么？”林文章望了关海峰他们一眼，然后慨气地说：“不吃了，今朝晚餐的酒喝多了，夜间早些睡，不然卯时起不来，怕误事！”陈连升低声说：“那倒也是！另外，郭小虎晚上给我讲，说他的腿脚都好利索了，想后天就随我们一同刹把子去桃符口，你看怎么个安排法呀？”林文章迟疑了一下之后说：“我看还是这样，后天郭小虎不能单独刹把子去桃符口，让他跟在我的簰上先走一路，然后再单独扎簰刹把子出去，你看要得不？”陈连升点点头说：“我也是这么想的。免得他对河道生疏，中途又出状况，耽误我们大家的行程。等郭小虎回来了，你给他讲清楚这个道理就是了。”林文章应了一声之后，就与关海峰他们下河洗澡，准备歇息了。可陈连升没有睡意，他在思量着伙夫刘满山先前说的那些话。

038

廖大锤从金鸡口回到板桥沟的时候已经深夜。而这时，陈富老人仍然守候在哥哥陈华老人的床前，床头木箱子上的桐油灯盏里闪烁着昏黄的光亮。窗外的月光从小窗射到床前，像一个精灵在不停地跳跃晃动。当廖大锤在火炉房里，把那两竹筒咸盈河白酒交给陈富老人，并给他细说了连升他们在桃符口发生的事情，以及夜间金鸡口河滩上歌唱鼓打的情形时，陈富老人顿时开怀大笑，激动不已，连忙走到哥哥陈华老人的床前细说了孙娃子陈连升他们的近况。哪知道陈华老人听后也是大喜，突地来了精神，还连忙对儿子陈万顺说：“你快些扶我起来，我要到塔坝里去看看今晚的月色，去看看月光下邬阳关雄奇的山影。”这回陈富、陈华老哥俩心胸里窝了几十年的那口恶气总算是出了。让他们没有想到的是，他们的孙娃子陈连升这么快就废了谭大鹏的孙娃子谭天飞武功。

可就在陈富、陈华两位老人听到消息，满心欢喜的那个时刻，木材老板林国兴却早已坐立不安了。当他晚间再把林文章、关海峰、关海龙、林协堂四人叫到自己的住处，仔细核准了林协堂给他回报的情形后，他才真正地感觉到，桃符口的事情并没有这么简单。这谭天飞盘踞三里城许多年，而且是一个老奸巨猾，彪悍善战的角色，怎会这么不堪一击？晚间喝酒的时候，木材老板林国兴就在怀疑——杨贞和陈三喜逼到桃符口外的白蛇滩，最后被陈连升用撑篙打伤双腿和右臂的那个高手恐怕不是真正的谭天飞。因为林文章他们四人虽出入桃符口已有几年，从前却并没有见过谭天飞的真容。向海山他们在后河口与刘金堂打斗时曾说过桃符口的水上飞也要让他三分，这似乎也只是一句狂言壮胆的话，或许从前他们也根本就没有见过谭天飞。可问题也就出在这儿了，有谁能够证明被陈连升废了武功的那个头领就是谭天飞？凭林国兴多年来对谭天飞的了解，再联系到桃符口当时的情形，林国兴似乎可以断言，山匪头领谭天飞绝对不会轻易离开三里城，而且带领五十几个山匪来对付二十三个木客。这其中一定有诈！

而让林国兴坐立不安的是，如果他的判断接近真实，谭天飞的武功并没有被废，放回去的那帮山匪也根本就不会遣散，明天这边的木簰到达桃符口时，他们一定还会卷土重来……可要真正认出谭天飞来，也就只有他林国兴本人搭乘木簰去一趟桃符口了。而这一情况还必须在今夜与陈连升通气，让他们作好应对的准备。

得到木材老扳林国兴的提醒后，陈连升突然警觉起来，连忙通知向海山等十二位兄弟夜宿金鸡口，干脆明日卯时一同扎杉簰去桃符口，然后再让他们返回巴东后河。接着叫李铁、杨贞、陈三喜三人点燃火把，前往犀牛洞里取出了收藏洞中的八根篙头带铲的撑篙，让各自带在簰上以备急用。等陈连升把一切安排停当，躺在工棚里歇息时，巴东连天坡上的公鸡已经叫了头遍。

大约寅时一刻，林文章从噩梦中惊醒。他梦见洪水淹没了整个桃符口，材场上那堆积如山的木材早已荡然无存……林文章吓出了一身冷汗，他一轱辘爬起来，鬼使神差一般冲出工棚，站在河岸的沙滩上，仰望着天空。这时苍穹之上已是云雾弥漫，傍晚的明月已经长出了长长的毛须。再看那金鸡口高耸的山影与桃符口的景象极其相似，竟让他一时不晓得自个儿到底是在金鸡口，还是在桃符口了。

睡在伙房后面的伙夫刘满山听到响动，还以为又是伙房外面来了偷嘴的野狗，就接着用一口地道的郧阳腔吼着骂道："狗日出来的，不好好在自个儿的窝里困觉，想寻本师傅的腊肉骨头逮么？没门！你给老子死开些，当心老子给你几扒火棍扫死你！"林文章一听伙夫刘满山的这些骂声，顿时从迷糊之中清醒过来，知道那个老家伙是在痛骂偷嘴的野狗。只是最后那句"当心老子给你几扒火棍扫死你"的话，差点把林文章逗笑了，就在工棚外边大声嗙气壮胆似地回了一句："老东西在嗙梦话不是？开先我还以为你就生养了刘叶翠和刘叶禾两个丫头片子，原来你的膝下还生有几个啃骨头的家伙！”刘满山在床铺上竖起耳朵听出了林文章的声音，就在那里大声解释说：“对不住林班头，我把你当成野狗子骂了，还附带给你充了一回老子！对不住，对不住！”林文章接着说：“么得卵事对不住？晓得对不住，当初不晓得多生一个丫头片子出来，让本师傅也讨个媳妇子不是！”

伙夫刘满山没有作声了，一个翻身滚过去，就又传出了扑扑的鼾声。林文章就又跟着骂了一句：“老东西，你那破鼾甚是恐怖，又像是扯风箱，又像是蛤蟆在叫，有时候还舔口嗒嘴，还真像是那母猪擦痒或狗子嘴骨头的！”刘满山倒是没了回音，只听睡在工棚头前的刘金堂用梦话回了一句：“母猪擦痒，公猪怪想……”林文章无奈地摇了几下头，迈步进到工棚里插上门闩，又躺下睡去。

其实就在刘满山骂那“偷嘴的野狗”时，就把陈连升惊醒了，但他闭着眼睛躺在床上没有作声。脑海里却浮现出在桃符口捉拿山匪的那一幕。他对每一个细节都进行了认真盘点，觉得当时的所有场面都在自己的掌控之中，并没有什么疏漏。最后他把思绪集中在白蛇滩与谭天飞地那场打斗之上，这才真正地感觉到他谭天飞的功夫是何等了得！如果当时没有杨贞和陈三喜与他在水中战上几十个回合，恐怕还真的不一定奈得何他。再说当时谭天飞的装束和作派，也不像有什么假像。那件青色的披风和那跳下木船时蜻蜓点水般的洒脱动作，都是水上飞特有的标志和本领。但从他涉水的身法和脚窝来看倒是有些缺陷，那便是不曾天天练水的迹象，而是练成“水上飞”之后，偶尔使之的样子。

于是一个疑点反而摆在了陈连升的面前——为什么木材老板林国兴硬说没人认出谭天飞，就否定了谭天飞被废武功的事实？木材老板林国兴为何这样思想，这样疑虑，难道只是出于谨慎，怕我们去打无准备之仗么？如果真是这样那倒也好，如果不是这样，那又会是一个什么样的情形呢？渐渐地陈连升的思绪被搅得有些混乱，一会儿缠在林国兴所持的那些疑问上，一会儿又跳到了桃符口那场打斗中的细节上。接着他又想起了陈家棚，想起了板桥沟，想起了大爷爷陈华老人的病情……但最终一个绝对不能改变的决定落在了他的脑海之中，那就是几日之后他一定要回一趟邬阳关，去板桥沟看望病中的大爷爷陈华老人，还要回陈家棚去看望爷爷奶奶和父母大人。

而在深夜这个寂静的时段，最让陈连升忐忑不安的还是“水上飞”，谭天飞从木船上跳下来冲向河岸的步伐，踩在水上的脚窝，都是铭刻在陈连升脑海里不灭的记忆。他在陈家棚开始练“石锁功”之前，就想跟着爷爷学会“踩软水”。可自从在石龙河谷亲眼见到陈三喜练成水上飞的工夫之后，杨贞与陈连升跟着苦练，几个月的时间也就练成了。这其中，陈连升悟出了一个道理，在水上飞，仅靠先前奔跑的速度根本无济于事，只有轻功练到登峰造极的程度，才有练成“水上飞”的可能。这与杨贞曾经说过的“洒土成兵，摘叶为器”如出一辙。武术上讲究的就是“借力打力”。水是柔形的，波平如镜时，可以打“飘飘岩”，渡船划桨时，可以感受到桨片上的硬力，而脚板踩在水面上，就要像桨片划出。两腿如桨，脚板伸出如桨片，飘着斜面蹬踩，只能蜻蜓点水一般，触而不实，点而不着……也就是说，轻功练成了，哪里都是平地，哪里都是校场。腾起飞跃之时，人便是走在一片意念之间，是功夫的重叠，而不是刻意在挑战生理的极限。如果谁想要独门练成“水上飞”，没有登峰造极的轻功作底，那是万万不可能的。每当陈连升想到这一层，他就有了一种隐隐的自责，觉得自己真不该手起篙落，打伤谭天飞的双腿，废了他“水上飞”的武功。

天色接近卯时的刻度，河岸的工棚里开始躁动起来，被安排在买卖街客栈里歇宿的向海山等巴东后河的十二个木客早早地来到了河滩，开始搬动杉条木准备扎簰了。林文章被惊醒，起来后没有作声，只用撑篙在杉条木上磕了三下，那是号令起床的信号。等众木客都起床抹了面子的时候，却没有见到陈连升。杨贞和陈三喜有些惊诧，就跑出工棚外聆听动静，却仍然没有寻到他的行踪。等他们追到河岸，却听见犀牛洞外有练武的声响，这就没敢前去打扰。让他们没有想到的是，在刹把子放木簰的工夫如此紧张劳累的间隙，陈连升却始终没有放弃练功。杨贞和陈三喜心里顿时感到愧疚，便默不作声地扎簰去了。

黎明的晨曦在遥远处鹰嘴岩的头前展亮，河谷间薄雾朦胧，凉风习习，河嘴外的涛声在清晰地轰响，这是木客们熟悉的晨曲。当陈连升走到材场准备选条木自己扎簰时，杨贞快步走到他的跟前说：“连升，你的木簰我和陈三喜已经选了条木给你扎好了，你去河岸瞧瞧，自己加固便是。”陈连升很是感激，就大声对杨贞说：“你通知各位兄弟，今朝要带上蓑衣和斗笠。看天色，午后恐有大雨。”杨贞应声去了河岸。陈连升转到伙房里，检查了刘满山蒸的苞谷饭和煮的合渣汤，叮嘱说：“再用酢辣椒炒一锅肥腊肉。向海山他们是客，不能把饭弄得过于简单！”刘满山笑呵呵地回了话，连忙洗肉切肉去了。

陈连升来到河岸时，趁着还很微弱的光亮，看见木材老板林国兴请人扛了一捆蓑衣，拿了一叠斗笠过来，就迎上去说：“还是林老板想得周全，我正愁向海山他们十二个兄弟没有这些行物呢！”林国兴老板低声对陈连升说：“我晓得你们十几个人早就有这些行物，所以我也就没有给你们置办了，你把这些都分发给向海山他们吧。”陈连升拱手道：“那就谢了！”向海山听到说话声上到岸坎，迎面走来，从那脚夫手里接过一捆东西说："哎呀！真是太不过意了！这又是霄夜，又是歇钱，还买这些行头，我们又没带盘缠，怎么过意得去哟？"陈连升望着林国兴老板说："海山老兄你可别见外，这些开销都在我的工钱里扣除，不会让林老板破费的！"林国兴一听这话，便假装生气地说："连升侄儿！你这话说得可就不对了，我林国兴不大不小也还是个老板，有那么吝啬么？"众人开怀一笑，各自散了去。

吃过早饭就已经到了辰时一刻。陈连升与林文章、向海山等人商议，重新排了次序，确定林文章仍然走头簰，向海山走二簰，杨贞走第三簰，后面依次顺簰。快要叫号启程的时候，陈连升对众兄弟说："都给我打起精神来，把眼睛睁大点儿！今日我们出奇招：出了后河口，头簰到达煤炭洞滩口进入峡谷时，我们就开始喊山歌，一个接一个，一段四句，二十四个轮完之后又从头再轮。向海山开头，林文章接，郭小虎接林文章，杨贞后面依次类推。我想看看，今朝的桃符口到底是一番什么样的情景。大家都明白了吗？"众木客齐声答道："明白了！"陈连升望着林文章抬手一挥，示意启程。

林文章跃上木簰，撑篙离岸，并拉开嗓门喊道："走嘞～～。"二十三块木簰依次而出，场面甚是壮观。只是把木材老板林国兴弄得一头雾水，不知道陈连升叫兄弟们喊着山歌刹把子放木簰，到底唱的是哪一出。

039

头簰出了张家滩，尾簰才从金鸡口撑篙离岸。长长一溜簰排队，气势宏阔，划破了河谷间的平静，湿润凉爽的气息迎面扑来，浸袭着木客们古板的脸面和那铁骨般高傲的身子。撑篙飞舞自如，木簰咯咯作响，河中的水响和着岸坡上山雀的鸣叫，在朦胧的雾罩中合奏成节奏明快的晨曲，幽远而奇妙。两岸奔腾扑来的山影被白色的浓雾笼罩着，汹涌奔泻的清流变成了暗淡的颜色，只有花水滩上的水花不停地冒着乳白色的泡沫，木簰缝隙里溅起的水花浇湿了簰上木客们光着的腿杆子，时而漫过脚背的河水透着清凉，湿透了木客们脚上的草鞋，凉透了浸红了木客们粗糙生疼的脚板……

陈连升在簰队里的次序是第五位，前面有林文章、向海山、杨贞、李铁，郭小虎搭乘在林文章的簰上。身后有陈三喜、印紫竹、林协堂、关海峰、关海龙、罗汉章、刘金堂。而刘金堂的身后又紧跟着巴东后河的十一个木客。这个编队局外人看不明白其中的妙招，而陈连升却是根据各自的特点，在为进入桃符口后迎战山匪而作准备，便于集结和机动。他知道，今朝的桃符口要么风平浪静，要么血雨腥风。

木材老板林国兴带着简单的行装就坐在林协堂的木簰上，他悠闲地抽着一袋香喷喷的丝烟，欣赏着沿河两岸的美景，时不时还转过身子，回望身后的河谷和簰队。林国兴老板的真正心思不会向外人透露，他要到桃符口去证实谭天飞的真假倒是真事。在他看来，如果谭天飞真的被废武功那倒是皆大欢喜，如果昨日被陈连升废了武功的人并不是真正的谭天飞，那也只得再借陈连升他们之手除掉这个扼制着清江水道的害人之物！今后再过桃符口，只要没有谭天飞的盘剥，清江的水道便可以从此顺畅起来，那他林国兴每年就要少开销多少银子呀？原来木材老板林国兴走清江水道，汇聚的木材运到桃符口之后，或直接卖给廖百川，或自己雇用木客和水手扎大簰运往宜都之后再与廖百川交易。林国兴与廖百川相与多年，交情甚好，但在生意场中却是钉铆分明，从不含糊。这桃符口山匪盘居的事当然也是他林国兴和廖百川两个人共同的一块心病。当然建始猪耳河的木客熊楚清，五峰的木客邱会成也不例外，每年在遭谭天飞盘剥时都如弯刀挖肉，痛切于心。现在好了，清江流域之上有了陈连升的出现，水道即可通畅，人心即可顺畅。当然林国兴、熊楚清、邱会成等都是生意人，各自怀揣着自个儿的梦想。而林国兴自从在石龙河谷接纳了陈连升等人之后，早就觉得自己离梦想的境地越来越近。当他在内心深处盘算着要借陈连升等人之手除掉谭天飞的时候，这结果似乎来得太快也太突然了，有些让人难以置信，故而生出许多疑问来，不敢轻易相信眼前所发生的一切。

而陈连升这个时候想的却不是这些，他对自己的人生命运并没有过多的思考，但在他的心底里却有一种压倒一切困难和阻力的气概升腾起来。他想着，要想彻底疏通清江水道，就必须战胜那些妖魔鬼怪，建立新的秩序。可要想真正实现这一目标，就要有超常的本领，水道的奇险，滩口的艰难是可以征服的，那些人为的障碍和江湖险阻也是可以征服的。然而，他对生意场中的利益纠葛却没有兴趣，他当木客水手出清江只是为了磨砺自己，探视江湖的奥秘，追寻武学的真谛，顺便领略大千世界的精彩。至于这一切都是为了什么，为了谁，为谁所用，他也并没有细想，但战胜艰险、战胜邪恶的雄心和勇气却时刻充溢在他的心怀。

木簰在河道里前行，白雾在峡谷间弥漫，撑篙在木客们手中舞动，心潮在各自的怀中起伏。二十三块木簰形成了长长的簰队，头簰出了竹园角，后簰还在张家滩，白雾笼罩着奔腾扑来的山影，却隐不去簰队的浩大与壮美。陈连升在自己的那块木簰上跑着梭步，舞着撑篙，身法和姿态早已不像是个十三、四岁的儿娃，在众木客的心底里，那个曾经的“木客儿”早已成为他们尊崇的“木客王”了。

从竹园角、母猪嘴、牯牛石、蛤蟆石、平石板儿、沟口、翟家河出后河口，整个簰队运行自如，十分顺畅。接着飞篙前行，林文章、向海山、杨贞、李铁、陈连升等接着剎过水波石、箱子角、倒洞子、折身潭之后，个个咬牙撑篙，如骑烈马一般，洒脱自如地剎出了飞桥……随后依次跟进的陈三喜、印紫竹、林协堂、关海峰、关海龙、罗汉章、刘金堂也都十分顺畅地剎出了飞桥。紧跟其后的是巴东后河的十一个木客兄弟，他们都是一些剎把子放木簰的老手，也就不必担心了。冲出十余道险滩之后的众木客，各自神清气爽，脸面上那凝重的表情已经渐渐松开，荡起了一种豪迈。

出了煤炭洞那个长长的滩口，林文章开始稳簰压速，将每块木簰之间的距离控制在十丈以内。向海山没有忘记陈连升早晨启程前说过的话，他在滩口外的平水上稳住速度，伸出撑篙在木簰的尾梢之上叫板似地磕了三下之后，昂起头挺起胸，迎着两岸绝壁之下、峡谷之间奔腾扑来的湿润的风，拉开嗓门，喊起了山歌调子：

大河涨水放木簰，
头簰去了二簰来；
头簰去的张四姐，
二簰来的祝英台。

向海山望着林文章洒脱的背影，山歌的尾音落下，却不见林文章出声，就又接着喊道：

大河涨水放木簰，
头簰去了二簰来；
上簰穿起棕草鞋，
脱下草鞋血泡在。

山歌的尾音还在回荡，林文章接着喊道：

头簰望见花千树，
二簰喊起山歌来；
三簰四簰快接到，
听听哥们好心才。

走在头簰心里想，
就像婆娘才开张；
手舞撑篙脚蹬簰，
谷子舂出大米来。

郭小虎站在林文章木簰的尾梢之上，昂首挺胸，运气至丹田，接着喊道：

这山望见那山高，　　　　头顶白雾稳尖梢，
白雾如纱缠姐腰；　　　　脚下梭步蹦蹦跳；
猫儿上树似雨点，　　　　快步上前把篙点，
鹞子翻身舞撑篙。　　　　木簰轻快水上飘。

郭小虎的歌声刚落，杨贞开始拉开嗓门喊道：

马桑树儿搭灯台，　　　　木客飞篙把歌唱，
姐在灯下做新鞋；　　　　撩得姐儿浑身痒；
木客都是犟牯子，　　　　白雾如纱缠到姐，
攒着新鞋穿草鞋。　　　　太阳一出暖洋洋。

杨贞的尾音还在河谷间萦绕，李铁应着节拍开始起了板，他拉开嗓门喊道：

清江水甜客来饮，　　　　要吃辣椒不怕辣，
郧阳茶香我先尝；　　　　要当木客胆要大；
板栗豆豉是佳品，　　　　千难万险风云起，
蜂蜜白酒生豪情。　　　　风餐露宿处处家。

陈连升平时就喜欢喊喊山歌，当他仔细听完向海山、林文章、郭小虎、杨贞、李铁等前面四块木簰五个人喊出的四十句山歌时，总觉得那歌声虽然嘹亮高亢，也还顺口押韵，可惜缺少了一种气势，充其量也就是一些木客们压抑的情感和心思。而陈连升却想借此抒发一下心中的情怀，就抖了抖土家儿男的精气神，押着李铁山歌的尾音儿大声喊道：

大山跟脚有大河，　　　　朝发金鸡千山过，
撑篙而出你和我；　　　　桃符口上歇歇脚；
来去自如披星月，　　　　道道险滩无阻档，
追寻向王天子角。　　　　浩浩荡荡出清江。

紧接着陈三喜、印紫竹、林协堂、关海峰、关海龙、罗汉章、刘金堂等接连展

出歌喉：

这山望见那山高，
一年四季水上飘；
木客不怕饿肚子，
只怕河谷起浪涛。

随身带些郧阳茶，
走遍天涯不离它；
云雾山中栗香醇，
一餐不饮就疲乏。

过完清明是端阳，
又欠爹来又想娘；
家中哥嫂都还好，
就怕堂客把心伤。

过完端阳是月半，
堂客望矮对门山；
夜夜梦里把哥想，
不见那个家伙仨。

早晨望见白虎寨，
中界又见凤凰来；
茶莲河中鱼儿美，
婆娘心里春花开。

过了月半是中秋，
又扎大簰下宜都；
向王滩口叫了号，
回来要到九月九。

蓑衣斗笠加撑篙，
扎好尖梢扎尾梢；
天天早起夜半归，
跋山涉水一来回。

过完元宵就离家，
清明叶绿去采茶；
三月三到九月九，
看完杜鹃赏菊花。

月明星稀路上走，
晨时撑篙水荡荡；
都说木客是好汉，
天天提起脑壳玩。

说好端阳就回来，
涨了大水好放簰；
一直望到七月间，
想等郎君试新鞋。

过了石龙赶金鸡，
过了石龙赶金鸡，
只要拢到桃符口，
取了工钱就回去。

东门山口过杨柳，
翟家河畔长金竹；
回望关山千重在，
填满心怀是乡愁。

心里思家莫念愁，　　　　腊肉掺点酢辣椒，
九月重阳往回走；　　　　还腌一盘鱼腥草；
一日三餐快活事，　　　　中间放碗盖面肉，
又是茶来又是酒。　　　　豆腐果子加蒜苗。

浩浩清江八百里，　　　　木客本是男儿汉，
桃符口上最险要；　　　　历尽艰辛把钱赚；
景阳关下景阳河，　　　　辛苦只为养家口，
男儿风流水上飘。　　　　手中无钱汉子难……

峡谷水啸间山鸣谷应，木客们的山歌声高亢浑厚凝重，在崖壁与河道之间击起雄奇的回响，像一股奔泻而出的气浪，吹开了河谷间的白雾，展现出高耸起伏的山影。气浪撞击在三里城外清亮如镜的石壁上回返而来，向清江水道里散去，千只白鹤何曾听过这等悠扬的回声，腾地飞起，向清江上游飞去，在桃符口的向王滩形成了一道动感的奇观。顿时，白雾间穿开一个圆洞，一束阳光射向桃符口碧绿的水面，像一面明镜折射出光来，耀射在了千只白鹤的身上，闪亮着银白色的光芒，这一奇特的景观，被木客们看得清清白白。

等到刘金堂的山歌尾音在峡谷间回荡的时刻，紧跟其后的巴东后河的十一个木客兄弟接上了山歌的序头，依次长歌，在煤炭洞至欧家拐的四十里水道之中流淌着。一河清流，汇聚成一股和声，那气势硬像排山倒海。等簰尾上那个木客的山歌尾音刚落，向海山又起了头，雄浑的山歌之声从头到尾，又从尾到头，由远而近，达到了人簰合一，歌景合一，山水相依的境界。

陈连升挺了挺胸膛，抖了抖精神。眼前的这般场景，正是他要展现的气势和达到的境界。可木材老板林国兴头一回被震撼了，他从小河到大河出清江，也已经不是一年两年了，他却从未见过今天这样的阵势，真是让他眼前一亮，心境大开。

而这时，隐藏于欧家拐那道滩口，身着黑色衣衫，准备趁机抢簰杀人，并围捉陈连升上三里城，好为匪首谭天飞报仇的八名山匪高手，听到这如巨风贯来，震耳欲聋的和声时，还以为是天出奇像，神兵到此，早已吓得魂飞魄散，顺水潜游而逃。

040

昨晚，乘江舟而上，来到桃符口的五峰木材老板邱会成，夜宿在了桃符口欧家

拐的欧家，并听欧家拐欧家的老翁叙说了一个名叫陈连升的儿男率众木客击溃众山匪，废了谭天飞武功，缴了山匪的木船在桃符口为过往民众摆渡的事，心中顿生敬畏之心，便掏出银元找欧家老翁买了肥猪一头，肥羊一只。次日上午，邱会成又叫欧家老翁在石柱山村找来杀猪宰羊的屠夫，请了整酒办饭的厨师，准备为金鸡口刹把子出来的这帮木客接风洗尘。一切停当之后，邱会成亲自来到河岸，在欧家拐河滩上口的大沙丘上插上了停排靠岸的标记，他要好好犒劳这拨恰似神兵的年轻木客。

林文章还隔老远就看见了欧家拐滩口停簰靠岸的标记，心里顿时打起鼓来，还以为真是那帮山匪又在作乱，并立刻给向海山发出了停簰靠岸的信号，依次向后传递出去……见头排已拢欧家拐，木材老板邱会成连忙迎到滩口，站在沙丘之上向挥舞撑篙迎面而来的头簰木客发出了友善的信号。林文章认出了五峰的木客老板邱会成，便挥出篙头在簰邦上磕了三响，以示回应。然后躬下身子挥篙登簰，抬起尖梢朝左岸的沙丘刹去。就在林文章、郭小虎跳下木簰的当儿，邱会成走到他们跟前伸手求握，然后细细说了要他们停簰歇脚，吃了酒席叙了友情再去桃符口起簰的原由。

随后跟来的向海山、杨贞、李铁、陈连升依次靠了岸，把木簰摆成了一顺。陈连升上前问明了原由，与笑脸迎来的邱会成打了照面，说了几句客气的话语。然后陈连升招呼杨贞站在岸上迎接排队，自己拿着撑篙朝岸坎上的欧家走去。这时歌声已停，轰鸣的水响又冒了头，一股肉香正扑鼻而来。

不一会儿，木材老板林国兴跳下木簰，他站在河坎上静了一下心气，然后仰起脸仔细望了望欧家拐欧家的那栋茅屋。那是四间低矮的木屋，与四间柴房和猪舍形成拐角的钥匙头。远望像把木匠用的曲尺，近看却真像个铜锁的钥匙头。木屋前的塔坝还算宽敞，每年都有很多上河赶圆木流送下来的木客在欧家拐打驻歇宿，欧家的老翁早与很多木客成了朋友或熟人。木屋的塔坝坎与河岸的最高水位线约有十丈高差，处于安全位置，只是三面环水一面环山，显得孤野偏僻。欧家老翁是个捞鱼的高手，常年打鱼晒鱼杀鱼。夏日的气候炎热，木屋周围多有鱼腥臭味，格外熏人。上游不远处有一座岸岭挡住了奔腾而来的急水，河湾里有一园茂密的苦竹，竹竿粗实而且竹节稍长，河坎上有一排桐麻树，发得如同香碗，密若香签，在绝壁头前支起一片绿影。河风吹落的桐麻树叶如同过往木客丢弃的毡帽，有的随急流飘去，有的卧于草丛之中慢慢儿腐烂。岸坎上的水渍处长满了鱼腥草，叶如荭藤，梗带红色，散发着清香，总算把那鱼臭的气息抵消了许多去。只听那轰鸣的水响震得山鸣谷应，像一股沉闷的和声回荡在河口，如一组永久不歇的古老乐章延伸在今朝后还在继续奏鸣……林国兴常年过往水道，却已有几年没有到过欧家拐的欧家了。此时此刻他林国兴望着欧家的几间低矮的木房诡秘地一笑之后，就在心里默想——这回恐怕又要在欧家拐的欧家打驻一些时日了。

老朋友、老熟人相见时总是免不了的那阵热情寒暄很快过去。林国兴与邱会成的相见如同两军会师，短暂的喜悦之后便相互间问了些木材行当内部的事情。接着林国兴又去与欧家老翁叙说了分别后的情形，几句家常话就聊得贴心贴己了。这时，塔坝里的木客越集越多，散坐在板凳上，看上去已是满满的一场子。欧家的几个女眷端着托盘为众木客筛了一遍茶水之后，连忙到堂屋里端盘抹桌摆酒席去了。塔坝里十分热闹，喊过了山歌，打消了压抑与沉闷的一拨年轻木客敞开了心怀，个个面带喜悦之色，心情畅快了许多。只是杨贞绕到欧家猪栏后的茅棚外去撒尿的时候，看到了杀猪宰羊后还未认真清扫的一摊血渍，突地记起了刘叶翠和刘叶禾姐妹俩喂养的那一槽猪仔，也就情不自禁地望了上河里起伏的群山一眼，心胸里闪过了一个念头，这趟从桃符口回到金鸡口之后，也该告个假，前去看看刘叶翠了，不能只顾了自个儿洒脱而冷落了心上的姑娘那一片炽热的心肠。

陈连升坐在欧家木屋前的吞口里，仔细观察着众人的表情，最后他把目光停留在木材老板林国兴那肥硕的身子和圆盘大脸上，心里怔了一下，突然臆测到了一点什么。杨贞回到塔坝里，连忙来到陈连升的跟前说："要不要派一个人到河岸上去看守木簰呀？今朝情况特殊，不能大意呢！"陈连升连忙说："只有你去合适！带上那根带铲的撑篙，吃过饭后再派刘金堂和李铁下来换你！"杨贞转身取了撑篙朝河岸奔去。河水的声响撞击着耳鼓，杨贞的脑海里再次浮现出了欧家猪栏前的那滩猪血。

而这事说起来还真是巧了。正是那天的早晨，就在刘叶翠和刘叶禾姐妹俩打了猪草回来，剁成末拌了苞谷面，前往吊脚楼下的猪栏门外准备喂猪的时候，刘叶翠惊叫了一声。原来吊脚楼下猪栏里的猪仔少了一头，猪栏门外还有一摊血渍。一看那现场，分明就是老虎把猪拖了一头走了。刘叶翠回过神来，放下端着猪草末的那把撮箕就尖叫了起来："搞拐哒，拐哒吵！猫子拖猪了，猫子拖猪了哟！"这一喊不得了，妹子刘叶禾连忙跟随她妈跑到吊脚楼下察看了现场，果然是老虎拖了她们家一头猪去。

那喊声接连传递着，响成了一阵烟，在倒湾坪以外那半边山的乡邻们都赶过来仔细查看了现场，有的吓得瑟瑟发抖，有的吓得舌头打颤，接着各自跑回家中，用竹索和柱梁加固猪栏去了。刘叶翠她妈连忙喂了猪仔，然后撮来灶灰掩了滴下的血渍，把猪栏门前进行了一番清扫……可等她们娘仨回到屋里，就越想越觉得后怕了。最后刘叶翠她妈咬着牙说："叶翠！你到金鸡口去调你爹弄几天饭吧，叫你爹回来给我和叶禾打几天伴，不然哪天要是点子低，猫子把我们娘儿母子拖得一个去，那才叫哭都哭不出个下场哩！”她妈说不下去了，刘叶翠接着说：“前几天就听到猫子在冠垭儿那片枞树林子里吼，没想到这牲口昨夜竟然跑到我们家的吊脚楼里搞出这么大的事情来！”

正说话间，隔壁刘家的胖嫂张绪芝前来看了现场，问明了情由，也吓得张嘴吐舌，一脸惊愕。刘叶翠换了衣衫走出房门，来到妈妈和妹妹刘叶禾跟前说：“金鸡口还有那么远的路程，我是先走嘞还是等会再走呢？”刘叶禾看到姐姐刘叶翠收拾打扮一番之后，一副端庄漂亮的模样，是真的准备去金鸡口了，心里这就着了慌，用一种不安分的神态望了妈妈一眼之后对姐姐说：“你一个人敢到金鸡口去么？说不定那拖猪的猫子还等在石门隙那段林子路边哩。硬是要去，那也最好是我给你打伴一路去吵！”刘叶翠当然明白妹妹刘叶禾的那点儿心思，就眨巴了几下眼睛之后望着妈妈说：“那哪儿行哟！我们都去了金鸡口，妈一个人在屋里不敢待，假设猫子跑到屋里来，那还不把人吓死呀！”说实在话，刘叶翠她妈心里实在胆虚，就望着两个丫头片子壮胆似地吼道：“那就算了！都莫去了！等会儿请人捎个口信去金鸡口，叫你爹爹回来一趟给我们打几天伴就是了。”一听这话，隔壁刘家的胖嫂子张绪芝连忙说：“我家二伯子说过，今朝要到金鸡口去称盐巴，要不就叫他帮忙捎个口信到金鸡口去？”刘叶翠她妈连忙说：“那好，那好！你回去帮忙说说，叫他先到一下翠儿她爹那里，说说我们家里的情由，叫他速速回来一趟。”张绪芝站起身来“嗯啊”了一声之后就朝自家屋里走去。

刘叶翠望着妹妹刘叶禾扮一个鬼脸儿，她倒是很想到金鸡口去调换爹爹弄几天饭，也好顺便探探杨贞的心思。可这下被妹妹刘叶禾把她的好事搅黄了，就望着刘叶禾没好气地说：“都怪你多事！不然我这个时候都快到二岔口了！”妹妹刘叶禾拖着个怪腔哼了一声，然后忍不住吃吃地笑了起来。

老虎拖猪的事倒是时常发生，老虎拖人的事也曾经发生过几起，这对于山里人来说也是见怪不怪了。倒是刘叶翠她妈时不时还打一个寒颤，倒抽一口凉气，想起来都有些后怕。这会儿姐妹俩倒是不作声了，闷在那儿想的在想杨贞哥哥，想的在想李铁哥哥，各自的心胸里升腾着初开的情窦，早已经把那老虎拖猪的事情抛在脑后去了。

041

五峰的木材老板邱会成在欧家拐安排的酒宴十分丰盛，新鲜的羊肉和猪肉，再加上从木簰上取下的几竹筒咸盈河白酒，硬是让这一拨年轻的木客畅饮了半歇，个个酒足饭饱。林国兴从邱会成的口中了解到了桃符口的情形，知晓水道确实已经畅通，渡船也在正常运转时，心中的疑虑全消，石头落地。他举起酒杯来给陈连升敬酒，那意思十分明了，是对自己昨晚的疑虑表示歉意。

席毕之后，林国兴叫侄儿林文章邀了林协堂、关海峰、关海龙等人去搬木簰上捎带的东西，存放在了欧家拐的欧家。他是打算随木簰前去桃符口查看一下情形之后，再折回欧家拐住些时日，这回他硬是不打算随陈连升他们步行百余里山路急匆匆地返回金鸡口了。

陈连升的心里停当下来，但他仍然没有放松警惕，江湖险恶他从小就知。倒是多变的天色没有被他们料定，午饭过后竟然雾开日出，那蓑衣和斗笠便成了木客们的累赘。在桃符口起了条木堆放好了之后，向海山等巴东后河的十二个兄弟与陈连升等告了别，按照原来的路线爬东门山绕道杨柳回巴东后河去了。陈连升等众兄弟依然爬石柱山，过火箭山越过鸡公山朝金鸡口奔去……

晌午时分，胖嫂张绪芝家的二伯子到了金鸡口刘满山居住的工棚里，喝了茶还吃了中午饭。可胖嫂张绪芝叫他捎的口信内容他却怎么也想不起来了，把那老虎拖猪的事竟然忘得一干二净，最后只得随口编个话说："小翠她妈叫你抽时间回去一趟，说有要紧的事情需要你回去做主。至于是哪门子的事，张绪芝传口信时并没有向我交待清楚，好像是说叶翠也大了，有人上门提亲说媒了，要你回去做主吧!"刘满山点着头说："那倒真是大事，不过这天一天二还告不成假。你回去给叶翠她们娘儿母子传个话，就说过几天之后，我一定抽空回一趟石龙寨。"胖嫂张绪芝那二伯子吃得酒足饭饱，到金鸡口街上买了盐巴之后就沿河岸的小路往回走了，可他一路都在想却始终也没把老虎拖猪的事情想起来……

一连几日，河道里的秩序依旧。只是伙夫刘满山故意将女儿刘叶翠、刘叶禾姐妹俩已经有人上门提亲说媒的事透露给了杨贞和李铁，这使他俩慌了手脚，在心胸里也在曲指盘算着，择吉日请媒人到倒湾坪刘家提亲说媒了。

等到晨时木簰叫号启程之后，伙夫刘满山收拾好了伙房里的食物，关好了工棚里的门，就从小河口顺路去了枯笼溪，看那石匠给陈连升用绿豆石打制石锁的情形去了。那姓彭的石匠师傅果然守时，石锁在前一日就已经打造完善，只等刘满山付款取货了。当刘满山把石锁想办法弄回工棚外搁在凳子上的时候，已经到了晌午时分。他一边准备晚上的饭食一边就在思量：你说这么一帮年纪轻轻的儿娃子，到底是一班木客呢？还是一帮侠客呢？可他翻来覆去想了几个来回，最终还是没有想出个子丑寅卯来。接着，他把思绪完全集中在了陈连升的身上，总觉得这小子将来肯定大有出息，可到底有哪般的出息，他刘满山终归也没有想出个子丑寅卯来。这就转念去想杨贞和李铁，想着想着就有些心花怒放了，就从嘴里哼出一句戏文里的腔板儿来——都是些逗人喜欢的儿娃子哟！

就在这当儿，刘叶翠她妈在石龙寨倒湾坪外的家中觉得奇怪了，口信捎去已经两天，翠她爹怎就一点回问都没有？他平时也不是这样漠然的人呀？吃过早饭之后叶翠她妈就动了步，要到胖嫂子张绪芝家里去问个明白。可还只走到半道上，就与正朝她们家走来的胖嫂子张绪芝碰了面，还没等刘叶翠她妈开口问话，胖嫂子张绪芝就先开了口："拐哒吵！我们家二伯子前日去金鸡口称盐巴，还给叶翠她爹捎了口信去的，可屋里已经两天没有开门，没有冒烟！该不是在回来的半道上也被猫子拖了去？"一听这话，刘叶翠她妈顿时大惊失色，心里慌乱起来，腿肚子一软就摊在了路上。胖嫂子张绪芝连忙问："叶翠她爹也没回来？"刘叶翠她妈摇了几下头，声音有些颤抖地说："叶翠她爹也没回来吵！我这不是正准备去问你的么。"两个女人一下子变得六神无了主，两腿没了力，背心里还流出冷汗来。

原来胖嫂子张绪芝是个寡妇，五年前的那个夏天，她的丈夫刘满堂随湾潭河出来的一拨木客到金鸡口刹把子去桃符口，在飞桥出了事，冲进深水里面再也没有爬起来，从此让堂客张绪芝守了寡。而胖嫂张绪芝的二伯子名叫刘春堂，是胖嫂张绪芝丈夫刘满堂的亲二哥，也是六年前他的堂客田喜妹在屋山头的坟堆旁割猪草时被土蜂蜇死。这些年过去了，胖嫂张绪芝没有再找男人坐房，二伯子刘春堂也没有再找婆娘续弦。二伯子和弟媳子同在一个屋场上住着，一个东头守着寡，一个西头打着单身，白天转工打伙没离过左右，夜半三更扯没扯伙谁也说不清白。反正这山大人稀的，就是有人逗着胖嫂张绪芝说个笑话，扯个卵谈，也都只是凑个热闹。除了他们自个儿清楚明白之外，谁还能把这等闲事当真？可这回胖嫂张绪芝急跳脚了，她知道二伯子也还疼她，不会一出门几天没个音讯的啦！

两个惊恐慌乱的女人，瘫坐在泥路上，望着大蟆岩那雄奇的山影，望着石龙寨河岸山坡上那奔腾起伏的茫茫林梢，浑身竟然使不出四两力气来。过了半晌，还是刘叶翠她妈壮胆似地吼道："胖嫂！那就拐哒哩！你想想看？你家二伯子假如过了石门隙去了金鸡口，转来的时候就一定是和翠她爹一路，也一定是在擦黑麻眼儿的时候才过石门隙，弄不好两个家伙仨这回都被猫子拖了去！"胖嫂张绪芝省了一把鼻涕抹了一把泪，然后抬起头来说："我也是这么想的吵！可眼下我们该怎么个搞法儿呀？"刘叶翠她妈咬紧牙关站了起来。大声吼道："还怎么个搞法儿呀？我们得吆喝乡邻们帮忙去找，活要找到人，死要找到尸！"两个女人站起身分头回了家，接着石龙寨的半边山又喊起了一阵烟。那喊声之中夹杂着凄惨，夹杂着恐慌，那尾音儿拖得长长的像哭嚎之声一般。

或许这就叫老虎进门大家赶。喊声回应之处的男人们都已经倾巢出动，有的拿着火枪，有的拿着单刀或梭标，硬是没得一门像样的武器的男人也就拿一把砍柴的刀，或是扛着一把挖锄钉耙上了阵。只有小半歇的工夫，就都集中在了去石门隙的林了口，点头一数就已经有了二十多人。只听有位长者一声吆喝，胆大的上前走了，胆小的缩在中间，一路搜寻着进了深林子，进了乱岩壳，个个屏住呼吸如临大敌，就连胖嫂子张绪芝和刘叶翠她妈也拖着瘫软的双腿跟了去。

刘叶翠和刘叶禾姐妹俩闩严了木屋的山门，有几扇薄弱些的门板还特地搬了木棒抵紧，然后躲在吊脚楼上的房间里推开后扇的花格子木窗，借着光亮纳鞋做花说白话。说着说着，妹妹刘叶禾冷不丁冒出一句话来："那天好的我没让你一个人去金鸡口，不然被猫子拖了去，那就搞拐哒！"刘叶翠斜了妹子刘叶禾一眼，没好气地说："哪有这么巧的事哟！这一年上头，春夏秋冬，猫子拖了几头猪，拖了几个人？别在那里自个儿吓唬自个儿！"刘叶禾有些天真调皮，冲着姐姐问道："常听爹爹他们那些男客家说的那句话叫什么来着？"刘叶翠又斜了妹妹刘叶禾一眼之后说："叫什么来着？那就叫该死的卵朝天，不该死的又过年！"姐妹俩忍不住为这话吃吃地笑了好一阵，觉得有趣。又过了一会儿，刘叶禾就又捡起这个话题说："假如你那天真的独自去了，也遇巧就被猫子拖了去，那杨贞哥哥再想你的时候又该怎么办哩！"一听这话，刘叶翠假装生气了，觉得这丫头片子硬是越说越不像话了，就板起面孔说："怎么办？你说怎么办？到猫子屁眼子里去抠吵！"说完这话也顾不得爹妈"笑不露齿"的教诲了，一下子没忍住，姐妹俩哈哈大笑了起来。

进入石门隙深林子寻找刘春堂的那一拨人，沿着石门隙进入二岔口的那条山路进去，在离高岩坎不远处的深林子里就找到了刘春堂去金鸡口时背的那个眼眼儿背篓，也搜寻到了在金鸡口买回来的那一袋儿盐巴，接着还找到了他穿过的草鞋。被刺鼻的血腥呛过的众人神情紧张起来。从现场的迹象看，刘春堂的确是被什么大牲口叼走了。接着他们又仔细察看搜寻，找到了滴落的血迹，闻见了老虎困过觉的狐臭，还在枯叶和松土之上找到了梅花瓣一样的大足迹。有着多年守猎经验的猎手认出了老虎的足迹之后就惊叫起来："哈咯咋，刘春堂是被猫子拖去打了牙祭！绝对没得生还的指望了！"七八个胆大的男人端着猎枪，提着刀叉继续查看着血迹向前搜寻，终于在岩檐边的一块阳刚石岩板上找到了刘春堂残存的尸骨。经过乡邻们认真查验，被老虎咬死拖入岩檐，吃了腿肚子和大胯肉，早已被撕咬得血肉模糊的尸骨被确认是刘春堂无疑。因为他穿的上衣还绑在身上，脸面也还尚有半边留存。

一位年长些的乡邻，对跟着他们寻到岩檐边的胖嫂张绪芝说；"你快点找个人打伴回去一趟，在刘春堂的屋里拿床被套和竹席送来。我们赶快砍木棒，扯青冈藤绑个担架，好把他抬回去收殓！他死得惨，我们只顾着伤心落泪也不行吵！”还隔多远站着的一个年轻男人闻不得血腥气，就走到胖嫂张绪芝的身旁说：“走，我给你打伴回去取东西！”胖嫂张绪芝早已吓得四肢无力，好不容易才从林子里钻出来找到了那条路。她抽泣着重重地叹了声长气说：“真是命苦啊，为去买点盐巴还搭上了一条性命！”那个年轻的男人一边走一边劝导她说：“你胖嫂还是宽想些吧，这人死不能复生，或许春堂哥也就只有这么长个杖杆哩！”胖嫂张绪芝咬着牙，流着泪，一路东倒西歪地走着山路，身上的肉疤子还在不停地抖动，那心也算是伤到了极处。

刘叶翠她妈倒是松了一口气。她根据现场的诸多情形认真判定，翠她爹刘满山肯定没与刘春堂一起回来，可这到底是刘春堂忘捎口信去了，还是刘春堂压根儿就没有找到翠儿她爹住的地方？可就不得而知了。按照刘满山的性情，听说家里出了这种状况，无论如何也该奔回来一趟的！而眼下的情形该是长草短草一把挽到的时候了，既然跟前块头出了这样的惨事，就该连忙回去帮忙料理后事才是，那里还有时间埋怨自家屋里的男客家呀？眼看着这么多人来帮忙寻山找人，怎不能让人家都饿着肚子吧，得赶快回屋里去帮胖嫂张绪芝安排饭食才行。

太阳快要偏西的时候，刘春堂的尸骨才从石门隙的岩檐上弄了回来。男人们开始弄柴挑水推磨，女人们开始烧肉洗肉推豆腐准备菜蔬。经亲朋好友合计，最后由胖嫂张绪芝定舵，刘春堂的丧事还得按照土家族的习俗办理，坐夜跳丧那是必须做的。随着把信的信差联络到所有的亲朋，刘春堂被老虎咬死的消息便传播出去，恐惧与凄楚也随之弥漫开来。

风舞林梢间，山水含悲切。尽管土家族人对生死的态度坦然，但这突如其来的惨状还是震撼了乡邻们的心。而这个恐怖的消息很快就传遍了石龙寨、邬阳关、金鸡口……

刘春堂从金鸡口转身，回石龙寨倒湾坪经过石门隙的时候，被老虎拖去的消息传到金鸡口，传到刘满山耳朵里的时候已经太阳偏西。这回刘满山也吓得傻眼儿了，他万万没有想到刘春堂这么一个活生生的人，在他这里歇脚吃了中饭喝了点酒，还给他捎带了口信过去，说了自家两个丫头片子有人提亲说媒的事，怎就眨巴眼儿的工夫说没就没了？他越想越觉得背心发凉，越想就越担心叶翠她们三娘母了。翠儿她妈本来胆子就小，跟前块头一出这样的惨事，肯定着了慌。可眼下陈连升他们刹把子去了桃符口，按时辰可能还在回转的路上。他想立刻动身回石龙寨倒湾坪一趟，却又走不脱人，硬是急得六神无主了。

可人在焦虑中，时日变久长。就在刘满山焦虑地等待中，太阳渐渐地向西落去。

待到晚霞弥漫天际，照得河谷间微微泛红时，陈连升才与杨贞、陈三喜、李铁等那一拨木客兄弟在偏岩嘴的岩檐上冒了头。刘满山这才放下心来，赶紧热饭煮汤，还连忙烧了一壶开水，准备给陈连升炕茶叶泡一壶罐罐儿茶。当陈连升走近工棚，放下撑篙等行物，看到搁在工棚外的二把石锁时，硬是喜出望外。他拿起那把四十斤重的石锁便开始舞动起来，那抛掷推拉缠绕的动作依然流畅如初，身法脚步也依然轻快圆滑，看得杨贞、陈三喜、李铁、郭小虎、印紫竹、罗汉章、刘金堂等人拍手叫好，一片欢呼。这阵势倒是让林文章、关海峰、关海龙、林协堂和刘满山等人傻了眼。他们哪里见过，一块石头竟然也能够舞出这么多的身法和技巧来?

热了身子之后，陈连升放下那把舞过的石锁，望着众兄弟一笑说；“看来还真是三天不拿针，手也有些生！几个月没练过石锁了，就感觉这东西重了些。”众兄弟仍然沉浸在亢奋之中，一脸愉悦的表情。杨贞走上前去，提起那把八十斤重的石锁高举起来，缠了一圈放下石锁之后，笑眯眯地望着陈连升说：“你能不能也教我们大家练练石锁功?”陈连升望着众兄弟一脸凝重地说：“不是不可以，只是我们现在每天的体力消耗太大，刹把子去了桃符口，还要从桃符口走百里山路回到金鸡口，不是一件容易的事！而且我们还在腿脚之上绑了沙袋，再加上练石锁功时的食谱也是很有讲究的，我们现在时常风餐露宿，没有条件达到这个要求。等有机会安顿下来，我再教你们也不迟！不过，你们爱学的人可以先用这把四十斤重的石锁练练身法和脚步。”杨贞忙说：“这倒是个好办法！你抽空一定教教我们!”

正说话间，只见李铁上前一步，提起那把四十斤重的石锁，猛一甩举过了头顶。可由于李铁手掌的握力还欠火候，手一松滑就把石锁抛掷了出去，差点砸碎了林协堂的脑壳。好在陈连升手疾眼快，飞起一步冲了出去，一手接住了石锁并抬在了手掌之上。然后转过脸来冲着李铁吼道：“谁叫你这么莽撞的?！练石锁功可不是闹着玩的，弄不好不是砸伤了自己就是砸伤了别人，莽撞不得！李铁，你可给我听好了！今朝这事可是你自找的！从今晚开始，罚你随时提着这把石锁，什么时候拿捏得住了再准许你放下来!”众人一脸惊愕，他们何曾见过陈连升竟有这样的身手！倒是林协堂的脸上吓成了土斑色，半晌说不出话来。

042

就在众人散去洗了手脸，准备开饭的间隙，刘满山将一罐儿香喷喷的浓茶提到陈连升的跟前说：“你喝杯香茶解解乏吧!”陈连升这才松开一脸凝重的表情，开了笑颜。他接过刘满山递过来的竹筒儿茶杯，深吸了一气栗香味之后品着呷了一口，顿觉神清气爽。接着他转过脸来问刘满山道：“这石锁打得不错，一定花了不少银两，您先在郭小虎手中如数领取，月底发放工钱时，再在我头上扣除便是！”刘满山摆着手连忙说：“这石锁就算是我敬贡给你的，银钱我已经支付过了！”陈连升睁大眼睛认真地仔细看了这个精灵的老头儿一眼，然后淡淡地笑着说：“那感情好！我该怎么谢您才是呀？”刘满山眨巴了几下眼睛，见时机已到，就隐隐约约地说：“我倒是真有一件事情要求你开恩才行，不知能否得到你的应允！”陈连升连忙问：“有什么事情您就快快说与我听听，不然机会一旦错过，怕我又忘了您的恩惠，拿您的拦门坎儿！”刘满山长舒了一口气息之后便把家里的情形和两个女儿有人上门提亲，以及邻居刘春堂已被老虎拖去咬死的详情细细说了一遍，那意思就是想要告假回去一趟，想给叶翠她们娘仨打几天伴。听到邬阳关一带有老虎咬死人的消息，陈连升的脸上掠过了一丝儿惊愕，然后点了几下头，却并没有立刻回答什么。

等大家伙儿聚在一起，把晚餐吃得差不多的时候，陈连升对大家说：“现在桃符口的事情已经平静了，我也要给你们几伙计告几天假！因为我的大爷爷陈华老人的病情危重，需要回去探望！另外，刘满山师傅的家中也出了点状况，需要回去料理一下。因此，我把最近几天的安排作一下调整，从明天卯时开始，整个排队由林文章负责管理，并由陈三喜、刘金堂负责协助管理，大小事务你们三人商量行事；罗汉章负责留守驻地，并接管大家的伙食，不得有误；杨贞今夜护送刘满山师傅回家，并陪他在家里待上几天，三日后归队；李铁明早陪我回邬阳关，也以三日为期，一定按时归队！对近几日的这个调整，大家有什么意见吗？”众人答道：“没有什么意见！”可答话时的声音没有往常那么干脆，陈连升似乎听出了其中的玄妙，就补充说：“如果还有事情需要告假回家的，待我们四人归队后再作安排如何？”大家齐声说道：“好！”这回答应得干脆，陈连升的脸面上露出了笑颜。

又一个宁静的夜晚来临了，一轮明月冉冉升起，清辉似水，柔和地映照着河谷间，显得十分明亮。可刘满山和杨贞几次欲走却又停了下来，磨磨叽叽来回折腾了好一阵子也没有动身。最后他们来到陈连升的跟前，说出了想邀请陈连升和李铁也趁月夜到石龙寨倒湾坪刘满山师傅的家中歇息，明日吃过早饭之后再让他们回邬阳关的想法。李铁当然也是求之不得，只是刚刚受了陈连升的斥责不好出头言语罢了。其实杨贞一说要走，他李铁也就想起了刘叶禾，心里便如山雀扑腾，哪里还坐得住？待陈连升思量了一下之后，觉得杨贞他们说的也很在理，立刻把陈三喜、林文章、刘金堂三个伙计叫到跟前细细地交待一番之后，便踏着月色沿河岸的小路朝石龙寨方向行进。

陈连升爬行在山路之上，心里这样想着——假如能在石门隙碰到那只咬死刘春堂的老虎就好了，让我收拾了它，除去虎害，还能省我一趟路程。可当他停住脚步，望着邬阳关那雄奇的山影，望着石门隙那一片原始森林时，不免还是生出了一丝的胆寒。可当他斜眼看到跟在身后的李铁还真的提着那把四十斤重的石锁时，顿觉有了底气，迈开大步向前走去。

过了二岔口的河岸，爬上岸坎走到那个野稍屯的路口时，陈连升对走在最前面的杨贞说："歇息片刻，静一下心气，再爬那架高坡如何呀?"可杨贞心急，只想三步两步就走到刘满山师傅的家，见到他日思夜想的那个山妹子刘叶翠。于是他转过脸来对陈连升说："还是爬完这架高坡再歇吧!"说着话，杨贞的脚步没停，很快就越过了前去石龙寨河谷的岔路口，右转之字拐上了那段陡坡路。陈连升没再言语什么，脚步轻快地跟了上去。其实他要杨贞歇息片刻，并不是腿脚走得累了，而是想在那个岔路口歇一气，回顾一下当初常从这里走回石龙河谷刹把子时的情形。

刘满山心里有些害怕，这石门隙是一片乱石横空交错，且古木参天的原始森林，林中常有巨蟒和老虎出没，白日里胆大的人也多数不敢独自行走，更何况老虎才刚刚在这里咬死过人哩。杨贞两眼盯着月光照亮的石板儿路低头行走着，也没有顾及路旁的情形。可进入深林子之后，月光被树木遮挡，山道明显的暗淡了下来，他高一步低一步，跌跌撞撞。刘满山见状后忙说："你让我上前吧！你不熟悉路，怕把我们几个人带到岩檐上去了!"杨贞这才停住了脚步，让刘满山上了前。陈连升和李铁没有言语什么，一边走一边警觉地观察着林间的动静。

就在他们一阵奔袭，快出林子口的时候，月光又开始明亮起来。当刘满山抬头看到那一片熟悉的山影和田园时，也终于松了一口气。可就在刘满山停住脚步站立在月光下，然后转过身来准备说点什么的时候，就听林间"咔嚓"一声脆响，那声音分明是大牲口踩断了枯树枝发出来的。紧接着就听见一声低沉的闷吼呼地传了出来，吓得刘满山倒吸了一口凉气，顿时浑身打颤，腿肚子一阵酸麻，牙包骨就磕得崩崩地响。杨贞紧跟在刘满山的身后，倒是没有虚胆，只是两只拳头捏得咯咯地响，如临大敌一般。可等杨贞转过身来朝身后望去时，却不见陈连升和李铁跟来，顿觉心中慌乱，嘴里大喊一声："连升!"

可这喊声一出，便有一股冷风袭来，只见树枝分浪，杂草铺地，一只老虎冲出了深林子，朝杨贞和刘满山猛扑过来。原来这只老虎只为出来扑食，前些日子母老虎下了虎仔，需要肉食充饥，便潜入刘满山家的吊脚楼，叼了刘叶翠她们娘仨喂养的一头仔猪美餐了一顿。可当它咬了刘春堂叼进深林子尝了个鲜，然后放在岩檐的石板上留作下餐食用时，却被一群山民潜入深林子掳了去。于是它趁着月夜一路找寻而来，虽没见到它所剩下的尸物，却看见了月光下杨贞那一身活颤颤的肉疤子，闻见了一股生盐般的汗香。

就在听见那声脆响的刹那，陈连升机敏地伸出手按住李铁，隐蔽在了一块大岩石后面，并从李铁手中接过了那把已经握得满是汗渍的石锁，警觉地注视着月光下的情形。就在老虎扑向杨贞的瞬间，陈连升右手紧握石锁，也是闪电一般地猛扑过去，左手推开了杨贞和刘满山，接着一个跪姿躲过老虎扑过来的前爪，右手举起石锁猛一上顶，击中了老虎的肚子，一个翻滚便摔出了几丈。顿时老虎发起恶来，滚身爬起，张开血盆大嘴朝陈连升猛扑过来。月光下，只见陈连升右手紧握石锁如一只硕大的拳头，左手抓起一块碗口大的坚石猛掷过去，击进了老虎张开的大嘴里，碰碎了门牙。接着陈连升就地一个翻滚，又是一个跪姿伸出右手，将石锁重重地砸在老虎的额头之上，老虎一个扑地啃土，门牙脱落坠地，喷出一口血来。正欲爬起再向陈连升扑来时，陈连升腾地跃起，一个跟头翻过去，不歪不斜，正好一屁股坐在了老虎的腰间，手中的石锁便如雨点一般落下，猛击老虎的头部，直到老虎七孔来血，一命呜呼……

这时，躲在一蔸大茶树后面的杨贞壮着胆子冲了出来，趁着月光看见陈连升的胸前和脸上溅满了老虎的鲜血。待杨贞扑过去细看时，老虎的头颅已被石锁砸扁了，就伸了伸舌头对陈连升说："我的天爷爷！这回你可真是下了狠手！"陈连升把石锁按在老虎的头顶，有些气喘，但没有言语什么。躲在岩石根脚的李铁，听到杨贞的说话声才敢钻了出来，一看陈连升仍然骑在半人高的虎背上没有下来，吓得浑身发抖，倒抽了一口凉气。

可就在陈连升骑在虎背上静了心气，手提石锁准备站立起来的当儿，又见林子边上闪过两道蓝光，接着又是一声怒吼，一只更大的老虎闻到了同伴的血腥，向他们猛扑过来。陈连升警觉地握紧了石锁，冲着杨贞和李铁他们大声喊道："快闪开！可能是母老虎找寻它的同伴来了！"杨贞倒也有些身手，一手拉过李铁迅速闪开，躲避到了那蔸茶树后面，却踩着了还趴在茶树蔸脚发抖的刘满山。

在明亮的月色之下，只见老虎疯狂地扑了过来。陈连升右手紧握石锁向旁边侧身一滚，躲开了老虎伸出的前爪。猛扑过来的老虎扑了个空，借势滚到了已被打死的老虎身边嗅了嗅，见那死虎已经没了气息，便张开大嘴仰天大吼一声，震得地皮都在颤抖。接着躬起身子一个腾跃，朝月光下满身血渍，拉开跪姿，紧握石锁的陈连升猛扑过来。陈连升顺势又是一个侧闪，再次避开老虎伸出来的利爪，猛甩石锁顶到了老虎的前夹空。老虎猝不及防，一个翻身滚落下去，腰身跌落在一块岩石上发出一声闷响。陈连升一个鹞子翻身猛扑上去，甩出石锁再次击中老虎的腰身，肘骨碎断插入肝脏，老虎当场毙命。陈连升闪电般拉回甩出的石锁，绕过头顶猛击侧身躺在岩石上的老虎耳门，一股黑血从耳门溅出，洒向了月光映照下的那一片空间……

陈连升已经累得筋疲力尽，躺在老虎的背后喘着粗气，可手中那把四十斤重的石锁却仍然紧握着没敢松开。杨贞和李铁听见没了动静，连忙从茶树蔸脚钻了出来，去找陈连升。刘满山从茶蔸脚下爬起来，打着牙壳子说："不要紧啵？搞成哪门个样子了呀？"没人回答他的话。杨贞与李铁看到陈连升侧身躺在老虎的身后，就奔过去察看，还以为陈连升受了重伤。哪知道还没拢身，陈连升便是一个绞腿轻踮双脚站了起来，把那糊满血渍的石锁扔到地下，立于月光之下，显得格外高大。只听他对杨贞吼道："还愣着干嘛？你不是力气大吗？快把两只老虎搬在一起，公老虎归我，母老虎归你和李铁！搬的时候不能在地上拖，那样会弄坏了皮毛。"杨贞回过神来，连忙去搬，一股刺鼻的血腥味迎面喷来，让他打了个寒颤。

刘满山站在月光下浑身发抖，好不容易才迈开了步子，站在小路上打着牙壳子对陈连升说："快快随我回屋里去，我给你烧水洗衣，莫等那血渍枯了就再也洗不起来了。"陈连升回过头来，望了望已被杨贞摆成一顺的两只肥硕如小牛一般大小的老虎，长舒了一口气之后，跟着刘满山朝他们家的木屋里走去。

043

那是一个既让人悲伤又让人惊恐的夜晚。刘春堂被老虎咬死之后捡回的半拉尸骨正停在刘家屋里的高堂之上，坐大夜跳丧的鼓乐和唢呐声在石龙寨的河谷间回荡着，明亮的月光照着起伏的山影，也照着一公一母两只肥大的已被陈连升打死的老虎。陈连升、杨贞、李铁经历过惊恐，回复平静之后那坦荡的心境里涌起了男子汉的豪迈激情。

一连几天，陈富老人与儿子陈万星都在为老虎的事情忙碌着。陈万星按照老父亲的吩咐，将陈连升召唤廖大锤从石龙寨倒湾坪外的刘家屋场，背回到陈家棚的那只老秤三百五十多斤的公虎，小心翼翼地剥了皮子，剔了肉，进行了一番分类处理。并征得陈连升的同意，虎皮归他爷爷陈富晾干后，到金鸡口找一个上等技术的皮匠，硝好了皮毛，然后做一件虎皮袍子或者背褂；虎骨也由他爷爷晾干后泡一瓦缸白酒，说那虎骨泡酒有强身健体治愈痨病的功效；可那剔下来的几百斤虎肉全部分给了乡邻们。而留在石龙寨倒湾坪外刘家屋场刘满山家的那只母老虎就任由杨贞和李铁他们处置了。

坐在板桥沟大爷爷陈华老人的病床前，陈连升趁着屋外的光亮，望着大爷爷那枯瘦蜡黄的病容，有些感伤地说：“大爷爷，您可要挺住哩！连升自从去了石龙河谷，然后就转场去了金鸡口，很少有时间回来看望过您。过些时日，等我们把杉条木全部运到了桃符口，整个河道就归赶流送的木客们占用了。我们这班伙计就要在桃符口扎大簰出清江，回来看望您的时间也就是遇而不遇了。您一定要把身体养好，等年德、年高他们娶了媳妇子，给我生养一拨侄儿子之后，还要请您出山给他们教石锁功哩！”陈华老人知道孙娃子连升是在宽慰自己，就重重地叹了一声长气，然后伸出骨瘦如柴的右手，拉着陈连升的右手，轻轻地抚摸着他的右手掌上那些粗厚的茧壳说：“连升啊！大爷爷已经不中用了！以后教石锁功的事，大爷爷就交给你了！你的勤奋、你的天赋、你的胆魄都在我辈之上，我已经死而无憾了！”陈连升握紧着大爷爷陈华老人干瘪的手掌说：“大爷爷！您可千万别这么讲，等我出了清江到了宜都，一定找最好的郎中，弄最好的药回来给您医病，等您的病好了，还要抽空教我练习武功才是！”可陈华老人又重重地叹了一声长气说：“连升啊！还好大爷爷当初听了你爷爷的话，打消了心中的私心杂念，没在你连升身上留下遗憾。不然我到了这个时候便会愧对你连升啊！我现在心里很坦然，没有遗憾了！”

陈连升听懂了大爷爷话中的含意，就十分感激地说：“大爷爷待连升不薄，费尽心力了！”听了这话，陈华老人的心里有了一种慰藉，脸面上有了一丝儿欣慰的表情，然后感慨地说：“自从那天听说你在桃符口，捉拿了众山匪，废了谭天飞的武功，扫清了清江水道时，我便感到我陈华这辈子活得值，硬是死而无憾了！”陈连升欠了欠身子，正想说几句感激的话，大爷爷陈华老人却又抢着说：“前天夜里，你又一连打死了两只猛虎，这份胆略和英雄气概，也是大爷爷我们这辈远不能及的！可你一定要牢牢地记住大爷爷的话，石锁功始终是你的看家本领，只要石锁在手，你便行走江湖无人能敌！”陈连升顿时感动得热泪盈眶。

回想那夜在月下打虎的情形，如果没有那把四十斤重的石锁在手，他哪有连毙两只猛虎的功力？他紧握了一下大爷爷的手说：“孙儿记住了，大爷爷的每一句教诲，孙儿都已经铭记于心了！”

陈连升从板桥沟大爷爷陈华老人家里出来的时候已经夕阳西下，他没有径直回家，却朝板桥沟南面的廖家大屋场走去，他想去看看好兄弟廖平山，更想找他要一匹好马骑回陈家棚去玩一天。哪知道陈连升刚上廖平山家的塔坝坎，就听廖平山在正房里哈哈大笑说：“一听这脚步，我就知道是连升来了！”廖平山连忙迎了出来。李秀兰挺着个大肚子也跟着夫君廖平山走出屋来，十分谦和地笑着对陈连升说：“好多时都没见过连升小弟了，水上的功夫还奈得何啵？”陈连升看着李秀兰那副变了形状的身材和那挺起的肚子，不知道说什么好了，就嘿嘿地一笑说：“嫂子，你长胖了!”

廖平山把陈连升带到吊脚楼上的厢房里落了坐，沏了一壶好茶，一边喝着一边说话，说着说着也就扯到打虎的话题上去了。廖平山没有赞许，没有感叹，最后还埋怨陈连升说：“你小子还是有点儿冒失！你这么年纪轻轻的，倘若有个什么闪失，非死即伤，到那时哭都没得眼睛水!”李秀兰站在廖平山的身后说：“你才是不会说话呢！连升那是自古英雄出少年！没有那份本领，没有那份胆气，谁能一口气打死几只老虎呀!”廖平山倒也觉得李秀兰言之有理，也就立马转换口气说：“那倒也是，好在李铁那小子实诚，走那么远的路还帮你提着一把四十斤重的石锁，像是专门去打老虎的!”陈连升笑了笑，没有解释什么。他呷了一口茶水之后轻轻地放下茶杯，正欲开口说话，廖平山早已明白了他的心思，就抢着说道：“眼看这天色将晚，路程虽不算遥远，可也还要一袋烟的工夫，是想借马一骑?”陈连升开怀一笑说：“平山哥果然精灵。你要借我一匹快马，让我明天到邬阳关、陈家棚尽情地玩一天。明天傍晚我就要去金鸡口，带马过来顺道奉还。”说完这话，两人出了厢房。廖平山从吊脚楼里牵出了那匹枣红色的大马，配了鞍座，系好盘绳，便把缰绳递给了陈连升。

晚霞映红了山谷，河水轻悦如琴。陈连升飞身上马，拉回缰绳调转马头向廖平山、李秀玉夫妇道了别，折转身飞奔而去，山道上响起了节奏明快的马蹄声。当快马奔驰的速度超过了放木簰刹把子的速度时，陈连升感觉到了一种生命的壮美，一种刺激。顿时他的心中有一种激情奔放出来，融入到了邬阳关那磅礴的气势之中，生出了一种别样的情怀。

而在这几天的光景里，私塾先生陈万魁一直处在一种亢奋的情绪之中，他的耳边始终有两句话对仗着，一句话是说：“百无一用是书生。”而另一句话则是：“自古英雄出少年。”难道说苦读圣贤之书的学子们就真的是“百无一用”？当陈万魁得知侄儿陈连升接连打死两只老虎的事情后，心灵被震撼了，他有时甚至想着这样一个问题，如果一只吃人的老虎突然来到他们跟前，即使立刻把学堂里所有的学生都放出去，谁有胆量去打虎？莫非还真是应了那句话：“自古英雄出少年!”陈万魁本想把侄儿陈连升叫到学堂里来叙谈一番，也好让陈年德、陈年高、陈年学三兄弟领略一下陈连升骨子里超出常人的那份胆气，可他却又怕此举助长了侄儿陈连升的傲气，也就故意淡着这事，压抑着亢奋，展露出来的却是一种平静。

要说陈连升打虎的事谁谈起都会激动一阵子，搁在谁的头上也都还可以淡定下去，而唯独他的爷爷陈富老人硬是平静不下来，他恨不得召集乡邻再来陈家棚，架起篝火再开一次歌唱。孙娃子陈连升的确就是他爷爷陈富老人心目中的一个梦境。

当下的情形对于他来说就好比已经圆了曾经的那个遥远而甜美的梦。这收服桃符口三里城的那帮山匪，废了谭天飞的武功，疏通清江水道的件件喜事都还没来得及庆贺，孙娃子却又成了为民除害，连毙两虎的打虎英雄。陈富老人时常站在陈家棚的塔坝里，望着邬阳关那雄奇的山影发呆，他恨不得把躺于青山之中的陈氏家族的几辈祖宗都叫起来，痛饮三大碗包谷老烧……然而这事搁在陈富老人的老伴，陈连升的奶奶黄翠姑的心里就又淡定了许多，他埋怨老伴说："别喜得过了头，惯坏了伢崽！人生的路还很长，他得一步一步稳稳当当地走下去！"陈富老人用一种异样的目光看了老伴黄翠姑一眼，就好像一盆凉水泼到头脸之上，那亢奋的心境才慢慢儿平静了下来。

陈连升骑着马欢快地奔驰了一阵，觉得过了瘾玩省了之后，策马回到陈家棚的时候天已擦黑。他把那匹枣红大马拴在了屋角的木栏上之后，正准备回自家的棚屋里去看看爹娘时，已经等了很久的爷爷陈富老人笑呵呵地走过来喊道："连升啊！我们这里饭已经熟了，专门等着你哩，快些过来陪爷爷喝二两吧！"陈连升听到爷爷带有磁性的声音，倍感亲切，笑着迎了过来，一路说着话去了爷爷家的棚屋里，还隔老远就闻见了一股久违的清香。

陈富老人一脸幸福地说："奶奶给你准备了很多好吃的，等你半天了！"陈连升望着爷爷笑了笑，也是一脸幸福的表情。可当他进到厨房里亲候了奶奶，然后与爷爷面对面坐在餐桌上，端详着爷爷那富态的面容时，心里突地一怔，自个儿出去也才半年多的光景，爷爷竟然老了许多去。原来他那麻黑麻黑的胡须变成了花白，两鬓的银丝明显的多了起来，脸面上那红润的光泽也已经不存几许。陈连升连忙关切地问爷爷道："您近段时日，没有哪儿不舒服吧？"陈富老人迟疑了一下，用深情的目光望了孙娃子连升一眼，没有言语什么。

奶奶黄翠姑端了一钵豆香四溢的合渣汤搁在了餐桌上，然后用抹布揩着手说："连升，你是不晓得哩！自从你到石龙寨河谷里刹把子放木簰去了之后，你爷爷在屋里就像是丢了魂魄似的，有时茶饭不思，时刻牵挂着你；有时候他坐在塔坝角上，望着白虎寨的山影长叹短嘘的，一待就是半歇；有时候却又是呵欠连天，走路东倒西歪，活像个鸦片鬼！其实，我懂得你爷爷的心思，他是舍不得你！可又不能不让你出去闯。连升你这一走，他就似比掉了魂，你说他能不老得这么快吗？连升你想想看？你在屋里练石锁功的那阵子，你爷爷整天围着你转，忙里忙外的时候还是满面红光哩！"陈富老人难以抑制心中的激动，伸手一挥阻止老伴的唠叨，说出一句声音嘶哑的话来："就你嘴长！"那声音像哭。陈连升的心灵被震撼了，两眼满含着热泪对爷爷说："连升已经长大了！成了一个结结实实地放簰汉。您老人家以后多多歇息，放宽心思安度晚年，别老惦记着孙娃子了！”陈富老人望着已经是满脸英俊之气的孙娃子陈连升重重地叹了一声长气，然后万分感慨地说：“这回我就真的放心了！一个捉了三里城的众山匪，废了谭天飞武功的儿娃；一个在石门隙接连打死两只猛虎的后生，还用得着我这把老骨头担心惦记吗？不用了！爷爷现在开心舒畅得很啰！”

在陪爷爷喝酒的时候，陈连升发现爷爷的酒量也减少了许多，原来是每餐一小碗，现在怎样相劝也就只能喝得浅半碗了。而陈连升自个儿却是酒量大增，吃着奶奶黄翠姑为他精心准备的饭菜，喝着爷爷积攒下来的陈年腊酒，他便格外豪爽。爷爷每呷一大口，他就喝下一碗去。在爷爷奶奶眼里，连升真是长大成人了，曾经的那个身子单薄的孙娃子，而今早已长成了一个让人放心的儿男。这酒喝到尽兴处，陈富老人望着身材高大的孙伢崽陈连升，十分感慨地说：“你长大了，爷爷也就该老了！以后你就独自去闯吧！迟早有一天，我也会学你大爷爷陈华老人那样躺在床上起不来的！”看得出爷爷的心里有些伤感。陈连升连忙劝导爷爷说：“您可千万不能这么想！您的身子骨原本就硬朗，再等那虎骨酒泡好了，您每餐坚持喝二两，身子骨便会更加硬朗起来！”

提起那缸刚刚泡下的虎骨酒，陈富老人眼前一亮，顿时眉飞色舞来了精神，他望着孙娃子陈连升兴奋地说：“那倒也是！这虎骨酒的功效我是亲眼见过的。只是你大爷爷恐怕没那个福分了，等这虎骨酒泡出汁来，他恐怕也就……这么说来，我还是有福啊！算我没有白疼你连升！我把心血都花在你的身上，算是得到回报了！”陈连升透着泛红的双眼，深情地望着爷爷脸上布满的沧桑，望着爷爷的表情变化，他感到了一种亲情与温暖。他十分庄重地对爷爷说：“我会按照爷爷给我铺设的路一直走下去，并且努力走得更高更远！只是孙娃子不能长久的在家守着您。您二老可要保重身体。我出去一段时间之后，定会抽出时间回家看看爷爷奶奶的！”陈连升说着话，就从腰间的衣袋里取下一个精美的钱袋子递给爷爷说：“连升也出去几个月半年了，一班兄弟拖着，开销也不小，现在身上也就只剩下这些了。您们二老把它留在手边，补贴一下家用。等我下次结了工钱，再给您们二老捎些回来！”陈富老人握着那只很沉的钱袋，感动得热泪盈眶，只在喉咙里挤出几句简短的话来：“连升长大了，连升长大了啊！”

044

很晚，陈连升才从爷爷屋里出来，正好与收山回家的爹爹陈万星撞了个满怀，他大声喊了一声“爹”，可爹爹陈万星只在鼻子里“嗯”了一声之后，就又忙自己的事情去了。陈连升转过身来，趁着月色望着爹爹陈万星的背影大声说：“大爷爷已在病中，您要多去看看他，别一天只顾了在山上跑!”爹爹陈万星没有答话，略微停顿了一下脚步之后，还是走了。

陈连升从自家的屋里找了一把棕刷子，来到拴马的地方，仔细为马梳刷毛衣。那枣红马高兴得又蹦又跳，鼻孔里喷出了一股热腾腾的气息来。忙了一阵子之后，他小心翼翼地解下盘绳，取下鞍坐，又把鞍坐挤压过的马背仔细抚摸着梳刷了一遍。枣红马顿时在月光下焕发出一种油光顺滑的光泽来。陈连升伸手拍了拍枣红马的脖颈后，把刷子送回屋里，然后给枣红马弄了许多吃食送去。

在明亮的月光下，已经有了几份醉意的陈连升守候在枣红马的身边，看着它吃食的样子，时而抚摸着马身，时而轻拍着枣红马的脖颈和鼻梁，就像一对久别重逢的好友，许久不肯离开。而这匹枣红马对陈连升也显得极其友善，时而欢快地蹦跳，时而昂头温顺的嘶鸣。

夜已经很深了，陈连升仍然守候在枣红马的身边，逗着与它玩耍。爷爷陈富老人站在棚屋外的街沿上大声喊道：“连升！你睡的床铺我已经给你弄好了，早些过来睡觉吧！把马拴到后阳沟的屋檐下，让它遮着露气。”听到爷爷的喊声，陈连升才从一种陶醉中回过神来，把马牵到后阳沟的屋檐下避风的地方拴好了，然后轻轻地拍了拍枣红马的脖颈说：“你也歇着吧！明早等你吃饱后，我们一起狂奔!”枣红马原地踏了几个碎步，鼻子里喷了几喷，就算是答应了。

家乡的月显得格外的亲和与明亮，家乡的夜显得格外的宁静与安祥。当黎明的晨曦展亮在茶莲河谷，随之渐渐升起的朝阳映红了陈家棚那一片开阔的台地时，陈连升精心地喂饱了那匹枣红色的高头大马……自古以来，习武者爱良马这是天性，而陈连升对马的情感尤为深厚，他常常这样想着——我将来一定要有一匹与自己情感融通的良马。

等到日上三竿，路边草上的露水都已经滴落时，陈连升牵出枣红马来，架上鞍坐，系好盘绳，在棚屋前的塔坝里飞身上马，从陈家棚东头的横路上奔向了那片开阔的台地，绕道台地外沿跑出了一个椭圆形的大圈。他尽情地奔跑着体验着，像一个刻苦的骑兵在训练马术，一边奔跑还一边变换着各种骑射的动作。一路马不停蹄，直到日落西悬，累得人困马乏。陈连升这才记起，今日傍晚应该是到金鸡口去了。

太阳慢慢儿偏西的时候，刘满山吩咐女儿刘叶翠、刘叶禾姐妹俩烧火做饭，准备让杨贞和李铁吃饱了肚子之后按照约定的时辰，到二岔口与陈连升会合，然后一同前往金鸡口。几天以来，随着死者刘春堂的入土为安，两只凶恶的老虎也被陈连升打掉的事实摆在大伙儿的面前时，那恐惧紧张的气氛也就渐渐地松驰下来，慢慢儿恢复了平静。那只母虎的皮和骨归了刘满山家，肉割下来分给了众乡邻。杨贞和刘叶翠一路进进出出，沉浸在幸福的爱恋里，情真意切，十分缠绵。刘叶禾也像个跟屁虫，整天围着李铁转。刘满山与刘叶翠她娘也是整天眉来眼去的，心胸里乐呵呵的，有了一种难以言表的畅快与舒坦。倒是李铁一有空闲的时间，就紧握着那把曾由陈连升握着打死了两只老虎的石锁，掷去绕来，还真是练出了一点感觉。他似乎悟出了其中的道理，也领略到了陈连升对他威严的背后还藏着的那一番苦心。

就在刘满山收拾行装，准备跟随杨贞和李铁前往金鸡口的时候，刘叶翠她娘心里有些毛躁起来，这翠她爹一去就是十天半月的，家里进进出出又就是几个姑娘家，没得个男人顶柱梁，心里总是有些不踏实。她坐在木屋的门边对大丫头刘叶翠说："叶翠，你不晓得跟着你杨贞哥哥去金鸡口，替你爹弄一段时间的饭啦！让你爹也好在屋里给我们多打几天伴哪！"一听这话，刘叶翠心里激动，脸儿一红说："那倒是要得哟，只是要看爹爹那边的事情怎么个安排法呀！"刘满山稳腔落板地说："好倒是好！但我没给陈连升说清楚讲明白，就这么擅自调换了人，怕杨贞和李铁回到金鸡口之后被埋怨！"李铁望了望杨贞，没敢说什么。只见杨贞望着刘叶翠眨巴了几下眼睛之后说："您们商量好，连升那里我去说，只要伙计们能够按时开饭，谅他也不会过余计较。"说到这里，站在一旁一直没有吭声的刘叶禾激动起来，红着脸蛋儿大声说："姐姐一个人去调换爹爹的事我不放心，你们想想看？那么多的儿娃子，夜晚都睡在那穿眼大洞的工棚里，万一哪个不信邪！哼，是个什么后果呀？"娘早就看出了小女儿刘叶禾的心思，知道鬼灵精怪的小丫头刘叶禾也是和李铁玩起了感情，秤不离坨了，就说："那你也就跟姐姐打伴去吵！"刘叶禾笑盈盈地望了李铁一眼，连忙到房间里收拾衣物去了……

傍晚时分，陈连升话别了爹娘，告别了爷爷奶奶，然后骑着枣红马一步一回头朝板桥沟走去。他到廖平山家还了马，又去大爷爷陈华老人的病床前交待了一些事情之后，便一路小跑，蹚过了茶莲河，直奔二岔口。

这时，先一步到达二岔口的杨贞、李铁和刘叶翠、刘叶禾姐妹俩，正在二岔口的河岸上歇息。当他们看到陈连升在茶莲河的岸口一冒头，杨贞和李铁便起身迎了上去。陈连升也是喜出望外，把个背在肩上的紧布口袋往肩背后一甩，接着张开双臂就一左一右搂住了杨贞和李铁的脖颈，如同久别重逢的铁哥们一般传递着一种亲情。当他们三兄弟勾肩搭背，来到二岔口河边见到刘叶翠和刘叶禾姐妹俩时，陈连升哈哈一笑说："你们两伙计也真够狠的！是不是就用那只死老虎当了聘礼，一下子就骗走了人家的两个黄花大闺女呀？"杨贞抬起眼皮红着脸，望了刘叶翠一眼之后说："是叶翠她妈鼓捣把她塞给我的！"刘叶禾一听这话就假装生气了，脸一弯嘴一撅站起身来冲着李铁说："我妈该没把我也鼓捣塞给你吧？"李铁也是脸巴一红说："你妈没有鼓捣塞，是你自个儿哭着闹着，追着赶着要来的！"刘叶禾扑哧一下笑出声来，尖着声嗓大声吼道："这还不如塞给你的啦！"

晚霞映红了起伏的山影，二岔口河谷间石壁高耸，风景如画，河道里绿水清波，树木掩映。歇息片刻之后，陈连升站起身来，甩臂挺胸，活动了一下身子，嘴里自言自语地念叨道："今日骑马，很是过瘾！"一听这话，李铁猛地站起身来凑到陈连升的跟前问："你屋里还养有骏马？"陈连升仰起脸来眼望着石龙河谷远山的那一缕晚霞说："不是我屋里养有骏马，是我借用廖平山屋里的那匹枣红马骑了一天。"李铁眼前一亮，心里好生羡慕，就又追问了一句："哪个廖平山？就是去年中秋被你一阵子工夫就打下擂台的那个伙计？"杨贞站起身来斜了李铁一眼之后说："廖平山就是木材行大老板廖百川的儿子，为人几多仗义！"陈连升没有顺着杨贞和李铁的话往下讲，展露着一脸陶醉，慢条斯理地感叹道："那骑着快马奔驰的感觉真是奇妙无比啊！"

晚霞照映着河岸的风景，轻悦的水声像拨动着万古琴弦，凉爽的河风驱赶着暑热，林间的山花招引着的彩蝶。刘叶翠与刘叶禾姐妹俩，坐在河岸光滑的岩石上，倾听着三个儿男的谈话，欣赏着儿男们的阳刚之美，心胸里涌动着少女半醒的情潮，红扑扑的脸蛋儿上洋溢着幸福的喜气，构成了一幅奇妙无比的景致。

陈连升、杨贞、李铁和刘叶翠、刘叶禾姐妹俩加快了脚步，等过了犀牛洞外的那个滩口，走上那一排工棚时，天已擦黑。从桃符口回转归来的林文章、关海峰、关海龙、林协堂、陈三喜、郭小虎、印紫竹、刘金堂等人也一路到达了金鸡口。兄弟们小别重逢，格外亲热，嘈杂了好一阵子。罗汉章泡了一盆茶水供大家饮用，并忙着摆好了晚餐。可这时，林文章神秘地把陈连升拉到一旁，向他传递了一个惊人的消息！在桃符口欧家拐欧家已住数日的木材老板林国兴离奇失踪。陈连升心里一怔，脸面上掠过了一丝惊愕，突地臆测到了什么。

045

木材老板林国兴自从那天去了桃符口之后，就一直住在欧家拐的欧家。河道里放木簰刹把子的活计，仍然有陈连升和林文章照护着，他也就心安理得地享受着一个老板的清闲。他每天早晨起床之后都要先到河岸上散散步，看看天色和水情。回到欧家，吃过欧家大儿媳妇庆月嫂弄的早饭后，闲下来的功夫也就是抽抽烟、喝喝茶、困困觉。每天傍晚吃过晚饭后，林国兴老板也照样要到河岸上去散散步，观观天色和水情。

也不知是什么时候，陈连升就听到关海峰和关海龙弟兄俩打过哑谜子，好像是说林老板在欧家拐又要住些日子了，反正欧家拐欧家的庆月嫂不仅茶饭弄得好，而且那不高不矮的身材也还长得丰满得体，很有少妇的韵味。反正那些当老板的人自古就是这样，有钱有身份，闲下来的时候，那有不想点儿歪歪心思的呀！从书面上讲这就叫“饱暖思淫欲”。

可陈连升年纪尚轻，对风月场中的男女之事也还不是那么了解，因此关海峰、关海龙他们打的那个哑谜子他也就没那么把它当一回事。回想起来，他只是觉得林国兴老板硬要早早前去，而且硬要住在桃符口的欧家拐，毕竟还是有点缘由的，只是这个缘由陈连升他们也没有必要去仔细探究。可眼下既然木材老板林国兴已经出了状况，如果不把前前后后的这些线索串联起来，查找一下原因，又怎么能把这样一个离奇失踪的大活人找回来呢？吃过晚饭后，陈连升独自坐在那里喝着茶水，脑海里就这样仔细地回想着。

工棚外的沙滩上，所有兄弟正在听杨贞和李铁讲述着那天晚上，陈连升在石门隙月光下手握石锁，接连打死两只老虎的壮举。杨贞说得眉飞色舞，还时不时拉开脚步配上一个惊险的动作。每当杨贞难以用语言准确表达当时的惊恐与奇险时，李铁便会站起来，手里提着那把四十斤重的石锁手舞足蹈地补充几句。陈三喜站起身来冲着李铁喊了一声：“你把石锁拿稳点儿，莫又甩出去吓着我们！”一听这石锁的事，陈连升回过神来，他突然记起：在二岔口与杨贞和李铁汇合时，他的手中并没有提着那把石锁呀？只见刘叶翠背着一只背篓，背篓上面搁着一捆菜蔬，难道李铁是把石锁放在刘叶翠的背篓里了？陈连升走向沙滩，站在众人跟前冲着李铁喊道：“李铁！你小子还真会偷懒耍滑！从明早开始，你将这把石锁带在簰上，从桃符口走回来的时候你要提着石锁，连续十日，让你长长记性，看你以后还敢不敢偷懒！”李铁无可奈何，望着一脸威严的陈连升“嗯”了一声。

夜渐渐地深了，明月当空，河岸凉爽，众兄弟没有睡意。了解到了陈连升一连打死两只老虎的全过程，都是一脸兴奋，顿生敬畏之心。最后还是陈连升发了话：“都早些歇着吧！明日时晨依旧，工夫依旧。只是罗汉章委屈了几天，你就把伙房里的事交给刘叶翠、刘叶禾姐妹俩。”罗汉章望着众兄弟嘿嘿地笑了一阵子，竟没有言语什么。

可就在众兄弟去河道里洗了澡，正准备钻进工棚里歇息的时候，五峰的木材老板邱会成，建始猪耳河的木材老板熊楚清联合差人来请，要陈连升带领众兄弟前往金鸡口街上西头的“枫树楼”去吃宵夜、喝酒。陈连升倒是客气了一下，作了一番推辞。陈三喜、郭小虎、刘金堂、印紫竹围了起来。陈三喜笑着说：“有人请吃酒还是得去，连升你是有所不知，我们吃惯了刘满山师傅弄的饭菜，再吃罗汉章弄的饭菜就好像没那么有味了，弟兄们的肚子里早已没了油水。不如前去领了邱老板和熊老板的这份人情!”陈连升看到林文章、关海峰、关海龙、林协堂、罗汉章等众兄弟也都围了拢来，立刻明白了什么，笑着说：“那就去吧，不能晒了二位老板的脸。杨贞和李铁就在这里负责守场子，刘叶翠和刘叶禾姐妹俩初来乍到，还需照护一下。”罗汉章一听这话，就又嘿嘿地笑着说：“那俩小子，这会儿肚子里也肯定不缺油水了，就让他俩早些歇着吧!”众兄弟嬉笑着，簇拥而去。

在“枫树楼”的雅间，酒过三巡之后，熊楚清给邱会成递了一个眼神，然后同时端起酒碗站起身来，走到陈连升的座位边上，一边一个站在那里，这分明是要给陈连升敬酒来了。两位老板的这一举动，弄得陈连升一头雾水。他连忙站起身来说：“二位老板，我可经受不起呀！连升年纪尚轻，没有阅历，你二位有话直说，需要连升效力的地方，二位老板尽管吩咐就是。”邱会成站直身子，双手把酒碗端至胸前，一脸诚恳地说：“连升，你是我们木客水手中的骄傲！还真是自古英雄出少年，你不仅征服了三里城的山匪，还在桃符口这道清江天险之上开设了渡船，这可是一件功德无量的好事呀！更让我们感佩的是，你还在石门隙一连打死了两只大老虎，为邬阳关的乡邻们消除了虎害！这件件桩桩的好事可都是你这个少年英雄所为呀！我们深感后生可敬、可畏！特地与熊老板共同敬连升英雄一碗，还望连升英雄以后多多关照我们二位及我们手下的人丁。”熊楚清站在一旁，也是一脸庄重地随声呼合着。陈连升用腿推开了座椅，端起酒碗站起身来，也是一脸庄重地说：“二位老板，你们这是折煞我呀！连升先干了这碗酒，算是回敬二位老板了!”三个人一口气喝了碗中的酒，然后朝众人亮出碗来，以示豪爽与诚意，博得众人一阵喝彩。

接着熊楚清望着席面上的众人说：“都把碗中斟满酒，我和邱老板还要敬连升英雄的各位兄弟一碗。”就在各自斟酒的间隙，熊楚清慨气地说：“各位豪侠！我们能在金鸡口这块一脚踏三县的地界上相遇相知本是缘分，同在这条水道之上经历风雨谋生计更是一种缘分！实不相瞒，我和邱老板合计，今天要求助众豪侠一件事情啊!”众人顿时睁大眼睛，想知道熊楚清和邱会成所求何事。

陈连升心里明白，平白无故地谁肯花钱请人家喝酒呀？他抬手一挥，很是恭敬地说：“熊老板请讲！我们几兄弟愿闻其详。”熊楚清望了众人一眼之后说：“我和邱老板所求的一件事情是，我们两边的元木筒子已经堆满了各自的小河口，今年又比哪年都买得多，时间不等人啊！我们就想打各位豪侠一个商量。如果等你们林老板把所有的杉条木全部运抵桃符口，可能还要二十天的工夫。你们看能不能一天两趟，如果突击几天，先把杉条木剁到翟家河，这样就可以提前十天让出金鸡口至翟家河的水道，我们的几百号人也就可以提前十天有工夫做了。等我们把金鸡口所有的圆木筒子都运到翟家河的时候，你们的杉条木也就全部到达桃符口了。这件事情还望连升英雄及众哥兄老弟成全才是！”众兄弟望着陈连升没敢轻易做声，可陈连升又比往日多喝了一碗酒，神智有些飘然，加上又还从来没有人在这样的场合称他“英雄”，让他头一回感到了在交际场中的不适应。但机灵的陈连升很快镇定下来，站稳身子说：“二位老板言之有理！可我们明日还得再直达一趟桃符口，等我们接回林老板并从中协调商议之后，一定尽早让出水道，给二位老板行这个方便。眼下，二位老板即可作出安排，以十日为期，择吉日开河道赶流送！”一听陈连升这话，邱会成和熊楚清各自退后一步，拱手鞠躬言谢。

场面上的气氛更加活跃起来，酒也喝到了极兴之处。熊楚清端起桌上的酒碗，邀了邱会成作陪，面对席面上的众人说：“来！我们共敬各位豪侠一碗，喝个团圆酒！”众人举杯，豪饮而尽。

从“枫树楼”里散场出来，已是月明星稀。河岸上吹着凉爽的风，轻悦如琴的水声汇成了和谐的音律，像一曲古弦从远处传来，在河谷间流淌。陈连升感觉到河滩上有些高低不平，眼前现出了重叠的山影，仿佛硬是有点醉了。

回到工棚里躺下，棚外的月光射进一缕，照着棚壁上的蓑衣和斗笠……陈连升翻来覆去怎么也睡不着，只觉得口干舌燥，脑门发胀，可心里仍然惦记着先前在“枫树楼”的酒席场中对着邱会成、熊楚清二位木材老板及众兄弟说过的几句“等我接回林老板”的话。可林老板现在何方？生死如何？这些均不得而知。我等明日前去，真能找到林国兴老板的踪迹，顺利地把他接回来么？

这日，十二块木簰晨时从金鸡口出发，陈连升授意林文章、关海峰、关海龙、林协堂四人在后河口停簰等候向海山众兄弟，自己则与杨贞、陈三喜、李铁、郭小虎、印紫竹、刘金堂、罗汉章等一支箭刹出了桃符口。晌午时分，他们在桃符口欧家拐弯下了木簰，闪电般前去欧家查看了林国兴老板睡过的房间，留下的物件。陈连升还把欧家的大儿媳庆月嫂叫到一边，仔细地进行了盘问。最后陈连升判定——木材老板林国兴一定是被三里城的山匪掳去，暂无性命之忧。山匪掳他前去只为诱我陈连升上钩，是想为谭天飞报那被废武功之仇。

站在欧家拐欧家的塔坝里，陈连升对众兄弟说：“今日之事很有些烈罼！在桃符口吃过中饭之后，我与杨贞、陈三喜、刘金堂四人攀爬绝壁上三里城。郭小虎、印紫竹、罗汉章、李铁你们四人留在桃符口将木簰起岸。等林文章和向海山他们到达桃符口，起完木簰之后就在岸口等候，密切注视三里城的动静。如果我们四人在三里城遇到为难之事，便叫杨贞推块巨石滚下山崖为号，你们见到滚石便动。叫渡船在岸口等候，送众兄弟过清江到三里城水荡之下，冲上去救援我等四位！如果没有滚石落下，任何人不得擅自行动！看见我们顺利走下来时，你们便驾渡船过江，把林老板从三里城下的水荡岸口接过来便是！大家记清楚了吗？”众兄弟大声回答道：“记清楚了！”

正要行动之时，陈三喜走到陈连升的跟前说：“你把刘金堂也要带去三里城，可他怎么过得了清江？”陈连升当然明白陈三喜的意思，是说刘金堂并没有水上飞的功夫，怎么过得了清江？他回陈三喜的话说：“我们两个带一根撑篙，就让刘金堂抓住撑篙便是。”众人听后恍然大悟，传出一阵唏嘘。

这时，陈连升下意识地望了一眼三里城外那清亮如镜的石壁，他心里在想，这一趟三里城是迟早都要去的，而且这一趟三里城还是非去不可的。再说这迟早都得去，也就还不如早去探探为好，揭开三里城的神秘面纱，或许还能够破解许多江湖秘密。

046

从欧家拐把木簰刹到桃符口之后，陈连升等众兄弟稳住木簰，手握撑篙飞上岸后，众人落地散步，心里几多畅快。唯有陈连升警觉地观察着四周，岸上的情形与往日也没有什么不同。江水浩浩奔流，涛声依旧；岸上荒草茂密，浓绿如昔。李铁从木簰上取下那把四十斤重的石锁，走到陈连升的跟前说：“你是否把石锁带上？”陈连升接过石锁在手里轻轻地掂了掂之后，又把石锁递给李铁说：“三里城只是个人窝，并非虎穴，带石锁作甚？”李铁讨了个没趣，转过身把石锁放在了自己的脚跟边。

这时，杨贞独自去了清江岸边，查看了过江的水路，选择了过江的路线。陈三喜见状也随后跟了去，两人并肩立于江岸，抬起头仰起脸眺望了高耸的山壁，不由心生胆寒。而陈连升把印紫竹和罗汉章拉到一边说：“我们爬上三里城之后，你俩要特别机灵一些，密切注视江边的动静，也还仔细找寻一下林老板的踪迹，怕我的判断有误。另外，还要把渡船上的几个船工也叫过来仔细盘问一下他们所知道的情形。切记！”印紫竹与罗汉章点头应允。

一切准备就绪之后，陈连升站在江岸望着浩浩奔涌的清江水长舒了一口气息。已经看好了过江水道的杨贞和陈三喜走到陈连升的跟前说：“我们还是只有沿向王滩河口的沙丘落脚，然后快速左转经白蛇滩的平水过江，冲过江面进入三里城下的水荡上岸。”陈连升皱起眉头，仔细观察了一下水情之后说：“杨贞你做好准备，解下脚上的沙袋，先按你与陈三喜查看好的路线过江。片刻之后，我与陈三喜带刘金堂沿你走的脚窝子过江！”杨贞在沙滩上跳蹦了几下，活动了一下身子，然后解下了脚上的沙袋，系紧了草鞋的盘绳。接着只见杨贞站起身来，退到岸边的山根脚下，尽量拉长了奔跑的距离，伸手把发辫朝脖颈上一挽，一跃而起猛冲出去，踩着浅水越过向王滩的刹那，急速左转，只在江面上留下浅浅的几个脚窝，远远看去像一只飞燕，稳稳地落在了三里城下那个深水荡的岸坎之上……

看到杨贞已经顺利上岸，陈连升紧锁的眉头松开了。他接过刘金堂手中的撑篙，与陈三喜在岸上演示了一下抬篙的动作之后，给刘金堂详细讲述了动作要领，并令众兄弟闪开。

刹那间，站在岸上的郭小虎、李铁、印紫竹、罗汉章全都傻眼了，水面上出现了一个奇妙的图景：先是三个人在浅水里奔跑，然后是两人单臂抬着撑篙上的人过江，接着又像是中间那个人挑着一担水桶跃上了岸坎……

陈连升、杨贞、陈三喜、刘金堂四人站在峭壁之下岸坎之上向这边挥手。罗汉章极度兴奋，不由自主地脱下白色的上衣，褂在撑篙头上高高举起，不停地摇摆起来。郭小虎转过身来骂道：“狗日的笑罗汉！你什么时候打了败仗？都挂上白旗了？”罗汉章知道此举不妥，连忙放下撑篙把衣服穿在了身上。他瞪了郭小虎一眼然后回骂道：“老子举了白旗怎么啦？我那是替连升他们高兴！你郭小虎那么有本事，怎么不在水面上也飞过清江去呀？”郭小虎瞪了罗汉章一眼之后再骂道：“你狗日的长能耐了，敢给我充老子了！要不要我恭恭敬敬地喊你一声老子？”印紫竹实在听不下去了，就大吼一声：“都过不得日子是不是？少吵两句不行么？”郭小虎与罗汉章对望了一眼，红着脸巴熄了火。

李铁叹了一声长气说：“你们是一背着陈连升的眼睛就能耐得很，你们是没吃过苦头的，学我每天都要提着一把石锁，看你们还有没有气力吵嘴。”四人刚刚平静了下来，就听河口一阵轰鸣。林文章、关海峰、关海龙、林协堂的四块木簰接连到了桃符口，接着向海山等十二个兄弟的十二块松树木簰也相继赶到。

巴东后河的木客头领向海山还真是一条重情重义的汉子，当他知道林国兴老板离奇失踪，陈连升已带杨贞和陈三喜、刘金堂前往三里城的匪窝找寻林国兴老板的情况后十分焦急。作为朋友，他很担心林老板的安危；作为兄弟，他更担心陈连升等四人此行的祸福。向海山操着一口巴东后河的蛮子腔对岸上的众兄弟喊道：“都手脚麻利一些，速速烧了中饭填饱肚子。三里城的王蜂包可是我们大伙儿共同惹恶的，我们这些哥们哪能袖手旁观？让连升他们几个去闯那个狼窝呀！都把肚子逮饱了，我们也来他个麻子扯哈欠，搞个总动员，再给三里城的那帮山匪一点儿颜色看看！”众人此刻都憋着一肚子疑惑，这林国兴老板也真是巧了，怎就离开了欧家拐欧家的那个温柔乡，跑到三里城去了？

罗汉章和郭小虎一直呆在河岸的荫凉处，目送着陈连升、陈三喜、杨贞、刘金堂四人爬上山壁的身影，直到三里城外的那片岩隙挡住了他俩的视线，这才站起身来去烧中饭吃。大伙儿默不作声，沉闷半晌之后，罗汉章才大声嗙气地对众兄弟说：“连升他们这时候还饿着肚子，去一个人到河岸上砍几匹芭蕉叶来，把连升他们四人各自的中饭包好了放在干净的地方，还要把他们几个人木簰上的东西都拿下来保管好！我们起完木簰后就在河岸的荫凉处歇息。如果三里城外的山壁上有大石滚落，那便是连升他们令我们出击的信号。如果没有，咱哥们便按兵不动！这是连升的原话！”众人听明白了罗汉章的话语，也就没有先前那么焦燥了。

可这时，已经进到三里城后门的刘金堂却极度的焦燥起来。三里城的后廊，是一条巨石垒成的城墙，两墙的夹缝之中是一条青石铺成的道路。由于年代十分久远，铺路的石板儿早已被进出路人的脚板磨得光滑透亮。石板儿路一步一步朝天走，到达高处的平台前面，出现了几十步台阶，台阶的尽头有一道大石垒成的城门，两个手持单刀的凶汉，站在门外的阶沿上，一副若无其事的样子。让刘金堂极度焦燥的不是别的，他是提足了精神想到三里城一显身手干一场恶仗，没想到这后城防守空虚，竟没有遇到一个拦路之人。刘金堂迈开步子冲上前去，想与那看守后门的凶汉过上几招。可他万万没有想到，刚迈两步就踩着了机关，只听得一声脆响，一张绳网便呼啸而来，他就好比一只山嘎子被捉鸟的人网进了笼子里，开始恶狠狠地叫骂起来。逗得两个手持单刀守在门外的凶汉一阵狂笑，并大摇大摆地从台阶上走下来收了绳网，押解着朝正堂前面走去。

三里城的正堂设在朱雀山的制高点，称为金殿。陈连升、陈三喜、杨贞兵分三路前去寻找木材老板林国兴的下落，凭借着各自的轻功本领，一路飞檐走壁，腾跃于城墙与房顶之间。陈连升身轻如燕，一路跃进，很快到了朱雀山金殿的屋顶之上。极目峡江，风景壮观，险要宜人，千百座崇山峻岭尽收眼底，就仿佛伸手可触摸。数十里清江宛如碧绿的彩带，绝美至极，实属一大奇观。朱雀山的顶坪方圆三里，故称“三里城”。其间风景秀丽，气势壮观，山势险峻，像一座雕塑巍然耸立于江岸，四界凌空乃悬崖绝壁，唯有清江北岸有一条羊肠小经通入“三里城”内，自古乃兵家必争之地。陈连升在惊叹之余，突然记起了爷爷陈富老人曾经给他提起过的有关“三里城”的历史。相传历史上著名的起义领袖陈友谅就曾在这里安营扎寨，练兵驯马，仗天险而反元。据传，土皇帝尤梅进也曾经盘踞“三里城”，蓄精养锐，筑城操戈达数十年之久，外围攻而不克……陈连升居高临下，像一只山鹰歇在房顶，鸟瞰着“三里城”中的情形，却见到了一排战争的炮口，还有一排制造火药的石器。他有些不解，这么一个险要之地，却不为官家所用，又是何年何月被山匪盘踞？

正午的烈日晒得房顶发烫，看得见有一层炎热的气流像白烟一般升腾着。陈连升感到有些口干舌燥，正欲从庭前的一棵银杏树上溜将下去，却听见了刘金堂的叫骂声，知道是从后门徒步前进的刘金堂被山匪逮住了，便弓着身子踮起脚一个腾跃，纵身过去抱住了银杏树杆，藏于银杏叶中，一股清香便扑鼻而来，有了一丝儿凉爽。陈连升站在银杏树的枝丫之上，透过枝叶的缝隙，看到了刘金堂被绳网套住时的狼狈模样，觉得有趣，便平和呼吸，静观了一刻。可突然又传来杨贞装作布谷鸟鸣叫的声音，那是一个联络信号。陈连升也回了几声，却被刘金堂听出了眉目，便不停地在绳网里叫喊起来，“连升啊！快来救我吧！”哪知道两个押解刘金堂的凶汉一听到刘金堂在叫唤“陈连升”的名字，早已吓破了胆，丢下刘金堂提着单刀就跑得无影无踪了。可刘金堂在绳网里乱拱乱窜，却怎么也找不到钻出来的口子。陈连升机敏地顺着银杏树杆轻轻滑下，飞步过去解开绳网的结扣，才让刘金堂钻出头来。

刘金堂挣脱了绳网的束缚，尾随在陈连升的身后朝“三里城”的前庭摸去。穿过一段石板儿铺成的廊道，前面便是一厢大厅，忽有一股腊肉的浓香扑鼻而来，润人心肺。陈连升和刘金堂情不自禁地深吸一口，突然间觉得喉咙里冒出一股饿涎来，只觉得腹中空空，饥肠如鼓。待他俩爬在窗外透着格子窗往里看时，只见这厅堂里的酒肉饭菜已经摆了七八桌，系着围裙的厨娘还在来回奔忙，端盘抹桌，配菜摆席。陈连升见状硬是有些不明白了：“三里城”的这帮山匪，今日到底唱的又是哪一出？

就在陈连升和刘金堂绕过又一条廊道，欲去前庭的阁楼间看个究竟的时刻，忽又听到杨贞用鸟叫声发出了信号。陈连升仔细辨别了鸟音传来的方向，转过脸来对刘金堂使了个脸色之后，便轻踮脚步上了房檐，从瓦砾间一路小跑过去。杨贞与陈三喜早已在三里城南面的一个厅堂外汇了合，他们摸清了三里城的武器库，粮库。还在临江绝壁顶端的一处小院子里找到了一间书房，里面存了许多书本。书桌前的一把松木圈椅上坐着一个肥胖的男人，正拿着一本纸质的书籍在认真细读，从背影和辫梢的情形来看，那个肥胖的男人正是木材老板林国兴。杨贞与陈三喜一阵唏嘘，你望着我，我望着你，真有些百思不得其解了。这木材老板林国兴既然是被山匪掳上山来，为何又还贵如宾客，过得如此悠闲呀？

正当杨贞与陈三喜看准了线路，准备绕道过去，与木材老板林国兴打个照面问明缘由时，就听廊道前“咣当”响了两声。等他们回过神来定睛细看时，前后的廊道都已被铁栅堵死，早已把他俩变成了笼中的困兽。观察地形，陈三喜发现这里竟然是一个四合天井，廊道一堵便是一口死井。且四周檐口太高，凭他俩的轻功根本跳不上屋檐。院角倒是还有一棵枝叶繁茂的银杏树，可以攀爬上去越过房顶。可那银杏树杆的半腰有一个箩筐大的王蜂包，寸把长的蜂子正在朝午，那嗡鸣之声犹如闷雷轰响，几多恐怖。

陈连升几经辗转，沿房顶穿越到了三里城南面的房顶，瞧见了杨贞和陈三喜被困的境况。就在他四面搜寻，准备找梯子或是木杆将他俩接出死井时，就听前庭有一个男人大声喊道："餐厅酒席备齐，请木材老板林国兴，打虎英雄陈连升等客人入席！"一听这喊声，陈连升倍感惊奇。正值口干舌燥，饥肠如鼓的杨贞和陈三喜大喜过望，顿时明白，三里城的山匪掳木材老板林国兴上来，只是为了诱请陈连升和陈三喜等人上三里城，并无杀机。陈连升给扬贞和陈三喜打了个手势之后，连忙越过房顶，奔到了餐厅的房顶之上，从檐口轻轻跳下立于场坝的中间，面对餐厅前迎客的男人说："连升在此，待我去去就来。"陈连升看准了路线，快速地穿过廊道打开栏栅，请出了杨贞和陈三喜。接着他们绕道伙房后的水钵处洗了手脸，拍去了衣衫上的尘埃，然后邀了潜在墙角的刘金堂朝餐厅的前门走去，与并肩出来的谭天飞、林国兴打了照面，并进行了一番简短地交谈……

047

原来桃符口一战，谭天飞的双腿和手臂虽然受伤却并没有骨折。回到三里城后，他配了江湖上流传着的一种名叫"强盗药"的药方，没几天的工夫他就可以自由行走了，只是他的那一身武功还真是被陈连升给废了。近段日子，谭天飞望着江岸的奇峰妙景左思右想，觉得这三里城中的众多兄弟就这样兵不是兵，匪不如匪的坚守在三里城一辈子也的确没有多大出息，还是决定扩充势力闹出点大的动静来。可就凭他谭天飞，本事再大也无济于事。于是他决定将陈连升等众兄弟拉拢上山，再筑城池，再修栈道，把三里城建成一座固守清江北岸的营垒。可他又觉得拿不下面情直接下贴请陈连升等兄弟上山，只得吩咐手下的几名高手趁着月夜，将住在桃符口欧家拐的木材老板林国兴掳上山来，引诱陈连升等兄弟上山营救，然后设宴款待，并请林国兴当说客，规劝陈连升等众兄弟上山入伙。不料被陈连升婉言谢绝，推说河道工夫吃紧，加上自家大爷爷陈华老人正处于弥留之际，不能久居三里城坐享其成，待他日机会得当，一定上三里城来拜会谭天飞及众兄弟。而且在酒席间还相互敬了酒，言明了桃符口及清江水道的事情，要谭天飞信守诺言，不再盘剥过往木客。

谭天飞倒也爽快，都一一应允下来。

酒后一番豪言壮语后，陈连升执意要走，谭天飞也不再深留。林国兴老板笑着给谭天飞说："好事急不得，慢慢悠着来。只要慢慢劝说，迟早大功告成！"谭天飞信了木材老板林国兴的话，即令手下送客。不料林国兴老板却说："谭人头领，我来三里城住了几日，在你的书房里读了几本闲书，真是舍不得放下，能否让我带几卷去细读，他日奉还？"谭天飞爽快地说："我等兄弟无一人读书，那些古书籍还是陈友谅当年存于三里城的，你去挑选便是，不过日后必须还来。"林国兴老板一脸酒红，也是爽朗地说："那是，那是！"谭天飞陪林国兴老板到南边的书屋里去，陈连升也就跟着去了，看了书房里沾了一层尘埃的书籍，就对谭天飞说："这可是我陈家的书，你得给我保管妥善了，他日我上山来，闲时必来读书。"谭天飞睁大眼睛望了陈连升一眼，嘴里骂道："你这小子真是混账！这么说来，我谭天飞还是占了你们陈家的地盘?"陈连升淡淡一笑，没再言语什么。林国兴挑了一捆好书提出了书房，然后递到刘金堂手里提着。在山门外与众人别过之后，便出了三里城，依旧沿着那条羊肠小道下山，朝桃符口走去……

桃符口很快又恢复了往日的宁静，多了几份祥和，少了几份凶险与杀气。各路木客来来往往，明显地热闹起来。从景阳河出来的大簰隔三岔五经过桃符口出去，吆喝嘻闹之声常如鸦雀窝里去蛇一般，轻舟往返在清江水面，还时而传来几声清江渔夫或舒心或无奈的哼唱。

在一个适当的时候，陈连升向木材老板林国兴提出了转运杉树条木，尽早给邱会成、熊楚清二位木材老板让出金鸡口水道的事情。林国兴老板思虑了半晌之后便应予下来，不几日金鸡口便更加热闹起来。五峰牛庄、金山坪的木客，建始官店猪耳河的木客，还有鹤峰把子木、湾潭河、高桥河一带的木客，一齐涌向了金鸡口，河道里早已打过斧记的圆木筒子像倒的一河苞谷芯，横七竖八，连绵十余里水道。早晨下河和傍晚收队的木客，个个肩扛抓钩，一路路一行行犹如开兵一般……看到河道里的情景，陈连升想起了爷爷陈富老人讲过的那句话来，各路木客营集一起的时候，还真像一支杂牌军。

中秋节后的一个日子，木材老板林国兴运抵金鸡口的所有杉条木全部归堆到了桃符口，且人员安全没有任何伤损。按照惯例还是应该回金鸡口歇息几日，然后核发工钱，放大伙儿回家一趟了。在桃符口的材场上把最后的一根条木上了码，在水中浸泡得成了金黄色的杉条木堆在那里像一座山。木材老板林国兴掐指一算——今年比往昔硬是提前了一个月零两天，心中大喜。他望着陈连升等众兄弟说："都是尔等的功劳！回到金鸡口，我们杀猪宰羊烫好酒犒劳各位，然后发了工钱让大伙儿回去看看爹娘，或是接了媳妇子。等我的圆木筒子也全部运到了桃符口之后，我们再扎大簰出清江！”听了这话，罗汉章在一旁嘿嘿地笑起来，在哪里低声说道：“这林老板到三里城去看了几天闲书，说起话来就变了腔调，把你们都变成尔等了。”众兄弟听了林国兴的话倒是乐呵了，硬是一脸的喜气。

一连晴了十多天，河道里的大水温顺平和了许多。陈连升领着杨贞、陈三喜、李铁、印紫竹、罗汉章、郭小虎、刘金堂等兄弟扛着撑篙，穿越煤炭洞以下的十八道半河，走水路朝翟家河奔去。林文章、关海峰、关海龙、林协堂四人随木材老板林国兴的脚步逆水漫行。这时沿河道驻扎的木客已有数百，到处都是风餐露宿的窝点，一路烟雾升腾，也一路紧张繁忙。回到金鸡口河滩上的工棚里，放下撑篙和随身的行物，陈连升有了一种从未有过的轻松之感。坐在工棚外的沙滩上，望着自个儿那一身晒得黝黑的肤色，顿时也觉得自个儿硬是长成一条汉子了。

一天傍晚，河风轻轻地吹着，金鸡口四面的山影清亮如洗，霞光映染着河谷，白鹭展翅飞翔。陈连升听着轰鸣的水响，望着那一条奔流的水道出神。他似乎觉得，征服足下这九十里水道，还只是自己人生中的一个开端，尽管波涛汹涌，尽管险象环生。如果哪一天真能在八百里清江之上游刃有余，那才是一条真正的汉子。其实这会儿的陈连升已经陷入了迷茫，他回想起当初在陈家棚练武的时候，总想着早一天能够前往金鸡口的河道里刹把子放木簰，闯出去看看外面的精彩世界。可眼下转来转去仍然还在邬阳关的家门口，寂静时仿佛还能听见陈家棚的鸡鸣犬叫。可再往前行，既是从桃符口出了清江也才四百多里，难道我的志向仅仅就是当一名挣钱养家的木客么？他开始掂量自己人生的目标，也开始重新规划自己的人生，可他还是一时难以跳出当下的迷茫。

眼下，陈连升不能怠慢了手下的那一拨兄弟。他提前七日就差刘金堂给巴东后河的向海山捎去了口信，言明了金鸡口河道里将要塞满圆木筒子的情形。好在向海山也是早有安排，松条木已经如期运抵了桃符口，避免了河道之争。兄弟们自那日结了丰厚的工钱之后，杨贞就引着刘叶翠到金鸡口街上去置办了几套新衣裳，买了袜子手巾鸳鸯枕，那形影不离的一对人，硬让郭小虎、印紫竹、刘金堂、罗汉章、陈三喜几伙计羡慕不已。李铁也是满心欢喜，把个刘叶禾一天到晚逗得神魂颠倒，几多开心。

陈连升年纪尚轻，对男女之事还没有浓厚的兴趣，也就一时忽略了其他兄弟们的感受。还是陈三喜大着胆子对陈连升说：“既然闲下无事，你还不如给众兄弟放一个假，先让杨贞和刘叶翠、李铁和刘叶禾完婚，免得他们一天到晚欠心挂肠。其他兄弟也可以回去看看爹娘，也好顺便找找媳妇子。这有了钱的汉子讨个心爱的婆娘才是正经事嘛！”听了陈三喜这话，陈连升的心里有些不爽，他甚至觉得这一干人等都似乎胸无大志，整天就想着找个婆娘生一大班儿娃，好像是长大了，又好到河道里剎把子放木簰似地！而这时的陈连升虽是年轻，但也毕竟经历了许多事情，为人处世也就成熟了许多。他沉默了一下，然后停腔落板地对陈三喜说：“你去把众兄弟叫到棚外的沙滩上，我们趁着星月的光亮，商议一下当前的事情吧！”陈三喜在陈连升面前讨到了这个口气，满心欢喜，几声吆喝就把众人叫了拢来。

已经闲了几日的众兄弟早已有了归心，但大家的心里也明镜似地，知道陈连升心底仗义，不想郧阳关出来的八个人散了盘，还想箍在一起，齐装满员一路放大簰出清江。他本想歇息几日之后，又把大家集在一起练习武功，重温大旗飘飘，并在一起仔细琢磨那张在他身上揣了数月的“八阵图”。但陈三喜的提醒让他明白了其中的道理，于人收放有序，张弛相宜，给各自一点自由的空间，也才能把兄弟做得长久。

看到众兄弟都到齐了的时候，陈连升对大伙儿说：“各位兄弟，你们都是连升的左右臂膀，一路闯出来，朝夕相处，生死相依，也就生了情感。可是论年纪，你们都是我的兄长，我可不能耽误了你们的终身大事。因此决定放假半月，都回去看望爹娘，该完婚的完婚，该提亲的提亲！我负责在金鸡口看场子。但愿半月之后，你们仍然顾念我们兄弟之间的情谊，再到金鸡口与我会合，然后同去桃符口扎大簰出清江！”众兄弟听了陈连升的这番话语，很是感动，弄得半晌说不出话来。

片刻之后，郭小虎说：“我们都走了，怎忍心把你连升一个人留在这里看场子？我这次就不回去了，在金鸡口给你作伴！”陈连升一听这话心里十分感动，就转过脸望着郭小虎说：“你也回家一趟，在父母身边多待些日子之后，如果闲着没事，提前回来给我作伴就是了！”郭小虎的眼眶有些湿润，默默地点了几下头，没再言语什么。

场子上又静了下来。其实大伙儿的心里都想回家，可真要走的时候，却又舍不得这个小集体，舍不得这条奔涌的河道，舍不得河岸上这个简易的营寨了。

这时，刘叶翠端着一壶茶，刘叶禾拿着几个竹茶杯跟在后面来到他们中间，给大伙儿每人递了一杯茶在手里。陈连升突然想起了什么似的说：“二位姐姐，你们就要嫁人了，我也没有什么好点的东西相送，就把我领的工钱给你们姐妹俩每人十块，拿回去置办一些嫁妆吧！”说着话，陈连升站起身来走进工棚里取了自己的钱袋子出来，分别给刘叶翠、刘叶禾塞了十块银元在手里。刘叶翠、刘叶禾姐妹俩顿时感动得说不出话来，站在月光下呆呆地望着杨贞和李铁。陈连升面带笑容接着说：“以后我的两位老兄，杨贞和李铁就分别交给你们二位姐姐了，他们的脾气犟，如果不听商量，不好好过日子，你们姐妹俩就给我说一声，我揍他们！”

一听这话，众兄弟哄笑起来，现场的气氛顿时活跃了许多。杨贞站起身来走到陈连升的跟前说：“我们定了过喜会的日子，还要你带领众兄弟前去喝喜酒哩！”刘叶翠和刘叶禾姐妹俩也笑呵呵地说：“是的嘞！既然当着众人的面给我们叫了姐，那以后你也就是我们的娘家人了，可不能见外的哟！”陈连升一下子红了脸，这才明白自己说错了话，既然与杨贞和李铁是兄弟，那就该叫嫂子才是，反正这叫姐的已经叫了，也无所谓。陈连升笑着说：“好，众兄弟都听好了！等杨贞和李铁择了吉日，我们一定前去道喜，喝酒！”

那是一个极其宁静的夜晚，夜宿金鸡口河岸的木客们睡在简陋的工棚里，鼾声和屁声响作一团，时不时还传出一声拍打蚊虫的脆响。

第二天早晨，杨贞起得很早。他把工棚的周围打扫得干干净净，还把厨房里的一些闲着没有使用的餐具也都拿到河边去清洗了。刘叶翠看在眼里心里高兴，望着杨贞那宽厚的背影说：“还真像个理家的样子。”早饭熟了的时候，杨贞把众兄弟都叫了起来，吆喝他们“抹了面子，好撮粉子。”众兄弟好不容易才有机会睡回早床，一个二个很不情愿地从床上爬起来，到河岸上洗脸去了。

在吃早饭的时候，郭小虎扯起嗓门儿对大伙儿说：“众兄弟也跟着连升出来混了多半年的光景了，这回也都领了工钱，回去的时候可不要空脚两手，家里差什么也就带点回去，让爹娘也图个好想不是！”一听这话，陈连升也觉得郭小虎说得有理，就强调说：“这话我爱听！都在心里默一下，看自家屋里缺点儿什么，就在金鸡口街上买回去。要不，也都不急这一天半晌的，都到街上的裁缝铺里给爹娘做一套衣裳带回去，表表各自的孝心嘛！”印紫竹、刘金堂、陈三喜、罗汉章、郭小虎、杨贞、李铁都很赞成陈连升的提议。吃过早饭之后就都到街上的裁缝铺里扯布缝衣去了。刘叶翠和刘叶禾姐妹俩也笑呵呵地缠着杨贞和李铁，朝金鸡口街上走去……

陈连升的心里很平静，他没有到街上去，就把放在工棚里的几把石锁提到河边清洗了一遍，然后放在干净的沙丘上仔细地欣赏起来。木材老板林国兴背剪着手拿着一本书，迈着方步朝工棚外的沙滩上走来，见他洗了石锁，还隔多远就大声嗲气地说：“连升哪！你准备抽这段空闲的时间再练石锁么?”陈连升转过身来，望着大腹便便的林老板说：“三天不拿针，手也有些生！练武功也跟绣花一样，讲究的是心灵手巧。久而不练，时必荒之！”林国兴老板站定脚步，把背剪着的双手松开，将一本书拿到陈连升的面前说：“我知道，你不喜欢读书，可这本书你不读不行啊！这是我在三里城那间书房里翻出来的，或许还真是陈友谅当年存留下来的东西，就特地留心把这本书给你带下山来，你不妨认真细读！”陈连升在衣裤上擦干了有些湿润的双手，接过林国兴老板递过来的那本有些发黑的书，嘴里念道：《孙子兵法》？林国兴连忙一脸认真地说："这可是一本难得找到的好书，你要专心细读才是!"陈连升点点头说："也好！这半个月正好闲着没事，我一定把这本书仔细品读一番。"

就这样，在金鸡口犀牛洞外的河岸上，山水的灵气浸润着简易的居所。陈连升像一个隐者，独自过了一段"两把石锁，一卷兵书"的滋润时光。

<第五章>

出清江惊涛骇浪　到宜都眼界大开

048

已经习惯了团队生活的陈连升，独自在金鸡口犀牛洞岸边的工棚里待了几天之后，觉得很不自在，每天早起习武，白日歇凉看书，把那《孙子兵法》书中的文句倒是记住了不少，却并不完全理解其中的含意。倒是每天的伙食开得很合陈连升的口味，这是木材老板林国兴特地给金鸡口街头“枫树楼”餐馆里的老板交待过的，要他对陈连升的一日三餐尽心地伺候，肉要送上等的佳品，酒要打清香可口满碗散花的货色。并叮嘱老板说：“尔等只要把陈连升给我伺候好了，有你们沾光的时候！这儿男足智多谋，武功高强，为人仗义，还一身正气，日后一定是条好汉。”

而让陈连升感到有些不自在的不是别的，手边曾有那么一帮兄弟使唤惯了，每天闹哄哄，叫喳喳，还能够随时听从调遣。开水有人烧，罐罐儿茶有人泡，还有人抢着争着在他面前献殷勤。说白了也就是那种支配的欲望被冷落下来，有些不太适应了。

正巧那天中午，金鸡口街后的几个猎手，赶了一只很大的山羊过来，在上河口的枧家滩落了水，顺水漂流而下，被犀牛洞外的旋涡卷进了犀牛洞里去。喧闹中，几个猎手找了火把，顺岩皮爬进洞口去寻找那只山羊。陈连升被喧闹的声音惊醒，放下手中的书卷跟进洞去。只觉得洞中阴风猎猎，寒气逼人，有些恐怖。几个猎手见这位打虎英雄也前来助战，胆子便大了许多。他们用火把照明探路，钻进了犀牛洞的深处，直到火把燃尽，这才点燃了预计回转的火把转身出洞，却没有见到山羊的踪迹，也没有见到杨贞用旧蓑衣包好了藏于犀牛洞里的东西。

犀牛洞里十分宽敞，犀牛可以大趟趟地来去。在一滩细细的泥沙之上，倒是看到了几只很大的足迹，几个猎手便惊叫起来，硬说那便是犀牛的脚迹。陈连升趁着火把的光亮，细瞧了那些蹄窝，还真是比水牛的脚板大了许多。

回到工棚里，陈连升明显地感觉到了犀牛洞里与河滩上的温差，突然就觉得口渴起来，而且还有几分疲乏，这就起身到伙房里准备生火烧壶开水，泡些茶喝。可开水还在作响，没有沸腾冒泡的时候，忽听金鸡口贯通杨柳鞍场河的那条大路上，传来了急促而且密集的马蹄声。陈连升觉得新奇，心胸里涌起一阵兴奋，一步就从伙房门里跳了出来，看到了十几匹大马一齐狂奔的场景，这可是他从来都没有见到过的景象。只见那队官兵扬鞭催马，身子前倾附于马背，青色的军服之上缀着标志，笠状军帽的顶上飘着红须，很是洒脱。官兵的背上都背着刀枪，马队背后卷起的风沙如一股雾烟……

陈连升一直追到很远的地方，他站在路旁的岩石上，目送那队官兵绕过了黑炭河的那道岩岭，这才慢慢儿回过神来。他的眼前浮现着骏马奔腾的景象，就仿佛一下子激起了他心灵里一个久远的神往。

带着一个金鸡口为何要过官兵的疑问，陈连升几经打听方才弄明白了其中的缘由。原来邬阳关、金鸡口地处清江以南，容美以北。在改土归流之后，容美的控制疆域缩小在四关四口之内：东，百年关，洞口；西，旗峰关、三岔口；南，大崖关、三路口；北，邬阳关、金鸡口。由此前去，可以下江南，可以去中原，这是古容美的一大通道。

回到河岸的工棚里沏茶慢饮，陈连升的脑海里联想着外面的精彩世界。出了清江入长江，滚滚长江东流去，奔流到海不复返。神州千万里，何处是尽头！

去“枫树楼”晚餐的时候，陈连升特地安排了一桌酒席，并叫酒楼的老板把金鸡口的几位长者也请来喝酒。席间，酒过三巡，话语便自然而然地多了起来，说着说着也就说到了金鸡口大道之上过兵的事情。一位老者两眼盯着陈连升的脸形和身材端详了一会儿之后，有些感慨地说：“我看你陈连升倒是一块当兵的好料！只是眼下年纪尚轻，恐怕还没到当兵的年龄。”另一位老者一抹山羊胡须说：“十二出童关，十六成儿男。连升你莫急，生就的木头造就的船，先在木簰队里滚几年，把身子骨长结实，把功夫炼精妙，只要是条汉子，到哪里都是一块好料！”陈连升望着这几位跟自己爷爷的年岁差不多的长者微笑着说：“不瞒各位长者说，今日当我看到那队官兵骑马奔驰的景象，我还真是有些心动。等来年连升长大成人之时，这也是一条可以选择的道路啊！”几位长者一边喝酒吃肉，一边迎合着说：“那是，那是！年轻后生前途无量，前途无量啊！”

其实，陈连升自从出道刹把子放木簰以来，那奉承的话语倒也听到了不少。但他很平实，很冷静，就是独饮几碗陈年腊酒下肚，他也没有那种飘飘然的感觉了，这可能就是少年陈连升与众不同的地方。

从金鸡口街头的“枫树楼”里出来，再看那晚霞映红的金鸡口，早已经非比从前。山湾与石壁不仅高耸入云，而且高深莫测，不仅承袭着古来的历史，还将托起一个有志儿男的未来与远方。陈连升挺起胸膛，迈开大步，在金鸡口这方山水相依的风景里，走出了一个土家儿男的英俊与洒脱。

正是从晚霞映照金鸡口的那个下午开始，陈连升仿佛一下子成熟了许多，他对兵书的理解也更深了一层。也正是从这个日子开始，陈连升才真正地走出了人生的迷茫，开始有了目标，有了梦想，有了气魄和胆识。

半个月的时间很快就过去了。在初秋时节，一个烈日当空的午后，罗汉章、刘金堂、印紫竹、郭小虎、陈三喜如期到达金鸡口。已经结婚的杨贞、李铁也与岳父大人刘满山一道按时到达。而且回到金鸡口犀牛洞旁河岸工棚里的人，都是满载而归，蔬菜瓜果，腊肉野味，一应齐备。兄弟间一阵喧闹之后，各自都向陈连升叙说了家中的情形。这回罗汉章还真的去了郭小虎家一趟，三日不到的工夫，罗汉章就与郭小虎的妹妹郭小春定了终身。罗汉章又成了笑罗汉，进进出出都是一脸甜美的笑颜。

傍晚时分，回咸盈河住了几日的木材老板林国兴，领着林文章、关海峰、关海龙、林协堂一同来到了金鸡口，他们还带了许多咸盈河的白酒过来，是准备转场到桃符口驻扎之后饮用的。林文章也向陈连升细说了林耀堂他们在把子木那片山林里，新买的一庄杂圆木筒子已经流送到了石龙河谷，不需几日也就可以到达金鸡口了。

陈连升看到各位兄弟全部都已齐装满员地回到了金鸡口，心里十分高兴，就叫伙夫刘满山炖了腊肉，温了好酒，对兄弟们好生款待。休闲了两日之后的那个早晨，陈连升把众兄弟召集到工棚外的河滩上议事，商议下一阶段的活计。陈连升站起身来，走到大家面前说：“我们都是好兄弟，聚在一起就是缘份。我们既然已经共同经历了从石龙河谷剎把子到金鸡口，经历了从金鸡口剎把子放木簰到桃符口，那我们干嘛不能抱成一团，从桃符口扎大簰出清江到宜都？既然我们这辈子已经做了兄弟，那就更应该有钱大家一起赚，有福大家一起享！”听了陈连升的这些话，陈三喜抢先开口说：“各位兄弟，既然如期而归，想必也没有二心，仍然是想继续追随于你，听从你的召唤！”听了陈三喜这话，众兄弟七嘴八舌，表示赞同。倒是林文章说的一段话让大家犯了难。

林文章凭着近几年他对清江水道的了解，凭经验对众兄弟们说：“在桃符口扎大簰出清江，是一件非常艰险的事情。各位兄弟可要思前想后，拿定了主意之后再作决定。出清江的每块大簰之上最多不超过六个人，我们现在共有十二个人，如果都最终决定跟随连升在桃符口扎大簰出清江，那正好可以一次出去两块大簰。只是我们十二个人如何挑选搭配，得由连升定舵！”

陈连升转过身来，像点名似地望了众兄弟一眼，没有立刻回应林文章的话。沉默一会儿之后，陈连升语气坚定地说：“眼下最当紧的事情就是查看金鸡口至桃符口的水道是否通畅！如果赶流送的木客，已经到达桃符口，那么我们的当务之急也就是立刻转场到桃符口。至于人员怎么搭配，待我思量成熟之后再作定论！”

一听要探水道，陈三喜自告奋勇地说：“这查看水道的事，我带印紫竹、刘金堂前去如何？”陈连升望着陈三喜点了几下头，正要说点什么，杨贞却站起身来说：“这查看水道的事，还是让我带郭小虎和罗汉章去吧？”陈三喜瞪了杨贞一眼，然后没好气地说：“杨贞你刚刚新婚，瞧你那脸色苍白，想必腿杆子也没得站劲了，还是歇两天，恢复了元气再说。”一听这话，众人哄笑起来，弄得杨贞和李铁耳脸鲜红。

陈连升觉得众兄弟笑得无聊，就阴沉着脸瞪了众人一眼，然后一脸严肃地望着陈三喜说：“查看金鸡口至桃符口水道的事情就交给你和印紫竹、刘金堂三位了。但其他的人均不得闲着，都到青华山去割丝茅草，然后请个师傅来教我们扎茅扇，按照总的人数，每个人要带八块茅扇到桃符口，然后在石柱山的坡上多扯些葛根藤，我们在桃符口的新家就有着落了！”听了陈连升这话，林文章站在一旁带着一丝儿嘲笑的口气说：“你准备在桃符口修一排新房子安营扎寨么？”陈连升转过身来阴沉着脸，一脸严肃地对林文章大声哼气地说：“你们四个人，如果不愿意扎茅扇也可以！你们就跟着你叔到欧家拐的欧家去居住吧！但是我们八个兄弟，包括刘满山师傅一共九个人，都必须按我说的办！”林文章这才知道自己的话说出了问题，惹得陈连升动了肝火，就连忙解释说：“你可不要误解我呀？我只是随便说句玩笑话，你可千万不能拿皮匠的锥锥儿当真（针）哟！”陈连升仍然一脸严肃地吼道：“我们初入刹把子放木簰这个行当时，你们都说木客窝里规矩多！怎么啦？这才分开半个月的时日，这木客窝里就没有规矩啦！”

林文章这才认识到了问题的严重性，连忙上前一步，扑通一声双膝跪在陈连升的面前说：“连升老大！是我不讲规矩，你狠狠地责罚我吧！”陈连升没有转变态度，仍然大声吼道：“你也不必这样！我早就看透了你的心思！你林文章是谁呀？堂堂林国兴大老板的亲侄子，咸盈河林家班的大班头，却要委身于一个比你小了许多岁的木客儿手下混事，真是委屈你们了！”关海峰、关海龙、林协堂三个人一见陈连升这回真是动了肝火，便接二连三全都跪在了陈连升的面前，请求陈连升责罚。

其实众兄弟心里有底，陈连升也只是想借题发挥，让大伙儿长长记性收收心，心里存有刻度，却并不想真的伤了兄弟之间的和气，也就都闷在那里没有作声。倒是关海峰、关海龙、林协堂随后跟着这么一跪，就把事情闹得有点儿大了。还怕日后传出去，说他们欺负了林家班，与木材老板林国兴产生隔阂，闹出什么误会来。陈连升也想到了这一层，连忙平了心气，站在那儿平静地说："你们都起来吧！行此大礼，我陈连升领受不起！只是今后别再这么惹我生气发怒了！"

林文章见陈连升平和了心气，息了怒，就站起身来拱手鞠躬感谢。接着林文章转过身去，对跪在地上的关海峰他们三兄弟说："都起来吧！连升老大果真仗义，且有海量，已经不再与我林文章计较了。你们也就不必自责了，快快起来，谢了连升！"关海峰、关海龙、林协堂三个人这才接连站了起来，面对陈连升鞠躬作揖，这事就算作了数。

恰在这时，伙夫刘满山精心炕制茶叶，给陈连升泡了一罐罐儿飘香四溢的邬阳茶出来。陈连升闻见其香，眉宇间即刻舒展开来，望着伙夫刘满山微笑着说："好久没喝过您亲手泡的罐罐儿茶了，闻见这种栗香味，我就有一种心旷神怡的感觉！"刘满山把茶罐儿和茶杯放在了一个石板儿上，也是一脸陶醉的表情，嘴里迎合着说："那就好！你们转场去桃符口的时候，也别落下我。你们放大簰出清江了，我就在桃符口给你们看场子，你们回来了，我就负责给你们做饭泡茶。不瞒你们说，我也舍不得大伙儿了！"陈连升慢慢儿呷下了一口茶水，含在嘴里好一歇才舍得吞下去，那种神情就好像一个资深的茶客。

049

陈三喜、印紫竹、刘金堂三个人，找了几根零散的断巅条木扎了一块小簰，像一叶扁舟，带上一些生活用品之后，就从金鸡口出发沿河查看水道去了。林文章则领着其他兄弟到青华山去割丝茅草。就在一切都基本上打理停当的时候，陈连升去找木材老板林国兴，是想商量一下转场搬家的日子。可林国兴老板的态度让陈连升吃了一惊，他冷冷的，没有从前那么热情了，像是生了极大的仇怨。

陈连升明显地预感到林国兴老板是为林文章下跪的事要找岔子训斥他了，也就绷着脸没有说什么，只是两眼不停地眨巴着，机灵地观察着木材老板林国兴的表情变化。可让陈连升怎么也没有想到的是，沉默片刻之后的林国兴居然大声嗙气地吼道："是的！就你陈连升几多能耐！捉拿了三里城的山匪水上飞，还打死了一公一母两只老虎，不得了啊！可你想过了没有？这老话说得好啊！端了老板的碗，得服老板的管！可你陈连升几多能耐呀！他林文章充其量也就说了一句玩笑话，你居然对他大发雷霆，还让他给你下跪！哼！让林文章下跪了还不作数，还让我林家班的四个人全部给你下跪！你太威风了，要不要我林国兴也给你跪下呀?”陈连升一脸严肃，正欲张嘴解释点什么，可木材老板林国兴仍然声如洪钟，吼声如雷，那话语欲如重棒砸来：“陈连升啊陈连升！你的那帮兄弟都说你为人仗义，我平时也觉得你为人的确也还像模像样。可你这回是怎么啦！为人处世的基本法则都不晓得了么?这俗话说得好：扯屋上的草看屋下的人，打狗也还欺主！像你这么张狂下去，我们林家班的上上下下，是不是以后都得听你的使唤呀？林文章可是我的亲侄子，也是我林家班七十多号人的总班头！有道是，男儿膝下有黄金！你陈连升倒好，这欺人也算是欺到家了!”

木材老板林国兴气得粗气直喘，没有再说什么了，通红的脸上渐渐地淡了颜色。陈连升看在眼里，见林国兴老板沉静下来，知道时机以到，便在地上度了几步，然后以一种更加威严地气势大声吼道：“我算是看错人了！我原以为你林国兴老板不同于其他的生意人，心里不光是惦记着钱，也还惦记着一点社会责任，还能活出一点社会责任感和正义感来！通过这点小事就可以证明我陈连升的确错了！错就错在我的确看错了人，原来你林国兴也只不过是一个小肚鸡肠的浑身散发着铜臭的生意人!”一听陈连升这话，林国兴再次气粗了脖子，正要起高腔再吼几声，可还没让他吼出声来，陈连升又以压倒一切的气势吼道“别看你肩宽体胖，大腹便便，舍得撒点儿小钱，也还舍得喝点儿小酒，可就是忍不得一点儿小气！你侄儿林文章下跪之事，并非我陈连升逼他为之！而是他自己腰杆子不硬，卑躬屈膝，没有男儿汉的气魄，这才丢了你林大老板的面子，你应该骂他一顿才是！可你反而不分青红皂白，怪罪到我的头上，你不仅不感到羞愧脸红，反而盛气凌人！你这不是小肚鸡肠，混账至极又是什么?!”陈连升立在那里如一棵松，口中言辞激烈，字字句句如穿心之箭击中了林国兴的心理要害，让他顿时低头，让他感到无地自容。

木材老板林国兴已经被陈连升的言词征服，顿时觉得自己今天的举动过余冒失，也真正领略到了陈连升这个后生的可畏之处。看来这个一身武艺的年轻儿男绝不仅仅只是一个只知道打打杀杀的人，从他那层次分明，言辞激烈地谈吐之中听得出，他的性格刚毅，言辞锐利，骨子里有一种不屈不挠的男儿气概，有一种难以征服不可侵犯的气节。可这时的林国兴却又碍于面子，并不想立刻示弱，就站在那里背剪着手，面对窗外，眺望着金鸡口街市的繁华与连延的山影，无奈地叹了一声长气。

经历过这样一次唇抢舌剑之后，陈连升心里不爽。回到河岸的工棚时，脸面上的表情仍然有些暗淡。可当他看到材场上还存留的几十根杉条木和那已经运回来的一堆丝茅草时，他又突然意识到了一个问题——如果木材老板林国兴真的就是一个小肚鸡肠的人，那么今天的这场冲撞就算是坏了大事了！他林国兴只要把那些运到桃符口的杉条木全部卖掉，或者是就靠“林家班”扎大簰出清江，那我等兄弟不就只有喝西北风了吗？

想到这一层，陈连升也隐隐地觉得自己过余冒失，不该那么性格刚强，去冲撞木材老板林国兴。可示弱赔礼却又不是他陈连升的性格，也就在工棚里喝着闷茶，思索了半晌。

时间一晃就是几个日头过去了，眼看着割回来的丝茅也已经堆得像座小山。陈连升闻着丝茅草散发出的清香，长舒了一口气息。站在犀牛洞外的河滩上，他有些焦躁起来，这前去桃符口查看水道的陈三喜、印紫竹、刘金堂三个人怎就迟迟未归？陈连升的脑海里顿时冒出了一连串的疑问——是水道还没通畅，还是出了别的什么状况？凭陈三喜、印紫竹、刘金堂三个人的水上功夫，以及刹把子放木簰的技能，而且就刹那么一小块木簰出去，在河道之间应该不会出现任何状况！难道是他们三个人在河道间碰到了巴东后河的向海山等兄弟，一起飘游闲玩了几日？

正在陈连升焦躁不安之时，伙夫刘满山好像看出了他的不安情绪，就端来了一罐儿栗香茶放在陈连升的跟前，然后关切地问道：“你可是在焦虑扎茅扇的事么？如果是，你大可不必焦虑。我就是一个扎茅扇盖茅草屋的师傅。明日，你安排众兄弟砍些金竹回来，我好伐些竹条，然后你派兄弟们再到建始的那个河口，砍些水竹做压条，我教大伙儿扎茅扇就是了！”陈连升抬起头，望了刘满山一眼。虽然刘满山之所问并非陈连升此刻之所想，但这扎茅扇的事也是转场前最要紧的活计，也就顺口答道：“那好！等备足材料之后，您就教会兄弟们扎茅扇的技能。要把茅扇尽量扎得牢实一些，桃符口风大，免得卷走了丝茅不能遮风挡雨！”刘满山点头称是，一脸凝重的表情。

陈连升喝了一杯茶水之后站起身来，朝河岸上走去。但他没走多远，就见黑炭河滩口的横路上来了三个身穿白衣青裤的人。他一眼认出那正是陈三喜、印紫竹、刘金堂他们三个人回来了，走在前面用撑搞挑着一担东西的人像是刘金堂。陈连升紧锁的眉头松开了，连忙折转身走到工棚前，对着伙房的门大声喊道：“刘师傅！连忙烧饭煮肉，陈三喜、印紫竹、刘金堂三个人已经回转。他们逆水道而上，定是饥肠如鼓了。”刘满山应了一声之后，拿了些木柴塞在了灶洞里开始烧饭煮肉。在陈连升的心底里，这帮兄弟就是他的亲人。

陈三喜他们详细给陈连升汇报了从金鸡口到桃符口的水道情况，预计三日之后水道便可完全畅通。陈连升还认真询问了巴东后河的木客向海山他们的情况，以及桃符口各个滩口之间木客们驻扎的情形。

站在金鸡口犀牛洞外的那个滩口，陈连升望着奔腾湍急的河水长舒了一口气。他对陈三喜、印紫竹、刘金堂他们三个人语气坚定地说："你们好好歇息一下，等杨贞、李铁他们回来，我们共同商议后选择吉日，准备转场前去桃符口！"

可心里较为细致的陈二喜，从陈连升的语气中听出了一点什么，皱起眉头问道："林文章他们不再与我等兄弟搅伙了么？"陈连升一脸凝重地望了他们三个人一眼之后，认真其事地说："林文章是咸盈河林家班的总班头，恐怕不会继续委身于我们了。但最终怎么决断，还得把茅扇扎好之后详细询问于他。"印紫竹在一旁插话说："据我所知，在桃符口扎簰出清江下宜都，每块大簰之上不超过六个人，如果我们这个班子不散伙，恰好每次可以同时出去两块大簰，相互也好有个照应！"

刘金堂倒是个实诚人，从他们的谈话中听出些眉目来了，就感慨地说："哎呀！这强扭的瓜儿不甜！如果林文章他们四个人硬是与我们搞不拢，我们八个人每回只走一块大簰也行。再说了，我们还可以分两个水性好的人出来，帮忙在清江里打捞那些沉底的木料，说不定还能挣一笔大钱回来。"陈三喜点点头说："那倒也是！不过这些事还得连升多操心！我等兄弟必定生死相依，服从连升的差遣，什么时候也不能坏了这个规矩！"

陈连升没再言语什么，因为他的心中所担心的并不是这些事情。假如木材老板林国兴真是一个心胸狭窄之人，他们就不是考虑几个人一个班子的问题了，而是要另做打算，再寻良机。

太阳快要偏西的时候，杨贞、李铁、郭小虎、罗汉章、林文章、关海峰、关海龙、林协堂等人一路扛着大捆大捆的丝茅草回到了金鸡口的河滩上，谁也看不出林文章他们有什么异样的举动。

随后的几个日子，茅扇已经如数扎好，木材老板林国兴却一连几日没有露面。可陈连升和兄弟们实在按捺不住了，此去桃符口驻扎，能否揽到活计，顺利去闯清江，大家心里都没个底数。郭小虎和陈三喜性急之中甚至提出捉拿林国兴，给他点颜色看看。陈连升抬手一挥说："休得无礼！谁敢轻举妄动，我就收拾谁！"

其实，陈连升嘴里虽然这么说，心胸里却也是乱糟糟的，他很想再去面见木材老板林国兴，可又碍于情面，心存疑虑，不想再讨没趣了。

可让陈连升等兄弟万万没有想到的是，就在他们把茅扇扎好，如小山一般堆积在犀牛洞外的那个滩口时，木材老板林国兴又在金鸡口街头的"枫树楼"置办了丰盛的酒宴，要给陈连升等众兄弟壮行，并每人预支十块银元作为转场驻扎的盘缠。酒席间，木材老板林国兴端起酒碗走到陈连升的跟前，面带微笑一脸诚恳地说："连升！那天的事是我错怪你了！我敬你一碗，算是给你道个歉赔个情！"

陈连升见木材老板林国兴如此这般，有些措手不及，连忙端起酒碗双手举到胸前，一脸坦诚地说："连升年纪尚轻，不懂为人处世之道，您作为前辈，能够宽宏大量，连升感激不尽，这酒还是晚辈敬您才是！"说完这话，陈连升豪爽地饮了那碗酒。林国兴看到陈连升的举动很是喜欢，并开怀大笑说："连升侄儿，果然一身胆气，让我欣慰！"接着林国兴老板也豪爽地喝了那一碗酒。就在他当着众人亮出酒碗的那一刻，席间的气氛顿时活跃起来，心中的不快也就随之烟消云散了。

从金鸡口街头"枫树楼"里出来的时刻，已是月明星稀的夜景。陈连升在众兄弟的簇拥之下，一路回河岸工棚去的时候，已经有了几份醉意。他望着星月之下那奔腾的河水，开怀地大吼了两声，好像是在宣泄胸中压抑已久的郁闷。

可这时，却有一个疑问一直萦绕在他的脑海之中——难道世间之事，不记仇恨，为人圆滑，就是人们所说的"处世之道"么？

此时此刻没有人能够准确地解答陈连升脑海里萦绕的这个问题，或许他只有在今后的人生之中，凭着自己的人生经历，在漫长的求索之中去寻找合适的答案了。

050

一连下了几天大雨，河道里洪水暴涨，流送出去的圆木筒子全部到达了桃符口，河口拦码之内的木材已经堆积如山，各路木客抢抓时机辛苦忙碌了几日，从金鸡口到桃符口的河道已经变得十分通畅。

到了这个时候，陈连升反而不慌不忙了。他在犀牛洞外的河岸上观察着水情的变化，回想着爷爷陈富老人平时教给他的一些识水的要诀。

也不知是什么时候，陈三喜就来到河岸，跟随在了陈连升的身边，并在那里轻轻地叹了一声长气说："要是识人心有识水情那么简单就好了！"陈连升从陈三喜的话里听出了蹊跷，猛地转过头来，两眼盯在陈三喜的脸上追问道："什么意思？还不如实讲来？"陈三喜垂下眼皮，又轻轻地叹了一声长气说："这么半天，你看见杨贞和李铁了吗？"陈连升这才记起，真有几个时辰没见到这两个伙计了。他接着问陈三喜道："他俩伙计到底怎么啦？"陈三喜慢条斯理地说："怎么啦？只怕是当了逃兵啦！"

一听这话，陈连升气不打一处来，转身冲进工棚里，见杨贞和李铁果然没了踪影。他飞步跃出工棚，来到伙房门外，追问伙夫刘满山道："您那两个女婿跑到哪儿去了？"刘满山听到陈连升在急切之中带有几份威严的声音，打了一个寒颤，连忙转过脸来回答说："不晓得！好像很有一歇没有看到那两个伙计了！"

陈连升没再言语什么，他不相信杨贞和李铁会这么不辞而别，这其中一定还有隐情。

头天夜里，暴雨下个不停。杨贞躺在工棚里翻来覆去睡不着。他在想，木客班子一旦搬到桃符口驻扎，想要再见刘叶翠一面也就难上加难了，怎舍得刚刚新婚的娇妻哟！可反过来又一想，和这帮兄弟也算是情深义重，说要分开，还真是说不出口。杨贞陷入了两难境地，在一种极其痛苦的选择中，他从床上爬起来走出了工棚。暴雨淋湿了他的发辫和衣衫，不一会儿他便成了一只落汤鸡。可他没有停止脚步，一直向前走去，凭着听觉站在了河坎之上，感受到了洪水的猛烈。就这样，杨贞的身上被暴雨淋着，洪水的轰鸣之声撞击着他的耳鼓，也震撼着他的心灵。

突然几道闪电划破长空，把河岸也照得通亮。可让杨贞心里一怔的是，当他趁着电闪那瞬间刺眼的光亮环顾河岸时，他看到河岸上居然还站着另外一个人，身上的情形已经与他极其相似。这人其实不是别人，正是杨贞的老姨李铁。

好在杨贞望见李铁的身影时，李铁也望见了杨贞的身影。两人走到一起，彼此都重重地叹了一声长气。最后还是李铁先开了口，他对杨贞说："我实在不想在这里继续干下去了，想带刘叶禾去容美另谋生计，图个日子安稳。"杨贞也重重地叹了一声长气说："好倒是好！可咱俩如何跟连升言说？"李铁好像硬是吃了秤砣铁了心，语气十分坚定地对杨贞说："你去与连升言说，那肯定就走不成。硬想走，也就不必言说！"

回到工棚里睡下，他俩各自在心胸里仍在翻江倒海。几经思量之后，杨贞倒是觉得李铁的话似乎也很有道理，既然决定走，也就不必婆婆妈妈，走了就是！这主意一定，杨贞和李铁的脑海里就不再多想什么了，反而睡得安稳，竟在梦里见到了他们日思夜想的娇妻。

梦里见娇妻，醒来更心急。早饭过后，木客兄弟们闲着没事，便三三两两去了金鸡口街上，或买点日用杂货，或看看街上的热闹。杨贞和李铁瞄准机会，在犀牛洞外的平滩上避开洪峰过了河，沿小路朝石龙寨方向溜之大吉，就连给岳父大人刘满山也不曾言语一声。

陈三喜见陈连升的情绪有些低落，知道他的心里有些伤感，就安慰他说："要不要我带几个兄弟，把他们两个家伙追回来？"陈连升摇了摇头，重重地叹了一声长气说："不必了！天要下雨，娘要嫁人，由他们去吧！"

其实这会儿让陈连升伤感的不是别的，自从与杨贞李铁相处以来，也算是在生死相依之中结下了情谊。就拿杨贞来说吧，陈连升时刻把他当作心腹和臂膀，平时也从来没有发生过不愉快的事情……也正是因为这样，陈连升才对杨贞的不辞而别十分不解。关于李铁就当别论了，也许是因为石锁脱手的事心里不快，生了怨恨，加上对他平时的严厉也近乎苛刻，胸怀里忍不下这口气也是自然而然。再加上二人思妻心切，故而不辞而别，一走了之。

就在陈三喜与陈连升说话间，刘金堂、印紫竹、郭小虎、罗汉章围了拢来，各自对杨贞和李铁的不辞而别十分吃惊，就围拢在陈连升的身边连讽带骂，嘈杂了好一阵子。不料陈连升站起身来，扫了众人一眼之后大声说："各位兄弟！如果还有谁不愿驻扎桃符口，与我等一道扎大簰出清江的，也可以趁早离开！"众兄弟你望着我，我望着你都没敢吭声。最后还是陈三喜出来劝说道："别说这些赌气的话了，还是把一切准备停当，等大水一消，我们就立刻转场驻扎桃符口去吧！"众人随声呼合，再没有一个说是不愿驻扎桃符口的。

陈连升见状，心绪平静了许多，用一种温和中带有几份坚定的口吻说："那就各自作好准备，等水一消，我等立马转场！"一听这话，心中就都有了谱，各自忙事去了。

这几天，咸盈河的林家班一共七十多人，也相继集结到了金鸡口，林文章给陈连升言明情由之后，便与关海峰、关海龙、林协堂他们一道忙里忙外，前去安顿那些林家班的木客了。

杨贞和李铁避着兄弟们的视线，从犀牛洞外的平滩上蹚着洪水过河之后，就沿小路进行了一阵快速奔袭。两人都不说话，只顾了大步奔走。约莫个把时辰的工夫，他俩便到了二岔口那个交叉的河谷。只见河谷水急，李铁的心里些有畏惧起来。倒是杨贞不怕水急，沉默着选准滩口，踩着软水就过了河。李铁沿着杨贞选择的水道，强渡了过去。

就在他俩越过河口，上岸爬坡的时刻，一缕大雾从茶莲河口绕来，如一面散开的包袱，把石门隙的那座山岭包裹得严严实实了。李铁的畏惧心理更加强烈起来，他怕在石门隙的树林里被老虎拖去。杨贞倒是不怕老虎，他就怕那边对不起兄弟，这边又见不到堂客。他一言不发，迈着大步向山上爬去。杨贞的头脑里这样思想着——老虎倒是没有什么可怕的，可怕的是，就这么一走了之，日后有何颜面再见那些兄弟？

见到杨贞和李铁回来，刘叶翠和刘叶禾姐妹俩喜出望外，各自亲热了好一阵子。最后还是刘叶翠她娘站在灶房门口大声咵气地说："别只顾着热乎了，快给他们俩弄饭吃！"刘叶翠应声去了厨房，杨贞也连忙跟去帮忙捡柴生火。刘叶禾没管这些，只顾了在李铁面前撒娇，一副万种风情的模样。翠她娘斜了他们一眼，没再言语什么。

到了吃晚饭的时候，五个人坐在餐桌上，翠她娘突然感到有些不对劲，既然两个女婿都从木簰队里回来了，怎么她爹刘满山却没有归家？难道两个女婿是没给陈连升告假偷跑回来的？于是翠她娘冷不丁问了一句：“翠她爹怎么就没和你们一起回来呀？是他过不得河呢，还是陈连升不让他走呀？”

杨贞抬起眼皮望了李铁一眼，没有答话。李铁又望了杨贞一眼也没有答话，弄得翠她娘一头雾水。可就在这当儿，刘叶翠发现情况不妙，就大声咵气地吼道：“你们两个家伙，该不真的是偷着跑回来的吧？”

一听刘叶翠这话，杨贞吓了一跳。他把碗筷规规矩矩地放在桌上，准备向刘叶翠解释一下当时的情形与心境。可李铁拍案而起，气愤地说：“什么叫偷着跑回来的呀？我们又没有卖给他们，腿脚长在我们自己身上，我们想到哪里就到哪里，谁还敢捆住我们的手脚？限制我们的自由吗？”一听李铁理直气壮地说出这话，刘叶禾也觉得夫君说得有理，也就在哪里护着说：“是的嘛！堂堂男儿汉，跑回来看看自己新婚的媳妇子，错在哪儿了？”

刘叶翠瞪了妹妹刘叶禾一眼之后说：“你还护着他们！像这个样子，今后何以成气候？”刘叶禾一听姐姐这话更来火了，接着大声吼道：“你傻不傻呀？一天到晚就想着你的男客家要如何出人头地成气候！可你也不想一想，就那么几个放木簰刹把子的木客，奈得何几个山匪，就能成气候了？别在那儿白日做梦，痴心妄想！”刘叶禾见姐姐刘叶翠正气愤地瞪着她，就接着吼道：“咱们这些小老百姓，不惹官非口舌，不想出人头地，就图个安稳轻闲，过点平静舒坦的日子！”刘叶翠硬是听不下去了，望了娘一眼之后转过脸来瞪着妹妹刘叶禾吼道：“你那李铁的事我不想管，也管不着！可杨贞是我的夫君，他如果不念兄弟情谊，敢背着众兄弟的眼睛偷着乱跑，我绝不会答应！我刘叶翠看重的不是这种不仁不义胆小怕事的家伙！”

翠她娘倒是十分赞成刘叶翠的观点，就在那里瞪了小女儿刘叶禾一眼之后说：“都少吵两句吧！吃了晚饭之后，你们各自好好商量一下，该怎么办就怎么办。你们现在都大了，而且都已经成家立业，凡事都应该自己有个主张。这古话说得好，一娘养九子，九子九个样！娘也不想为难你们！”听了这话，餐桌上顿时安静下来，不再争吵了。

那一夜极不平静，杨贞和刘叶翠争执了一阵子之后，决定返回木簰队，继续前去追随陈连升。可李铁和刘叶禾硬是吃了秤砣铁了心，主意已决，确定夫妻双双前往鹤峰州，带着所有的银钱另谋生计。

那一夜，伙夫刘满山躺在犀牛洞外的工棚里，心里也在经受着煎熬。他在想：这木簰队转场去了桃符口，离石龙寨百余里，且有山水阻隔，再想见到翠她娘也就没得那么容易了。可眼下两个女婿都已不辞而别，陈连升也还没把责任追到他刘满山这儿来，这个时候再打脱身拳，溜之大吉，那在众人的眼里，我们翁婿三人便是穿了连裆裤，谁还脱得了干系？再说，这陈连升他们平时待咱不薄，到了这兵马未动，粮草先行的时刻，还没叫号启程，就先没了伙夫，这在清军的大营里就叫临阵脱逃，可是杀头之罪。

刘满山就这样翻来覆去、思前想后，整整折腾了一夜。当巴东连天坡的雄鸡报晓时，那洪水哄响的声音也渐渐地淡弱下来。伙夫刘满山正想迷糊过去，安静地躺一会儿时，就听工棚里开始嘈杂起来，河滩的上口还有练武打拳的响动传来。他哪里还敢迷糊过去，赶紧从床铺上爬起来，洗了手脸，到伙房里准备早晨的饭食去了。

新的一天就这样开始了。雨后的河谷间弥漫着雾霭，洪水由浑浊渐渐变成了清流。陈连升练过功夫之后来到河口岸边，久久地凝视着浩浩涌流的水道，心胸里涌动着激情，一种征服近河跨越清江的激情。不一会儿，陈三喜、罗汉章、郭小虎、印紫竹、刘金堂等人相继来到河口，站在了陈连升的身边，凝视着奔流的河水，有了一种即将奔向新的征程的豪迈。陈三喜望了陈连升一眼之后说：“只要再不下大雨，明后两天应该就可以叫号启程了!”陈连升点点头说：“我也是这么看的!”

在吃早饭的时候，伙夫刘满山凑到陈连升的跟前说：“搬到桃符口驻扎之后，购买粮米、肉油的事就没得金鸡口这么方便了，是否在金鸡口街上多购买一些带去?”陈连升定睛看了刘满山一眼，觉得他言之有理，这就转过脸来对郭小虎说：“这事由你郭小虎与刘师傅商议确定。然后在金鸡口买卖街去购回两口木缸，一口木缸装粮米，一口木缸装肉油。到了桃符口这片江岸，我们的伙食只能越开越好，绝不能亏欠了各位兄弟!”郭小虎一脸认真的表情，他望着陈连升说：“请你放心，我一定与刘师傅把这个差事办得妥妥贴贴!”

过了片刻之后，陈三喜抬起头来问陈连升道：“杨贞和李铁床铺上的东西怎么处置?”陈连升望了众人一眼，然后把目光集中到刘满山的脸面上停顿了一下之后说：“在叫号启程之前切莫搬动他俩的东西。如果叫号启程的时候，他俩伙计仍然没有返回，他俩床铺上的东西便由你捆扎好了，一并随簰带到桃符口去。如果有新的伙计进来，打开晒晒便可使用。”陈三喜立刻明白了陈连升的用意，连忙点头称是。几个具体事情也就这么定了舵。

几个人正说话间，透过轰鸣的水响，忽听一个人在河对岸大声喊道：“连升!连升！快来接我过河吧!”众人起身出了工棚，快步朝河岸奔去。

051

河岸薄雾朦胧，洪水的轰鸣之声震耳欲聋，虽然距离并不遥远，却只能隐约看见河对岸有一个人影在晃动。

陈连升面向陈三喜抬手一挥，示意他过河接人。陈三喜蹲下身子系紧了草鞋上的盘脚绳，然后踩着软水扑向洪水之中。罗汉章、郭小虎、刘金堂、印紫竹等人守候在陈连升的左右，用一种期待的目光盯着河对岸那个晃动的人影，想尽快知道来者何人。郭小虎冷不丁似是自言自语地说："看那身材硬像是杨贞那小子。"刘金堂在一旁摇了摇头，然后肯定地说："绝对不是杨贞！若是那小子，还大些的洪水也拦不住他！"印紫竹十分赞同刘金堂的话，也在一旁肯定地说："绝对不会是杨贞！"可这时，陈连升的心胸里隐隐地升腾起了一股莫名的忧伤，他多么希望来的那个人就是杨贞！这人忠诚憨厚力大无比，若有杨贞在身边，从桃符口出清江，不就多了几份底气么？可没过多时，陈三喜就拉着那个人越过了急水，走到了岸边的浅水里。陈连升透过薄雾一眼就认出来了，来的人竟然又是板桥沟的大力士廖大锤。

陈连升连忙迎了上去，伸手把廖大锤拉上岸来，嘴里说："涨这么大的洪水，你怎么跑到金鸡口来了？"廖大锤望着陈连升憨憨地笑着说："我是受你爷爷的托付，专程前来帮你了。你爷爷排算到你们近期就要去桃符口驻扎，扎大簰出清江，特地要我来帮你们捆竹索子，是怕你们人小力气单拉不紧竹索子，在出清江下游的蕊子、跛锁这两道险滩时撞散了大簰。"陈连升一脸惊讶，连忙问道："你还会扎大簰紧索子？"廖大锤站在岸上嘿嘿地笑着说："年轻的时候跟着我爹去过桃符口，学的就是这一手啦，你还别不信！"一听这话，陈连升的脸上露出了喜色，连忙吩咐陈三喜给廖大锤找一身干净衣服换上，并接着吩咐郭小虎快些到伙房里去通知伙夫刘满山，快快给廖大锤弄些吃食。其实这会儿刘满山正倚在伙房门边偷偷地瞧着，还以为真的是杨贞那小子又回来了。

过了一会儿，郭小虎走到陈连升跟前问："廖大锤是用李铁的那套铺睡行李呀，还是用杨贞的那套铺睡行李呀？"陈连升好像早就思量好了一般，脱口说道："就用李铁的那套铺睡行李吧，估计那小子是不会回来了！另外，你管廖大锤吃饱了肚子之后，就把他带到金鸡口街上的裁缝铺里去，也为他做两套换洗的衣衫吧。"郭小虎嘿嘿地一笑说："那裤叉子也要做两条么？"陈连升瞪了他一眼，呵斥道："你看呢？我说的两套，难道不包括裤叉子吗？"郭小虎应声邀了廖大锤到金鸡口街上去了。

廖大锤的到来，一下子缓解了河岸工棚里的沉闷气氛。这几日，因为杨贞和李铁的不辞而别，也因为林文章、关海峰、关海龙、林协堂四人常去了林家班住处，的确给留守河岸的几位兄弟带来了沉闷与寂静，气氛远没有从前那么活跃了，众兄弟的心里似乎已经充塞着满满的心思。

一个雨过放晴的日子，奔流的河水展亮着淡蓝的颜色。陈连升号令众兄弟早早地扎好了木簰，有序地装好了茅扇和物资，只等撤了工棚即可叫号启程了。这时，林文章走到陈连升的跟前恭敬地说："我叔林国兴叫我给你说一声，河岸上搭建的这些工棚就不必撤除了，让林家班的部分木客搬来居住，你看如何呀？"陈连升望了林文章一眼之后十分爽快地说道："那当然好哇！让你的那些兄弟给我们把这个家守着，等我们回转的时候也还有个歇脚的地方。再说了，明年的这个季节，我们不还要在金鸡口住上几个月吗？"林文章的脸上掠过一丝笑颜，内心十分感激。

已经穿上新衣的廖大锤，干起活来也就十分卖力，脸面上还时刻挂着笑颜，很受木客们的欢迎。只是伙夫刘满山感到有些恼火，每餐做饭前多加了半升谷米，还时常吃得锅底朝天。在伙夫刘满山看来，这廖大锤的确是个大力士不假，可是个大肚汉的事也是真的。像廖大锤这么吃得，准备在桃符口驻扎两个月的粮米，最多只能满足一个半月的消耗。而这事若不提前向陈连升言明，到了桃符口缺少粮米下锅的时候，不被埋怨才怪呢！于是刘满山走到陈连升的跟前，很委婉地说明了情由。哪知道陈连升望了刘满山一眼之后哈哈大笑说："您才遇到过这样的大肚汉啵？叫郭小虎再到金鸡口街上买一口大些的饭锅，还多买两百斤粮米带上就是了，在我们木簰队里不怕大肚汉。"刘满山也笑呵呵地回应道："那是！那是！"

太阳快要当顶的时候，金鸡口的河谷间透着一种清明的光亮。清华山上有一朵洁白的云彩正缓缓地向枯笼溪方向飘动，如一杆扬起的帆。偏岩嘴横坎上的几根磨盘柿已经有了青黄相间的颜色，连天坡上的那一片玉米林在轻风里沙沙作响。河岸上停靠的木簰，像一排就要起航的船帆，满载着木客们的行装。陈连升仔细检查过扎好的木簰和装载的物资之后，走到木客们的中间大声慨气地说："各位兄弟！我们这回叫号启程之后，恐要数月之后才能回返，不能走得过于匆忙。因此，还给各位半个时辰的时间，仔细检查一下所带的个人物品，差什么还可以到金鸡口街上去买什么！我们的工夫苦，日子不能过得太寒酸！各位都听清楚了吗？"各自听到这话，心里感到温暖，也就异口同声地大声回了话："听清楚了！"陈连升接着大声说："陈三喜和林文章不能闲着，再把所有的木簰和搭载的物资仔细检查一遍，其他人等也都赶快行动，检查自己的木簰和东西。半个时辰之后叫号启程，不得延误！"

众兄弟各自忙碌起来。在河岸上徘徊了一阵子的刘金堂突然跑到陈连升的跟前说："我反复检查过木簰之后，竟然发现了一个小状况！"陈连升一惊之后连忙追问道："什么小状况？快说与我听听！"刘金堂连忙说："我们先前扎簰的时候扎了十一块木簰，而且每块木簰之上都已经装载了物资。可我掰起指头算了一遍又一遍，我们今天能够执撑篙刹把子出去的人只有十个。廖大锤和刘满山均不能执撑篙刹把子出去，你说这算不算一个小状况？"

陈连升没有说什么，急忙转身来到河岸，像有什么心思。刘金堂又把木簰数了一遍之后，又掰起指头开始算人：林文章、关海峰、关海龙、林协堂、罗汉章、郭小虎、陈连升、陈三喜、印紫竹，再加上他刘金堂自己，还是只有十个人。他用一种不解的目光望着陈连升，只见他望着奔涌的河水，轻轻地叹了一声长气。

刘满山检查完搭载在木簰上的物资之后，来到陈连升和刘金堂的身边，正好听见了他们俩的谈话，就站在他们中间冷不丁掷出一句话来："哈咯咋，那是好事呀！"陈连升转过脸来用一种怪异的目光望着伙夫刘满山急切地问："何来的好事呀？我在这儿急得叹长气，您却说是好事，还不连忙说来听听？"刘满山连忙说："你们想想看，我们平时开饭的时候，无意间多摆了一双竹筷，大家都会说一定有客来，有时候吃着吃着饭还真的就来客了。你们今早扎簰的时候，也是无意间多扎了一块簰，这说明有一个伙计正在急急忙忙往这儿赶，指不定已经过了枧家滩，就快拢金鸡口了！"

一听刘满山这话，陈连升露出了笑颜，转过脸对伙夫刘满山说："您说的可是您的女婿杨贞？不瞒您说，我从昨日下午就有一种预感，这小子一定会回来的！"在一旁弄得一头雾水的刘金堂突然明白了什么似的说："哎呀呀！连升你其实早就晓得，不仅多扎了一块木簰，而且还叫大伙儿再等半个时辰，原来是你心中有数哟！"陈连升没有解释什么，只用一种期待的目光望了上河口的枧家滩一眼。

这话倒是不假。刘金堂用一种敬畏的目光望着年纪轻轻的陈连升，语气里透着满满的情谊。陈连升早就从爷爷口中得知，从桃符口出清江，水道尤为艰难，处处险象环生。虽然众兄弟集在一起敢冲敢闯，可自从杨贞走后，陈连升的底气还真是没有从前那么实足了，所以他一直期待着杨贞能够回归到木簰队里来。至于李铁，在陈连升的心里似乎没有杨贞的分量，也就放了下来由他去了。可是杨贞真的还会回来吗？

半个时辰很快就过去了，各位兄弟都按时集结在了河口上滩的右岸，在等待陈连升的号令。可时间一刻一刻地过去，就是不见杨贞的影子。无奈之下，陈连升镇定心绪，抖了抖精神，站在众木客的面前大声说："众兄弟听着：今日雨过放晴，河水仍然猛烈，大家务必小心谨慎，万不可粗心大意！敬望各位兄弟，确保人员和所载物资安全到达桃符口，在倒洞子、飞桥这些险滩之上，大家更要格外小心!”刘金堂觉得陈连升今天的训话，不像往日那么干净利落，像是在故意绕弯子拖延时间。陈连升停顿了一下，再次情不自禁地朝上河的枧家滩望了一眼，然后转过脸来接着说：“下面我把走簰的次序安排一下：林文章还是走头簰，刘金堂、印紫竹依次跟进；关海龙走第四簰，陈三喜、郭小虎依次跟进；林协堂走第七簰，罗汉章与我依次跟进；关海峰今日走尾梢压阵。廖大锤搭乘陈三喜的木簰，刘满山搭乘林协堂的木簰。”可陈连升的话音未落，就听金鸡口街后的路口上，有人大声喊道：“连升！我来也!”

众人一惊之下转眼望去，只见杨贞扛着一包行装奔跑而来。陈连升大喜，连忙迎了上去。众人被眼前的情景感动了，杨贞扔了手中的行装，张开双臂扑了过来，与陈连升相拥在一起，彼此的热泪夺眶而出。紧接着陈三喜、郭小虎、刘金堂、印紫竹、罗汉章放下手中的撑篙扑了上去，各自张开双臂把陈连升和杨贞包裹在了中间，像一个滚大的雪球，在河滩的岸坎边旋转起来。

林文章、关海峰、关海龙、林协堂、廖大锤、刘满山也被眼前的情景深深地感动了。虽然人没有扑上去，心胸里却在扑扑地跳。只听廖大锤在那儿憨憨地笑着说：“连升就是仗义，仗义!”

林文章邀了关海峰走回工棚里，迅速收拾好了杨贞的铺睡行李打了捆，搬到了末尾的那块木簰上。关海龙凑到林文章的跟前说：“哈咯咋，这下该杨贞那小子走尾梢压阵了!”林文章望了关海龙一眼，很认真地说：“这事得听连升的指令，我等不得随便做主!”关海龙望着林文章嘿嘿一笑说：“那倒也是!”

片刻之后，抱着的人团如竹笋的壳叶一般渐渐散开，众人站在两旁。陈连升拉着杨贞的手朝河岸走去，嘴里大声喊道：“这下人已到齐，各就各位，准备叫号启程!”林文章走到陈连升的跟前问：“走簰的次序还有调整么?”陈连升不假思索地说：“不作调整了。杨贞插到簰队中间，走我之前，在罗汉章之后。”印紫竹找来了杨贞的那根撑篙，走到他们中间。陈连升接过撑篙授予杨贞说：“握紧撑篙，紧跟排队，我们仍然是生死兄弟!”杨贞向陈连升深鞠一躬之后双手接过撑篙，朝扎好的木簰走去，如壮士登程一般。

林文章立在头簰的尖梢之上，扬起撑篙在木簰头前嗑了三声脆响，目光却小心翼翼地集中在陈连升的身上。陈连升望着林文章抬手一挥，林文章得令一般敏捷地折转身子，舞动撑篙，蹬簰离岸，嘴里喊道：“走嘞～～”

这声音比往日洪亮、刚劲，在金鸡口街上，在金鸡口河谷间绕起了回音。簰队鱼贯而出，在奔流湍急的水面击起咯咯的声响。

052

这是陈连升期待已久的一个时刻，到桃符口驻扎，就等于守候在了清江的身旁。满载着茅扇和行装的簰队，从河口刹出，一顺溜出了鹰嘴窝、手搬岩、白岩脚、张家滩、木马口、麻石包、竹园角、母猪嘴、牯牛石、蛤蟆石、平石板儿、沟口、翟家河。每一个滩口在木客们的心胸里都有着惊心动魄的记忆，都有着难以忘怀的情愫。当木簰进入后河口时，各自情不自禁地扭头望了后河深处一眼，似乎是在盼望巴东后河那拨木客兄弟的出现。在陈连升及众兄弟的心目中，都还始终惦记着向海山他们。

簰队没有停留，从后河口刹出，过水波石、箱子角、倒洞子、飞桥、煤炭洞、滚水石，出犀牛困泥、桐麻树潭、欧家拐、一支箭朝桃符口刹去。真果是：木簰穿行急水面，木客悠然峡谷间；眨眼水道九十里，关山千重一稍烟……

而让陈连升万万没有想到的是，巴东后河的木客百余人，在头领向海山的带领下已经全部驻扎在了桃符口的细沙滩。堆积如山的圆木筒子早已塞满了滩头，整个桃符口成了一个开阔无比的木材堆场。就在林文章的头簰甩尾靠岸，插下撑篙稳住木簰的当儿，向海山带着众兄弟簇拥到河岸，嘴里高声喊道："恭迎打虎英雄陈连升及众兄弟进驻桃符口！恭迎！恭迎！恭迎……"拢到桃符口便见到这样一副场景，陈连升激动不已。他跳下木簰上到岸边，拉住向海山的手说："没想到你们会抢先到了桃符口，现在可是安顿停当了啵?"向海山笑呵呵地大声说："我们已经安顿停当了，早上掐指一算，知晓连升英雄及众兄弟今日必到桃符口，便宰了一只肥羊，备了几筒腊酒，正准备为各位洗尘呢!"一听这话，陈连升摇动着向海山的手臂，感慨万千地说："好兄弟，讲义气!"

正说话间，廖大锤嘿嘿地笑着走到向海山的跟前，伸手在他的肩背上拍了一掌之后说："向铁柱！我又见着你了!"向海山望着眼前这个身材蛮板的大汉有些吃惊，心想这家伙怎么晓得我爹的名号？陈连升从向海山的表情中看出了什么，就问廖大锤道："你是怎么认识向铁柱的?"廖大锤望着陈连升嘿嘿地笑着说："年轻的时候，我和向铁柱在这桃符口编了三年竹索子，化成灰我都认得他!"陈连升仍然一头雾水，只觉得向铁柱一定与向海山有着么种联系。他转过脸来忙问向海山："那向铁柱是你什么人?"向海山睁大眼睛望着陈连升道："他是我家父！可惜前年在后河山中伐青山的时候摔断了右腿，成了残废，再也不可能到桃符口来了!"廖大锤仍然嘿嘿地笑着走开了，好像对久别重来的桃符口充满了新奇。陈连升望了廖大锤的背影一眼，然后转过脸来对向海山说："你不必伤感！伐青山做木簰的事本来就是在血盆里抓饭吃的行当，弄伤弄残是常事，你好好孝敬他老人家就是了！"

上到岸坎，沿木材堆成的廊道走到里边，便有了一片开阔的沙滩。林文章、陈三喜察看了地形之后来到陈连升的跟前问："我们的工棚是搭成一条线，还是搭成四合院？"陈连升果断地说："还是搭成一条线，整齐气派，方便使用。"林文章、陈三喜应声去了。

陈连升在向海山的陪同之下，察看了桃符口的整个情形。拢岸的木材已经堆积如山，驻扎的木客已达六百多人。到处都是搭建的棚子，到处都是升腾的炊烟。陈连升见此情景，皱起眉头对向海山说："你要带个头，在巴东后河的木簰队里当好家长，立下规矩！在这样拥挤的滩口驻扎，防火是头等的大事。工棚连着材场，天干如火炕！若有不慎，发生火情，后果不堪设想！"向海山十分赞成陈连升的看法，连忙回到自己驻扎的那片细沙滩落实防火的事务去了。

向海山前脚刚刚离开，五峰的木材老板邱会成，建始猪耳河的木材老板熊楚清就围了拢来。几句寒暄之后，熊楚清红着脸望了邱会成一眼，然后结结巴巴地说："我等盼你们几个日子了。眼下我和熊老板遇到了一件难事，想求助于连升英雄！"陈连升一脸惊讶，淡淡地一笑说："二位老板，遇到那般难事了？赶快说来听听？"邱会成连忙抢着说："事情的由来是这样的，我和熊老板的两队人马总共两百多人，就因为这场大雨，涨这河大水，我们已经在桃符口困了七个日子，虽然木材都已经堆入了材场，可整个人员已经断粮两日，没有粮米开伙了。连升英雄刚到桃符口驻扎，想必准备充足。我和熊老板商议，就指望连升英雄救济我们一下，给我们借几餐的粮米。等大水一消，我等就立马派人到清江岸边的泗淌坪、苦竹溪两岸去购买粮米，如数奉还！"陈连升总算把邱会成的话语完全听明白了。可在这荒郊野外借粮不是小事，再说从前他也还从未经历过这等事情，就沉思了一下之后说："这可不是小事，待我去与众兄弟商量一下之后，再给二位老板答复如何？"熊楚清与邱会成二位老板连忙点头称是。

陈连升走向山跟脚的那片沙滩，把陈三喜、郭小虎、林文章等兄弟叫到一起，商议借粮的事宜。待说明情由之后，大家没有什么新的意见，都叫陈连升做主。反正在这木客窝里的各队之间，相互借粮兑米的事也时有发生。当然众兄弟的心里也都十分明白，依陈连升的为人，提出这事商议只不过是把兄弟们当人，既是大伙儿都不同意借粮出去，他陈连升该借的还得借。依他的心境怎么会自个儿吃饱了却让几百人饿着肚子的？陈连升望了郭小虎一眼之后说："这事由你去办，先给熊楚清和邱会成老板各借粮米一百斤，以解他们的无米之炊！"郭小虎应声而去。

处理完面前的这些事务，陈连升朝河岸走去，他想去看看自己的那块木簰，却早被廖大锤和杨贞帮他启了岸，所有行装，还有酒和茶叶也都搬到搭建好的工棚里去了。林文章跟到河岸，走近陈连升的跟前问：“我们的工棚都快搭好了，你去我们的新家看看，确定一下众兄弟安歇的次序吧，也好让各位兄弟早些搁床铺之后打扫清洁。”陈连升望着林文章开了个笑脸，然后跟在林文章的身后来到新搭建的那排工棚前，看到茅扇盖得厚实整齐，各房之间的隔板都已经钉得差不多了，就站在那里对众兄弟大声说：“各自安歇的次序还按金鸡口驻扎时的一样，李铁的位置归廖大锤。”一听这话，伙夫刘满山连忙上前说：“能不能考虑把廖大锤的位置调整一下呀？哈咯咋，半夜三更，他那鼾声和屁声响起来，赶得走老虎，哪个睡得着哟！”陈连升望着廖大锤笑笑，没有说什么。廖大锤挺着个肚皮走到众人跟前嘿嘿地笑着说：“我忍不住，不是故意要侵扰你们的！”陈连升很认真地说：“次序就不作调整了，大家要学会适应。”伙夫刘满山没再言语什么，连忙折转身整理伙房去了。

很快，工棚就搭建完毕，长长的一排摆开，像扎好的营盘。陈连升走近了自己的房间，撞见忙得满头大汗的杨贞正在帮他摆放那些装酒的竹筒，就感激地说：“难为你了！看把你累成这样！”杨贞转过脸来，望着陈连升说：“我在李铁的鼓动之下犯下了大错，你就狠狠地责罚我吧！”陈连升走上前去拍拍杨贞的肩膀说：“别提这些事了，你既然已经选择了回转，我们就仍然还是好兄弟！这一页就算是翻过去了，责罚你作甚？”杨贞望着陈连升那机灵镇定的模样，满含着热泪说：“感谢连升宽宏大量，免了对我的责罚！”摆放好酒筒，挂好了蓑衣和斗笠，杨贞转身出去给陈连升找那茶叶罐子。刘金堂端着一个瓦罐儿走过来说：“在这儿哩，我当宝贝给他收着。”陈连升望着刘金堂那么一副认真的样子，在那儿哈哈一笑说：“那可真是我的一个宝贝哩，没茶喝的日子才是难熬哟！”

等一切都安排停当的时候，已是酉时一刻。桃符口的薄雾已经全部散开，但见河水与江水的交汇处白浪翻卷。从向王滩朝白蛇滩望去，江水碧绿如镜，一束斜阳穿透云雾射入峡江，折射出七彩的光环。陈连升长舒了一口气息，然后吩咐陈三喜召唤各位兄弟速到工棚前的沙滩上议事，安排次日的活计。可就在众兄弟如同紧急集合一般来到工棚前面时，就听不远处传来了打斗叫骂之声，细沙滩的一角如同炸了锅。罗汉章是个机灵人，他望了陈连升一眼之后拔腿跑去，察看打闹处的情形去了。接着罗汉章回来报告说：“是建始猪耳河的那拨木客闹事。从我们这里借了粮米煮了饭，却没有菜蔬油盐。熊高那小子不地道，带着一群木客闯入巴东后河向海山他们的领地，抢夺正用大锅清炖着的羊肉，因此打斗叫骂起来。”陈连升皱了一下眉头说：“熊高这小子也真是可恨！把我等的晚餐也给搅黄了！”他停顿了一下，然后对杨贞说："你先过去看看！如果硬是劝说不听，不妨收拾熊高一顿，让他长长记性！"杨贞应声而去。

伙夫刘满山的耳朵倒是尖灵，一听到陈连升那句"把我等的晚餐也给搅黄了"的话，就连忙上前问道："是不是立刻生火煮饭？"陈连升点点头说："也只好这样了！您去煮饭，罗汉章快去帮忙烧一块腊肉洗了炖上，三喜哥你去白蛇滩逮两条大鱼回来，干脆我们把饭弄好了，请向海山过来喝酒。"众兄弟一听这话，立刻哄笑起来。没想到这羊肉没逮成，还倒赔一块腊肉。

向海山等巴东后河的一百多名木客，驻扎在桃符口与欧家拐相连接的那个名叫细沙滩的滩口，工棚依山而建，与建始猪耳河的木客驻扎的营寨相距不远，滩口外有一片细沙滩。当已经断粮几日的建始猪耳河的木客们手里端着喷香的饭钵时，鼻子尖的几个人就闻见了那锅清炖羊肉的香气，哪里还忍得住？熊高眼睛一眨，便动了身，领着那三十几个年轻的兄弟冲将过去，从向海山他们的伙房里把一锅煮得滚烫的羊肉抬了出来，朝自己驻扎的工棚门前奔去。向海山手下的伙夫追赶出来一阵呼喊，百余木客冲上去围住了熊高等人。性急之下，把羊肉锅包围在中间开始旋转，鲜香的羊肉汤洒得到处都是。熊高等人顾不得许多了，手爪子伸进滚烫的肉锅里抓起肉坨就吃，有的烫得呱呱直叫，有的糊得满脸是油，这场景估计谁都没有见过。杨贞镇定了一下之后大声吼道："熊高等人快快住手！你们这般胡来，成何体统?!"吼声未落，杨贞跳上了木客们的肩背，冲到了羊肉锅边，快速插入缝隙，猛地旋转向后推出，木客们便如竹笋脱壳一般滚了一槽出去。定眼看时，只见一锅羊肉已经吃了少半，有的肉坨还拿在手里，有的肉坨还梗在喉里，狼狈的模样难以形容，像一群饿鬼，眼睛里闪着绿光。

杨贞迟疑了一下，抢肉吃的木客们也迟疑了一下。紧接着那些被推翻在地的木客，本能地受羊肉香味的诱惑，翻滚着爬起来，又向肉锅扑去伸手捞肉。杨贞气不打一处来，抓起一只手爪把人提将起来朝包围圈外扔去，只听一声闷响，那个木客便落在了圈外的细沙滩上。熊高倒还有些身手，绕过杨贞的阻拦扑向锅里，又抓起一大块羊肉啃将起来。杨贞见状怒发冲冠，伸手击掌，将熊高已经喂进嘴里的羊排拍了进去，肉骨扎破了他的腮窝子，喷地吐出一口血来。直到这时，争抢羊肉打斗谩骂的场面才算控制下来，围拢来的木客渐渐散去。向海山手下的那个伙夫挤到中间扑向肉锅，嚎哭起来："啊！啊！我的肉啊！还没煮熟加上葱蒜，就遇到了一群饿狼、野狗！这下你们叫我怎么给头儿交差啊！啊啊，我的肉啊！"

瞧着这场景，听着这夜鹰叫唤一般恐怖的哭声，杨贞心里想笑，却又笑不出来，或许还真是饱汉子不知饿汉子饥。这时，带人到欧家拐去弄生姜和大蒜的向海山回来，见此情景硬是又急又气，一路叫骂着冲进人群，是想抓住熊高狠狠地揍他一顿。可当他看到熊高口吐鲜血，跪在地上时，忍了口气没再下手，就对手下的伙夫吼道："嚎么子嚎呀？赶快把肉锅抬回去加汤，找几名武功高手守着再煮，然后给兄弟们受用。只是我这回请连升他们喝酒的事算是泡汤了。"说完这话，他狠狠地踢了熊高一脚，才算解了心中的怒气。

随熊高前来抢肉的木客之中，有很多人没有喝到汤，也没有吃到肉，除了闻到一气香味之外，就是糊了一身油腻。他们爬起来，架着熊高走了。向海山又气又恼，硬是哭笑不得，望了一眼抬回去的肉锅之后，来到杨贞跟前正欲发言陪礼。杨贞却说："也别那么计较了！古话说：饥寒起盗心。在这荒郊野地被困，断粮几日，闻见肉香，哪有不动的？再说了，不就是一锅羊肉吗？教训教训人家也就行了！"经杨贞这么一说，向海山的心气平静了下来，点点头说："是的嘛！我等若是抬了人家的肉锅，看谁还抢得回去？"向海山也笑起来，这事就算过去了。

杨贞回到自己的工棚前，向陈连升和兄弟们说了这边的情况，众人觉得有趣，谈笑了一阵。林文章把陈连升召集大家议事的情况给杨贞说了一遍。末了，陈连升站起身来踱了几步之后说："为了确保桃符口秩序井然，杨贞负责掌控建始猪耳河的木客；陈三喜负责掌控五峰的那拨木客；刘金堂负责掌控巴东后河的那拨木客。从高桥河、湾潭河一带出来的木客由郭小虎、印紫竹掌控；其余人等由罗汉章、关海峰掌控。晚饭后各执其事，加以训戒，再不得发生类似的事件！并把小心火烛的事强调到位，不得马虎。"各自如同听到命令一般欣然而去。

那是一个没有月色的夜晚，夜鹰在峡谷间不停的鸣叫着，与呵喝雀一高一低一唱一和，那交混在一起的声音如死神的手，听起来就透着一股冷馊馊的凉气。江水与河水的涛声交集在一起，汇集成雄浑的和声，且经久不息。尽管眼前漆黑而恐怖，而在陈连升的心田里却展亮着一片光明。

053

当一缕黎明的晨曦在峡江之间展亮时，木客们新的一天便轰轰烈烈地开始了。到桃符口驻扎之后，陈连升仍然要求兄弟们，坚持在石龙河谷沿袭下来的习惯，卯时起床练武，晚上亥时练水。久而久之，习惯成了自然。那天早晨，等各自练过武功回来，林文章便按照陈连升议事时作出的安排，准备教大家选码口扎大簰。

等人都到齐了的时候，林文章走到陈连升的跟前说："还是你先说两句，然后我再给大家讲述扎大簰的要领吧！"陈连升走到众人面前一脸严肃地说："扎大簰出清江，是我们共同的愿望，木簰扎得好坏，直接关系到我们的安全！因此，任何人都不得马虎，对扎簰的每一个细节，每一根竹索都要熟记于心！从刚才开始，我们还是老规矩，扎簰的事仍由林文章、关海峰、关海龙、林协堂四位师傅负责技术，我们其他兄弟跟着学，照着做！大家听清楚了吗?”众人答应得十分干脆：“听清楚了!”

林文章站上前来，认真其事地说：“大木簰分为两种，一种是单挂子木簰，另一种叫双挂子木簰。所谓单挂子木簰，大约要扎一百八十根杉条木左右，大木簰长约四丈五尺，宽约二丈七尺。木簰扎好之后，形似船舶，尖梢和尾梢向拢收紧。尖梢前以九尺为界，中间扎成一口仓，供人避风或躲雨，也可供夜间停簰之后歇宿。尖梢上扎有一根竖起的招杆，与簰平行绑有招叶，供放簰时掌控搬招，选择水道控制行进方向之用。单挂子木簰的尾梢略宽一点，上面要绑上围栏，也可以称作后仓，搭载货物和乘客。一般情况下扎三层条木，一层六十根，适合小水时行进，相对稳当安全”。

林文章停顿了一下之后接着说：“那么，双挂子木簰就不同了！每块双挂子木簰，要扎七百五十根杉条木或八百根杉条木，与单挂子木簰的形状相似，整体如船形，前后立招杆绑招叶，木簰转弯时前后搬招控制方向。而明显不同的是，双挂子木簰的尖梢上翘如船头，吃水较浅，尾梢如拖船，中间一口仓，后面装填圆木压梢，每一层木材用竹索子扎好后，还要用发锤打紧，要经颠跛排不松，要经险滩簰不散。”

“当然，扎大簰的关键还在于竹索子是否牢实。竹索子要用东竹制作，把东竹砍回来之后伐成竹篾，然后绞成索子。伐竹篾更有讲究，第一层青篾是最有精丝也最牢实的东西，多用于卡花儿；而第二层黄篾要碎一些，多用于脊水。“卡花”和“脊水”则是两种用途不同的竹索子，要绞得铁条牢实后才能使用。每块单挂子木簰，约需东竹一千八百斤，每块双挂子木簰约需东竹三千五百斤。因此东竹的用量消耗是很大的，且都是一次性使用。”

林文章说到这里停顿了一下，扫了众人一眼。见廖大锤瘪着嘴巴，眯缝着眼睛，有点不屑一顾的神情，心里有些窝火，正想发作。不料廖大锤先发话叫嚷道：“没想到林文章这小子还真他妈懂得扎簰，说得头头是道，也还真的没打败些！只是那选东竹的事比他说得更讲究，肥过头的漂竹子不能用，枯堡上的瘦竹子也不能用。嘿嘿!”陈连升斜了廖大锤一眼，倒觉得廖大锤人虽傻冒，也还真是一个伐竹篾绞竹索子的行家。于是就问了他一句：“你认得出竹子的好坏么?”廖大锤变了表情，很谦和地望着陈连升回答说：“我当然认得出！认不得竹子，你爷爷得放心叫我来么?”林文章平了气息，变了表情，点点头说：“那就好！那就好！这位廖大爷也来得是时候，既然在桃符口编过三年竹索子，想必也是师傅级别的了，那今后伐竹篾绞竹索子的事就由你负责如何?”廖大锤又复回到那个瘪嘴的神情，嘿嘿地笑着说：“这事你说了肯定不算！我只听陈连升的指派。其他人的吩咐关我屁事！嘿嘿……”林文章望了廖大锤一眼，没有争执什么。一是觉得与这样的角色发生争执不值价；二是凡事还得看陈连升三分面子，就是人家再是一个无用的傻子，也是陈连升的人，说话做事还得记清白，这就叫扯屋上的草看屋下的人嘛。

陈连升早就注意到了林文章的表情变化，知道他心里有些不爽，就瞪了廖大锤一眼说：“你安静些！你来帮我们做事，就得听我们的管束，木客窝里的规矩你应该懂的！”廖大锤的脸巴红了一下，他不敢与陈连升犟嘴。林文章见状，心绪渐渐平和下来，接着讲那扎簰的要领。

可说到过傲的地方，杨贞坐不住了，站起身来说：“这眼下就要扎簰了，可我们一根竹索子都没有，拿么得东西扎簰呀?”林文章点了点头说：“我今天只是给大家讲讲扎簰的要领，真要动手扎簰的话，我们还得等大水消了之后，前往泗淌坪去买东竹回来。”林文章的话音未落，就听一个巴东后河的蛮子腔大声笑着说：“不用等水消了去买东竹，我先给你们送一块单挂子木簰的脊水和卡花儿，你们准备扎簰吧！也好让连升早点体会一下清江放簰的刺激与心跳！”众人抬头望去，见是巴东后河的向海山来了，就与他搭起话来。

罗汉章嘿嘿地笑着说：“还隔多远，我就知道是你来了，一身的羊骚味。”众兄弟哄笑起来。向海山不好意思地说：“各位兄弟都别讥笑我了！我本想讲回排场，请连升及各位兄弟喝一盅酒的，没想到被熊高那小子给我搅了局！不好意思呀，只有下回加补了。”

陈连升站起身来迎了上去，与向海山拱手致谢，并十分感激地说：“你那竹索子买成多少钱啦？我们可不能白要你的！兄弟们出来混口饭吃都不容易，还是不能亏欠了人家！”向海山慨气地说：“力气是奴才，去哒又回来。我们的兄弟早到桃符口几日，在涨大水之前买了些东竹回来，自己伐篾绞了几十捆竹索子，你们分些来用。先扎一块单挂子木簰试一下水道，然后再扎双挂子木簰不迟。”陈连升笑着说：“那买竹子的本钱无论如何都该给，那伐篾绞竹索子的工钱也是少不得的！”向海山脸一沉十要慨气认真地说：“兄弟情谊比什么都重！在金鸡口的时候，你给我等兄弟十二人每人做两套衣裤，我们都没提银子的事。几捆竹索子，你还跟我客气么?”陈连升十分感激向海山的慷慨，拱手致谢。哪知道向海山做了个怪像之后对陈连升说：“如果你硬是要表示一下也行，把你邬阳关的茶叶给我逮点儿，我好像有点儿上瘾了!”一听向海山这话，众兄弟哄笑起来。

林文章也笑着说：“海山老兄也是个扎簰的师傅，是不是给我们传授一下真经呀?”向海山爽朗地笑着说：“那可不敢！在你林班头面前不敢称师傅！扎簰的时候如果看得来，我倒是可以来打打下手给众兄弟帮帮腔。”陈连升很是高兴，就吩咐兄弟们说：“那就不讲客气了，都跟着海山老兄去搬竹索子吧!”兄弟们开始忙碌起来，岸坎上好像卷起了一阵风……

不到半天的工夫，一块单挂子大簰就扎好了。木簰稳在岸口，像一艘就将远航的船泊。陈连升有些兴奋，望着扎好的大簰来回审视，一边欣赏一边慨叹。然后，他走到向王滩前，望着浩浩奔流的清江，生出了豪迈的激情。就仿佛要告慰土家的先祖廪君——我这木簰，可比你的土舟气派多了，也牢实多了啊!

回到工棚，陈连升迫不及待地把林文章、关海峰、关海龙、林协堂叫到跟前，给陈三喜、杨贞、刘金堂、郭小虎、印紫竹、罗汉章等兄弟讲解清江水道的具体情形，只等择吉日开江走簰了。

可是，就这一块单挂子木簰，也不是说走就走的。这块单挂子木簰顶多只要四个人，眼目下除了伙夫刘满山，以及编竹索子的廖大锤之外，还有十一个人，既是同时扎两块单挂子大簰也还多出三个来。这工如何派，林文章心里实属没底。

如果只派四个人，用这块单挂子木簰去试清江的水情，那么余下的七个人就可以跟着大簰到南潭江上岸，前往泗淌坪去买东竹，这样廖大锤也才有活计可做。

那天傍晚，一束斜阳照着桃符口清亮的景致。林文章揣着这点心思走到陈连升的跟前说：“细观天色和水情，这块木簰明日晨时便可叫号启程。趁这大水，木簰一日一夜便可以到达宜都。”陈连升起身走到清江岸边，望着向王滩奔腾的江水，似是自言自语地说：“这块木簰一共走八个人，你林文章作为放簰的师傅，带关海峰、关海龙、林协堂三人放簰。我与陈三喜、刘金堂、印紫竹四个人上簰跟你们当学徒。等有了充足的竹索子，下一趟我们八个人分成两组，扎两块单挂子木簰，再带杨贞、郭小虎、罗汉章三人上簰当学徒。等各自都熟悉了清江水道之后，再扎双挂子木簰出清江，你觉得如何?”

林文章望着浩浩清江，一脸凝重的表情，思量了一下之后转过脸来对陈连升说：“你的这个铺排倒是合理，只是调换一个人之后，可能效果更好些!”陈连升睁大眼睛急切地问：“你想到谁了?”林文章认真地说：“把罗汉章换上来，把刘金堂换下去。”陈连升连忙问：“这有什么不同吗?”林文章简短地说：“大不同！你想想看，巴东后河的那拨木客，只有刘金堂喊得动，明天就叫刘金堂商量向海山的百余兄弟，帮忙去泗淌坪扛一回东竹回来，工钱的事也由刘金堂去与向海山交涉。你看这，每块大簰就要耗去几千斤东竹，山都砍得秃，不是闹着玩的！我们如果把竹索子备齐备足了，还可以赶这回的大水，提前放一块双挂子大簰出去！”一听这话，陈连升的脸上露出了笑颜，伸出大拇指说；“你到底是师傅，就按你说的办！”林文章十分认真地补充说：“买东竹的时候，真要把廖大锤派去，叫他去认竹子老嫩然后伐竹。郭小虎和杨贞负责过秤付款，刘金堂负责路上不丢竹子。”陈连升觉得稀奇，怎么路上还会丢竹子？就大声问道：“丢竹子？”林文章解释说：“丢竹子是常事，你可别小看！一是木客们都出去买竹子，有的在半路就把竹子卖了，捡点烟火钱。还有的是怕多出力，在半路上抽根竹子扔到林子里，肩上图个轻省不是。”

陈连升觉得林文章想得周全，就又伸出大拇指说：“高明！那就这么定了！”在回工棚的路上，陈连升再问林文章道：“在清江放大簰，规矩肯定有别。在叫号启程之前，还有什么讲究吗？”林文章微笑着说：“今晚子时，我们还得在大簰头前敬香烧纸，要敬地脉龙神，祈求平安！另外，还要扎一块竹筏子，或是扎一块木筏子，上面立杆为标，然后插一旗号。敬香烧纸时放于大簰头前，用于抵煞，挡浪避邪。明早卯时将其放于江中顺水而去。凡在江中见此标签者，便知上游有大簰放出，会即刻让出水道，不敢在江中停留。也等于就是发出的一个信号。”陈连升听完这些，觉得奇妙，就望着林文章说：“这倒是个好办法，但我从前怎就没听说过呀？”林文章笑着说：“这个办法，是我叔林国兴去年发明的，管用！”

站在工棚外的沙滩上，趁着落日的余晖，陈连升传令一般把次日的活计作了详细安排，话语中透着坚定，一副刚毅彪悍的模样，那架势与作派已经非比从前。只是当陈连升安排刘金堂、杨贞、郭小虎、廖大锤四个人，三日之内购回万斤东竹时，刘金堂傻眼了，心里咚咚地跳，顿时一种莫名的恐慌澎涨开来，欲语而不能。陈连升看出了刘金堂惊恐的表情，摆出一种严厉的表情说：“刘金堂！你可要动动脑筋，万一想不出什么好的办法来，就私下里请教一下林文章，他或许能够给你说个破路！”听了陈连升这话，刘金堂的心里才渐渐平和下来。

月起亥时的那一刻，廖大锤来到陈连升的跟前，一脸凝重地说：“你们半夜子时说要敬香烧纸，那香烟纸火可曾购置？”陈连升还是头一回见到廖大锤这般表情，心里一怔，连忙问道：“咋地啦！突然问起这个事来？”

廖大锤垂着眼皮低声说：“不瞒连升你说：我爹那年出清江放木簰，走最后一趟的时候，在清江鱼峡口遇见了洪水和风浪，他落了水就再也没有爬起来。一晃二十多年了，那年我才十四岁，今年都满四十了！可由于家里穷，这些年都没有给我爹敬过一柱香，绕过一张纸。二十多年后，我既然又跟着你来到了桃符口，我就想托你给我弄三柱香、弄一叠烧纸来，也就今夜子时的光景，祭一下我爹！”趁着微弱的月光，陈连升望着廖大锤那一张有些沧桑的脸，心里十分感动。他站起身来，没有言语什么，伸手握捏了廖大锤的胳膊一把后，去找林文章拿了三炷香、三叠纸过来，塞在了廖大锤的怀里。廖大锤感动了，喉咙里哽咽着，两眼含着泪光，一时说不出话来了。

让陈连升感动的不是别的，原来人们都认为廖大锤不懂世故，只是一个四肢发达，头脑愚钝的莽汉，甚至还有人在背里地骂他是个“廖天锤”，那知道今日得见，他不仅懂得情感，而且还知道牵挂死去的亲人。看来古书中所言是真，人非草木，孰能无情？正这样想着，陈连升的耳边传来了一阵嗡嗡的声响。突然他的右眼皮急促地跳了几下，似乎预感到了什么，警觉地跑出工棚，朝停靠木簰的江岸奔去。他怕稳簰的两根竹索抽筋或是滑脱。见陈连升奔跑出去，陈三喜和杨贞警觉地跟了出来，见那块单挂子木簰还稳稳地耸立在桃符口清江岸边，这才松了一口气。

054

半夜子时，皎月当空，清辉满地，整个桃符口呈现在一片朦胧的景致之中。欧家拐大河的出口与清江的垂直交叉处内侧的岸边，一块单挂子木簰耸立在向王滩的头前，两根稳簰的竹索从半空伸向山根，牢牢地拴在几根酸枣树上，簰身波动着，发出咯咯地声响。江风吹在大簰的招叶之上，时而发出嗡鸣之声。清江的涛声高亢而雄浑，与大河的水声交汇在一起。在峡谷间轰响，震撼着木客们躁动的心境。起伏的山影在月色中高傲地耸立，浩浩江水在清辉的映照下波光如镜。石柱山下的那一片江滩，木材堆积如山，盖着茅扇的工棚坐落其间，趁着月色望去，像一座古老的城堡，又像一座坚固的营盘，显得极其悠远而深遂……

林文章邀了关海峰、关海龙、林协堂、杨贞、陈三喜、郭小虎等兄弟，找了些杉条木断下的巅梢，还在堆积于岸坎边的废弃物中选了几个尖嘴箍散了几根藤子，扎了一块木筏。并在木筏的簰面上绑了一根撑杆，用木棍扎了一个三脚架支撑着。一切齐备之后，兄弟们一声吆喝，便将木筏抬到了大簰的头前。

刘金堂、印紫竹两兄弟在林文章的授意之下，到工棚里搬来了香签纸火，还特地吩咐伙夫刘满山扎了一把粗大的竹篾火把，并在伙房里点燃之后送到了江岸，递到了陈连升的手中。

陈连升高高举起火把，站在了岸坎的高处，并在手里猛绕了三圈，让火把燃起熊熊的火苗之后高高地举起。也就在这一刻，均匀摆开在桃符口清江岸边的十二堆篝火，几乎同时被点燃，顿时把峡谷间照得通亮。各个部位驻扎的木客见到这一情景，纷纷拥到江岸，就想看看热闹。

陈连升缩回升向空中的火把，双手递到林文章手中。林文章一脸凝重的表情，如同接过一杆拜将的旗帜。他将火把双手握住立于胸前，然后举过头顶，双膝缓缓跪地，面向木筏的头前，将火把的尾子插于细沙之中，取出三炷香来双手捏握香签，慢慢在火把头前点燃，随继十指并拢。再将三炷已烧着并冒出三股青烟的香签举过头顶停顿了一下，放下至额头时又停顿了一下，随手将三炷香插在了木筏头前，让其自然扩散开来形成三柱冲天的架式。接着如此循环往复，直到木筏头前插下十二炷香的时候，林文章站起身来，退后三步，面向木筏和大簰，再次跪下叩了三个响头。最后站起身来，对站在两旁的众兄弟说："把那几捆烧纸打开，拿出烧纸之后，一叠一叠地散，一张一张地烧"。陈连升望着林文章那认真其事的模样，心里暗自在想——你这是在真心敬神哩，还是在众木客的面前故弄玄虚呢？

杨贞、陈三喜、郭小虎、刘金堂、印紫竹、罗汉章、关海峰、关海龙、林协堂等人纷纷上前动手散纸烧纸。伙夫刘满山端了一罐儿茶来，不声不响地来到了陈连升的身边，还没有开口说话，已经闻到栗香的陈连升连忙折转身来，随刘满山走了几步，坐在一根圆木筒子上。刘满山满脸堆笑地说："让他几伙计去摆弄，你就抽个空好好的喝罐儿茶吧！"陈连升深吸了一气茶香之后，慢慢吮着品了一口，然后盖上罐儿盖转过脸来问伙夫刘满山道："明天的早饭，以及兄弟们要带走的干粮，您都准备充足了啵？"刘满山笑盈盈地答道："都准备充足了！"陈连升点了点头，又呡了一口茶水之后望着刘满山认真其事地说："我们明早叫号启程之后，您要守好我们的粮米、肉油，现在的桃符口人多手杂，百人百心，不可大意！特别是杨贞、刘金堂他们出去买东竹的时候，切忌大意不得！"刘满山收住笑容，一脸认真地回话说："连升你尽管放心，我会精心守护。再说还有你陈连升这个打虎英雄的威严在此，量想一般人等也不敢轻举妄动！"陈连升这回喝了一大口茶水之后望着伙夫刘满山说道："那倒也是！"

就在陈连升把那喝光茶水的罐儿递给刘满山的刹那，对门三里城的岩檐上传来三声炮响，接着再来两三声。响了十二声之时，陈连升听明白了，那是在放三眼铳。估计是谭天辉他们看见了桃符口的情景，令手下燃放礼炮助兴。炮声刚落，只见三里城外沿的垛口之上燃起了十二支火把，也是弧形排开，如一把拉开的弓弦，正好与江岸的十二堆篝火遥相对应。眼前的一切都被桃符口的几百双眼睛同时瞧见，遍地响起了惊叫和吆喝声。陈连升情不自禁地站起身来，望着三里城壮观的景象长舒了一口气。

这时，廖大锤却拿着香纸和火种往清江上游江岸的一块大石板上走去。因为二十多年前，他的爹爹曾经多次带他到这块石板上洗衣晾晒，也曾经在一个月夜带他到这块石板上练过铁砂掌。廖大锤跳过浅水，把香纸和火种放在了石板的缝隙处，然后转过身来跳下石板，在江岸的岩壳里捧了些湿漉漉的细沙上来，好插香签。接着他又跳下石板，在乱石丛中选了一个硕大的圆滚石头，放在了他爹常坐的那个位置上，立起的圆滚石头活像一颗人头雕像，让他找到了心灵的寄托。等一切准备就绪，廖大锤吹燃火种点燃了香签，双腿跪下望着搁在石板头前圆石，把香签举过头顶，然后鞠躬一般欠下身子，小心翼翼地把点燃的三炷香插在了湿润的细沙之上，让其自然散开，三股细烟慢慢升腾起来，让轻微的江风吹成了三根细线。

廖大锤站起身来，双手合十抱于胸前，然后慢慢跪下，对着那颗人头一般的圆石，叩了三个响头。随之他挪动身子，散开烧纸，吹燃火种，开始一叠一叠地散，一张一张地烧。不一会儿的功夫，那几叠纸也就散完烧完了。燃烧过的纸灰随轻风飘散，还有微弱的火焰，香纤的烟雾仍在慢慢儿升腾……廖大锤把这视为一个最为庄重的时刻，久久跪着不起，最后干脆叩下头去，让额头磕到清凉的石板儿上，闭上眼睛去回想爹爹生前的模样，眼里止不住落下泪来。正所谓，莽汉方知忠孝礼，傻儿也有动情时。

当廖大锤平静了心绪，止住了泪水，慢慢将额头离开清凉的石板抬起头来时，上游江面上的情景却让他惊呆了。只见一条挂满灯笼的大船随着江水的流速缓缓地向下游驶来，在峡谷间发出嗡鸣之声，挂在上面的灯笼把江面照的通亮。但很快廖大锤就回过神来。他认准了，那不是一条大船，而是一块双挂子木簰，前后挂着的灯笼耀射出很强的光亮，正与月色相辉映。廖大锤连忙站起身来，转身跳下石板，一路呼喊着朝陈连升面前奔去。

听到廖大锤急促的喊声，陈连升警觉起来，待他奔到江岸的拐弯处去看时，也被上游江面上的情景惊着了。还是林文章最先看出了眉目，他大声喊道："搞拐哒！这是景阳河出来的一块双挂子大簰！可我们扎簰的时候没有考虑到景阳河还有大簰出来的情况，木簰的尖稍挡了少半江面去。连升！快，叫江岸上的所有木客帮忙拖簰，后移九尺！"陈连升听出了眉目，动作轻捷地爬上了那块单挂子木簰，站在仓面，大声喊道："岸上所有的木客兄弟都听好了！我是陈连升。我们这块大簰的尖稍挡住了清江水道，必须后移九尺。请各位绕到木簰两侧站齐，听林文章叫号应拍，一齐使劲，快！"

陈连升的话音未落，先前站到江岸看热闹的木客足有六百多人，听到陈连升的名号，早已站在了大簰的两旁蹬起了八字步。只听林文章拉开嗓门叫道："哎嗨着啦！哎嗨着啦！"众人应道："嗨呀着嗬！嗨呀着嗬！"接着此起彼伏，"哎嗨着啦！"

“嗨呀着嗬！”“嗨着！”几遍号子喊过，那块耸立于桃符口江岸的单挂子木簰已经后移丈许。

站在高高的木簰之上，陈连升望着江岸的十二堆篝火，以及火光映照下的岸坎之上攒动着的六百多个人头，心中生出了一种号令千军的豪迈。可就在他望着江面，挺起胸膛，深吸了一口江岸湿润的气息时，就听廖大锤又在大着嗓门高喊：“连升！当心啊！景阳河的那帮木客可不是什么好东西！当心他们抛出锚钩，拖走了我们的单挂子大簰呀！”廖大锤的喊声很大，陈连升听得清清楚楚，就连已经只隔半里，就要靠拢桃符口的那块挂着灯笼的双挂子木簰上的木客也听到了廖大锤的喊声。只听簰上有一个大汉粗声狂笑着大声喊道：“算你狗日的聪明！你们的这块小簰就算是孝敬本爷爷了，哈哈哈……”

陈连升思维敏锐，他感到情况真的不妙，就折转身望着杨贞、陈三喜、刘金堂、印紫竹、郭小虎、罗汉章大声喊道：“掏家伙，准备护簰！”众人应声而起，各自抽了那根带铲的撑搞，跃上簰仓，分两排站在了木簰的两弦之上，只听挂着灯笼的双挂子木簰之上发出嗡鸣的响声，陈连升听了出来，那还真是有人在甩动锚钩。就在那块挂着灯笼的木簰与耸立江岸的那块单桂子木簰擦身而过时，只听得嗖的一声，三根锚钩就死死地钉在了木簰的前仓之上，凭借双挂子木簰行进的惯力把木簰拉得咯咯地脆响。

陈连升动作快捷，顺手接过罗汉章给他递过来的撑篙，伸出铲头砍断了锚钩的绳索。就在这一刹那间，杨贞和陈三喜伸出铲头也各自砍断了一根锚钩的绳索。那块单挂子木簰，被锚钩拖出六尺多远后稳住了。这当儿，耳边又是嗖的一声，又有三根锚钩牢牢地钉在了木簰的前仓之上。就在陈连升他们出手再砍锚钩的绳索时，却见那块双挂子木簰一个急刹困在了向王滩，不能动弹了。

正当簰上的八个大汉不知所措时，就听巴东后河的向海山哈哈大笑道：“陈万雄！你那乱脾气还是没改！老子等你多时了，下来求情吧！”原来是景阳河下来的那块双挂子木簰，中了向海山在向王滩布下的锚钩，被牢牢地困在了江面。

陈连升一听“陈万雄”这名号，心里一怔。暗想：“怎么这家伙，竟与我爹同辈?”他接着抬手一挥，对众兄弟说：“将一干人等，擒来问话！”已经很久没打过架，心里痒酥了的杨贞、陈三喜、刘金堂、印紫竹、罗汉章、郭小虎应声而起，飞下木簰就朝向王滩冲去。

景阳河的木客陈万雄万万没有想到，他在清江水道之上也算是称雄了十余载，没人敢挡他的路，没人敢使他的绊。可这回竟然刚出景阳河没走多少水路，就在桃符口遇到了绊子，胸中的傲气倒是被压了下去，但怨气立刻冲了上来。他大声哼气对簰上的伙计们嚷道："你们快去给我把向海山那小子绑来，我要挖他的眼睛，喝他的血！"

话音未落，杨贞和陈三喜就爬上了双挂子木簰的后仓，与簰上的几个大汉交了战。没战几个回合，就听爬上双挂子木簰前仓的郭小虎、罗汉章已被陈万雄甩出的绳索缠了双腿，早已动弹不得。这就等于是叫他俩去拿人，结果却被他们要拿的人拿了。

好在刘金堂和印紫竹没被缠着，对面与陈万雄交了手，战了几十个回合之后，陈万雄被刘金堂和印紫竹拿下。杨贞和陈三喜倒是过足了瘾，两个人与七个人交战。战到最后，杨贞负责捉拿，陈三喜负责捆绑，也不到一袋烟的功夫，那七个人全部被绑了起来，在大簰的前仓之中跪成了一排。当刘金堂和印紫竹穿过围栏，把被绑的陈万雄也架到前仓的时候，一帮凶悍的木客便安静了下来。

灯笼的亮光照耀着江面，涛声响亮起来。杨贞望着那一排跪着的木客大声吼道："都规矩点儿，谁敢乱动，当心我的拳脚不长眼睛！"

这时，被陈万雄甩出的绳索绑在围栏之上的郭小虎和罗汉章，低声叫唤着离他俩很近的刘金堂，要他速去帮他们俩解开绳索。这求救的声音恰恰被陈万雄听见，他顿时哈哈大笑说："没想到你们的人里头，也有这么两个不成器的软蛋！哈哈哈哈……"

刘金堂绕过去给郭小虎和罗汉章解开了绳索，然后费了一番周折，才把景阳河的八个木客从高耸的簰仓里弄下岸来。向海山耀武扬威地走过来，操着一口巴东后河的蛮子腔，大声哼气地吼道："陈万雄啊陈万雄！没想到你也有今天啊！你知道不？老子今天像喝了二十四碗凉水一样，心怀里那才叫爽快啊！"陈万雄跪在地上粗声大嗓地骂道："向海山你个狗日的！敢给老子使绊子，我到时候不挖你的眼睛，不喝你的血，我就是你的儿！"

陈连升走到他们面前，趁着光亮看清了他们的面目。他大吼一声："哪个叫陈万雄？"陈万雄昂起头，也是粗声大嗓地吼道："老子就是陈万雄，要杀要砍你抓紧逮，赏老子一个快心！"陈连升见他傲气不减，倒也觉得他还是条汉子。就问道："那你为何要叫陈万雄？"陈万雄哈哈一笑之后大声吼道："老子生下来，我爹就给我起名陈万雄，等我长到门长树大的时候还叫陈万雄！哈咯咋，看你小子嫩嫩的，恐怕屁眼子都还没收黄。你问我为何要叫陈万雄，这话等于没问。哈哈哈……"

陈连升一脸严肃地吼道："你先别急！等我把话问完了，再让你死也不迟！"陈连升背剪着手，在月光下踱了几步之后再问："你爹叫什么名字？"陈万雄答道："我爹单名陈孝。"陈连升接着追问："你爹陈孝在邬阳关可有亲族？"陈万雄挺起胸膛大声吼道："有啊，邬阳关陈家棚、板桥沟的陈华、陈富，便与我爹陈孝是叔伯兄弟。咋的啦？你还想诛我九族吗？"陈连升来了精神，大声吼道："那倒不是！你可知道陈华、陈富他们家还有些什么人？"陈万雄答道："陈华是我族房的大叔，生有一子名叫陈万顺；陈富是我族房里的幺叔，生有两个儿子，大的陈万魁是个私塾先生，小的陈万星是个猎手。在桃符口端了谭天飞的老窝，废了谭天飞武功，又在石门隙打死两只老虎的陈连升应该就是我的侄儿。"陈连升沉住气大声问道："你见过陈连升吗？"陈万雄哈哈大笑说："没见过，只听说那小子十二岁练成了石锁功，十三岁成了打虎英雄！那小子是咱陈家的荣耀，比我这个老伯还强百倍！"

陈连升转过身来，仔细观察了陈万雄的相貌之后，十分慨气的说："既然是这样，我们也就不为难你们了！我们都是陈连升的兄弟，驻扎在桃符口也只为做活计谋生计。希望你们从此以后恪守清江水道的规矩！如果谁敢持恶霸强，我们决不轻饶！"一听这话，陈万雄的声音也就平和了许多，坦诚地说道："既然你们与我侄儿连升是兄弟，那就等于是自家人。今夜是我等多有冒犯，还请各位大侠海涵！还请你们告诉我的侄儿陈连升，我在宜都候他，并请他和他的所有兄弟喝酒，喝好酒！"话已至此，陈连升也不愿在这样的场合挑明身份，就朝杨贞和陈三喜抬手一挥，示意给他们松了绑。向海山走到陈连升的身边低声说："多有得罪！"陈连升笑着说："你何罪之有，再说也是不知者不怪，你去撤了机关，放他们走吧。"向海山应声而去，邀了自己的人马清除在向王滩布下的锚钩去了。

景阳河的那块双挂子木簰缓缓地驶出了向王滩，忍了半天的众兄弟这才笑出声来。杨贞走到陈连升的跟前嬉笑道："是你挥手示意，我们竟然把你的族房伯伯揍了一顿！"众人哄笑起来。

挂着灯笼的木簰已经走远，桃符口岸坎上的篝火已经铺地，三里城上的火把也已经燃尽，只有星月的光芒仍然把峡谷间的山水映照得轮郭分明，朦胧间像一个悠远的梦境。

055

夜已经很深了，桃符口总算静了下来。

就在众木客都已经纷纷睡去，桃符口清江岸边工棚里的鼾声屁声乱作一团时，陈连升却怎么也睡不着，他翻来覆去地想：这清江的水到底有多深？这清江的水道到底有多险？

想着想着，他的思维也就在不经意间跳到了廖大锤身上。在众人眼里，廖大锤不过就是一个呆傻之人，除了有几斤笨力之外，便没有半点智慧了。可自从廖大锤跟随陈连升来到桃符口之后，陈连升便惊奇地发现，这个廖大锤其实并不呆傻！那天林文章给众兄弟传授扎木簰的技艺时，他那傲慢的模样曾让陈连升心生厌恶，可今日之事却又让陈连升心有触动，心存感激，两次的紧急状况都是廖大锤最先知晓并报了信。尤其是那抛掷锚钩起心拖簰之事，如若不是廖大锤机灵并及时提醒，那块单挂子木簰，可能早就被那可恨的老伯陈万雄顺手牵了羊，不仅明天去宜都的事泡了汤，而且还让众兄弟在桃符口丢了回丑。于是陈连升开始觉得，再愚钝之人都有他的精明之处，再聪明之人也都有他的呆笨时刻。想到这里，陈连升反倒觉得自个儿便是属于那种精明的人，却为何愚钝得也把廖大锤当成半个傻子判了？

陈连升失眠了，他披衣爬起，轻轻出了工棚，一路朝着洒满清辉的江岸走去。突然一阵江风迎面吹来，飘散了两耳边散落的头发，再度激起了他的万千思绪。可当他走近江岸时，月光下他被拉长的视角却看见江岸有一个高大魁梧的人影。可他的直觉告诉他：这个背影硬是廖大锤。可就在陈连升快要接近那个背影时，却听到了一个十分怪异的声音："来者可是打虎英雄陈连升？"

陈连升心里一紧，顿觉毛骨悚然。他站稳脚跟，望着月色映照下的那个高大的背影说："我就是陈连升！不知是哪位高人到此，敢问有何指教？"那个怪异的声接着又响起来，有些沙哑地说："你陈连升不是要闯清江吗？我见你为人仗义，且对廖大锤这样的人都能关怀备至，足见你德性尚成。为助你顺利闯出清江，特地前来教你三招！你愿意领受吗？"一听这话，陈连升来了精神，心里默想：管你是鬼还是神，只要你肯教我功夫，那就是难得的好事，哪里还有不领受的道理呀？陈连升镇定了一下心神之后说："多谢高人指教，我愿虚心拜师，求学三招！"

又是那个怪异的声音："第一招，徒手炒铁沙。"只见那个人影蹬下马步，双手如同划桨一般动作，在江岸的沙丘之上搅拌起来。顿时，沙如豆粒翻卷，发出一种沙沙的声响。不一会儿，那流沙之间，竟然冒出火星子来，接着那团滚动的细沙竟在那个人影的两掌之间快速的变成了一个火球，旋转中如同一团升腾的火焰。当那团升腾的火焰被那个人影抛掷出去时，在清江的水面上击起一声脆响，吓得陈连升打了一个寒颤。

又是那个怪异的声音："第二招，风火劈雳掌。"只见那人改马步为弓步，扭过身去双臂转动起来，风嗖嗖直响，如一盘转动的风火轮。手掌在空中击得风响，那速度之快，发力之大，让陈连升感到震撼。

还是那个怪异的声音："第三招，水鬼画桃符。"陈连升心里顿时一紧，"水鬼画桃符？"难道这就是"桃符口"这个地名的由来么？只见那个人影双脚尖点地，在沙滩上画了许多万字格的图案之后，突地俯卧下来，就是猛扫。沙滩上顿时尘沙飞扬，旋风般卷起一股黑烟。陈连升看出了门道：“这人的腿功何等了得！最后那股黑烟渐渐变粗变大，顺江面飘然而去……当桃符口清江岸边依然明亮起来时，那个人影却早已无影无踪了。

峡谷更加幽深，江岸格外冷清。陈连升嘴里念叨着这三招的名称：徒手炒铁沙，风火劈雳掌，水鬼画桃符。他在心里默记了这三招的身法脚步，正欲从第一招开始练习比划时，腿脚伸出被窝踢到夹壁之上，一下子便把自个儿惊醒了。陈连升睁大眼睛，透过茅扇下的檐口望着西悬的皎月，无奈地叹了一声长气。然后当他死死地闭上眼睛，想把这个梦继续下去，却怎么也睡不着了。

在吃早饭的时候，廖大锤悄悄地对陈连升说：“我昨晚梦见我爹了。”陈连升也低声对廖大锤说：“我昨晚看见你爹了！你知不知道你爹的独门武功是哪三招?”廖大锤不假思索地说：“我知道，我从小就知道!”陈连升连忙说：“你快说来我听听?”廖大锤停腔落板地说：“第一招，徒手炒铁沙；第二招，风火劈雳掌；第三招，水鬼画桃符。”陈连升心里一怔，觉得这世间之事也真是太奇异了，奇得让人难以置信。

廖大锤从怀窝里掏出一个精美的竹筒对陈连升说：“这是我在金鸡口买的一点酒，是准备祭一下我爹的，可昨夜你帮我弄了香和纸，我就没想起还带的有酒。昨夜梦见我爹时他却说了：‘你怎就不晓得给我带点酒来尝尝?’你把这酒带在身上，等木簰到了渔峡口那道深潭时，打开竹筒盖儿，把酒洒到江里去，也就算应了他在梦中给我的托付!”陈连升接过廖大锤递过来的那个精美竹筒揣在了怀里，并向廖大锤点了点头。在这样一个简短地交流过程中，陈连升并没有言明梦游江滩的情形，廖大锤也没有追问陈连升怎么就见着他的爹了。

这是一个空气清新的早晨，桃符口虽有炊烟四起，烟却融入到了雾中，雾霭飘散在了云里。等到一切就绪，陈连升挥手示意林文章等人登上那块单挂子木簰时，已是云开日出。林文章、关海峰、关海龙、林协堂依次站好了各自的位置，陈连升、陈三喜、印紫竹、罗汉章依次跟在了前面四人的左右，摆开了跟师学徒的架式。一切停当之后，如踏歌起舞。林文章从腰间掏出一把磨得发亮的斧子，走到陈连升的跟前站定，双手递过斧子说：“请家长割麻断索，我们叫号启程吧!”陈连升接过斧子，快速砍断两根掺了桐麻的竹索。就在陈连升将斧子递回林文章的刹那，就听木簰发出了咯咯的响声，向前倾斜的尖梢慢慢向江中滑去。等到招叶的部位吃入水中时，林文章灵敏地晃动着身子搬动着招叶，使劲地摇摆了几个来回。木簰的尖梢吃入深水后渐渐昂起头来，尾梢缓缓地吃入水中。林文章深吸一气之后大声喊道：

“走嘞～～”

站在岸坎上的数百名木客，情不自禁地向陈连升他们挥手。向海山站在岸坎的前沿，挺起胸膛，取出挂在腰间的牛角号，吹了三长声，迎合着林文章拉长的喊声，雄浑的节拍在峡谷间回响，如空竹和鸣……只见那块单挂子木簰在向王滩顺正了身子，慢慢驶出了白蛇滩。

陈连升的心境渐渐由陶醉转入了震撼，大山之中的清江，真是一条锦绣画廊，深山峡谷间的清流奔泻而出，孕育着古朴的风情，虽没有古刹成群，却有着无数的风景名胜。船工的号子喊得大山含情，清江的放簰歌撩得浪花飞溅，抚摸着江岸像处女一般静美沉睡的巧夺天工的自然景观。大自然赋予人类太多的馈赠，放眼观之景致千姿百态，均为天然生成，形象逼真。即是有百手百指不能指其一端，虽有百口百舌难以明其一处。层峦叠嶂簰头望，万壑幽深让你思，森林茂密绿厚重，峭壁千仞亮如镜，云山雾海映朝霞，藤蔓芳草香扑鼻，珍鸟奇兽观山景，神洞奇象生两岸，鱼翔浅底悠哉游，鹰出长空伴簰行，飞瀑高悬透灵气，山水相依成风景……

当大簰绕过泗淌坪，快要进入南潭江的时候，陈连升望着来回奔忙观看水道，跳进舞出搬动招叶，早已累得干流浃背的林文章说：“可不可以让我来扳招？你喊，我扳？”林文章揩了一把额头上的汗珠，用嘹亮的山歌调喊道：“你想搬来你就搬，左右屁股要甩圆，两脚梭步莫踩空，拐弯抹角顾两弦……”一听林文章这歌声，陈连升有些情不自禁，心里觉得林文章这山歌词儿很是好听，就想拉开嗓门喊一曲。但歌到嘴边他却又忍住了，感到这会儿还不是开歌唱的时候。等到有一天自个儿也能像林文章那样挥洒自如时，再尽情地喊歌也不迟。可没等陈连升回过神来，林文章却拉开嗓门又喊了一曲：“左手压来右手抬，眼看就拢蛤蟆岩；两眼盯住清江水，脑壳挂在裤腰带……”林文章的山歌余音还在峡江间回荡，就听木簰发出了咔嚓咔嚓的响声，几下剧烈的颠簸之后，过了蛤蟆石，进入南潭江的滩口。

南潭江，当地清江两岸的人也称之为“南潭河”。这里江面宽阔，水流平缓，只是两岸的大山高耸入云端。左岸高耸入云的石壁之上，正是三里城的南沿，右岸是望江岩。有道是：“南潭江边渔洞湾，江水湍急乱石滩，滑坡体外旋水荡，大胆簰工捏把汗……”

陈连升渐渐地看出了一些门道，在他看来，放大簰和刹把子的原理完全一样，像今天这样大的江水，放单挂子木簰比较轻松。陈连升想起了爷爷陈富老人常在屋里对他念叨过的那些口诀——木簰过了渔洞湾，水布垭下入险滩，簰工老大一声喊，木簰尾梢要甩圆。长阳头上盐池河，两岸锦绣丽色多，三友坪里柳树桥，长岭连着谭家坡。盐池温泉上下池，恰似两个灯盏窝，热气腾腾水冒泡，木簰颠踱擦身过……

关海峰、关海龙、林协堂三个人虽然没有执掌尖梢的林文章那么累，却也各自担负着重要的职责。招叶搬动时那咯咯的响声，低沉而厚重；簰过浅滩时，滚石与木簰擦出的声响如闷雷滚过。簰声辗压着江水，波涛冲撞着簰身，轰鸣之声不绝于耳，簰上的木客们领略着震撼与刺激。陈三喜、罗汉章、印紫竹观察着簰面上的动静和江面上的水情，时而提心吊胆，时而尖声怪叫，时而前仰后合，时而惊恐万状。

大簰过了水布垭、盐池河不久，两岸石壁如同刀切一般，江水闪着波光，木簰颠踬前行。过了盐池河滩口没走多远，印紫竹开始呕吐起来，只见他捂着胸口趴在围栏之上，一副极其痛苦的表情。陈连升见状用质疑的目光望了累得满头大汗的林文章一眼。林文章明白陈连升的意思，回过头来望了望印紫竹的情形之后对陈连升说："没有什么大碍，他这只不过是晕簰了，等木簰到了招徕河，我们便可以在大沙坝停簰午餐，给他弄碗热汤一喝就好了。"陈连升没再言语什么，几个梭步跳到印紫竹的跟前，伸手拍拍他的肩背之后关切地问："不要紧啵？再坚持一下如何？"可还没等印紫竹回过话来，就听罗汉章也是"哇"的一声喷了出去。陈连升见状，感到十分无奈，就转过脸去望着陈三喜问道："你还如何？没有晕簰的反应啵？"陈三喜转过脸来对陈连升说："我这儿很好！下不出猪儿来。"一听这话，关海峰、关海龙、林协堂等人哈哈大笑起来，他们心里明白，木客们常把喝酒烂醉后的呕吐骂作"母猪下儿"。

木簰出了长长的一段峡谷之后，眼前隐约出现了田原和农舍。清江在这里向右转了一个大湾，一条小河从左岸汇入清江，把这片江岸的山地装点得灵气活现。这条河就是清江流域有名的支流招徕河。

当肉眼可以看清招徕河江岸的情形时，陈连升和同簰的弟兄们都看到江岸上有一缕烟雾，像是用浪渣木柴生了很大一堆火。沙坝边沿一块岩石旁的浅水里停着一块木筏，好像和林文章他们昨晚在桃符口扎的那块一模一样。接着一个身穿白衫的人进入了他们的视线，只见他的满头银丝随江岸的轻风飘洒，白衫显得有些陈旧，那是一副并不宽厚的身板。当木簰离岸不过十丈时，陈连升望着那个背影打了一个寒颤，这背影不正是他昨晚梦游时，在桃符口清江岸边的月光下，亲眼见过的那个发出怪异的声音，而且还教了他三招的那个背影么？

056

木簰停靠沙坝之时，发出一阵轰鸣之声。关海峰、关海龙两人从左右两弦抛下锚钩，那动作的稳健与敏捷着实让陈连升吃了一惊。陈连升快步溜下木簰，向那位满头银丝的老者走去。只见那位满头银丝的老者，正在一堆柴火旁翻烧着红薯，一股甜香随着江岸的微风扑鼻而来。可当陈连升与那位满头银丝的长者还隔丈余的距离时，他停住了脚步，仔细地端详着老者的模样，那神态和脸形的轮廓与廖大锤神似，就连鬓角那一缕散乱的发丝除了颜色有别之外，也几乎与廖大锤的一模一样，只是那形像并没有昨晚见到的那么高大。

那位满头银丝的老者并没有理会陈连升，甚至对已经停靠在岸边的木簰也没有回头望上一眼。他迈着轻快的脚步，走到停靠在江岸的那块木筏之上，取来了一捆洗净的野蒜和鱼腥草，用一只沙钵洒盐淹上了，小心翼翼地放在火堆旁的一块石板上，然后转过身来，在自己的衣摆上擦擦手，睁大两只有些昏暗的眼睛望着陈连升说："还愣着干嘛？还不快叫你的这些兄弟下来受用这顿午餐？"

陈连升连忙上前一步施了礼，然后抬起头来望着那位银须老者大声问道："面前这位长者，昨晚可是去过桃符口？"那位老者喷出一口气来，吹开了横挡在嘴边的银须，露出稍厚的嘴唇和满口油黑的牙齿说："瞧你这记性！我不是还教你三招吗？"一听这话，陈连升连忙上前一步跪施大礼，然后抬起头来望着老者大声说道："师傅在上！请受徒儿一拜！"那位老者抬手一抹银须，慨气地说："连升哪！行走在江湖之上，不要见人就跪，见人就拜！男儿膝下有黄金。你快快请起，叫你的兄弟们受用午餐吧！"林文章、关海峰、关海龙、林协堂从木簰上把印紫竹和罗汉章扶了下来。陈三喜提了一包干粮下来正准备找块石板搁了食用，接着就闻见了薯香，听见了陈连升与这位老者的对话。

陈三喜走上前去，仔细观看了这位老者一眼之后大声惊呼："您老该不是廖大锤他爹廖德贵吧？不是说您在二十多年以前就已经死在了渔峡口么？怎么今天又出现在这里，还为我等兄弟备了午餐？您到底是人是鬼还是仙？"

廖德贵转过身子，在陈连升、陈三喜等众兄弟面前站稳了脚跟，非常庄重严肃地说："你们可要看清楚了，我既不是鬼，也不是仙！我就是一个能吃饭拉屎的大活人！"陈连升借此机会，细看了这位银须老者的面目，很是有些惊讶。接着长者廖德贵解释说："由于我经常飘流于清江之上，很多人叫不出我的名号来，就叫我一声水鬼。这个外号我已经背了几十年了，今朝在这儿等候你们，也就是想与你们把这个事情讲清楚！"

众人见了这个场面，一阵子惊嘘。接着便围坐在火堆旁吃起烤红薯来。林文章没有作声，他走到江边细看了停歇的那块木筏，确认就是他们昨晚扎的那块信号木筏时，就走近银须老者问道："我们的这块发送信号的木筏，可是您老拦下的？"廖德贵一抹胡须说："不是我拦下的，而是我从桃符口划下来的！昨晚，你们在收拾景阳河的木客陈万雄的那个时刻，这块木筏就慢慢儿荡出了向王滩，正好被我碰上，心中一喜。心想这回自个儿要回招徕河的事也就不那么为难了。于是我就扯了一根野葛藤，将这块木筏拴在了白蛇滩的江边，今早天刚打赤的时候，我就是乘的这块木筏回的招徕河。"林文章这才突然记起，自己在桃符口忽略了这块木筏的事，伸手摸了摸自己的后脑勺，还偷偷地望了望陈连升的面部表情。

就在众兄弟围坐在一起开始午餐时，陈连升从自己胸前的衣袋里掏出廖大锤托付他带的酒水，对这位银须老者说："这是您的儿子廖大锤托我带在身上，准备在清江渔峡口洒入江中祭您的酒水，您就把它打开喝了吧！这可是您的儿子廖大锤诚心孝敬您的东西。"银须老者廖德贵一脸惊讶的表情，伸出颤抖的双手，眼含着热泪说："这大概就是人们常说的，大难不死必有后福吧！儿子再傻，只要知道孝敬爹娘就行了啊！"说完这话，银须老者廖德贵双手捧着那个竹筒儿嚎啕大哭起来，声音低沉厚重而且哀伤。他的眼前顿时浮现出了二十多年前，在清江渔峡口突遇风浪，自己不慎坠入江水之中的悲惨情形。

正是二十六年前的那个秋后，邬阳关的木客廖德贵与伙计们在桃符口扎了一块双桂子木簰，就在叫号启程的那个早晨，峡谷间突起乌云，一群乌鸦就在东门山的岩檐上呱呱地怪叫。廖德贵心里打颤，有些虚胆。但木簰叫号启程得听家长的号令，选好的日子不能随便更改。记得那天廖德贵负责大簰的右舷，大簰刚出桃符口的白蛇滩，大雨就丢了点，雷声震荡滚过，峡江之间一片昏暗。木簰还没出南潭江就遇见了倾盆大雨，随继江水暴涨。木簰在风雨浪涛之间颠踱飘摇。狂风拍打着簰面，卷走了放簰人头上的斗笠，暴雨淋透了蓑衣渗透了里面单薄的衣衫。顿时木簰仓面上湿滑无比，像抹了清油一般。他们睁不开眼，搬不动招叶，木簰只得随波逐流，在峡江之间左碰右撞，跌宕摇晃。从南潭江、渔洞湾、水布垭、盐池河、招徕河一路漂流而下，让人魂飞魄散。

等木簰快到渔峡口的时候，峡江之间再度狂风大作，暴雨更加猛烈，木簰的跌撞之声如闷雷震响。簰面上的八个人，已有四个趴在了簰仓里面死死地抓住卡花，生怕被甩出簰面，落入江中。这时仍在右舷护簰的廖德贵，看到前仓扳招的家长也伏在招叶之上动弹不得，于是松了手中紧握的索子，向前仓猛冲，意欲前去助其扳招，不料一股猛烈的风浪打来，把廖德贵推回右舷，腰身撞击在围栏之上。由于鼓动的风力太猛，廖德贵猝不及防。一个仰翻叉翻出右舷围栏，跌入汹涌咆哮的江水之中。

簰面上的人看到伙计廖德贵已经坠江，吓得歇嘶底理地哭喊。可这风助雨势、雨借风威，峡江的风雨浪涛之声淹没了伙计们的哀嚎。廖德贵跌入汹涌咆哮的江水之中无影无踪了。众人哭喊一阵之后，便从惊恐之中清醒过来，求生的本能驱使各自迎着风浪站好位置稳控木簰，一路出了天子口、石丛庙、涟鱼滩、双石子等烈码头……

但由于江水太过猛烈，想找地方抛掷锚钩稳簰却比登天还难，伙计们只得置之死地而后生，迎着风浪顺水前行。接着出了磨盘石、大猪窝坑、小猪窝坑，过蕊子、跛锁、膀子石、观音店、野人洞、狮子撒尿等九道险滩之后，风雨才渐渐地停了下来。

众兄弟忍受着失去伙计的哀伤，在宜都起了木簰之后，一路沿清江往回寻找廖德贵，七个人仔细找寻了近半月，却仍然生不见人、死不见尸……

假如廖德贵没有超乎寻常的水上技能，一个仰翻叉倒栽在汹涌的江水里，想活命那是天方夜谭。可就在他仰翻倒下的那个时刻，双挂子木簰的仓面离水面的高度约为一丈五尺。转瞬间，他伸开双手在木簰的右舷猛推，将自己的身子抛出去两丈有余，脱离了被簰身的惯性拖走，或被簰底辗压的危险，给他活命留下了一点机会。所幸的是，廖德贵被大浪抛到了江边，被洪水卷出里许之后，却被一棵倒在江岸水荡里的铁绸树勾牢牢地挂在了他的腰间，历时两天两夜，虽已昏死过去，但最后还是被渔峡口一位捞浑水鱼的老翁救了回去，总算捡回了一条小命。

然而，廖德贵的小命虽然捡回来了，可由于在落水时地剧烈震荡，以及两天两夜被洪水冲刷，浑水泥沙冲灌耳鼻，对他肉体的摧残十分严重，导致他完全失去了记忆，根本记不起自己是何方人氏，姓甚名谁，也找不到回家的路了。开始的几年，廖德贵就在渔峡口清江岸边给人家做苦力，混个肚儿圆。也没人知道他姓甚名谁，“水鬼”便是他的名号。闲着没事的时候，他就背着众人的耳目练功习武，练水漂清江也就成了他的喜好。就这么过了许多年飘泊的日子。可当他的记忆渐渐恢复时，人也渐渐地老了。许多年里，他并不记得自己就叫廖德贵，还以为自己的名字就叫“水鬼”。但有一点他却始终坚持着，每年这个季节清江放簰的时候，他都要逆江而上到桃符口去找寻。在他模糊的记忆中，他的那些伙计们应该还住在桃符口。可是他连年都去找，桃符口的木客来了一拨又一拨，走了一批又一批，再也没有见到自己当年的那些伙计。

自从那天廖德贵再次来到桃符口，见到陈连升、陈三喜、杨贞他们时，他便有了一种亲近的感觉，说话的声音、腔调、喊歌叫号的板口都与他当年的那些伙计一脉相承。于是他决定走近他们，去找寻回邬阳关板桥沟的路……

听廖德贵简短地讲完这些经历，陈连升他们的心灵受到了震撼。他们平时只觉得从石龙河谷刹把子到金鸡口，再从金鸡口刹把子到桃符口，是一个惊险刺激的行当，哪知道清江放簰还有这么多悲欢离合的故事。此时此刻，廖德贵老人的面容和身影。在陈连升、陈三喜、杨贞等众兄弟的眼目里已经不再神秘而陌生，立刻变得亲近起来。

陈三喜靠近银须老者的身边说：“既然是这样，您见到我们也就等于见到了邬阳关的亲人，而且您的儿子就在桃符口给我们编竹索。您在这里等候我们三天，我们从宜都回转的时候，就带您去桃符口与您的儿子廖大锤团聚，然后叫您的儿子廖大锤送您回邬阳关如何?”银须老者一听这话，早已热泪盈眶，他哪里想到今生今世还能回到邬阳关去，还能活回自己廖德贵的真实身份，还能与自己的儿子廖大锤团聚呀？廖德贵用手揭开握在手里很久的那只竹筒儿，把儿子廖大锤托陈连升带来祭他的酒水一饮而尽。然后站起身来，整理了衣衫，理顺了胡须，走到一片开阔的沙滩上，面向邬阳关的方向扑通一声跪下，额头叩地，久久不起。

陈连升仔细听了陈三喜与银须老者的这番对话，也仔细看清了银须老者的表情变化和那庄重严肃的举止，就仿佛读懂了一个浪子的心声。他走上前去扶起老者，见老者泪流满面，就问道：“您在这招徕河渔峡口一带可还有什么牵挂吗?”老者一抹胡须说：“没有了！我与渔峡口屈家的一个寡妇一同生活了十余年，去年她走了，我为她置办了棺木料理了后事，没有任何牵挂了!”陈连升点点头说：“那就好，我今日就派人把您送回桃符口去与儿子廖大锤见面，然后您就在桃符口等候我们!”说完这话，陈连升牵着老者的手走向众人面前，扫了众兄弟一眼之后望着晕簰的罗汉章说：“你送老者回桃符口，下趟再与杨贞他们一道出清江。回到桃符口之后转告伙夫刘满山，要他弄最好的饭菜，小心伺候我的师傅!”罗汉章站起身来，点头称是。

等众人吃饱喝足，一切就绪之后，陈连升对林文章说：“准备启程吧!”林文章走到陈连升跟前低声说：“别急，让我先去放了那块信号木筏再走不迟。”陈连升随林文章来到江边，认准水路，把木筏推了出去。

恰在这时，招徕河的岸坎之上路过一队迎亲的人马，一路轻吹细打，几多气派热闹。众木客跃上江岸，看到一顶花轿正沿河岸而来，便准备上岸去抢喜糖。陈连升见状，在众人身后大声吼道：“少惹事端！我们立马启程!”众兄弟缩回脚步，朝停靠在江岸的木簰走去。

招徕河江岸的风景很美，美得让人兴奋，美得让人陶醉。陈连升望着江岸的山路上，那位银须老者的背影长舒了一口气息。

057

按照林文章的安排，由他先上木簰搬招叶，由关海峰、关海龙两兄弟拨出左右两弦的锚钩，然后挽了锚钩之上的绳索提到手里，分别从左右两弦爬上了木簰。陈连升、陈三喜、林协堂、印紫竹四个人，仍然站在岸边听林文章的指令帮忙推簰。只听几声吆喝号子响，顺着江滩稳岸的木簰尖梢，便朝右边旋转过来，慢慢后移进入了水道。

陈连升、陈三喜、林协堂、印紫竹等四人灵机一动，顺竹索一跃而起，快速离岸爬上了木簰。林文章猛搬招叶向左摆动，木簰快速右转，在江岸的岩石上滑过，发出轰鸣的声响。紧接着木簰进入江心，飘然提速，顺江而出。

突然一群猴子在江岸的林梢间鸣叫着欢腾起来，像是见到了久别的木客朋友，一群白鹤从远处的天空顺峡江飞来，在这山水相依的风景里形成一片动感的画面。木簰顺江而下，白鹤顺江而上，组成了鲜活的灵动，在一片深远悠长的意境中让人心旷神怡。陈连升有些情不自禁，心胸里升腾起了一种穿越自然景观，驾驭时空的豪迈，本想放歌一曲，却又被那一群飞翔的白鹤把他灵动的思绪带向了远方。

木簰顺江而出，眨眼之间就到了渔峡口。峡谷之中江流奔泻，涛声轰鸣……陈连升眺望着清江左岸的香炉石，还有那高耸于山峰顶端的主峰之上的廪君庙，心胸里发出了无限的感慨，大地的广阔，江流的悠长，让他惊叹震撼。他哪里想到，浩浩清江竟是如此壮美。

林文章、关海峰、关海龙、林协堂等四人却没有闲心观赏江岸的风景，他们全神贯注地放着木簰。因为他们心里都非常清楚，只有趁天黑以前出了渔峡口、天子口、十丛庙、王皮滩，才能在鲢鱼滩、或是小鲢鱼滩，找到停簰歇夜的地方……

话说银须老者廖德贵在年轻木客罗汉章的陪同下，从招徕河出发，一直沿着江岸的山道而上，过了长阳头，就踏上了巴东的地界。他们从三友坪绕道潭家湾，爬上长岭，再越过水坡直插水流坪和三望坪，再插去清太坪的大路，朝桃符口方向走去。在二十多年前，这条江岸的山路廖德贵不知走了多少回，每次从宜都回来，几乎都从这条路插到桃符口。可今天，在一个时隔二十六年后的日子里，再次踏上这条路，廖德贵觉得脚步沉重。他想起了当年的那些伙计，想起了当年的许多往事，想起了结发妻子黄秋姐，想起了憨头傻脑的儿子廖大锤。真像一个水鬼，踏上了陆地，见到了阳光，感受到了一种从未有过的温暖。可如果按照他自己“水鬼”的习性，完全可以沿清江岸边的水道再像水鬼一样潜回桃符口，可护送他的罗汉章没有他这样好的水上技能，他不能撇开罗汉章。再说既是到了桃符口，没有人知道他的身世，谁敢认他，就连他的儿子廖大锤恐怕也要把他当成水鬼了。银须老者廖德贵的心里也十分清楚，既然清江流域早有名气的少年打虎英雄陈连升，已经当着众人的面行了叩头大礼，拜了师尊，那也算是我廖德贵这个隐姓半生的水鬼至高无上的荣耀了。他边走边想，今生今世，我廖德贵已经负了儿子廖大锤，再也不能负了徒儿陈连升！

一路上，罗汉章跟在银须老者的身后没有言语什么，不是不敢说话，而是找不到该说的话题。罗汉章心里惦记的还是陈连升他们放的那块单挂子木簰。走到爬谭家湾那架上坡的时候，望着苦竹溪头前，三里城正面那高耸的清亮石壁，望着斜阳下碧绿如镜的清江水，罗汉章的心胸里也生出了一种慨叹——原来外面的世界还真是无比宽广，无比精彩。

爬上了长岭的那一段横路，老者廖德贵停下了脚步，回过头望着水布垭、三友坪、南潭江那一段美丽的清江长长地舒了一口气。在老者廖德贵的眼里，清江是一条通道，清江也是一道天堑。二十六年的背井离乡，有着太多太多的凄楚与哀伤，有着太多太多的思念与牵挂。可眼下，他终于活回了自己，也终于活着踏上了回归故里的路程，既是跨越关山千重，再历千辛万苦，他也心甘情愿。他默默地叩问自己：一晃就做了半世水鬼，这一去也将从桃符口回金鸡口，回郧阳关，就算是离开了清江离开了大水，一个水鬼离开了水还能活得这么洒脱么？接着他又扬起眉眼，将目光投向轻雾飘摇的远处，越过三里城与东门山对峙的峡谷，朝郧阳关的方向远眺，朦胧之中，他仿佛听到了板桥沟的鸡犬之声。

还涉世不深的年轻木客罗汉章绝对不懂这位银须老者的心思，因为他根本就不知道江湖到底有多宽，江湖究竟有多深。他也没有亲历过骨肉分离，背井离乡二十六年是一个什么滋味，什么概念，更不懂得死里逃生活回阳世的感受和滋味。在这位银须老者的眼里，罗汉章还是个屁眼子没有收黄的嫩秧秧儿。片刻之后银须老者廖德贵转过身来，眼里含着泪花儿，嘴里低声念叨道：“清江啊，我这一次回去，恐怕再也就不会出来了！你的清澈，你的壮美，就只能留给这些年轻的娃儿们了！”他抬起袖口，揩了一把泪水，然后迈步朝山岭走去。

罗汉章跟在银须老者的身后，闻到了一股汗臭味，就故意落后几步拉开了距离，并在身后大声喊道：“敢问师傅，我们就现在这脚步，何时才能到达桃符口呀？”银须老者停下脚步说：“哈咯咋，嫌我走的慢了是啵？”罗汉章连忙解释说：“那可不是！我只是看到太阳已经偏西，不知今晚歇宿何处？”银须老者迈步走着，嘴里嘟哝道：“你可别急，人到黑处，自有歇处！说不定还有好事等着我们。今夜就落巴东清太坪，明天一个早工的路程就到了桃符口。”罗汉章心中有了底，也就长舒了一口气。

一路过了长岭，过了水流坪、三望坪，插到了从野三关去清太坪的那条大路。罗汉章走出了一身大汗，可那银须老者却是越走越有劲，脚上的草鞋还咯咯地响。进入清太坪的山口，一排参天的古银杏树映入他们的眼帘，树杆高耸挺拔，扇叶碧绿苍翠，擎起了一片耀眼的风景。夕阳的余晖在这里泛起红光，在清太坪开阔的坪垴里折射出了五彩的光环。

越过山口没走多远，就有一阵轻吹细打的乐声传来，接着便是一曲高亢的唢呐迎亲曲。银须老者面露喜色说道：“汉章你看看，我说这里还有好事等着我们啵？既然人家过喜汇，我们何不前去贺喜，并讨一杯喜酒喝？”罗汉章正是饥肠如鼓，也就来了精神，加快了脚步，朝那鼓乐鸣响的屋场上走去。

原来是清太坪的八坪谭家择了吉日，在接儿子媳妇。门庭里亲朋满座，人头攒动。银须老者廖德贵迈着大步，领着年轻木客罗汉章插进了来宾的队伍，走上了八坪谭家的塔坝。随着支客先生“装烟筛茶”的喊声落下，两匹兰花叶子烟，一杯喷香的浓茶就递到了来客们的手里。银须老者廖德贵望了有些疲惫的罗汉章一眼之后关切地问：“腿肚子有些酸痛啵？”罗汉章望着银须老者淡淡地一笑说：“没事！连升平时逼我们练功，也还有些力气。”银须老者点点头说：“也是应该没事，年轻儿男是找不到吃亏的。”

这时，支客先生走到了银须老者的跟前，见他的装束打扮有些异样，且不修边幅，就委婉地问道：“不知这位是从哪里来的贵客，姓甚名谁呀？”银须老者一抹胡须说：“我乃邬阳关人氏，名叫廖德贵。这后生名叫罗汉章，老少二人都是清江上放簰的汉子。今日午后从招徕河动身，朝桃符口回转，路过贵地，听闻轻吹细打的喜乐，便前来贺喜歇脚，准备明日一早前往桃符口。”支客先生倒也热情，笑呵呵地说道：“来的就是客，请二位高堂升坐，畅饮喜酒。”银须老者见状，很客气地站起身来，领着罗汉章朝架着酒席的堂屋里走去。顿时，一阵酒肉的酵香扑鼻而来。罗汉章的喉咙里咯吱了一声，咽下了一口饿涎。

坐在堂屋里的八仙大桌上，吃着土家族人蒸炸卤炖的几道好菜，品着掺了银杏煮成的好酒，享受着久违的一种惬意。正当他俩酒醉饭饱的时刻，新郎新娘端着糖食来到堂屋的八仙桌边亲近客人来了。这是一间宽敞的堂屋，里面摆放着四张八仙大桌，十六条高板凳上每排席只坐三十二个客人。

银须老者廖德贵趁着酒意皱了一下眉头，鼻子里闻出了一点异味。他突然觉得眼前这位穿着一身红衫，长得特别水灵的新娘子恐有不测。他的两眼盯着靠右的那张八仙大桌上坐着的那五六个身穿青布汗褂的年轻汉子。只见他们的眼神中流露着凶光，有点不像好人。银须老者廖德贵警觉起来，因为他早年就已经听说过，这样喜庆的日子，往往就有山匪扮成客人的模样到主家吃酒时抢走漂亮新娘的事，莫非今朝还能亲眼所见一回？他伸手拍了拍罗汉章的腿杆子，示意他看管好所带的行装，自己既然吃了八坪谭家的喜酒，这喜酒也就绝对不能白吃。

就在这当儿，新郎新娘端着糖食走到那桌跟前，几个身穿青衣的汉子各自使了眼色，突地起身，其中两人抬手一挤便把新郎隔在了壁角。另外四人夺下新娘手中的盘子就放在菜碗之上，然后掀开板凳，架着新娘就跳出了大门。新郎看到情况不妙，大声喊道："搞拐哒！山匪抢亲哒！"堂屋里顿时乱作一团，屋外的吞口里、塔坝里坐着的百客顿时慌乱起来，唢呐鼓乐之声戛然而止，哭喊声大起。眨眼之间，新娘已被抢出百丈有余。

银须老者廖德贵奔到塔坝里看清了阵势，就在众亲友慌乱无计、哭喊声乱作一片时，只见他踮起脚尖在地上轻弹几下，随后忽地一个白影一闪，快速冲将出去，眨眼之间拦住了山匪的去路，并大声喊道："要想活命归，放下新娘子！不想活命，就地挖坑！"放了新郎随后跟出来的两个山匪见状，冲上前去左右夹击，扑向银须老者廖德贵。只见他银须飘散，身轻如燕，躲闪纵身之间如风吹细柳，双腿如铁钳，危急之时轻绕几掌，竟把两个扑向他的山匪打得扑地啃土。

抬着新娘的四个人见状，知道遇见了高手，扔了新娘想逃。可没等新娘落地，银须老者伸出的脚板抬住了新娘的腰身，轻轻放在了地上。新娘子平稳站立，身不带彩，鞋不沾泥，只是受了一点儿惊吓。

还没等扑地啃土的两个山匪爬起来，逃跑的四个山匪又被银须老者廖德贵擒拿，一排跪在了山口的大路上，不敢动弹。银须老者廖德贵大声呵道："哪里来的毛贼？敢在光天化日之下强抢人妻？要想活命，快快如实招来！"

一个年轻力壮的汉子从地上爬起来，跪在银须老者廖德贵跟前说："我等不知高人在此，多有冒犯！其实我们六个人都是打虎英雄陈连升的兄弟，原本是想抢了这漂亮的新娘子回去，献给打虎英雄陈连升，好做压寨夫人。"

罗汉章听得心烦，飞起一脚踢在那个家伙的下巴之上，将那人踢出去翻了几个跟头之后趴在了地上，像一堆牛屎。罗汉章大声吼道："你们胆敢坏我大哥陈连升的名声！陈连升不过十三四岁的年纪，还根本不懂男女之事。他行侠仗义，为人正直，哪能做出这等不知羞耻的事来？你们睁大眼睛看好了，我才是打虎英雄陈连升的兄弟。眼前的这位银须长者才是打虎英雄陈连升的师傅！你们若是再敢信口开河，不如实招来，谁也别想活着离开！"

银须老者廖德贵脚尖落地一个旋转，就在地上划了一个深深的圆圈，泥土飞溅出去，糊在了几个山匪的脸面之上。他站在那个圈中哈哈大笑说："你等混账东西！竟敢在江湖之上沾污我徒儿陈连升的名声。今朝之事若不是我和罗汉章亲自碰上，还真是跳进黄河也洗不清了！你等还不如实招来？我可不想在人家的家门口，在人家的喜庆日子里取你等的性命！"

几个山匪挣扎着爬起来，向前挪去，跪在银须老者廖德贵的跟前说："好吧，我们如实招来，还望眼前这位高人放我等一条生路！"银须老者大声吼道："哪来的这么多废话？快快大声招来，让八坪谭家的众亲友都听得清清白白！"几个山匪看到这般阵势，知道轻易脱不开身了，只得如实招来。

原来这六个身穿青布汗褂的汉子，是盘踞景阳关的山匪头目向大建的手下。三日之后便是向大建三十六岁生期，想献这漂亮新娘为他贺寿。银须老者廖德贵见几个山匪已经说了真话，也就放他们走了。几个山匪新娘没抢走，却抬着被罗汉章踢成重伤的一个同伙慌忙逃了出去。

清太坪八坪谭家接着热闹喜庆起来，继续摆席喝酒，鼓乐唢呐之声又起。支客先生请来主家，用红绸包了数块银元塞到银须老者廖德贵的手上，以谢救媳之恩。当支客先生得知，这一老一少两位过客竟是端了三里城那帮山匪，打死两只老虎的少年英雄陈连升的师傅和兄弟时，立刻把他们奉为上宾，好生招待。新郎官还领着新娘子来到银须老者的跟前，行了跪拜大礼，以谢救命之恩。

而就在这时，陈连升、林文章、关海峰、关海龙、林协堂、陈三喜、印紫竹他们放出去的那块单挂子木簰，已经过了芯子、趿锁，在王皮滩抛下了锚钩稳住了木簰，准备上岸生火做饭了。

058

陈连升已经习惯了风餐露宿的木客生活，他站在王皮滩外的江岸，望着渐渐开阔的清江，心胸里升腾起了一种从未有过的振奋。碧绿如镜的江水，显得几多平静纯良，山势渐渐平缓，清风拂面而来，思绪随风飘去，似乎一切的一切都和往日明显的不同了。然而，眼前的清江远比他想象中的清江深邃壮美；放簰的体验，也远比他想象的艰辛刺激。那是一个凉月升空的夜晚，陈连升与兄弟们睡在有些摇晃的木簰上，枕着清江的涛声，久久难以入眠。陈连升仰望着星空，脑海里再一次思量着外面的世界，出了清江入长江，出了长江归大海，神州万里，几乎没有尽头……

那一夜，清太坪的八坪谭家，把银须老者廖德贵和护送他的年轻木客罗汉章当成贵客招待了，给他俩准备了床铺，还办了夜宵。支客先生代表主家敬了酒，又说了许多感恩谢恩的话语。罗汉章喝了几碗酒之后，倒在床上呼呼大睡。酒席场中留下的歇客还不下百余，有的集在一起拉家常，有的围在一圈说白话。银须老者廖德贵没有睡意，他警觉地在户外转悠了几圈，观察着来来去去的客人，是怕景阳关向大建手下的那些匪子又杀回马枪，再次抢了谭家的儿媳。最后他干脆爬上路口的一颗银杏树，在枝丫里盘腿而坐，像个值夜的哨兵，为清太坪的八坪谭家护守着一个平安的夜晚。

当金灿灿的阳光照亮清太坪那一方水土时，八坪谭家又在堂屋里摆了四桌酒席。银须老者廖德贵，和护送他的年轻木客罗汉章被恭请到上席落了座。支客先生代表主家来到二位身边陪话说："二位远客，二位恩人！昨晚把您们熬更守夜，十分辛苦！今日，主家要我深留二位，就在清太坪歇歇脚，安安心心地玩一天之后再去桃符口，您们的大恩大德，八坪谭家将永世不忘！"

银须老者廖德贵抹了一把胡须说："感谢八坪谭家的盛情款待！歇脚的事也就不必了，只因我出门的时间太长，已经有二十六年没见过我的儿子了，他现在就在桃符口等着我，我见儿子的心情迫切，只想速速前去！"支客先生见银须老者已是归心似箭，也就不再深留。他从一只红漆盘子里拿出一叠用红绸包好的银元，塞到银须老者的手里说："这是主家的一点心意，请您二位带在路途做哈盘缠。昨日傍晚，若不是二位出手相救，主家的这场喜事也就办得一塌糊涂了。这说起来也还是主家福星高照，缘法好，遇上了二位贵人相助！这点心意还望二位笑纳！"银须老者廖德贵连忙推脱着说："昨日之事，不过举手之劳，主家还这样客气，我们十分感激！不过这银元我们实在不能收。路见不平，拔刀相助，这是武林中的规矩。如果我俩因这等小事还收了主家的钱财，坏了名声不说，让我的徒儿陈连升知道了，那可了不得！"

支客先生代表主家，再三好言相劝，银须老者廖德贵还是谢绝了。最后，支客先生只得包了一些糖食，装了两竹筒银杏酒，硬塞在罗汉章手里拿着，叫他们带在路上享用。酒足饭饱之后，银须老者廖德贵在一片客气声中出了门。主家还把他们送出半里的路程，一路千恩万谢，表达着盛情。最后在一棵参天的银杏树下辞别了主家，银须老者这才迈着大步，翻山越岭，朝桃符口方向走去。

从清太坪进入桃符口约四十里山路，途中要经过生坪。这生坪又分前生坪和后生坪，前生坪连着清太坪，前后生坪的中间隔着一道山梁。过了生坪，清江桃符口也就在眼前了。

越过前生坪山冲之后的那道山梁，银须老者廖德贵站在高耸的山口长舒了一口气息。望着桃符口那碧绿如镜的清江水，他那有些昏暗的眼神里顿时耀射出了一种奇异的光芒，就像一个嗜酒成瘾的汉子望见了一坛陈年腊酒，还隔老远就闻见了醇厚的清香。

石柱山下那片三角形的滩口里堆积的木材像一座座山丘，在阳光下泛着金黄色的光芒，搭建的工棚散落其间，远远望去就像一座营垒。水面上有一条木船在摆渡，一根粗实的竹索栓在石柱山下的江岸，船头的木盘卷着竹索，竹索牵引着木船渡江。这是负责渡船的船工们苦思冥想出来的一个法子。到了夜晚停渡的时刻，粗实的竹索卷系在木船之上，也不影响清江水道上的通行。此时此刻，正午的阳光照着桃符口，这里不仅是一个中转木材的码头，也是木客们心中的一个站口。

来到江边，望着对岸的渡船正缓缓驶来，银须老者廖德贵面露喜色，就站在岸边拉开嗓门吆喝了几声。船工看到后生坪的岸口有人渡江，也就加快了速度，将渡船驶了过来。银须老者抬起手抹了一把长长的银须之后感慨地说："这是哪个想出来的办法，真是做了一件功德无量的好事。桃符口有了这条渡船，巴东后乡的百姓也就方便了许多!"一直跟在银须老者身后默不作声的罗汉章，这才找到机会，把陈连升带领众兄弟缴了三里城山匪的船只，在桃符口开设渡船摆渡的前后情形细细说了一遍。银须老者听后十分震惊，自言自语似地慨叹道："陈连升收复三里城山匪谭天飞的事，在清江流域早有传闻。可这缴了船只开设渡船的事我倒是今日才得以知晓。说明陈连升这儿男，还真是一个了不起的角色。"

渡船靠近后生坪江岸的时刻，船老大一眼就认出了罗汉章，笑着慨气地说："你怎么就打了转身？按照日程推算，你们的单挂子木簰今朝才得拢宜都。"罗汉章微笑着回话说："昨日在招徕河吃了中饭之后，连升就派我护送这位银须老者回桃符口来，这位是他新拜的师傅!"船老大仔细瞧着银须老者，还有那满腮乱哄哄的银须，真像一只白色的老山羊。肤色黝黑泛着油光，身子适中且有宽厚之态，虽显得枯瘦却又透着一股精气，就像一只常年游刃于山水之间的老猴。

见银须老者廖德贵和年轻的木客罗汉章已经上船站好，船老大仔细观看了后生坪这岸的那条山道之上，已经没有急着赶船的过客，也就忙碌着开始调转船头，缠绕竹索，渡他们过江。竹索拉得咯咯地响，木船在江面上晃悠悠地行进，和那大小木簰上的感觉已经完全不同了。罗汉章抬头挺胸，望着桃符口熟悉的山影，长舒了一口气息，有了一种悠然自得的快感。

桃符口是一番什么样的情景，银须老者廖德贵早就了如指掌，因为其间的每一堆木材，每一条廊道，他都在前日的月夜里钻了个透彻。下船上岸之后，罗汉章快步上前，领着银须老者朝江岸上的工棚里走去。进入工棚外的那片沙滩上，罗汉章对着伙房的门大声叫喊道："刘师傅！我们这里来了贵客。"伙夫刘满山，应声出了伙房的门，有些惊奇地问道："你怎么就转来了？连升他们怎么没有转来?"罗汉章停住了脚步，向伙夫刘满山说明了事情的由来。

银须老者廖德贵在工棚外的一块石凳上坐了下来，他把随身的包袱从肩上取下来扔到了地上，环顾一下四周的情形之后，大声慨气地问伙夫刘满山道："我儿子廖大锤哪里去了？"刘满山先是一惊，然后回过神来说："廖大锤这会儿跟随杨贞、刘金堂、郭小虎他们到泗淌坪选东竹去了，这两天，巴东后河的木客向海山他们吃自己的饭，为我们这边搬竹子，一天两个来回哩！"银须老者廖德贵点点头说："照你这么说，我在一个时辰之内就可以见到儿子廖大锤了。"刘满山上前几步，仔细看了银须老者廖德贵的装扮与面容之后，有些惊讶地问："你果真就是廖大锤的亲爹廖德贵？"银须老者廖德贵哈哈大笑说："看你的年纪也不小了，见过几个装爹的？"刘满山后退了一步，觉得自己言语冒失，也就没再说什么。他在心里想："廖大锤他爹，不是二十多年前就已经落水而亡了吗？这老头是从哪里突然一下冒出来，竟然还成了陈连升的师傅？"

罗汉章见二人话不投机，怕他们闹将起来，就出来打了个圆场，然后对伙夫刘满山说："连升特地要我转告刘师傅，要把伙食开得好一些，不能怠慢了他的师傅。"刘满山面向罗汉章点了几下头，然后转身到伙房里忙事去了。不过刘满山的心胸里却没有消停，他在想："你看这还真是奇怪了，来了廖大锤这么一个大肚汉，每天吃得盆喊锅叫，也就够受的了，这还不上算，竟然又还冒出一个吃闲饭的爹来，我看你陈连升挣的几个钱也就没有什么落成了。"罗汉章找了一只竹筒茶杯，给银须老者廖德贵端了一杯茶来，然后拿了自己的面巾到江边去泡澡。可他刚到江边，就看见对山的小道上一群扛着竹子的木客从山口朝江边走来，那长长的队伍就像开兵一般。罗汉章搓洗了面巾，擦了脸。然后将有些酸臭味的面巾用力搓洗了一阵，最后沾满水拿起面巾捂在嘴鼻之上，深深地吸着湿润的气息。接着他抬起头来，朝对岸扛着竹子的队伍望去，搜寻着大力士廖大锤的身影。他不敢想象：一对二十六年没有相见的父子，再度重逢时会是一个什么样的情景……

也正是在这一时刻，晨时从王皮滩启程放出的单挂子木簰，越过了险滩，出了隔河岩，进入到长阳境地。江面上波平如镜，木簰悠然前行……望着平静的江水，陈连升的心里却扑扑地跳了起来。因为他还不知道，那期待已久的宜都城会是一个什么样子？他渴望见到的滚滚长江又会是一个什么样子？陈连升看了一眼众兄弟都有些兴奋的面部表情，然后走到单挂子木簰的前仓处，眺望着那色调蓝蓝的远处，情不自禁地拉开嗓门大喊一声："宜都城，我来啦~~~"

开阔的江面上没有传出久久不灭的回音，只有轻纱一般的薄雾缓缓地升腾起来，像一片飘散的思绪，又像一片渐醒的梦境。

<第六章>

见世面胸怀大志　拜英雄决意从戎

059

站在宜都城外清江与长江交汇处的那片大沙丘之上，望着滚滚长江的浪涛，望着江汉平原上那弥漫升腾的烟波，陈连升的心灵被强烈地震撼了。他没有想到，山外的天地竟然如此广阔。

山河的壮美，地域的辽阔，这正是陈连升儿时的梦境里骑马奔驰的地方。然而，让他更没有想到的是，自己历尽艰辛，从石龙河谷一篙子撑将出来，从金鸡口沿水道一路刹出桃符口，再从桃符口沿清江水道一路惊险到宜都，早已经越过关山千重，可曲指一算也还没有多少路程，只当是还在郧阳关的大门口。陈连升长舒了一口气，他头一回感到了自己的渺小。但当他深吸一口江岸的气息，望着滚滚东去的长江挺起胸膛的时候，他也是头一回真正找到了一个男子汉的自信。

宜都城坐落在清江北岸，长江南岸，两条主街沿两条大江交叉成"人"字形，街上的建筑多以木屋为主，街道虽不宽敞，却十分繁华。

陈连升等众兄弟，在林文章的铺排之下，把木簰停靠在毛家坨那个水运码头上，交了木材，然后提着简单的行装爬上江岸，进入宜都城里的陆城街。这时，已在陆城街上住了一日的景阳木客陈万雄，见桃符口的那块单挂子木簰已经拢到宜都，想必侄儿陈连升也随簰拢了江岸，便急匆匆地迎到街口，还打着响哈哈大声咵气地嚷道："打虎英雄陈连升今日可能到了陆城街！我这侄儿可是个少年英雄啊！我要在陆城街上摆酒席，为我侄儿陈连升和他的兄弟们接风洗尘！"

一见林文章等人在陆城街口冒了头，陈万雄连忙迎上去大声问道："我侄儿陈连升可与你们一道来了？"林文章漠着一张疲惫的脸，心胸里还记着陈万雄在桃符口想顺手牵羊拖走木簰的仇，不想搭理他，也就瞪了他一眼没有张嘴说话，只是抬起手朝后面指了指。陈万雄仔细盯了随后跟来的关海峰、关海龙、林协堂一眼之后没再言语什么，因为直观的感觉告诉他——这几个人身上没有陈家子孙的外貌特征。当陈连升在陆城街口冒头时，陈万雄似乎一眼就认出来了。可陈万雄顿时傻眼儿了，这英俊的小子不正是在桃符口令他陈万雄跪下，并仔细盘问过他的那个小子吗？他走上前去大声问道："你可就是陈连升？"

陈连升停住脚步，仔细望了望堂伯陈万雄一眼之后，慨气地答道："对呀，我就是陈连升，堂伯你急着找我有何好事？"陈万雄愣了一下，只觉得这小子与他的堂弟陈万星小时候硬是没得二两盐找。这脸形、这身段骨骼硬是和陈万星小时候像一个模子刻出来的。顿时一股他乡遇亲人的情感涌上了陈万雄的心头。他连忙转换口气说："还有何事？我在陆城街的望江阁为侄儿及侄儿的众兄弟备好了酒席，为你等接风洗尘啦！"陈连升也是一股亲情涌上了心头，笑红了脸蛋说："那就快快带领我等前去，侄儿这会儿正是饥肠如鼓了呀！"一听侄儿陈连升这话答应得如此爽快，陈万雄的心里也就格外舒坦，顿时露出了一脸豪情，转过身来与侄儿陈连升并肩走在陆城街上，还拉开嗓门儿大喊了一声："打虎英雄陈连升到！"众兄弟听说酒饭有了着落，心里十分欢喜，腿脚有了劲头。

"望江阁"位于陆城街的西端，与"清江书院"近邻，是一幢豪华气派的木质阁楼，檐口的翘角伸向了江岸的风景里，也伸向了过往宾客的记忆中。里面设有豪华餐厅和上等客房，凡从清江流域出来的木客或商人，都会在望江阁歇脚餐饮。有一种流传久远的说法可以佐证"望江阁"当年的名望，那便是："不到望江阁，枉来宜都城"。

走进"望江阁"的前厅，便有一股鸡鱼的清香扑鼻而来。陈连升招呼各位兄弟把身上简单的行装放在了厅堂内的长条凳上，然后步入餐厅落了坐。陈连升突然想起了什么似的对堂伯陈万雄说："您可认识木材行的大老板廖百川？"陈万雄睁大眼睛望了侄儿陈连升一眼之后说："当然认识啦！怎么的？你想请廖百川大老板前来陪你喝酒？"陈连升从堂伯的表情和眼神之中看出了他的为难之处，像是怕大老板廖百川不给他面子，就说："您若是请不来他也就算了！"

哪知道陈万雄这人虽然性情粗鲁，却也是个死要面子的人，他这就奔到前厅去找望江阁的屈老板，要他去请大老板廖百川前来饮酒，并低声对望江阁的屈老板说："你快快去请，只要能把廖百川老板请来，挽回了我的面子，这顿酒饭我加三成给你付账！"

陈万雄这话却被随后跟到前厅的陈连升听到，就笑着说："屈老板不必如此为难，只需派个人前去通报一声，就说邬阳关的陈连升已经到了宜都城，想见见廖老板就是了!”一听这话，陈万雄和望江阁的屈老板都有些傻眼儿了，望着眼前这位英俊干练的美少年投去一种羡慕的目光。望江阁的屈老板突然觉得，眼前这位打虎英雄的来头一定不小，就连忙吩咐店小二拿了望江阁的帖子去请木材行的大老板廖百川。

让景阳木客陈万雄和“望江阁”的屈老板万万没有想到的是，宜都木材行的大老板廖百川，听到邬阳关的后生陈连升已经到达宜都城的消息时，即刻风急火燎地赶了过来，还在望江阁的厅堂外就大声喊道：“连升侄儿！连升侄儿！你在哪儿喃?”

听到喊声，陈连升连忙迎了出去，刚一碰面，廖百川老板便大声慨气地说道：“哈咯咋，一年不见，连升侄儿长高了，晒黑了！不过已经像个顶天立地的汉子了!”陈连升连忙说：“廖伯伯您是抬举侄儿了！连升长高了晒黑了倒是真的，说是顶天立地还真不敢自居!”廖百川派头实足，笑呵呵地走进了餐厅，与在座的众人一一打了照面，然后十分欣喜地把陈连升拉到自己身边落了坐。

一阵客气寒暄之后，店小二开始上菜。廖百川对一个店小二说：“你快快前去把你们屈老板给我叫来，我有要紧的事儿与他说道。”店小二放下菜盘转身去了。不一会儿，屈老板便来到廖百川的跟前恭敬地问道：“廖老板您家有何吩咐?”

廖百川慨气地说：“我侄儿陈连升还是第一回来到宜都城，把你店里最好的菜肴一齐奉上，要热情款待邬阳关的这位打虎英雄！再把你店里库存的最好的酒多拿几坛出来，要让我的这拨客人吃好喝好！银子的事随时到我账房里去取，不准收在坐各位贵客的钱!”屈老板一听这话，立刻开了笑颜，连忙吩咐店小二把脚头子跑快些，一一照廖老板的吩咐办理。

酒过三巡，陈万雄有些不支，连续离席跑出去透气。陈连升看在眼里没有作声，倒是大老板廖百川有些看不下去了，就假装生气地说：“怎么搞的？平时尽是你的八百五！怎么一见场合，万雄就变成狗熊了?!”众人哄笑，陈连升却没有笑，他看着堂伯那粗狂无忌的样子，觉得有失体面，就站起身来扶他坐在席位上说：“老伯年岁渐高，想必不胜酒力，您就吃点饭菜，这酒也就不行勉强了!”哪知道陈万雄瞪着一双鲜红的眼睛冲着侄儿陈连升吼道：“瞧你说的！你小小年纪敢去打虎，难道你家老伯还奈不何几碗酒么？来！尽管上酒，再来三碗，你们看我陈万雄照样那个，雄!”

廖百川给站在一旁的店小二使了个眼色，就又开了一坛好酒，把桌上的酒碗全部斟满。陈连升倒是心中有数，眼下这酒并没有咸盈河的白酒猛烈，想必是大米酿造，性情柔软许多，既是再喝个两三碗下去也不碍事。于是他给众兄弟使了个眼色，然后望着廖百川老板说："这酒已满上，您得发句话呀，是湾潭河榨油轰地一哈，还是金鸡口赶筒子慢慢儿悠呀？"陈万雄喷着酒气，舌头打绞，在那儿应合着说："是当廖老板发句话，你就爽快些说一声，是一口逮呀，还是逮一口？"

廖百川微微地笑着，叉开手指慢慢儿端起酒碗，慨气地说："既然你们伯侄二人都要我发话，那我就发个话吧！今儿个我们就尽情地喝！逮一口不是我们土家族人的性格，还是一口逮！逮完了接着满上。来，干！"众人举起酒碗，迎合着喝了下去。

就在放下酒碗的当儿，木客陈万雄的身子开始晃荡，伸手拿起一块猪肘啃将起来，弄得满嘴油腻，一副土匪的模样。另外五个景阳河的木客也都已经喝得酩酊大醉，有一个额头搁在了桌沿上，有两个肩背靠在了板壁上。可等陈连升再那么仔细一瞧，见林文章、关海峰、关海龙、林协堂、陈三喜、印紫竹几个伙计，好像是越喝越有精神，就端起酒碗说："来，我们几兄弟共同举碗，敬我的廖伯伯廖老板一碗，以谢他的款待之谊！"众兄弟举碗饮酒，也有了几份醉意。陈万雄啃完那块猪肘，也晃荡着端起酒碗，邀景阳河的几个伙计说："来，我们也敬廖老板一碗，以谢、以谢，他平时对咱的关照！"

望江阁的这顿酒，就从中界午时喝到了日落西弦。众人走在陆城的街上，不是脸红耳赤就是东倒西歪。席毕之后，廖百川给陈连升等兄弟在望江阁安排了歇处，安顿他们歇宿一晚之后再沿清江岸边的罗马古道回桃符口去。

廖百川还在陈连升歇宿的房间里小坐了一会儿，问起了邬阳关、陈家棚、板桥沟的一些家常事。当陈连升对他说起，在桃符口发现廖大锤的爹爹廖德贵的踪迹，并在招徕河派罗汉章将银须老者送回桃符口的事情时，廖百川一阵惊嘘之后便是百感交集。廖德贵与廖百川的爷爷同辈，是族中幺房。二十多年前的那河大水，廖德贵在渔峡口落水而亡之事一直都是放簰汉们心中一个抹不去的阴影。哪晓得这位淡出人们视线二十六年之久的水鬼再次惊现人间，真是天下奇闻。廖百川在感叹之余，也再三叮嘱陈连升他们放簰之时的安全事宜，字字句句都是以长者的口吻，说得轻落得重，没有半句戏言。

停顿了片刻之后，廖百川长舒了一口气说："连升哪！你如果觉得在清江上放木簰太苦太累的话，也可以留在我的身边，就不必吃那么多的苦头了！"陈连升心里一怔，其实他就怕廖百川老板冒出这等想法。他陈连升到清江放木簰不为挣钱，不为图安逸，想的就是历经风雨闯荡一番，把自己锻造成一条有担当的好汉。陈连升沉默了一下之后说："谢谢廖伯伯的好意，但我不能从命。我的理想是要在清江之上打拼三年。三年之后如果廖伯伯仍然需要人手，我再安顿下来为您效力。"廖百川看出了陈连升的心思，就又重重地叹了口长气说：“你平山哥生了孩子之后，我也想把他们接到宜都城里来，让他学会经商，把武陵山中的茶叶贩到西边去，让他也去走一走前人趟出来的丝绸之路。你若愿意，也可以扶持你平山哥经商！”陈连升点了点头，但仍然坚持着说：“那倒是个好事，等平山哥出来立足之后我们再作打算吧。眼下连升的活计也很繁重，还是先把林国兴老板转运到桃符口的木材，运到宜都交到您的木材行里再说。”廖百川老板看出了陈连升内心的执着，知道不能强人所难了，就对陈连升说：“这样也好，只是你们每次来到宜都，就都在这望江阁里歇宿一晚，我给屈老板交代清楚便是。你们吃住的用度全都记在我的账上。”陈连升一脸惊讶，但连忙推辞着说：“那可如何是好？要廖伯伯如此破费，连升无以回报！”

廖百川起身告辞，站在门边说：“连升哪！你可不要把我当外人，再说你们吃住的用度也花不了几个银子。我明天要去一趟汉阳城，还要回去做些准备，就不陪你闲聊了。明天你们就在这里吃了早餐再走！”陈连升起身相送，心里十分感激。

入夜时分，陆城的街口华灯初上，与天际的星月相辉映。辽阔的江面上倒映着星月的光亮，远处的江岸时而还有闪烁的渔火。街口开始躁动起来，声声浪笑，阵阵吆喝交织在迷离的光影之中。

在陆城街上转悠了一圈的陈三喜和印紫竹，来到陈连升歇宿的客房里，你一言我一语向陈连升说起了陆城街上的情形。并向陈连升投诉说：“你那醉酒的堂伯，领着他的几个兄弟早已进了街口的妓馆。”陈连升连忙问：“那妓馆是做什么买卖的？”陈三喜和印紫竹嘻嘻地笑着，没有言明其中的门道。陈连升觉得这其中一定不妙，就正色道：“陆城街上除了妓馆，还有什么？”印紫竹答道：“还有烟馆。”陈连升大声问：“烟馆又是干什么的？”陈三喜连忙介绍说：“烟馆就是抽鸦片大烟的去处。据说那东西如果上了瘾，便会茶饭不思，整天像个吊死鬼！”一听这话，陈连升警觉起来，冲着印紫竹说：“你快去看看林文章他们几个，是去了烟馆，还是去了妓馆？”

印紫竹来到林文章他们四个人歇宿的房间时，见林文章、关海峰、关海龙、林协堂四个人醉酒不醒，正在大睡，就回来禀报了陈连升。可陈连升不放心，又与陈三喜亲自前去察看了一番。

其实陈连升虽然还不懂其中的门道，却早就听说过宜都城里的烟馆和妓馆，很多木客在清江之上玩命，在木材行里清账之后，不是进了烟馆就是去了妓馆，常常弄得分文不剩，一年到头空手而归者不在少数。在木客窝里早就流传着这样的谣条：“巴掌大个圈，像个天坑眼，吃进三块簰，不见杉树巅。”说的就是木客们进妓馆嫖女人的事。

陈连升和陈三喜叫醒了林文章他们四个人，待他们一个二个完全清醒之后，印紫竹也凑了拢来。陈连升在那间宽敞的客房里踱了几步之后，望着大伙儿斩钉截铁地说："我要给众兄弟言明一件事情，我等兄弟要讲规矩，谁要是偷偷地进了烟馆或是妓馆，我会抽筋剥皮，绝不手软!"

一听陈连升这话，众人的酒也醒了，嬉闹起来。关海峰从床上竖起身子笑着大声说："连升！你还是别担这个心吧！就凭我等身上这点儿盘缠，哼！进烟馆买不到一颗泡子；进妓馆，人家看都不得让你看，摸都不得让你摸，还别说上人家的象牙床，睡人家的鸳鸯枕了!"众兄弟嬉笑了一阵之后渐渐的平静了下来。陈连升见状，大声说道："那就各自早些歇息吧，明早辰时早餐，然后出发。"

060

沿着清江岸边的那一条罗马古道，经过大半天的长途奔袭，陈连升他们一行七人就回转到了王皮滩他们曾经歇宿过一晚的那个滩口中。林文章放下行装，就邀了关海峰到江岸去寻找浪楂枯柴，准备生了火烤了随身携带的荞粑粑当中饭吃。陈连升坐在滩口头前的一块岩石上，望着王皮滩之下那开阔的江面和平静的江水，心胸里却在想着桃符口的事，想着他的那位新拜的师傅。在他看来，这位银须老者的身上一定还深藏着盖世的武功。

陈三喜想试试王皮滩外的水情，就在岸坎上搬了一块硕大的鹅卵石扔进江水里，只听得咚地一下之后发出了"嘣"的一声脆响。陈三喜听出了什么，便转过身来自言自语地说："在王皮滩以下的平水里，果真沉积着许多原木筒子，如果把这些原木筒子全部打捞起来，运到宜都城的毛家坨，那一定是一笔不小的财富。"关海龙转过身来用一种怪异的目光望了陈三喜一眼，有些傲慢地说："我们早就发觉了这个问题，可谁有那本事？一般的木客和水手，谁也不敢揽这个活计!"听了陈三喜和关海龙的这番对话，陈连升回过神来问道："什么本事?"陈三喜和关海龙向陈连升细细说了王皮滩之下，平静的清江深水里有许多沉积木料的事，而且沉积下来的原木筒子往往还是些最粗的最大的。陈连升并没有在意这件事，也就没有再问。

林文章和关海峰把发燃的一堆柴火烧得旺烈起来，就在关海峰捡柴加柴的当儿，林文章来到陈连升的跟前说："要不要煨一罐儿开水，给你泡点儿茶喝?"陈连升开了个笑脸说："好倒是好，就是有些麻烦!"林文章从背袋里取出了一个瓦罐儿，然后爬到岸坎上在山沟里去取了山泉水，煨在了火边。

林文章、关海峰、关海龙、林协堂、陈连升、陈三喜、印紫竹七个人，各自在火堆里烧了荞粑粑填饱了肚子，喝足了茶水之后，就又收了行装出发，按照回转的路程，当晚他们只能在资丘歇宿，至少也要明天傍晚才能到达清江桃符口。好在林文章他们四个人，熟悉回转的路程和站口，一路行进，从没出现过差错。

资丘是渔峡口邻近的一个小镇，清石板儿铺成的街道已被古今的过客踩得明铮瓦亮。街道两旁的木屋翘檐叠角，古朴而又新潮。每到丰水季节，日有数百过客，夜有千盏明灯。镇子虽然不大，却是清江岸边一个重要的商贸集散地，各路商客云集于此，也是各路江湖人物歇脚的地头。

就在资丘小镇的南端开有一家武馆，师傅邓连甲招了百余学徒，整天练武弄刀，使枪舞棍，大有重整江湖，杀富济困，除恶扬善之态。而这百余学徒大多来自巴东、长阳清江岸边，都是些年少的儿男。但其中也有几个是从秭归、兴山等地远道而来，只为练就一身武功之后能够出人头地，家眷亲邻不受外人欺负，并无其他图谋。起初，师傅邓连甲也曾在资丘街头遭到非议，说他不是准备集众造反，就是想借收吸学徒敛财。但也有人传谣，说他邓连甲是想占据香炉石，仗渔峡口之险要，盘剥过往的木客和商客。可任凭小镇众说纷纭，师傅邓连甲不作任何回应，每日闭门不出，只在院中教众徒苦练，一坚持就是三年有余。

前些时日，邓连甲听说“水鬼”身上藏有一张土家先民的作战图，也就是清江流域早有传说的所谓“八阵图”。于是邓连甲想拉银须老者廖德贵入伙，想他给学徒们当师傅教那“三招”。可银须老者廖德贵早已飘荡惯了，静不下心来，不仅一口否认有什么“八阵图”的事，而且还当面回绝了邓连甲的邀请，出门时还大骂邓连甲的这些关门弟子没得卵用，全是些花拳绣腿。凑个戏班子唱不好腔调，凑个秧歌队踩不死蚂蚁，还他妈鼻子里插根葱——装象！邓连甲一听银须老者廖德贵这话，顿时气歪了鼻子，吩咐学徒冲出武馆，就在资丘南端的街口拦住了“水鬼”，动手交战。不到一袋丝烟的工夫，邓连甲已经闭门练了三年的百余学徒，便被“水鬼”打得人仰马翻，缩回了武馆的院中。邓连甲见此情景，又傻眼儿又生气，拿了棍棒冲出门来，挡住了“水鬼”的去路。可水鬼不想结下命债，手沾鲜血，使出“鬼画桃符”的绝招来，腿脚旋转之时卷起一阵尘烟，眨眼之间，尘烟散尽却不见了水鬼的人影。邓连甲回到武馆的院中，把学徒们大骂了一顿：“没想到‘水鬼’说你们没得卵用，还真是没得卵用!”

可邓连甲不服这口气，随继派出几十个学徒四处探听“水鬼”的下落，最后前往招徕河一带的学徒回报，说那“水鬼”是被一个名叫陈连升的年轻木客派人送到桃符口去了。邓连甲越想越气，速派眼线盯梢，想等那年轻的木客陈连升从宜都城回转桃符口，路过资丘时收拾收拾这个不知天高地厚的“木客儿”。

邓连甲今年二十九岁，身材高大魁梧，也算是个英俊的儿男。他的父亲邓云阳原本是资丘街上的一个盐商，多年经营四川籽盐，积攒了一些银两。五年前邓连甲的母亲得天花而亡，邓云阳便在长阳街上续了弦，娶了一个貌美如仙的长阳女子，扔下盐铺和儿子邓连甲到长阳享艳福去了。邓云阳的行为导致邓连甲心生仇怨，兑了货物当了门面，将所获的银两，在资丘的南端置了这块开阔的地皮，修了武馆。因此，邓连甲除了招收学徒，闭门习武之外，却并不知道陈连升的底细。

太阳快要落山的时候，林文章他们一行七人才算踏上了资丘的地界。陈连升有些兴奋，因为资丘这地儿在他的脑海里并不陌生，小时候常听长辈们提起在资丘背盐的事。邬阳关上还有一句讥却人的俗语，叫做“背二十四块鳖皮下资丘不要打杵”，以此日映那些爱听奉承话的虚伪人物。可陈连升毕竟还是第一次踏上资丘的地界，不由得生出几分好奇来。

可是，等林文章他们七个人在资丘的地界一露面，邓连甲就得到了探子的回报，速派武功高强的学徒二十四名守候在街口，欲拿木客陈连升入资丘武馆。一见这阵势，走在头前的林文章有些虚胆，就停住了脚步，要转身向陈连升讨个主意。

陈连升抬头望去，只见二十四名手持棍棒的武生分成了两纵，分明就是要拦路拿人的架式。他皱了一下眉头之后，对身后跟来的陈三喜说：“三喜哥，你快上前问个原由，看他们这是要拦何人之路？”

陈三喜应声上前，准备从两纵之间穿越过去，不料人家依次把棍棒摆成了一字形，封住了两纵之间的通道。陈三喜心里冒出一喜，心想这回想必又能打上一架了。于是他站住脚步，抬头说道：“好狗不挡路！你们这是要钱还是要命？”只听那个排头的答道：“我们既不要钱也不要命，只想问问陈连升，为何要把水鬼送去桃符口？水鬼与我们资丘武馆结下了仇怨。今儿个言明，如果陈连升不把水鬼的事交点清楚，谁也别想跨入资丘的街口一步！”陈三喜转过头来望了众兄弟一眼，然后回过头去挺起胸膛，对那排头的说：“我就是陈连升，你可要睁大眼睛看看，就凭你们几个嫲麻雀儿，你们觉得拦得住我吗？”

那排头的武生仰天哈哈大笑说：“一个小小的木客儿，竟敢在资丘的地界之上口出狂言！看来不给你点儿颜色看看，你还真的不知道天有好高，地有好厚，清江水是朝哪个方向流去的！”说声不了，那两个排头的武生甩出棍棒，就逼上了陈三喜的肩窝。陈三喜顿时来了精神，双手握住逼向他肩窝的棍棒稍一带劲，就把两个排头的武生挤到了一起，两个脑壳碰得一声脆响。一眨眼的工夫，二十四个手持棍棒的武生就被弄滚了十二双。还没等他们从地上爬起来，陈连升一行六人已经跟在陈三喜的身后进入到了资丘的街口。

就在这时，迎面的棍棒便如旋风卷来，密如雨点。陈三喜纵身穿越其间，躲闪击打一阵子之后，觉得还不过瘾，突然记起了那次在金鸡口小河的天桥之上，与五峰的百余木客打架的事来，顿时兴致大增，夺过两根棍棒来，左右开弓，击打甩抛，约莫一泡丝烟的工夫，就把扑上来的六十多个武生，在资丘的街面上码成了两堆，压得哇哇怪叫，如同河岸上堆放的原木筒子一般。

印紫竹警惕地走在最后，准备对付从地上已经爬起之后尾随而来的二十四个武生。这时亲率三十多个武生冲出武馆，奔向街口的邓连甲停住了脚步，原以为木客陈连升已经被擒，正在沿着街口押回他的资丘武馆。眼前的情形却把他惊呆了，他在心里骂道："你们这些狗日的怎就这么不经打！"当邓连甲看到自己门下的六十多个学徒已被码成两堆，遍地横七竖八散落着棍棒时，知道又是遭遇到了高手。他甚至没有想到，这木客窝里竟然也有习武之人，就挥手叫停了身后那一拨躁动的武生。邓连甲灵机一动上前几步：来到陈三喜不远处的地方站定，拱手施礼道："谢谢高人指教！我的这些学徒技艺不精，平时没有刻苦练功，个个又还傲气十足，自以为是！若不让他们出来受受惊骇，他们哪里知道江湖的深浅喃！"

陈三喜这才扔下手中的双棍，拍了拍手说："没想到你的这帮学徒，如此这般不经磕碰，倒是省了我许多手脚！哎哟，也不知道面前这位公子我该怎么称呼？"邓连甲上前一步说："我是资丘武馆的当家邓连甲，在这里恭迎陈连升等众兄弟光临资丘，虽然方式不雅，却也是事出有因，还望海涵！面前这位高人可就是陈连升？"

陈三喜大声说道："我不是陈连升，我只不过是陈连升的一个跟班兄弟，名叫陈三喜！"说话间，陈三喜转过身子，抬手指了指后面的那拨人，然后说道："中间那位才是打虎英雄陈连升！"邓连甲如雷贯耳，他不知道陈连升竟然还是打虎英雄。他连忙上前几步，立正身子，拱手说道："幸会，幸会！真是幸会呀！"邓连甲端详了一下陈连升那英俊潇洒的模样之后又说："恭请各位武林高人到武馆一叙，顺便喝一杯淡酒，解解路途奔波的疲乏吧！"陈连升见邓连甲也是一表人才，且还开有武馆，备有酒菜，也就来了精神，并朝陈三喜挥挥手说："那就快快前去吧！这喝酒的事小，可见见他的武馆事大！"

邓连甲领着陈连升他们一行走进资丘南端的武馆，学徒们便如一窝蜂似地跟随其后回到了武馆，顿时一股饭菜的清香从伙房里飘散出来。陈连升深吸了一气之后心中暗喜，细瞧了众兄弟那有些饥饿的神情。邓连甲倒是慷慨，连忙对身边的一个学徒说："速速前去，叫伙房里爆炒一盆腊肉，准备两坛上好的腊酒，就说我要招待贵客!”一听这话，关海峰的喉咙里“咯”的一声，望着林文章嬉笑着低声说：“东西子的东，又有指望了!”林协堂斜了关海峰一眼，低声嘀咕道：“架又不帮忙打，就知道吃喝!”

在餐房里吃饱喝足之后出来，陈连升在邓连甲的陪同之下仔细察看了他的武馆。院子很大，操场平整光滑，讲武台前的刀架之上，刀叉兵器也很齐全，装点也很气派。还有一个醒目的亮点就是，武馆之内所有门徒和勤杂人员的服装统一，全部都是白褂蓝裤，集在一起色调分明，很是顺眼。当陈连升转到操练场的一角，看到一把石锁时，便来了兴趣，忙问邓连甲道：“你们这里还有人在练石锁功?”邓连甲连忙答道：“还没找到训练石锁功的师傅!这把石锁重几十斤，平时也就叫学徒们提一提、举一举、练一练臂力而已。”陈连升一听这话，很有些气恼，转过脸瞪了邓连甲一眼之后说：“看来你这武馆只是图有虚名，百余个门徒居然挡不住一个赤手空拳的木客，一把几十斤重的石锁竟然没有一人能够推拉缠绕抛掷!像你这样开设武馆，招收门徒，不说你是违背了大清律法，聚众习武另有图谋。可这些门生，一练三年还是这等水准，岂不是误人子弟?”邓连甲一听这话，立刻羞红了脸，有些无地自容地说：“相见本是缘，还望连升英雄不吝赐教!”

陈连升瞪了邓连甲一眼之后说：“那好吧，把你武馆里所有的门徒集合在操练场上，我就把石锁功的身法亮给你们看看!”邓连甲顿时喜出望外，连忙吆喝众徒在操场集合。陈连升抽这点时间活动了一下身子，揉了几下腿脚，然后抬手一挥，对刚刚从餐房里出来的印紫竹说：“你去把石锁给我请来，让我试试轻重!”印紫竹应声而去。把那方已经积了尘埃的石锁提了过来，放在了陈连升的身边。

陈连升睁大眼睛细瞧了那把麻绿色的石锁之后，伸手握住了石锁的手柄，试了几下，倒觉得这把石锁打制得还算精制，重量也在六十斤出头，适合表演。他把石锁握在手里，抛掷收拉一圈，还只举起石锁试了一下，就听集合在操场上的几百门徒个个发出唏嘘之声，脸面上现出了惊愕之相。

邓连甲站在队前如一棵松，大声慨气地训话说：“今日，我们有幸请到了打虎英雄陈连升，他将为我们表演一套石锁的功法，给我们传授一些练习武功的诀窍，各位仔细观看，虚心默学，不得喧哗!”停顿了一下之后，邓连甲如同下达口令一般号令道：“原地坐下!”几百学徒“呼”的一声，席地而坐。接着邓连甲转过身来两眼紧盯着个头高挑洒脱英俊的陈连升，蹬下了身子。一个名叫向点娃的学徒倒还机灵，连忙奔到餐房里搬了一把松木椅子出来，送到了邓连甲的身边。邓连甲挺胸抬头，两手盖膝，正襟而坐，倒也略有几分武林风范。

陈连升仔细观察了场地的方位，选准了起点和收势的位置之后，单臂举起石锁跑步入场，在选择的起步点停住，稳稳地放下石锁，然后转过身来面向众学徒立正身子，拱手注目，并大声对在场的众学徒说："我已经半年多没有练过石锁了，今天在这里只是给各位表演一下身法。我一共打三遍，第一遍当我热身；第二遍算我表演；第三遍我会放慢动作，就请会心者记住身法套路。"

陈连升的表情平静镇定，如在玩耍。只见他从容地迈出左腿半步，弓腰伸出右手，如同铁钳一般稳稳地提起了那把六十多斤重的石锁，一路收拉抛掷甩缠时，那嗖嗖之声激荡着众人的耳鼓，身法闪烁之间给人以美妙绝伦的享受，让众学徒眼前一亮，心灵震撼。当他打完整套动作，立于底线作收势，平气息至丹田时，邓连甲抬手击掌，全场掌声长时间响起，如洪水泄过清江……有道是，会看的看门道，不会看的看热闹。邓连甲也是屏住呼吸看傻了眼。当陈连升再次以底线为起点，弓步端石锁，猛地冲出时，石锁就像是他的一只巨大的拳头。待他收步拉回石锁绕身举向头顶时，那石锁又像是一把撑开的雨伞，在为他遮挡滚滚尘埃，倾盆雨势……那嗖嗖之声和推拉抛掷甩缠自如的美感，宛若一组让人眼花缭乱的精彩舞蹈。

邓连甲的心里颤抖着，他那几百学徒的心里也在颤抖着。就连立于操练场的一角，也在认真欣赏的木客林文章、关海龙、关海峰、林协堂等人也是头一回大开了眼界，惊叹不已。他们似乎突然明白，为何那么一帮烈马一般的汉子，却被一个俊美的少年管得服服帖帖了。

三遍石锁舞下来，陈连升已是大汗淋漓。且三次的收势，他都保留了单臂倒立的动作，当然他也是怕长久不练，出现闪失。

太阳落山，星月升起，资丘的街上早已灯火通明。林文章、关海峰、关海龙、林协堂被安排到房间里歇息去了。陈连升、陈三喜、印紫竹三个人，却被邓连甲请到了招待贵客的厅堂，一边吃着零食，喝着蜂蜜泡酒，一边畅谈起武功来。

061

从资丘小镇步行到达桃符口，也有足足一天的路程。陈连升他们一行七人，在"资丘武馆"吃了邓连甲特意吩咐伙房为他们做的早餐之后，依然由林文章带路行进，并言明须在清太坪吃中饭，回桃符口逮夜饭。中途歇稍喝水的事全由林文章做主。一路之上，各自都还是恪守着木客窝里的规矩，个个闭口不言，各自想着心思。

自从昨晚与邓连甲叙谈，他再度提起有关"水鬼"身上藏有"八阵图"的事情之后，陈连升的心胸里早已掀起了波澜。他在想，如果银须老者廖德贵的身上真的还藏有一张"八阵图"的话，那么"水鬼"身上的这张"八阵图"与自己身上的这张“八阵图”又有什么内在的联系呢？是完全一样的两张图，还是两张图之间藏有什么玄机呢？难道银须老者廖德贵的身上还藏着什么不为人知的秘密吗？会不会是“水鬼”在清江之上不停漂泊的二十六年间，自己为了记载什么东西而绘制了什么图案？这些疑问在陈连升的脑海里接连涌出，并相互绞缠成了一团乱麻，让他一时难以理出个头绪来了。

而这两天以来，一直让留守在桃符口的杨贞、刘金堂、郭小虎、罗汉章等人百思不得其解的是：银须老者廖德贵自从那天下午，与儿子廖大锤相见时抱头痛哭了一阵子之后，就一直皱起了眉头拉着一张老脸一言不发，心胸里在作着痛苦的挣扎，又像是在思考着什么重要的问题。接着他到河岸的桐麻树拐找赶流送的那拨木客借了五十节粗实的松木筒子，要廖大锤、杨贞、刘金堂、郭小虎他们几个人帮忙搬到山根脚一块阳光充足的平地上。然后银须老者廖德贵精心丈量尺寸，定准位置，把粗实的松木筒子一根接着一根地立了起来。整体观之，外圈带圆形，桩与桩之间的间距相等，外圈与里圈的桩位成交叉状，形成若干个等角三角形，正圆心之中立了一根最粗的桩子，称之为定盘桩。定盘桩的四周再立四根桩子，称之为护心桩，等距离拉开之后在圆心之中又形成了四个大三角。等银须老者花了两个时日，把桩子全部立好，并用发锤夯紧，成为一片平整牢实的圆形桩林时，杨贞他们这才大致看出了名堂，知道银须老者要给他们教的第一课，可能就是练习“梅花桩”了。可几个人只敢在私下里嘀咕，没敢让银须老者听见。

银须老者把这片桩林弄得规规矩矩之后，这才松开眉头和那张拉长的老脸，展露出一点和善的颜色来。他一边欣赏着那片桩林，一边倒退着脚步，回到工棚里取了换洗的衣衫，藏好了该藏的东西之后，才去白蛇滩的深水里泡了澡，洗了头，理了须，把自己打扮成了一副道骨仙风的模样。

杨贞、刘金堂、郭小虎、罗汉章四个人，这几日也已经累得精疲力竭了，从清江南岸的泗淌坪砍回来的东竹，在河口的阴凉处已经堆成了一座山。他们按照廖大锤的指引，把事情办理得妥妥帖帖。廖大锤告诉他们，划竹篾绞竹索的竹子绝不能在太阳下面暴晒，晒枯的竹子划不来篾，绞不成索，脆脆的没有精丝，所以搬回来的竹子必须放在阴凉处。刘金堂果真按照杨贞、郭小虎给他出的主意，把闲在河岸的巴东后河的百余木客兄弟使了两日，把这么多的竹子齐齐整整地搬了回来。向海山倒也爽快，他还打着响哈哈说：“力气是奴才，去哒又回来!”

倒是伙夫刘满山这几天变得沉默寡言了，饭菜弄得还算充足，也没再埋怨廖大锤是个大肚汉的事了。对银须老者廖德贵的出现，惊叹一阵子之后也就平静了下来，没再大惊小怪了。杨贞每餐吃饭的时候，多瞄了岳父大人刘满山几眼，把他闷在心里的心思也猜出了八九分。眼下李铁带着刘叶禾到底去了何方，谋到好的生计没有？作为当爹的也不得而知，哪有一点儿都不惦记的道理哟。刘叶翠他们娘儿俩守着倒弯坪外的那一厢木屋，家里没得一个顶梁柱，想必也是夜夜孤灯照愁眉，无时无刻不在思念着他和杨贞翁婿二人。可这河水滔滔，山路遥远，也不知何时才有归期。

河口的大水渐渐消下去的时候，在桃符口困了数日的那班建始猪耳河的木客，还有五峰的木客加起来足足三百多人，正抢着在桐麻树拐一带起筒子上岸，匆匆奔走的木客分成两路，在河岸上连成一条长长的线。由于拖到岸边的原木筒子都被河水浸泡得涨鼓鼓的，重似冰铁。加上圆木筒子上的抓钩眼子里灌满了细沙，搬运时细沙流出抓钩眼子磨在木客们肩膀的皮肉之上，先是麻木，再见红肿，最后脱壳流血，几多肉麻。脚板踩得滋滋地痒，肩膀磨得生生地疼。赶过流送的木客都知道，风餐露宿，水里浸泡，都还不算最要命的活计。只有起筒子上岸堆码时才是咬牙包谷骨，流生眼睛水的时刻。磨破的肩膀钻心地疼，木料的重负时常压得木客们喘不过气来。

有道是，人间万苦人最苦，木客艰辛有谁知？或许是人在木客窝里待久了，神智也就麻木了的缘故，关于木客的苦难也就见怪不怪了。可银须老者廖德贵心知肚明，在河里刹把子险而不苦，在清江放大簰也算是险而不苦。但是在小河大河赶流送，起筒子才是木客的活计中最要命的买卖。冬春时节，赶流送的木客从双腿到起裆部，被冷水浸泡过的皮肉爹满密匝匝的皴口，冷水一浇便如刀割一般，冷风一吹血活活。夏秋时节，河水暴涨，危险也是无处不在……

银须老者廖德贵，端坐在江岸的木料上，望着奔腾的清江水，回想着木客生活的艰难情形时长长地叹了一口气。这时，在他那充满孤寂的心胸里升腾着一种别样的情感。自从他见到陈连升的那一刻开始，就有一种直觉告诉他，不能让这个英俊机灵、为人仗义的后生一辈子留在这木客窝里，他应该有更好的出路，应该有更大的作为。可是江湖险恶，世道艰辛，光明与希望何时能来，又有一个怎样的机遇能够让他坦然离开？想着这些漫无目的的问题，银须老者廖德贵又重重地叹了一声长气。

片刻之后，银须老者廖德贵从江岸站起身来，再度走向那片由他精心立起的桩林。随后他绕着桩林的边沿行走、审视、设想，或者说他是在尽情地欣赏着自己的杰作，联想着徒儿们将要展现的风姿。

杨贞、郭小虎、刘金堂、罗汉章四兄弟去廖大锤划竹蔑的地方绞了一歇竹索之后，提前收了工朝工棚方向走来。半路上见银须老者廖德贵正在欣赏那片立起的桩林，也就不约而同地朝那片桩林走去。银须老者廖德贵见他们四个人过来驻足观看，就眯缝着眼睛细瞧了他们的腿脚和模样，然后一抹山羊银须面带笑容说：“我这梅花桩高约七尺，你们四人当中，谁的轻功还算将就，能够飞上桩面站稳?”

郭小虎、刘金堂、罗汉章三人摇头，没敢作声。杨贞仔细看了看之后说：“凭轻功飞上桩面并不难，但需站稳，恐怕还要练上十天半月。”刘金堂望了银须老者和杨贞一眼之后说：“如果手持撑篙，用猫儿上树之法，应该没有问题。”一听这话，银须老者用藐视的目光望了刘金堂一眼，然后用讥讽的口吻说：“那还不如抬几根杉条木上来，给你绑个天桥，让你跑着上去游玩!”四个人都听出了银须老者话中的含义，但没敢顶撞，相互对望了一眼后准备离开。

可杨贞就是忍不下这口气，不想服输。他跑步退了几十步远的距离，对众人喊道：“你们让开，我来试试!”说声不了，杨贞奔跑而来，桩外起跳，跃上了桩面。但由于他奔跑时的冲击力太大，双脚落在桩面时却没有站稳，猛地向前扑去，后脚朝前踩空，全身坠下，落在了桩林间的空地上，额头碰桩眼冒金星。刘金堂、郭小虎、罗汉章顿时吓得说不出话来，以为杨贞整出了大事，连忙扑上前去扶起杨贞。只见他的额头凸鼓起来，渗出了鲜血。银须老者廖德贵见状，伸手一抹银须，然后哈哈大笑说：“你小子莽撞，你小子莽撞啊!”

刘金堂回望了一眼那圆盘形的桩林说：“看来这梅花桩并不那么简单，让一个练成了水上飞这等轻功的小子也栽了下来!”银须老者廖德贵的耳朵倒是尖灵，一听“水上飞”三个字，眼前便是一亮，赶紧上前几步拉着刘金堂的衣袖说：“你说谁能水上飞？杨贞这小子还能水上飞?”没等刘金堂回过话来，银须老者快走几步已经凑到了杨贞跟前，一边走一边问：“我看你腰粗膀圆屁股大，有几斤笨力倒是不错，你能练成水上飞，那可真是不简单!”刘金堂边走边说：“我们原来的八个人，就有三个人练成了水上飞，除了杨贞之外，就还有陈连升和陈三喜。”

银须老者一听这话更加兴奋起来，向前跳动了几步，笑着说：“哈咯咋，那就好。陈连升那小子居然也能水上飞!”快到工棚的时候，银须老者看见杨贞的额头越肿越高，渗出的鲜血已快要流到鼻尖上时，突然想起了什么似的朝山脚的野草丛里奔去。

杨贞回到工棚里，准备在自己的床铺上躺一下。坐在床沿，他对郭小虎说：“你去伙房里给我岳丈支会一声，叫他多煮些饭，把菜弄好点，连升他们今儿个应该赶得到晚饭的。”郭小虎正要出门，伙夫刘满山便挤了进来，望着杨贞红肿流血的额头，急切地问道：“唧个弄成这样了？是在哪儿栽了跟头么?”杨贞望着很关心他的岳丈说：“没有大碍，不过是一点儿皮外擦伤!”伙夫刘满山嗯啊了一声之后转身出了门，忙伙房里的事情去了。郭小虎随后跟去伙房，与伙夫刘满山商量晚饭加菜的事情。

银须老者廖德贵从山跟回来，嘴里嚼着刚扯的新鲜草药，绿色的汁液从牙缝里挤出来，溢到了嘴唇上。他走进房来，把已经嚼好的草药吐在了巴掌里，然后走到杨贞床前，要他仰躺在床上，给他敷药，嘴里嘀咕着说："一点撞伤，不要大惊小怪，敷上这药，明早起来一定卵事没得!"刘金堂有些不信，在一旁嘿嘿地笑着说："明早起来，只要不是头破脸肿，就算是祖上积德了!"银须老者廖德贵不爱听这话，给杨贞敷好药，瞪了刘金堂一眼，鼻子里吼了几声之后走出工棚，到江边洗手涮口去了。

草药敷上，杨贞便觉得额头上凉郁郁的，眼睛也没有先前那么模糊了。他伸了伸双腿，没有感觉到疼痛，就对守候在一旁的刘金堂和罗汉章说："学打梅花桩，不是一件简单容易的事情。你们想想看，飞上去要轻功到位，而飞上去之后光能站稳还不行，还要博打，若有一脚踩空，必定栽下桩来。"罗汉章嘿嘿地笑着说："亲眼看见了你从梅花桩上栽下来的情景，我是不敢练习梅花桩了。"刘金堂在一旁认真地说："你们练与不练，那老头并不那么上心，那片桩林是专门给他的徒弟陈连升准备的，看来连升这回还真是找到一个好师傅了!"

说起连升，杨贞突然想起了什么似的说："哎哟，我还差点忘了。你们快去给开渡船的几个伙计说说，叫他们不要过早地收了工离开了江面，晚饭前还要接连升他们过江。"罗汉章望了刘金堂一眼之后说："你在这儿给杨贞作伴，我去江边支会渡船上的伙计。"罗汉章转身出了工棚，朝江边的渡口走去。

木客的路总是那样艰辛而且漫长，迎着清江岸边那舒展的风景，沐浴着秋日的暖阳，陈连升他们一行七个人背着简单的行装，随着林文章轻快的脚步，又是一日长途奔袭。他们从资丘出发过招徕河、长阳头、盐池河、三友坪，爬上长岭绕道清太坪，再穿越前生坪，后生坪，这才望见了桃符口那熟悉的山影。站在前后生坪交界处的那道山梁上，望着碧绿的清江水，陈连升长舒了一口气息。在他的心底里，桃符口就是自己与簰帮兄弟们扎下的营盘，也就是自己向往的家。

听说当日傍晚，便是打虎英雄陈连升他们的归期。桃符口渡船的老大吆喝着几个伙伴，早早地就把渡船拖到了后生坪外的江岸。就在夕阳晚霞映红江岸的那个时刻，陈连升他们七个人朝江岸奔来，先后跳上了静候于此的渡船。一阵别后重逢的寒暄之后，随着船老大一声开怀的吆喝，渡船缓缓地离开江岸，在江面荡起涟漪。当陈连升远远地望见刘金堂、郭小虎、罗汉章、廖大锤和银须老者廖德贵，正站在桃符口外的江岸上向他们挥手时，陈连升的心胸里涌起了一阵激动，于是他手扶船邦，挺起胸膛，拉开嗓门大喊一声："桃符口，我回来啦!"顿时山鸣谷应，久久回荡的余音掩去了江涛的轰鸣。

062

没想到银须老者廖德贵的那点儿新鲜草药还真是灵验，第二天早晨起来，杨贞的额头果然愈合如初，只有中间还有那么一点儿血壳儿了。

随后的一段日子，按照陈连升的安排，他们又接连放了四块单挂子木簰出去，而且每趟两块。林文章、关海峰、关海龙、林协堂、陈连升、杨贞、陈三喜、郭小虎、刘金堂、印紫竹、罗汉章他们十一个人，按照搭配分成两组，并很快掌握了放大簰的技能。陈连升在心里默想，只要再放得几趟单挂子木簰出去，完全熟悉了这段清江的各个滩口和水道之后，就可以借涨起来的秋水放双挂子木簰出去了。银须老者廖德贵住在桃符口的工棚里，陪伴儿子廖大锤伐竹篾绞竹索，心情平静安泰，就像是回到了邬阳关的家里一般。整个桃符口的情形就像往常一样秩序井然。

而让众兄弟十分不解的是，陈连升这回倒是有些奇怪了，往日里只要一听说练功习武的事，他就寝食难安，刨根问底。而这回却只到银须老者廖德贵立起的梅花桩林边转悠了一圈，没有往日那么激动了。反之，他像一个成熟称职的家长，安排郭小虎和罗汉章量了各自衣服的尺寸，并一一记下，吩咐郭小虎带足银元，到宜都陆城街上的裁缝铺里给每人做两套秋冬的衣衫。伙夫刘满山见状，心里急得愁眉苦脸了，他看陈连升这架势，是要在桃符口过冬了。刘满山心里暗想，早知如此，他刘满山就不该跟着陈连升他们一路来到桃符口驻扎。

而这时，在陈连升的脑海里常常浮现出来的却是滚滚长江东去的浪涛，却是江汉平原那升腾缥缈的烟波。不仅如此，而且还有一种朦胧的希冀在他的眼前展亮，还有一种莫名的激情在他的脑海里升腾。意念之间，那藏于眉宇中的稚气似乎已经全然消退，展露出的竟然是成熟与稳健。

在一个明月升空的夜晚，陈连升与银须老者廖德贵师徒二人，坐在清江岸边的一块大石板儿上，认真谈论过有关练功习武的事宜。他们不仅讨论过那“三招”，而且还商议了如何练习“梅花桩”的事情。谈话中，陈连升坦率地对银须老者廖德贵说：“您的那‘三招’，我仔细琢磨过其中的原理，唯独第一招‘风火霹雳掌’适合徒儿当下练习。而后两招‘徒手炒铁沙’和‘水鬼画桃符’，却并不适合徒儿现在就练。”

银须老者廖德贵抚着银须感叹道：“连升啊！你的悟性极高，说明你不仅酷爱武术，而且是在研学武术，并不是盲目练武，这很难得！”银须老者廖德贵停顿了一下之后感慨万千地说："说白了，一个人的武功再高也挡不住清江的浪涛，挡不住当下的枪炮。正如我们邬阳关说的那句老话一样——智大养千口，力大养一人。这也就是说，一个真正强大的人靠的是智慧，而武功高下则只能当成自身的素养。"

陈连升的心里其实就是这样想的，可他一时却又说不清其中的道理。听了银须老者廖德贵的这番话语，或者说这番点拨，陈连升的心胸里豁然开朗。于是他站起身来，跪到银须老者的面前施了大礼，嘴里诚恳地说道："谢谢师傅的教诲！"

月光照着起伏的山影，月光照着奔腾的清江，月光也照着银须老者道骨仙风的模样。陈连升望着银须老者披散的长发和飘动的银须，就好比见到了一位传说中的古人，本想开门见山，问一问那"八阵图"的事，可话到嘴边欲言又止。银须老者廖德贵也趁着明月的光亮，用一种深邃的目光凝视着眼前这个英俊的儿男，仿佛早就看透了他的心思，就用他那听起来仍然十分怪异的声音说："连升啊！既然你已经几次放簰去宜都，回转时都是歇宿在资丘武馆，那你的心里就一定还有一件重要的事情需要问我吧?"一听这话，陈连升心里一怔，知道银须老者已经看透了他的心思，也就顺着他的话尾子说道："哎哟，还真有一件事情需要请教您老人家一下。记得我们第一次撞入资丘武馆的那个夜晚，邓连甲就与我说起过土家先民有个什么作战图的事。回到桃符口的那个夜晚，是想请教一下师傅您的，可兄弟们离别几日，再度相见时十分高兴，几碗烈酒下肚也就不知道东西南北了。今晚若不是师傅提醒徒儿，我倒是忘了这事！"

银须老者廖德贵一抹银须，仰望星空哈哈大笑了一阵，然后望着英俊儿男陈连升说："没想到你年纪轻轻，不仅办事有方，而且还有了很深的城府！其实在你心中早就想问，却又故意不问，是要我自愿告诉你吧?!"陈连升连忙说："那倒不是，我是想：师傅决意传授于我的事，迟早都会传授，不传之事定是没到火候，徒儿得有分寸！"银须老者廖德贵收住笑颜，现出一脸认真凝重的表情，但很平和地说："连升啊！你的确很聪明，而且机灵过人，懂得'分寸'尤为难得。不瞒你说，我身上的确有一张土家先民遗留下来的作战图，也叫'八阵图'。几十年间，我一直把它缝在我的衣服里，看得与我的生命并重。那次落水后的死而复生，好在我身上的衣服没丢，这图也才幸存了下来。"只见银须老者廖德贵解开衣扣，撕下了缝在肘窝间的图布，双手托在手心里，然后站起身来，上前几步，走到陈连升的面前庄重地说："这张图凝结着土家先民的智慧，我今天就把它郑重地交到你的手上，或许有一天你能悟出其中的道理来，并练成此阵。"陈连升先鞠一躬，然后伸出双手，恭敬地从银须老者的手里接过了图布。让他心里暗自吃惊的是，凭他的手感，这张图布与爷爷带给他的那张图布，手感质地完全一样。他突然在想，这其中有什么必然的联系吗？陈连升十分虔诚地把图布揣在了怀里，没敢立刻打开。可等他再次面向银须老者施了大礼，抬起头望着这位道骨仙风一般的老翁时，却见他泪流满面，嘴里重重地叹了一声长气。

陈连升知道，银须老者廖德贵一定还有更重要的话要说，就用一种温顺的口气问道：“难道您老人家还有什么难言的苦衷吗？”银须老者抬起那只多皱的右手抹了一把眼泪之后说：“只是觉得惭愧呀！我现在交给你的这张图并不完整，仅有此图还不能完全还原土家先民的‘八阵攻法’。而我自从恢复记忆之后的将近二十年间，在清江流域来无影去无踪，背负着‘水鬼’的绰号，实质上我一直都在追寻着另一张图布，是想在有生之年能把这张图完整地带回邬阳关去，交给你们这些胸怀远大志向的后生，我这一辈子也才算做了一件正事。只可惜，我历尽艰辛，却仍然没有做到啊！”

听了银须老者廖德贵的这一番话，陈连升十分感动。他没想到一个死里逃生的木客，竟然能够怀揣一个执著的信念，也能如此执著地去做这样一件大事。他走上前去，扶着银须老者廖德贵坐在了大石板的凸起处，安慰老人说：“您老人家也不必如此伤感！二十余年，那是一段何等漫长的岁月，您老人家能够执著坚守，实为难得！或许您的执著已经感动上苍，让另外的那张图布早已随了您的心愿，已经回归到了邬阳关哩！”银须老者廖德贵一听这话，猛地站起，一把抓住陈连升的臂膀说：“莫非你早已知道这另外一张图布的下落？”陈连升平静地说：“那倒不是，我只是安慰您罢了。”银须老者廖德贵缓缓地松开陈连升的臂膀，慢慢地坐在那块岩板上说：“我也曾经多次想到过邬阳关，想到过回邬阳关去找寻另外一块图布。可我的心里十分害怕，怕的是一旦回到了邬阳关，就再也没有勇气出清江，所以才把邬阳关作为找寻图布的最后一站了。”陈连升仍然平静地说：“哎哟，原来是这样！”

突然间，有一阵猛烈的江风吹来，吹起了银须老者的满头银发和下巴上那长长的银须，也吹起了陈连升扎在脑后的一缕青丝。天空中的星月正明，四周起伏的山影格外明亮，奔腾的清江奏出了雄浑的夜曲……陈连升转过身来，挺起了胸膛，望着月光下浩浩奔腾的清江，长舒了一口气息。

片刻过去，陈连升定住心神，转过身来对银须老者说：“您老人家近期有何打算？”银须老者廖德贵叹了一口长气说：“把图布交给了你，我的使命也就算完成一半了！我的想法是在桃符口还待一些时日，教你走一走梅花桩的步伐之后，廖大锤的那堆竹子也就伐得差不多了。那时候，你就给他准个假，让他把我送回邬阳关的板桥沟去，该是归家的时候了啊！”银须老者廖德贵又叹了一声长气说：“当然回到邬阳关之后，我还要用心地找一找另外的那一张图布，等你回到邬阳关的时候，若能亲手交到你的手上，那该多好!”陈连升点了点头之后说：“您就回邬阳关安享晚年吧！您既然已经把保存了二十多年的这张图布交给了我，也就等于把寻找另一张图布的使命一并交给了我！徒儿定会留心找到此图，并等时机成熟的时候练成‘八阵攻法’。届时请您和我的爷爷，还有我的大爷爷亲临现场观阵如何?”银须老者兴奋地站起身来，大笑着说：“连升！有你这句话，老朽也就真的可以回邬阳关安享晚年了！只是你的路还长，任重而道远啊!”

回到工棚里歇息的时候已是半夜子时，躺在床上，陈连升把那张图布拿在手里想散开看看，可棚里太暗，什么也看不清楚。他把图布依次折好，拿到鼻子边闻了一下，银须老者廖德贵身上那股生盐般的汗味扑鼻而来，唤醒了陈连升头脑里的一段关于“八阵图”的记忆。

原来陈连升还在邬阳关练功习武的时候就听人说过，这“八阵图”是土家先民的智慧结晶，起先这“八阵图”绘在一张山羊皮上，后被反元将领陈友谅找到，带到了三里城，并用三个月的时间练成了“八阵”。但陈友谅觉得，这羊皮图太大不便携带，便找了一段丝绸布料，历经数日从羊皮上把“八阵图”沓绘下来。可就在完工的那个日子，陈友谅正在三里城的书房里欣赏图布的精妙。不料三里城外突然狂风大作，浓雾席卷而来。两个寻图的江湖高手在浓雾的掩护之下，趁机闯入陈友谅的书房争夺沓绘的图布，相互打斗之间利剑劈下，把这“八阵图”布劈成了两半，各自夺了半截图布而去，从此这“八阵图”便再度流落在了江湖。

一想起这些，陈连升倒是觉得世间之事过于蹊跷了，为何这两截图布竟然会在许多年后的这个月夜，在三里城后山脚下的桃符口重逢？而且来得这样突然这样简单？而这位反元将领陈友谅究竟与我们邬阳关的陈家又是什么关系呢？一串疑问再度在他的头脑里交汇出现，把他的思绪一下子带到了悠远的历史中。转念间，陈连升的思绪集中在了一点上：这两截神秘的图布，就这样不约而同地到了我的手里，难道是有某一种使命要落到我的头上么?

夜渐渐深了，江河的涛声像是平和了许多，直到黎明的神曦展亮在远处的山坳时，陈连升的心境也才慢慢儿平静了下来。

随后的日子，陈连升的心境渐渐由复杂变得平和，不过他的心胸里多了一份有关“八阵图”的惦念，并独自守着这个秘密。可是，当有一个晴朗的日子，杨贞、陈三喜率林文章、关海峰等十名兄弟前往江岸去扎双挂子木簰时，陈连升吩咐伙夫刘满山静坐在工棚外守候，任何人不得靠近工棚。然后，陈连升整洁床面，散开两块图布合并一处时，他终于眼界大开，仔细研究了半晌，多少读懂了一些其中的奥妙。当陈连升那亢奋的心绪渐渐平静下来时，他似乎完全明白，依他当下的情形决不能招摇此图，虽然桃符口驻有木客数百，但大多都为生计而来，且各怀心思，谁有能耐统领这支杂牌散军合练一阵？因此陈连升经过冷静地思考后界定：这“八阵图”虽好，却只能用于大军之中，决不能用于江湖帮派，故此图只能暂且收藏，不能再现江湖之中，惹出杀戮与血腥。于是，陈连升当即决定，速与银须老者廖德贵言明此事，并由银须老者廖德贵护送图布回邬阳关，交与爷爷陈富老人秘密收藏。

当陈连升收好图布，解除了伙夫刘满山的警戒之后，朝那片立于山脚的桩林走去。只见银须老者廖德贵身穿白衫白裤，和一双洗得发白的苎麻六股绳草鞋，银发银须飘舞之间，展露着道骨仙风的超人境界，在梅花桩面之上行走着飘然欲仙的步伐。当他用两眼的余光终于看到陈连升正在走近梅花桩林时，立刻加快了速度，变换着身法，如天空之中腾飞扑打的一只白鹤，游刃于一个立体的空间里。陈连升驻足静气，看出了门道，顿时眼界大开，生出了立即练就梅花桩的欲望来。

银须老者见火候已到，立刻跃向中轴的那根梅花桩上做了收势，然后跃出外圈，轻轻落地如松一般站立。陈连升更是惊讶，便加快脚步走近了银须老者廖德贵的身边，露出满脸喜色说道：“原来师傅的梅花桩打得如此精妙，脚步身法更是美妙绝伦，何不快快教予徒儿!”只见银须老者廖德贵歪着嘴巴吹开了一缕被汗水沾在脸颊上的白发，哈哈大笑说：“我还以为连升有了打虎英雄的名气之后，心生狂傲之气，不再精心操练武功了呢!”陈连升心里机灵，知道银须老者廖德贵正为他近日对梅花桩林的冷淡而生气，就赔着笑道：“师傅切莫生气，徒儿近日只因心中有事，故而耽误了几日。今日终于把心中之事如愿释怀，所以练功习武的兴致大起，请师傅赐教!”

银须老者廖德贵转过脸来，睁大眼睛仔细打量了陈连升一番，瞧见他那高挑的个头，晒黑的肤色，加上那挺起鼻梁，有神的眼睛，浑身上下透着一种英武之气时，心中顿生喜悦。可当他望见陈连升的脚下仍然穿着一双放木簰时才穿的桐麻草鞋时，就一抹银须说：“你速去我的睡房里把个布袋取来，袋中还有一双六股绳的苎麻草鞋，质地柔软轻便，你穿上之后才能练打梅花桩。而你脚上的这双草鞋只是几根筋，不是满耳子，初练梅花桩时怕挂在桩沿的裂口间生出闪失来，学杨贞那小子跌下桩面碰烂了额头。”陈连升应声而起，快速朝工棚里奔去。他的耳边传来了一阵发捶敲打在木簰之上紧索扎簰的声响。

063

练了几日“梅花桩”之后，廖大锤把那堆东竹也划得差不多了。陈连升心里明白，该是让廖大锤护送他爹回郧阳关的时候了。当他冷静下来仔细地琢磨了一些事情之后，有关护送“八阵图”回郧阳关交与爷爷陈富老人收藏的事，却忍在了心里，并没有与银须老者廖德贵提起这事。是怕银须老者廖德贵苦求苦寻多年的梦想就这样轻易地摆在他的面前时，生出极度的亢奋之后节外生枝。再者，既然银须老者廖德贵已经为之释然，且平静了心气，打算回郧阳关安度晚年了，作为晚辈又何必给这位年逾古稀的老人增加一些额外的精神负担呢？当然，这其间也不排除陈连升另有其他想法。银须老者廖德贵虽与他明确了师徒关系，且相交甚密彼此信任，并将重托交付于他。可江湖险恶，如果“八阵全图”都已集齐在银须老者廖德贵的身上的事情走漏了风声，还极有可能给银须老者招来杀身之祸。出于综合考虑，陈连升决定严守秘密，并将“八阵全图”暂时存于自己身边，待冬季寒流来袭时，自己把图带回郧阳关去，再寻妥善收藏的法子。

又是一个阳光灿烂的日子，桃符口向王滩头前的两块双挂子木簰已经捆好了封梢的索子，只准备择吉日叫号启程了。林文章率众兄弟栓牢稳排的绳索之后，把扎簰的情况报告给了陈连升。吃过午饭之后，陈连升与银须老者廖德贵来到向王滩前察看木簰的情形，银须老者廖德贵一抹银须说道：“这双挂子木簰倒是扎得像模像样了，只是这簰上还差一样东西。”陈连升连忙问：“还差什么东西？”银须老者转过脸来望着陈连升说：“你还记得那夜，景阳木客陈万雄扎的那块双挂子木簰吗？他们从景阳河出来的时候，还隔老远就听见了嗡鸣之声。”陈连升答道：“当然记得，那嗡鸣之声如低婉的号角，轻悦入耳。”

银须老者廖德贵望着两块如拖船一般的木簰说：“这声音是扎双挂子木簰时在簰仓的围栏之上绑了许多竹节，空管如哨，利用木簰在江面上形成的风力吹响竹管，发出和鸣之声。”陈连升恍然大悟，难怪这嗡鸣之声簰行则鸣，簰稳则无了。他转过脸来对跟在身后的林文章说：“我们还有剩下的竹子没有？如果有的话，可以多锯些竹管绑上。”林文章点点头说：“有呢，廖大锤在划竹篾时剔了二十多根嫩竹子出来，我叫兄弟们多锯些竹管绑上便是。”陈连升笑着说：“看来这扎簰放簰的营生之中还有不少的新鲜名堂。”正说话间，巴东后河的木客家长向海山来到陈连升的跟前说：“晚饭的时候，你把众兄弟带到我们棚里喝酒。这些天来我们各自东不照西，各忙各的，也该聚一聚了。”陈连升紧紧地握着向海山的手笑着说：“又弄了什么好吃的？切莫又让熊高那小子端了你的锅。”向海山大笑着转身走了。

回到工棚里，杨贞、陈三喜、郭小虎、罗汉章、刘金堂、印紫竹、关海峰、关海龙、林协堂等人忙完扎簰的活计，到河里洗了澡，洗了衣服回来，在工棚前横了几根竹竿晾好了衣物。当他们看见银须老者廖德贵在陈连升的陪同之下走回了工棚时，罗汉章走到陈连升的面前说：“今日下午算是歇息的时候，我们几兄弟都想请求你一件事情，不知连升你能否答应。”陈连升细瞧了有些嬉皮笑脸的罗汉章一眼，把他要说的话早就猜出了八九分，便笑着说：“莫不是兄弟们都想抽空练一练梅花桩吧?”罗汉章扑哧一下笑出声来说：“正是想的这门子事！可银须老者是你的师傅，你不开口，老人家怎会关照我们喃?”

一听罗汉章这话，陈连升转过脸来望着银须老者，正准备开口说话，只见银须老者廖德贵一抹山羊胡子说：“连升是你们的老大，我既然收了连升作徒弟，那不也就等于一并收了你们众兄弟作徒弟吗？再说我廖老头子不是还欠你罗汉章一个人情吗？你大老远从招徕河把我送回到桃符口，我也没有什么物件儿还你这个人情，这不正是谢你的机会么？再说，我把你们都教会了，连升日后倘若遇到点什么事情，你们不就可以帮忙搭把手了么。”一听这话，陈连升很是高兴，因为银须老者廖德贵的这番话正合他的心意，就笑着大声说：“师傅爽快，师傅爽快呀!”

这时，平时坚持练武的几个兄弟围了过来，听到这个消息很是高兴。陈连升望了望众兄弟那兴奋的神采之后慨气地说：“各位兄弟，这些天很是辛苦，从刚才开始你们就歇息到未时，未时末兄弟们便到桩林外等候，申时一刻，我便恭请师傅前来给你们传授梅花桩的技法如何?”银须老者廖德贵爽朗地笑着说：“还能如何？我去便是!”众人欢快地凑到一起不愿散去。

林文章去河里洗了澡，洗了衣服回来，见到这样的场面也挺高兴，就大声对大伙儿说：“你们尽管专心练功，我们四个不会练武的伙计就去锯竹管，并绑于大簰的围栏之上。那梅花桩要搭梯子我们哥几个才能爬上去，也就不想去凑这个热闹了。”众人哄笑而散，各自歇息去了。

提起再练梅花桩的事，杨贞没了激情，因为他已经体会到了练习梅花桩的难度，也许是他不想再次碰烂了额头的缘故。而且这几天杨贞一直沉默不语，心里头最思念的却是自家的堂客刘叶翠。白天想、梦里想，可他又不愿告假回家，不愿离开这样一个集体，只得把对堂客刘叶翠深深的思念掩埋在心底里。

就在众兄弟集中在桩林之外，准备去练梅花桩的那个时刻，廖大锤终于长舒了一口气。因为他劳顿数日，终于把那堆有用的东竹全部划成了绞索的竹篾。他习惯地将篾刀插在了腰间的木匣之上，抖去裤腿上的竹宵，从一截圆木筒子上站起身来，伸手扭腰活动了一下身子，然后走出篾窝朝工棚里走去。他觉得饥渴难忍，想到伙房里去找些吃食，喝点茶水。

廖大锤走进工棚到自己的睡房里拿了脸帕，到江边洗了手脸回来，跨入伙房的门时，眼前的情形让他大吃一惊：只见伙夫刘满山斜弓着身子倒在了灶门口。廖大锤急着上前搬开刘满山的身子时，见他嘴青脸黑，口吐白沫，更是吓了一跳。可廖大锤没有多想，伸出粗大的双手把伙夫刘满山抱了起来，送到刘满山自己的睡房里往床上一扔，只听伙夫刘满山的喉咙里咯吱一声响来，接着便哼了一声。廖大锤转身出门，嘴里嘟噜道："指望叫你给我热点饭菜，喝杯小酒，你却装歪！只有老廖自己动手了！"廖大锤走进伙房，发燃柴火，煮上了肉锅。当他伸手揭开锅盖见中午的剩饭还是个温温热时，拿起锅铲就盛了扎扎实实的一碗端去，开始狼吞虎咽地吃将起来。接着又听伙夫刘满山在床铺上哼了一声。可廖大锤没有理睬，只顾了吃肉喝酒，不到半袋烟的功夫，就把个大肚子逮得饱饱的了。

廖大锤对梅花桩不感兴趣，也就没到桩林边去凑这个热闹，独自打着饱嗝儿在工棚里歇息。可让银须老者廖德贵没有想到的是，集中到桩林边学打梅花桩的七个人，观看了银须老者廖德贵如同飞燕一般轻盈自如的桩面表演之后，仅仅只有陈连升、陈三喜、杨贞三个人的轻功能够跃上梅花桩。其余四个人跃不上桩面，也就练不了脚步身法。银须老者廖德贵倒也随和，他笑呵呵地说："你们四个人也莫着急，冰冻三尺非一日之寒。你们可以先记住套路和身法，在地面上划点练习，日后一旦把轻功练到火候，便能一气呵成！"郭小虎、刘金堂、印紫竹、罗汉章听了银须老者廖德贵的话，心中的压力顿时减轻了许多，各自在地面上练起套路和身法来。

陈连升凝思了片刻，他觉得不能拉下这四个兄弟。冰冻三尺非一日之寒倒是真的，他知道郭小虎、刘金堂、印紫竹、罗汉章四个人的轻功底子，要想练到火候可能要到猴年马月。于是他镇定地望了银须老者廖德贵一眼，然后站在众兄弟面前挺起胸膛一脸严肃地说："你们四个听着！火速前去把你们带铲的撑篙取出来，借助撑篙跃上桩面，学打梅花桩！"众兄弟似乎很长时间没有听到陈连升这样坚定严肃的声音了，知道他的这句话是发自肺腑，分量不轻，也就应声而去了。

银须老者廖德贵一脸愤怒，走到陈连升的跟前，瞪着一双老眼盯着陈连升吼道："你是师傅还是我是师傅?！亏你想得出来，还拿带铲的撑篙？我当了一辈子木客，撑篙有带铲的吗？再说了，拿起撑篙使猫儿上树这招来打梅花桩，那还不如抬几根条木来搭个桥，奔跑着上梅花桩去打！"吼完这话，银须老者廖德贵拂袖而去，头也不回地走了。陈连升站在那里没有动，仍然挺起胸膛，一脸严肃庄重的表情。

杨贞走到陈连升的跟前说："连升！你这是何苦哟！刚拜的师傅，就为兄弟们闹翻了脸，真是不值呀！"很长时间没有听到杨贞关切的声音了，陈连升非常感动，伸出右手搂住了杨贞的脖子，奔到陈三喜的跟前，三个人就紧紧地抱在了一起，立在桩林外的沙滩上，像一尊耸立江岸的雕塑。

其实银须老者廖德贵也并不是真的生了陈连升的气，他只是借故离开好让陈连升自个儿去摆弄罢了。回到工棚，他走进儿子廖大锤的睡房，见廖大锤仰躺在床上呼呼大睡，知道他是这些天累倒在那堆竹子上了，便没有吵醒儿子，轻脚退出了房门，想到伙房里找点茶水解渴。可当银须老者廖德贵从伙夫刘满山的睡房前路过时，就听到了伙夫刘满山痛苦的呻吟，连忙停住脚步折身推门进去瞄了一眼，觉得不妙。他伸手翻开刘满山侧着的身子，细瞧了他那嘴青脸黑、嘴角沾满白沫的模样，心里便是一紧。伙夫刘满山这痛苦的症状分明就是染上了霍乱，病情已经十分严重，若不及时治疗定会性命不保。银须老者廖德贵忍住口渴不再迟疑，连忙出门从伙房外的沙滩上绕道去了后山，他要速去给刘满山采些本草回来煎成药汁儿，好救刘满山的性命。

银须老者廖德贵知道这霍乱病的危害性。霍乱这病其实就是瘟疫，传染性极强，一旦爆发流行开来后果便不堪设想。当下的桃符口，虽然处于清江水道的入口，拥有各路木客数百人。但这里地处荒郊野地，前有江水阻隔，后有万山高耸，如若疫情漫延，真是华佗无奈。银须老者廖德贵一边在山边采药，一边这样想着。等他思来想去，好像找到了发病的根由。想想看，从河边绕到江边，在这么一段并不太长的岸坎上驻扎着数百木客，吃喝拉撒均在这弹丸之地，且无固定茅厕，遍地蚊飞蛆涌，在这炎热的气温之下不生疫病才是怪哉。于是他决意今晚要将此事与徒儿陈连升言明，要他速速想个法子。

伙夫刘满山在迷糊间被灌进了银须老者专门为他揉捻的一碗药汁儿之后，慢慢儿清醒了过来，虽觉浑身瘫软无力，脸色却渐渐恢复了正常。当他睁开眼睛朝峡口望去时，只见日已西弦，便想起了生火烧饭的大事。他从床上爬起来，吃力地走出屋门，手扶棚壁慢慢儿走到了伙房。当他发现伙房里的肉罐与饭锅都被洗劫一空时，知道又是大肚汉廖大锤的恶作剧，就喘着粗气有气无力地骂道："廖大锤呀廖大锤！你个枯驴子日出来的大肚汉，又把肉罐和饭锅给我逮个精光，害得老子又要旋打生米伙！"银须老者廖德贵从江边洗了手脸回来，听到伙夫刘满山正在伙房里骂人，知道是他服药后情况有所好转，就凑到伙夫刘满山的房门边吼道："半个时辰前你还躺在床上嘴青脸黑要死不活，这么一会儿的功夫，你竟然就能给廖大锤充老子了是啵？你才是个枯驴子日出来的，真是不识好歹！你可给我听好了，廖大锤的老子是我，不会认你这个嫩老子！"伙夫刘满山被银须老者廖德贵的气势镇住了，转过身来望着银须老者廖德贵的背影，无可奈何地叹了一声长气。

霍乱流行漫延的事，廖德贵年轻的时候就曾见过，那才真叫可怕。于是银须老者有些坐不住了，他再没有心思去干别的事情，径直绕到后山采集了一大捆本草回来，准备熬一锅药汤，让驻扎在桃符口的众木客喝了，免得染上了霍乱。可当银须老者廖德贵到伙房里去取那口煮饭的大锅，准备出来生火煎熬汤药时，却又见到了伙夫刘满山仰躺在灶边的情形。只见他的脸面有了血色，嘴角也不再有白沫时，便知道伙夫刘满山喝下他灌下的药汁儿后，病情已经好转，没有生命之忧了。银须老者廖德贵在伙夫刘满山的屁股上轻踢一脚，并大声吼道："还在这里偷着困觉，也不起来看看，已经到了什么时辰了。"

伙夫刘满山清醒过来，坐起了身子，顿时觉得身子骨轻松了许多，先前那痛苦难受的感觉已经消退。可当他想支撑着爬起来时，却又双腿发软，脚板发麻，浑身无力。银须老者廖德贵见状伸手把伙夫刘满山一把拉了起来，嘴里嘟噜道："算你的命根子还牢，若我迟得半个时辰给你灌药，你这个时辰恐怕早就已经一命呜呼了!"伙夫刘满山一听银须老者这话，一下子记起了先前在朦胧间发生过的那些事情，记起了第一次虚脱时倒下去的情形。于是对银须老者廖德贵有了一份感激，见他搬出大饭锅出去煎熬汤药，便没有阻止。

银须老者廖德贵与伙夫刘满山在伙房里的对话，惊醒了在隔壁大睡的廖大锤，他一轱辘爬起来，走到棚外对伙夫刘满山说："刘师傅，你先前嘴青脸黑，口吐白沫，我把你抱起来扔到了床上，你到底是哪儿不舒服?"一听廖大锤这话，伙夫刘满山心中的怨气消了下来，本想臭骂他廖大锤一顿，驳斥一下廖大锤偷吃饭菜的过错。可当他知道还是廖大锤父子救了自己，也就立刻赔着笑脸道："多谢了！多谢了啊!"廖大锤不领情，翻了伙夫刘满山一个白眼说："谢么子谢呀！我不过就是一个大肚汉!"伙夫刘满山善意地望了廖大锤一眼，慢慢儿朝银须老者廖德贵走去，帮他生火煎熬药汤去了。

等陈连升、杨贞、陈三喜、郭小虎、刘金堂、印紫竹、罗汉章他们七个人累得汗流浃背，从梅花桩上跳下来回到工棚的时候，林文章、关海峰、关海龙、林协堂他们四个人也在两块双挂子木簰上安好了竹管，回到了工棚前。当陈连升及众兄弟听了伙夫刘满山所讲的情形后，十分惊讶。众人细看了一眼杨贞的额头之后。便用一种敬佩的目光望着这位道骨仙风一般的长者，众兄弟没有想到，银须老者廖德贵不仅是一位武林高手，而且还是一位识得本草的高明郎中。

晚饭过后，桃符口驻扎的六百多名各路木客集中在了江岸的沙滩之上，聆听陈连升给他们训话。陈连升也觉得十分有趣，他也是头一回这样认真其事地强调各路木客自挖茅厕，不准随地拉撒，以及每个木客都必须喝下银须老者廖德贵所熬药汤的事情。星月的光亮之下，攒动的人头之中，时而发出阵阵哄笑。

就在陈连升沙滩之上训话的次日，也就那么大半天的功夫，桃符口完全改变了从前杂乱无序的模样，后山根脚或在大树之下，或在巨石之间建起了一排用茅草树枝遮挡盖顶的茅厕。各路木客还把各自驻扎的工棚前后清扫了一遍，昔日里随地拉撒的粪便或清扫或掩埋，都弄得干干净净了，把整个桃符口弄得像座驻兵的营盘。

银须老者廖德贵在整个桃符口转了一圈回来，心里乐呵呵的，嘴里自言自语道："哈咯咋，看来连升这小子年纪不大，哈数不小!"站在清江岸边，望着浩浩奔涌的清江，银须老者廖德贵长舒了一口气，浑身有了一种释然的感觉。

银须老者廖德贵心里明白，他已经年逾古稀，一旦回到邬阳关，此生再来桃符口出清江的事也就遇而不遇了。因此他觉得自己应该再好好地看看桃符口的山景和水势，更应该把自己知晓的所有东西全部传授给徒儿陈连升。他觉得自己身上的武功秘籍已经所剩无几，倒是还有许多救命的药方值得一传。这江湖之大，常遇奇险之事，人吃了五谷山果，也常有疾病生出。熟记药方，认得本草，也好备个急时之需。说句实在话，这位道骨仙风般的银须老者，虽与邬阳关出来的这班年轻儿娃相处的时日还不算长，可在他的内心深处已经升腾起了一种特殊的情感，他就好比找回了那个曾经年轻的自己，有了一种心灵的寄托。

桃符口那鲜活迷人的风景就这样定格在了银须老者廖德贵那昏花的眼神里，在一种迷离与朦胧之中，显得那么深邃而悠远。

064

许多天一晃就过去了，按照陈连升的铺排，林文章带领关海龙、杨贞、刘金堂、罗汉章五个人为第一组，关海峰带领林协堂、陈连升、陈三喜、郭小虎、印紫竹六个人为第二组，接连放了几趟双挂子木簰到宜都。几个来回之后，陈连升手下的几个兄弟就已经熟练地掌握了放大簰出清江的技能，并各自轮岗一般搬前梢，稳后梢，护左舷，护右舷，干得几多痛快。渐渐地，众兄弟熟知了百余道险滩的名称与水性，清江的簰道在他们的脚下开始通畅起来，清江的惊涛骇浪已经被兄弟们驯服在脚下，清江峡谷间的道道险滩在木客们的眼里已经变成了一马平川。陈连升常常挺起胸膛，站在前行的木簰之上，望着两岸青山一江清流，心胸里升腾起豪迈的激情来……

可是，当银须老者廖德贵回到邬阳关的时候，邬阳关的所有人都为之感到震惊。因为生活在邬阳关周边的大多数乡邻都知道，木客廖德贵二十六年前已经在清江渔峡口落水而亡，经伙伴们寻找数日仍然生不见人，死不见尸。板桥沟的廖家人最后在陈华、陈富兄弟俩的提议之下，将木客廖德贵生前用过的蓑衣和穿过的衣裤包裹入殓，抬丧出殡，埋在了茶莲河卵子潭边的灯草滩里，还给木客廖德贵立了一块灵牌碑。二十六年过去，坟上长满竹叶苔，坟头饱满，灵牌碑上的字迹仍然清晰如初。

也正是因为木客廖德贵是一座无尸空坟的主人，竟然活着回到了故乡的奇闻，让邬阳关的乡邻们议论了好一阵子。

然而，听到木客廖德贵回到邬阳关这个消息的时候，最为震惊的却是陈华与陈富兄弟俩，因为木客廖德贵在渔峡口离簰落水的那一天，这块双挂子木簰上的六个人已经只剩他们兄弟俩仍然健在了，其余的三个人都比他们的年岁高出许多，早已寿终归山。

在一个晴天的午后，陈富老人走进自己房中，打开浸饱着虎骨酒的缸盖，用一只轻巧的竹提打出半提子虎骨酒来，抬举到鼻翼前嗅闻片刻之后，却仍然舍不得品吮一口。在陈富老人的心底里恪守着一个信条——这老虎可是孙儿连升所打，这虎骨泡出的药酒当由孙儿连升回到陈家棚的那个时刻，由他亲手开坛先尝。这便是一生好酒的陈富老人，却从不私品一口虎骨药酒的原由。陈富老人小心翼翼地把打在竹提之中闻过其香的虎骨药酒，倒入酒缸之中，把竹提挂到原处，盖严了酒缸的盖子，压上了棉被和蓑衣，然后退出房门换上了一套青色的衣裤，请出龙头拐杖，并给老伴黄翠姑支会了一声，出门朝桥板沟方向的兄长陈华家走去。

午饭的时候，陈华老人掐指排算，便知道老弟陈富今儿日个一定要来拜访，于是早早地炕了茶叶，泡了香茶等候。时隔不久，陈富老人便在阶沿上大声唤道："大爷！你在做甚?"陈华老人在火坑房里笑呵呵地应了一声："给你泡茶！"接着老哥俩就都笑了起来。陈富老人在火炕房里落了坐，把龙头拐杖抱到胸前说："你掐算到老弟今朝一定要来看看你啵?"陈华老人倒了一杯香茶递于老弟陈富时笑着说："你倒不是来看看我哟！这廖德贵回到板桥沟的消息，你想必早就晓得了，你这龙头老大还有不到板桥沟走一趟的道理?"接着这话，老哥俩又笑了一阵。

陈华老人大病一场之后，总算缓了过来，身体渐渐地好了，不过气力早已大不如前。陈富老人呷下一口香茶之后，平静了心气，望着老哥面目清瘦的模样，关切地问："大爷最近可好？身子骨渐渐好些了啵?"陈华老人仰靠在椅子上，叹了声长气说："没倒床就算是好的了！我这把年纪，早已是土坑沿上的人，活到世上也是只挨日子时候的了！"

陈富老人呷下了一口香茶，然后平静地说："大爷已是古稀还往前迈了一大步，已经在吃七十七的饭了。按照常理，过了七十七就该有八十三四岁的寿缘。"听了这话，陈华老人露出一脸惨淡的笑颜，用一种异样的目光望了红光满面的老弟陈富一眼，低声说："你不用宽我的心，生死对我来说已经释然，只是我还有一个心愿未了！"陈富老人连忙问道："还有什么心愿未了？快快说与我听听?"

这时，陈华老人的嘴边露出了一丝诡异的微笑，转过脸望着老弟陈富反问道：

“真想知道?”陈富老人一脸认真地说:“真想知道,你快说与我听听?”陈华老人十分认真地说:“孙娃子连升打了老虎之后,你不是泡了一缸虎骨药酒么?这虎骨药酒可是舒筋活血的好东西,也是调治痨伤的妙药,若能喝它个半斤八两的,死了也就闭上眼睛了!”陈富老人还以为老哥陈华又是在逗他,就嘿嘿地笑着说:“我说你怎么就大病一场之后竟然这么快缓了过来哩,原来还真是惦记着这虎骨药酒的事呀!”陈华老人扑哧一笑说:“逗你玩!我看你脸色红润,一身酒膘,想必就是喝了那虎骨药酒的缘故。”一听这话,陈富老人有些含冤的感觉,就一脸严肃地说:“我天天喝酒是真,而且喜欢喝点好酒,可那缸浸泡着的虎骨药酒,我除了偶尔嗅闻过酒的醇香之外,却还从未尝过点滴!”陈华老人一脸惊讶,连忙问道:“这是为何?”陈富老人认真地回答道:“是孙娃子连升打了虎,才得了虎骨不是?那么这酒就该等孙娃子连升回来了,由他亲手开坛尝酒之后,我等再来享用,你说对啵?!”

陈华老人点了点头,从这个道理上讲,他觉得老弟陈富应该没有撒谎,就说道:“那倒也是!我说哩,你也是几个月不来看我一回,也就这么空着手来了。我还以为你今儿日个要带两斤虎骨药酒下来让我尝尝的!”陈富老人认真地望了老哥陈华老人一眼,觉得老哥这话还真不像是在逗他,心里突然冒出一种想法来,觉得老哥陈华老人的心里必然藏着心思。

陈富老人把茶杯递给老哥陈华老人说:“再来一杯吧,你这茶浓香无比,苦中带涩,很有回味。”陈华老人接过茶杯,又倒了一杯香茶递给陈富老弟说:“也就是说你还是终于承认了,我的茶艺始终高你一筹!”陈富老人从不认输,一听这话便有些激动起来,连忙争辩道:“我可没这么讲,我不埋汰你就算给大爷你多大的面子了!”陈华老人一听这话有些生气,抬起头来说:“你还想埋汰我么?那好,看来有些事还真是痴人不说,乖人不知!你可千万不要捡了便宜还卖乖。”一听老哥这话,陈富老人顿时来了气象,一脸认真地说:“咱老哥俩今儿日个可要把话讲讲清楚了!我什么时候还捡了便宜卖乖了?”

陈华老人冷冷地望了老弟陈富老人一眼,忍了一下之后,终于脱口而出,道出了心中的不快:“要我把话给你挑明是不是?那我可就不客气了。你好好想想看,孙娃子连升的石锁功可是咱老哥俩共同教出来的吧?孙娃子连升打虎的时候,是用石锁打的吧?”陈富老人知道老哥又是冲着那缸虎骨药酒的事来了,就大声吼道:“你有完没完?是的!我们都没否认过你的功劳呀!”陈华老人也拼着气力吼道:“那就好!那就好!你只要还承认这个事实,那么下面的话自然也就好说了!”陈富老人仍然大声吼道:“是的,我承认这个事实!你有话快说,有屁快放!”陈华老人这下生了大气,鼓起一双老眼说:“这可是你逼着我说的呀!孙娃子连升在练石锁功的时候，你说我心眼子多，还分彼此！从那天起我就真的不使心眼子了，也不分什么彼此了。可你做得怎么样？哈咯咋，虎皮连升拿到金鸡口给你做背褂儿去了，我不争！可这虎骨你该分我一半吧？你一句话不说就一缸酒泡着了。这几个月以来，我就一直想不通啊，都是小时候我们把你给惯坏了，什么事你都占强些！"

陈富老人终于明白了老哥的心思，说来说去还是惦记着那缸虎骨药酒，就呷下一口茶水之后平静地说："大爷你呀！也就那么点儿出息。这虎骨药酒的事得等孙娃子连升回来了再作处置。不过这虎皮背褂的事，咱哥俩可得说好了，没你的份！"陈华老人也平静了心气之后认真地说："这虎皮背褂儿的事我也不得和你争！可这虎骨药酒的事，我也绝对不会让你一个人吞独食子！"两位老人的这场争执终于平静了下来，一个说出了自个儿的心思，一个弄明白了对方的心思，心胸里还都开始琢磨着，下面的话又该怎么说呢？

就在这时，陈华老人的老伴、陈富老人的嫂子从屋旁的菜园地里薅完蔬菜之后回到了屋里，进门就大声呤气地说道："哈咯咋，你们老哥俩倒是有些奇怪了，到一路如果不争吵几句可能硬是过不得！也都老大不小了，说句话就不能柔软一点儿吗？"陈富老人望着嫂子说："没什么事情的，我们到一路争吵几句才亲热！"陈富老人的老嫂子，还望了老伴陈华一眼之后说："我倒是不管你们的哟，都是儿孙满堂的人了，眼睛要看得远一些，心胸要开阔，不要老是撑着板凳看地下。你们想想看，如果那年子在渔峡口落水的不是他廖德贵，而是你们老哥俩其中的任何一个，那才叫哭都没得眼泪水！"说完这话，她就到吊脚楼里喂猪去了，没再搭理这老哥俩。

提起廖德贵，陈华老人望着老弟陈富老人说："你不是要去看看廖德贵的吗？去还是不去？"陈富老人说："要去咱就老哥俩都去，要不去就都不去。说实在的，咱老哥俩也算是情深义重，对得住他廖德贵了！"陈华老人对老弟陈富老人说："话还是不能这么讲，我们和廖德贵毕竟是过命的兄弟！当年活不见人，死不见尸，我们找了个把月之后就没有再找了，这就是我们对不住他廖德贵的地方！"听了老哥陈华老人这话，陈富老人觉得也是，就平静地说："我倒是没什么，我是怕你这样一副弱不禁风的样子，奈不何走路。"陈华老人一听这话，猛地一下从木椅子上站了起来，拍拍自个儿的胸膛说："谁说我奈不何走路？"陈富老人也从椅子上站起来说："那你赶快收拾一下，我们早去早回。"

阳光下深秋的河谷间十分清亮，柿树上的红叶明显地多了起来，碗口大小的磨盘柿悬挂在枝头慢慢由青变红。茶莲河中的清流波光闪闪，飞动的竹斑鸠、白鹤自然间彰显着灵动……廖大锤他们家的几间木屋坐落在茶莲河岸，板桥沟的山脚，离卵子潭不到半里。

陈华和陈富老哥俩步行了半个时辰的功夫，就到了廖家低矮的木屋旁。廖大锤正轮起板斧使劲劈柴，他爹廖德贵捧着一罐儿茶水，正坐在木屋的吞口里一边品茶，一边欣赏着儿子威猛的身姿，也享受着终于归家的安逸。

见陈华和陈富二位老人从山道上下来，廖大锤放下板斧，迎到塔坝角上嘿嘿地笑着。然后他转过身来对坐在阶沿上的爹爹说："您看谁来了?!"银须老者廖德贵腾地站了起来，朝山道上望去，嘴里却用那怪异嘶哑的声音说："谁爱来便来，我们好茶招待!"

陈华老人有些情不自禁，就站在那里大声喊道："廖贵儿！你个砍脑壳死的！还晓得死起回来呀?"银须老者廖德贵一听陈华这声音，即刻兴奋起来，奔到塔坝角上，仍用那怪异嘶哑的声音吼道："你是陈华陈老大么？你个老东西还在呀?"

紧接着，在清亮的茶莲河谷间，在廖家那并不宽敞的塔坝里，展现出了一副让人极其感动的景致：三个老头紧紧地拥抱在了一起，先是放声痛哭，然后开怀大笑……

邬阳关是他们共同的守望，自从他们从先辈的手中接过这份守望时，也就注定他们还要将这份守望交于子孙们的手里。邬阳关是一方孕育神奇的水土，山水相依的风景之间蓄积着千古不朽的灵气，也展露着无限的神奇。邬阳关也是游子眷顾的地方，像一个浑身傲骨的处子，巍然耸立在清江的身旁，每一轮崭新的日出，每一缕夕阳晚霞，都会在这片神奇的土地上折射出七彩的光环。

065

当陈富老人从廖德贵老人的口中得知了孙娃子连升的近况，以及银须老者廖德贵为陈连升所做的一切时，心里无比感激。当他们老哥俩离开廖家时，陈富老人慨气地对廖大锤说："明日一大早，你去一趟陈家棚，在我屋里背些粮米和酒肉回来，好好赡养你的爹爹才是呀!"

其实，在陈富老人的心底里，孙娃子陈连升就是他生命的全部，也是他生命的延续。从茶莲河岸廖大锤他们家里出来，把老哥陈华老人送回家中之后，陈富老人一刻也没有停留，径直回到了陈家棚。他对老伴黄翠姑细细说了孙娃子陈连升的近况，他那亢奋的心绪一直持续到深夜。他仰望着浩瀚的星空，凝视着起伏的山影，心胸里涌动着豪迈的激情。而这时，陈富老人的心早已随孙娃子陈连升出了清江，他的激情早已像陈年腊酒的清香一样融入到了浓浓的乡愁之中。可陈富老人哪里知道，此时此刻再次放大簰到达宜都的孙娃子陈连升与兄弟们正在施药救人。

话说那天中午，两块双挂子木簰前后到达宜都。陈连升率众兄弟将木簰稳在了陆城江岸的毛家坨。当他们放下锚钩，拉了索子将木簰靠稳，然后上岸步入陆城街口，准备吃了午饭之后再来起簰时，却看见陆城街上呈罢市之状，往日里繁华热闹的店铺家家紧闭，街市里没了行人的踪迹。陈连升与众兄弟见此情景十分诧异：这宜都城里到底出了什么状况?

陈连升突然意识到了什么似的，领着众兄弟一路小跑到了“望江阁”，叫开了望江阁屈老板的门店。当屈老板与店小二捂着肚子，断断续续你一言我一语讲明了宜都城里发生的事情时，陈连升及众兄弟顿时大惊失色。

原来，就是在两日之前，宜都城里的少数人出现了头痛脑热，上吐下泻的病症，并且迅速蔓延，几乎是在一夜之间就传遍了全城。几个郎中开出的药方抓空了药店，但无济于事。开始的时候，还在各自奔走求药，可到了第二天的晚上，连几个郎中的家人也染上了病症，忙着熬药熬汤，什么办法都想出来了，就是退不下来烧，止不住上吐下泻。今早起来，全城传出消息，宜都城里已经死了十七个人。

陈连升得知这一消息之后眉头紧锁，背剪着手在望江阁的前厅里踱了几步。突然，陈三喜冲着陈连升大叫起来：“搞拐哒！搞拐哒！是霍乱，这是霍乱！就是你师傅在桃符口要我们六百多木客喝药汤预防的那种病。”

陈连升转过身来，走到屈老板的面前问：“你店里可有打磨浆水的器具?”屈老板仍然捂着疼痛的肚子说：“有呀！伙房的里间有盘大石磨，是用来推磨豆浆汁水的呀!”陈连升听后果断地说：“那就好！杨贞、罗汉章你们两人，负责把石磨抬出来，安装在这望江阁门前的街口，再找一张竹席在清江水里清洗干净之后铺于石磨旁边，用于堆放药草。就绪之后磨好两把菜刀，清洗两块砧板放于竹席头前，准备剁细药草，磨制药浆，施药救人!”他的这话大家并没有反应过来，众人听得一头雾水，但大家屏住呼吸，忍住饥渴也没敢作声。

陈连升接着大声慨气地说：“其余的人，把行装放于本店之中，火速随我前往清江岸边的坡脚采集本草!”众兄弟忍住饥渴，火速行动起来。店中的屈老板与那店小二硬是一脸疑惑。他们在想，几个清江放簰的木客，竟有扼制疫情之法?

陈三喜、郭小虎、刘金堂、印紫竹、林文章、关海峰、关海龙、林协堂等人放下行装就跟着陈连升走了，他们从陆城街口出发，沿清江岸边的山道朝清江上游长阳方向奔去。

当他们九个人奔出陆城五、六里山道之后，才在一片肥厚的坡地里找到了本草。陈连升站在清江岸边的山根坡脚之下，平静了一下心气之后指着一片青蒿大声说：

“我们所要采集的主要就是这种本草，采集本草的方法是，手捏篙梗上滑，滑到能两指掐断处折梗取药，把硬梗不采。采集本草时不要带出泥土，要保持梗叶的嫩度。认药时，见已经变黄且瘦细的不采，这种本草可能已带病毒，故不能药用。另外，还请各位兄弟切记，我等采集的本草一定要保证干净纯正，不能夹带其他杂草。一是怕其他杂草带毒，伤害病弱的人体；二是我们把本草采回去后没有时间挑选，而且采回去的本草还不能用水清洗，只能直接剁成药沫，磨制药浆；三是我们刚才来的九个人，每人要采六十斤重量的本草，等到都采齐药量之后，我们一路返回！这里只留七个人，我与陈三喜去找另外几味配药，重量也是六十斤。各位兄弟！大家都听清楚了吗？”众兄弟齐声答道：“都听清楚了！”陈连升大声吼道：“那好，开始采药！”

众兄弟奔向了坡脚的那片青蒿地，开始按照陈连升教的方法忙碌起来。陈三喜跟在陈连升的身后去找其他的药草。又前行了半里路程之后，陈三喜满腹忧虑地对陈连升说：“连升哪！这事可不是闹着玩啦！你叫兄弟们所采的这种青蒿，不就是我等在邬阳关喂猪时打的猪草吗？这宜都城里都已经一夜之间死了十七个人了，这可是人命关天的大事，可不能闹着玩，更不能闹出笑话来哩！”

陈连升笑着对陈三喜说：“你就放心吧，这是师傅前些日子教给我的秘方，绝对有用！”陈三喜见陈连升嬉笑，便表露出一脸惊愕的表情，带着一种埋怨的口气说：“原来你师傅在桃符口要我们喝的就是这些青蒿汤呀？我说怎么就那么一股猪草味哟！”陈连升收住笑容认真地说：“你可不能这么讲！我师傅说的话很有道理，山中百草皆是宝，在厨娘们的眼里它可能是猪草，在放牛娃的眼里它可能是牛草，可到了高明郎中的眼里它就是本草，就是药！”

陈三喜听了这话，心里倒是踏实了许多，不过他的心中仍有一事不解，就问陈连升道：“你师傅在桃符口的时候，是用水煎药汤让众木客服下，你为何今日却要杨贞他们抬出石磨，磨制浆汁儿服用？”陈连升一边在路旁找寻本草，一边认真地说：“师傅叮嘱我了，疫情没有爆发之时，可以水煎药汤加以预防，但它的药性没有揉制的药汁儿那么过熬。现在宜都城里，既然疫情已经漫延，因此就只能用浆汁儿了！”

说话间，陈连升已在山道旁找到了那种配方的本草，惊喜地叫了起来。然后他与陈三喜按照采集这种本草的部位与方法，也采集了约莫六十斤的分量，两个人竟然累出一身汗来。他们把药草集到一起之后，陈连升脱下上衣包住本草，并在路旁扯了一根葛藤将其捆扎起来。陈三喜见状也一一照着做了。

在回转的路上，陈三喜十分认真地对陈连升说：“连升哪！我可要谢谢你呀！”

陈连升笑着问：“谢我什么？”陈三喜开心地说道：“你把我没当外人，认识了这两味配药，你不就等于是把这个秘方也教给我了吗？”陈连升哈哈大笑说：“那倒也是！不过师傅也给我说了，有些绝活还是要深藏不露，不到关键的时刻不可轻用！”陈三喜会心地说：“我明白了！”

就在准备剁草试磨的时刻，陈连升叫罗汉章速去取了两只装豆腐浆的漆桶，还拿一把葫芦瓢出来到清江水里洗净，准备磨制药汁儿。好在推磨之事众兄弟个个都会，轮流执掌磨把接着推将起来。罗汉章和印紫竹负责剁草，陈连升、陈三喜、杨贞三人负责掌瓢施药。

可喜的是，石磨磨出的药汁儿细柔浓稠，柔滑润泽，虽有苦涩之味，但闻到鼻尖却还有一股淡淡的清香。施药之初，人们虽是将信将疑，但“病急乱投医”之说自古就有。很多人认为，与其坐着等死，还不如求一碗药汁儿服下。直到抢先服下药汁儿的人病情好转，住到宜都城中各条街井的民众得到确信时，才纷纷奔到陆城街口的望江阁门庭前求药疗病。陈连升、陈三喜、杨贞、郭小虎、刘金堂、印紫竹、罗汉章、林文章、关海峰、关海龙、林协堂他们十一个人，从中午一直忙到傍晚，才让居住在宜都城里的五千余人全部服下了药汁儿，那采回的本草也已经所剩无几了。

夜幕降临的时候，宜都城里没了往日的喧嚣与繁华，街市的几盏孤灯摇曳着昏黄的光亮，时不时还有一阵悲凉的哭声传来，几多恐怖与凄惨。

陈连升与众兄弟收好了所剩的本草，洗净了石磨与竹席，然后拿了脸帕和换洗的衣衫到清江滩口去洗澡，回来时夜已深沉。好在起先喝下药汁儿的望江阁屈老板及所有伙计的病情已经好转，这才吩咐伙房里煮了一锅荞麦疙瘩，让陈连升他们填饱了肚子。

到了第二天早饭过的时候，奇迹便出现了。宜都城里的疫情完全控制下来，街市的门庭逐渐打开，路上有了行人，渐渐恢复了往日的热闹。这一奇迹的出现，让陈连升及众兄弟兴奋不已，他万没想到，前些日子师傅教他学的一个秘方，这么快就在宜都城里派上了大用场，还出乎意料地救下了一座城。陈连升似乎一下子成长了许多，他的耳边回响着银须老者廖德贵常挂在嘴边的一句话：“志大养千口，力大养一人。看来智慧这东西看不见，摸不着，但有时候还真是一肢无形的巨手，能够释放出无限的能量。”

吃过屈老板特意为他们准备的丰盛早餐之后，众兄弟集在望江阁厅堂里歇息。林文章以请示的口吻问陈连升道：“今朝的活计怎么个排法？”陈连升从条凳上站起身来，望了众兄弟一眼之后说：“今早起来，我观了天色，三日之内应该没有大雨落下，因此起簰的事情暂时搁下。我们既然已经施药救人，而且出现了奇迹，那就得跟步而进，绝对不能让疫情反弹！我的想法是，今朝继续采药施药，等疫情全部消退且稳控之后，我们再起木簰不迟！”众兄弟也觉得陈连升的说法有理，就低声呼和。他转过脸来问林文章道：“你的意见如何？”

林文章倒也圆滑，就笑着说：“还是连升你想得周全。你咋说我们就咋办！只是耽搁了两天时日，这住店和伙食的盘缠恐怕不够，得想个法子！”一听林文章这话，望江阁的屈老板站出来大声说：“瞧你林班头说的！我们宜都城里的人不仅好客，而且也都是些知恩图报的人。你们做了这么大的好事，还愁么得盘缠的事？我这条老命也是你们救下的，自今儿日个起，只要各位来到宜都，我屈某便会拿出好酒，鸡鸭鱼肉小心伺候！从此再不许提什么住店和盘缠的事！谁再提，我跟谁急！”众兄弟哄笑起来。

陈连升上前一步伸手握住屈老板的手说：“您的话让我们很感动！我知道您也是仗义之人。只是我们兄弟众多，每回都来侵扰于您，实在过意不去！”屈老板两眼流出泪来，十分感动地说：“人的钱再多，还是要用生命来主宰！不经历过生死的考验，人往往就是活不明白！你们众兄弟就不用与我见外了，从今儿日个开始，我这望江阁就是你们自己的家，你们尽管常来常往，难道我还舍不得几顿饭钱？”陈连升与众兄弟也十分感动，见屈老板说得如此诚恳，也就依了。陈连升松开屈老板的手，转过身来对众兄弟说：“那我们就依照昨天的秩序行动吧！”众兄弟应声而去。

约莫午时过后，陆城街望江阁门外的街巷里已是人满为患，前来求服药汁儿的人硬是络绎不绝。就连宜都城里几位知名郎中和药店里的老板也都挤在其中，可他们就是始终没弄明白这神奇的药汁儿是如何配方而成。

面对众多渴求的眼神，面对男女老幼对生命的那一份珍爱，面对全城人对疫情的那一份恐惧，陈连升的心在颤抖，他开始由衷地敬畏起土家这个民族的先辈来，也开始由衷地敬畏起师傅银须老者来。他知道这是先辈的智慧创造出的奇迹，这是师傅历尽人世沧桑追寻的精华……记得当时在桃符口那个星月当空的夜晚，银须老者廖德贵给他传授这些秘方，叫他以备急时之用时，彰显地却是一种无私与坦然地真情实感，正是这一种朴实的情感，正是这一份无私的真诚，促使了宜都城里这个奇迹的发生。陈连升顿时觉得自己是一个幸运的儿男，先辈的那一份无私和坦诚，这么快就让自己铸就了一份世间大爱。

突然间，陈连升的脑海里闪现出了他们从石龙河谷到金鸡口，又从金鸡口到桃符口，再从桃符口踏着清江的浪涛一路奔腾扑来的情形，虽然历尽艰辛、饱经风霜，却仍然还只是一个全新的开始。

066

人类的进步与传承就好像是一盘长长的链条，既然有人正在经历一个全新的开始，那么也就必然会有人正在走向或圆满或遗憾的结束。人生的起点或是终点，都好比是事先就已经设计好了的。

近段时日，银须老者廖德贵经常坐在自家低矮的木屋里长叹短嘘，眼瞅着儿子廖大锤与哑巴儿媳妇进进出出，时而到坡脚的田头去做活计，时而到屋里去做家务。可他就像个局外人，早已理不起做活计忙家务的头绪了，每每天天就像个外来的宾客，被个憨头憨脑的儿子和哑巴媳妇儿孝敬伺候着，陡然间还有些不自在起来。可每当他回忆起昔日那些往事的时候，银须老者廖德贵就有一种浓浓的思念之情在心胸里涌动。他曾经的那个贤惠的婆娘也就是廖大锤的亲娘，在他落水后的第十七个年头死于天花。曾记得他们分别的时候，也才刚刚五十挂零的年纪，当时驻扎在桃符口时的情形也就好比而今的伙夫刘满山，经常思念着刘叶翠她娘一样，那情感真挚而缠绵……

自从回到家中，银须老者廖德贵就经常在心里埋怨着自己深深思念的婆娘，有时候还在嘴里低声念叨：你既然已经苦熬苦等了十七年，为何又不还再坚持那么一下，哪怕是我们俩能够见上最后一面也好。每当他想到这里，一种深深的自责就会让他痛心疾首，老泪纵横。他经常在心里这样责骂自己：在渔峡口落水那的确也是人所不愿，被渔翁救起是幸事，但失去记忆是憾事。可你个狗日的混账东西，失去记忆也只有六年呀？当你记起了邬阳关，记起了自家的妻儿时，你却又被一个年轻的寡妇迷住了心智！既然已经如此，你廖德贵又还死起回来干嘛呀？怎么不就那么一直漂泊，当一辈子水鬼，最后依旧沿着清江的洪水而去呀？

儿子廖大锤和儿子的哑巴媳妇，他们并不懂得廖德贵老人内心的自责，每日倾其所有茶饭伺候。尽管日子过得安逸，但银须老者的心病却越来越重。也就是那天陈华与陈富兄弟俩前来板桥沟看望他时，积满在银须老者廖德贵心胸里的那个事情，近日就像一个挥之不去的阴影盘旋在他的周围，有时候就像一根横在喉中的鱼刺，时常把这位道骨仙风一般模样的老者扎得生生地疼。他想着：有道是养儿容易望孙难，眼看这陈华的孙子陈年德，陈富的孙子陈年高、陈连升、陈年学都已经快要成人，可我廖德贵为何还迟迟不见来者？这难道就是对我的惩罚和报应么？

就在那个初冬的早晨，温暖柔和的阳光映照着邬阳关起伏的山影，在陈家棚、板桥沟外的茶莲河谷折射出五彩的光环，山边的白云飘动着，河中的清流奔涌着。银须老者廖德贵穿了一件崭新的夹袄和一条崭新的灯笼裤，脚上穿了一双六股绳的满耳子苎麻草鞋。一切就绪后，他还特地梳了头剪了须，精心把自己打扮成了一副道骨仙风的模样。

吃过早饭之后，银须老者对儿子廖大锤说："今儿日个天气阳和，人也精爽，我想到你娘的坟头去给她烧一把纸，敬几炷香！你屋里可存有香纸？"廖大锤望了爹爹一眼，心里顿时觉得这老家伙也还算有点良心，回来都这么些天了，终于晓得到娘的坟头去瞧瞧。就说："有哩！我们人穷，但孝心还是有的。那天从金鸡口回来的时候，我就特意买了三炷香，一叠纸，也是想抽时间去一趟娘的坟头，去给娘说一声，她在屋里念叨了好多年的那个老家伙终于活着回来了。可这些日子也一直没有理上念头，香和纸都还在，您先拿去使吧，过些日子我再到邬阳关的街上去买就是。"哑巴媳妇儿嘴虽哑，耳却不聋，听清了廖大锤所说的话，起身到内房里去取了香和纸出来，递给了公爹。银须老者廖德贵伸出双手接过香纸的时刻，双手明显地在抖动，两眼里流出了浑浊的老泪，他紧咬着牙关没有说出话来。

廖大锤见状，放下碗筷说："是您一个人去呀，还是我陪您去呀？"银须老者廖德贵好不容易张开紧咬着的下嘴唇，从牙缝里挤出一句话来："还是我独自去吧！你也跟着去了，有些话我怎好开口跟你娘说呀！你只要告诉我，你娘的坟头在那个位置就行了！"听着爹爹那变得怪异的声音，廖大锤的心胸里也涌起了一阵酸楚，他想起了娘离去时的悲惨情景……

就在银须老者廖德贵满怀着一腔自责，拿着香纸走出自家低矮的木屋时，一只白鹤正从茶莲河的下游飞来，在廖家屋外的空间里盘旋一圈之后朝河岸的一片板栗树林里飞去，歇在了几根板栗树中间的坟头上。廖大锤见状十分惊讶，这白鹤就好像是在给他爹爹带路，他的声音中带着几份伤感地对他爹爹说："看到了吧？白鹤歇脚的那个坟头，就是我娘的坟头。"银须老者廖德贵从远处收回目光，望见坟头歇着的白鹤时也是一脸的惊讶，他挪开沉重的脚步朝那片板栗树林走去。

奇怪的是，那只白鹤从坟头飞上板栗树的枝丫了，俯瞰着银须老者那沉痛的表情，倾听着银须老者那哀伤得如同哭诉的低语，久久没有离开。当银须老者廖德贵扯净了墓前的杂草，清扫了墓门里的蛛丝和飘落的树叶，点燃香插在墓前，接着跪地烧纸时，那只白鹤这才闪着翅膀飞向了河谷的深处。

廖大锤和他的哑巴媳妇，就一直站在塔坝坎上瞧着爹爹的每一个动作，也看清了那只白鹤展翅飞向河谷深处的情形。当他们看到年岁已高的爹爹在娘的坟前久跪不起时，哑巴媳妇有些感动，就望着丈夫廖大锤"啊啊"了两声，那意思是在告诉丈夫，爹爹恐怕是伤心地哭泣了。廖大锤望着哑巴媳妇说：“别管他！是他对不起我娘！让他与我娘好好地说道说道。”

约莫半个时辰过去，三炷香已经烧尽，香柱上那淡淡的青烟已经消散在林间那湿润清新的气息里，燃烧过的纸灰已经吹散了一地。而银须老者廖德贵却仍然一跪不起。他紧闭着双眼，多皱的脸颊上挂着浑浊的泪水。河岸的轻风吹来，把他的满头银发吹得乱蓬蓬的，银须飘散开去翘在下巴的两端。顿时这凝固在林间的图景就像一尊雕塑，阳光把他的身影映在了坟壁之上，对影成了两人，细细辨析时却又像是魂魄已经脱离躯体而出，预示着某种结束将要到来。而在这样一副形似静止的画面之中，银须老者廖德贵的心绪却如翻江倒海，两种严然对立的意念正在他的心胸里作着拼死的搏杀！

廖大锤有些不放心了，给哑巴媳妇打了个招呼之后就朝娘的坟头奔去，快要跨入那片板栗树林的时候，他却望着爹爹的背影放慢了脚步。望着那似乎凝固的模样，还以为爹爹早已经没了气息。直到廖大锤隐约听到爹爹断续低婉的抽泣时，才敢确认爹爹仍然还活着。廖大锤在他爹爹的背后静立了片刻之后，带着一种埋怨的口吻说：“别这样硬撑着了，过得去也就行了吧，您就是在这里再跪上十天半月，我娘她也回不来了！不过有句话我还是要给您念叨念叨。我娘去的时候，说的最后一句胡话就是——老头子，我找你来了啊！”

银须老者廖德贵一听儿子廖大锤说的这话，突然睁开眼睛，“呼”的一声站了起来，转过身来鼓起眼睛望着儿子廖大锤大声吼道：“你娘走的时候，真的留下这句话么？”廖大锤顿时流露出一脸叛逆的表情，斜了爹爹一眼之后低声说：“这还有假？我记得她走的七日之前，也在您的那座坟头前跪了半个时辰，哭诉着说了许多话语。”银须老者廖德贵硬是激动得快要发疯了，上前一步拉着儿子廖大锤的胳膊歇斯底里地怪叫道：“她还给我立了坟头么？”廖大锤实话实说：“给您立坟头的事倒还不是我娘的主意，那可是陈华陈老大他们做主给您立的！”

听到这话，银须老者廖德贵疯了一般，两眼望着阳光下清亮的河谷，张开双臂仰天长嚎：“陈华呀！陈富呀！你们果真是赤胆忠心，诚信仗义之人啊，不愧是我廖德贵过命的兄弟呀！啊哈啊……”

银须老者廖德贵的这一声长嚎，在茶莲河谷间荡起了久久不灭的回音，就连那只飞远的白鹤也跟着回音飞了回来，奇妙地歇在了那片灯草荒丘之间廖德贵的那块灵牌碑头前。廖大锤顿时傻了眼，听到这声长嚎，以为爹爹硬是疯了。当他看到那只奇怪的白鹤，又认为便是看到了爹爹廖德贵早已离体的魂魄。

而接下来的一幕更让廖大锤惊悸不已。只见银须老者廖德贵仰天长嚎一阵之后，知道白鹤歇脚的碑头就是他廖德贵的坟头时，便闪步奔了过去。而特别奇怪的是，那只歇在碑头的白鹤不仅没被惊扰，反而转过身来向他点头。这位银须老者活到七十有余，也算是饱经风雨沧桑，何曾见过这等怪异之事呀？他抬起多皱干瘪的手臂，揩去浑浊的老泪。那歇在碑头的白鹤在他昏花的眼里变成了一盏灯，照亮了碑面的字样："木客廖德贵之墓"。

碑面的字样清晰可见，碑头的白鹤活灵活现，银须老者廖德贵的心更加颤抖。最后只见他面带惊喜之色望着坟头，用他那变得极其怪异的声音大声吼道："原来这才是我廖德贵真正该回的家!"

那只白鹤应和着叫了一声，却仍然没有飞走，仿佛是在等待着银须老者廖德贵一个炽热的拥抱。哪知道银须老者廖德贵又是张开双臂，仰天长嚎一声："老婆子!我找你来了啊!"这声音又在茶莲河谷间荡起了久久不灭的回音，那只歇在碑头的白鹤再次应和着回音点了点头。银须老者廖德贵镇静了片刻，鼓起了眼睛盯着那只向他频频点头的白鹤，突然间挥动着手臂使出"风火霹雳掌"的招式，猛地向碑头扑去……被他抓在手里的那只白鹤已被捏得骨碎直响，但见殷红的鹤血流出。银须老者廖德贵的双膝跪在灵牌碑前，胸脯紧贴在碑面之上，额头撞在碑头凹了进去，一股殷红的鲜血顺着碑面流了下来，与白鹤的鲜血渗透在了一起。歇在对河两岸林间的乌鸦目睹了这一惨烈的情景，腾地飞出林间，在茶莲河谷间开阔的空间里呱呱怪叫。

世间鲜活，演绎了多少悲壮与惨烈；人间大美，铸就了多少真情与传奇……

就在板桥沟的廖大勇与廖平山爷孙俩，听到廖德贵老人这回真的死了的消息时，立刻通知了廖家的族人与近邻，纷纷赶到廖大锤家为廖德贵老人安排后事。按照廖家族中的辈分，廖德贵是廖大勇的幺叔。按照土家族人的习俗，廖大勇自告奋勇地当起了葬事的"都管"，他对廖家的族人和近邻们说："我幺叔这一辈子活得不容易呀，我们要为亡者做斋三日，把老人家风光大葬!"廖大勇在板桥沟的廖家也是一个说话作数的人物，他发的话众人自然响应。

可就在板桥沟廖家的族人与近邻忙碌着，为亡者廖德贵准备后事的那个时刻，陈家棚一带的陈家族人也被陈万顺叫到了桥板沟的老屋里，因为陈华老人突发心梗而亡。

陈华老人与廖德贵老人同庚，都已七十有七，廖德贵只大陈华月份。依照老亲排辈，廖德贵当是陈华的表叔。可依照邬阳关当地"少年叔侄当弟兄"的习俗，陈华与表叔廖德贵从小一起长大，年轻时同在清江流域漂流踏浪，经历风雨，便结下了不解的兄弟情缘。

听到伯父病故的消息，私塾先生陈万魁连忙安排好学堂里的事情后赶到了板桥沟的伯父家，也当起了办理丧事的“都管”，主持安排伯父陈华老人的后事。陈富老人的心里十分悲伤，他没有想到自己的大爷会与廖德贵同着生死，脑海里顿时浮现出了许多难忘的记忆。他含着老泪对大儿子陈万魁说：“万魁呀！这已故的两个人对于连升来说都是很重要的，应该派人火速去一趟桃符口，给连升把个信，要他速速赶回，为他的大爷爷和师傅送葬！”陈万魁点头称是，可又不知派谁去好，就问爹爹道：“您觉得派谁到桃符口去合适?”陈富老人凝思片刻之后说：“就在陈万明与陈万忠兄弟两个之中挑选一个去吧！脚头子要快，这对连升来说是很重要的。”陈万魁明白爹爹的心思，就立刻把陈万明、陈万忠兄弟俩叫到跟前，说明了情由。可陈万明与陈万忠谁也不愿独行，推说路程遥远，道路生疏。最后只得把他们兄弟俩合在一起派了这趟差事。

067

陈连升在桃符口得到大爷爷陈华老人及师傅廖德贵老人亡故的消息时，正是第二天的中午。因为陈万明，陈万忠兄弟俩胆子小，怕虎怕狼又怕蛇，加上又不熟悉去桃符口的路，头天夜里就在金鸡口讨了歇。当陈连升通过陈万明、陈万忠两个堂叔，确切地了解到师傅廖德贵死得如此悲壮时，感叹之中竖起大拇指称赞师傅道：“是个有血性的爷们，值得我辈敬畏！”

听到这个消息，伙夫刘满山心中暗喜，知道回家看望翠儿她娘的时机已经到来了，他一边蒸着饭煮着肉，还一边哼着小曲。当陈连升把众兄弟召集到工棚外议事的时候，大家都透露出了想回邬阳关看看的心思。倒是林文章、关海峰、关海龙、林协堂四个人没有迫切回家的愿望，因为咸盈河的林家班都已经拢到了桃符口，大量的原木筒子起岸堆放在了欧家拐的滩口之上。

陈连升对兄弟们说：“既然大家都想回邬阳关一趟，那也就随了大家的心愿吧。只是这看场子的事就得由林文章你们几位老兄负责了。”林文章笑着说：“你们放心吧，我们就在桃符口等着你们回来。还剩下的杉条木，我们四个人也就不扎大簰了，先和林家班的兄弟们去把那些原木弄一弄，等你们都回桃符口来了，我们再扎大簰出清江去宜都。”陈连升笑着说：“那当然好！”

正说话间，伙夫刘满山挤进来说：“我倒是有个事想跟你们言语一声，自从金鸡口转场到桃符口已经几个月的时间了，我自个儿家里的情形早已梦黙不知，既然你们都回邬阳关，我也就随你们一路回去看看家里的情况。这就要打林班头一个商量，吃饭的事你们自己想想办法如何?”林文章没有说什么，两眼望着陈连升，那意思还得听陈连升一句话。其实陈连升早就看出了伙夫刘满山的心思，也就答应了，并转过脸来对林文章说：“吃饭的事你们自己煮，万一不行就到林家班里搭个伙，等我们回来了再给你们弄好吃的补补身子。”一听陈连升这话，众兄弟哄笑起来。关海龙嘿嘿地笑着说：“你们安心回去便是，常年在外当木客放簰的人，挖些蚯蚓都可以逮一餐，饿不着的。”

罗汉章有些机灵，在杨贞的后背掐了一把，然后嘿嘿地笑着说：“一讲起要回邬阳关，杨贞身上的肉疤子就在耸，晓得欠到哪一功啊!”众兄弟哄笑起来。杨贞羞红了脸，伸手拿了罗汉章的腰，把他倒举起来，还在空中绕了一圈。

等大伙儿都乐呵得差不多了的时候，陈连升望着大家很认真地说：“郭小虎你要把各位兄弟的工钱算归一，到了金鸡口之后就到账房里取了银钱发给各位，让大家带回去也好开销。廖大锤的工钱不管有多少，都要给他捎回去，他一定等着钱急用。另外，大家抓紧时间收拾好各自的东西，吃过午饭之后，我们即刻动身!”大家应声分头准备去了。陈万明、陈万忠兄弟俩正在工棚外坐着歇息喝茶，细瞧了木客们议事时的情形。让他们感到惊讶的是，侄儿陈连升不仅长大成人了，而且浑身透着一股英武干练的气质，像个带兵的官长，话语干净利索。

在爬石柱山、火箭山的那一阵子，陈连升、杨贞、陈三喜、郭小虎、刘金堂、印紫竹、罗汉章等人就像一阵旋风，一阵子功夫就爬上了山顶。伙夫刘满山陪着陈万明、陈万忠兄弟俩还只爬到半山腰，就已经累得大汗淋漓，气喘吁吁了。站在半山腰歇气的时候，伙夫刘满山对跟在其后的陈万明、陈万忠兄弟俩说：“那帮小子真是了不得，个个都像劲包子。”陈万明说：“照他们这个脚步，最多半夜子时就可以到达金鸡口!”走得气喘吁吁的陈万忠搭话说：“难怪他们几个家伙敢对老虎动手的，真是些厉害的角色。”

那是一个清冷的月夜，明亮的月光照着金鸡口熟睡的模样，显得宁静而悠远。河水流淌的声响轻悦如琴，站在高远之处细细聆听，就好比是苍山之中一曲不老的童谣。陈连升他们已经很久没有回过金鸡口了，那份宁静，那份悠远，还有月色之下那连绵起伏的山影，在他们的眼里都是那样熟悉而且亲切。

进入金鸡口河岸的时候，已经子时一刻。站在街口，陈连升对长途奔袭的众兄弟说：“我们不要过于喧闹，侵扰了熟睡的乡邻。我们先去叫醒枫树楼的伙计们，安排伙计们给我等准备些上好的酒菜，让我们填饱了肚子再说。”众兄弟低声呼和着朝金鸡口街头的枫树楼走去。可是，夜越来越深沉，直到酒饭都已经准备齐了的时候，却仍然不见伙夫刘满山和陈万明、陈万忠兄弟俩的影子。然而，陈连升的心里不急，他知道两个堂叔的胆子虽小，不还有伙夫刘满山一路作伴么？于是他对郭小虎说："给他们三个人把饭菜留着，我们先逮就是了。"郭小虎正有此意，连忙前去张罗。

又是一个崭新的早晨，灿烂的阳光从鹰嘴岩那座高耸的山坳之上喷薄而出，崇山峻岭之间有轻纱般的雾霭遮掩着，是一幅神奇的画卷。巍巍郧阳关岿然耸立在金鸡口的东方，如一位丰满的春妇从轻纱般的薄雾中探出头来，让阳光给冠垭投上了一层金灿灿的光芒。

陈连升在金鸡口街头向东方深情地望了一眼，然后感叹道："越过鸡公山，望见郧阳关，到了金鸡口，沿河向东走……"这便是他们始终铭记在心中的那条回家的路。

就在郭小虎从林国兴老板的账房里取了工钱，并集在枫树楼的前厅给兄弟们发放的时刻，陈连升独自去了金鸡口东头的皮匠铺。年老的皮匠师傅见陈连升前来取货，心里十分高兴。只见他小心翼翼地从内房里取出了那件缝制细密，皮毛的色泽也硝得上乘，显得滑顺鲜亮的虎皮背褂，递给陈连升过目时，满脸堆笑地说："这可是本师傅从艺以来，缝制的最上等的一件皮货了！你爷爷真是有福，能得到孙娃子如此贵重的礼物！"

陈连升仔细散开虎皮背褂，查看了货色，满脸展露出喜悦的神情。当他用手轻捏背褂的里子时，突然记起了什么似的对皮匠师傅说："您快快取出针线来，我有一样极其贵重的东西要缝制在这虎皮背褂的里子之中，交于我爷爷保管。"皮匠师傅连忙转身打开木匣，取出针线，并按照陈连升的吩咐，用小剪刀小心翼翼地打开了背褂的下扁。陈连升取出藏于贴身之处的两张图布，折叠平整，塞入背褂里子的夹层之中，铺得平平整整之后，才叫皮匠师傅开始缝制。

一切就绪的时候，陈连升把虎皮背褂穿在身上试了试。这虎皮背褂的样式上乘，胸襟和背块均很宽松，只是穿在他的身上显得过于肥大，明显的不合体。陈连升心里十分高兴，笑着对皮匠师傅说："我爷爷的身板肥硕，穿着一定合适。"皮匠师傅点头称是，也是满脸开心的笑颜。

当陈连升掏出银元要付给皮匠师傅工钱时，皮匠师傅连忙摆手推脱说："不敢！实在不敢！能给你这样仗义的少年英雄做一件事情，那是我们手艺人的荣耀，如果我还收了你的工钱，我会于心不安！"陈连升一脸认真地说："那可使不得！您的手艺做得好，可也是靠这个行当养活家口，怎能不收工钱？"

皮匠师傅望着陈连升一脸认真的模样，也就慨气地说："如果你硬要给我支付工钱的话，我倒是很想打你一个商量。"陈连升连忙说："什么商量，您快说与我听听？”皮匠师傅一脸诚恳地说：“你这虎皮很宽大，做了背褂之后，还剩几点边角料。如果你舍得，就把几点边角料赠送于我，让我做双把手套或是其他的小饰物，也好留个念想。论价值当然是比工钱要贵。但这些边角料留在你的手里，也似乎排不上什么大的用场了，就看你舍不舍得。”皮匠师傅一边说着，就从一个布包里取出虎皮的边角料摆在裁板之上，一一散开让陈连升过目。陈连升倒也慨气，就爽快地说：“师傅如果喜欢，我把这些边角料送您便是，只是那工钱的事还是付了才更为妥当。”皮匠师傅摇摇头说：“这些剩下的边角料，在我眼里仍然是宝，抵做工钱，我已经赚大了，哪敢再提工钱的事？你若愿意，那就是给我最大的面子了！”陈连升见皮匠师傅也是一脸坦诚，不像是在装腔作势，也就依了皮匠师傅的意思。皮匠师傅很是高兴，连忙找来一块崭新的纱布包袱，给陈连升包好了虎皮背褂，然后笑盈盈地说了一大堆吉利奉承的好话。

等陈连升提着那件包好的虎皮背褂回到枫树楼的时候，各位兄弟已经领了工钱，正准备到金鸡口街上买些所需的物品带回家去。杨贞走到陈连升的跟前说：“我就不陪你从板桥沟那么走了，想与岳父同行，先从石门隙回去看看媳妇子刘叶翠，夜间再到板桥沟来坐大夜。”陈连升伸手拍拍杨贞那肥厚的肩膀说：“要得，你近段时间总是沉默寡言，一副心思重重的样子，想必也是思念媳妇子刘叶翠了。”杨贞嘿嘿地笑着对陈连升说：“你小小年纪，还没体会过男女之间的温情，懂个么得叫思念哟！”陈连升也笑着迎合着说：“那倒也是！”

差不多寅时才拢金鸡口的伙夫刘满山和陈万明、陈万忠兄弟俩，这时都已经起了床，正在餐厅里吃着早餐。陈连升走进餐厅去对两位堂叔说：“这回辛苦二位叔子了！昨晚在路上没遇见猫子吧？”陈万明抬起脸，知道侄儿陈连升这是在讥笑他们两兄弟那回背月饼遇见猫子的事，就抱怨说：“都怪你的伯伯万魁，派哪个来给你把信不好，非要我们两个胆小鬼来。再说从邬阳关到桃符口打个回转至少也有几百里，硬是累得血奔心！”陈连升不爱听这话，脸一沉非常认真地说：“照你们这么说，我伯伯还委屈你们了不是？我伯伯可是你们同辈人中的老大，他的话你们谁敢不听？再说了，来给我陈连升把信，还有让你们吃亏的吗？”

陈万忠从陈连升的话里听出了希望，连忙搁了碗筷，两眼望着英俊潇洒的侄儿陈连升嬉皮笑脸地说：“我就晓得连升侄儿现在的哈数大，不会让我们白吃这一趟辛苦的。”陈连升倒也慷慨，伸手从衣袋里掏出四块银元抛在餐桌上一声脆响，然后对两位堂叔说：“一人拿两块，吃了饭就到街上去买些当紧的东西，然后我们就一路回邬阳关。”瞧着陈万明、陈万忠那兴奋的样子，伙夫刘满山抬起脸细瞧着他们说：“你们看看！我说什么来着？我就知道连升一定不会让你们白吃这一趟苦的!”

陈连升一转身出了餐厅的双合门，来到前厅里。郭小虎连忙对他说：“你和廖大锤的工钱一共五十八块，我都给你用袋子装好了，你拿着吧。”郭小虎抬手抛出钱袋来，陈连升伸手接在了手里。但他冷眼看着郭小虎，一脸严肃地说：“你不觉得你这话说的过于含糊吗？我和廖大锤的工钱不应该分个明白吗?”郭小虎知道有错，不该这般含糊其辞，就连忙解释道：“廖大锤的工钱是七块多一点，你的工钱又是五十块多一点，加起来正好凑个整数。”陈连升点点头说：“那就给廖大锤八块，我得五十块不就行了?”郭小虎连忙说：“可这事得由你自己来做主，我分账时可不能损了你而肥了廖大锤。所以在给你报账时，话也就说得含混了一些。”陈连升平静了一下心气说：“我今儿日个的心情好，不跟你郭小虎过于计较了。总之，以后说话不要含混不清，语言表述尽量明了一些!”郭小虎连忙点头说：“那是！那是！平时说话就三个字：逮、撮、擦。”陈连升望了郭小虎一眼，没再与他计较，把钱袋伸手挂在了腰间。只是那虎皮背褂他一直拧在手里，没有脱过手。

这时，陈三喜、刘金堂、印紫竹、罗汉章四个人在一起嘀咕了一阵子之后围拢到陈连升的身边说：“这次你回邬阳关去，两场事堆在了一起，开销一定很大。师傅去世了安排后事需要花钱，你大爷爷也算是你的半个师傅，安排他的后事时也得花很多钱。而我们四个人还都是单身汉，手头也还没有当急的开销，不如你把我们四个人的银钱先拿些去凑着用。”陈连升笑着说：“不必了！兄弟们风里雨里，每天提着脑壳玩，挣几个钱不容易，我可不忍心拿你们的血汗钱去随便用。这回我最多把身上的钱全部花完，也就算我尽了孝道了。”

正这样说着，伙夫刘满山从餐厅里出来，一边用手帕擦着嘴，一边说：“我只不过是你们的伙夫，本来没有资格说话。不过在你们之中，我的年岁最大，也算是多过几个六月。现在连升的大爷爷和师傅相继辞世，听他的两位堂叔说，都是安排的今天闹大夜。我们还不如每个人拿出两块银元来作为随礼，并交与连升掌管，由他安排使用如何?”众人觉得在理，立刻响应。陈连升见状很是感动，但抬手说：“多谢！多谢！可这随礼的钱我还是不能收!”

就在众人掏钱准备随礼时，木材老板林国兴走到枫树楼的前厅里来了，他大声慨气地说：“连升的话说得不错，你们挣几个钱也不容易，这随礼的事也就免了。我这里给连升准备了二十块银元，让他拿去安排两位长者的后事就行了。”众人顿时一脸感激，陈连升一脸惊愕之后也没有过于推辞。

回到邬阳关板桥沟的时候已是晌午，陈连升在陈三喜、郭小虎、刘金堂、印紫竹、罗汉章几位兄弟的陪同之下，先后到师傅廖德贵和大爷爷陈华的灵柩前跪施了大礼，然后分别拿出银钱交于两处的都管，要他们不吝开销，把两位亡者的丧事办得风风光光。交办完这些事情之后，他与爹娘打了照面，然后把爷爷陈富老人邀到一路，将虎皮背褂送回了陈家棚。

068

把两位亡者送上山安葬之后，陈连升在邬阳关停留了几天，而更多的时候他都陪伴在爷爷奶奶的跟前。师傅银须老者的突然辞世，大爷爷陈华老人的撒手离去，都给陈连升的心灵深处涂抹上了一层难以揭去的伤感。他常常久久地凝视着爷爷陈富老人那躬去的背影，聆听着爷爷由重变轻的脚步声……眼看着爷爷的长发已经斑白，胡须也已经失去了光泽，就连那曾经无比威严的龙头拐杖在他的眼里也不再那么神奇。他突然意识到，时时牵挂着他，处处呵护着他的爷爷，终归有一天也会离他而去。

而在爷爷陈富老人的眼里，孙娃子陈连升已经长大成人，已不再是那个处处需要呵护，需要叮咛的儿男。在陈富老人的心田里常常升腾着一种莫名的亢奋。陈富老人把那件崭新的虎皮背褂高挂在床头之上，把它视为镇宅之宝，时不时还要走进房里去尽情地欣赏一番。在陈富老人看来，陈家棚整个屋场上已经拥有了两件宝物，一是那缸虎骨药酒，二是这件毛色鲜亮的虎皮背褂。要说这两件宝物的价值，还数虎皮背褂为第一。

可是，岁月的流逝并不会因为人们的激情而停顿，时光仍在迈着轻快的脚步向前奔去。孙娃子陈连升渐渐长大，在爷爷饱经沧桑的脸面上凝聚起喜悦。而爷爷陈富老人的渐渐老去，却在孙娃子的心底里掀起了波澜……这是一组生命的传承，印证着世间万象，启示着生命的延伸与意义。

那天，陈连升坐在餐桌上陪爷爷奶奶吃午饭的时候，陈富老人的目光不停地在孙娃子陈连升的脸面上打转。他从孙娃子陈连升的眼神和表情里判断——陈家棚已经留不住他的心，也就是说陈连升迟早要走。老伴黄翠姑的两眼在老伴陈富老人和孙娃子连升的脸上唆来唆去，揣测着爷孙俩各自的心思，没有言语什么。

沉默了许久之后，陈富老人对老伴黄翠姑说：“你吃了饭之后就不要去忙别的了，给我把炕上的那副羊肝和那个羊肚子洗了炖上，晚饭的时候我想把万魁、万星，还有万顺他们三兄弟都叫来，说点心思！”老伴黄翠姑点了点头说：“连升已经回来几天了，是该开坛尝酒了。”陈连升有些不解，连忙问奶奶道：“开坛尝酒？你们在自家屋里酿酒了么？”

陈富老人长舒了一口气息之后，微笑着对孙娃子陈连升说：“你不记得那坛虎骨药酒了么？早已经泡出汁儿来了，那香气醇厚润肺，可我到今儿日也没敢尝一口，要等你回来先尝了这酒，我等才忍心享用啊!”陈连升望着爷爷摇了摇头说：“那又何必？就是开坛尝酒，也该爷爷您先尝嘛!”

晚餐的时候，陈富老人把“开坛尝酒”的仪式安排得很隆重。陈万魁、陈万星、陈万顺三兄弟坐在桌旁没有作声，他们注视着老人那庄重的仪态。在陈万魁、陈万星两兄弟的眼里，老人算是慈祥的，虽然在他们兄弟俩的面前常常展露出父亲的威严，而在年高、年德、连升、年学的面前却是慈爱多于威严。而在侄儿陈万顺的眼里，幺叔陈富老人是个高傲固执的老头，说得更加明了一些，幺叔陈富老人是一个处处都要占强的老头。现在陈万顺的父亲陈华老人刚刚辞世，失去亲人哀伤还满满的积聚在他的心胸里。幺叔陈富老人是他最亲的长辈了，今儿日个能把我万顺请来与万魁、万星两兄弟平起平坐，参与这“开坛尝酒”的仪式，这说明幺叔陈富老人没把我陈万顺当外人。由此说来，幺叔陈富老人平时无论他有多少毛病，他陈万顺都必须包容。

陈连升端坐在爷爷的身边。餐桌上的铜锅儿里羊肝、羊肚散发出的清香扑鼻。他定睛望着伯伯陈万魁，堂伯陈万顺和爹爹陈万星，在坐的祖孙三代之中，他是晚辈，这开坛尝酒的饭局就摆在面前，他正思量着要用一种什么样的方法，既合了爷爷的意思，又不能怠慢得罪了三位前辈呢？这时，爷爷从内房里出来，提着一壶刚从酒缸里打出来的虎骨药酒，与孙娃子连升坐在了一条板凳上，然后斟了一杯酒放在连升面前说：“这虎骨药酒醇香扑鼻，药力绝对上成，这可都是连升的功劳啊!今儿日个我们爷孙五人共享美酒，都是自家人，就用杯不用碗，还是先让连升饮了此杯，我们再品尝这酒如何?”连升连忙对爷爷说：“还是都把酒斟上，然后我有话说。”爷爷十分痛爱孙子陈连升，也就应允了，拿起杯子给万魁、万星、万顺三兄弟都斟了酒，最后给自己也斟了一杯。然后深情地望着孙娃子连升说：“你说话吧?!”

陈连升端起酒杯，望了爷爷和爹爹他们一眼之后慨气地说：“今儿日个爷爷说要开坛尝酒，我是晚辈，先敬爷爷，同敬三位前辈，连升先干为敬了!”说完这话，他将酒杯举到额前，像行注目礼一般先望爷爷，然后望了爹爹他们三兄弟之后，将杯中之酒一饮而尽。

私塾先生陈万魁点头大笑说：“侄儿连升长大了，长大了啊！不仅机智聪慧，而且举止大方，不愧是我陈万魁的侄儿呀!”他的这句话一出来，陈富老人与儿子陈万星，侄儿子陈万顺都开心地笑了起来，因为陈万魁这话也说出他们的心声。特别是陈连升的爹爹陈万星，他的心里更是痛快。等陈富老人和陈万魁他们三兄弟，先后把陈连升敬的这杯酒喝下去的时候，开坛尝酒的仪式就算圆满了。这是一次特殊的家宴，爷爷脸面上那庄重的表情，伯伯陈万魁开怀的笑声，爹爹脸面上那开心的笑颜，还有顺伯伯那平静的举止，都深深地藏在了陈连升的记忆里……

按照与兄弟们约定的时日，陈连升告别了爷爷奶奶，告别了爹娘，如期前往金鸡口与兄弟们汇合。杨贞、陈三喜、刘金堂、印紫竹、郭小虎早到后没有闲着，他们到河岸找来了八九截残断的条木，在河口的岸边扎了一块木簰。罗汉章更是用了一番心思，他把陈连升曾经用过的几把石锁找了出来，在河水里用细沙搓洗得干干净净之后，压在了木簰之上，准备带到桃符口去，好在休闲的时候也让陈连升教教各位兄弟，让大家学点看家的本领。

陈连升在金鸡口见到兄弟们时很是高兴，就对众兄弟说了几句鼓励奉承的话。接着他对郭小虎说："你带杨贞、陈三喜到林老板的账房里去预支些银钱出来，多买些肉油和粮米，我们这个冬天不能闲着，可能多半时间要在桃符口安顿。"郭小虎、杨贞、陈三喜应声而往。

罗汉章笑眯眯地走到陈连升的跟前说："你去看看搁在木簰上的东西，指不定还会夸我几句哩!"陈连升随罗汉章来到河岸，看到清洗得十分鲜亮的两把石锁，拍着罗汉章的肩膀说："你小子机灵，会办事情！先把石锁带到桃符口，方便的时候再把这两把石锁带到宜都去，放在望江阁的门庭前，也好给屈老板留个念想。"罗汉章开心地笑起来，红着脸对陈连升说："我都跟着你快要年把时间了，今儿个终于得到了你的夸奖，我心里舒坦!"陈连升笑着，又伸手拍了拍罗汉章的肩膀说："你小子倒也仗义，是个铁哥们!"

晌午之后，温暖的阳光照着金鸡口起伏连绵的山影，河谷间透着清亮。杨贞觉得该是启程的时候了，他找来一根撑篙用劲试了试，然后走到陈连升的跟前问："要不要叫号启程?"

陈连升平静地说："不用叫号。你们要仔细检查一下所带的物资，如果差了什么，现在还可以去购买，免得在宜都买了东西之后往桃符口肩挑背驮。"一听这话，陈三喜连忙上前报告说："你先安排要买的东西都已备齐，不过我觉得有一样东西还是多备一些好。"陈连升忙问："什么东西?"陈三喜笑着说："酒，冬天水冷，没有酒去寒怎么下水干活?"陈连升脸色一沉道："我先前没有言明买酒的事吗?"杨贞、陈三喜、郭小虎齐声答道："你先前确真没有言明买酒的事，我们便不敢擅自做主!"陈连升大声吼道："还不快去抬个二百斤酒来?"陈三喜笑着说："如果只需二百斤，也就不用去抬了。我带的私货刚好二百斤。"陈连升点点头说："那还差不多！如果我一开口就要你们带酒，你们可能会觉得我这人是不是硬离不得那东西了？我可就晓得，众哥兄都好那口汤，什么东西都有可能忘了，唯独这酒你们不会忘！”众兄弟一听这话哄笑起来，脸面上露出了开心的笑颜。

木材老板林国兴知道陈连升他们又要乘木簰去桃符口，就在街口叫了个伙计，搬了几竹筒咸盈河白酒运到了河岸，嘱咐陈连升他们带上。陈连升向站在河岸的林国兴老板拱手致谢，并叫郭小虎、刘金堂、罗汉章三人找了竹筐，装了竹筒酒绑在了木簰的尾梢之上。

就在杨贞手执撑篙，准备蹬排离岸时，一向不太张扬的印紫竹大声喊道：“连升啦！这回不能让杨贞那小子撑篙刹把子呀！你看那小子回去几天，早已面无血色，腿杆子也肯定软绵无力了，还是让陈三喜执篙吧！”杨贞倒也爽快，红着脸望了印紫竹一眼之后，顺手将撑篙递给了陈三喜。陈连升望着印紫竹笑笑，并没有完全理会他那话中的含意，倒是其余的几个年纪大些的兄弟又是一阵哄笑。

陈三喜走向木簰的尖梢，把撑篙立在水中，然后转过身来对各位兄弟说：“你们要我执篙刹把子，我倒是乐意效劳。不过在这里我要提醒众兄弟，我们只要坐在木簰之上，就别忘了木客窝里的规矩，还是等你们平静了心气之后，我再撑篙离岸吧！”

陈连升立刻明白了陈三喜话中的意思，抬起头对众兄弟说：“陈三喜说得在理，我们自当安分一些，到了水上，时刻都要谨慎！”众兄弟平静了心气，安静了下来。陈连升见状，转过脸望着陈三喜抬手一挥，陈三喜挥舞撑篙在尖梢之上磕了三下之后，蹬簰离岸，悠然而出。

两岸是熟悉的山影，脚下是熟知的水道，只是那景色已不像春夏时节那么碧绿，空旷间透着几分悠远与苍凉。

坐在簰上，陈连升望着各位兄弟那凝重沉稳的表情，心胸里也不免有了几分苍凉。想当初从邬阳关一路出来的时候，他们一共八个人，随后招纳了伙夫刘满山，过上了安稳的团队生活。转场到了桃符口之后，拜了银须老者廖德贵为师。可万万没有想到的是，银须老者廖德贵竟然死得如此悲壮惨烈。好兄弟李铁的不辞而别，在陈连升的心底里曾经掀起过波澜，到至今仍然没有李铁的音讯。这回就连常给他泡一罐儿好茶的伙夫刘满山也打了退堂鼓。如此推断，想必在今后的岁月里，还会有人匆匆地别离。陈连升长舒了一口气息，然后望着杨贞的背影大声问道：“杨贞？你这次回家小住，可有李铁的音讯？”

杨贞也望着河水的灵动想着无边的心思，听到陈连升的叫唤，顿时回过神来答道：“家里并不知晓李铁和刘叶禾的近况，只知道他们两口子去了鹤峰州，没捎过信回来。”陈连升点了点头之后说：“但愿他们过得安好！”

提起李铁，大家也有许多感慨。刘金堂叹了一声长气说：“其实李铁前往鹤峰州也未必有错，不辞而别是他不对。可你们想想看，只要有比这更好的出路，谁又愿意当一辈子木客呀？风餐露宿，居无定所！上簰脱了鞋和袜，不知晚上穿不穿！”刘金堂说起这些，却勾起了郭小虎的回忆，他有些伤感地说：“想起那回在飞桥的历险，我就心惊血跳！若不是连升舍命相救，我可能年纪轻轻也就成了残废！”

陈连升没有接这个话茬，他把目光投向了远方，把思维跳出了原本苍凉的心境。倒是刘金堂不经意间道出的那句话，让他难以平静。是的，当木客放木簰的确锻炼人磨砺人，也可以学到许多高强的本领，可真要是有比这更好的出路，谁还愿意当一辈子木客呀？

陈三喜没有参与兄弟们的谈话，他挥舞着撑篙，聚精会神地刹着把子，轻松地越过了道道险难，过了煤炭洞，将木簰稳稳地刹入长长的峡谷之中。

初冬的河水已经温顺了许多，峡谷间已不再有震耳的轰鸣，哗哗的流水声高扬着，展露出一种平和且还浩荡的气势。陈连升从木簰上站立起来，走到木簰的尖梢，大声对着陈三喜的背影喊道：“你去歇会儿吧！让我也来过把瘾！”陈三喜听清了陈连升的喊声，扭头回望了一眼，接着顺直尖梢梭步后退，把撑篙递到陈连升的手里。陈连升梭步上前，站在了合适的位置。木簰依旧平稳地飘然前行，河面的轻风扑面而来，心中顿生了些许畅快。他想引吭高歌，却又找不到激情。

木簰到达桃符口的时候，已是夕阳西下，时近黄昏。江岸上那排简易的工棚里又响起了开怀的笑声……

一七九一年的冬天，是一个温暖的冬天。陈连升带领陈三喜、杨贞、郭小虎、刘金堂、印紫竹、罗汉章等兄弟，凭着各自高超的潜水技能，承揽了打捞清江王皮滩之下沉积木材的活计，并将打捞起来的三千二百多个上等的原木筒子如数流送到了宜都，在清江岸边的毛家坨堆成了一座小山。

也正是在这个温暖的冬天，陈连升与众兄弟才真正体会到了木客的艰辛。他们的腿脚和肚皮之上裂满了皴口，寒风吹来时，皴口出血，皮层生疼，每次扑向冰凉的水中时，如同刀割一般。这期间，他们的耳边常常回想着银须老者廖德贵有关木客艰辛的描述。

069

漫漫人生路，眨眼几春秋。

一晃就是三个年头过去了，时间到了一七九二年的初冬。陈连升与众兄弟终于有了几日难得的悠闲，他们依旧歇息在陆城街望江阁屈老板的门庭里。在一个阳光灿烂的日子里，陈连升邀约已到宜都贩茶的兄弟廖平山一道，带着陈三喜、杨贞、刘金堂、郭小虎、印紫竹、罗汉章去逛宜都城，他们都想好好地欣赏一下这座江城的风景。

当陈连升刚要随兄弟们一道出门的时候，廖平山的茶铺里差人来报，说有一个新疆来的客商要买大笔的茶叶，要他速速回到茶铺里去洽谈生意。廖平山感到有些意外，就拱手向兄弟们致歉，接着对望江阁的屈老板说："只有劳烦您抽时间陪他们去转一转，改日我再陪同兄弟们去逛好了。"屈老板笑容可掬，望着木材行大老板廖百川家的公子廖平山说："要得，要得，我这就陪他们去！"可这时廖平山却转过脸来对陈连升说："连升，你不如陪我回一趟茶铺，也好看看这位新疆来的客商长成什么模样。"陈连升一听廖平山这话，果然来了兴趣，对杨贞和陈三喜说："你们几兄弟先出去尽情地玩一玩，别心疼钱！我陪平山哥去一趟茶铺之后再回过头来找你们。"陈三喜、杨贞很是高兴，与刘金堂、郭小虎、印紫竹、罗汉章几兄弟高高兴兴地逛街看景去了。

陈连升跟在廖平山的身后来到了茶铺里，却并没有见到什么新疆来的客商。只见廖平山的父亲廖百川端坐在柜台外的大椅子上，绷着的脸面上透着父亲的威严，两眼盯着儿子廖平山冷冷地说："你的年纪也不小了，还整天甩着茶铺里的生意不管，出去瞎逛什么呀？"廖平山没有回嘴，廖百川见陈连升也来到了茶铺，就平静了心气，语重心长地对儿子廖平山说："我把你带到宜都来，可不是叫你前来观景享福的！今后的人生道路还得靠你自己去走。你看看人家连升，十三岁就到石龙河谷刹把子到金鸡口、桃符口，然后扎大簰出清江！三个春秋滚过来，得了打虎英雄的名号，还施药积德救了宜都城的百姓！当然，我并不是硬要拿你跟连升相比，因为你的骨子里并没有陈连升骨子里的那种气节。而我也不指望你干出一番什么惊天动地的大事情来，就指望你做个出色的商人，把邬阳关一带的茶叶、生漆，沿着茶麻古道运到新疆去，运到广东去。这向南的路有长江这样的黄金水道可以利用，可向西的路却有蜀道阻隔。你要有理想有目标，趁年轻的时候去闯！"廖百川伸手拿起桌上的茶杯呷了一口茶水之后接着说："我如果当初不出邬阳关，从金鸡口一路踏浪而来，我今天在宜都城可能就没有一席之地。"

廖百川注视着儿子廖平山脸面上的表情，接着转过脸望了英俊潇洒的陈连升一眼之后说："你再看看人家连升，就与我当初一样，是鼓足勇气历尽艰辛闯出来的！可你廖平山却是沿着我的足迹，罗鞍马须一路走出来的，这其中的内涵完全不一样啊！”廖百川说完这些话之后，重重地叹了一声长气。

看到廖平山在他父亲面前十分拘谨的模样，陈连升有些同情，这就抬起头来对廖百川老板说：“廖伯伯您的话说得句句在理，也是对平山哥寄予了很大的希望，更是对我陈连升的教诲。平山哥为人仗义，人缘特好，我们邬阳关出来的那拨兄弟，都没把平山哥当外人。这样好啊，今后在江湖上也好有个顾帮。您也不需要太心急，您给平山哥一点时间，这往南的路，往西的路，相信平山哥都能闯出来！”

廖百川很欣赏陈连升的举止和言辞，听他的这些话说得贴心体己，脸面上即刻露出喜色说：“连升啊！我知道你跟你平山哥兄弟情深。平山今后有你们这拨兄弟照看着那是幸事。可这路还得靠自己去走，怎么走，走多远，那是需要胆识和勇气的！其实我一直想你连升辅助平山去闯向南向西的路，可经过我三年的观察，你是一个能担大用的人才，我不能强人所难误了你的前程。在这里我还想恳请侄儿连升，看你能否舍得，在你那拨兄弟之中挑选一个精明些的武功高强的出来，辅助平山去闯茶道？”

陈连升也很喜欢听廖百川讲话，因为在他的记忆之中，包括自己当私塾先生的伯伯陈万魁，讲话的风格和言辞都远远不如廖百川。他的话中言辞流畅，透着一个“理”字。可当廖百川再次提起三年前就向他言明过，今日却看透了他陈连升不愿从商的心思，要他另荐其人时，他却陷入了沉思。他在想：谁能担当此任？而这时，廖百川正用一种期待的目光望着陈连升，他想听听陈连升所推荐的人与自个儿目测的人是不是一致的。停顿了一下之后，陈连升慨气地说：“陈三喜应该是最合适的人选了。”一听陈连升这话，廖百川喜出望外，因为陈三喜正是他已经相中的人。廖平山望了陈连升一眼，仍然没有说出什么话来。不过廖平山对陈三喜也心存好感，就默认了爹爹廖百川的铺排。廖百川伸手拍拍陈连升的肩膀说：“你们先忙着，晚上我在望江阁请你们全体兄弟喝酒。”

父亲廖百川走了之后，廖平山这才长舒了一口气。他一屁股坐在父亲刚刚坐过的那把大椅子上，抱怨似地对陈连升说：“其实我从前也是硬要去学刹把子放木簰的，可爹爹他不肯让我去，这下却责怪起我来了！”陈连升望着廖平山沉思片刻之后，非常认真地说：“平山哥，你可千万别这么想。伯父对您疼爱有加，而且为你铺平了道路，你该感激他才是。”廖平山望着陈连升，展露出一脸无奈的表情，长长地叹了一口气说：“原以为连升你能助我一臂之力，陪我去闯外面的世界，可你为何始终不肯？”

陈连升望着廖平山动情地说：“不是我不愿与你平山哥相伴，我是觉得自个儿不是块做生意的料，至于我今后究竟做什么，我现在也还没有想好。但以后只要你平山哥，有用得着我陈连升的地方，我绝对挺身而出！”一听陈连升这话，廖平山十分感动。

从廖平山的茶铺里出来，陈连升独自走到清江岸边，望着上游奔涌而来的一河清流，心胸里升腾起了一种豪迈的情怀。他是多么感激爷爷陈富老人当初对他的良苦用心，多么感激大爷爷陈华老人和师傅廖德贵老人对他的赐予与教诲……当他迈开脚步不经意间走到清江与长江交汇处的那个堆沙坝时，那清浊交汇时的壮观景象，那滚滚东去的江水浪涛，和那升腾缥缈的烟波，把他的思绪带向了远方。

当陈连升再从长江与清江交汇处的堆沙坝左转，沿长江岸边独自前行时，一座耸立在江岸的雕像映入了他的眼帘。走近细看，原来这座大理石的雕像竟是陆逊将军。细读底座上的铭文，陈连升大为惊叹。上面写道：“陆逊字伯言，本名陆义，生于公元 183 年，故于 245 年，吴郡吴县华亭人。陆逊乃孙策之婿，三国时期吴国大臣，著名的军事家和政治家。”

在这之前，陈连升敬畏先祖禀君，崇拜精忠报国的英雄岳飞，但在他的心目之中的确没有谁是他的偶像。说得更加确切一些，在木客窝里时，他除了心怀对几位老人的敬畏之外，却还从未真正崇拜过谁。可当他站在陆逊将军那高大的雕像之下时，他的心怀被震撼了，原来在这人世间还有如此伟岸的人物！今日见到了陆逊将军的雕像，这不也正是他陈连升在那朦胧的意识中一直都在追寻的偶像吗？他情不自禁地双膝跪地，前额叩地，久而不起。当他许久之后站立起来，挺胸抬头，仰望陆逊将军那威武的神态时，便在心中立下大誓——决意从戎，报效国家！

陈连升不是心血来潮，他是吃了秤砣铁了心。他离开陆逊将军的雕像，进入宜都城的大街，想去找寻那拨游玩观景的兄弟，立刻言明自己的心思。可是，陈连升沿着大街小巷找了半歇的功夫，也没找着杨贞、陈三喜他们几个兄弟的踪迹，这就独自转悠了一大圈之后，又转身去了廖平山的茶铺，先与廖平山说出了自己的心思。而兄弟廖平山听了陈连升的决定之后并不感到意外，只是在那里低着嗓门哼了一声：“人各有志啊！”

回到望江阁的时候已是晌午过后，陪着杨贞他们转悠了半歇之后早早溜回来的屈老板很客气地对陈连升说：“晚上的酒饭廖百川老板已差人前来知会过了。这午餐的事还是作个安排？”陈连升很感激地望了屈老板一眼之后说：“等杨贞他们都回来了再做安排吧。上半天我好像也逛得有些疲乏了，想先回屋里歇息一下。”屈老板望着陈连升点点头，笑着答道：“好嘞！”

杨贞、陈三喜、郭小虎、刘金堂、印紫竹、罗汉章六个人，虽与陈连升一道进出宜都城两三个年头了，却还从来没有像今天这样尽情地闲逛过。初冬的阳光温暖着江城，他们一路观景，说得几多开心。等他们一路到了长江边的红花桃渡口，看了摆渡的船帆，回转身沿江岸朝宜都城回走时，杨贞对陈三喜说："你们看出来了没有？连升恐怕不会再当木客了！"

陈三喜苦笑了一声之后坦然地说："也是的，还真像刘金堂说的那样，若是有比这更好的门路，谁还愿意当木客吃苦受累，担惊受怕呀?!"杨贞点点头说："话虽是这么说，可眼下哪有什么更好的门路？连升倒是有个好门路，木材行的廖百川大老板很欣赏他，多次聚在一起喝酒的时候，都坦然地说起了要他辅佐廖平山开辟茶道的事情。"陈三喜摇摇头说："连升胸怀大志，绝不会去当商客。要是我，早就应允下来了！"

杨贞也十分赞同陈三喜的这种说法，知道陈连升的志向不是当商客去贩茶，就说："连升如果一走，我们这个木客班是不是也就散盘了呢?"陈三喜说："那倒未必！依陈连升的脾气，这些兄弟他还是要留心顾着的！"杨贞和陈三喜就这样放慢脚步闲谈着。郭小虎、刘金堂、印紫竹、罗汉章四个人已经往回走了老远，是怕陈连升找不到他们的去向。

这是一个难忘的日子，一个让陈连升他们几兄弟一生都铭刻在心田里的日子。当远山的落霞映红江面，映红宜都城的街巷时，陈连升在陆城街望江阁的餐厅里端起酒碗，深情地说："感谢廖伯伯这些年对我们的关照，也感谢兄弟们的相守与陪伴。在你们的帮衬与呵护之下，我陈连升长大成人了！这第一碗酒我敬在坐的各位，感谢你们了！"陈连升站起身来，双手举起酒碗，注目众人之后，一饮而尽。

廖百川十分平静地端起酒碗，望了儿子廖平山和在坐的各位晚辈之后说："各位请吧！连升敬的这碗酒凝聚着深情，充满着祝福！我们也给连升祝福吧！"大家举起酒碗喝了这碗酒。而此时此刻，除了廖百川和廖平山父子之外，杨贞、陈三喜、郭小虎、刘金堂、印紫竹、罗汉章等兄弟都沉默着，他们的心里极其难受，他们已经明显地感受到，这顿晚餐之后，他们与陈连升朝夕相处的日子就将结束了。

陈连升也非常理解众兄弟的心情，他站在那里平静地说："大家不必伤感！天下没有不散的宴席，而且每一次的别离都是下一次重逢的开始。我们从邬阳关出来的时候一共八个人，李铁中途离去，而今天我们把平山哥算在一起，还是八个人。也就是说，我们从今天晚上开始就将分成三路：这第一路就是廖平山和陈三喜，他们两个去闯茶道；这第二路就是杨贞、郭小虎、刘金堂、印紫竹、罗汉章，你们五个人由杨贞掌拐，继续驻守清江水道，廖伯伯也会继续照应你们；这第三路便是我了。我决意再闯一条新路，若能成，我们相互照应，若不成！我仍回清江水道，与兄弟们相守！"

听到陈连升这句话，杨贞、郭小虎、刘金堂、印紫竹、罗汉章、廖平山、陈三喜七个人不约而同地端起斟满的酒碗站了起来，他们的眼里闪烁着激动的泪光。木材老板廖百川见此情景，面带微笑端起酒碗站立起来说：“我们共同喝了这碗酒，就当是送各位登程吧!”

天地间有酒有豪情，人心里有诚有梦境。

<第七章>

出阳关只走单骑　入容美巧遇州官

070

那夜，在宜都城陆城街廖平山的茶铺里，陈连升、陈三喜、廖平山三个人说了许多贴心贴意的话。因为这次回邬阳关，陈三喜就不能走了。从那个日子开始，陈三喜的命运就与廖平山拴在了一起。向西域还有向南的茶道，在他们俩的脑海里完全还是一个未知的世界。当然，在陈连升的脑海里对未来的追求也未尚不是如此。陈三喜与陈连升情深义重，这陡然之间就要各行一方，各探一路，实在难舍难分。

廖平山平时对陈连升那是亲哥哥对亲弟弟的疼爱，只要是陈连升的事，廖平山便可以三腰裤子脱两腰，怎舍得说分开就分开呀？世间里所有的相遇，都是分别后的重逢，而所有的那些别离，又都是为了更好的相遇。可这一别，各越关山千重，道路万里，何时能够重逢又有谁知？

而此时此刻，廖平山为了表达自己的心情，就想送陈连升一些贵重的物件，给这个兄弟留个念想。可想来想去，也没有什么既方便携带又贵重的东西，就与陈连升反复念叨，也反复掂量。陈连升理解廖平山的心情，在他们这一拨能共生死的兄弟之中，就数他陈连升的年龄最小，哥哥们对小弟不会吝啬。在廖平山的盛情之下，陈连升便慨气地说："平山哥你如果真要送我点什么，倒是有一宗让我喜爱的物件，可就不知道平山哥是否舍得！"廖平山正在激情奔放之时，也是捶胸打掌慷慨激昂地说："只要你喜欢，就是那匹枣红马我都舍得！"陈连升一听廖平山这话正中了他的下怀，便眼前一亮，哈哈大笑说："我想的正是那匹枣红马，你可真的舍得？"

廖平山突然意识到了什么似的说："我肯定舍得！就怕我爷爷舍不得。上回我来宜都的时候，想把那匹枣红马骑来宜都。我爷爷还打了拦头板，说那宜都城里都是些临江的街道，你到哪里去给牲口弄草料？我就明白了爷爷的心思，其实他老人家就是舍不得。”一听这话，陈连升止住了笑，心里一下子凉了半截，接着就很无奈地说：“那还是算了吧！我不能伤了老人家的心。”廖平山一听陈连升这话，心里急了。若是送马不成，在兄弟面前多没面子呀？兄弟之间，吐出的唾沫就是钉，哪能虚情假意哩？廖平山灵机一动，想出一个办法来，接着慨气地对陈连升说：“我给你写张字据，就说我在宜都城里开茶铺差了本钱，把那匹枣红马作价当给你了。你回到邬阳关就拿着我的字据，到板桥沟找我爷爷牵马便是！”

陈连升低声说：“还是算了吧，何必欺瞒老人呢？”哪知道廖平山连忙从茶铺的柜台里取出纸笔，很快写了字据塞在了陈连升的手里。

第二天早晨，廖平山和陈三喜把陈连升、杨贞他们六个人送出几里路，一直送到上回采过药的那片青蒿地，兄弟们才相互拥抱，相互握手，依依不舍地离别。杨贞拉着陈三喜的手说：“我们兄弟五人，明年涛声依旧，还会常来宜都，不必过余牵挂！你只要辅助平山闯出了茶道，也算是为我们邬阳关做了一件大事！”陈三喜流着热泪说：“兄弟们别忘了，我仍然还是清江簰帮的人，到什么时候兄弟们都是我的亲人。”

相互一番叮咛，一番叙说之后，陈连升、杨贞、郭小虎、刘金堂、印紫竹、罗汉章等六个人踏上了归程，沿着清江岸边的那条山道，朝桃符口、金鸡口方向奔去……

回到邬阳关，已是五日之后的那个傍晚，兄弟们都各自奔向了回家的路。陈连升却径直去了伯伯陈万魁的私塾学堂，一是想去看看弟弟年学的近况，二来也想找伯伯陈万魁讨个主意，在人生的关键时刻，但凡有些志向的人都会掀起情感的波澜。当然，在陈连升的心目中，关键时刻最能拿主见的人除了木材老板廖百川之外，也就是他的伯伯陈万魁了。

跨进私塾学堂的大门，伯伯陈万魁兴冲冲地迎了出来，见面就笑呵呵地说：“连升真是长大成人了，体魄健壮，气宇轩昂，浑身上下透着英武之气啊！”陈连升大笑说：“伯伯而今倒是开明了，不会再埋怨侄儿不精习诗书的缺陷了吧？我可是只跟您读过三年私塾哩！”陈万魁拉着侄儿连升的手，转过脸仔细端详了侄儿连升高挑的个头之后说：“看连升这气度，这模样，日后定是个骑马挥刀的角色。看来你爷爷锻造一个人的方法比你伯伯还要强一些，这诗文再精美，词赋再华丽，却是悠闲之时的优雅之物，到了沙场之上，十八般武艺才是看家的本领。连升不仅武艺高强，而且胆魄过人，必是可造之才！”一听伯伯这话，陈连升觉得已经不必再讨教想问的问题，伯伯的话中算是已经给了他答案。

说话间，私塾先生陈万魁把侄儿陈连升迎进了厅堂，沏了香茶招待。刚刚下课的陈年学听到哥哥陈连升的声音，一路叫喊着奔跑过来，挤到了陈连升的跟前，露出一脸的兴奋。

陈连升伸手把已经长高许多的弟弟陈年学揽在了怀里，关切地问道："你最近可有长进?"年学没有回答哥哥的话，只顾了笑。伯伯陈万魁坐在人圈椅上微笑着说："年学读书的确比你连升强，但在灵机滑变方面，年学又不及你连升。你们兄弟两个各有千秋。"陈连升望着弟弟年学问道："伯伯对你可好?"陈年学眨巴着眼睛望了伯伯一眼之后说："打过我的手掌，仗过我的屁股。伯伯说，吃的不少，打的不挠，棍棒底下出能人。"陈连升大笑起来，开心地说："这就对了！伯伯抽过年高的板子，也抽过年德的板子，如果唯独不抽你年学的板子，我会觉得他偏心。"说完这话，伯侄三人都开心地笑起来。

喝了一会儿茶水之后，陈连升给伯伯讲了想带弟弟陈年学回陈家棚住一宿的想法，伯伯陈万魁爽快地应允了。入夜，走到回陈家棚的林子路上，陈年学开心地说："我跟哥哥你一起走路，林子再深再黑我都不怕老虎。"陈连升连忙问弟弟陈年学道："那是为何?"陈年学咯咯地笑着说："因为老虎怕你!"两兄弟都开心地笑起来，陈连升觉得弟弟陈年学越来越逗人喜爱了。

陈连升心里清楚，自己既然决意从戎，报效国家，那么孝敬爷爷奶奶，孝敬父母的事情也就只有指望弟弟陈年学了。从前，他只寄弟弟年学于希望，而眼前就要给弟弟年学于重托了。那晚，陈万星、杨彩莲夫妇看到两个儿子一路回来，喜得合不拢嘴。爷爷奶奶见到两个孙娃子归家，也是格外兴奋，久聚在一起享受着一家人团聚的快乐。可当陈连升向父母双亲和爷爷奶奶透露出自己的心思时，一家人立刻陷入了沉思。

第二天早晨，冬日的浓雾慢慢儿散去，一轮红日冉冉升起。陈连升一路小跑去了板桥沟，先在师傅廖德贵、大爷爷陈华的坟头烧纸敬香磕了头，然后直奔到廖平山家找他的爷爷廖大勇老人取了那匹喂得膘肥肉满的枣红马，接着策马扬鞭朝邬阳关奔去。

陈连升正处在一个激情燃烧的岁月，邬阳关的山水在他的眼里那是最亲最美最迷人的风景，茫茫林梢间那风嚎的声响，茶莲河谷之中汇成的水响，在他的心胸里交织成了一曲亲和的乐章……白虎寨那高耸的石壁，凤凰寨那入云的飞鹰，便是他来到人世间睁开眼睛第一眼就看见过的景致，那磅礴的气势，那雄伟的壮观景像，在他的身体里铸成了傲骨，锻造出了他的胆识与气魄。或许他的此生注定要与骏马相伴，常有金戈铁马之声。

可是人生的路却并不像刹把子放木簰叫号启程那么简单，就在陈连升准备骑上枣红马，前往鹤峰州的前夜，邬阳关下起了鹅毛大雪，一夜的工夫大雪便封了山。陈连升长到十六岁，可还从来没见过邬阳关下这么大的雪，他也感到十分惊讶。森林里时不时传来老树被雪压折断的声响，雪野里灰蒙蒙的一片，冠垭儿的那道岩口子也被大雪封得严严实实了。

倒是陈连升的爷爷陈富老人长舒了一口气，他语重心长地说："连升啦！耐住点儿性子。人生的路漫长，也不急这一时半会儿的。过了年，正月初八是个好日子，再走吧！"陈连升从茫茫雪野里收回目光，望着爷爷那慈祥的面容点了点头，没再言语什么。他把那匹枣红马拴在了棚屋后檐下避风的地方，弄了上好的草料，是准备在陈家棚家里安心地待上一阵子了。而这期间，陈连升似乎明白了一个道理：这世间之事还真的不是事事顺了我心。坪广好跑马，水深好放簰，那知道天地之间不仅会有狂风暴雨，而且还有冰封雪冻。

陈连升的心境很快平静了下来，他找出那本兵书又认真读了一遍，还取出石锁在铺满瑞雪的塔坝里刻苦训练，找回了三年前那个冬春的感觉。只是随着年龄的增长，经过三年木客生活的磨砺，他不仅长高了个头，而且精气大增，就连那把一百二十多斤的石锁握在他的手里抛掷推拉缠绕许多回合，已不再气喘，轻松如举一件玩物。爷爷陈富老人静心地观察着，时而猛睁老眼，时而惊呼一声，心里频频地感叹道：这娃子，功夫已经到了登峰造极的顶端，实乃武林一奇。

陈富老人回到火炉房中，对正坐在火炉边缝补衣衫的老伴黄翠姑说："连升长大成人了，而且武艺高强，考个武举应该是轻松得很！我们两个老家伙算是没有白疼他，还真是一个可造之才呀！"老伴黄翠姑望了陈富老人一眼之后笑着说："瞧你那得意的模样，这不正是你所期待的么？"

在一个冰封雪冻的早晨，陈万星带了猎枪唤了猎狗上山打猎去了。杨彩莲在自家的火炉房里生了栎树柴火，还烧了开水泡了茶，然后站在吞口里大声叫唤道："连升，连升！"你回屋里来一下，我给你说点事情吵！"陈连升听到母亲的喊声，连忙从爷爷屋里出来回了家。坐在自家的火炉房里，一种温暖的气息把整个空间弥漫得暖烘烘的。

陈连升双手接过母亲杨彩莲为他斟的一杯茶水，低声温情地问道："娘，您唤连升回来，有什么吩咐吗？"母亲杨彩莲长舒了一口气息说："连升啊！你也长大成人了，看来这陈家棚也早晚留不住你的心。娘思量了许久，只有给你找个水灵些的媳妇子，拴住你的心，恐怕你才得安分一些。"陈连升听了母亲的话，脸面上一下子红了起来，有些羞怯地说："连升眼下一事无成，还承担不起一个家庭的责任哩。还是等连升长大成人了，有点出息的时候再议论这个事情吧！"母亲杨彩莲深情地望了儿子陈连升一眼，长长地舒了一口气息说：“娘就知道你的心思！过完年，等封山的冰雪融化了，你还是要走的。你不会待在陈家棚，不会待在爹娘的身边。也好！你有志向娘心里欢喜！”陈连升从母亲的表情与眼神之中感受到了一种温暖。也正是在那个早晨，陈连升把清江放簰时积攒下来的一些银钱交给了母亲，要母亲尽管安排用度，供年学读书，孝敬爷爷奶奶。

通过这次谈话，母亲杨彩莲感受到了幸福与温暖，儿子陈连升也从母亲杨彩莲的表情与话语里感受到了亲情的力量。

次年正月初八，是春节后的第三个晴天，冰雪融化了，可道路泥泞。被雪水浸润透彻的树林里散发着一种淡淡的清香，那是家乡的味道，那是邬阳关留在陈连升鼻翼里的记忆。他把自己简单的行装绑在了枣红马鞍坐的前端，然后飞身上马，紧缩马疆，枣红马长长地一声嘶鸣后，在陈家棚的塔坝里转了一圈。陈连升高昂起头，挥手告别了爷爷奶奶，告别了爹娘，告别了陈家棚的乡邻故旧，然后策马前行，绕道邬阳关朝冠垭的那道岩口子走去。

陈连升熟记着爷爷为他选择的路线，越过冠垭之后便依着古道往前走，经石龙过湾潭河上黄松岭下罐头嘴，再上杨家垭下老官桥过老龙嘴到下坪，接着过东洲口、蛟蝉溪、留驾司、夹马峡、两河口，继而上观音坡，越过关口垭、张家坪、陈四沟、河沟、冲口、水杉坪、岩浪子、十八台、青树包儿、洗脚溪，到了威风台，进入东门口，当你能听到溇水河的涛声时，那鹤峰州也就到了……

陈连升没有扬鞭催马，他由着枣红马的脚步前行。站在冠垭儿的那道山梁之上，远望着邬阳关那片凸起的山地，望着家居的那一排草棚，他深深地慨叹道：“今日一别，不知何时能归！”枣红马听到英俊少年陈连升的慨叹之声，似乎也是触动了它的情怀，顿时扬蹄踏步，高昂的马头继而俯了下去，望着板桥沟那间讲究的马圈嘶鸣，似乎也是迎合了陈连升此时此刻的心情——今日一别，不知何时能归！

凝望片刻之后，陈连升调转马头，扬鞭奋蹄，奔向了远方。

071

鹤峰州设在溇水河岸的容美古镇之上，自容美土司改土归流之后，诸届流官州同皆沿袭旧制。但屏山爵府渐被尘封，昔日的繁华与辉煌渐随田氏诗派的诗魂远去，州署设在容美。两条大河从两河口交汇之后，从雕崖与屏山对峙的清亮石壁之间浩浩奔泻而出，绕银珠寨逶迤前行，在八峰山下拉开青龙摆尾的架势，荡起了历史的回声……

早春的鹤峰州城乍暖还寒，狭窄的街巷里却流淌着热腾腾的气息，炊烟升腾弥漫，水响轻悦如琴。穿着大袄的顽童正在铺着青石板儿的主街之上尽情地追逐戏闹，时不时还有几声大人们威严地吼声传来，镇住了那些顽皮的孩童。

十字街口，金匠银匠铜匠们正用轻巧的铁锤敲打着欢快的节拍，奏出的立体之声与溇水河的水响交汇在一起，像琴像鼓又像笙。

三元桥头的小吃散发着清香，摊前围坐着宾客，叫卖的声音传来，勾起了路人的食欲，有的停下来喝一碗热乎乎的豆腐脑，吃一张香喷喷的煎饼；有的驻足掏出几文钱来，买几个水芹粑粑边走边嚼，忙碌的气象便在那不经意间展露在了一个洒满阳光的早晨。

尽管街巷里还透着寒气，尽管人们从嘴里呼出的热气还能辨晰清白，但这并不影响溇水河流淌的节奏，也无法凝结众人那万千的思绪。

鸡公洞传来了几声锣响，接着便是唢呐和笛声奏出的细乐，轻快而欢畅，那是迎亲的曲调。一顶花轿越过山垭，从城墙坳的大道上朝杨柳湾走来，吸引住了路人的目光。八峰山的那条石板儿路上，有一群卖柴的脚夫，正在满山红的山口歇了杵，吆喝之声传来，那长长的尾音之中分明流露出卖柴翁的艰辛与凄苦。河岸上有几个浣纱的女人，听见卖柴翁的吆喝声，抬起头来扬起脸，用那冻得鲜红的手，拢了一下散落在额前的长发，竟然叹出一串长气来。

有一群骡马驮队正张罗着从东门出城，准备过北佳经施鹤遥去施南府。几个凶悍的骡客正用粗俗的言语训斥着烈犟的牲口，蹄声在城门口踩出杂乱的声响。骡客扬起皮鞭狠狠地抽打在牲口的尾部，还粗声大嗓地骂道："骡子骨头搞贱身，三天不打上灰尘……"驮队的蹄声和铃声渐渐远去，东门口又恢复了宁静。只是有人在急匆匆地往城里赶，有人却又踏着悠闲的脚步出了城，或朝洗脚溪方向走去，或沿河岸前行去了新庄。

突然，一队兵马从云来庄奔驰而来，过了九峰桥就直奔城里，踏起一路尘烟。当马蹄踏上三元桥的木桥板，发出震耳的声响时，一位坐在桥头摊前咪酒的老者摇摇头说："看来长乐县的湾潭镇恐又出了状况，这匪患久平不息，也真够州官肖文钲喝一壶的了！"

肖文钲，福建尤溪人，一七九一年随州官何学青到任鹤峰州同。在何学青这位广州番禺人出任鹤峰州官期间，二人常为长乐县湾潭镇一带的匪患大伤脑筋，并多次带兵围剿。匪首盘居山里，境内山高林密，匪首武艺高强，每回兴师动众深入山里剿匪都是无功而返。且匪窝还如王蜂包一般，竟然越打越恶。匪首仗着山险水横，收放自如，每次都只伤及皮毛，没有筋骨之痛。更让何学青和肖文钲气恼的是，两年间多次带兵围剿，却连匪首陶德远的真容都没见着。

清乾隆五十八年，也就是1792年秋后，何学青调任东湖县，肖文钲升任州官。他本想早些活捉匪首陶德远，消除长乐县湾潭一带的匪患，还湾潭一带的百姓以安乐，也好谢了何州官的栽培之恩。可腊月间大雪封山，官兵不便开拔进山剿匪，本想过了年等天气阳和一些之后，再作打算。哪知道这个可恶的匪首陶德远，过年也不让人安生。自腊月二十四日过赶年的那天晚间开始，陶德远便派出多股土匪下山，洗劫湾潭各寨，专抢百姓过年的粮米和洗净煮熟的腊猪脑壳，闹得一方鸡犬不宁，百姓再度恐慌。

鹤峰州派驻湾潭的官兵数额不多，面对强大的土匪武装更是束手无策，无计可施，只得快马来报，以求州署驰援。州官肖文钲站在州署的大厅里，听完驻湾潭的外委把总张旺的上报后，气得拍案吼道："陶德远你个死鬼儿！过年都不让本官安生，看我不抽你的筋剥你的皮！"

在回长乐县湾潭驻地的路上，外委把总张旺倒是信心满怀，觉得这回州官大怒，定会再次派兵朝湾潭进发，匪首陶德远恐怕是没有几天活头了。可就在杨柳坪歇脚的时候，一个老兵对外委把总张旺说："你可千万不要高兴得太早，我可是在州官吼出的那句话里听了端倪。"外委把总张旺瞪了那老兵一眼之后问道："你听出什么来了？我怎么没有察觉？"那老兵翻了个白眼，带阴不阳地拉着腔调学道："看我不抽你的筋剥你的皮！你没听出这句话中还有个'不'字吗？"外委把总张旺似乎突然明白了，也就叹了声长气说："哎！但愿陶德远那剁千刀的家伙，早些被猫子咬了去，省得我们操劳奔忙！"

张旺他们一行走了之后，州官肖文钲连忙唤来了清军把总徐佐虎议事，并向他详细了解匪首陶德远的具体情况。

原来长乐县境内的湾潭山中，有一个名叫穿心谷的地方，一条清澈的小河直插谷底，河岸的风景秀丽无比，河中的土鱼肥嫩清香。深谷之中是一片椭圆形的台地，四面清亮的石壁高耸入云端，将穿心谷里那片台地围成了铁桶一般。穿心谷的入口有一道岩隙逼合的深潭，长约百丈有余，其水如渊深不见底，出入穿心谷必用木簰或竹筏。小河之水流入谷底的天坑眼，如玉液灌入壶口，轰鸣之声时隐时现，时近时远，涨水时节便如战鼓擂响，在穿心谷荡起震耳的回声。小河左岸的绝壁上有一道阔大无比的岩隙，石板平整铺地，可容纳数百人。

陶德远正是仗着谷口的天险，以及穿心谷里奇险的境地，独守一隅。官军进剿时，他便率部退至岩隙盘踞，官军撤退，他便令手下的匪徒沿小河而出，进入临近各寨搜刮钱财米粮。穿心谷的确是一个易守难攻的境地。

陶德远的手下有十八名武林高手，对外号称“十八罗汉”，且个个年轻气盛，精通刀枪棍棒，是匪首陶德远特地训练出来的一批敢死先锋。“十八罗汉”之下，每人编队十二人，由各自掌管。陶德远平时只管“十八罗汉”，而在“十八罗汉”之下，能够操持兵器干仗的就有二百一十六人。而“十八罗汉”下辖的匪子之中，分工极其明确，站哨的负责站哨，坚守各门各点的关卡；捕鱼的负责捕鱼，打猎的负责打猎，以供伙食之需。他们盘踞之初，只与官军作对，但为了吃喝拉撒之需，也常有残匪出没穿心谷侵扰各寨百姓。长乐县是他们的衣食之地，鹤峰州城常是他们侵扰的目标。

弄清这些具体情况之后，州官肖文钲问道：“这陶德远的十八罗汉之中，可有武功胜过陶德远的人物?”清军把总徐佐虎答道：“据我营派出的密探来报，在这十八罗汉之中确有一名武功高手，名叫闵坤山。这人素与陶德远不和，常常发生口角相互冲撞，矛盾的起因只为长乐坪街上的一个开餐馆的漂亮女人。”听了把总徐佐虎这番话之后，州官肖文钲展了一下愁眉，觉得这倒是一个可以紧叮一口的缝隙。

过了片刻之后，州官肖文钲用一种极其平和的口气问道：“徐把总，你还有什么有价值的情况吗？心中可有围剿这股山匪的良策?”徐佐虎低下头去，有些惭愧地回答道：“自何州官当任以来，肖大人你也是熟知情形的，官军多次围剿未果，甚至根本就没有官军进入过穿心谷。这里面的确就是一个易守难攻的绝地，官军根本无法正面进攻！只怪属下无能，暂无良策可施!”

州官肖文钲叹了一声长气说：“你们也是尽了力，只怪这股山匪过于奸诈。可现在的问题是，这股山匪不铲除，便会经常出来侵扰百姓，这让我这个新上任的州官无法向当地百姓交待，还整天折腾得我吃不香甜，睡不安稳，实在有煞这古桃源的风景啊!”听了州官肖文钲这话，徐佐虎的心里也像是被重重地刺了一下，他抬起头来，望着州官肖文钲的脸面说道：“要不，州署发出告示，面向社会悬赏捉拿匪首陶德远如何？或许重赏之下出现勇夫，也好省了官军的一番周折。”

州官肖文钲定睛看了清军把总徐佐虎一眼，心里大为不悦，但未流露出来。他在厅堂里踱了几步之后，跨出了州署的大门，抬头望着八峰山那起伏的山影，叹了一声长气说：“徐佐虎你可给我听好了！不要忘了你这个当把总的职责！还是速派几名精灵些的角色，前往长乐湾潭协助张旺，找到长乐坪的那个女人，从闵坤山的身上找找突破口吧!”

清军把总徐佐虎从州官肖文钲话里听出了威严，连忙按照礼数应了一声之后，回营里挑选精兵去了。

回到署衙的厅堂里，州官肖文钲倒也觉得，这悬赏捉拿匪首陶德远也未必不是一个好办法。他叫来州同，吩咐砚墨，还真的准备写几份措词严谨的告示出来，也好造造捉拿山匪的声势。

这时，河岸的轻风吹进了街口，送来了一阵早春的寒凉，在青石板儿铺成的街巷里卷起一缕尘烟，飘散在了山城的深处。一个身穿节日盛装的美少女出了百斯庵的大门，正沿着石板街一路小跑而来，朝州署里奔去……这少女天生丽质，生得俊美。她今年年方十四，豆蔻年华，正是州官肖文钲的掌上明珠肖雪珍。她一边欢快地跳跃着，一边吟着优雅的小曲。

肖雪珍跨入州署的厅堂，见爹爹正在案头写一张告示。可当她瞧见告示上写着“悬赏捉拿匪首”的字样时，就望着爹爹肖文钲说：“营里养着那么多的官军，还剿灭不了一群落草的匪子，真是一群废物！”州官肖文钲望着聪慧的女儿假装生气地说：“一个女孩子家，不要插言官场之事。读点诗书，习点武艺，爹爹不加干预，只是别给我惹出怄气的事来！”肖雪珍撒娇说：“只有个爹爹哩！雪珍什么时候也不会给爹爹丢脸！只是那捉拿匪首之事，既然让爹爹如此费心的话，还不如就叫百斯庵徐镇师傅和洪典林他们一试。”

州官肖文钲听了女儿肖雪珍这话，心里顿时一怔。觉得这女孩不仅天生丽质，而且颇有智慧。于是，他把那“告示”一连写了三份，请出官印盖上，然后吩咐在那儿砚墨的州同，将那写好的“告示”，一份贴在三元桥头，一份贴在百斯庵的门口，还有一份则送到清军的营里去交与把总徐佐虎，要他发送到派去长乐湾潭的兵勇手里，张贴在湾潭或是长乐坪的街口。

州同得令连忙办差去了。州官肖文钲领着女儿肖雪珍出了州署大门朝自家的宅第走去，他那沉稳之中带有几分焦虑的脸面上终于展露出了一点脆弱的自信，女儿肖雪珍那欢快跳跃的脚步声给了他心灵的慰藉。作为一个外地流官，从福建尤溪到任鹤峰州同，也有几个年头了，在这佳节之时哪有不思念一下亲人的道理。

刚刚走到家门口，州城戏院里的伙计就拿着贴子走了过来，在州官肖文钲的面前毕恭毕敬地说：“我们戏院的赵老板差我前来，敬请肖大人全家前往我们的戏院里，去观赏我们新排的一出南剧！”州官肖文钲接过帖子，脸面上绽放着笑颜说：“难得你们赵老板心存这份情谊，本官一定携家人前来欣赏你们新排的南剧。不瞒你说，今年这春节过得有些寒碜，被长乐县湾潭的那帮匪子搅了本官的心情，是该好好地放松放松了！”戏院的伙计听了州官肖大人的这番言语，喜笑颜开地走了。

肖雪珍咯咯地笑起来，对着街口大喊了一声：“这下可有好戏看啰！”一听女儿这喊声，州官肖文钲心里一怔，连忙埋怨女儿说：“你瞎喊些什么呀！你懂得这话的意思么？”可有些叛逆任性的肖雪珍没管这些，快步奔回了家门，接着对正在做饭的娘亲说："这下可有好戏看啰!"

可州官肖文钲听了女儿肖雪珍这两句充满天真的喊声，心里有些忐忑，还真不知道这州城之中又有什么"好戏"看了，女儿这话就好比是句"扬口风"。山城之中曾经好戏连台，未来的生活里当然还会好戏连台。州官肖文钲尽量把女儿这声天真喊声的寓意往好处想。作为州官，他期待着百姓的安康，也期待着古桃源的太平。

戏院里的锣鼓声响了，紧接着便有南剧的乐声与唱腔传来，街巷里有了一份早春的喜气。

072

听到戏院里的锣鼓声和那胡琴交汇的乐章，春妇刘叶禾的脸面上没有喜悦，心胸里反倒被那欢快有力的节奏刺痛了，在焦虑与迷茫中，她重重地叹了一声长气。

自从李铁离开清江簰帮，带着她进到鹤峰州城落脚之后，他们便租了房屋在东门的"十字街"开了一间杂货铺，主要经营邬阳关的茶叶、桐油、生漆，还有棕片及棕片制品，生意也还比较红火，虽然没有赚到大钱，小日子却也过得舒坦安逸。可刘叶禾那年轻俊美的模样早已被容美街上一个姓洪的豪绅子弟给盯上了，整天嬉皮笑脸百般挑逗，要与年轻貌美的刘叶禾行那鱼水之欢。可刘叶禾也是生得倔犟，不管那豪绅的子弟怎样巧施献媚，刘叶禾就是执意不从。那豪绅子弟心急如火，便邀了几个伙伴瞅准机会欲施强暴，刘叶禾仍然坚贞不从。事后，刘叶禾便把这件事情原原本本地给出门打货的丈夫李铁说了。李铁怒火万丈，即刻闯入豪绅的宅第乱砸一通，接着还把那姓洪的豪绅子弟拖入街口，打成了终身残废。最后被豪绅家报到官府，李铁便被官军拿去，关进州署的大牢已有数月。

没有想到的是祸不单行，自李铁被关进大牢不久，刘叶禾整天以泪洗面，心中万分焦愁，导致精神恍惚。去年仲秋的一个日子，刘叶禾在溇水河边洗了衣物归来，不慎被河岸的卵石绊倒，身子重重地摔在河岸的碎石之上，已怀六个月的身孕损了胎流了产，还造成大出血，好在城里的郎中及时施药医治，才算捡回了一条性命。

经历过这样的双重打击之后，刘叶禾不敢回邬阳关去，也没敢把这个消息传回邬阳关去。但刘叶禾多次起了念头，想把这个消息传到清江簰帮里头，让陈连升和姐夫杨贞知晓，可她思前想后仍然觉得不妥。一来是因为李铁私自逃离了木簰队，这不辞而别决意逃离之举是对簰帮家长陈连升的极大不敬，而今落得这般田地之后还有何脸面去求人家陈连升？这二来吧，陈连升和杨贞他们也都是一些敢打敢拼的习武之人，万一陈连升义字当前，不计前嫌率众兄弟前来搭救李铁，不慎闯出更大的祸来，不但李铁没被救出，还搭一拨兄弟进去，那可如何是好哟。

就在这过年期间，刘叶禾常常一个人独自流泪到天亮，溇水河中那凄婉的涛声常常引发她伤心的哭泣。她之所以仍然守候在鹤峰州城里，没有独自回到邬阳关，那是怕一旦丈夫李铁被释放出来，又找不到她的踪迹和去向了。于是，刘叶禾每天都会到街上去转悠一圈，也是想观观州城的动向，顺便探听一下丈夫李铁的消息。

而刘叶禾常去的一个地方便是三元桥头，她像往常一样，走着走着在不经意间便往三元桥头走去。可让刘叶禾做梦也没有想到的是，当她走过桥头的那片空地，突然一个高挑标致的背景吸引住了她的眼睛：那高挑的个头，矫健的步伐，还有那有些独特的发型硬像是陈连升。她向前小跑着追了几步，并情不自禁地大声喊道："连升！连升!!"那人停住了脚步，慢慢转过身来照了面。刘叶禾惊喜万分，这人果真就是陈连升。

这可真是"他乡遇故知"哩，两人先是一愣，然后走了拢来，都是一脸惊喜。陈连升走上前来，望着刘叶禾笑着说："原来是叶禾姐姐呀！在这州城之中能从背影就认出我来的，可能也就只有叶禾姐姐与李铁那小子了!"刘叶禾没有说什么，只是垂下眼皮重重地叹了一声长气。

陈连升从刘叶禾那有些憔悴的脸面上看出了什么似的问道："李铁那小子跑到哪里去了？知道连升到了鹤峰州城，还不出来请我喝酒?"刘叶禾又重重地叹了一声长气之后，将李铁的情况细细地说给了陈连升。

听完刘叶禾说的这些情况，陈连升皱起了眉头沉下了脸。过了片刻之后，他抬起头来，望着八峰那起伏的山影慨气地说："李铁还算是条汉子！遇到这种事，大凡有点骨气和血性的男人，都会这么做的!"一听陈连升这话，刘叶禾的脸上露出了喜色，她似乎从陈连升的话里听到了希望，心胸里感受到了一种亲情与温暖。她睁大眼睛望着陈连升那紧锁的眉头说："照你这么说，连升你不怪李铁行事莽撞!"

陈连升抬起头来，长舒了一口气息之后坚定地说："他这不叫莽撞！如果我们练就了一身好功夫，在社会上不能顶天立地，在家庭中不能遮风挡雨，那还叫爷们儿吗？叶禾姐，这事既然连升遇上了，我就绝对不会袖手旁观，我们这就赶快合计一下，怎么救出李铁吧!"刘叶禾的眼里闪着激动的光芒，一脸感激地说："连升兄弟！听你这话的意思，你打心眼儿里就不怪李铁了?"陈连升坦诚地说："我怪他什么呀！你是说木簰队里不辞而别的事吧?"刘叶禾连忙点点头说："谁说不是？那时候可都是我的错呀，都是我鼓动李铁离开清江簰帮的!"陈连升连忙抬手一挥说："别提从前的那些事了吧，还是赶紧想办法救出李铁!"

其实要想救出李铁也并非那么简单，毕竟当事对方的势力摆在那里，鹤峰州城里的关系网自古便是盘根错节，异常复杂。陈连升初来鹤峰州城。也还不知道其中的深浅。他感到了一种压力，于是迈开步子走上了三元桥面，想站在桥面中间，好好看看那往西流去的溇水。说来也巧，自打陈连升在石龙河谷刹把子以来，他只要一见到奔腾的清流，听见哗哗的水响，他的眼前便会明亮开朗，他的胸中便会荡起激情，世间五性自然相生相克，就仿佛他的灵感注定与水相生。

没走几步，陈连升就看见三元桥南端的那面挂榜墙上有一张“告示”，有许多人正围在那里驻足观看，而且不时发出各种唏嘘之声。陈连升快步上前，刘叶禾则以为是丈夫李铁的案子有了结果，也就紧随其后走上前去。那“告示”上的文字映入了他们的眼帘：

“近年以来，由于长乐县湾潭一带的匪首陶德远，借穿心谷一带的险要地势，抵抗官府，侵扰百姓，官军多次围剿未果。为了消除匪患，确保一方平安，特向社会招纳武士，助官军捉拿匪首！凡剿匪建功者，一律论功行赏。能缉拿匪首陶德远者，官府将重重给予奖赏！”

看完“告示”的内容后，陈连升的眉宇间舒展开来，踮脚飞跃而起，一手揭了告示。他站在刘叶禾的面前说：“李铁有救了！”

刘叶禾也看清了“告示”上的字样，惊喜中却又一头雾水，忙问陈连升道：“李铁果真有救了？”陈连升点了点头，他把那张告示折叠起来拿在手里，然后转过脸来对刘叶禾说；“走，我们快去州署！”

时近晌午，州官肖文钲正坐在州署的案桌前有些焦虑，这张招纳武士协助官军剿匪的告示，已经贴出去快要两天了，却仍然不见有人揭取告示前来州署，是州城内外再也没有敢闯穿心谷的勇士呢，还是州城内外的民众对州署及城里的官军持鄙视态度，不愿揭榜助战了？正在州官肖文钲焦虑间，州同急匆匆地跑到州官的案前，禀报州官肖文钲说：“州署的大门前来了一男一女，他们揭了三元桥头的那张告示，说要面见州官，商榷前往穿心谷捉拿匪首的事情。”州官肖文钲顿时来了精神，望着州同施展出州官的威严说：“还不快快请来?!”

州同连忙一路碎步行至大门外喊道：“州官有请！请二位速速上前议事。”

陈连升抖抖精神，挺起胸膛，迈步跨上台阶，进了州署大门朝州官肖文钲的案前走来。刘叶禾也紧紧跟在陈连升的身后，她想亲眼看看陈连升会用什么办法救出她的丈夫李铁。

州官肖文钲抬眼望见这位英俊儿男的模样，眼前顿时一亮。突然间州官肖文钲的心里闪过这样一个念头：“是鹤峰州的地界里真有这样的少年英雄，还是这儿男不知轻重，大胆揭了告示，前来想吐狂言?”

只见那儿男快步走上前来，把那张揭来的“告示”递与州同呈上，然后大声慨气地说：“我是从邬阳关来到州城的陈连升，愿意配合官军前往湾潭穿心谷，缉拿匪首！”

一听邬阳关陈连升的名号，州官肖文钲的眼前又是一亮。因为陈连升的名号他是早有耳闻，“石门隙打虎”、“桃符口派兵布阵捉拿山匪谭天飞”的事早被民间传得神乎其神。在州官肖文钲的心里原以为陈连升就是一个呆头傻脑的莽汉，哪知道竟是这样一个身材高挑，五官端正，气宇不凡的英俊少年。为了核实真伪，防止鱼目混珠，州官肖文钲站起身来，走到陈连升的身边仔细端详了一会儿之后大声问道：“你可就是在石门隙打虎，在桃符口捉拿山匪谭天飞的陈连升?”陈连升站正身子，挺起胸膛大声说道：“正是在下！邬阳关从古至今，就我一个陈连升！”

州官肖文钲瞄了刘叶禾一眼之后说：“我曾亲自提审过邬阳关的那个凶犯李铁，他说过你陈连升在石门隙打虎的那个月夜，是他给你递的锤，这事当真?”陈连升慨气地答道：“当真！不过李铁当时递给我的不是锤，而是一把四十斤重的石锁！”

州官望着陈连升开了个笑颜说：“看来你还真是陈连升！我是故意将石锁说成锤，是想辨别一下真伪。”陈连升也是机敏地一笑说：“州官英明！不过我陈连升自幼实诚，从未做过欺瞒世人之事，也就更不可能欺瞒州官了，还请州官大人明察！”州官肖文钲收住笑容，正襟危坐，然后大声问道：“你可知道穿心谷的深浅? 官军连剿两年而未果，你既然揭了告示，还夸下了海口！你如若失利，岂不坏了打虎英雄的名声?”

陈连升救出李铁的心情迫切，事先的确也没有冷静地考虑过穿心谷的情形。经州官这么一说，他倒是觉得是该仔细考虑一下对策，如果草率地揽下这活，怕是真的出现状况。可他的英雄胆气却早已在心胸里升腾起来，便收住笑容，大声回了州官的话：“我陈连升既然敢揭告示，必然就有成功的雄心和勇气，也必然就有捉拿穿心谷那股山匪的把握！不过，我还有一个请求，需要得到州官大人的成全。”

州官肖文钲倒也爽快，就睁大眼睛说道：“你有什么请求，快说与本官听听? 只要是有助于你去捉拿穿心谷的匪首，什么请求本官都可以答应！”

陈连升舒展了一下眉头，扭过头望了刘叶禾一眼之后说：“我陈连升既然已经揭了告示，也就一定不会丢了自己的脸面，失了州官大人的颜面。既然官军剿了几年未果，量想穿心谷的匪首也一定不是省油的灯盏。要不官军怎会连剿数次而不克? 因此，捉拿穿心谷的匪首，我只需要一人相助，还望州官大人成全！”

州官肖文钲定睛望了刘叶禾一眼，似乎一下子明白了什么，便一脸严肃地反问道：“该不是又要李铁给你递锤吧?”陈连升拱手说道：“连升正是此意。我与李铁曾是清江簰帮的过命兄弟，石门隙打虎，桃符口派兵布阵捉拿山匪谭天飞，都有李铁相助，才得以成功的！”州官肖文钲沉默了一下之后，铁着面孔一脸严肃地说：“李铁还是在押案犯，不是本官说放就可以放的！再说这穿心谷除了匪首陶德远武功高强之外，他的手下还有十八名武功高手，号称十八罗汉。既是本官放出李铁相助，谁敢保证你俩就一定能够剿匪成功?”

一直站在陈连升身后的刘叶禾上前一步说道：“请州官大人放心！只要州官大人放出李铁，让他与我弟陈连升联手出击。捉拿穿心谷匪首的事，自然能成！”

陈连升上前一步挺起胸膛说：“肖大人的担心自然也有道理。不过您可以想个法子检验一下。”州官肖文钲睁大眼睛问道：“怎么个检验法?”陈连升胸有成竹地说：“肖大人您不妨在官军营里挑选二十个本领高强的官军与我对阵，如果我在与挑出的官军搏打时，用一炷香的时间，把与我对阵的二十名官军全部绑了起来，这时您便可以相信。既然我陈连升一人就能绑了挑选出来的二十名官军高手，再有李铁相助，捉拿匪首及其手下一共也才十九人，该有十足的把握了！”

一听陈连升这话，州官肖文钲的心里一怔。但他不动声色，望了立在那里的州同一眼，然后转过脸对陈连升说：“你这主意倒是不错。不过军中无戏言！你若是真能在燃香一炷的时辰之内绑了二十名官军，我便答应你即刻放出李铁，助你前去穿心谷捉拿匪首！你若口出狂言，并无能耐，本官可就要重重地责罚于你！”陈连升也面对州官肖大人大声慨气地说：“我陈连升不敢狂言，只望州官言而有信，连升自当尽力为之！”

州官肖文钲顿时来了精神，他站起身来，抖了抖身上的官服，用一种威严的口吻吩咐州同道：“你到街上买二十根线麻绳索，然后速速前去营里，叫徐佐虎挑选二十名高手迎战！我倒要亲眼见识一下打虎英雄陈连升的真本领！”

刘叶禾心里没底，连忙上前一步对陈连升说：“连升弟弟！我们还是算了吧！这军中无戏言，万一出现闪失，坏了你打虎英雄的名声不说，咱邬阳关的人还在州城里落下一个笑话，这不值得！”陈连升抬手一挥说：“叶禾姐姐，你莫担心！我陈连升绝不会在州官面前食言！”

原来，陈连升自进到鹤峰州城以来，他就一直住在三元桥东面的“白鹤客栈”，每日除了精心喂养他的那匹枣红马之外，便是前往官军营中的教场坝观看他们操练。在他看来，官军营里的清军重骑射，操兵器，却并无盖世高手，即使列阵齐出，也未必能够挡得住他陈连升。或许这才是陈连升胆敢在州官面前胸有成竹、立下诺言的原由。

州官肖文钲再次走到陈连升的跟前，把他上下打量一番之后关切地说：“你也前去准备一下。未时一刻，你到营门之外等候，我领你进营!”陈连升站正身子说：“遵命!”接着，州官肖文钲出了州署的大门往自家走去。他心里这样想着：雪珍说的没错呀，这下可真有好戏看了!

073

徐佐虎接到州官肖文钲的指令之后先是一愣，然后大笑一声说：“又是哪儿来的狂徒，如此不知天高地厚，能在一炷香之内绑我官军二十人?这不是狂言就是屁话，他以为我等都是一群饭桶!”徐佐虎心胸里显然底气十足，他量想，民间如果真有这等武功高手，还能隐于乡野，不曾出道?说完笑完之后，徐佐虎望了站在那里一直没动的州同一眼，见他神色淡定，心里顿时没了谱，连忙收住自信的神情，低声问州同道：“你可晓得，要来营里胆敢与官军挑战的是何许人也?”

州同挪动了一下身子，望着把总徐佐虎说：“我在州署里听了来者与州官的对话，这人年轻气盛，但绝对不是狂徒。不知徐把总以前听说过没有?邬阳关是不是有个打虎英雄陈连升?”

徐佐虎心里一怔，连忙急切地问州同道：“难道前来我营挑战之人竟是在石门隙打虎，在桃符口布阵捉拿山匪谭天飞的陈连升?”州同见徐佐虎的神色一下子变得如此紧张，知道戳到了徐佐虎的痛处，但仍然不动声色，站在那里平静地说：“好像就是陈连升!那小子个子高挑，英武干练，说话干净利落，走路两脚生风。州官要你挑选的是营里的二十名高手，可不是一般兵士。”徐佐虎的脸面一红之后望着州同说道：“你觉得我们营里有这样武功盖世的高手吗?”

州同也是个脑袋极其灵光的人，他抬起眼皮望了徐佐虎一眼之后说：“怎么没有?这营里少说也是二百多号官兵，个个养得膘肥肉满，能吃能喝，随便也能挑选出二十个高手出来嘛。我还真就不相信了，一个十六七岁的年轻儿男，竟有这等英雄气概，能在一柱香的时间之内，绑了二十名官军!”

一听州同这话，徐佐虎虽然不是特别高兴，但也抬起头挺起胸膛说：“那倒也是!官军必竟是官军，那是国之利器!”州同不再与徐佐虎言语，出了营门便不声不响地走了。淡出徐佐虎的视线之后，州同的脸面之上露出了一丝儿幸灾乐祸的神情。他心里在想：徐佐虎啊徐佐虎!平时看你趾高气扬!要是这回真被陈连升绑了你手下的二十名官军，你们不是一群废物、一群饭桶!又是什么?

在去白鹤客栈的路上，陈连升对刘叶禾说：“叶禾姐姐，你早些回去吧。晚饭的时候准备些好酒好菜，为李铁接风洗尘吧!”刘叶禾停住脚步，一脸惊讶地望着陈连升说："连升！人家可是二十个膘肥肉满的官军！可不能因为李铁再把你搭进去呀，如有闪失，我们谁也担当不起哩！"陈连升站住脚步，望着一脸焦急地刘叶禾说："叶禾姐姐，你尽管放心，连升想好了的事情，就一定是胜券在握，你就回去准备吧！"刘叶禾顿时两眼热泪，但开心地走了。她的心胸里升腾起了无限的希望。她万没想到，遇见陈连升，事情就变如此简单了。

回到溇水河岸的白鹤客栈，陈连升听到了后院马圈里传来一声嘶鸣，知道是那枣红马听到了他的脚步声。他也似乎听懂了枣红马对他的呼唤，连忙朝马圈里奔去。见主人前来看它，枣红马的鼻翼闪动起来，原地奋蹄踏步，欲出栏圈疾走，一副兴奋的样子，还以为是主人要与它前往溇水河岸的山脚之下奔驰一番。

陈连升望着自己心爱的坐骑，脸面上也露出了兴奋之色。他拉了马绳，伸手抚摸着枣红马的鼻梁、腮帮，还有滑润亮泽的头额，轻握马鬃，然后伸手轻轻拍了拍枣红马的前跨骨，用一种温良的口吻说："你就安心地歇息几天，待我救出兄弟李铁，捉了穿心谷的匪首之后再作打算吧！"陈连升的心中升腾起了一线光明，两眼流露出自信的神色。枣红马也似乎听懂了他的话语，认清了他的自信，兴奋的性情渐渐地平静了下来，展露出傲慢与温良的姿态。

回到客栈的房间，陈连升推开了花格子木窗，耳边响起溇水河轻悦的水声，早春的寒凉也迎面扑来。他抬起头，望着八峰山那巍巍的雄姿，深深地吸了一口天地间那弥漫着的灵气，抬起手拢了一下散落的长发，两眼露出了坚毅的光芒。他为自己的行为感到欣慰，江湖上尚有人愿为朋友两肋插刀，更何况李铁是自己的兄弟，为了兄弟，前面就是刀山火海也要勇敢去闯，这才是我陈连升的性格。

如果说人的双眼是心灵的窗户的话，那么州官肖文钲也正是从陈连升坚毅的目光之中看到了他的与众不同。石门隙月下打虎彰显的是一个儿男的胆气，桃符口派兵布阵，捉拿盘居三里城数年的山匪谭天飞，突显的却是一个儿男的智慧。一个同时具备胆气与智慧的英俊儿男，谁还会视而不见？说实在的，就从陈连升大步走进州署大堂的那一刻起，州官肖文钲就已经喜欢上了他。只是陈连升提出要放李铁与他同去穿心谷的事，州官肖文钲不便轻易答应，这才同意了陈连升挑战大营官军的。其实，州官肖文钲的心里比谁都要清楚，一个敢在月下打虎，捉拿山匪的武林高手，拿下二十名官军应该不在话下。如果陈连升获胜，那么这营里的官军就应该反思一下了，不是穿心谷的土匪太强悍，而是用朝廷俸禄养得膘肥肉满的官军实在太不经磕碰。这下也正好借陈连升之手挫挫官军的傲气，让他们反省一下自己的薄弱，激发出一点战斗力来。

午饭过后，州官肖文钲修饰了胡须，梳了头刮了脸，还找出一身崭新的六品官服穿在了身上，像是要去赴一个十分隆重的聚会。女儿肖雪珍从爹爹脸面上掩饰不住的那么一丝儿喜悦中察觉到了什么，就在一旁撒娇似地问道：“爹爹今日个是遇到哪门子开心的事了，是升了官职还是遇了良才呀?”

州官肖文钲睁大眼睛望着女儿肖雪珍那水灵的脸蛋儿说：“你还是用心去学土家的织锦，将来也好成为一个心灵手巧的绣娘。别一天扯东管西，还经常往百斯庵里跑，学那些花拳绣腿，将来何用?”肖雪珍望着爹爹说：“您何必如此埋汰女儿，百斯庵的功夫货真价实，并不是花拳绣腿。等女儿学好了功夫，说不定哪一天我就为您平了匪患，让爹爹少操心哩!”州官肖文钲理了理官服上的皱褶之后，哈哈大笑说：“爹爹不该给你起名雪珍，应该起名天真好些！你是不知道马王爷长几只眼，也不知道匪窝里的血腥与残忍！你以后用心找个文武双全的夫君还差不多，那平息匪患的事情几时都轮不到你，晓得啵?”肖雪珍一听爹爹这话，顿时羞得耳脸鲜红，就又撒娇似地说：“爹爹！以后不许再提什么夫君的事，若您再提我就不理您了!”州官肖文钲长舒了一口气息说：“不提就不提！我得办事去了，你也去跟师傅学织锦吧!”说完这话，他便出了家门上了官轿，朝州署里走去。

州同已经早早地等候在了大厅里，见到州官肖文钲穿着一身崭新的官服大步走来，就满脸堆笑地迎上去说：“哟嗬！看来肖大人今儿日个是遇到喜事了，穿得这般阔气!”州官肖文钲没有直接回答州同的话，径直走到案前取了文书，盖了官印，揣在了身上。他想的是，如果陈连升挑战成功，他作为州官就得言而有信，当场签署文书，释放在押案犯李铁。

未时一刻，州官乘轿到了官军营前，却还不见陈连升的身影，他还以为陈连升是因为权衡了自己的实力之后没了胆气，临阵打了退堂鼓，便轻轻地叹了一声长气。可州官哪里知道，陈连升是听了白鹤客栈老板的提醒，要他骑上自己的枣红马前往营里，也好在马背上展现一下年少的英姿。

陈连升前些日子，早已经观察过营里的情形，在教场坝的西端有一排拴马的栏栅，而在教场坝东端却是一排插放刀枪的木架，既是骑马进营，也不会为拴马犯难，便依从了白鹤客栈那老板的建议，扬鞭催马绕西街朝营里奔驰而来。当州官肖文钲听到急促的马蹄声时，即刻松开了紧锁的眉头，对随从说：“陈连升这小子果然胆气过人，这就来也!”

来到营门之外，见了州官的官轿，陈连升飞身下马，手勒马缰，对州官施礼道：“肖大人，感谢您的抬举，连升一定为您展现精彩一幕!”州官肖文钲望了营里一眼之后说：“你只要不被大营里的二十名高手打成肉饼，就算我没有看错人啊!”

这时，一束阳光射在了清军营里，二百余名官军早已拉开了教场点兵的架势。

教场正中位置的观礼台前摆放着一排案桌和大椅。徐佐虎见州官肖文钲领着随从进到营里，连忙迎了上去，并把州官护送到观礼台正中的位置坐下。阳光照着州官肖文钲那一身崭新的官服，并反射出耀眼的光泽，官帽上的红须也格外显眼。

当陈连升拴好了枣红马，转过身走进众人的视线时，全场哗然。只见他个头高挑，上身穿一件浅蓝色的布袄，下身穿一条灰色的灯笼裤。小腿上扎了裹腿，脚穿一双六股绳的满耳子苎麻草鞋。略显郁黑的脸面上透着英武之气，双眉如剑，眼中透着冷凌的目光，高耸的鼻梁下嘴唇紧闭，俨然一位带兵的将官，让众官军望而生畏。

徐佐虎强装镇静，端着一副傲慢的神态，坐在了州官肖文钲的身旁。州同转过头来对徐佐虎低声说："你打算怎么收拾这小子？肖大人令我前往街口买的二十根苎麻绳我可是带来了。如果徐把总手下的官军真被那小子绑了，这传出营门之外，可就是好说不好听哩！"州官肖文钲瞪了州同一眼说："营内之事，没有外人参与，谁若敢传出营外去，我割了他的舌头！"

说完这话，州官肖文钲从坐位上站起身来，扫视了一眼列队的官军，然后把目光集中在陈连升的脸上停顿了片刻之后，大声说道："由于长乐县湾潭一带的土匪猖獗，官军多次围剿未果。为安抚周边百姓，州府只得贴出告示，招纳武林高手助战剿匪。告示张贴两日之后，被眼前这位名叫陈连升打虎英雄揭去。可他不要重赏，却要州署放出他的兄弟李铁助战擒匪，本官执意不从。并当堂告知打虎英雄陈连升——穿心谷的匪首陶德远是个武林高手，且手下的十八罗汉个个武艺高强，很难对付！可陈连升却说他有法子，本官不敢信他，只得想出这么个法子来试试他的深浅。他若能在一柱香的时辰之内绑了你们选出的二十名高手，本官便信了他，并立刻放出他的兄弟李铁，助他筹备围剿穿心谷土匪之事。若陈连升不能兑现诺言，本官念他年轻，也不会重责于他，只是那'打虎英雄'的名号以后不许再叫！"州官肖文钲望了此时此刻仍就平心静气的陈连升一眼之后，望着列队的官兵大声说："规则由徐把总宣布，但要陈连升答应，这才以示公平。"说完这话，州官肖文钲复又坐在了那把大椅上。

身着军服的徐佐虎手握腰间的佩刀，走到了观礼台的前沿，几乎是与陈连升面对面站着，他用一种威严的口气问道："是不是让挑出来的武士徒手与你交战？如果他们手持兵器，就怕稍有不慎，便把你扎成了筛子！"

陈连升转过身来，望了列队于身后，个个手持长茅的官军，冷冷地一笑说："看来徐把总的心底里已经没了底气。还是让我先给你说说规则吧！"陈连升站正身子，像将官训话一般，口齿利落地大声说道："挑出的武士都可以手持兵器，如同面对强敌一般用力刺杀。第一轮，我将夺下你们手中的兵器；第二轮，我将揭去你们头上的军帽。我所夺下的兵器插入刀架之上，不准再碰；我揭下的军帽，将整齐地叠放在观礼台的案桌头前。第三轮，我将取出绳索开始绑人，凡我已绑之人，自己挣脱爬起的我再次拿下绑上，任何人不得施救或触碰。我所拿下的人均让其面向州官跪成一排。这三轮下来，我顶多用去半炷香的时辰，还留半炷香的工夫，让你们去提李铁出来，如果这炷香燃完，我没见到兄弟李铁，我要绑的第二十一个人，可就是你徐佐虎!”陈连升抬手一挥，指向了徐佐虎的鼻头，吓得他本能地倒退了一步。

州官肖文钲再次从大椅之上站起身来，击掌三下，并用威严的口吻命令道：“就按陈连升说的规则行事！开始吧!”

徐佐虎抬手一挥，嘴里下达口令道：“前排的二十名武士出列！布长蛇阵!”事先挑选出来并列队前排的二十名官军，按照排练过的队形，面对面散开，手中的长戈“啪”的一声合成十道关卡。陈连升闪电一般突出官军的长蛇阵，站在了自己有利的位置上，准备出击。

就在官军用功运气，把二十根长戈全部顺成一条廊道，以为坚不可摧时。陈连升梭步上前，腾地跃起与前排交手。只见他双手握拿戈把向上提拉的同时，双腿绞地而立，双脚猛地挨个踩下。官军握拿长戈的双手哪里经受得住陈连升双腿的功力，在松开双手的瞬间便是一个扑地啃土，双双倒地时两个脑袋碰在一起发出了闷响。

还没等前面已经倒地的官军爬起身来，后面的便接二连三依次倒下。陈连升把夺下的二十把长戈抱在胸前理顺之后，抬起右脚弯向上一提，瞬间发力，只听得“叭”的一声脆响，二十把长戈就已经横放在了刀架之上。这动作让在场的两百多名官军眼前一亮，心里一怔。

紧接着，陈连升一个急转身，观察了一下东倒西歪的官军之后，又是一个腾跃，踩在了一个官军的肩膀之上，用脚勾起军帽便扔了出去，眨眼之间二十顶官军的帽子便被依次揭下，而且整整齐齐地分两叠摆在了观礼台案桌的右角之上。已经被陈连升攻击得晕头转向的官军挤在了一堆，站成了一个圈盘，立在那里如一圈梅花桩。有的稳住心神，运气用功，还准备还击。可陈连升早已跳下官军的双肩，在州同面前取了绳索，握在一起像一根长长的马鞭。他再次飞入官军之中，见耳脸就扫。那绳索抽打过的双眼冒着金星，二十名官军再度乱了方阵，如一群无头的苍蝇乱扑。陈连升顿时来了精神，依次开始捆扎，捆牢一个便抓提后颈如扔麻袋一般扔出去依次面向州官跪下，也只在眨眼的功夫，二十名官军便跪成了一排。

州官肖文钲看傻了眼。徐佐虎从军十余载，还从未见过如此神速的身法，额上竟冒出豆粒大的汗珠来。站在教场边沿的几百名官军也已经看傻了眼，除了双腿发软，浑身发抖之外，竟然鸦雀无声。

一切就绪之后，陈连升跃上观礼台，向州官肖文钲拱手施礼道："肖大人！连升习武不精，如有不尽精当之处，还望指教！"州官肖文钲顿时回过神来，站起身子，击掌三下之后大声吼道："英雄，真是少年英雄啊！看来这剿匪之事真有指望了！"说完这话，州官肖文钲从衣袋里取出那张事先预备好的文书，伸手递给徐佐虎说："还不快去把陈连升的兄弟李铁请来！还等着他把你也一并绑了么？"徐佐虎应声而起，接过州官手里的文书，带着几名官军到大牢里提人去了。

074

当李铁被徐佐虎一行带出大牢来到教场时，陈连升一下子惊呆了。这哪里还是在木簰队里时那个英俊潇洒的木客呀？真是蓬头垢面，衣衫褴褛，还骨瘦如柴。可就在李铁见到陈连升的刹那间，便两眼发直，浑身发抖。直到这时，李铁方才明白，这回竟然又是陈连升把他救出了牢笼。

只见李铁扑上前去，扑通一声跪在陈连升的面前，大声哭嚎着说："连升大哥呀！我李铁对你不忠不义，与你不辞而别！你却对兄弟仁义有加。我李铁有罪！有罪呀！"陈连升上前一步扶起李铁说："起来吧！其他的事我已经不怪你了！只是你一身功夫，却心无半点城府，办事不用脑子，这才是你的过错！我们健身习武，该为国家效力呀！我这次是向州官肖大人立下了军令状，你要养足精神，陪我前往穿心谷，捉拿匪首，还鹤峰州一片晴朗的天空，还百姓一片安宁！"李铁"呼"的一声站立起来，在陈连升面前拱手俯首道："我李铁这回算是想明白了，愿追随连升左右，听从调遣，报效国家！"陈连升定睛望了李铁一眼，挺起胸膛大声说道："你还认得我绑人的手法儿吗？快给这些官军大哥松了绑吧！"李铁这才转过身来仔细瞧了跪在一排的官军，开怀大笑说："哈哈哈，当初你们在十字街拿我，我是敬畏律法、敬畏官府，才束手就擒的。要是真的玩起命来，你们拿得住我吗？"说完这话，李铁走上前去提起一名官军的刹那，那绳索便拿在了李铁的手里，那手法儿和碎步让人眨眼不撤。

这时，一直在观礼台上观阵的州官肖文钲站起身来走到前沿，挥手吼道："慢着！让我训诫几句之后再给他们松绑吧！"州官肖文钲横扫官军一眼之后说；"你们都听清楚了吗？百姓敬畏的是律法，是官府是朝廷！可你们拿着朝廷的奉禄，吃得腰肥膀圆，屁眼子流油！可你们还整天官养婊太，兵逛窑子，不思其职，何以担大任？你们有谁仔细想过要报效国家？今日遇到陈连升，让本官也受到启发。从今往后，你们可要刻苦操练，时刻准备报效国家！”其实州官肖文钲的话也只是点到为止，他作为一个流官远道而来，也不便触及太深，是怕生出格外的事端来。不过州官肖文钲的话还是重重地刺痛了徐佐虎的心，看来他在暗中又娶一房姨太的事已被州官知晓了。

州官肖文钲走到陈连升的跟前，伸手拍拍陈连升的肩膀说：“好样的！报效国家才是正道，好好把握机会，你一定是个可造之才！”说完这话，州官肖文钲望了一眼还跪在地上不能动弹的十九名官军“高手”，脸面上露出一丝讥讽的笑颜对陈连升说：“放了他们吧！饭桶也是桶，桶能盛物；废物也是物，物尽其用！”州官转过身子拂袖而去，随从紧跟其后出了营门。

陈连升望着李铁抬手一挥说：“放了他们！”然后快步上前，朝那匹已经等得有些焦躁不安的枣红马走去。见主人朝它走来，那枣红马有些兴奋，原地奋蹄，还高昂起头来长长地嘶鸣了一声。

徐佐虎一路小跑，追到陈连升的身边一脸难色道：“连升英雄！这回你可是割了我的鼻子，出尽了我的洋相。还望捉拿穿心谷匪首的时候，你能给我们留一个机会，让我等兄弟能把丢掉的面子挣回来。不然，你也听到了州官大人的话语，兄弟们以后可就没得活路了哟！”陈连升拉着马缰，立在那里，一脸庄重地望着把总徐佐虎十分认真地说：“这回实在有些对不住！我也是救兄弟李铁心切，才出此狠招。穿心谷的事，待李铁休养几日之后，我们仔细商议。”

徐佐虎站在陈连升的跟前，就像是见到了自己的长官一样，一副唯命是从的架势，倒是把个李铁心里逗得乐呵了。他走上前笑着对陈连升说，“我看那州官大人，倒像是个相马的伯乐，还夸你是个可造之才，看来连升的机会硬是来了！”陈连升望了徐佐虎一眼之后对李铁说：“拿下了穿心骨的土匪，我们都有机会，拿不下穿心谷的土匪，我等都会无地自容，军中无戏言！”清军把总徐佐虎也附和着连连点头说：“连升英雄这话可是千真万确。营里的官军，正是因为多次围剿穿心谷的土匪而不克，才遭到了州官肖大人的贬损！”

回到州署，州官肖文钲的心里有了底气，当他在清军营里亲眼目睹了陈连升的身法和武功之后，增添了剿灭穿心谷那拨土匪的雄心壮志。让州官肖文钲万万没有想到的是，在鹤峰这片蛮荒的土地之上竟有如此优秀的青年儿男。陈连升不仅年轻英俊，而且心怀报效国家之志，是个可造之才。肖文钲主意已决，他要把陈连升收入自己的左右，可以随时差遣。

李铁回到家里，刘叶禾细瞧了他那蓬头垢面的模样，伤心得流泪。她冲着丈夫李铁吼道：“还不快去剃须梳理，把身上的那些臭烘烘的衣物全脱下来扔到河里去了！你今日个，可得弄干净还要穿得精神点儿，不然有何脸面陪连升喝酒？”李铁已是久久不见堂客刘叶禾那俊美的模样儿了，就像一只馋得要死的大猫见到了一只肥嫩的小鼠，恨不得连毛屎都一口吞下去。当他见到堂客刘叶禾的眼神里闪着春妇的光亮，脸面上泛着红润的颜色时，就在那儿嬉皮笑脸地说：“要得，要得！我一定梳理得干净光鲜一些，也免得损了堂客的兴头。”一听这话，刘叶禾火了，就又冲着丈夫李铁吼道：“瞧你这点儿出息！你在簰帮里头跟着陈连升也不是三天两天，可连升身上那沉稳机敏的派头，你怎么就一丁点儿都学不到呢？”

当李铁听到刘叶禾这话，即刻收住了笑容，一脸沉稳的对堂客刘叶禾说：“你这话我是记住了，从今往后若再跟着连升时，我一定专心学他的人格和品性！”刘叶禾轻轻地叹了一声长气，也没再说什么，到厨房里弄饭去了。

鹤峰州城虽也不小，可消息传得风快。还没等李铁梳洗干净，街上洪家的老爷子就叫人用竹筏杆儿抬着被李铁打成残废的孙子到州署里讨公道来了。洪家老爷子杵着一根文明漆杖，一副土豪的派头，还在州署的大门之外就大声喊道：“我倒是有些不明白了！肖大人凭嘛就这么放了案犯李铁呀？我家孙子还在遭罪呢！”

州官肖文钲端坐在案前，胸有成竹地说：“本官就知道洪老爷子，一旦听到李铁被释放的消息，就会沉不住气，定会前来质问本官！”

洪老爷子上前几步，站在州官肖文钲的面前说：“算不上质问，但合理的说法还是要有一个的！”

州官肖文钲“呼”的一声从案前站起身来，义正词严地说：“的确如此！本官是该给你们洪家一个说法了！不然这鹤峰州城里的什么事，都得由你们洪家说了才能算数了！”一听州官这话，洪老爷子的脸面上顿时变得铁青，他没想到州官肖文钲今天会把话说得这么硬气，也就站在堂前把那根文明漆杖杵得一声脆响说：“我倒是要仔细听听，肖大人能把话说到什么份上！”

州官肖文钲踱了几步之后，理直气壮地说：“是的！我作为一个流官，原本不想在鹤峰州城里与任何人结怨，因此也就有了强龙不压地头蛇的想法。但不管是谁，都该明白一个道理——普天之下，均属王土。一个朝廷命官，说白了还不至于非要屈身于地头蛇之下，而看你们的脸色行事！当然，我也知道你们洪家势力强大，土司时期便敢与司主抗衡。改土归流之后，朝廷派谁到鹤峰主政，都几乎逃不脱你们的牵制，这一点我还在任州同的时候就算看明白了！”州官肖文钲两眼如炬，直逼着洪老爷子说：“可你们仔细相过了没有？就李铁这事，是你们洪家的公子调戏人家堂客在先，李铁砸家打人在后。换句话说，如果有人调戏了你们洪家的媳妇，可能早被你们揍成了肉饼。按照大清律法，李铁已被关押半年有余，除了放人还能怎样？难道还要州署夸大其辞，将李铁斩立决？再说了，清江簰帮的老大陈连升你们不会没有听说过吧？就是那个在石门隙连打两只老虎，在桃符口捉拿山匪谭天飞的少年英雄陈连升。没想到他陈连升居然就是李铁的老大，而且在石门隙打虎的时候，就是李铁给他递的石锁。我不敢断定，陈连升这次前来鹤峰州，是专为营救李铁而来，但他既然碰到了李铁这件事，一贯行侠仗义的陈连升就一定不会坐视不管！洪老爷子，你仔细想想看？陈连升要动手救人，我估计什么样的牢房也关不住李铁，什么样的链子也锁不住李铁。逼急了，他不仅会劫狱，就连你们洪家的几百颗脑袋也不够他们砍的！今日释放李铁，一来事出有因；这二来嘛也是为你们洪家之好。你们拿李铁都没法子，还能挡得住陈连升吗？"

洪老爷子还从没见过州官肖文钲说话如此硬气，话如重棒砸来，连连击中要害，震得他双腿发软，心里发颤。但他还是硬着头皮顶嘴道："照肖大人这么说，那释放李铁之事，还是为我们洪家着想哪！"

州官肖文钲见火候已到，再次提起精神大声吼道："也可以这么解释！再说了，你们洪家在鹤峰城里生意也做得很大，经营皮货茶麻，从茶麻古道通商倒也合规。不过设在城里的那些烟馆和妓馆就当别论了，是不是官府也顶个真，速派官军去给你们查封了？这古话说得好，识时务者为俊杰！我给你们洪家一个忠告，回去后也好好想想，别以为天下人都得让你们洪家三分！"

躲在后堂随时听候叫唤的州同，这回算是开了眼界。他还从来没见过州官肖文钲像今天这样理直气壮。别说州同开了眼界，就连州官肖文钲自己也没想到，自个儿今天竟能这般底气十足。

洪老爷子这回才算明白了——扁担傲不赢地脚枋。他令下人抬着伤残的孙子离开了州署，这口恶气也就只得这么吞了下去。州同从后堂里钻了出来，望着州官肖文钲有些兴奋的表情说："大人今儿个威风！真是八面威风！等您这回剿了穿心谷的土匪，看谁还敢小瞧了州署！"

州官肖文钲万分感慨地说："朝廷也好，官府也好，需要的是顶尖的人才。文要懂治国，武能定乾坤。如果手中既无良才，又无良将，再有智慧的主子也就好比小媳妇难办无米之炊呀！莫看本官职位不高，可其中的道理还是悟出了许多的。"州同听懂了州官肖文钲的这一番话，他似乎感觉到，州官肖文钲是被少年英雄陈连升的那种胆气感染了。

可这当儿，陈连升却并不在意别人怎么看他，他也不想图什么虚荣。眼目下陈连升所惦记的还是穿心谷的那股土匪，如果真的能够一举拿下穿心谷，捉住了匪首陶德远，也算是扬眉吐气了。

傍晚，在与李铁喝酒的时候，陈连升一直闷不作声，好像心事重重的样子。刘叶禾还以为陈连升还在生李铁那不辞而别的气，想对李铁责罚，就对丈夫李铁说："李铁呀！你若还是清江簰帮出来的一条汉子的话，你就自罚一碗酒，给连升认个错赔个不是吧！"

陈连升抬起手望着刘叶禾说："我陈连升还真不是那种小肚鸡肠的人，再说他李铁已经在官军营里给我认过错了，咱兄弟之间从此以后不许再提这件事情。只是今日从官军营里出来，我就一直在想：捉拿穿心谷的山匪，这是老天赏赐给我们的一次良机，州官肖大人也算是器重我们了。因此，李铁你歇息几日之后，我俩就得前往湾潭亲自摸进穿心谷，实地侦察到里面的情形之后，再安排官军配合，一举攻下穿心谷！"

李铁点点头说："那是！那你看这些天我要准备一些什么器物？"陈连升停顿了一下之后说："你屋里开过铁匠铺，找个铁匠打制四只锚钩，就是放大簰时稳簰的锚钩。进穿心谷时，备上锚钩就够了。"李铁忙回陈连升的话："不用找铁匠铺打锚钩，我认识一群溇水簰帮的伙计，找他们借四只轻巧些的锚钩来用便是。"陈连升眼前一亮说："溇水河里也有簰帮？"李铁回答说："当然有啦！有河有水的地方就有放簰的汉子。鹤峰这边的木簰出江口入湖南。"陈连升面带笑容说："那就好！没事的时候，我们还可以放块木簰出去。"

刘叶禾见陈连升终于开了笑脸，也就喜上眉梢，她开心地说："连升终于开了笑脸，你一直那样阴沉着脸，我心里几多紧张哩！"陈连升望着刘叶禾说："叶禾姐姐，在簰帮里待久了，我与木簰有了感情，我很喜欢那种搏击风浪的刺激。"刘叶禾望见丈夫李铁一脸羞愧的模样，知道丈夫内心里想着什么，就透着一脸机灵地问陈连升道："既然这样，你为何还要离开了簰帮，跑到这州城里来了？"陈连升坦率地说："我是想出来闯一闯，当然最好的选择是从军，寻求一条报效国家的途径。"

李铁望着陈连升一脸执着的样子，就叹了声长气说："朝营里的那些官军一看，叫我当兵我可没有兴趣，说白了那就是一群废物！"陈连升瞪了李铁一眼之后说："话可不能这么讲！强将手下无弱兵，军中只有没用的将，没有无用的兵。如果把官军营里的二百多人让我来带，不出三个月，我保证他们个个都是好汉！"李铁点点头说："这我信！"

正说话间，夜幕不知不觉地降临了，街巷里交织着昏黄的灯光，一丝儿早春的寒凉正在山城里流淌着，似要慢慢儿化去。陈连升从"十字街"右拐出来，突然听到了一阵急促的马蹄声。当他抬眼望去时，眼前的情形让他一下子惊呆了。

075

原来这急促的马蹄声既不是浪了溜马，也不是谁在练习骑射，而是陈连升寄宿在白鹤客栈后院马圈里的那匹枣红马挣脱绳索跑了出来，沿街寻找主人来了。陈连升一眼认出了枣红马，即刻从惊愕之中回过神来，立于街心大喝一声："你往哪里跑?"

枣红马听到了主人的声音，立刻放慢了脚步，轻快地向他奔来，接着传出一阵拉长的嘶鸣。枣红马在陈连升的面前停下脚步，先是伸长脖子昂起头，然后站直身子向主人深鞠了一躬。陈连升伸手拉过枣红马含在嘴里缰绳，扑过去抱住了枣红马的脖颈，轻轻地抚摸着枣红马的毛衣说："你是跑出来找寻我么?"

陈连升虽然自幼爱马，可他此时此刻还并不知晓马的脾性。通过枣红马的这一举动，让他在震撼之余开始懂得——马与狗都是人类最为忠诚的朋友。他牵着枣红马走过一段街巷之后，踮脚跃上马背，沿街奔驰了一圈，与李铁喝酒时略显郁闷的心情顿时好了许多。

回到白鹤客栈安顿好了枣红马，给它弄了些上好的草料之后，陈连升回到了自己的房间，点燃了灯盏，昏黄的灯光摇曳着弥漫开来。他再次推开花格子木窗，只见那雄伟的山影灰蒙蒙地隐在了夜幕之中，遥远的天边有一缕星光透着早春的寒凉，辉映着山城的灯火。

那是一个极不平静的夜晚。陈连升躺在白鹤客栈的客房里，心绪难以平静。他想到了在邬阳关陈家棚所拥有的快乐童年；想到了从石龙河谷一路刹把子到金鸡口，出桃符口的情景；想到了从桃符口扎大簰出清江的激情与壮景，那些风餐露宿，惊险刺激的场景更是历历在目。当然，在陈连升的心目之中，最让他牵挂和思念的还是那帮兄弟。杨贞、陈三喜、罗汉章、印紫竹、刘金堂、郭小虎，还有林文章、关海峰、关海龙、林协堂、向海山等人的身影常在他的眼前闪现。特别是伙夫刘满山泡的那点儿香喷喷的罐罐儿茶，那种香味与回味让他难以忘却。当然他也想过要把找到李铁的消息告诉给兄弟们，也想到了如果这帮兄弟都在他的身边，能够听他召唤，还莫讲只有一个穿心谷，就是攻下一座城池也只是一声吆喝的事情。眼下虽然与李铁会了面，但李铁注定不会再与他同行，唯一能够陪伴他的也就是那匹枣红马，他心中视为宝贝的"枣红"。也就是在这个夜晚，陈连升已经明显地感觉到，自己再回清江簰帮的事已是后话了，他将立足于鹤峰州城，开启一段新的人生之路。

时间过得很快，转眼就到了仲春时节，天气渐渐地暖和起来了。穿心谷的事一直压在陈连升的心头，他觉得天气回暖之时也是人心回暖之机，时机已经成熟，是该了断穿心谷这个事情的时候了。

那天上午，陈连升把李铁叫到了白鹤客栈里，两个人仔细地分析了情况，研究了对策。最后陈连升提出：古历三月十六日前往湾潭，然后身带锚钩扮作木客潜入穿心谷察看地形地物，选择时机行动。李铁不许，说："三月十九日，可是你陈连升十六岁的生日，你的叶禾姐姐要备酒宴为你庆贺，你若不在，可就负了她的一番心意。"陈连升抬起眼定睛看着李铁那鬼灵精怪的模样，沉思了片刻之后望着李铁认真地说："可不能因小失大！生日连年都可以过，酒也天天都可以喝，战机却是稍纵即逝。"李铁眨巴了几下眼睛说："要不我们干脆提前一天行动，十五日动身，叫官军十七日凌晨开到穿心谷外接迎，负责押解山匪进城。"陈连升点点头说："也好！我俩十五日进驻湾潭，十六日清晨进入穿心谷，只要摸清情况，动手之后，应该时间够用。"李铁信心十足，站起身来说："这样也好，了却穿心谷的这桩事情之后，也好让你安安心心地喝顿酒。"

那是一个春雨后的晴天，陈连升与李铁扮成木客进山，沿那条小河朝穿心谷行进。走到半路，陈连升便生出了许多感慨，能选择这样一个风景秀美的去处筑巢垒窝的人，他们的心灵深处也一定还藏有一份温良，那就一定还有改造的空间。也就是说，既然穿心谷的土匪就只骚扰乡民抢点吃的，并没有杀人越货祸害一方，也就说明这群山匪良知尚存，缉拿时还是不该痛下狠手。

在行进之中，李铁好像已经看透了陈连升的心思，有些担心起来，就直截了当地说："连升！我知道你心地善良，为人仗义。可我们这回不是游山玩水来了，若是下不得狠手，恐怕我们兄弟二人就出不了穿心谷！"陈连升一皱眉头，脸上的表情突然变得冷凌起来，两眼逼视着前方，这才把心境从欣赏风景的角度收回到捉拿山匪的正轨上来。

穿过小河的一道浅滩，绕过一道怪石之后，陈连升突然觉得不妥。这小河的水是从山外朝穿心谷里面涌流，再看这水道和流量，既刹不开把子又赶不动流送，扮成木客进入穿心谷显然不合情理。除此之外，还有一个问题也让陈连升感到奇怪：他与李铁进入穿心谷也走了一段路程了，如入无人之境，观其山形与点位，该设岗哨的位置却不见人影。

坐在一个较为隐蔽的岩壳之中，陈连升把这些想法与李铁细细说了一遍。李铁倒也机灵，就对陈连升说："进入河道之中，我就觉得扮木客不妥，如遇岗哨盘问，就说我们进入穿心谷，只是想在那深谷的悬崖绝壁之上寻找一些飞狐。我们身上各自带有锚钩和绳索，与打飞狐结钻山攀岩的人极为相像，想必充得过去。"

陈连升连忙问："'飞狐结'是什么东西？我怎么没有听说过？"李铁连忙解释说："山中的悬岩绝壁之上有许多岩隙或洞穴，栖居着一种名叫飞狐的鸟，它们成群结队，雌雄相配。雌鸟流出的经血干涸之后颜色发黑，那是一种极其名贵的药材，比鸦片还贵许多。这种药材名叫'飞狐结'。"陈连升点点头说："看来这山里儿男，除了伐木放簰、放绳捕猎之外，还有许多绝活。"

当陈连升还想与李铁提起那些岗哨的事情时，就听那空谷之间传来了一声怪异的鸣响，如大簰之上空竹遇到劲风时的声音。接着便是岩石滚落的轰鸣之声。李铁站起身来正欲探望，却被陈连升伸手按下，示意他听听动静再说。可空谷之间除了被惊动的鸟类发出扑腾惊叫之声外，便没有其他响动，而且很快寂静，就连小河的流水也安静得几乎没有声音。

再往前行了三里许，李铁倒吸了一口凉气。前面出现了一道壶口，河水深跌入谷，发出轰鸣之声。一座由青冈藤绑好的木桥竖在半空，用绳索拉在了对岸的一棵名叫大叶鞍的树上。陈连升见状，本能地隐蔽在一块大石后面，瞄出双眼侦察着这个壶口处的情形。凭着他熟知水性的经验，河水跌入深谷的轰鸣之声来判断，此瀑高约三丈，谷底有深潭。这里很可能就是进入穿心谷的第一道屏障。

查明情况之后，陈连升对李铁说："我先过去看看，见我招手为号，你再过去。"李铁不许，一把拉住陈连升说："我先过去，据我观察，木桥竖立之处的岩隙之中一定藏有匪徒，让我与其交涉之后你再过去！"

说话间，李铁从腰间解下一圈绳索和一只锚钩，瞄准一棵大树欲甩锚钩挂上，准备拉住绳索腾越过去直达对岸的岩隙。就在李铁拉开架式，甩圆锚钩发出嗡鸣之声的刹那，就听到对岸传来了一个阴阳怪气的声音："哪来的亡命之徒？敢闯穿心谷？"好在李铁甩动的锚钩还没出手，连忙接话答道："这位大哥，请你快快放下吊桥，让我们过去，我们是进穿心谷寻找飞狐结的山人。"对方仍旧阴阳怪气地狂笑道："这倒是新鲜了，你们打飞狐结打到穿心谷来了！穿心谷可能没有飞狐结，人屎人尿倒是成堆。再说了，你唬谁呀？既然你是打飞狐结的伙计，还要我放下吊桥你们才能过来吗？"

还没等那个阴阳怪气的声音落下，就听得"嗖"的一声，李铁已经甩出锚钩越过对岸，身轻如一只玲珑的金丝猴，站立在了那人的面前。那人惊愣了一下之后说："瞧你这身手，还真是一个打飞狐结的伙计。不瞒你说，你算是来对了，这穿心谷的四面绝壁之上别的没有，可飞狐结一定多的是。"还没等那人回过神来，又听"嗖"的一声，陈连升已从他们的头顶飞越过去，站在了不远处的岩檐之上。

那人一惊之下怪叫了一声，心胸里狂跳起来，瞧陈连升那身手和模样，压根儿就不像是一个进山来寻飞狐结的伙计，倒像是一个传说中的大内高手。只见那人一个翻身扑过去，拉动了一根有些枯黄的粗葛藤，顿时连着整个穿心谷的“响板儿”发出一串声响，在山谷间回荡着。陈连升与李铁对望了一眼，知道这是他向谷底发出的信号。

那人骨瘦如柴，长脸上乱须飘散，一副凶狠怪异的模样，说话阴阳怪气，一口被旱烟熏黑的长牙间喷出一股刺鼻的烟臭味。陈连升的心里顿生厌恶，欲伸手拿下。李铁抬手阻止，并对那个站哨的山匪说：“你可要精灵点儿，既然你说这穿心谷多的是飞狐结，那你就想想看：我们俩伙计如果发了财，还少得了你的那份子？”一听李铁这话，那山匪的眼睛里突然冒出两股绿色的光亮来。其实他早就听说那飞狐结比鸦片烟还要贵重，若能弄个半斤八两，这山匪就算没有白当，吊桥也算没有白守。等他透过绿光再看那李铁时，那浑身的装扮和所带的行头，就没有哪点儿地方不像是打飞狐结的伙计了。

站在岩檐上，陈连升几乎看见了穿心谷的全景，真是秀丽壮美，宛若仙境。在吊桥外河水落下的潭口处，就是一道绿港港的深渊，宽不到两丈，长约百丈余。要从这里再往前行，只能攀岩而下，用木簰或是竹筏过那百余丈的水荡，方能进入穿心谷。陈连升心里慨叹：“这可真是一道地理奇观！也是一道易守难攻的境地，难怪官军久攻而不克。这种地界的确不适合大军进发，只能是各个击破。”

这时，听到“响板儿”发出信号的匪子开始躁动起来，以为又是官军派探子进了穿心谷。只听下一道岗哨的土匪探出头来大声嚷嚷道：“喂，穿山甲！你那儿什么情况？”原来这个守吊桥的土匪外号穿山甲。但他的心里已被李铁的话说动了，有了利益的诱惑，真想得点飞狐结捞点好处。于是他就在那里阴阳怪气地应答道：“没事，没事！是一群过山的猴儿碰着拉响板儿的葛藤了。”

陈连升从岩檐上转过身来，走到穿山甲的跟前说：“我仔细查看过穿心谷的地形，这里边绝对有十分丰厚的飞狐结，等我们两人前去仔细探明，若有收获，你这回也就跟着我们发财了，再也不用在这山谷之间风餐露宿，守这吊桥了。”一听陈连升这话，穿山甲有些兴奋起来，望着李铁和陈连升说：“只要你们俩伙计说话算话，若有么子需要我帮忙的地方，我也是把好手，不然人家也不会给我起个外号叫穿山甲。”

李铁见穿山甲已经没了警惕，就连忙转过身来插话说：“我们初来乍到，脚踏生地，眼看生人，混的也就是个说话作数。我们只要发了财，也就绝对少不了你穿山甲的那份子。不过你要给我们指指路线，我们怎样才能顺利地进入穿心谷，如果打到了很多飞狐结，又怎么能够运得出来？”

听了李铁这话，穿山甲就仿佛看到了已经到手的雪花银子，一脸兴奋地说："穿心谷虽是天险连连，可走通了也有一条大路。不过你们打到很多飞狐结之后，就必须在穿心谷的长潭上口坐竹筏子出来。"

陈连升已经听出了门道，两眼盯着穿山甲那有些贪婪的表情说："只要穿心谷的长潭上口真有现成的竹筏子，那这回你可真的要跟着我们发个大财了。"穿山甲也仔细地望了陈连升一眼，可当他的眼神与陈连升的眼神相碰时，心里吃了一惊。但他很快镇静下来，量想陈连升那年纪轻轻的模样，想必也不可能是什么官军派来的探子，就肯定地说："当然有现成的竹筏啦，不然穿心谷一支两百多人的队伍怎么进进出出？"陈连升发现穿山甲的心理防线已经完全被击溃，就望着穿山甲那怪怪的模样，诡异地一笑说："穿心谷还驻扎着一支队伍吗？这支队伍宿在这万山丛中作甚？"

一听陈连升这话，穿山甲顿时来了精神，显摆起自己的阅历来了。他望了一眼陈连升那年轻英俊的模样说："我看你小子还嫩得很，想必屁眼子还没收黄吧！那我就真得好好地给你们说说了：你们想想，吃着皇粮，穿着军服的官军都驻扎在街口，驻扎在城镇。可像我们陶司令自己揭杆拉起队伍的人，一没饷银，二没军服，还经常被官军清剿，他不躲藏在这深谷之中，还摆在大路上让官军捏软柿子么？"

陈连升仍然平静地点点头说："那倒也是。不过我有一个问题要请教于你，你可以告诉我吗？"穿山甲心存虚荣，一听这小子还要请教他问题时，即刻来了精神，用一种自信的口吻说："你问吧！你不问我，难道还敢去问我们陶司令吗？"陈连升望了李铁一眼，然后平静地说："今日个天气甚好，你如果能够给我们讲清穿心谷的路线，让我俩尽快找到大量的飞狐结，指不定明天傍晚就会有大量的飞狐结运出来，你发大财的事也可能就在眼前了。"李铁在一旁应合着点头，他完全明白陈连升想要得到什么了。

穿山甲犹豫了一下之后说："在这穿心谷里，我只负责守吊桥。本来还有几个伙计和我一同守吊桥的，只因明晚就是我们陶司令的四十大寿，他们都进入寨子里去帮忙准备酒宴去了。要说这路线的事我也给你们讲不清楚，送你们进入穿心谷更是不太可能。不过你们如果能够越过这道水荡，进到穿心谷的上口，那里边住着一个采药的老头，他的手里还真是绘有一张穿心谷的路线图。若能求得那张图，这穿心谷的路线也就能烂熟于心了！"

听到穿山甲这话，李铁和陈连升都是眼前一亮，几乎是异口同声地问道："里面还有一个采药的老头？而且那老头的手里还有一张穿心谷的路线图？"

穿山甲也是发财心切，连忙点点头说："你们去吧！就说是我穿山甲叫你们去找他的!”李铁伸手拍拍穿山甲枯瘦的脊背说：“那就谢了，等我们从穿心谷里转来，一定会给你个惊喜!”

说声不了，李铁便“嗖”的一声甩出锚钩，接着沿岩壁上的灌木依次收放抛钩而行。他们是头顶一线晴天，脚下一道深不见底的绿水荡。陈连升与李铁两人身轻如燕般前行的动作，活像两只在林梢间奔忙的猴，让穿山甲也看得心里发起忧来。

076

得知穿心谷的上口住着一个采药的老头，老头的手里还绘有一张穿心谷路线图的详情之后，陈连升的心里顿时有了底数。当他俩攀爬到穿心谷的上口之时，水面开阔了许多，一道横岩如一道垒起弧形堤坝，挡住了水流，在横岩的外圈匀称地散成一片扇形的圆瀑，远看如一片硕大的荷叶，晶莹透亮。平静的水面上倒映着起伏的山影，和那昏蓝的苍穹之上飘动的白云，形成了一副灵动的图案。上口开阔的水面上果真一顺溜摆放着二十多块竹筏，已经枯黄的金竹撑篙就摆在竹筏之上，这让陈连升和李铁心中一喜。有了竹筏和撑篙，这深谷之中的水荡深渊，在他们的眼里，那便是一马平川。

收好锚钩挽拢绳索之后，陈连升与李铁沿崎岖的山道前行，道路时上时下坎坷难走，脚步深浅不一，如河滩上的乱石。

陈连升的脚步倒也轻快，他边走边想：既然明晚就是陶德远的四十大寿，还要置办酒席庆贺过寿，那便是一个动手的最佳时机。可与州官肖文钲的约定则是，官军要在十八日凌晨才能到达穿心谷外接应，提前动手就等于被捉拿的匪首在其间有十几个时辰无法控制或看守，假若乱了阵脚便会前功尽弃，如果出现意外很有可能自己与李铁都被缠住，而一时半会儿出不了穿心谷。

而这时李铁却在这样想：陈连升这回为了救我李铁算是遇到难题了。这穿心谷道路崎岖，山险水横，天险密布。把匪首全部捉拿捆绑倒不是问题，可要把这么多人一路押解弄出穿心谷，恐怕神仙下凡也难以做到。也就是说：如果能用一个办法把盘踞在穿心谷的匪徒全部调出穿心谷，到了吊桥之外的开阔地带再动手捉拿，然后交与官军押解，那就省事多了。可用一个什么样的计谋能将众匪全员调出穿心谷?李铁经过反复思量，最后的结论就是三个字：没办法。但在李铁的心底里仍就抱着一线希望，凭陈连升的机敏，或许能够想出一个可行的法子来。

可是能用一个什么样法子呢?这么多的人，如果是在穿心谷里头绑了他们，要把他们押解出穿心谷，那几乎是不可能的事。其实这会儿陈连升的心底里也着实没底，他现在唯一的希望就是尽快见到穿山甲所说的那个采药的老人，若这个采药的老人能够相助，自然就能想出一个万全的策略来。他与李铁在警惕地前行，是怕遭遇到大股的土匪，过早地暴露了自己的身份。

攀爬了一段山道之后，穿心谷的水流传出轰鸣之声。不远处的林梢间有一群猴子见到陌生人已经闯入穿心谷境地便惊慌起来，开始在林梢间攀爬腾跃，往密林深处挺进。顺着猴群攀爬腾跃的方向望去，有一缕淡淡的炊烟升腾弥漫开来。在那绿树掩映的深处，发现有一间茅草遮盖的棚子。

陈连升的心里惊喜，眼前一亮，转过脸来对李铁说："莫非那里便是采药人的居所?"李铁摇摇头说："未必，倒像是个隐者的居所。"两人朝那炊烟升腾处奔去。

爬上一段岩岭之后，眼前出现了一道岩隙，虽然地势并不开阔，却十分干燥，是一个通风向阳的去处，适合居住。岩隙中有一间并不宽敞的棚子，地面上用乳白色的金冈泥填得十分平整。棚子的一角有一个青石垒成的灰框，里面燃烧着木柴火。棚屋的楼是用水竹编成的竹帘，火炉之上挂着一个木质的炕架子，炕架子中间的楼斗上挂着一根粗竹筒制成的梭筒钩，梭筒钩上挂着一只砂锅，里面烧着开水，热气随着柴烟升腾起来。火炉的周围放着两条十分粗糙的板凳，夹壁上的木门敞开着，却不见那个依山而居的隐者。

当陈连升看到那只砂锅里滚烫的开水时，他本能地摸了一下腰间的衣袋。可惜这回他们从鹤峰州城出发时走得匆忙，忘记带点儿邬阳关的茶叶了。李铁把陈连升的这个动作看在了眼里，连忙伸手从腰间的衣袋里掏出一个牛皮纸袋说："拿去吧，这是一点儿香茶，我就知道你现在爱茶胜过爱酒!"

陈连升没有伸手接茶，只望着李铁笑笑说："没想到你小子也还记得我的那点儿嗜好。不过这屋里没人，怎敢随便进屋用了人家罐儿，喝了人家的开水?"李铁说："那倒也是！要不我们俩先在阶沿上等一等，待人家主人回来之后，再进屋里讨口水喝?"陈连升仔细地瞧了瞧周围的动静之后，故意提高嗓门儿说："我相信这间屋里的主人一定不会走远，不然火不会烧着，门不会敞着。"

突然，不远处岩檐之下的一棵大枫香树蔸脚传来了一位老者有些沧桑的声音，他大声回应道："来者便是客，只管进屋歇；升坐把茶喝，不然要不得!"陈连升一听这声音，就觉得这绝非是一个心底阴暗的土匪，指不定就是那位采药的老人。他连忙对着那棵粗壮的枫香树喊道："长者请回！我们是进山寻找飞狐结的伙计，正有事情需要请教于您!"

语音未落，只觉一股仙风吹来，一位道骨仙风般的银须老者便站立在了阶沿之上。陈连升心里一怔，并暗自惊叹道："这人怎与我故去的师傅廖德贵如此相像?"

回过神来，陈连升拱手施礼，嘴里慨气地说：“长者切莫责怪晚辈！是我们的冒失袭扰了长者的清静！”

那位长者倒也爽快，一抹花白的山羊胡须笑着说：“哪有袭扰之说！瞧你们带的行头，倒与进山打飞狐结的伙计有几分相像。但是我敢肯定，你们进入穿心谷，绝不只是为寻药而来！”说话间老人收住笑颜，转身进屋沏茶去了。

陈连升与李铁对望了一眼，也觉得这位长者绝不是一个单纯的采药人。顿时一个疑问涌上了他俩的心头——那么他隐居于穿心谷之中究竟是为的哪般？陈连升给李铁使了个眼色，是叫他不必多言，以免言多必失，露了马脚。

长者端了两碗茶水出来，分别递给了陈连升和李铁。然后他端坐在棚檐下的木墩上，望着穿心谷的风景长舒了一口气息。而这时，陈连升端起茶碗就觉得味道不对，送到嘴边咪了少许。那茶水是一种古怪的味道，过余酸涩，略带苦味，闻之与马尿近似。那位长者望着陈连升皱着眉头咪茶的模样，知道他还不适应这古怪的味道，就叹声长气说：“这穿心谷地势偏高，不产茶叶。我们就只能在夏秋时节采些木梨子树叶晾晒之后充作茶喝。初尝此茶，味道确实有些古怪，但日子久了，等习惯了那酸涩的味道之后，倒也能够品出无穷的回味出来。”

李铁从腰间掏出纸包的茶叶递给那位长者说：“这是正宗的好茶，您把它用只罐儿在火上炕焦了，泡一罐儿我们一起品尝如何?”长者接过茶叶，拿到鼻翼之下深吸了一气之后，脸面上露着笑颜说：“栗香扑鼻！真是上等的好茶！”长者转身进屋，把那陶罐儿中的木梨子树叶泡的茶汤，倒在了一棵树下，然后仔细用水清洗了陶罐儿，到火炉上炕茶叶去了。陈连升注视着这位长者的一举一动，凭他的直觉判断，这位长者一定不是坏人。

喝茶闲聊之间，这位长者向陈连升和李铁吐露了心迹。原来这位长者复姓欧阳，字云雨，原是长乐县城里一个知名的郎中。只因五年前，穿心谷的一股山匪闯进长乐县城，到他的药铺里劫财。山匪不仅将郎中欧阳云雨家的钱物洗劫一空，而且还强暴了他家的新婚儿媳。为了躲避山匪再犯，他的儿子便带着伤痕累累的儿媳妇去了宜都城。也就是从那年夏天开始，欧阳云雨便带着简单的行装进驻穿心谷，以采药为生。一来是想摸清穿心谷这股山匪的老巢；二来也想采些名贵的药材回去，待到没有山匪侵扰的时候，重开药铺，行医疗病，尽个郎中的本分。

陈连升放下茶碗，语气坚定地说：“这股山匪不除，以后还会祸害人间！”停顿了一下之后，陈连升望着长者欧阳云雨问道：“那您当时为何不报官？叫官军来剿。”长者叹了一声长气说：“官军前来剿过多次，可穿心谷山险水横，官军只能开到吊桥之外的开阔地带，过不了吊桥，过不了水荡，而且每回都是浩浩荡荡而来，搞得热热闹闹，有时候连个山匪的背影都没见着，就鸣金收兵，何谈剿灭？”

就在欧阳云雨与陈连升交谈的时刻，李铁喝完茶水之后便溜出岩隙，前去侦察了穿心谷里面的动静。只见进入穿心谷深处的那条石板儿路上，有一队背着啄子火枪的人影在晃动，不像是在巡山或是拉练，像是在搬运什么物品。李铁连忙返回棚屋，向陈连升与欧阳老者说了这些情况。欧阳云雨一抹山羊胡子说：“不足为怪！明日是匪首陶德远的四十寿辰，穿心谷的山匪将会集中在谷底燃篝火饮酒狂欢，并在月下操戈助兴。”

陈连升显得冷静沉着，他对这位名叫欧阳云雨的长者的话进行了一番分析，觉得其中虽然无诈，却有水份。也就是说，人在叙说自己的过去时都喜欢掩饰对自己不利的那一些真实情形，而喜欢编造一些情节或细节。在陈连升看来，欧阳云雨的身世存有疑点，但有一条是可以肯定的。那就是他与李铁如果要他协助捉拿山匪，或者说交出那张地图，这人一定不会拒绝。

这时，欧阳云雨似乎也看透了陈连升的心思，就试探着问道：“你们二位如果真是进入穿心谷寻找飞狐结的伙计，那我倒是有一件事情有劳二位帮忙了！”陈连升抬起头来冷冷地说：“除了捉拿山匪的事情之外，您就尽管吩咐吧！”一听陈连升这话，欧阳云雨的心里一怔。眼前这位英俊的儿男，年纪尚在二十之下，却如此机敏，于是他更加坚信这两个年轻人绝对不是进入穿心谷寻找飞狐结的伙计。可怎样才能让他们量出自己的真实身份呢？欧阳云雨正准备说话，却被李铁伸手打断了。

李铁看了陈连升一眼之后，转过脸来望着欧阳云雨说道：“该不是要我们帮您到岩檐上去，爬上那棵很古老的枫香树，去采下丫疤上长着的那蔸茂盛的黄草吧？您先在那棵枫香树下摸索时，我便顺着那棵老树的主杆向上搜寻，早已瞧见了那蔸宝贝！”欧阳云雨一脸惊愣之后回过神来，一拍大腿说：“哎呀呀！你居然有如此锐厉的眼光！如此说来，这穿心谷里也就没有什么能够逃脱你们的眼睛了。”

陈连升两眼盯着欧阳云雨，语气坚定地问道：“是，还是不是？如果是，就叫这位仁兄快快前去给您把那兜药用的黄草采下来就是。”

欧阳云雨连忙点点头说：“是，正是！”陈连升转过脸来望着李铁抬手一挥。只见李铁应声而起，拿起放在阶沿上的锚钩和绳索便钻进了岩檐下的深林子。

那棵粗大的枫香树生长在岩缝里，树杆向外倾斜，树下便是一壁悬岩直插深谷，攀爬树杆时如坠雾中，令人心慌胆颤。但李铁腰缠绳索，手提锚钩，不一会儿便带着那兜肥壮的黄草回到棚居，递到了长者欧阳云雨的手里。欧阳云雨顿时眼前发亮，心中惊喜不已，只顾了欣赏，嘴里不停地念叨道：“宝贝！真是难得的宝贝啊！”

陈连升双手接过那蔸黄草捧在手里，仔细欣赏了一番，没有兴奋激动的反映。

接着他顺手把黄草递到李铁手里，并使了个眼色。李铁心领神会，把黄草拿在手里欣赏了一番之后，望着仍然在亢奋状态的欧阳云雨说：“这东西在我们的眼里也就是一蔸草，而在您的眼里却是一件宝。那我就该说了：这山中之物，见者有份。可眼下我们也并不想分享您的这蔸宝贝，却想拿我们的那一份子换您的一样东西。”欧阳云雨警觉地望着李铁手中拿着的那蔸肥壮的黄草说：“什么东西？你们快快说与我听听！”

陈连升点点头说：“我们进入穿心谷的时候，在吊桥那地儿遇到了一个名叫穿山甲的山匪，他向我们说起了您的手中绘有一张穿心谷的路线图。其实我们也并不想占有您的这张图，只想您借给我们一用。”欧阳云雨那紧张的情绪松弛了下来，把目光从李铁手中的黄草之上移到陈连升的脸上说：“我手中确实有一张穿心谷的路线图，是钻山采药时花了近五年的时间细心查勘并绘制的。是想有朝一日能够遇见一位英雄，助其剿了穿心谷的山匪。莫非……”

李铁点点头，并伸手指着陈连升对欧阳云雨说：“这位应该就是您想见到的那个人！”欧阳云雨这会儿反倒平静下来，起身走到岩檐上，望着穿心谷那起伏明亮的山影，听着那熟悉的流水的轰鸣之声，嘴里自言自语地说：“该是离开穿心谷的时候了。守了三年的那蔸黄草也已经采了下来；历经五年绘制出的一张线路图也已经派上了用场，没有什么遗憾的事情了！”

突然一阵清凉的风从谷口吹来，迎面拍打着欧阳云雨那张饱经风雨沧桑的脸面，而他的心胸里却有一种温暖正弥漫开来。

077

当陈连升摊开欧阳云雨递给他的那张图布，仔细研判了一番之后，松开了眉头，露出了笑颜。或许这就叫“踏破铁鞋无觅处，得来全不费功夫”。有了这张图，那神密无比的穿心谷，在陈连升和李铁的眼里就变得通透起来，就连山匪的布防和哨位都是一目了然。但是，通过陈连升的仔细思量，即使有了这张图，却仍然不能够轻而易举地攻克穿心谷。因为陈连升得到的明确指令是：捉拿山匪，押解回城！而并不是就地歼灭。如果得到的指令是“就地歼灭”，那么有了这张图也就足够了。

沉默了片刻之后，陈连升转过脸来用一种冷凌的目光，望着采药的郎中欧阳云雨问道：“您来穿心谷已经五年，想必存有许多珍贵的药材，其中可有‘翻天云’?”欧阳云雨立刻明白了陈连升的用意，会心地一笑说：“当然有啦！我去年还专门采了好大一捆，就晾干在棚居后的岩隙间。”陈连升点点头说：“那就好！如果将此药渗入山匪的酒中，您觉得是水煎取其汁，还是要将药碾成细粉投入酒中?”欧阳云雨认真地说：“还是将药碾成细粉投入酒中效果最佳。再说，如果用水煎取其汁，不方便携带，怕不慎泼洒。”李铁在一旁听出了明堂，笑着望着欧阳云雨这位老者说：“看来这郎中有时候也够损的!”

陈连升严肃地望了李铁一眼，但也没有埋怨他。接着问欧阳云雨道：“您这里可有碾制药粉的碾槽?”郎中欧阳云雨连忙认真地回答说：“当然有啦！前年我在穿心谷底捡了一块长条形且有凹槽的麻沙骨石回来，自己凿了一个碾制药粉的器具，正好能够派上用场!”陈连升这会儿开了笑颜，他转过脸来对李铁说：“这下你可就有活儿干了。你要给我碾十斤翻天云的药粉出来，晚间我俩前去给陶德远兑酒。让其浸泡一夜之后，明天祝寿的效果一定更好。”一听这话，李铁与欧阳云雨大笑起来。李铁拉长脸形用一个怪相望着陈连升说：“你这招有点损，说出去恐又是一个笑话。”陈连升收住笑脸，一脸严肃地说：“不要嬉皮笑脸！这就叫兵不厌诈!”

可这时，老者欧阳云雨一抹山羊胡须皱起了眉头，凝思片刻之后，他十分认真地望着陈连升和李铁说：“此法不妥！你们的思路是对的，但方法不妥!”

陈连升警觉起来，连忙问道：“您是觉得哪个地方不妥?”老者欧阳云雨一脸严肃地说：“你们仔细想想看，穿心谷的山匪总共二百六十三人，由陶德远手下的十八罗汉分别管着。祝寿的日子不会放松警惕，沿路六道岗哨就要占去二十四人，那么前去参加贺寿的就只有二百三十九人。就打他们再大方些，每人准备三斤酒，总共不会超过八百斤。你如果真兑十斤翻天云的药粉进去，不讲喝酒，就连闻见酒气都会立刻呕吐不止。再说这个方法很容易被发现，一旦发现酒中有诈，后面的人便会立刻停止饮酒，结果难以实现‘酒攻穿心谷’的目的。”

听了郎中欧阳云雨的这番话，陈连升如梦初醒，他十分严肃地说：“确有不妥！按照您那张图上的标注，从穿心谷的谷底，也就是从山匪们集结的巢穴到达吊桥之外的开阔地带，除去水荡乘坐竹筏的距离，还要徒步攀行一千七百九十六步。在这种情形之下，既是都饮酒下肚呕吐不止，势必乱而无序，冲不出穿心谷。既然山匪们不能用求施解药之法，有序地调出穿心谷，那么这个法子便不成功。”

陈连升再次摊开了那张图，并认真进行了研判。然后他十分谦虚地问长者欧阳云雨道：“您的心中是否早有妙计？何不快快献于我们。”欧阳云雨再度伸手抹了一把山羊胡须，然后抬起头挺起胸，望着穿心谷的险峻山势舒了一口气息之后，转过脸来望着陈连升和李铁认真地说：“我倒是真有一计。不过我有一个条件，你们得先答应我才是。”陈连升站起身来，走到欧阳云雨的跟前十分严肃地说：“说吧！什么条件?”

欧阳云雨以一种极其认真的口吻说："穿心谷的山匪虽然作恶多端，但他们并不欠多少血债，很少干那种杀人越货之事。我的条件是，你们在这次行动之中，只能捉拿匪首陶德远和他手下的十八罗汉并押解回城。其余人等凡愿意从良回归田源稼穑自食者概不追究，就地遣散。"

陈连升对欧阳云雨所提的这个条件不置可否，因为他从欧阳云雨的语中再次捕捉到了一个与采药郎中的身份完全不符合的信号。一个在穿心谷荒僻之地隐居了五年，且被这伙山匪强暴了自家新婚儿媳妇的人，还有这等宽容的胸怀吗？陈连升转过脸来，用两道冷凌的目光盯着采药的郎中欧阳云雨追问道："除了这个条件之外，您还有什么要求吗？"

欧阳云雨一脸释然，望着陈连升和李铁说："待你们真正拿住了十八罗汉和陶德远，并将他们押解回到鹤峰州城，在摆酒庆功的时候，别忘了告诉州官何学青，还有清军把总徐佐虎一声。就说有一个采药老人名叫欧阳云雨，又离开穿心谷回到长乐县城的老街开设药铺，施药疗病去了！"

李铁一听这话，用一种怪异的目光望了陈连升一眼，仿佛是在提醒陈连升——欧阳云雨的身份存有许多疑点，他还能记得前任州官何学青，记得官军营中的把总徐佐虎。但有一点可以肯定，欧阳云雨绝对不是山匪的眼线，他所绘制的那张图也可以深信无疑。在清江簰帮的时候，陈连升的机敏也是出了名的，可此时此刻他的两眼之中闪现出的虽不是愚钝与迷茫，却有着些许难以言表的神伤。他甚至在这样拷问自己：这就是江湖的深浅么？

陈连升朝李铁挤了一下眼睛，是想告诉李铁，当下还不是探索欧阳云雨身世的时候，与捉拿山匪无关的事情，都只能暂时先放一边，等完成缉拿山匪的任务回到鹤峰州城之后再作探究。

于是，陈连升把自己冷凌的目光定格在欧阳云雨那道骨仙风的模样和那饱经风雨沧桑的脸上，语气坚定地说："我们可以答应您的条件，但您必须尽全力确保我们这次行动万无一失！"

欧阳云雨进到了棚屋之中，并把陈连升和李铁也叫进屋里，坐在简易的板凳之上，一边喝着茶水，一边如此这般给他们授予捉拿山匪的计策……

近日，州官肖文钲常处在一种亢奋的状态。自从那日在官军营中亲眼见了少年英雄陈连升的不凡身手之后，他的眼前时而闪现出陈连升那闪电一般快捷的影子。在他的脑海里时常浮现出这样一个念头：鹤峰这片山地里虽说风景秀美，但古桃源之地属土司遗存，境内民风彪悍，且有聚众生事的恶习，常使官衙或官员骑虎难下。我任鹤峰州官期间，若有陈连升这样的部属辅佐，手中有强将可用，想必我这州官的日子也就烦心不到哪儿去。

正因为有了这种意念，州官肖文钲说话的声嗓，走路的脚步，以及处事的作派也就有了微妙的变化。就在清军把总徐佐虎，按照州官肖文钲面授的指令，派兵护送陈连升和李铁朝长乐县的湾潭进发时，他就满脑子都是如何人张旗鼓把山匪头日押解回城，关进大牢之后如何庆功的事情。有时候，他走在州城的街巷之中，时不时还哼上几嗓子鹤峰的南剧，以此抒发心中的喜悦。而今，州官肖文钲的心胸里底气十足，他似乎已经感觉到，只要陈连升一出手，那捉拿山匪的事情也就十拿九稳了。

州官肖文钲命令清军把总徐佐虎：营里的官军系数出征，除备足三日干粮之外，还要人手一只桐油火把，晚间点燃火把开拨，拿出点威风，也在鹤峰的州城里弄出点动静来。

就在州官肖文钲想在鹤峰州城弄出点动静来的那个夜晚，陈连升派欧阳云雨出了穿心谷，径直到湾潭街上去驻地给清军的外委把总张旺传递军情。陈连升与李铁趁着十六的月色沿图布上标注的线路钻进了穿心谷深处土匪的巢穴。

当陈连升见到那一群集结于深谷之中的匪子时，心胸里顿时生出几分凄凉来。真是落草为寇啊！眼前的这帮人虽不是什么青面獠牙，却衣衫襟褛，蓬头垢面，顶多就是一群乌合之众。陈连升甚至根本就不信这群人还会什么武功，与清江簰帮的那些木客们相比，简直连杂派军都算不上。

而李铁却不这么看，他凑到陈连升的跟前说：“看这情形很有些不对，恐怕其中有诈。”陈连升低声说：“何以见得?”李铁回答说：“你想想看？一股官军剿了几年未果的土匪绝不应该是这个样子。或许是我俩进入穿心谷的行动已被他们察觉，眼下的情形就好比是给我们摆的一个迷魂阵。”

陈连升肯定地说：“不像！官军根本就没有进到过穿心谷的谷底，每次浩浩荡荡前来剿匪可能也就是装装样子凑个热闹。不是山匪的势力太强，而是官军缺乏锐气。”李铁听了陈连升这话，也觉得有几分道理，就说：“我相信你的判断！我服从你的指挥！眼下我们应该如何行动?”陈连升语气坚定地说：“按照预先议定的方案行动!”

李铁嘴里应道：“得嘞!”然后趁着月色钻进了匪巢。陈连升摸到了兵器库，当他伸手掂量了几把大刀之后，觉得有些奇怪了，这其中有几把大刀至少也有八十余斤，能飞舞这几把大刀的人绝非等闲之辈。那么一个问题涌上了陈连升的心头：这些高手都隐藏到哪儿去了？

他顺手挑选了一把精致些的大刀握在了手里，把锚钩顺势推到了身后，然后趁着月色向穿心谷的深处摸去……

真是磨刀不误砍柴工。陈连升和李铁经过一天一夜地缜密侦查，于三月十七日月起更前的时刻，用“酒攻”拿下了穿心谷。匪首陶德远忍受着剧烈腹痛，为求得解药率十八罗汉及二百多名土匪冲出穿心谷，在吊桥外的开阔地带，被陈连升和李铁一一拿下绑上，交与官军沿河岸小路押解出了穿心谷。其余土匪在陈连升请示州官肖文钲获准后，一律遣散回家种地，就地免了众匪子的牢狱之灾。

州官肖文钲在几名官军护卫之下，连夜骑马返城。那一夜，长乐县湾潭的街上几经欢呼雀跃，把总徐佐虎，外委把总张旺硬是神气十足，令官军高举火把，一路人喊马嘶，朝鹤峰州城里开拨。沿路百姓听到穿心谷土匪被剿的消息，奔走相告。陈连升和李铁二人解下了腰间的绳索，扔掉了锚钩，各骑了一匹大马，走在押解匪首的官军之后，以防已被遣散的土匪纠集扑来，生出事端。

驻守湾潭的外委把总张旺骑着大马，领着几个官军兄弟，一直把陈连升和李铁送到了湾潭的山口，在月光下展示着男人们戎马的风采。站在告别的那个路口，外委把总张旺拱起手一脸认真地对陈连升说：“少年英雄，令人敬仰！不过，我有一种强烈的预感！”陈连升拱手还礼道：“什么预感？讲出来让我听听！”外委把总张旺一开笑脸说：“连升如若从军，湾潭定是你行伍的第一站！”说完这话，张旺掉转马头，猛抽一鞭，领着几个兄弟踏上了回转的路程。张旺这话说得有些突然，弄得陈连升一头雾水。

李铁走到陈连升的跟前说：“走吧！别听张旺胡说八道。你从军那是肯定的事，驻守湾潭我劝你不从，山高路远，骑马难行，这样偏远的山地，哪是屯军的地方？”陈连升回过神来，一脸疑惑地说：“你晓得什么？我倒是觉得，张旺的话很有几分道理。”说完这话，陈连升勒住马疆猛抽一鞭，马匹奋蹄向前，朝鹤峰州城奔去，他想到了寄于白鹤客栈后院马圈里的枣红马。

在山道上折腾了一整夜的官军，押解着十九名匪首，拖得灰头土脸，终于在辰时末越过了银珠寨，在缓慢地朝九峰桥靠拢。当领头的军马刚刚踏上九峰桥头，就听城内鞭炮齐鸣，锣鼓喧天，那是在庆祝穿心谷山匪被擒的喜讯，也是在恭迎英雄凯旋。州官肖文钲穿上了那一身崭新的官服，站在州署的门前，挺起胸膛，抬头望着八峰的山影，流露出一脸自豪的神情。

在杨柳坪歇息了半晌的陈连升和李铁，正迎着朝阳快马奔来。刚进银珠寨的山口，就听见鹤峰的州城里人欢马嘶，一片欢腾。而让陈连升万万没有想到的是：就在他与李铁骑马越过云南庄朝九峰桥奔来时，城中一位穿着红绸小袄的美少女从白鹤客栈取了他的枣红马，过了三元桥正朝九峰桥方向奔来，且正好在九峰桥头与陈连升和李铁相遇。

那枣红马一见到陈连升便立刻兴奋起来，立于桥头奋蹄踏步，欢快地嘶鸣。只见那穿着丝绸红袄的美少女勒住马缰，用一种甜润的声音大声问道："归来者可就是少年英雄陈连升?!"

陈连升有些惊愕，他被眼前这位身穿红袄的美少女的容貌给镇住了，尤其是见这位美少女竟然骑着自己的枣红马时更是吃惊，连忙立马大声问道："来者何人?竟敢骑了我的宝马!"那美少女竟然无拘无束，甩出马缰让枣红马在九峰桥头的坪地上转了一圈之后，还用那甜润的声音答道："我叫肖雪珍。这马也的确是你的枣红马！难道我骑着你的枣红马亲自出城，来迎接你这个剿匪英雄，还不够规格么?!"

陈连升已经变得有些情不自禁，一股从未有过的激情升腾起来，温暖了他的全身。他转过已经变红的脸面望了李铁一眼之后，开怀大笑说："好！谁说不好哟!"李铁从惊愕之中回过神来，认出了美少女肖雪珍，就紧跟其后望着陈连升的背影大声喊道："连升！这回你小子的运气硬是来了，她可是州官肖大人的女儿呀!"陈连升没有回头看李铁一眼，追上前去拉住了枣红马的缰绳，美少女腮帮上的那对酒窝已经映在了他的心壁之上。

078

这回，鹤峰州城的民众算是开了眼界。穿心谷的十九个匪首被陈连升用一种名叫"步步紧"的捆法绑得严严实实，看到一个个被绑的匪首由八名官军解押，一路连抬带拖，如同赶猪上架一般，一路折腾到了州城里，然后在州署的大牢前悉数依次验明正身，逐一关进了大牢里。随着最后一间牢门上的铁链铜锁铿锵落定，这次穿心谷剿匪的战斗就算胜利结束。

这个日子里，清军营里那是酒甜肉肥，清香四溢。官军们虽然辛苦了这么一趟，却也像猎手获取了猎物一般心里几多畅快，有了一种激情澎湃的感觉。营里的官军已经许多年没有这么高兴热闹过了，连伙房里的伙夫们也都兴奋不已，把锅碗瓢盆碰出了别样的声响。管理伙房的班头儿还时不时拉开嗓门儿对着伙夫们的耳朵高喊："给日妈的！尽管把饭菜逮好点儿，逮足点儿，听说今儿个，州官肖大人要来营里给各位军爷敬酒!"

清军把总徐佐虎有了一种从未有过的自豪感，他认真检查了大牢里的安全措施之后来到了州署，给州官肖文钲如实汇报了关押匪首们的具体情形。

州官肖文钲一脸自信地稳坐在案前，对着徐佐虎大声说："徐把总啊！这回好在陈连升给官军营里长了脸，大获全胜，大获全胜啊！"说到这里，州官肖文钲激动起来，"嗖"的一声从案前的椅子上站起身来说："官军的天职就是保一方平安，如果几个山匪就把乡野闹得鸡犬不宁，还把我等弄得束手无策，我等又有何脸面去见鹤峰州的父老乡亲？今儿个，我不想给你讲什么强军的大道理，军队乃国之利器，也是一方平安的守护神，营中没有强手，何来的威严？"把总徐佐虎立于州官案前，聆听着州官的高谈阔论，嘴里还连连答道："那是，那是！"

州官肖文钲沉默了一下之后，抬手一挥，摆出州官的威严说："给我多派几个官兵守住大牢，千万不要再给我弄出什么乱子来！你要清楚，这回关入大牢的十九名匪犯，个个都是武林高手。如果这回陈连升不是采取'酒攻'，把聪明智慧发挥到极致，谁有那个能耐把十九个匪首同时调出穿心谷束手就擒？以后遇事，你们也要多动动脑子。古话说：'金也是钱，银也是钱，智慧也是钱啦！'"把总徐佐虎仍然在那里点头，嘴里仍然连连答道："那是！那是！"这时，州官肖文钲转过脸，用两道冷凌的目光望了把总徐佐虎一眼之后大声问道："你这回打算怎么安顿陈连升？"

把总徐佐虎连忙抬起头来，大声回答州官说："我正想请示肖大人，准备先把陈连升接到营里，安顿下来，并聘他为官军的教官，以便加强官军的训练！"州官肖文钲长舒了一口气息之后，大声慨气地说："这就对了！算你徐把总的脑子开了窍，学会重视人才了！"徐佐虎连连点头说："全靠肖大人平时教诲得好。再加上我们从陈连升的身上也的确开了眼界！"州官肖文钲立于案前十分感慨地说："是啊！我来鹤峰州已经六年，这回还真是开了眼界呀！"

把总徐佐虎从州署里出来时，郑重邀请州官肖文钲到清军营里去赴庆功晚宴。州官肖文钲一口应了下来，并叮嘱说："你要亲自去一趟白鹤客栈，把陈连升接到营里！至于那个李铁，你就不必管了。"把总徐佐虎对州官肖文钲的话心领神会，告辞回清军营里去了。

穿心谷剿匪的事就这么尘埃落定。而让陈连升的心胸里掀起一点波澜的事情却是肖雪珍的出现，那个穿着红色棉袄，骑着枣红大马，身影矫健，且红润的脸蛋儿上还有一对酒窝儿的美丽少女，头一回让陈连升感到怦然心动，涌起了一种怪异的而且是从未有过的感觉。而这种神奇而又甜美的感觉，也同样在美少女肖雪珍的心胸里涌动着并弥漫开来。

而这时的李铁却心怀忐忑，他不知道自己与堂客刘叶禾未来的命运将会如何。回到十字街那个简陋的家里，李铁从堂客刘叶禾的长叹短嘘之中听出了她心中的不安，可是他又找不到一句贴心体己的话儿来安慰一下心里十分焦虑的女人。他认真地洗了一个热水澡，换了一身干净的衣衫之后，想到白鹤客栈里去找陈连升讨个主意。他仿佛已经感觉到自己两口子再在鹤峰州城里待下去，有些不妥，是不是该换个地方去讨生计。

李铁走到刘叶禾跟前，想给她言语一声之后出门。可刘叶禾却说："明日就是三月十九，是连升十六岁的生日。你去街上多买些好吃的菜回来，我把它早些煮了炖了，好让你们兄弟俩痛痛快快地喝一顿酒。"李铁望了堂客刘叶禾一眼之后夸奖说："还是你有心！是得好好地喝一顿酒，庆贺一下。"

刘叶禾望着李铁的背影，轻叹了一口气息，她不知道李铁说的"庆贺"是指什么。是自己被陈连升救了出来值得庆贺，是剿了穿心谷的那股土匪值得庆贺？还是陈连升的生日值得庆贺，还是陈连升遇到了州官的女儿肖雪珍值得庆贺？就算什么都是，就算什么都不是。就让庆贺归庆贺吧，想必兄弟之间喝顿酒，也不需要找那么多的理由，开怀畅饮便是。

可等李铁到达白鹤客栈时，陈连升已被把总徐佐虎带着几个官军兄弟高高兴兴接到营里去了。店里的伙计告诉李铁，说陈连升去营里的时候给他留了话，叫他在家里等候，晚间陈连升自然会去拜访。走出白鹤客栈的时候，李铁突然意识到了一个对他来说十分严重的问题：尽管是他协助陈连升缉拿了穿心谷的山匪，可他并不在人们的视线之内，在州官和官军的眼里，只有陈连升才是英雄，才是州署的贵宾，而他李铁却仍然只是一个阶下囚。李铁的心里突然涌起了一种怪异的感觉，甚至对这座山城都生出几分厌恶来。不过，尽管李铁的心情突然变得伤感沮丧，但他却没有忘记堂客刘叶禾的吩咐，径直去河岸的菜市挑选下酒的好菜去了。

有些事说起来还真是巧了。陈连升的那匹枣红马自从见了肖雪珍之后，便把她当成了可以依赖的主人。就连肖雪珍下马散步时，枣红马也跟随其后，连缰绳也可以随意地披在马鬃之上，不用束缚牵绊。而陈连升这个爱马知马的人也好比换了一个人似地，只顾了在清军营中安顿，把那枣红马交予肖雪珍喂养照护，便觉得心里释然，开心快乐了许多。

自从肖雪珍常听爹爹对那少年英雄陈连升赞不绝口时，这位情窦初开的美少女便对少年英雄陈连升产生了好奇，一种朦胧的希冀便在她的心怀里萌动。

那一日，肖雪珍在街口见到了常去州署为丈夫李铁申冤的舂妇刘叶禾的时候，便笑着凑了上去。当她得知刘叶禾是受陈连升之托，前往白鹤客栈的后院喂养那匹枣红马时，便跟了去。她想看看这位少年英雄的坐驾与官军营里的那些马匹有什么分别。没想到还真是有缘，枣红马一见到肖雪珍便开始兴奋起来，喷鼻扬蹄，以示友善。肖雪珍也非常喜欢这高头大马身上那枣红的颜色，拿起毛刷便在枣红马的身上轻快地梳刷起来。不到三日，便有了骑上枣红马、穿着红棉袄前往九峰桥头迎接少年英雄陈连升的那一幕。

肖雪珍早已知晓了陈连升在官军营里，用一炷香的时刻，绑了二十名官军的详情，原以为能有这般功夫之人必是一个古怪蛮扳的汉子，哪知道九峰桥头一见，这小子硬是英俊得让人怦然心动。

酉时一刻，官军营里的庆功晚宴开始了，陈连升被请到州官肖文钲和把总徐佐虎的中间坐下，显得平静而自然，没有一点儿拘谨的感觉。等到各席的酒碗都斟满了的时候，州官肖文钲端起酒碗站起身来，面对着全体官军大声说："这次出兵剿匪，大家历尽辛劳，终于如愿扫除了穿心谷的匪患，还了一方百姓的平安。在此，我们举碗，开怀畅饮，以示庆贺!"各席的官军见州官心情甚好，还如此谦和，十分感激，连忙端起酒碗站起身来，注目州官，开始饮酒。州官肖文钲转过身来，望着陈连升说："本官就不专门给你敬酒了，还是把这个机会留给徐把总更为合适一些。不过我们还是要同饮此碗，也算是赞许你了!"

陈连升虽不曾与官员一同饮酒，但也还是见过世面的人。但见他双手举碗至前额，十分慨气地说："感谢肖大人的栽培与厚爱，往后还得仰仗肖大人的教诲与提携，助连升成才！在此，我先干了这一碗，以敬肖大人的栽培之恩!"陈连升一口气饮完了这碗酒，立正在州官的面前，两眼望着州官肖文钲的脸面，如行注目礼一般。州官肖文钲把酒碗端到嘴边咪了一大口，然后望着陈连升点了点头。

就在众官军饮了碗中的酒，先后落坐的时刻，州官肖文钲转过身望着把总徐佐虎说："这回徐把总算是得了一名虎将，真是可喜可贺呀!"把总徐佐虎久混于官场，当然也有灵机变化，连忙大声对州官肖文钲说："感谢肖大人的栽培重用！也感谢肖大人这些年的提携与关照，我就先干为敬，以谢肖大人的恩德!"徐佐虎举酒碗至前额，然后一饮而尽。

顿时，酒席场中的气氛热烈起来。州官肖文钲望着陈连升朝清军把总徐佐虎努了努嘴，陈连升立刻心领神会，伸手拿起搁在桌沿边的酒坛，斟满了徐把总和自个儿的酒碗之后，端起酒碗走到徐佐虎的身边十分认真地说："既然徐把总已经将我收入营中，从即刻起我也就是您的兵了！以后还请徐把总多多关照!"徐佐虎右手端起酒碗，伸出左手轻拍了一下陈连升的肩背说："且慢!"徐佐虎端起酒碗立于席前，然后大声对全体官军说："请各位斟满酒碗，全体起立！我们共同给肖大人敬酒！以谢肖大人的褒奖!"全体官军从席间站了起来，端起酒碗面向州官肖文钲。只见州官肖文钲一脸从容，端起酒碗站起身来，大笑着说："从今往后，本官还得靠营里的官军辅佐，才能确保一方平安。在此，我饮了这碗酒，以示对营里官军的慰劳！”肖文钲摆出架式，一口喝下了碗里已经所剩无多的酒水。

就在酒酣耳热之际，一种莫名的情感袭上了陈连升的心头，他想到了兄弟李铁。这次去穿心谷缉拿山匪，兄弟李铁也算是历尽辛苦，可他却没有资格坐在这里喝一碗庆功酒。难道就因为李铁昨日还是阶下囚，今日不为堂上客？州官肖文钲从陈连升的表情变化中看出了他的心思，便低声问了一句：“你想到了什么？”

陈连升没有提起李铁，是怕扫了州官的兴致，坏了肖大人的心情，就提起了另外一件事情，对肖大人和徐把总说：“我们进到穿心谷之后不久，就遇到了一位采药的老头，这人一副道骨仙风的模样，像一位隐者。他在穿心谷已经隐居了五年，还绘制了一张详细的线路图，上面仔细地标注了穿心谷的线路和土匪的布防，为我们快速成功剿匪提供了帮助！”

一听这话，徐佐虎一脸惊讶，连忙问道：“一位采药的老人？他姓甚名谁？”陈连升低声说：“他复姓欧阳，字云雨。”把总徐佐虎叫出声来：“哎呀呀，果真是我们官军营里的前任把总欧阳云雨！五年前他离开营里，说是要告老返乡回长乐县的老街，去开一家医药铺，为百姓医病。可我两次到达长乐县城，进入老街想看望一下他，却没有见到他的人影，原来他是隐居在了穿心谷，在等待剿匪成功的这个日子！”州官肖文钲听了这话，也是一脸惊讶，有些感慨地说：“居然有这等人这等事！”

酒席散了的时候，陈连升对把总徐佐虎说：“我得去看看兄弟李铁，不然我这心里有些不落忍。”徐佐虎立刻明白了陈连升的意思，他很欣赏陈连升这重情重义的品性，就顺手拿了一坛好酒递给陈连升说：“把这酒给你兄弟带去，也算我们没有忘记他了！”陈连升感激地望着把总徐佐虎，觉得这人也够仗义的。

坐在李铁租住的房子里，陈连升与李铁各自沉默着，似乎有好多话要说，却又不知从哪里说起。刘叶禾给他俩各沏了一杯香茶之后，挪把椅子坐在了火炉边，望着这两个年轻的男人发愣，似乎已经找不到往后行进的方向了。

沉默了很久之后，李铁抬起眼皮望着陈连升叹了一声长气说：“看来在这鹤峰州城里，已经没有我们两口子的容身之地了！”

刚刚喝完酒的陈连升多少有点醉意，但对李铁他们的事早已思虑于心，便干脆果断地说：“你带着刘叶禾去宜都吧！”李铁点点头说：“我也想过去宜都，只有换个环境，才有生存的空间了！”陈连升点点头说：“是的嘛，你们到了宜都之后，先到陆城街的望江阁去找一位姓屈的老板，他会帮你们张罗以后的事情。”

李铁一脸疑惑：“屈老板是个什么人物？肯给我们帮忙么？”陈连升望着李铁

说："你们走的时候，我给屈老板写封信带去，见字如面，他会尽力帮助你们的！"

刘叶禾在一旁插话说："真是难为你连升了！幸好你来到了鹤峰州城里，不然我与李铁就真的没有出头之日了！"刘叶禾伤感地叹了一声长气。

就在那年春天，一个阳光灿烂的日子里，陈连升与肖雪珍把李铁和刘叶禾送出了鹤峰州城，在九峰桥头话别，沿着那条通向外面的茶马古道，朝宜都方向进发。

079

望着李铁和刘叶禾远去的背影，陈连升轻轻地叹了一声长气，脑海里浮现出李铁那年在金鸡口不辞而别时的情形。陈连升万万没有想到，在鹤峰州城里，他与李铁会以这样一种方式见面，而且在这样短暂的相处之后，又会以这样一种方式离别。还真是人们常说的那样，每一次的离别都是为了下一次的重逢。一个闪念突然袭上了陈连升的心头——我陈连升与李铁的下一次重逢，又会是一个怎样的情形？

离开九峰桥，在回城中的路上，肖雪珍对陈连升说："等你消闲的时候，我想带你去一个地方，因为这个地方你一定会有兴趣的。"陈连升开心地一笑说："什么地方？还断定我一定会有兴趣？"肖雪珍一弯脑袋，嫣然一笑，闪动着大眼睛说："你到百斯庵去看看，那里的师傅徐镇武功高强，他是官军营里徐把总徐佐虎的亲叔叔。徐佐虎当年就是由他叔叔徐镇师傅亲手带出来的。"一听这话，陈连升惊喜不已。进鹤峰州城也都有些时日了，先是想方设法救李铁，再是去长乐县湾潭的穿心谷剿匪，根本没有消停的时候到处去玩一玩，就连百斯庵这样的地方也还是头一回听肖雪珍说起。陈连升连忙说："雪珍，你得赶快带我去看看，这样的地方我是不能错过的！练功习武的去处便是我最为神往的地方。"见陈连升眉飞色舞，一股高兴的劲头，肖雪珍也开心地笑了，一对酒窝深陷于红润脸颊时的形象甚是甜美。

百斯庵位于鹤峰州城容美的东街头，庵堂甚是雄伟，远远望去，庵堂背靠高耸舒缓的威风台，左通幽巷与河街相连接。右接三元一桥，设计典雅，修造精湛，八窗洞达，门盈八峰群山。溇河之水青龙摆尾一般涌流而来，形似玉带顺绕而过。庵堂之内古柏翠柳，白鹤栖居，春去秋来蜂飞蝶舞，俨然一座曲径通幽的城隍古刹。

百斯庵始建于明代容美土司中兴之始。明正德年间，容美土司司主田世爵为张教义，得修此庵。兴文教以"严课诸男"；兴武教以防"绿林频窥"。田世爵此举，颇有俾益。论文教，自此始培养了以田九龄为鼻祖的数代诗人世家，形成了"田氏诗派"这一灿烂的文化盛景；论武略，有容美土兵抗击倭寇夺取"东南第一战功"的殊荣。明嘉靖年间，倭寇犯我东南沿海，肆虐为害，"容美精兵，悍甲诸部"开赴前线迎敌，其土兵勇将多为百斯庵之门生。

容美土司改土归流以后，到任鹤峰州的诸届流官州同皆沿袭旧制，百斯庵仍然是培养锻造文武人才的熔炉。至于“百斯庵”之名由何而来，倒是一个值得探究的问题。据清乾隆年间鹤峰州城举人洪先焘撰写的文稿称：“百斯庵何仿乎，予闻诸父老，盖容美世为艰于子息着建也，其名取诸百斯男之义云尔。”

其实当朝举人洪先焘也是望文生义了。“百斯庵”之“百斯”，乃是土家族语言中“比兹”之意变，“比兹”即为土家语，是族属自称的意思。“比兹”意为土家族人自己的庵堂。既然百斯庵建于土司时期，只因土家族只有民族语言而没有民族文字，“比兹庵”之名用汉语表述，便被译成或者说讹记为“百斯庵”了。在这样一个语言的流变中，“比兹庵”也就变成“百斯庵”了。

一路走来，肖雪珍仔仔细细地为陈连升说了这些。走到三元桥头的时候，肖雪珍不再言语。陈连升停住脚步，望着肖雪珍那一张俊美的脸蛋儿说：“没想到，你一个小小的丫头片子，还懂得这么多的学问！”肖雪珍脸儿一红说：“都是受我爹爹的耳濡目染，这有么事好奇怪的哟！”陈连升开怀大笑说：“哈咯咋，那是我太健忘啦，你可是州官肖大人家的千金，我把你当成一个就爱骑马的小妞子了！”肖雪珍一听陈连升这话，假装生气地吼道：“陈连升！你敢讥笑于我！”见肖雪珍伸手要打，陈连升拔腿就跑，一路嬉闹追赶着过了三元桥。

其实这年头，鹤峰州城的街道也不像个样子，街道很窄，全用青石板儿铺成。由于年代久远，石板儿都已经被人脚马蹄踩得锃光瓦亮。青石板儿街的当头处就叫“十字街”，也称“七头街”，有些去处还踩出了深深的脚窝。街房都是清一色的土木结构，吊脚楼布局，每一栋房屋之间隔有风火墙，墙头棱角处都有龙虎、鱼凤模样的翘角，装饰造型优美大气，展示着土家民族的风韵景致，彰显着一座“城”的气势。但在陈连升的眼里，鹤峰州城与宜都县城相比还不知差了多少去，宜都城有黄金水道，鹤峰州城仅有茶马古道与关外通行，虽有溇水能够通江达海，顶多也只能放簰出山。再说这城市的风格也各各不同。

不知不觉，陈连升就在肖雪珍的引领之下到了“百斯庵”的门前。只见大门洞开，门前有一对石狮排列左右，展露着雄伟与威严。门额之上题有“百斯庵”三个金光闪耀的大字。

立足门前，肖雪珍大声呼喊道：“洪绍！洪绍！你快出来看看，这都是谁来了！”陈连升在一旁笑道：“红苕洋芋都用着起名了，庵堂内可真有文化人么？”话没说完，一个儿男应声跑了出来，迎合着肖雪珍说：“谁来了也不该这么大呼小叫的！你可知道？你爹爹肖大人正在庵堂里与徐镇师傅商议着，如何教陈连升练习骑射的事情!”肖雪珍望了陈连升一眼说：“就我爹爹多事，这么操心费神的，人家还不一定领情哩!”那洪绍名叫洪典林，是徐镇师傅最小的徒儿。洪典林倒也机灵，望了陈连升一眼之后笑道：“谁来了？莫非就是陈连升来了！就你这么浪筋瘦骨的，还缉拿了穿心谷的山匪？是你小子捡了个便宜吧!”

没等陈连升开口，肖雪珍抢着跳起脚吼道：“我说洪绍，你该不是一个奔红苕吧！穿心谷的土匪也不是一年两年了，你怎么不早点去捡了这个便宜，而把这等好事偏偏留给陈连升?”一听这话，洪绍嬉笑着挑逗肖雪珍说：“你该不是重色轻友了吧？从小我们就带着你玩，这才几天？你就偏向陈连升了，真是不够意思!”

陈连升向这位名叫洪绍的仁兄拱手笑道：“别为难雪珍了，这丫头片子是个热心肠，还特别逗人喜欢。这位仁兄！以后还请多多关照!”洪典林倒也精明，拱手还礼道：“久闻陈连升大名，今日得见，真是荣幸！以后还望连升老弟多多提携才是。”

一阵寒暄之后，陈连升被迎进了“百斯庵”的大门。徐镇在远处瞧着陈连升高挑的身材和那矫健的步伐对州官肖文钲说：“果真是个可造之材，这教他骑射的事宜老夫领受了，就请肖大人放心吧。”

紧接着，陈连升被州官肖文钲叫到了跟前，用一种严厉的口吻说：“要你苦练骑射，是为你的前程着想。你当下虽已住进了官军的营里，可你的饷银及伙食还得州署调拨。要想得到朝廷认可，你还必须过了科考的那一关！明白吗?”

陈连升鞠躬施礼道：“感谢肖大人为在下劳心费神，我一定好好聆听徐师傅的教诲，绝不辜负肖大人的期望!”徐镇师傅在一旁带着笑颜说：“你小子真是命中占贵人！本人不才，可在这百斯庵也快待上大半辈子了，由州官亲自前来关注一个学徒的事，我还是头一回碰见。你小子可要好好珍惜，别辜负了州官大人的一片心意哟。”

自那以后，系统地练习骑射，便是陈连升每日必做的功课。百斯庵的骑射训练场设在城外的云来庄，那里是一片开阔的平地。训练场的四周用杉条木围成了椭圆形的围栏，跑道绕围栏逆时针而行。跑道的内侧设有八个圆形靶位，射程均在十丈之内。椭圆形的场地正中立有一根粗实的木桩，称之为“南京桩”，木桩上面等距离涂有红黄的颜色，侧面绷有一块如帆的白布挡箭，箭中桩上的红色为中，骑马拉弓瞄准射箭的动作极具难度。果真是：弯弓直箭斜扭腰。

陈连升倒是不怕苦、不怕累，加上每天还有肖雪珍骑着枣红马一路陪着去云来庄，那日子也算过得浪漫洒脱。可这时，有的人心里就不乐呵了，甚至生出了羡慕嫉妒恨，就想使个绊子为难一下陈连升。你陈连升不是能耐吗？在陆地上你可以打虎，还可以擒匪，可在水上你算老几？你有本事我们去“满天星”一比高下！就在这不经意间，一种无声的挑战在向陈连升逼来。

原来，这百斯庵的洪典林，正是城中洪家的子弟之一。在百斯庵他是徐镇师傅最小的徒儿，今年刚满十七岁。洪典林早已对州官的女儿肖雪珍有了爱慕之心，只是还没有找到合适的机会表白而已。且城中的洪家人大多心照不宣，满怀喜悦。如若城中的洪家能与州官结上姻亲，那不正是鹤峰州城洪家的荣耀么？可不料，半路里杀出个陈连升，把个情窦初开的美少女肖雪珍迷得神魂颠倒，叫他洪典林哪里还咽得下这口气呀？再说了，李铁不是你陈连升的兄弟吗？你可知道被李铁打残的人正是我洪典林的堂兄洪仕林。若不是洪仕林想强霸人妻在先，李铁打人还有点说道，能有今天这么安静吗？陈连升你借穿心谷剿匪之名放了李铁，并让李铁和刘叶禾两口子顺顺当当离开鹤峰州城去了宜都也就罢了，可你陈连升还不识相，开口一个“雪珍”，闭口一个“雪珍”，我洪典林就是个白痴也咽不下这口气哩！

肖雪珍情窦初开，天真无邪，她哪里晓得山城里的一场比拼，一场搏杀正是因她而起。

当浩浩溇水河流经龙溪河段，便到了鹤峰山城的下游，这里常有鱼群跳浪戏波，故又称：“跳鱼坎儿”。在这个滩口之外的不远处，便有一处激流险滩，白浪抛花，怪石嶙峋，横空乱石拥浪罗列，遇明月清辉之时，似群星洒满河滩，如莲花河湖斗艳。故土家族人称之为“满天星”。

历代的文人墨客游过峡谷风景之后，渐觉得“满天星”这地名有些俗气，难入文人墨客的大雅文章，便撰文赋诗，给这处峡谷风景馈赠了一个具有诗情画意的名号，谓之“莲花石”，又叫“莲花滩”，随之提了不少莲花诗，莲花赋。

巍巍八峰之下，有了莲花滩这样的盛景，容美州城一时名声大振，招来了如织的游人，在此戏水斗浪，纵观山水相依的风景，品读潮起潮落的气象。久而久之，这莲花滩不仅成了一个休闲旅游的去处，而且还成了百斯庵武痒诸生的实习课堂。

春夏之交，风和日丽，峡谷间山花烂漫，水丰鱼欢。百斯庵每年在这个季节都照例安排习武的诸生，展演苦练一年的成果，并邀请州城里的官员贵宾以及前来观光的旅客欣赏。徐镇师傅把操课的秩序吩咐了下去，令众徒儿前往莲花滩精心布置。

洪典林自以为从小就在溇水河中戏游，水上的功夫了得，准备就此机会向陈连升挑战，将其打落水中，一招制胜，由此他心中暗喜。洪典林还串通众师兄将去“莲花滩”操课的消息封锁，是想出其不意，打陈连升一个措手不及。而陈连升这时却并不关心百斯庵里演武堂的日常琐事，每日按时作息，出入官军营里，照常骑马前去云南庄，按照师傅传教的动作要领精心操练骑射。

那天早晨，陈连升骑着马从官军营里出来，见肖雪珍仍像往日一样牵着那匹枣红马，已在营门外等候，这就飞身跳下马来，走到枣红马的跟前，伸手拍拍枣红马的脖颈，望着肖雪珍那忽闪着的大眼睛说：“看来我这宝贝，迟早都是人家的了！不过，我乐意！”肖雪珍抿着嘴儿一笑说：“你还有不乐意的么？你也不想想人家乐意不乐意哩！这回你陈连升可是赚大了哟！”陈连升收住笑容一头雾水，心里揣测着：“我哪儿赚大了？难道是到时候连人带马都归我了么？”肖雪珍飞身上马，扬鞭前行，从马背上扭头一笑说：“不明白是啵？”陈连升仍然一头雾水，飞身上马一路追去。而肖雪珍回头一笑时的那对迷人的酒窝像一对耀眼的星月，早已映在了陈连升那通透明亮的心壁之上。

在去云南庄的路上，肖雪珍对陈连升说：“我早晨碰见洪典林了，他说话阴阳怪气的，还叫我抽空去给你买套新衣服，说怕你落到水里后爬起来无衣可更。看来他们是在莲花滩搞什么名堂，弄不好会向你挑战！”陈连升立刻明白了什么，觉得他与洪典林的这场比拼迟早都是免不了的。就平静地对肖雪珍说：“衣服你倒是不必买了，我得去买一双合适的草鞋。”肖雪珍有些惊讶，连忙问道：“买双合适草鞋作甚？”陈连升淡淡一笑说：“是的，买双草鞋。只要我脚上有了一双草鞋，这莲花滩的比拼便会变得格外精彩。”听了陈连升这话，肖雪珍反倒变得一头雾水了。

走了一段路程之后，肖雪珍又对陈连升说：“洪典林这人很有几分鬼气，在这州城里哈数不小，狐朋狗友成群结队。我知道你在这陆地之上，任何人也不是你的对手，可在这乱石横空的莲花滩就不一样了。人家洪典林可是从小在这溇水河里玩到大哩！”陈连升望了肖雪珍一眼之后快马一鞭，冲着肖雪珍哈哈大笑说：“瞧你这模样，哪里还像个天真的小孩子呀？分明就像一个贴心的媳妇儿！”

一听这话，肖雪珍被羞得耳脸鲜红，扬鞭催马一路追去，冲着陈连升那矫健的背影大声喊道：“陈连升！你坏蛋！”

080

仲夏的一天早晨，陈连升照样骑马到云南庄去练骑射，当他一程奔驰到三元桥时，只见人头攒动。就在那壁常贴告示的墙面之上，公正地张贴着一张拼起来的宣纸，上面字迹刚劲，泼墨浓稠，且文笔流畅。陈连升飞身下马，还以为又是贴了什么“告示”，接近细看，上面却是一篇美文：

《莲花石赋》

两岸青山，一泓碧水，浏其清矣，何缘浪沸成花，激而行之，几见川平如砥，仲春牵手河畔，弥望葱龙，涌霜风于滩头，乱浮红紫，谁为之拒?

傍崖尽，洪水滔滔，是不可矶，盈濑皆白石齿齿，尔其郭绕西流，峡横南浦，双溪逼合，飙风若云卷风弛，峭壁对悬，束成龙跃蛟舞，方蹦瀑以飞腾。倏旋缳而怒，堆非如马。拟江到瞿塘，势忽回澜，恰同河流砥柱，则见石纹画葩，花影样红，转移无时，殊洄溪之浮磐，雕饰尽去。异茎露之凌风，乍凝下有骊珠，竟日精光四射。

不道中无泥至，长年深色一丛，偶临流以摅怀，如游池上。倘若涉波而言采，宛在水中，于焉鱼戏东西南北，蕊历冬夏春秋，惊艳匪遥，撷来思同澧浦邑芬殊杏，望去空忆芬洲，或者天补*皇，遗片石而镜光难掩。不然机支织女付清流而锦段犹浮。漫云郎而同妍，丰姿近若壁立，可是女声倏化，幻相逾添风流，爱及放情严壑，蹑履郊垧，陟冈峦兮徘徊，仿佛佛座涌现；瞻极浦兮锦眇，依稀仙丹般停，证山海经之名葩，光惊四照，分四王母之异种，开阅千龄，倘遇好奇坡公，中宵定亦理桌，如逢善画王宰，五日可能绘形，彼夫凿池精舍，规人社于远公，作说濂溪，比不淄于君子，既清殊锦城芙蓉，亦韵胜河阳桃李。

然而莫标曲沼，逆初日以嫣然，迨至芳萎淤泥，弥寒潭其何似，则呈足远超凡葩，熟若兹常对彼美，至若*钟云梦，珉产兰田，灵璧新奇，宝玩米颠之袖，郁林磊砢。

装载严守之船，美纵此天上三品，秀终输波中一卷，曾说客游湖心，花堪作壁，争知领点水面，舌亦生莲，观夫响激磴硔，犹是硅矶之石，根磐匽开，居然灿烂之花，清露濯姿，汤摇*缘盖，碧波洋采掩映，不借朱霞。若筒搴芳制裳，应思清沏肌骨，何人枕流漱石，可有香盈齿牙，渔父问津，当年羡桃花夹岸，畸人探胜，此地学斗牛冷楂。

陈连升读懂了文中意境，眼前豁然开朗，心里不禁慨叹道："如此美妙绝伦的莲花滩，近日定有好戏大戏上演!"于是他取消了当日去云南庄练习骑射的课程，牵马慢行于街巷之间，最后干脆把那匹高大的军马送回营里，自己轻脚甩手寻找合适的草鞋和所需的行装去了。

顺街一路找去，摊位店铺倒是不少，却很难找到那种粽片撤丝之后掺桐麻打的草鞋。最后在沿河的路上碰到一位热心的大嫂，指点他到河岸的木客窝里去找，说那里有一个专为木客卖货的小店。陈连升沿着那位热心大嫂指点的巷道找寻，果然在河岸找到了那个小店。

看店的是一个身材矮小而且猥琐的老头，他眯缝着眼探出头来，细瞧了一眼陈连升那英俊潇洒的模样之后说："今年果真是奇了怪了！这也还没到涨大水放簰的季节呀？前段日子来了一个后生，借了我的锚钩和绳索。今日又来了一个找寻剎把子放木簰才穿的草鞋，是不是又要排什么大的用场？听借用锚钩的那小子说，他与一个名叫陈连升的少年英雄，就是用了我借给他的锚钩和绳索缉拿了穿心谷的那窝山匪。也不知道真的假的"。

陈连升见那老头怪模怪样，不想多与他搭腔。选了一双牢实润滑些的草鞋之后拿在手里几经折叠，见绳索还算牢实也就要了。老头见他像个行家，也就不再多话。可当陈连升掏出一块银元付账时，老头傻眼了，连忙摇头摆手说："我这儿是季节性的小本生意，根本找不开那么大的钱。一双草鞋几个铜板就够了，你拿块银元作甚？"陈连升也连忙说："我并不是要故意为难您家，身上确实没有零钱。要不这样，您看行啵？"

老头明显有些气恼，仍然眯缝着眼说："要不我就送你一双草鞋是不是？"陈连升连忙摆手解释说："我可不是这个意思！我是想问您这里可否给我弄几根剎把子放木簰的撑篙用用。"一听陈连升这话，老头硬是糊涂了，一脸惊讶地问道："撑篙我当然是可以弄到的，可你要剎把子的撑篙作甚？"

陈连升继续解释说："这几天在莲花滩可能要演一场大戏，弄几根撑篙作道具用用，但要牢实轻巧一些的，最好是木客们已经用过年把时间的。"老头这下算是听明白了，点点头问道："这撑篙你是租还是买？那价格可有悬殊！"陈连升立刻明白了老头的心思，他的生意做得虽小，账却算得分明。也就慨气地说："这块银元就是你的了。草鞋我今儿个拿走，撑篙我只租用，但您必须按照约定的时间和指定的位置给我送到，待戏演完之后，撑篙由您自己收回便是。"一听陈连升这话，老头儿的脸面之上露出了一种怪异的笑颜，他简直不敢相信自己的耳朵，平生还能做这样一回买卖，今儿个真是太阳从西边出来了，遇到这么一桩生意！不过老头仍有些迟疑，便收住笑容说："我看你小子嘴上无毛，说话可能当真？"

陈连升伸手把一块银元递给老头儿说："身为男子汉，口含三十六牙，错说都上算！嘴上无毛，办事也牢！"老头儿拿起银元在嘴边猛吹一口，接着拿到耳边细听，确定了银元是真的时，便哈哈大笑说："你慷慨！我仗义！鹤峰这城里城外，没有我不知晓的地方，一定按你的吩咐准确无误！"陈连升相信这个老头，也就笑着说："爽快！"接着如此这般，给老头交待得清清白白。

老头儿的心里甚是乐呵，已经很久没有这样发过财了。陈连升前脚离开小店，那老头儿便后脚出门，手里捏着那块银元一路哼着小曲儿，到街上称肉打酒，准备美餐一顿……

这时，百斯庵演武堂的百余名学徒，正在莲花滩忙碌着。他们首先在滩口的最窄处用杉条木打了一个拦码，再用竹席和茅扇堵住了水流，在莲花滩围绕砥柱之石形成了一个巨大的水荡。砥柱顶部平整，约六尺方圆，高出水面几尺许。在洪典林的铺排之下，顺砥柱周围等距离立了二十四根梅花桩，桩面与砥柱的头面持平。远远望去，俨然一个演武的戏台。

莲花滩四周的开阔地带，围圆搭了许多观众席，面向砥柱围梅花桩而坐，均用杉条木铺地，茅扇盖顶遮阳，风味别致，情趣盎然。莲花滩的上口右岸有一块稍显平稳些的地方，宽约八丈余，长约十一丈许。搭建了一处十分讲究的贵宾席位，专供官员显贵就坐。在进入砥柱梅花柱的区位，用四根又粗又长的杉条木搭建了一座简易的浮桥，供众武生演武时上下梅花桩。

在砥柱与梅花桩面的上方，约三丈高程处，绷了三根粗绳，拉到岸边的粗树上紧锁，三根粗绳在砥柱顶端的上空均衡等距交叉，交叉处用细绳连结紧扣，使这三根绳索成了一个网状整体，如水荡的穹顶一般。上面挂满红色、黄色、天蓝色彩旗。彩旗随轻风飘舞，倒映在水面，形成一幅迷人的图景。河中之水浩浩涌流，拦码堵水回旋绕行于大水荡之中，声如古琴奏鸣，雄浑震耳，一派宏伟壮阔的气象。

再看那莲花滩四面的悬崖和山壁之上，正是嫩叶初展，山花烂漫之时。只见贵宾席对面岸岭半腰，百树杜鹃竞相绽放，盛开的花朵簇拥着，红艳艳的一片，如朝霞落于峡谷之间，装点着这片山水相依的风景。

那是一个红火的日子，阳光灿烂，山花簇拥。鹤峰州城的百姓，身着节日的盛装，一齐涌向莲花滩，去看一场演武的大戏。时至巳时一刻，落座于莲花滩观众席的人就已不下千余，人声迎合着水响，形成鼎沸之态。州城之内的达官显贵，跟随在州官肖文钲、官军把总徐佐虎、百斯庵演武堂的师傅徐镇等，落座在了贵宾席。

恰在此刻，一群白鹤足有百余只，从莲花滩的下口峡谷之间展翅飞来，在彩云弥漫的天空形成一幅动感的画面，引出千人为之一呼。百余只白鹤就像是专程前来莲花滩凑个热闹一般，拉开阵势，均匀地散开，歇在了交叉紧绷的三根绳索之上，给红黄蓝三色彩旗镀上了一层神奇的灵光，如天地间蓄积的不朽的灵气在这里展露……

忽闻三声锣响，鼎沸之声渐停，悦耳的水声高扬起来。只见坐在贵宾席间的师傅徐镇，征求了一下州官肖文钲的意见之后站起身来，抬手一挥。接到指令的百名武生，身着统一服装，手持各式兵器，如一标军杀出。冲在最前面的二十五名武生展露出轻功，飞跃上去立于砥柱和周围的梅花桩上，呈现出了壮观的场面。其余武生等距离摆开，站在水面的浮桥之上，摆成了长蛇阵。

向观众集体亮相之后，依次出阵，或四人一组，或六人一组，飞跃至贵宾席前的那片平滩之上展演着十八般武艺。时而对打，时而单挑，杀声震天，吼声震地，兵器的碰撞之声铮铮作响，博得观众席间的阵阵惊呼与喝彩。

百斯庵演武堂的师傅徐镇，一直暗自观察着州官肖文钲观看演武场景时的面部表情，见州官肖大人一脸严肃不悦，眉宇间还拧起了一个大疙瘩。徐镇的心里有些慌乱起来。原指望这次演武能够博得州官开心，然后再趁机会争取点银子，改善一下演武堂的设施条件，这样看来事情有点儿悬！

州官肖文钲的目光在演武堂的众武生之中搜寻了几圈之后，转过脸来问徐镇师傅道："怎么一直没有见到陈连升？"徐镇当然也是个老奸巨猾之人，一下子就揣摩到了肖大人的心思，在那儿淡淡地一笑说："不瞒您肖大人，陈连升可是鹤峰州城里缉拿山匪的大英雄，怎么能先不先就出场演武哟！我是把他安排到最后压轴，与洪典林他们几个在梅花桩上对决，好让陈连升大显身手，也好让演武堂的众武生们开开眼界！"一听这话，州官肖文钲眉宇间的疙瘩一下子就松开了，他笑着对徐镇说："看来这精彩的大戏还在后头哩！"

说句实在话，自从州官肖文钲那日在官军营里，亲眼观看了陈连升捆绑二十名官军高手时的速度与身法之后，那精彩之点便牢固地铭刻在了州官肖文钲的心里，因此对眼前的这些打斗与比拼，哪里还能入了他的眼中与心怀。停顿了片刻之后，州官肖文钲转过脸来对徐镇师傅说："你把演武堂的高手挑选二十个出来，排成两队设卡。我倒要仔细看看，陈连升能不能顺利闯关，进入我们的视线。"

一听州官这话，徐镇心里一怔。他心里立刻明白，州官肖文钲正是要借陈连升之手，好好收拾一下百斯庵演武堂的武生了，可他还是笑盈盈地将这一指令传达了下去。

洪典林接到指令，心中顿时慌乱。他们本想避开陆地直击陈连升临水之短，可也不知是谁就出了这么个致命的主意，给了陈连升这么一个展现自己武功的机会。可眼目下，如果把守护在梅花桩和砥柱之上的武生撤下二十名来前去设卡，迎陆上一战，将体力耗尽，等会儿在梅花桩上要把陈连升打下水去，那又谈何容易？

于是，洪典林灵机一动，迅速在街上的那群朋友和洪家的护院打手之中挑选了二十名武功高强之人，换上了百斯庵演武堂武生的服装，手持棍棒刀叉列开阵势。并给陈连升传递出了信号——要想进入莲花滩，必先闯过这道关！

陈连升不动声色，他站在莲花滩上口的一块巨石之上，一边看着莲花滩内武生的表演，一边望着浩浩涌来的一河清流，在等待木客窝里的那个生像怪样的老头儿给他借的撑篙。

突然，远处的水面上飘来了一叶竹筏，那个身材矮小像貌怪异的老头儿正站在竹筏的前梢之上挥动着一根撑篙，陈连升从他的身法和脚步认出，这也是一个放簰的行家。待那老头儿猛撑一篙，将那簰样的筏子稳在莲花滩上口右岸的那片沙丘之上时，陈连升这才瞧了个清白。那老头是用七根撑篙扎了一块小簰，远远望去粗细像竹，其实根本就不是什么竹筏。

陈连升一步就从大石之上飞跃下来，望着那老头儿笑着说："谢您言而有信！这撑篙我用了之后如数归还于您，如有折断和损坏，照价赔偿！"那老头儿向他挥手笑了笑之后，一个猛子扎进了水里，半晌才冒出个头来，在那水荡之中拿了一阵亮水，爬到对岸的观众席上，端坐在了前沿，也准备看那演武的大戏。

陈连升把七根撑篙拖出了水面，搁在了沙丘之上。他在其中选了一根牢实顺滑一些的撑篙拿在手里舞动了几圈，撑篙的篙巅之上仍能发出刁蜂大嗡的声音来。陈连升心中暗喜，试看尔等谁能吃我一篙。

081

忽然，又听三声锣响，演武的秩序进入到了第二个阶段——水上展演。站立于砥柱和梅花桩上的二十五名武生，只听一声吊炮的声响，就从桩面落下钻入水中，二十五点水花各冒了一个小泡。接着二十五个脑壳冒出水面，头入水则双脚伸起，展演出各式花样动作，观众席上传出阵阵喝彩。二十五名武生在深水之中演完各种排列与组合的动作之后，顺桩爬上梅花桩面，各自做了一个老鹰展翅的收式动作，接着依次落水，如一群鱼，肚皮朝天蹬着仰窝子游到岸边，歇息着观看后面的好戏去了。

站在一旁观阵的洪典林跃上浮桥，奔跑而去，凭轻功跃上了梅花桩面，跳到了砥柱之上，面朝上口大声喊道："请剿匪英雄陈连升入场迎战！"这声音之中明显带有几分傲气，在莲花滩的峡谷之间回荡。而听到这一喊声时，陈连升心里怔了一怔："出场迎战？和谁战？是与你洪典林对决么？"

就在洪典林跃上浮桥，并使轻功跳上梅花桩的刹那，陈连升已经感觉到洪典林的功夫底子确也不错。可惜他这人心无定力，还有些张狂，不像是真正的高手。

陈连升飞舞撑篙入场，飞跃到了设卡的阵前。没想到设卡的众人竟是刀叉相向，是不猛打便不能穿越的架势。陈连升灵机一动，虚晃撑篙环绕半圈，突然篙头落地，一个猫儿上树的动作，就穿越到了设卡的中心位置。他轮起撑篙猛扫，不到三圈，二十个设卡的武生全部倒地。还没等那二十人回过神来，陈连升顺过撑篙，伸出篙巅，使出武当剑的挑档之法，挑一个便朝沙丘之上扔一个，不到长舒一口气息的工夫，那二十人便被摔得叽哇怪叫，像码原木筒子一般一顺堆码在了那片沙丘之上。

陈连升转过身子再撑一篙，又是一个猫儿上树的动作甩过去，就到了深水岸边的浮桥头上。可陈连升不想从浮桥之上顺跑而去，一瞄那距离也不过十丈，便伸手把撑篙插在浮桥头前，然后张开双臂拉开架势，如老鹰展翅之态，猛地冲向水面，轻如蜻蜓点水一般越过水面跃上了桩面。那个给他借来撑篙的怪样老头看出了门道，情不自禁地惊呼一声："你小子竟然练成了水上飞?!"

全场千余声惊呼，便从坐位之上站了起来。从前何曾见过这等"水上飞"的工夫！州官肖文钲站立在贵宾席上鼓掌三下，心中惊喜若狂，差点失态大喊出声来。百斯庵演武堂的师傅徐镇顿时傻了眼，他自从习武以来，还带过武生数百，何曾见过这等武功!

还没等早已看得目瞪口呆的洪典林从惊愕之中回过神来，陈连升竟在梅花桩上跑起了梭步，不到三圈，洪典林就被晃得头昏目眩，还没等到他定神出招，陈连升便如闪电一般从洪典林的身后出击，抓住洪典林练功的腰带，提悬腿脚横扫了一圈，然后前跨一步，把洪典林按在就近的一根梅花桩上，做了一个单臂倒立的定势。片刻之后，陈连升提起洪典林，轻轻一跃便站在了砥柱的立面之上，将洪典林横举于空中亮了相。

放下洪典林，等他站稳，陈连升大声说："洪典林老兄，这一轮你算是输了还是败了呢?"观众席上一片惊呼，一片喝彩。

洪典林回过神来，站定之后大声吼道："你陈连升还刚刚入场，还不曾宣布比拼开始，何来的输了或是败了之说?!"陈连升想来也是，便镇定自若地说道："打得输家服，打得输家愿，这是正说。"洪典林觉得自己已经丢了面子，心中有气，便大声吼道："比拼开始吧! 比拼的规则是，你我双方在梅花桩上搏打，落水者输!"陈连升沉着迎战，望着河谷间那美丽的风景，望着梅花桩下涌流的河水，慨气的对洪典林说："你下口令吧!"洪典林拉开架式，大喝一声："开始!"

洪典林跳出砥柱，跃到梅花桩上，拉开了搏打的架式。陈连升一眼认出，洪典林使的是一套"螳螂拳"，心里暗想：你洪典林想必是不会打梅花桩吧？螳螂拳是束缚下盘的打法，不适用梅花桩。你连这样的基本常识都不懂，你不下水谁下水？

陈连升没有急于出手，他拉开打"长拳"的身法，跃上梅花桩的瞬间便加快了速度，在梅花桩上如履平地一般，绕得洪典林眼花缭乱，无从出击，且下盘明显地露出了破绽。绕步三圈之后，陈连升伸出右脚一勾，洪典林左脚踏空，身子倾斜落下，观众席上长嘘一声，惊悸一片。就在洪典林即将落水的刹那，陈连升双脚勾于梅花桩面，一个倒挂金钩下去，抓住洪典林的腰带，把他救了起来甩到了砥柱的立面之上。观众席上又是一阵惊呼，师傅徐镇瞧了陈连升那“倒挂金钩”的身手，心中生出别样的惊叹来。很多人还伸出拇指，赞许陈连升尚武的德性。

不料洪典林忍不下这口气，有着不把陈连升打落水中誓不罢休的气势，便出手再战。绕步三圈之后，陈连升瞄准空隙伸手击其下盘，洪典林不经磕碰，再次倾倒而下，离水面三尺许。只见陈连升双手兀立抓住两柱，跳下身子伸出双脚夹住洪典林将他甩将起来，再次落在砥柱的立面之上，观众席上又是一片喝彩。

这时，陈连升已经明显地展露出胜利者的豪情，他单脚立于梅花桩上，右脚盘起来勾在左大腿前，双手合抱于胸，斜扭着身子，偏着脑袋，瘪嘴挤眼，一副玩酷的表情。其实这个动作只想告诉洪典林：“你根本不是我的对手，不必再行比拼了！我已经救了你两次，那么你第三次落水时，我绝对不会再救。既然咱俩在比拼，就得分出胜负！”

瞧着陈连升那副傲慢的模样，洪典林越是窝火。见陈连升左脚独立于桩面，右脚反勾呈斗鸡之像时，气不打一处来。他腾地跃起猛扑过去，欲推陈连升落水，不料陈连升反弹出脚，猛然抬起，将洪典林抛掷到空中，然后抬手击打，洪典林横飞出去落入水荡之中，如丢汤圆一般。

就在这时，被陈连升用篙巅挑裆的二十个设卡的人，已从地上滚动着爬将起来，见洪典林被击落水，便疯狂起来。咆哮着从浮桥上冲去。可到了梅花桩的外围，却只有三个轻功好些的门徒跃上了梅花桩。正要打斗，就听那个木客窝里的老头，歇斯底里地喊叫道：“别打了，认输吧！你们再上一百人也不是他的挨家，人家陈连升，是清江簰帮的老大，水上的功夫了得！都怪那洪典林不知天高地厚，你们也是有眼不识泰山啦！”

“清江簰帮的老大！”徐镇心里一怔。他可早有耳闻，莫非他就是剿了清江三里城的谭天飞那拨盘踞多年的山匪的陈连升？原以为这嫩小子只是一个同名同姓的儿娃。州官肖文钲看出了徐镇的惊愕之色，就望着他平静地说：“不错，陈连升从十三岁开始进入清江水系放簰，练就了盖世的武功。他来鹤峰州城投军，不为江湖打斗，只想报效国家！”

徐镇连忙起身，给州官肖文钲鞠躬施礼道：“既然是这样，肖大人为何要折煞老夫，让他委身于百斯庵练什么骑射？”州官肖文钲平静中带有几分威严地说：“你先坐下，不必惊恐。陈连升虽然武功盖世，可我只是一个州官，要想把这等人才收归国家所用，还得走科考的程序，否则入不了武行啊！因此，本官才把这个重要的任务交于你办！你要精心扶持于他，如果机会来时出了差池，我拿你是问！明白吗？”徐镇点点头，声调虽低却十分坚定地说：“遵命！”

这会儿，已经跳上梅花桩的三个人，都是练武多年，正想报那撑篙挑裆之仇，哪里还管面前这小子是什么人啦！于是三人合围，抡起拳头就打。可陈连升并不想轻易出手，也不想腿脚伤人，只顾了躲闪避让。哪知道这三个人还真是不知道天高地厚，心想陈连升这武功也不过如此，除了防守，却并没有攻击之法。于是三个合围，就想奋力一搏，寻机将陈连升打下梅花桩，让他狼狈落水，既报了那挑裆之仇，又为洪典林出了一口恶气，咱哥们也算是在这千余观众面前露了一回脸。

陈连升有些忍不下去了，抬起右脚勾住了自己的额头，玩了个金鸡独立。两只大眼透着冷凌的目光，逼视着三个正向他发起猛烈攻击的武生。观众席上的千余观众屏住呼吸，瞪圆眼睛盯着深水之中梅花桩面的情形。只见陈连升勾在额头的右脚慢慢儿离开额前，放置胸前的那一刹那，闪电一般划过，在梅花桩面扫堂一圈。那三个人瞬间不翼而飞，从三个不同的方向高空落水，连着三声“扑通”。见到这样一个精彩之点，千余观众再次情不自禁地站立而起，莲花滩上一片欢呼。

立于砥柱的平面之上，陈连升虽如战士攻下了高地，可他突然有了一种孤独的感觉。他仔细地看了自己身上的那一身放木簰穿过的衣衫，这可是他与兄弟们统一缝制的短袖白汗褂，浅蓝色灯笼裤。再细看脚上的那一双放木簰时常穿的棕丝桐麻草鞋，心里不是个滋味，涌起了一股莫名的酸楚。陈连升突然想起了清江簰帮的那些兄弟，还有那些惊心动魄却又有滋有味的日子，不禁长舒了一口气息。

可就在陈连升抬眼远望时，只见上游的激流之中，还真的刹来了一块竹簰。远远望去，只见一人撑篙，众人乘簰而坐……陈连升还以为眼睛出了错觉，伸手轻柔之后再仔细观看时，眼前竟然奇迹般地出现了清江簰帮几个亲密兄弟的身影。

见到一块竹簰从上游刹来，千余观众与贵宾席的达官显贵们，还以为这是专门安排的一个节目。其实不然，原来是杨贞、陈三喜、郭小虎、刘金堂、印紫竹昨日在邬阳关汇合之后，听说了李铁被关进大牢的事情，就合计着今日一早进入鹤峰州城一趟。一来为了营救兄弟李铁，二来也想看望一下分别多时的兄弟陈连升。于是通知罗汉章今日卯时在冠垭儿汇合，一同奔赴鹤峰州城。

走到两河口时，大家合计着难得爬观音坡了，就在两河口的王家买了十几根粗实的苦竹，大家一齐动手扎了一块竹簰，然后穿越峡谷顺河刹出来了。拢到城边一打听方才知道，跳鱼坎儿的莲花滩今日开演大戏，兄弟陈连升也到莲花滩比武去了。

兄弟们一听说连升比武，心里顿时痒痒起来，便将竹簰直接刹到了莲花滩。

陈连升认出来了，那个挥舞撑篙的人正是陈三喜。于是陈连升心喜若狂，从梅花桩上飞跃到水面，蜻蜓点水一般迎了上去，嘴里高声喊道："三喜哥！可是你们几兄弟进州城来了?"

陈三喜认出了陈连升，把手中的撑篙扔给了身后的刘金堂，几乎与杨贞同时跃入水面，飞跃到了深水荡中的一块巨大的礁石之上，铁箍一般拥在了一起。刘金堂将竹簰刹到右岸的沙丘上停稳，郭小虎、印紫竹、罗汉章和刘金堂立于岸边齐声大喊："连升！我们也来啦!"

听到喊声，三人放手松开，飞过水荡跳上岸来，兄弟久别之后再度重逢时的场景令人振奋。看到三个"水上飞"同时出场展演，千余观众在一片欢呼声中起身，呐喊喝彩，场面沸腾起来……这场演武进入高潮之后，有了一个圆满的收势。

这时，莲花滩上出现了一道靓丽的风景，山水相依的画面之中，一个身穿红色连衣裙的美少女从贵宾席间站立起来，捧着一束火红的杜鹃花款款走出，吸引住了千人的目光……只见她走到陈连升的跟前，奉上鲜花，嫣然一笑说："你让我懂得了什么才是真正的男儿汉！这束火红的杜鹃花，既代表我的心，也代表我的人，就一并相许给你了！或许这就是对你最大的奖赏!"

陈连升激动不已，嘴里还只喊出一个："雪珍!"就被清江簰帮的众兄弟高高举起，抛向了空中……整个莲花滩山鸣谷应，响起一片欢呼。

<第八章>

施南府荣升千总　剿白莲再出清江

082

如果说在长乐县湾潭境内穿心谷的剿匪行动，体现的是陈连升超强的智慧的话，那么在莲花滩千人目睹的盛况之下展演的却是陈连升的盖世武功。那个日子，正是陈连升的大名铭刻在鹤峰人心目中的日子。穿心谷剿匪时的如此这般，尽管被市人传得神乎其神，可那仍然只是流于鹤峰人耳边的传说与故事。而在莲花滩的武功展演却让人们看到了中华武术的真正境界并不是拼杀与打斗，而是人与自然完美交融时所产生的力量与技巧。

可是，一支军队、一名军人的职责就是拼杀与打斗，并在拼杀与打斗的过程之中战胜敌人。陈连升自从决定从军的那一天起，他就明白了这个道理。既然选择了为国家效力，既然选择了从军之路，就得拥有过硬的本领，就得拥有超常的智慧。因此，陈连升并没有在那一片喝彩与欢呼声中陶醉，更没有被“打虎英雄”，“剿匪英雄”这些称谓所迷惑，他继续保持着在清江簰帮时的习惯，卯时起床辰时练武，傍晚戌时练水，且一年四季春夏秋冬从不间断。自那以后，鹤峰山城便成了他的家，那起伏的群山，那浩浩奔涌的一河清流，便成了陈连升成长的摇篮。

清乾隆六十年，也就是公元 1795 年，已经八十五岁高龄的乾隆帝的健康状况每况愈下。当年九月初三，乾隆大帝向全国臣民宣布了建储旨，立皇十五子永琰为皇太子，并决定在次年新正举行传位大典。

嘉庆元年，公元 1796 年正月初一，上至内外王公贵族，下至文武百官与外官使臣咸集太和殿，按班序列，恭候乾隆大帝乘舆至殿内升坐。这时鼓乐齐鸣，宣表官员跪宣传位诏书，皇太子以下所有官员皆跪伏殿内恭听。而后，大学士二人引导皇太子至乾隆御前俯伏跪地，让乾隆皇帝亲授“皇帝之宝”。最后，嗣皇帝率领群臣再向乾隆皇帝行九叩大礼，恭送已经成为太上皇的乾隆帝起驾还宫，嘉庆皇帝则御殿登极，接受文武百官的朝贺。至此传位大典完成，乾隆帝开始过起了太上皇的生活。

嘉庆元年六月开恩科，已满十九周岁进二十岁的陈连升终于迎来了机会，以骑马三程射九箭，九箭中的好成绩考中武举，开始了他的军旅生涯。同年八月，在鹤峰山城金桂飘香的季节里，陈连升娶州官肖文钲的女儿肖雪珍为妻。

中秋节后，鹤峰山城的周围一连下了几天大雨，溇水河中涨了一河秋水。州官肖文钲心里爽快，就漫步到了三元桥的中间去观水。风雨桥下惊涛拍岸，浊浪滔滔。

站在桥心，远望屏山的那道山口，州官肖文钲突然发现了一个问题——原来这溇河之水竟然是东西走向，从东方流入城中，却从西面绕入莲花滩。还真是——不识鹤峰真面目，只因身在此城中。立于桥心半晌，任凭那洪水咆哮的声浪冲击着耳鼓，眼看着上游升腾起来的河雾弥漫开来，渐渐飘散入城中，恰似一帘梦境。

当脑海中闪过“莲花滩”的那个“莲”字，州官肖文钲突然想起一桩事情来：曾记得他在审讯穿心骨的那个山匪头目陶德远时，竟然牵出了有关“白莲教”的事。他没想到，在这偏远的鹤峰州境内，也受到了“川陕白莲”的波及。看来这穿心谷山匪的事情了结之后，也未必就能长治久安了，就像这秋后还涨一河大水一般，真是世事难料。

让州官肖文钲的心里爽快的不是别的，这下可好，他精心呵护并培养的少年英雄陈连升成了他的如意爱婿，也就是他的半边之子。州官肖文钲把女儿雪珍视为掌上明珠，他把女儿托付给品性端正，武德高尚，侠肝义胆，志向远大的陈连升，心里踏实欢喜。身为州官，心中却也有着父亲的慈爱。

一天傍晚，女儿肖雪珍与女婿陈连升陪着肖文钲共进晚餐之后，他对女儿和女婿语重心长地说：“你们眼下可有两件事情要做！”陈连升望着岳父大人一脸谦恭地说道：“我与雪珍年幼无知，凡事还得您多操心，多提携。我们照您的吩咐去做就是了！”州官肖文钲点了点头，然后以一个父亲的口吻说：“这其一嘛，连升中了武举，这是人生之幸事。教你骑射的师傅是百斯庵的徐镇，这谢师的礼数减免不得，还得备厚礼！这其二嘛，爱女雪珍已是你们陈家的儿媳，这拜见公婆大人、孝敬爷爷奶奶的事那也是减免不得的，不然人家并不会埋怨你们的不是，而要说本官教女无方，不懂礼数了。因此，你们还得找机会回一趟邬阳关。”

陈连升一听这话，心里十分感动，望了雪珍一眼之后对岳父大人诚恳地说：“爹爹所言极是，我与雪珍尽快照办，请爹爹放心。”州官肖文钲望着这对般配的小夫妻点了点头说：“连升稍安勿燥，过几日我叫徐佐虎给你派一趟去邬阳关的差事，你领命前往便是。也就可以顺便把雪珍送回陈家棚，在家里小住一些时日。”陈连升眼前一亮，面露喜色说道：“那太好了！免得我向营里告假。”州官肖文钲认真地说：“不过这差事可也马虎不得！”陈连升抬起脸望着岳父大人，没敢追问这差事的详情。肖文钲却用一种温和的目光望着爱女肖雪珍和爱婿陈连升深情地说：“我这州官也是当得清贫，不然我也不会在乾隆年间成为全国六十名廉吏之一。因此，我将来也不会有什么值钱的物件留给你们，能给你们留下一个廉吏的名声倒也不错。”陈连升点点头说：“这才是最为珍贵的东西，这是我们的荣耀！”

得知州官肖文钲还是乾隆年间全国六十个廉吏的情况之后，陈连升对岳父大人便格外崇敬，对爱妻肖雪珍更是一片忠心。他觉得自己不仅有了一个避风的港湾，而且还有了一个人生的航标，军旅的生活虽然单调艰苦，但陈连升的日子却过得鲜活而滋润。

深秋的一个晴天，陈连升在鹤峰州城备了厚礼，叫妻子肖雪珍骑着枣红马，与自己骑着的军马并肩而行，出城过了桂花溪一直向东走去，要到新庄坪去看望徐镇师傅。原来，自那年在莲花滩看了陈连升的武功展演之后，徐镇师傅的心灵受到了震撼和刺激，便离开百斯庵告老还乡，回到新庄坪徐家大屋场去了。

新庄坪的徐家大屋场离容美城区不过十余里的路程，他们由着肖雪珍骑着的枣红马悠闲的脚步前行，一路欣赏着深秋的景色，一路深吸着这片红色泥土的芬芳。

在一段宽阔平整的泥路上，陈连升催马上前，对一脸陶醉的爱妻雪珍说道：“还是你爹爹想得周全，若不是那天有他提醒，这重谢徐镇师傅的事我或许也就淡忘了。”肖雪珍斜了陈连升一眼说：“还是我爹爹么？按照你们土家族人的规矩，女婿半边子，那他不也就是你的爹爹么？还不改口叫爹，我就不再理你了！”肖雪珍催马上前猛跑了一阵。陈连升催马向前跟上了枣红马，然后红着脸面对雪珍说：“你别怪我嘛！我总觉得有些不太习惯，你看那曾经高高在上的州官大人，竟然一下子就稀里糊涂的成了我的岳丈，我还一时半会儿转不过弯来。我每回给他叫爹的时候都觉得十分别扭。我只是邬阳关一个普通猎户的儿子，门户的悬殊让我心里失衡。”肖雪珍望了陈连升一眼，假装生气地说：“你看看！又来了！你该不是想说你是稀里糊涂就娶了我吧？而今，生米已经煮成了熟饭，我肖雪珍生是你陈家屋里的人，死是你陈家屋里的鬼！想赖账已经晚了！晓得啵？”一听妻子肖雪珍这话，陈连升哈哈大笑说：“这世上哪有这等美事？既然已经让我陈连升碰上了，那便是天赐良缘，我若还想赖账，那我便是个傻子！”听到这话，肖雪珍也红着脸儿咯咯地笑起来，一对深深的酒窝展亮在陈连升的眼前。就在肖雪珍扬鞭催马的时刻，她回头一笑说：“这还差不多！”

徐镇师傅住在新庄坪徐家大屋场的最东头，三间并不宽敞的木屋用新采的箬叶编着花样盖了屋顶，显得清爽而气派。深秋的暖阳在刷过桐油的杉木板壁上反射出金灿灿的光亮，宽敞的塔坝里铺了一层从河中采集运回的卵石清砂，经过石滚辗压之后特别洁净平整。陈连升眼前一亮，像这样气派明亮的农舍，他还是头一回见到。他突然感觉到，这徐镇师傅果然不同凡响。

陈连升跳下马来，把马绳拴在了塔坝外的系马桩上，然后折转身准备接雪珍下马。可雪珍不要他扶，轻捷地跳下马来，只是把马缰绳递给了陈连升，步入塔坝不远，她就大声喊道："徐师傅，我们看您来啦!"

只见木屋的大门里走出一个瘦骨嶙峋的老头儿来，那脸型像是徐师傅，可那身子骨却与徐师傅肥硕丰满的身子反差太大。肖雪珍还以为这位可能是徐镇师傅的兄长，就凑上前去问道："徐镇师傅在家吗?"哪知道眼前这位老人两眼渗出热泪来，十分感动地说："哎呀呀，是雪珍和连升来了！快请进屋落坐。"拴好马快步跟来的陈连升十分惊讶地问道："徐师傅，您怎就瘦成了这样?"

原来还真是几年前在莲花滩的那场演武彻底改变了徐镇师傅的命运，当他亲眼目睹了陈连升的武功身法和高尚的武德之后，他的身心受到了强烈地震撼与刺激。徐镇原本是想通过这次演武，博得州官肖文钲的欢心，然后申请州署拨些银两，把百斯庵的演武堂修缮扩建一番。哪知道那百余门徒却遇上了清江簰帮的老大陈连升，平时还能哼哈较量一阵的百余门徒，却在陈连升的武功面前不经磕碰，竟把个徐镇师傅当众羞得无地自容，回到百斯庵演武堂之后还吐了一口恶血出来。次日一早，徐镇师傅便告别百余门徒回了家乡。不久，他已潜伏在身的病症逐渐暴发出来，几年下来也就瘦成了这样。

叙谈中，徐镇师傅感慨地说："连升哪！师傅真是对不住你呀！你看肖大人嘱我教你骑射，我却只给你教了方法和要领之后便不辞而别，把你凉在了州城里。而你却这么有情有义，还惦记着我这个不称职的师傅，真是惭愧呀!"陈连升抬起头来慨气地说："师傅不必自疚，或许这正是您教授徒儿的高明之处。练武之事，师傅只能教授方法和要领，至于练到什么程度就全靠为徒者自己去悟，也只有这样，才能学到真本领!"听了陈连升这话，徐镇师傅开怀大笑说："连升哪！我在百斯庵的演武堂待了十一年，教过的武生没有一千也有八百，却只有你一个人懂得武功靠悟，难怪也就你一个独自中了武举!"陈连升十分谦虚地说："这全靠徐师傅您教导有方，连升不才，却遇上了您这样的贵人!"

肖雪珍进到徐镇家的厨房里，与正忙着给她和连升准备午饭的夫人嘘寒问暖，讲了许多贴心体己的话儿。当雪珍问起徐镇师傅的身体状况时，夫人重重地叹了声长气说："他从百斯庵回来不久便得了糖尿病，每天喝水要几炉锅，一吃五六餐肚子还是饿，现在瘦得皮包骨，看看真是怪可怜的！"肖雪珍连忙说："那为何不到街上去，找个好郎中给他老人家开药治疗？"老妇人叹了声长气后皱着眉头说："哪门没找哟！药都抓了上百副，上餐下餐不离药，可就是不见效！"肖雪珍也叹了声长气说："哎哟，那可真是苦了徐师傅了！回头我给连升说说，他在清江簰帮的时候遇到过一位道骨仙风的银须老者，教了他许多密方，看有没有治徐师傅这病的。如果有便叫他采些本草制成药剂，给徐师傅送上来服用。"一听这话，老妇人更加感动，便又轻轻地叹了声长气感叹着说："哎哟，你们有这份孝心，我们也就知足了！眼下连升的军务繁忙，还抽空领着你一起来看老徐，我们已经感激不尽了！"

就在肖雪珍与妇人嘘寒问暖的时刻，陈连升把那些礼物从马背上取了下来，在堂屋里的那张八仙大桌上交点给了徐镇师傅，以谢师恩。徐镇师傅万分感激，站在那里含着热泪说："你和雪珍能够抽空前来看看我们，就已经是情深义重了，还带这么厚重的礼物来，老夫真是担当不起哟！"陈连升也迎合着师傅徐镇，说了许多感恩的话，这师徒之间的情谊便更加深厚了，话语之间流露出的全是坦诚与亲切。在徐镇师傅家里吃过午饭之后，陈连升和肖雪珍与徐镇师傅两老亲切话别，接着起马回城。

溇水河岸是一片美丽的田园风景，而在陈连升的心田之中却荡起了一片涟漪。他想到还真是岁月不饶人啦，这么短暂的岁月竟会把徐镇师傅变成了这样。走到半路，肖雪珍勒住马缰放慢速度，给陈连升细细说了徐镇师傅的病情，两人探讨一番之后也就转换了话题。突然，陈连升的右眼皮急促地跳了几下，他警觉地望了雪珍一眼之后说："我们快快回去吧，恐怕营里有什么情况！"肖雪珍心领神会，便扬鞭催马朝城里奔去。

而这时的教场坝已是人头攒动，军马嘶鸣。陈连升以最快的速度安顿好了枣红马，把雪珍送回家里歇息，然后快马加鞭奔入教场坝。其实这会儿，官军营中也没有什么要紧的大事，只是从施南府调拨了十二匹军马过来，徐佐虎正集合营里的官兵在教场坝驯马。可其中有一匹晴黄色的高头大马却难以驯服，奔跑四十余个环形大圈，官军营里竟然无一人能够跨上马背正常骑行。最后徐佐虎勃然大怒，冲着烈马骂道："些乱驴子日出来的，营中调拨马匹就是这样！真正纯善的好马都被上面已经选了去，等到拨到下面来的都是些烈犟家伙！既然这匹马难以驯服，我就发个话在这里，只要是官军营中的兄弟，谁能驯服这匹烈马也就归谁了。"徐佐虎的话音刚落，就有十几个官军一拥而上，想先入夺马。不料又是几十圈跑下来，且有一名勇士跃上了马背，可还没等他坐稳，烈马扬蹄昂头飞奔而去，爬上马背的勇士一个扑地啃土摔到地面之上，门牙掉了两颗，博得全场一阵哄笑。

陈连升站在一旁仔细观察着烈马的情形，他判断这马的确是一匹好马，毛色光滑，尾部圆实，体态高大，尤其是那晴黄的颜色着实让人喜欢。一向爱马的陈连升动了心思，准备出手。

把总徐佐虎一眼望见了已经归队站在后排的陈连升，连忙走过来说：“陈连升，你来试试！这烈犟的牲口恐怕又只有你才奈得何！”众人回头用羡慕的眼光瞧着后排的陈连升。见把总徐佐虎前来请他，陈连升便笑着说：“那好吧，我来试试！”官兵之中一个兄弟大声喊道：“连升，当心自个儿的门牙哩！”就在全场人再一次哄笑之时，那烈马奔跑了过来。陈连升瞄准机会飞跃上前，就在左手扣住缰绳的刹那，他伸出右手猛击了大马的鼻梁一掌，烈马顿时俯下头去。陈连升跃上马背，双腿如铁钳一般夹住马身，然后提起马缰，烈马昂起头来，顺着环形跑道狂奔了十几圈。陈连升挺胸昂头，演示着一个军人的英武与洒脱。

陈连升一脸胜利者的豪情，牵着烈马走到官军队前对徐佐虎大声说：“徐把总的话可是作数的？”徐佐虎慨气地笑着说：“作数，绝对作数！”他望了一眼列队的官军们说：“哪个不服？还可以来试试！”众兵士唏嘘一阵，没人再敢出列去骑那匹烈犟的马。

083

一日上午，州官肖文钲令州同叫来清军把总徐佐虎在州署商讨维稳之事。两人隔案而坐，寒暄几句之后，州官肖文钲问清军把总徐佐虎道：“近日，鹤峰本州下辖的区域之内可有不安定的迹象？”清军把总徐佐虎认真地汇报说：“没有什么大的问题，只是……”徐佐虎欲言又止。州官肖文钲追问道：“只是什么？快快言明！”徐佐虎接着说：“只是近日接到报告，说邬阳关的鹰嘴岩、朱老官一带有人违抗朝廷禁令，大量种植鸦片烟土。另外长乐县湾潭一带也有这样的报告。”州官肖文钲两眼盯着把总徐佐虎追问道：“再没有别的什么情况了吗？”把总徐佐虎沉思了一下之后答道：“目前，再没有什么其他情况了。”

停顿了片刻之后，肖文钲皱着眉头，非常认真地说：“徐把总，我这里倒是有一个重要的情况需要告知于你。据悉，近日有一个身穿白色绸袍的男子到了金鸡口之下，清江岸边的一个村子里，号称自己是‘白蟒精’转世，鼓动串联山民聚众造反。”

徐佐虎一听，顿时大惊失色，一脸惊讶地说道：“竟有这等事情？”州官肖文钲接着说：“鼓动串联的人已经到了金鸡口、邬阳关一带，并在建始的八雅寨一带招兵买马，集众练兵。这图谋已是昭然若揭，不可轻视！”徐佐虎连忙请示道：“那按照肖大人的指示，我们应该如何应对？”

州官肖文钲停腔落板地说：“你到营里挑选一名机智勇敢些的军人，前往邬阳关一带侦察一下情况，如果已成气候，必须请示上封派兵弹压；如果还只是一个传说，也就少安勿躁。当然那大面积种植鸦片烟土的事也不能忽略啊！”徐佐虎点头称是，嘴里附和着说：“肖大人所言极是，我马上挑选合适的军人前去侦察。”州官肖文钲从坐椅上站立起来，背剪着手踱了几步之后问道：“徐把总打算派哪一位军人前往邬阳关一带？”

徐佐虎沉思了一下之后说：“陈连升应该是最为合适的人选，他熟悉那边的情况，也有处理突发事件的能力，便于展开侦察。”州官肖文钲望了徐佐虎一眼之后点了点头说：“也好！你给陈连升宽些时日，让他把雪珍也带过邬阳关去，顺便孝敬一下公婆，让雪珍在陈家棚住上一些日子。”

回到营里，徐佐虎把陈连升叫到跟前，给他作了详细的布置安排，并要求陈连升安排好手头的事情后尽快启程。

得到终于能够回一趟邬阳关的准确消息时，陈连升兴奋不已。自那年走单骑来到鹤峰州城，已经整整四个年头了，他没有回过邬阳关陈家棚的家。但他无时无刻不在思念着爷爷奶奶，思念着爹娘，也思念着弟弟年学。对家族中的亲人，对邬阳关的山水草木都有着深情。还有那些清江簰帮的兄弟……邬阳关的山水是他睡梦里最美的图景，心怀里充满了浓浓的乡愁。好在这一路走来，一路打拼到如今，总算对得起亲人，也对得起家乡的父老。尽管离自己非常崇拜的英雄巴蔓子、陆逊、岳飞还相差甚远，但骨子里已经有了这种精神的铺垫，心怀里已经有了梦想的根基。尽管陈连升已经中了武举，并娶了州官的女儿为妻的消息已经传回了邬阳关，但亲人的期待就是他对家乡的牵挂。

听到要回邬阳关的消息，那匹枣红马也是兴奋不已，一见到陈连升或是肖雪珍便激动得奋蹄踏步，昂首嘶鸣。那天早晨，陈连升伸手抚摸着枣红马的脖颈说：“瞧你这枣红的颜色多美哟，就好比雪珍穿上了红棉袄，给我带来了多少好运气！”肖雪珍一听陈连升这话，咯咯地笑起来说：“你是夸马呢还是在夸媳妇子哩，怎么一见到这马你就像个没长大的娃儿，说起话来天真稚嫩。”陈连升望了肖雪珍一眼之后，仍然对枣红马说：“这次回了邬阳关，我一定带你回趟板桥沟，去看看你那间讲究的马圈。你若愿意留下，我便把你留下，你若还愿意跟随我与雪珍出来，我便依然带着你！”枣红马好像已经听懂了陈连升的话语，欢快地嘶鸣了几声之后，还并拢前蹄立正身子，给陈连升深深地鞠了一躬。

对女儿雪珍要跟随女婿连升回邬阳关陈家棚的事，肖文钲十分重视，他多次把雪珍叫到跟前问长问短，吩咐雪珍要征求连升的意见，多带些礼物回去孝敬爷爷奶奶，孝敬公婆。并嘱咐女儿雪珍注意形象与分寸，尽量低调纯良一些，不要丢了爹爹的面子。雪珍在爹爹面前撒着娇说："您平时讲话倒也简洁明了，怎么现在一见到女儿就像个婆姨，唠唠叨叨的呀？女儿已经长大了，而且已经嫁人了，以后您就少为女儿操些心行啵?"肖文钲笑着说："我是怕你在我身边大大咧咧惯了，到了婆家找不到分寸，伤着爷爷奶奶，气着公婆了嘛!"雪珍对爹爹说："您大可放心，我有不明白的事情，还可以问问连升嘛!"肖文钲微笑着点点头说："也是哦，这下爹爹也就放心多了!"

当陈连升与肖雪珍一路奔波颠簸，终于立马站在冠垭儿的那道岩口子时，已经到了傍晚。枣红马昂起头来，望着邬阳关那起伏的山影兴奋得奋蹄嘶鸣，真是老马识途，它似乎已经回忆起了那年与陈连升立于此处，久久不愿离去的情形。

茶莲河的水声轻悦如琴，树林中那沙沙的声响唤醒了陈连升童年的记忆。陈家棚舞动石锁时的嗖嗖之声；石龙河谷间木客的长把抓钩啄在原木之上的叮咚之声；金鸡口叫号启程的那一长声；桃符口发锤敲打大簰紧竹索子时那些脆响的短声；还有那风舞林梢时的落叶声，一齐汇集在了陈连升的耳边，合成了一曲立体的交响。他情不自禁，想对着邬阳关，对着陈家棚大喊一声，可他却牙关紧咬张不开嘴喊不出声。

肖雪珍骑在枣红马上注视着陈连升的表情变化，复杂得连她也读不懂了，就在那儿轻言细语地说："连升！你是不是见到了家乡的山水，听到了家乡的声音，硬是激动得想哭?!"陈连升仍然没有答出话来，只有两行热腾腾的泪珠子抛沙一般从面颊上滴落下来，洒在了马背上……

邬阳关的乡景，在肖雪珍的眼里充满了新奇，但她却无法体味或者说难以理解陈连升内心的感受。一个思乡的游子，一位登程的壮士，怎能却忘了来时的路径?

那天黄昏，陈家棚热闹起来。已经银须白发的陈富老人，听到由远而近的马蹄声立刻奔出门来，定睛看清了那个骑马而来的军人之后，如同疯了一般歇斯底里地大喊道："老伴！你快来看啦！是陈连升回来了，是武举人陈连升回来了啊!"陈富老人的喊声惊动了陈家棚周边的族人。正在餐桌上吃晚饭的陈万星、杨彩莲和小儿子陈年学，听到老人的喊声，立刻放下碗筷跑了过来，真真切切地听到了由远而近的马蹄声，看到了马背上的俊男和美女。陈万星激动地喊道："年学！你哥子嫂子真的是回来了啊！你快去生火炖肉!"

老伴黄翠姑弯曲着瘦弱的身子倚在门边，望着陈富老人的背影说："山都望矮了！老头子，你这回掐时掐得还真是准了哩！"

杨彩莲已经喜得热泪盈眶，望着儿子骑在马背上那高大精干的身影，看到枣红马上那个穿着红袄的美人，情不自禁地踮脚挺胸，差点亮出嗓子开了歌唱。陈万星更是喜得不知所措，竟然奔到房里去取出三眼铳，点了三响喜炮。正在厨房里忙着家务的姨妈也就是陈连升的伯娘杨彩玉听到响动，连忙奔出屋来大声问道："年高他姨，是连升和雪珍拢屋了么？"杨彩莲拉着苗家女子的柔美腔调答道："这回是的哩，上来玩撒！"

不一会儿，亲朋好友就围了一塔坝，个个面露喜色，一腔兴奋。陈连升拢到爷爷屋前的塔坝里飞身下马，单膝跪地向爷爷行了军中大礼，嘴里清晰地说："爷爷、奶奶！我和雪珍回来看望您们了！"陈富老人上前一步拉起孙娃子陈连升，大笑着底气十足地说："连升不必如此拘礼！你今天真是衣锦还乡，还娶回了州官大人的千金，这可是我们陈家棚陈家的荣耀啊！我陈富争强好胜一辈子，已熬得须发银白，气没咽腿没抻，等的就是今朝这个美满的日子呀！"陈连升站起身来，一身崭新的军服糙得哗哗作响，他望着爷爷说："听您老人家说话的气魄，看您老人家走路的脚步，这咽气抻腿的事还没说起哟！"

说话间，杨彩莲和杨彩玉姐妹俩已经把雪珍接下马来，当她俩趁着晚霞的余晖看清了肖雪珍脸上那一对深深的酒窝儿时，几乎是异口同声地惊叫道："拐呀的吔，硬是乖伤啊的哟！"这话引出众人一阵欢笑。那一夜陈家棚张灯结彩，如同过节一般。

陈富老人望着孙娃子陈连升英武的模样，硬是喜得坐立不安，不知所措，久久地处于一种亢奋的状态。夜晚，坐在火炉房里，趁着昏黄的灯光，陈连升见到爷爷的脸面上仍然是天庭发亮，满面红光时就轻声说："爷爷虽然是须发均已银白，但面色红润，不显苍老！"陈富老人高兴地说："我这都是托你连升的福，这些年多亏了泡的那缸虎骨酒，这东西真是治疗痨伤的神药，喝了之后腰不酸，腿不痛，面色红润有精神。"

一听爷爷说的这话，陈连升一脸惊讶地说："那缸虎骨酒还有么，好像都已经五六个年头了。"陈富老人一脸兴奋地对孙娃子陈连升说："那缸虎骨酒还多着哩，我哪里下得心多喝呀？硬是想得不行的时候才舍得咪一口。"陈连升的奶奶黄翠姑在一旁瘪着嘴巴插话说；"那缸虎骨酒就是你爷爷的命！他想你的时候就会在屋里嘀咕：这是孙娃子连升留给我的一份念想啊！"陈连升平静地对爷爷奶奶说："那虎骨酒若想喝就尽管喝。下次我若再有机会遇到老虎，给您打一只回来又泡就是。"

爷爷陈富老人一脸严肃地说："那可使不得，怕老虎伤着你！头回在石头隙打虎之后我之所以没有埋怨，那是因为我的确被你的胆气征服了。你若下次遇到老虎不迅速避让，再行莽撞，别怪爷爷打你家伙！"陈连升微笑着望着爷爷平静地说："爷爷大可放心，连升一直牢记着爷爷的教诲，在任何情况下都不会莽撞行事。"爷爷点点头说："那蛮好！我放心！"

第二天早晨起来，陈万星想邀小儿子陈年学上山打猎，弄点新鲜的野味回来招待一下连升和雪珍。可陈年学对打猎也不是特别感兴趣，不愿前往，并说要等哥哥起床后向他讨教几个问题。陈万星看透了年学不愿前去打猎的心思，就瞪了陈年学一眼之后吼道："你哥哥连升这几天又不得出门，要讨教么子问题都有的是时间。"陈年学无可奈何地跟着爹爹走了。母亲杨彩莲起得很早，在厨房里煮肉熬汤，还磨了一锅豆腐脑，说要让连升和雪珍尝尝她的手艺。忙碌间，杨彩莲想起了陈连升的爷爷奶奶，已是好长时间没在一起吃过一顿饭了，就在厨房里大声叫唤："年学，年学！你过去给爷爷奶奶说一声，叫他们莫弄早饭，就过来和我们一起吃！"跟着爹爹陈万星走了多远的陈年学，听到娘的喊声，"哦"了一声之后，就从爹爹陈万星的身后溜走了，气得爹爹陈万星的鼻孔里喷了一声硬气。

陈年学到了爷爷奶奶的屋里，以为哥哥陈连升和嫂子肖雪珍还在睡早床，就在那里望着爷爷问道："哥哥现在已经中了武举，是不是再就不用起早床练武了？"陈富老人慈祥地望着小孙子年学说："哪里的话哟！你哥哥连升可是一直坚持早晨练武，晚上练水哩，而且是一年四季从不间断。他今早起床后还练了一阵石锁，待雪珍起床后，就骑马到板桥沟给他的师傅廖德贵和你的大爷爷上坟去了，还说要回来赶早饭的哩。"陈年学在爷爷面前憨憨地笑着说："那不得了！还是我的哥哥有恒心！"

陈富老人也望着小孙子年学说："他没恒心能中武举呀？你以为武举人就那么好中么？身上不掉几层皮，门儿都没有！"陈年学望着爷爷那一脸自豪的神情说："看把您美得！"陈富老人伸手一抹山羊胡子，故作姿态地说："哎哟，还真有点儿！"

过了一会儿之后，陈年学给爷爷说："我妈说，叫您们不要弄早饭了，就到我们那边吃。"陈富老人一听这话便慨气地说："也好！都在一起陪你哥嫂吃餐饭，算是个大团圆？"陈年学仍在那里憨憨地笑着说；"那还不能算！要等我也找了媳妇子，再一起吃饭的时候，才算得上是大团圆！"一听小孙子这话，陈富老人哈哈大笑说："哈咯咋，你屁眼子还没收黄，就想着找媳妇子么？"陈年学红着脸儿，望了爷爷一眼之后，仍旧那样憨憨地笑着走了。

陈富老人望着小孙子陈年学的背影轻轻地舒了一口气，心里慨叹道，这儿娃子文不及年高，武不及连升，可也不呆不傻，时不时还有几分聪明劲。陈富老人心里想着，眼下陈连升已经从军，担当起了报效国家的职责，也就忠孝难以两全了。好在也还有年学这么个憨憨的儿娃，将来陈万星也还有个尽忠尽孝的指望。陈富老人一边这样想着，一边进到了厨房里，示意老伴黄翠姑不必弄早饭了。老伴黄翠姑望着陈富老人说："年学过来说的话我都听到了，还要你专门进来吩咐？我看这孙娃子连升一回来，倒把你弄得神魂颠倒了。"听了这话，陈富老人嘿嘿地笑着说："你又何尝不是如此哟。"

陈万星今早出门去打猎寻山，也没有赶出什么大牲口来，就在屋后的林子里打了两只哼哼鸡，回来就开始烧开水拔鸡毛，想在吃早饭的时候还多凑一个菜出来。当他见到小儿子陈年学就在面前晃来晃去时，便有些气恼，早晨从他的背后悄悄溜走，这等于是冒犯了父亲的威严。陈万星板着面孔对小儿子陈年学愤愤地吼道："你哥哥倒是被你的爷爷惯成了一个当兵的，你陈年学可能要被你妈惯成一个娇儿宝贝。身为男儿汉，上山打不得猎，下河摸不到鱼，走路怕踩死蚂蚁子，树叶落下来还怕打破脑壳，长大了有个么得卵用？嗯！"

其实爹爹陈万星平时也惯着幺儿子陈年学，在幺儿子陈年学的面前也没得个火头子。他倚在门边望着爹爹绷起的脸孔说："等我长大了再跟爹爹学打猎也不迟。爷爷说我的屁眼子还没收黄，还不能干大人干的活计。"陈万星忍不住扑哧一声笑了出来，望着幺儿子陈年学说："亏你爷爷想得起来，当初你哥哥跟着他练石锁功的时候，比你现在还小一个月零九天。你爷爷这是偏心眼儿，你还不觉气。"

陈万星这一笑不要紧，却被从厨房里出来的堂客杨彩莲看见了，就在那儿开心地说："哈咯咋，年学你爹今朝这是怎么啦？平时一天到晚绷着个脸，好像是哪个欠他三百石陈谷米，一天到晚像个牯世佬。今儿日个倒好，还开了笑脸。"陈年学站在哪儿嘿嘿地笑着说："爹爹是看到哥哥骑着军马回来了，还带了一个乖媳妇子回来，心里乐呵才开心发笑的。"一听小儿子陈年学这话，陈万星打了一个响哈哈说："那倒是个真家伙！"这话把杨彩莲和陈年学两母子都逗得开心地笑了。

084

面对邬阳关雄奇的山水，肖雪珍的心里有了一种从未有过的冲动与震撼。这是一方怎样的山水，竟然养育出这么情深义重的儿男？

肖雪珍还在几年前就已经听陈连升讲过他师傅廖德贵的故事，这位银须老者把他一生所积累的所有东西全部无私地教给了他，使他能够受益一生。不仅如此，陈连升也多次向肖雪珍说起过大爷爷陈华老人是怎样教他练习石锁功的。今早起来，肖雪珍跟随陈连升骑马来到板桥沟，先后到逝者廖德贵的坟前和陈华的坟前敬香烧纸，扯草扫墓，那种敬畏先人的心情让她无比感动。当肖雪珍站在坟前看到夫君陈连升那凝重的神态和庄重的表情时，才真正懂得了这九泉之下躺着的两个人，在夫君陈连升的心目之中有着多么重要的位置了。

许久之后，陈连升立于茶莲河岸，望着两座相距并不太远的坟墓对跟在身边的肖雪珍说："这两个人可是我生命之中极其重要的人物，在今后漫长的岁月里，只要我们有机会回到邬阳关，就一定要来看看他们。"肖雪珍也动情地点点头说："那是啊！存有感恩之心，才是为人之道！"

当陈连升领着肖雪珍走进廖大锤的家门时，廖大锤和他的哑巴媳妇硬是激动不已。一个半大的男孩正坐在火炉边玩火，早已糊得灰头土脸。廖大锤指着那个光着屁股坐在泥土地坪上的孩儿对陈连升和肖雪珍说："这是哑巴媳妇给我生的儿子，都快两岁了。"陈连升一听这话，顿时兴奋不已，望了肖雪珍一眼之后说："有了儿子就算是后继有人了啊！这下我的师傅也能含笑九泉了！"说完这话，陈连升蹲下身子问那糊得灰头土脸的男娃儿道："你叫什么名字？"那男娃儿望着陈连升开脸一笑，露出乳牙和嘴唇之后，竟然吓得哭了，折转身朝他的哑巴娘爬去。廖大锤有些不好意思了，就在那儿说："这娃儿认生，长过这么大也还是头一回见到军爷。"陈连升站起身来，望了廖大锤那憨头憨脑的笨拙模样，笑着说："看来你是经常见过军爷啰？"

肖雪珍看到那光着半身的儿娃，起了同情之心，在一旁很认真地说；"天气这么寒凉了，怎么还不给这娃儿穿一个厚实些的裤子哩？"陈连升望了肖雪珍一眼说："乡下人贫苦，男孩子不引到度关之年是很难得到裤儿穿的，坐灰坑火坑不为别的，主要是暖和。"肖雪珍伸了一下舌头说："难为这些贫苦的人家了！"说话间，肖雪珍从自己随身携带的钱包里掏出两块银元递给陈连升说："把这钱给他们，冬天来了都添身棉衣吧！"陈连升接过银元递给廖大锤说："今天吃过早饭之后，你就到关上去，找个好些的裁缝铺把这件事好办了，晓得啵？"廖大锤接过银元硬是傻了眼，流下两行泪来，片刻之后还在那里自言自语地说："连升！你尽管当了军爷，却还是那么仗义！"哑巴媳妇抱着个浑身是灰的儿子，看出了眼前的情形，也是两眼闪着泪光，一脸感动。

就这么热情寒暄了一阵之后，廖大锤硬要陈连升和肖雪珍吃了早饭再走，可被他俩谢绝了。走的时候，廖大锤跟到山头悄悄地对陈连升说："我的儿子名叫廖百羽，是按廖家的排行起的名，等他长大了，我叫他跟着你去当兵。”陈连升一听这名号便觉得新颖，用一种兴奋的目光望着廖大锤说：“这名儿不错！我还以为又是以猫儿狗儿起名哩，所以才没敢深问。廖百羽，这名字真的不错！”与廖大锤话别之后，陈连升解下马绳，与肖雪珍骑上马朝陈家棚奔去。

深秋的暖阳正冉冉升起，把茶莲河谷间照得通亮。山坡上几树枫叶如盛开的花朵，田埂上的柿树挂满了硕大的磨盘柿。在那开阔的空间里，一对闪亮的白鹤正朝金鸡口方向飞去，牵动着陈连升的视线，勾起了陈连升有关金鸡口的许多回忆，也勾起了他对簰帮那些兄弟的思念……

回到陈家棚，与全家的亲人吃了一顿团圆的早饭之后，陈连升又带着肖雪珍前去拜访了伯伯陈万魁，堂伯陈万顺。还与陈年高、陈年德两位兄长，并谈了许多家常事，回想起了许多儿时的趣事与梦境。

虽然回乡的路程并不是那么遥远，但思乡的情感却仍然浓烈而绵长。在陈连升的心胸里，融融的亲情交织在浓浓的乡愁之中，并在他的体内浓缩成无畏的胆气与力量。也正是这种无畏的胆气和力量激励着他去拼搏，去奋斗，使他最终能够成就一番功名。

就在这相处的短短一段时光当中，肖雪珍与婆母杨彩莲之间有了一种浓浓的亲情，到了一种难舍难分的境地。肖雪珍聪慧大方的举止深深地打动了婆母杨彩莲，而杨彩莲那善良慈爱的品性又深深地打动了儿媳肖雪珍。一天晌午，婆媳二人在说笑间，谈起了养育孩子的话题。肖雪珍羞红了脸，可婆母杨彩莲却笑着说：“这有么事好害羞的呀？生儿育女那是女人的正道，你给连升多生几个娃儿，如果在军旅途中难得养，你尽管给我送回邬阳关来，等他们长到连升当年的个头，再给你们送去，也好跟着他爹去当兵。”一听婆母杨彩莲这话，肖雪珍咯咯地笑起来说：“好倒是好！就怕这些娃儿有了他爹当年的个头，却没有他爹当年的本事！”婆母杨彩莲也跟着笑起来说：“哎哟喂，都要那么大的本事干嘛呀？能够安分地过日子，还省得家人担惊受怕。”肖雪珍也附和着说：“那倒也是哩！”

正在婆媳俩说笑得亲密无间时，陈年学突然从爷爷那边的棚屋里奔跑过来喊道：“嫂子，你快些出来看看，你骑的那匹枣红马挣脱缰绳跑了。”肖雪珍一声惊呼之后站起身来奔跑过去，只见那匹枣红马一路狂奔跑出了老远。婆母杨彩莲见状，十分惊讶地喊道：“哎呀，雪珍啦！枣红马是朝板桥沟方向跑去了，难道它是要回廖家去看看么？”

这时，站在坎檐上观察着枣红马去向的陈富老人说：“你们不必惊慌！老马识途啊，它是要回廖家去看看。这马原来可是廖家喂养的牲口，跟着连升离开板桥沟也这么些年了，它晓得你们又快启程归队，还有不回去看看的道理？你们莫急，三个时辰之内，枣红马必然回转。”听了爷爷这话，肖雪珍一脸惊异的表情。她在州城军中见过许多好马，却从未听说过老马识途的事情，一场虚惊倒是这么平静了下来。

几天前，陈连升安顿好了肖雪珍与枣红马之后，开始执行军务。他按照把总徐佐虎下达的指令，开始明察暗访。在进鹰嘴岩一带查看百姓私种鸦片的情形时，他脱下军服换上便装，有时一天徒步几十里，就像一个钻山查山的木客。但很快，陈连升便把把总徐佐虎交办的任务弄清楚了。鹰嘴岩一带百姓私种鸦片并自制烟枪吸食鸦片的事情较多，而且有了一定的规模。至于什么“白蟒精”转世，一身白衣之人潜入清江流域的事只是一个传说，并没有什么真正的迹像。陈连升在思想上形成自己的定论之后，便准备按照规定的时日回营复命。

那天下午，陈连升迎着落日的红光骑马回到陈家棚的时候，还隔老远就听到了枣红马的嘶鸣。起先他还以为是雪珍闲着没事，跑到陈家棚西面的坪淌里溜马去了。等他回到陈家棚见到了枣红马，才知道它是独自溜回了廖家。顿时陈连升感动得两眼热泪，用手抚摸着枣红马的脖颈说：“原来你也有一腔思乡的情感啊！”枣红马见陈连升两眼热泪，便扬蹄踏步，又是一阵嘶鸣……

就在离开陈家棚的前夜，爷爷陈富老人拉着孙娃子陈连升的手万般深情地说：“连升哪！看到你现在的这个样子，爷爷就放心了！记得那年你要出清江放木簰的时候，爷爷的心真是够狠的呀！硬要你一个十三岁的孩子单臂举起八十斤重的石锁，在陈家棚的大塔坝里跑三圈才准你走！而正是这一狠心的举动，让我看清了你骨子里的那种坚韧的气节。你去清江流域放木簰的时候，我待在屋里睡得安稳，吃得香甜，那是因为我不担心你在水上会有什么闪失，你的机灵与胆魄已经超过了我们这一辈，这是家族的幸事。你当初要去鹤峰州城投军，我心里踏实高兴，因为你走上了报效国家的正道，这很难得！这回衣锦还乡时，你不仅自己一身戎装，而且还带回了一位知书达理、开朗贤淑的妻室，这更让我们感到荣耀高兴！”

爷爷陈富老人停顿了一下之后接着说道：“可是，我和你的奶奶都已经老去，都已经是年逾古稀……”陈富老人说到这里，竟然说不下去了，突然老泪纵横。

陈连升心里一怔，连忙问道：“爷爷您这是怎么啦?!”爷爷陈富老人抹了一把老泪之后叹了一声长气说：“连升啦！爷爷今年已经七十有四，没有好多时间陪着你再往前走了，今后的事就靠你自己了啊！”陈连升立刻明白爷爷陈富老人的意思了，连忙站起身来取了自己的脸帕为爷爷揩去脸面上的泪珠说：“您这一辈子可不是这么一个心软的人啊！为何要这般伤感呢？您的身子骨还这么硬朗，加上还有虎骨药酒的滋补，您一定会长命百岁的，一定会陪着连升一起走得很远很远的！”

陈富老人停顿了一下，稳住了情绪之后说：“我这一生没有什么成就，也没有什么值钱的物件留给你们，而对你连升我却有两件事情要说。”陈连升接过爷爷手中的脸帕说：“您快说，您的每一句话对我来说比什么都重要啊！”陈富老人这才稳住心神之后慨气地说：“这第一嘛，我要说说你给我孝敬的那件虎皮背褂，这件东西应该作为我们陈家的传家宝，今后谁能完全掌握陈家，能居族长之位者，这件虎皮背褂就归谁拥有，并依次传下；这其二嘛，就单指你陈连升了！这次在你回到陈家棚的前夜，我做了一个非常奇怪的梦，梦见一只大鹏从东边的冠垭儿方向朝我们陈家棚展翅飞来，最后歇在了我们的这栋棚屋之上，并展开大翅遮住了我们的整个屋顶。没见过这么大的鸟，这应该就是传说中的‘大鹏’。看到你这次带着雪珍回来，我这心里就有谱了。这可能就是送子娘娘给我报的一个梦，有朝一日你得了沿袭陈家香火的子系，这起名的时候就都带个‘鹏’字吧，这可能是一种寓意。连升你听明白了吗？”

陈连升望着爷爷点点头说：“我不仅听明白了，而且还都记住了，您的这些想法也很符合我的心愿，我一定铭记心间，照办便是！”陈富老人也一脸凝重地点点头说：“这我就放心了！往后的时日，我们爷孙俩便是见一面少一面啦，你可要多珍重，在人生的道路上一定要勤奋向上，精忠报国呀！”陈连升这下完全听出了爷爷话中的含意，像是在给他立遗言一般，他感动得流下泪来说：“爷爷保重，爷爷保重啊！”

听了爷爷陈富老人的这一席话，陈连升的心里在隐隐地作痛。爷爷是他心中最大的靠山，这一路走来，爷爷的教诲与呵护无时无刻不在温暖着他，激励着他。每当陈连升遇到任何艰难险阻时，他都能从回想爷爷的话语中找到答案，找到解决问题的办法。可爷爷已经不再像往常一样精力充沛，话语中明显地透露出了离别的感伤。

接着，陈富老人从自己的卧房里取出那件仍然崭新的虎皮背褂递给陈连升说：“你再仔细看看吧！这就是我们陈家棚的一件宝，我哪里舍得穿呀？连升你没在陈家棚的时候，这就是我的念想啊！”说到这里，陈富老人又是禁不住老泪纵横了。

陈连升接过那件保存完好的虎皮背褂，也感动得流下泪来说：“爷爷呀，您言重了！这哪里是么子宝啊？这不就是孙娃子给您做的一件衣服嘛！”陈连升停顿了一下之后说：“今年冬天您就把它穿上吧，天气暖和了再脱下来晒晒，来年接着穿。穿上这虎皮背褂，就当是孙娃子连升还懒在您的背上，还蹭在您的身边，就当是孙娃子连升给您添的一点温暖吧！”

在一旁也感动得流着老泪的奶奶黄翠姑语重心长地说："连升也算是给你爷爷争了气，这邬阳关十里八乡有几个十八九岁就中了武举的？你爷爷的心血就算没有白费。可爷爷奶奶不可能始终陪你向前走哟，今后的路就得靠你们自己向前走了啊！什么时候也不要忘记了你爷爷对你的一番苦心哩！"

等爷爷奶奶都慢慢恢复平静的时候，陈连升就着火炉房里的光亮翻开那件虎皮背褂，望着爷爷问道："您还记得那年我在石龙河谷刹把子放木簰时，您吩咐陈年高、陈年德两兄弟去看我时，给我带去的那张图布吗？"

陈富老人听到有关图布的事，一惊之下急切地问道："怎么，你把这张八阵图弄丢了么？"陈连升摇了摇头，用力撕开虎皮背褂的下扁，掏出两张图布说："我就把它藏在这里。两张图布之中，一张是您所赐，另一张是我师傅廖德贵在桃符口亲手交给我的！"陈富老人又是一声惊呼道："啊？这老东西他果然还是找到了另外的一张图布！连升啦，这就叫缘法呀？既然这两张图布都到了你的手里，那就好好珍惜，好好悟。只要拥兵三千便能够练成此阵，你必定就是一个常胜将军！"陈富老人也是万万没有想到，他的虎皮背褂里居然还藏着这样一件无价之宝！

在陈连升漫长的军旅生涯之中，这是一个极其难忘的夜晚。因为这就是他与爷爷陈富老人最后的一次交谈……当新的一缕晨曦从邬阳关的东方升起，慢慢照亮陈家棚那一片台地时，陈连升就领着肖雪珍踏上了前往鹤峰州的归程。

那么，陈连升接下来的人生命运将会如何呢？是大步向前，还是傍徨与徘徊？

085

一路马背颠簸回到鹤峰州城的时候天色将晚，肖雪珍感到有些疲乏，就回到屋里洗漱之后歇息了。陈连升安顿好了枣红马和晴黄马之后，便捡拾了从邬阳关陈家棚带进城来的一些东西。突然间，就听到城北的后街上呼天喊地，嘈杂之声渐起。陈连升抬头眺望时，只见一栋木屋着了火，也就是眨巴眼儿的工夫，一股黑烟冲天而起，火光顿时照亮了半边山城。接着就听有人大喊："州署的粮库着火了！州署的粮库着火了啊！"

陈连升飞步跳到街上，正欲奔跑过去救火。肖雪珍穿着睡袍追到街口喊道："连升！你可去不得呀？"陈连升见已经躺下歇息的夫人雪珍起床追了出来，连忙折转身来问道："怎么去不得呀？我是营里的军人，州署的粮库失了火，我哪有不去救火的道理？"

肖雪珍连忙解释说："官场中的事你是有所不知。你是营里的军人不假，可你还是州官肖文钲的女婿对不对？州署的粮库失火，其中必有大事！再说了，你是奉上官之命外出执行军务的军人，今晚刚刚回城，还没到营里复命便突然在粮库的火场出现，实为不妥！你还是仔细想想，你的功夫再好，面对那熊熊的烈火，又能如何？”

陈连升突然意识到了什么，觉得肖雪珍还真不愧是州官大人的女儿，明白官场之中的事理，便伸手把她扶了回来，坐在了厅堂的椅子上。肖雪珍趁着光亮望着夫君陈连升说：“你也早点歇息吧。明天早上我们先去看望爹爹，然后你去营里复命。”听了肖雪珍这话，陈连升点点头说：“还是雪珍你想得周全。以后，这人的身份有了变化，实在不能像在清江簰帮的时候随心所欲了，任何事情该依章法的还是依着章法好些。”

肖雪珍望着陈连升嫣然一笑说：“这就对了！行一勇之气者，必有近忧！”一听这话，陈连升大笑起来说：“原来我只认为你天真无瑕，没想到你还知书达理。我陈连升算是三生有幸啰！”两个人嬉笑一阵之后，自己就像是换了一个人似的，平静中透着定力，比从前沉稳了许多。

半个时辰过去，州署的粮库便在浓烟与火光之中化为灰烬，一股谷米烧焦之后刺鼻的糊臭，随河岸的轻风吹散在了街巷里。可这时，一个杵着拐杖的老头从城北的后街慢慢儿走来，突然间立于街心狂笑不止，还把拐杖头上的铁鐟狠狠地杵在青石板铺成的街面上，掷出一声脆响，然后止住笑气恨恨地吼道：“这下，我看你肖文钲怎么个收场法！你不是能耐吗？穿心谷的山匪你给剿了，算你大功一件；还把我孙娃子洪仕林打成残废的罪犯李铁给放了，算你大罪一桩！你一向把我们洪家不放在眼里，这回也就怪不得我洪老爷子对你落井下石了！哈哈哈……”可他这接着一笑居然就扯不起气来了。这个老头子不是别人，正是那年在州署堂前与州官肖文钲理论的洪老爷子，看来这鹤峰州城里的浑水还真够深的。

几个匆匆走过的路人认出了洪老爷子，见他大笑之后抽风一般扯不起气来，也就没有与他搭讪。又一阵河岸的轻风吹来，卷起一缕尘烟，这浓浓的焦糊味再度刺激了他，让他闭过气去，最后竟然一个脑栽连拐杖一起摔在青石板儿铺成的街面上，咽气了。

州署的粮库失火被焚，以及洪老爷子栽死在街巷里的事，在鹤峰州城的人眼里都算是大事了。州官肖文钲带着州同前去查勘了火灾的现场之后，已经基本断定这是一起故意纵火案。可这回就蹊跷了，山城失火倒不是什么新鲜事，可这回不烧东街，不烧西街，却故意纵火烧粮库，这其中必有大文章。难道是府库已被暗中掏空，是要故意销毁证据么？

州官肖文钲眉头紧锁，怒视着长跪于案前发抖的那个分管粮库的官员吼道：“粮库里的事，本官早有察觉，却万万没有想到，竟然有人下得这样的狠手！一把火烧了粮库，以为本官就拿你们没辙了吗？要知道，本官平时已经搜集到的证据，就已经足够治你们的罪了！”跪在案桌前的官员仍然浑身发抖，嘴里打着牙壳子说：“下官冤枉，下官冤枉！还请肖大人明查呀！”

说是明查！可账目和实物全被化为灰烬，从何查起呀？夜已经很深了，肖文钲头一回感到了无助与孤独。眼下，夫人已回福建尤溪看望双方的父母，女儿肖雪珍随女婿陈连升去了邬阳关。他作为一个流官，来到这方水土，在这无助与孤独的时刻也算是举目无亲了。可身为州官的肖文钲又不能让任何人看出他内心的焦虑，他必须绷着脸硬撑下去，至于要撑到何年何月，对他来说仍然还是一个未知的情形。

当肖文钲独自回到住所准备歇息时，他在心里想女儿和女婿近日也该回城了，这或许就是他内心深处最大的安慰。

漫长的秋夜弥漫着寒凉，肖文钲硬是从脚下凉到了心窝，他没想到会在他的任上出现这样的恶性案件，焦虑中让他度过了一个不眠之夜。当第二天早晨，肖雪珍领着陈连升来到爹爹的住所，见到爹爹那一脸苍老的模样时心里便是一怔，也只有个把月的时间没有相见，没想到爹爹竟然变成了这般苍老的模样。可让肖雪珍不解的是，爹爹这是受到了身心的摧残，还是遇到了什么为难之事？

州官肖文钲一眼就看出了女儿肖雪珍的心思，在那里望着女儿肖雪珍平静地说：“为官之人往往身不由己，劳心费神便是常事，你们切莫牵挂于心！”陈连升上前一步，走到岳父肖文钲的面前说：“都是我和雪珍对您照顾不周，我们感到惭愧！”肖文钲睁大眼睛望了陈连升一眼之后慢慢地说：“连升哪！你只要把雪珍照顾好，就是对我最大照顾，最大的安慰。雪珍才是我的全部！”一听岳父大人肖文钲这话，陈连升的两眼闪着光芒，深情地望了肖雪珍一眼。

肖雪珍上前一步拉着爹爹的手臂说：“妈妈可有消息？”肖文钲轻轻地叹了一声长气说：“昨天上午接到了你妈妈的来信，信中说你爷爷病危，要我速速带你回去探望。我想，你还是要留在连升的身边。等我处理完粮库失火这个案子的事情，便立刻告假动身，回福建尤溪。如果你爷爷病故，我便要在尤溪丁忧三年，这鹤峰州我是回不来了。从今往后，你们两个人就要相互照顾，相互体贴，省得我和你妈牵挂！”听到这里，肖雪珍两眼闪着泪光说：“难怪爹爹操劳成这样，让我心疼哟！”肖文钲伸手拍了拍女儿肖雪珍的脑门儿说：“雪珍懂事了，不再淘气，知道心疼爹爹了。”

过了片刻之后，肖文钲认真地对女婿陈连升说：“你回营里复命去吧，让雪珍先在屋里陪陪我。当然，有个情况我得给你说说，原任把总徐佐虎已经调往宣恩营，驻守湾潭的外委把总张旺提升为把总。以后张旺就是你的顶头上司，应该处理好与他的关系才是。”陈连升点点头说：“请您放心！我会尽力而为！”

早晨出门的时候，肖雪珍说要先去看望爹爹，陈连升便没有换上军服，而是穿了一套十分得体的绸面便装。当他听到岳父大人说起原任把总徐佐虎已调宣恩营，原驻守湾潭的外委把总张旺已提升为把总时，心里感到有些意外，便急于想见见这个张旺升任把总后的德性和模样。他出了岳父的住所，接着直奔营中。

可等陈连升刚入新任把总张旺的视线，见张旺穿着一身崭新的军服，军官的派头实足时，正欲上前行礼，却被把总张旺厉声叫道：“陈连升！你不仅是军人，而且还是朝廷的武举人，可你竟然如此不懂规矩！进入营中，还是一身便装，你是瞧不起我这个新任的把总吗？”

陈连升望着张旺脸面上那冷凌的表情，觉得他的这话是官腔而并非戏言，便上前一步解释说：“张把总言重了！我是听到你已升任把总的消息，心里为你高兴，顺道先来看看你，然后回去换了军服，前来复命。”张旺没有细听陈连升的解释，仍然冷凌地说道：“你也不用脱裤子打屁了，来的已经来了，何必再去换装？再说这徐佐虎给你安排的什么差事我也没有兴趣，无需复命，你归队便是。不过，我这里倒是有一道上峰的命令，你给我听好了：提升陈连升为外委把总，带兵驻守湾潭。”

听到有令，陈连升双腿并拢打了个立正。不过他觉得这个消息对他陈连升来说的确有些意外，便想问个原由。刚要开口说话，把总张旺抬起手制止了他，仍然在那里厉声说道：“陈连升，你可给我听好了！从今日起，你便是我的下官，听从我的命令便是你的天职！我不管你是武举还是文举，不管你的本事有多大，也不管你的背景有多硬，在我的手下那就是我的兵！懂吗？”

听到这里，陈连升的心里明显不爽，甚至感到委屈，但他此时此刻也不知道说什么好。哪知道这张旺的话却还越说越难听了：“从今日个起，你陈连升硬是给我记住了！你在陆地上可以飞，你在水上也能飞起来，可在官场上你的本事再大也是飞不起来的。官场上要靠一步一步地往起爬，懂吗？”一听张旺这话，陈连升的脸色变得铁青，心里升腾着火焰。陈连升不明白，张旺今天是吃错药了，还是小人得志就猖狂？他狠狠地瞪了张旺一眼之后，正欲回去换装，却又被张旺叫住了。张旺大声说：“你今天就不用再回营里来了，回去准备准备，最迟后天就去湾潭上任，那里的兄弟还等着你去给他们发饷哩！”

陈连升没去打扰雪珍他们父女的团聚，他径直回了家，换上了一身崭新的军服，还特地穿上了皮靴，端坐在自家厅堂里的松木圈椅上。张旺今天明显地有些张狂，让陈连升头一遭怄了一回酸气。他一边喝着茶一边这样想着：你张旺这气度一定成不了什么大气候，不就是当上了把总吗？根本没有必要这么张狂，你就是当了千总、守备，甚至都司和游击又能如何？你不还是个军人，还得听朝廷的指令吗？过了许久，陈连升的心情才渐渐地平静下来。

可等陈连升冷静下来之后再仔细一想，他反倒觉得张旺说得最过分的那句话却很有道理："你在陆地上飞得起来，你在水上都能飞起来，可在官场上你的本事再大，也是飞不起来的。官场上要靠一步一步地往起爬!"

也是的，在官场上行走本来就活得辛劳，有的绞尽脑汁，劳苦奔波一辈子也只爬起那么高。而对于这些，陈连升不以为然，在他心底里崇拜英雄，却并没有刻意追求位高权重的愿望。也正是从这次思考开始，陈连升对自己的命运和自己身处的这支军队的命运有了更深的思考。

接着陈连升驻守湾潭，出任外委把总。让他没有想到的是，在湾潭这么一个山高林密的去处，他居然坚守了八年。直到1804年，清嘉庆9年，已满二十七周岁的陈连升才被提升为把总，调恩施崔坝驻守。这是他漫长军旅生涯之中的起步阶段，也正是他提升带兵能力，积蓄能量的重要阶段。

1808年，清嘉庆13年，已过而立之年的陈连升调任宣恩外委千总，经过宣恩三年的打拼，陈连升的军事指挥能力显现出来，引起了上司的关注，在朝廷面对鸦片泛滥，白莲教再次形成气候的危难之机，于1811年，清嘉庆16年被提升为施南协守备营千总。时年三十四岁的陈连升成长为清军之中最年轻的六品军官，成为万马军中一个引人注目的重要人物。而在这一段人生经历中，陈连升有过得子的欣喜，也有过失去亲人的哀伤。1806年冬长子出生，起名陈长鹏；1808年秋二子出生，起名陈举鹏。1804年秋后，已经八十四岁高龄的爷爷陈富老人与世长辞，继而奶奶黄翠姑病故。1811年冬将五岁的长子陈长鹏、三岁的二子陈举鹏送回邬阳关由爷爷陈万星、奶奶杨彩莲抚养。

其实人的一生就是这样，在经历某一段岁月的过程中总觉得遥远而漫长，当你某一天站在某一个较为特殊的时间节点上回头一望时，又仿佛觉得一切都曾经发生在昨天。从1793年出邬阳关走单骑入鹤峰州城投军，立志报效国家开始，到起1811年，这段时间虽然只有十八年，可对于陈连升来说，这是一段极其难忘的人生经历。当他昂首挺胸，大步走进施南协守备营千总那气派的营帐时，他默默地自语道："一十八年过去，弹指一挥间。"

身居施南协守备营千总的位置上，手下兵强马壮，陈连升这才体会到了一种

"登高一呼"的感觉。他似乎一下子找回了在清江簰帮时抬手一挥便随之动辄的威严。可是身为千总，是一方版图的军事主官，接下来他将肩负怎样的使命？

陈连升的心里明镜似的，从军以后的经历告诉他，凡是给他委以重任的时候，必定又是有棘手的军务要让他一显身手的时候。陈连升已经强烈地预感到，他接下来的生活注定又不会平静。

086

施南府的门前浩浩奔流的清江十分壮美，连珠塔下的五峰山风景格外秀丽。站在高高的城墙之上，望着碧绿如蓝的江水，陈连升这时也才真正明白了从桃符口到宜都，只是清江下游的一段。果真是清江八百里，无处不风光。他慨叹道："这就是巴武相追求盐阳女子神的美丽城池，薄雾在江岸升腾，像是迷人的梦境。难怪盐阳女子神把这里作为幽居的处所，真是一个令人神往的地方！"

其实陈连升哪有时间踏岸观水，他上任伊始便军务繁忙，眼下的局势也不容乐观。自1800年，清政府再次申禁鸦片输入，并禁民间种植罂粟、吸食鸦片以来，又先后于1806年、1809年两次颁布诏书，查禁鸦片入境或种植吸食。加之1804年10月，虽历时九年，纵横北方五省的白莲教起义失败，但南方鄂、湘、桂、粤的瑶民闹事问题日显突出。某一些地方官员把日渐突出的官民矛盾冲突归结于白莲教余匪作乱，纷纷要求拨款，或请兵剿灭。更为严重的是，某些地方官员与官军相护，小题大做，扩大事态，乱捕无辜百姓，并设置条条框框，让被抓捕的百姓拿钱赎人，大量敛取钱财。有道是官逼民反，官府越是这样，百姓的生活便更加艰难，到处都发出了"要活路"的呐喊。

陈连升冷静地分析了这些情形之后认为，查禁鸦片之事不能懈怠，因清雍正时期就有禁烟的诏令，鸦片的大量流入祸国殃民，这是毒瘤必须铲除；而对于所谓白莲教的事，陈连升则主张"宽严相济，重在安抚，劝其归田归林，稼樯自食，安居乐业，不得伤及无辜。"虽然陈连升的这一主张百姓拥护，但是无意间却损害了某些地方官员的利益，断了他们的财路，官场矛盾也逐渐突显出来。总之，摆在新任施南协守备营千总陈连升面前的是一个极其复杂的态势。

一个阳光灿烂的早晨，肖雪珍对夫君陈连升说："你既然已经步入仕途，就要做个好官，出入污泥而不染。你既然自幼崇拜岳飞，那骨子里就一定要有超凡的胆魄才是！"陈连升望着肖雪珍点点头说："夫人所言极是，既然朝廷委重任于我，我就得挺起脊梁，担起一方的责任！"肖雪珍点点头认真地说："这就对了！自古以来，每逢乱世都会出现忠诚良将，我看你的气节和品德，未必将来就不是第二个岳飞。不过人生的路还很漫长，要坚守节操也是一个漫长的过程，只有在国家和民族的危难之机，才是彰显一个忠臣良将胆魄的时刻!”

听了肖雪珍的这些话，陈连升十分感动，一把拉住夫人的手说：“你就好比我的半个军师，讲话贴心入理，不怀私心杂念，不愧是一介清官的女儿。”肖雪珍一把推开陈连升的手，对他扮了一个鬼脸儿说：“就只有半个军师么?”

言语一阵之后，陈连升按照时刻出门了，他骑上马前往施南协守备营，并传令下去：“巳时一刻，所有兵马按建制列队于校场，我要检验一下，我手下的这些兵都操练成什么样子了。”接着便听见大营里号角齐鸣，人唤马嘶，一片喧嚣。这会儿营中的新老官兵，倒也有一个想法，都想去亲眼见见这位新任的年轻千总长什么模样。传说中，陈连升是一个何等了得的人物哟！但百闻不如一见，如果真是一个了不得的英雄，那他就一定能够带出一支像样的军队，若是一个只图虚名的角色，尽管施南协只有兵马三千，恐也难以服众！

值班的军官将所有兵马按编制序列列队完毕，转身向陈千总行军礼，并报告说：“报告陈将军！施南协守备营官军三千零二十九人，军马三百匹，全部列队完毕，请陈将军校阅!”陈连升还礼之后大步向前，走到点将台的正中转过身子，用两道冷凌的目光扫视了列队的官军之后，却什么也没有说，径直走下点将台步入队列之中，穿越审视一遍之后再度步入点将台正中的位置，面向列队的官军大声号令道：

“全体都有啦！五十岁以上的官军，在左前方站成三纵队；四十岁以上的官军中间空一行，挨前三纵队站成五纵队；三十岁以上的官军依次空一行，挨着站成六纵队；二十岁以上的官军依次空一行，挨着站成六纵队；二十岁以下的官军依次空一行，站成一纵队。三百骑兵在我右前方列队，暂时不分年龄！大家听清楚了吗?”队列中齐答道：“听清楚了!”陈连升接着下达口令道：“各自出列！重新按序列编队!”

队列中嘈嚷起来，稀稀拉拉好一阵子之后，队伍才按照年龄的序列列队完毕。陈连升对当值的军官命令道：“速将不同年龄的官兵分别清点，报出准确的数据来!”当值的军官应声而动。

不一会儿，当值的军官便将点名的统计数字报了上来：“五十岁以上的官军三百四十九人；四十岁以上的官军六百九十四人；三十岁以上的官军一千二百二十五人；二十岁以上的官军三百九十四人；另有骑兵三百人，军官六十五人，二十岁以下的新兵两人。总共三千零二十九人。报告完毕!”

陈连升点点头说：“几个数字还是盘点得挺精准的！好啦!”陈连升抬手一挥之

后，走到了五十岁以上官军的队列前，大声说：“真是难为你们啦！你们都已经年过半百，本应该在家抱孙子享福了，而你们却还要在这大营里摸爬滚打！从今天起，你们就不再参加战术训练了，把你们从原来的编制之中剔出来单成建制，负责城区的街道管理和清扫，把施南府的施州城打扫得干干净净。从刚才起，便把你们三百四十九人分成四队，施南府的东西南北四门就归你们日夜执守，并按序列今日调防到位。兵员分配，就按刚才的队形一、二、三、四报数，依序编队即可。当然，如果你们当中有谁愿意御甲归田的，我们将按照朝廷新的募兵制度，提前发给你们三个月饷银，并支付路费盘缠，让你们回去与家人团聚，并帮助你们安居乐业！”陈连升的话语刚刚落音，三纵队之中便嘈嚷起来，有的说：“这是一个有良心的将军，懂得尊老爱幼，体恤下属。”而有的则在队列之中大声嚷嚷起来：“陈将军！你可不能一上任就撵我们这些老兵走啊！我们当兵吃粮，比回家种地稳当啊！”陈连升挺起胸膛，仍用两道冷凌的目光瞪着这些老兵大声说：“我绝对不会撵你们走！我的兵就是我的兄弟。但你们自己也要好好想想，愿意回去安居的，随时到军需处办理手续，领取饷银，开据路条回家！”

接着，陈连升走到四十岁以上官军的队列前，镇定了一下之后提高嗓门大声慨气地说：“你们这六百九十四名老兵，正是年富力强的人生时段，也应该有着较强的军事素质。同时就你们这个年龄段的人，就应该是战时能兵，平时能农，上山能打猎，下地能种粮。因此，要在你们这六百九十四人之中抽调三百人，组建后勤保障营，驻守五峰山开荒种粮，喂猪种菜，充实官军的伙食！其余人等按编制驻守营中，听候调遣。”

紧接着，陈连升走到三十岁以上和二十岁以上的队伍中间，双手在胸前一合，一千二百二十五人和二十岁以上的三百九十四人合成了一千六百一十九人的编队。然后他提高嗓门大声吼道：“你们这一千六百一十九人，便是本千总手下的精锐！从刚才起，我将把你们分成八队，每一队为一阵，每一阵为二百零二人。从明天巳时开始，我们将操练一种新的战法！若在三个月之内能够练成此阵，我们这支队伍将会锐不可挡！你们有信心吗?”听了千总陈连升的这番话，这一千六百一十九人有了一种受宠若惊的感觉，齐声吼道：“有！”喊声一出，地动山摇。

陈连升转过身来，大步走到三百骑兵的队前，见人高马大，即刻露出喜色来。他大声吼道：“你们这三百人马，是我们这支队伍的重要依托，平时要执行通信联络，物资运输的任务，你们辛苦了！”下面的三百骑兵齐声回应道：“将军辛苦！”陈连升接着问道：“你们之中可有骑马的高手?”前面领阵的军官立正回话说：“回陈将军的话！我们的三百骑兵个个都是高手。”一听这话，陈连升哈哈大笑说：“这样的大话你也敢吹？把你们最好的马给我牵来，我让你们见识一下骑马的高手到底是什么样子的！”领阵的军官迟疑了一下之后这才明白陈千总的意思，接着转过身命令道：“把黑脸给陈将军牵出来！”前排的一个高个子骑兵牵马上前，把缰绳递给了陈连升。

这匹马的鼻梁上有一条黑色的细毛，果真是张黑脸。这马腰细腿长，身上没有赘肉，一看还真是是一匹上等的好马。陈连升站在黑脸的右边，左手紧勒缰绳，伸出右手拍了黑脸的鼻梁一下。只见他轻脚一踮便跃上了鞍座，即刻扬鞭催马，沿校场外的跑道奔驰开来。众人的目光在随之转动，当黑脸的奔跑速度到达极限时，陈连升抓住马鬃闪电般飞身下马，在马身的左边快速奔跑数步之后，接着闪电一般飞身上马，跃向马身的右边快速奔跑后飞身上马。然后一个鹞子翻身卧在马背之上，像一片树叶飘动起来……奔驰三圈之后，当陈连升骑马回到骑兵队列前飞身下马，用手轻轻地拍了拍黑脸的鼻梁时，从惊愕之中回过神来的全场官军齐声大喊：“将军威武！将军威武！”

陈连升把马缰绳递给牵马出列的兵士之后，拍拍手说：“这可真是一匹好马！你可要善待于它，把它喂养好！”那兵牵着黑脸，一路挺起胸膛归了队，有了一种自豪感。

站定身子，陈连升提高嗓门大声说：“在你们三百骑兵当中，谁还敢出列表演一番？”骑兵阵前那个带队的军官说：“看了陈将军骑马，我等谁还敢出来称高手？有的爬上马背都要半歇，哪里还敢玩那些惊险的动作？”陈连升镇定地大声说：“那好！给你们三个月的时间，三个月期满我在这校场逐一考核，不过关者去当火头军，缺额时在二十岁以上的兵员之中择优挑选！”此号令一出，骑兵队里一片唏嘘。

陈连升走到两个二十岁以下的新兵面前问道：“你们今年多大了？分别都叫什么名字呀？”那个个头高挑的兵答道：“我叫刘明辉，利川齐岳山人，今年十六岁。”接着那个娃娃状的矮子答道：“我叫张青麟，巴东水布垭人，今年十七岁。”陈连升仔细观看了两个小兵的模样，都还生得不丑，况且都还有几分机灵劲，他转过身对当值的军官说：“把这两个兵送到我的营帐之下，让我亲自来调教一番吧！”刘明辉和张青麟喜出望外，差点跳跃欢呼起来。

经过这一番校阅之后，陈连升走到点将台的中间，大声说道：“今天，我们就算是官兵相见了！在我陈连升手下当兵，讲的就是硬本领，讲的就是规矩。在这里我要宣布三条规定：第一，全体官兵要相互尊重，军纪如山，凡偷懒耍滑，不勤奋操练者，棍杖四十，扣军饷三月；凡闯入城中，到烟馆吸食鸦片，到妓馆嫖妓者，斩！”

也就这么个把时辰的功夫，陈连升就把施南协的大营里盘出了活力，盘出了生机。一些军官和老兵在背地里赞叹道："陈将军年轻有为，治军有方，是个奇才!"

其实带兵并不巧，只要你各方面的本领都比人家强，人家自然就会服你。如果陈连升不在校场之上露一手骑马的高招，谁会真心服了你。自那个日子开始，不到三个月的时间，陈连升手下的这支队伍的战斗力大为提升。

可就在陈连升亲临指导，在官军营里苦练"八阵"的那段日子，夫人肖雪珍却已经是心事重重了。她很思念远在福建尤溪的爹娘，也很思念送回邬阳关的长鹏和举鹏。让她特别不安的是，爹爹肖文钲自从那年在鹤峰州官的任上告假回到福建尤溪丁忧三年之后便再也没有露面。更为严重的是，这么长的时间竟然连一封家书也不曾收到，是不是福建尤溪的家中出现了什么状况？肖雪珍越想越觉得不对劲，她可是爹娘唯一的女儿呀？

肖雪珍多次萌生过回福建尤溪老家看看的念头，可她又不忍心扔下夫君陈连升没人照顾。有一个日子，当肖雪珍转街转到挂榜岩康家的门口时，抬头看见一位俊美的女子正在绣楼织锦，便心生好奇，过去打了招呼。谁知那位俊美的女子见到肖雪珍时也是心生喜悦，连忙从绣楼上跑下来把肖雪珍迎了上去。经过一番叙谈方知，康家的这位俊美的女子名叫康翠莲，今年二十五岁，尚未婚配。只因康翠莲的眼光太高，一般的男人让他看不入眼，这样一拖一等，便到了这个年龄。这不，她近日正在绣楼编织这西兰卡普的织锦，是准备设擂台比武招亲所用。

肖雪珍一脸喜色，觉得康翠莲的想法特别新潮，便细心询问了详情。她在定神仔细端详了康翠莲一番之后发现，康翠莲不仅像貌俊美，心灵手巧，而且还是个温顺高雅的绣娘。更重要的是挂榜岩的康家，可是施南城里真正的大户哩。就在肖雪珍与康翠莲一来二往的过程中，两人情同姐妹。随后的肖雪珍居然产生了一个奇异的想法。

087

一段时间里，陈连升并没有察觉妻子肖雪珍有什么奇异的想法，他正全身心地投入到"八阵战法"的训练之中。在一个假日的午后，肖雪珍备了好菜，打了好酒，并顺道把康翠莲邀到家中，好一阵子忙进忙出，就把饭菜都弄好了。到了陈连升该回家的时候，肖雪珍给他泡了香茶，找了布鞋放在门边好让他换了军靴。一边忙着一边笑着对康翠莲说："咱家连升可有两大嗜好，一是咪口好酒，二是饮点好茶。"康翠莲微笑着把肖雪珍的一举一动看在眼里，心中生出了好奇，也不知这位在施南城里大名鼎鼎的陈千总长什么模样。

就在浓茶飘香的时刻，屋外响起了熟悉的脚步声。肖雪珍起身望着康翠莲笑笑说："是连升回来了。"肖雪珍快步上前去开门，并笑着迎上去说："哎哟，今日倒还准时，茶刚泡好你就回来了"陈连升笑着说："我正口渴，晓得夫人泡了好茶，我便快步奔了回来。"肖雪珍微笑着说："今日不光给你泡了好茶，温了好酒，还请来了一位尊贵的客人。"陈连升在门庭里脱靴换鞋的当儿，探头朝厅堂里望了一眼，见厅堂里的椅子上坐着一位端庄的美人，就开心地一笑说："夫人你是把盐阳女子神请来了啵?"肖雪珍嫣然一笑说："不是盐阳女子神，是康家的大小姐康翠莲。"陈连升换好了鞋站起身来笑着说："那可好！有人陪夫人观景说话了！"

陈连升大步走进了客厅，朝愣在椅子上的康翠莲打了个招呼。康翠莲从惊愣之中回过神来，眼前顿时一亮。陈连升英武干练，气宇轩昂，脸面上五官端正，略显清瘦，但目光如炬，眉宇间透着一种威严的光芒。就在陈连升进到客厅里解下佩刀，脱下军服军帽的当儿，康翠莲便在心胸里慨叹道："这不就是我在茫茫人海之中苦寻苦等的那个偶像吗?"顿时，康翠莲耳脸鲜红，在木椅子上欠了欠身子说："陈将军辛苦了!"陈连升转过脸来温和地说："欢迎康家的翠莲小姐光临本宅。"

肖雪珍在一旁咯咯地笑着说："光临寒舍，有叫光临本宅的吗?"陈连升望着肖雪珍和康翠莲开怀大笑说："我本来是想说光临寒舍的，可一想我这千总军官的舍宇之中，也没有那么寒酸吧? 这就改口说成'本宅'了。"一听这话，康翠莲笑着说道："看来陈将军不仅本领高强，而且还是一个既机灵又实诚的人!"说话间，康翠莲站起身来，小心翼翼地把桌上那杯泡好的香茶双手捧起，递到了陈连升的面前。陈连升接过茶杯的时刻望见了康翠莲那一双美丽的眼睛，像一汪深不见底的泉，心胸里禁不住颤抖了一下。

随后的一段日子，陈连升依然在大营里操练"八阵"战法，也就没有多少闲工夫关注妻子肖雪珍与康翠莲的心思。倒是肖雪珍几多开心，与个康翠莲硬是离不得左右了，一来二往的，弄得比亲姐妹还要亲三分。

有一天，肖雪珍前去挂榜岩邀了康翠莲去爬施南府外的城墙，踏岸去观清江水。玩得开心快活的时候，两人坐在城墙外的一棵树下，说起了心里话。肖雪珍把自己的心里话毫不保留地说了出来，原来她的想法是要与康翠莲做一辈子亲姐妹，走到一起共同侍候夫君陈连升。康翠莲仔仔细细听了肖雪珍的想法之后，先是羞得耳脸鲜红，心潮起伏难以抑制。过了好一阵子等心情平静下来之后她才认真地对肖雪珍说："雪珍姐姐！那可使不得，我怎能有这等非分之想，夺了姐姐的宠爱哟!"肖雪珍动了真情，说出了自己想到邬阳关陪陪儿子长鹏、举鹏之后，回一趟福建尤溪看望父母双亲的想法。只是这一走也就不知道什么时候才能够回到连升的身边来，照顾连升的担子就要落在妹子翠莲身上了。肖雪珍说得恳切，康翠莲听得认真。可最终康翠莲还是没有轻易表态，只对肖雪珍说：“这事你得容我仔细想想，人生大事不能简单草率，等我想好了再寻机会仔细说与姐姐听。”

一连几天，康翠莲把自己关在挂榜岩自家的绣楼之上没有出来，就连肖雪珍前去看望她几回她也闭门不见。康翠莲在做着激烈的思想斗争。这陈连升将军英俊潇洒，本领高强，的确是她康翠莲心目之中追寻的白马王子。但人家毕竟已有妻室，有了儿子，是有妻之夫。自己一个堂堂正正的大户人家的小姐，怎能这么委身于人做个小妾呢？思来想去还是觉得自己丢不起这个面子。再说这件事情传出去也是好说不好听，日后他们挂榜岩康家还有何脸面在施州城里的豪绅们面前行走哟！最后康翠莲倒是想出了一个万全之策，除非比武招亲，只要到关键时刻，陈连升将军敢在擂台之上亮相出手，夺得擂主抢了绣球，她康翠莲也就随了世故，整个挂榜岩康家的颜面也就丝毫无损。如果她康翠莲设擂台比武招亲，陈连升无动于衷，不动心不出手，她和肖雪珍的这个白就当没谈。

就在三天后的那个傍晚，肖雪珍有些不放心康翠莲了，就又到挂榜岩康家的绣楼之下去叫唤她，康翠莲这才走到绣楼前的阳台之上与肖雪珍打了招呼，接着两个人便在绣楼之上进行了一番畅谈。康翠莲详细地叙说了自己的想法，肖雪珍听后很是欣喜，也觉得这是一个很好的策略。并表示一定说服陈连升打擂那天亮相出手，只有这样大家也才都有面子。可转念仔细一想，肖雪珍内心里却又犯了难，不知道怎样开口去与夫君言说了。

有天夜里，肖雪珍把自己的想法详细地给夫君陈连升说了一遍。可让肖雪珍大为伤感的是，陈连升竟然对肖雪珍的这一想法不置可否，甚至说不以为然。在他的心胸里除了带兵练“八阵”战法之外，其余的事情似乎就都不那么重要了。尤为让肖雪珍伤心的是，当她向夫君陈连升提起长鹏和举鹏两个娃儿时，他不仅没有为父的惦念之情，反而还说：“那有什么？我从小就是跟着爷爷奶奶长大的，爹爹从来没有操过我的心，只顾了打猎种庄稼。现在正好让我爹娘把积攒起来的那份疼爱，都满满地释放在长鹏和举鹏身上，并让长鹏和举鹏他们兄弟俩，在邬阳关山水灵气的滋润之下，长成一身胆气的汉子，将来恐怕也能够为国家效力，有何不可?”

肖雪珍平静了一下心绪之后，把最后的心思也透露了出来。她淡淡地说：“康翠莲想设擂台比武招亲，我想你也去捧个场。只要你愿意去亮相出手，这康翠莲十有八九不就是咱家的人了么?”陈连升一听肖雪珍这话，淡淡地一笑说：“这好办呀！只要你雪珍愿意弄个姐妹回来，在屋里与你作伴，我倒是愿意为你效力。这打擂的事，我从小在郧阳关打秋就没有输过，只要我一出手，那便是坛子里捉乌龟十拿九稳，保证给你把康翠莲弄回来!”一听陈连升这话，肖雪珍便使出力气狠狠地掐了他一把，然后哈哈大笑说：“没想到你陈连升还真会送人情，你怕我孤单寂寞，是要给我娶个姐妹回来，还真是为我之好！这回，我可真是服了你们这些爷们了!”陈连升也哈哈大笑说；“我是看到你和康翠莲好像已经秤不离坨，想必也是情投意合，你可是我亲亲的夫人，这点忙我都不帮，那便是我不义了!”肖雪珍抱着陈连升的胳膊开心地笑着，最后竟然笑出了眼泪……

尽管那夜让肖雪珍感到特别伤感，但她仍然没有改变主意。接下来她便开始帮康翠莲张罗比武招亲的事，脸面上还洋溢着喜气。而这时，陈连升也开始理解了肖雪珍的心情，作为肖家的独生女儿，哪有不惦记爹娘的道理？让夫人肖雪珍回一趟福建尤溪，随了她的心愿，或许这才能算是一个仗义的男人。至于康翠莲的事，陈连升虽然也觉得这对肖雪珍很不公平，可也没有推诿，就这么一推二就地随和了去。其实，其他男人有的那点儿花花肠子，陈连升也有，似乎这才合乎常理和逻辑。肖雪珍内心里这样想着。

这时施南城下，清江岸边的校场之上令旗飞舞，摆阵冲杀的和声震荡着清江两岸，也震荡着山城内外众人的心。人们似乎终于看到了一支像模像样的军队，还不敢进烟馆，不敢进妓馆，每天都把江岸的校场震得尘土飞扬。

一天上午，陈连升正在校场之上指导操练“八阵”战法，传令兵刘明辉从营里跑到校场，立在陈连升面前大声报告说：“陈将军！挂榜岩康家的康老板，念您治军有方，练兵辛劳，特地差人送来了十只肥羊，十头肥猪，说要犒劳官军!”

陈连升转过身来吼道：“刘明辉！你今天是怎么啦？嘴里含了烧萝卜？到底是康家的康员外还是康老板?”刘明辉挺起胸膛大声回答道：“康老板!”陈连升缓和了一下口气说：“早就说了！军中传令，简单明了，吐字清晰!”刘明辉挺起胸膛大声说：“将军，记住了!”一听这话，陈连升又提高嗓门大声吼道：“到底是将军记住了？还是你自己记住了?”刘明辉再次挺起胸膛回答道：“是我记住了，将军!”陈连升不再与传令兵刘明辉计较，抬手一挥示意他走开。接着，陈连升给值日的军官授意，要他继续操练。然后对跟在身边的张青麟说：“把马牵来!”张青麟倒也机灵，快步前去牵了马来。

回到大营门口，果然用案板整齐地摆放着十只杀好的肥羊，还有十头杀好的肥猪。陈连升倒是觉得怪了，是谁竟然出手这么大方，这康老板又是何许人也？

陈连升仔细看了传令兵刘明辉递过来的帖子才知道，这挂傍岩的康老板名叫康镇江，是施南城里最大的粮商，除粮行满城之外，还有几家经销茶麻和皮货的店铺，算是施南城里的首富。仔细看了帖子，陈连升算是明白了，尽管他是施南城里的首富，能送“双十”重礼来犒劳官军，也算是出手大方做了一件非常体面的事情。陈连升转过身来望着刘明辉平静地说：“传令后勤官，速速将这肥猪肥羊按人头足量分到各营，再按人头分发白酒一斤，让各营好好给官兵打个牙祭。”接着，陈连升转过身来对跟在身旁的张青麟说：“你去校场传令值日的军官，午饭过后全体休息，下午停止操课，各自洗衣叠被，打扫卫生。”

陈连升顺手把马缰递给了卫兵，大步走进营帐。他的耳边响着“康镇江”的名号，心里说：“好大气的名号，此人一定非同凡响，必须前去拜会才是。”坐在案前，陈连升提笔写了拜会康镇江的帖子，并对刚从校场回来的张青麟说：“你骑我的马，快去挂榜岩康镇江老板家投帖，我下午必须亲自前去拜谢人家。”张青麟应声接过大红帖子，转身出了营帐。

康镇江一副富态的生像，已是四十七八岁的年纪，不光生活过得阔绰，也是一个很有远见的富商。他对施南协这位新来的千总将军颇有好感，特别是陈连升的这次调防，以兵士的年龄作为标准，分轮次以用之，年过半百者守城门，不惑之年者去开荒种粮种菜，不再受那摸爬滚打之苦。而让那些年轻的兵士搏击沙场，苦练本领，这是会带兵能用兵的体现。通过康镇江的暗中观察，陈连升这人英俊潇洒，足智多谋，将来必是帅才。因此，康镇江决定要与这位年轻的千总将军交个朋友。送猪送羊犒劳官军那还只是投石问路，真正的目的还是想找个合适的机会与陈千总畅谈一回。当他收到陈连升回投的帖子之后十分高兴，并即刻吩咐下人置办酒宴，清扫庭院，准备恭迎贵客。

陈连升回到家中沐浴更衣，找了一套得体的丝绸便装穿上，梳了头剃了须，对围着他忙进忙出的夫人肖雪珍说：“今日营里有人送了肥猪肥羊，我令他们按人头分到各营。我们的那份子他们会送到家里来，你把肉炖了就叫刘明辉和张青麟两小子陪你用餐，我得前去回访一下人家，这是礼数。”

夫人肖雪珍笑了笑说：“你是官场中人，这些应酬也是少不得的，不用管我！”正说话间，刘明辉提了一坨新鲜的猪肉和羊肉进了他们的家门，恭敬地对肖雪珍说：“这是我和张青麟还有将军和您的份子，您看怎么处置？”夫人肖雪珍说：“你先放到厨房里，我接着就来烙皮下锅。”

陈连升站起身来，抬手抻腿，仔细看了身上的丝绸衣衫之后笑着说：“这人常穿军服大大咧咧惯了，突然换上便装，反而觉得很不自在！”刘明辉从厨房里出来，细瞧了陈将军的模样之后说：“像个富家的公子，有点像是前去相亲的装扮。”一听刘明辉这话，肖雪珍在一旁嬉笑着说：“你们将军这回恐怕是遇上喜事了！”陈连升没有笑，他一本正经地对刘明辉说："去去去，叫张青麟给我把马也打理一下，然后牵到门口来。"

刘明辉出门直奔营里去了。听刘明辉的脚步已经走远，陈连升一脸认真地望着夫人肖雪珍问道："你说我遇上什么喜事了？你可千万不要设个套让我往里面钻，陷我于不仁不义之境地？"肖雪珍收住笑颜，一脸认真地说："我就那么随便一说，不过是句笑谈，你还当真干嘛？你见过有给自家人下套的吗？"陈连升点着头笑着说："那倒也是！"

转眼到了申时一刻，陈连升骑马来到挂榜岩康家，找到了康镇江老板的宅第。门庭外有一对雄狮，门庭内有一条长廊伸向庭院的深处。门庭临街便是一座装饰讲究的绣楼。陈连升下马驻足，转过身子望了一眼门庭外的风景，还真是山水相依，风景如画。五峰山如雄狮昂头，大清江如青龙摆尾，立于门庭之前，便感觉到这座宅院真有镇江之气势，也难怪挂榜岩的康家一直以来都是施南府城的旺族，不仅财发人兴，而且声名远播。

陈连升转过身来，正准备去槽门边拴马时，门庭的右边走出一个小伙计一般的人物来，笑着接过陈连升牵在手中的军马，拉到槽门里去了。就在他抬头去望门庭上端的绣楼时，门庭里走出一个体态肥胖，脸色红润的阔佬来，开口笑着说："陈将军莅临本宅，真是蓬荜生辉呀！"陈连升拱手迎了上去，笑着说："瞧您这神采飞扬的模样，莫非您就是康老板？"这位富态之人走上前来，握住陈连升的手说："本人就是康镇江，久仰陈将军的大名，今日算是幸会了！"说话间，康镇江便把陈连升迎入门庭，迈着方步并排沿着那条装饰气派的长廊，走进了会迎贵客的大厅。

刚进到大厅门边，康镇江便对着廊道边的茶房里吩咐道："敬茶，敬香茶！"接着康镇江老板伸手示意陈将军上坐。陈连升却站正身子立于座位之前，在等康镇江先坐。康镇江见这位年轻的将军竟然如此谦恭，便笑着夸赞道："没想到陈将军在这些小节方面，也把礼数讲究得如此细微周全，这让康某十分感佩！"

陈连升坐正身子，双手搭于膝盖之上，挺直腰杆，摆出了军人的姿态，然后十分客气地说："论年龄您该是我的长者，今天专程前来拜访，是为感谢您的慷慨，还花去钱财犒劳营里的官兵。"听了陈连升这话，康镇江长舒了一口气息说："陈将军言重了，那只不过是些区区小事，不必挂齿。说句实在话，自从陈将军升任施南协守备营的千总以来，调整了布防，不仅城里的治安秩序好了，官兵扫街除尘之事也随处可见，使这施南城里清爽了许多！"陈连升连忙客气地说："康老板您过奖了！这带兵之人嘛，既要随时准备为国家效力，更要确保一方平安，这是我们军人的本分！"

当一个衣着干净的下人，把一只精制的茶盘端到客厅放在康老板和陈将军中间的茶几上时，一股清茶的栗香扑鼻而来。陈连升深吸一口气息，突觉神清气爽。康镇江老板伸手请道："请陈将军用茶！我可早有耳闻，说陈将军对茶颇有研究。你仔细品尝一下，看我这茶产自哪个地方？"

陈连升微笑着端起茶杯，揭开盖子，用杯盖轻轻地刮了一下翻卷起来的几片茶叶，深吸一口那浓浓的栗香之后笑着说："难道康老板是把我们邬阳关的茶叶贩到了施南城里？"一听陈连升这话，康镇江大笑着说："没想到陈将军还真是一位品茶的高手，还只观其汤色闻其香气就能弄清茶叶的产地，真是妙哉！"陈连升轻吮了一口香茶，然后望着康镇江老板肯定地说："我敢断定，这就是我们邬阳关的茶。"

康镇江老板这才收住笑容平静地说："不错，这的确就是邬阳关的茶。我上次去了景阳河，特地请人过邬阳关给我买了十几斤香茶回来。"康镇江揭开杯盖，品了一口茶水后，对候在一旁的下人说："你快去把小姐叫来，就说我有事情找她。"接着康镇江转过脸来对陈连升说："陈将军军务繁忙，想必也是很长时间没有喝到家乡的茶了！"陈连升放下茶杯，抬起手来说："康老板不必这样客气，家乡的茶叶我几时都备得充足，哪能一登门就夺您所爱呀？"康镇江笑呵呵地说："茶是提神之物，迎宾款客是它！陈将军现在苦练精兵，每天都还亲临校场摸爬滚打，甚是辛劳。我赠几斤茶叶于将军，就算是我为将军练兵出了一点绵薄之力嘛！"陈连升又端起茶杯呷了一口醇香的茶水，然后笑着说："我是说不过您，那就恭敬不如从命了！"

康镇江老板与陈连升将军的谈话似乎还没有进入正题，就听客厅外的廊道上响起了轻快的脚步声，接着一个身着蚕丝衫子的女子来到了门边，响着银铃般的声音说道："爹爹唤我前来有何吩咐？"陈连升见这女子体态丰韵，脸蛋白皙，眉目清秀，心里便是一怔："这不正是常与夫人肖雪珍来来往往的康翠莲吗？这也巧了，原来这康翠莲竟然是康镇江老板家的千金。"康镇江观察了一下陈连升脸面上的表情之后说："翠莲哪！我唤你前来，是想叫你找一个精致些的器具，把那种香茶给陈将军装上几斤，差人送到陈将军府上去！"

康翠莲也是一怔，愣在那里半晌才回过神来说："爹爹您说要好好招待的贵客就是陈将军？"一听女儿康翠莲这话，康镇江的心里也是一怔，露出一脸惊讶的表情说："是呀！原来你早就认识陈将军？"康翠莲突地羞得耳脸鲜红，也没回答爹爹的问话，径直前去寻那精美的器具装茶去了。还是陈连升机敏，他望着康镇江老板平静地说："翠莲小姐与我家夫人肖雪珍是新认识的好友，我们已经见过几次面了。"康镇江老板喜上眉梢，在那儿笑呵呵地说："你说这还真是有缘，有缘哪！"

陈连升突然察觉到了什么，总觉得这一来二往的有些蹊跷，就好像是有人特地安排似的。

那天傍晚，陈连升从挂榜岩康家喝完酒出来，心里就有了一种异样的感觉。康翠莲这样俊美的女子可谓百里难挑，让人怦然心动。可夫人肖雪珍也是顺情入理的贤淑之人，陪着自己走过了一段极不平凡的人生之旅，夫妻之间有着难以割舍的亲情，要说舍弃，实属心痛。可康翠莲那得体的身材，丰韵的丽质，还有那一双明澈的眼睛，都释放着一种无形的神力，已经牢牢地抓住了他的心。陈连升似乎遇到了一道难题，就在启马回营的时刻，他立马于挂榜岩前，望着晚霞映红的天空，从内心深处发出了一声呐喊："鱼和熊掌焉能兼得乎!"

已有几分醉意的陈连升骑马在清江岸边疾走，望着五峰山依次上升的圆形山峰，听着清江雄浑的涛声，他心潮起伏。晚霞映照下的那一片红光，江岸升腾起来的一缕缕炊烟，交织着缠绕着，融合成一片诗画般的意境，浸润着施南古城雄伟的轮廓，也浸润着陈连升开阔的心田。

088

一个雨后放晴的日子，在山城的大雾渐渐散去时，陈连升迎着灿烂的阳光，来到清江岸边施南古城之下那片开阔的校场之上，准备集结部队进行"八阵"战法的演练。号令发出不久，"八阵"官兵很快集结完毕，值日的军官前来行礼，恭请陈将军阵前训话。陈连升威风八面，一脸威严，手握佩刀如一棵松一般立于阵前，再次向集结的官兵详细讲解了"八阵"战法的协同性与灵活性。而灵活又不是随意的杂乱无章的灵活，而是遵循章法与行步节奏的灵活。

当值日的军官挥动令旗，八阵官兵依次按序列出阵时，开阔的校场顿时变成了沙场，脚步震耳欲聋，气势逼人；沙尘飞扬升腾，立刻展现出一副千军万马撕杀沙场的场景……陈连升见状，脸面上挂着一丝儿欣慰的表情。他挺起胸膛，展露出一种从未有过的自信。他在想，有了这样一支精锐的部队，当国家需要时，便会锐不可当。

演练过程之中，陈连升看到八阵精兵的单兵素质和协同能力都大为提升，大为增强时，心中无比愉悦。在操课演练的间隙，陈连升看到校场外的城墙跟脚有一把年代久远的石锁，伸手提试，掂量出石锁不过六十余斤，即刻兴致大起，单臂举起石锁奔跑至阵前，揭了官帽，解下佩刀递于卫兵张青麟保管，然后面对全体官兵大声说道："全体都有了！念你们近日辛苦，我在这里给你们表演一套石锁功，让你们开开眼界，就算是慰劳大家了!"阵前官兵齐声欢呼，顿时惊喜若狂，校场的气势变得无比热烈。

陈连升选好起点的位置，将石锁放于身边，面向全体官兵拱手施礼，然后左转身子右手执石锁举过头顶舞将起来。顿时，全场官兵屏住呼吸寂静无声，只听得石锁在空中推拉抛掷缠绕时发出嗖嗖的声响。他的下盘稳健，脚步震地有声，石锁握于手中恰如一只伸展的拳头，身锁一体，舞得轻松自如。

这一遍舞过算是热身，陈连升立于终点，平静心气，做了一个收势的动作，额头与背心处早已冒出大汗来。接着他又伸出右手执石锁，变终点为起点，加快节奏舞将起来。推拉抛掷缠绕之势如闪电划过夜空，脚下的震地之声与节奏明快的吼声相对应，如雷声滚过，展露出气吞山河之势。全场的官兵都被这种气势给镇住了，一片肃然。当陈连升完成所有的招式到达终点时，他大喝一声，将石锁掷到地面，发出一声闷响，然后单臂执石锁倒立而起，左手伸出仗天之剑，双腿并拢斜伸而出，如一面旗帜，并静气呼吸一百二十回，延时约莫半晌。随即轻轻放下双腿回立于石锁边，向在场的官兵拱手示意。顷刻之间一片欢呼，近两千名官兵尽情地呼喊着："将军威武！将军威武！"

陈连升立于阵前挥手致意，等全场平静下来的时候，他立于阵前大声问道："有谁知道我这个收势的动作叫什么名字吗？"全场唏嘘一阵，谁也叫不出个名号来。最后一个兵士从队列中走出来大声说道："长举展起！"全场官兵如从梦中醒来，齐声喊道："长举展起！长举展起！"陈连升开怀大笑说："这名字好，这名字好啊！"他抬手一挥，指着喊出这个名字的那个大个子兵士问道："你叫什么名字？还蛮有心才的嘛！"大个子兵士站上前来大声说："报告将军！我叫伍通标，已经当兵五年了！"陈连升点点头说："不错，我看你自身的功夫也还说得过去，是个可造之才！"

接着，陈连升接过张青麟递过来的官帽戴上，将佩刀仍然挂于腰间，右手紧握刀柄立于阵前，十分严肃地大声说道："各位兵士，首先各位要有很强的单兵素质，只有把每一个战士都变成了无所畏惧的猛虎，然后才能汇聚成威武之师。你们都还是些年轻的汉子，正是练功习武的最好年纪，要有勤学苦练的精神，刻苦练功，把自己变成威武之师中的精锐！大家有信心吗？"阵前官兵齐声高喊："有，有！"陈连升转过身来，对值日的军官说："继续操练吧！"值日的军官向陈连升行了军礼，嘴里"喳"了一声。

回到营中，陈连升拿起案头的毛笔，铺开宣纸写了四个大字"长举展起"，落笔欣赏之余，他突然心里一怔，这"长举展起"之中的头两个字不正是两个儿子的名号吗？长鹏、举鹏，还有"展起"二字，难道是在预示两个儿子展翅飞翔的意思吗？他叫来刘明辉，要他把刚刚写成的“长举展起”这四个大字拿到清江画坊里去装裱起来，就挂在他的案头。刘明辉应声捧起宣纸，小心翼翼地朝清江画坊里走去。

自那个日子以后，陈连升将军的营帐里就始终挂着这样一副由他自己亲笔提写的字画。而让陈连升自己也万万没有想到的是，就这样一个既不是成语，也不是什么精妙词汇的汉语单词，竟然影响了他的戎马一生。

自那天去了挂榜岩康家之后，陈连升的情绪发生了十分微妙的变化，性情之中常常流露出一种莫名的兴奋。肖雪珍早已感知到了陈连升情感上的这种微妙变化，但她不仅没有醋意大发，反而心里十分安定，并继续沿着自己铺设的路往前走，决意要把康翠莲给陈连升迎娶回家。

一晃就到了七月初七。那天早晨，肖雪珍对准备去营里操课的夫君陈连升说：“这几天你可要把营里的军务安排得紧凑一些，一晃就到了土家的女儿会，康翠莲设擂台比武招亲的日子就选在七月十二女儿会的这一天，你可不要错失良机哟!”陈连升望着夫人肖雪珍淡淡地一笑说：“夫人怎么比我还急呀？硬要把个康翠莲接进门来么?”一听这话，夫人肖雪珍连忙凑到夫君陈连升的身边，伸出右手按在他的心窝上说：“你睁大眼睛盯着我，敢说你的心胸里没有掀起波澜么?”陈连升望着夫人肖雪珍笑出声来说：“夫人你可不要逼我呀？万一打擂的时候我不露面，我也不出手呢?”肖雪珍脸色一沉说：“你敢！你若给我把康翠莲弄丢了，我这一走，你就可怜了哩!”陈连升也止住笑，站直身子，十分认真地说：“那就只有皮匠的锥锥儿当针（真）搞啰！就当是我逆来顺受吧?”肖雪珍轻轻地舒了一口气息说：“莫虚伪！还真不要捡了便宜还卖乖！这是逆来顺受吗？逆来顺受的意思是这么表达的么?”陈连升没再与夫人肖雪珍争辩什么，出门朝营里走去……

“一笔写东南，今天无人管，吃了早饭上街玩，街前街后转。找个俏冤家，说的悄悄话，金钗银簪接在手，心心交复他……”农历七月十二女儿会，本来是土家女儿冲破封建礼教，追求婚姻自主过程中为自己争取来的一种权利，是他们自发形成的以集体，或以更加公开的方式为主要表现形式的节日盛会，是土家女儿对“父母之命，媒妁之言”的一种反抗。康翠莲则就女儿会这个日子，设擂比武以一种更加热烈的方式，把自己的人生托付给了陈连升将军。

陈连升在迎娶康翠莲的这件事情上处理得很低调，除七月十二日女儿会的那天前去打擂的时候，有那么一点“千呼万唤始出来”的感觉之外，在随后的很多礼仪上都没有过余张扬，似乎是怕无意之间刺痛了夫人肖雪珍的心。而随后不久，肖雪珍安排好了自己的行程，在八月金秋施南城里桂花飘香的那个早晨，她与夫君陈连升相拥言别，最后拉着康翠莲的手把所有的事情一一相托之后，跃上了马背。那一天，肖雪珍特意穿了一件淡红色的衫子，披上了一件洁白的披风，把自己打扮得十分漂亮，是想给夫君陈连升和康翠莲留下一个难忘的记忆。

按照行程安排，伍通标按陈连升将军的命令，带军中高手五名，护送肖雪珍经施鹤遥去郧阳关。伍通标护送夫人肖雪珍安全抵达郧阳关之后找到清江簰帮的杨贞，由杨贞负责安排护送肖雪珍从水路到宜都，然后由陈三喜、廖平山安排人员护送肖雪珍从宜都乘滚簰或船只到汉口，然后走陆路经湖南从广东到福建回尤溪。

陈连升有些情不自禁，独自骑马追去，一直出了七里坪追到三岔的那个垭口。他立马于岩檐之上，望着峡谷之间肖雪珍远去的背影，竟然热泪盈眶……尽管随后陈连升与康翠莲的日子过得幸福甜蜜，可在陈连升的心胸里，始终没有忘记与肖雪珍在一起的时候那些生活的点点滴滴。在他的脑海里常常浮现出鹤峰州的九峰桥头，一个身穿红袄的美少女骑着枣红马迎接他剿匪归来时的那一幕。

1815 年 5 月，康翠莲为陈连升生育了第三个儿子，起名陈展鹏。1817 年 4 月，康翠莲为陈连升生育了第四个儿子，起名陈起鹏。

有一个日子，陈连升走进自己的营帐，望着自己曾经即兴书写的“长举展起”四个大字时，脸面上露出了欣喜之色，他似乎这才读懂了这副字的真正含义。

“长、举、展、起”，这回就算是都到齐了。陈连升心中暗喜，有了底气，他自语道：“咱陈家军不愁无将了，‘长举展起’至少也可以编成四路纵队了啊!”

089

1818 年的夏天，清江涨了几回猛水。施南府城中的北门南门多次进水，就连东门江滩内的校场也被淹了几次。

一日下午，陈连升召集营以上军官在大帐里议事。令东西南北四门守城的官兵清淤泥洗街道，恢复往日秩序；令五峰山开荒种粮种菜的后勤官兵多采收新鲜菜蔬，分到各营；令后勤总管调拨军费到菜市多购腊肉枯鱼按员分发各营。

这时，主管后勤的军官报称：“近日，施南府城的食盐特供吃紧，各县尚有因盐巴紧缺闹事的百姓冲击县衙。”陈连升问道：“营中盐巴还能维持多少时日?”主管后勤的军官答道：“不足十日。”陈连升点点头说：“还能维持十日，你慌什么?”主管后勤的军官答道：“现在盐政已是束手无策，盐大路已被散匪切断，盐路不通，库存自然空虚。”陈连升瞪了主管后勤的军官一眼，面色冷凌地吼道：“你只管好营中所需便是，府库的充盈或者空虚之事是由知府大人统筹协调的，与我等何干?”主管军需的军官知道言多有失，揭了官府的底细，红着脸面战战兢兢地说：“将军所言极是，末将有乱评妄议之过！”

陈连升扫视了与会的众军官一眼，然后大声问道：“谁还有什么新的情况要报？”北门、南门两营的军官同时站起，还要抢着说话，陈连升抬起手来，严肃而又平静地说：“南门营先讲吧！”

南门营的军官报告说：“现在城中烟馆增多，鸦片的私密交易日盛。城中已有市民因吸食鸦片而倾家荡产！”南门营军官的话刚刚落下，北门营的军官接着报告说：“我要报告的情况与南门营所报告的情况几乎一样。三岔和新塘一带民间正在大量种植罂粟，自己加工烟土，或卖到城中，或自种吸食。”陈连升沉思了一下之后，绷着脸紧锁着眉头问道：“你们所述的情况当真？朝廷多次颁布禁令，禁止鸦片贸易，严禁民间种植吸食鸦片，难道还有蔓延之势？”没等二位军官回话，西门和东门两营的军官也上前一步报告道：“他们二位所述的情况句句属实，我们都已亲眼目睹！”

陈连升眉头紧锁一脸忧患，右手紧握佩刀的柄把，在大帐中踱了几步之后，立于众军官面前大声说：“既然如此，待我与知府大人会商之后再采取行动！各自回营之后告诫属下，凡官兵不守规矩，出入烟馆妓馆者，斩！”

与会军官从陈连升将军的语气中听出了威严。陈连升再次大声问道：“谁还有什么新的情况需要报告的吗？”他的话音刚落，前卫营的军官上前一步大声报告说：“报告陈将军！近日，有放出清江流域探悉军情的兵士回报：清江中游有一个自称‘白蟒精’的人，鼓动一个名叫覃家耀的人，沿清江流域串联民众充当白莲教匪，已经纠集千余人，形成了气候，大有与官军开战的架势。”

一听到“白蟒精”三个字，陈连升心里一怔，这不就是多年前的那个传说吗？难道真有其人？居然还成了气候？陈连升厉声问道：“探悉兵士报告千余人集结的位置了吗？”前卫营军官答道：“上至清江景阳关，下至清江渔峡口，平时分散居住，集时以扎木筏放于清江水面流送为号，且组织严密，以单刀梭标为兵器。”陈连升一听这些情况，还真是有鼻子有眼，便大声命令道：“前卫营加派兵士再探！十日之内报详情于我，不得有误！”前卫营军官立正身子，大声回应：“喳！”

守备营的军官会议还在进行时，营门口的哨兵撤回一人来报：“利川的外委千总张旺前来请兵，要求面见陈将军！”陈连升心里又是一怔：“张旺，请兵？”今天这是怎么啦？听到的遇到的都是一些昔日的旧人。但陈连升很快镇定下来，大声对来报的哨兵说：“令他在营前等候！”哨兵应声而去。

陈连升倒是个心胸开阔的人，他并没有计较张旺升任鹤峰把总之后的那一份狂傲，不仅认真地与他交谈，而且还令刘明辉通知伙房准备酒菜，要陪张旺喝上两碗。

这一来倒是把个张旺弄得无地自容了，心中顿时愧疚不已。望着面前这位比自己年轻许多的将军，酒过三巡的张旺耳边竟然响起了二十多年前他曾经吼过陈连升的那几句话：“你在水上可以飞起来，你在陆地上也可以飞起来，可在官场之中你的本事再大也是飞不起来的，得爬，得一步一步往起爬!”望着陈连升那年轻英武的军姿，张旺心里胆寒。他万万没有想到，陈连升竟然爬得这么快，自己却爬得那么慢，一个“外委千总”，和一个正规军的千总相比，还真是小巫见大巫了。

对于各县前来请兵的人，张旺也算是得到了最高的礼遇。交谈中张旺报称：“利川与四川万县的交界之地，常有恶匪出没，杀人越货，导致盐路不通，已经不是一天两天了。官军多次前去剿灭未果，还常常损兵折将。日前听说，陈将军手下训练了两千精兵，个个武功高强，这才奔陈将军来了。”陈连升平静地问道：“张千总手下有多少人马?”外委千总张旺答道：“官兵三百零六人，马四十匹。按说人也不少了，可兵老器拙，马瘦毛长，不足矣抵御强敌!”陈连升叹了声长气说：“兵强则国强啊！像这样下去，不是鸦片侵入，就是匪患作乱，白银大量外流。再过十年，恐无御敌之兵，亦无充饷之银。眼下虽是兵老器拙，马瘦毛长，可总算还有这么个摆设!”张旺一听这话，吓得心颤手抖，差点把酒碗掉到地上，心里咯噔一下说：“大清危矣!”但他毕竟还是老成，连忙转换口气说：“好在大清还有陈将军您这样的忠臣良将，不足为虑呀!”

陈连升心里明白，像张旺这样年岁已高的下级军官还能指望他们什么？也就只求朝廷奉禄养家糊口了，那里还会苦练精兵寻求强军之策呀？至于与散匪恶战，疏通盐路之事就更不会尽心而为了。只是这样一来，硬是苦了百姓，说得准确一些，盐路就是百姓的活路。既然利川是入川盐路的咽喉，那么出兵利川便是势在必行了。喝完酒之后，陈连升对外委千总张旺说：“你先回利川，进一步侦察情况，准备配合大军行动。三日之后，我会派精兵强将抵达利川!”外委千总张旺向陈连升将军行了军礼，出大营邀了随从启程回利川去了。

让陈连升的心里更加明白的是，在这施南协守备营里，怎么用兵，何时用兵，全靠他自己把握时机下定决心了。因为他早已耳闻目睹，这官场之中多有欺瞒，充满谎言，这已经是潜在的致命危机。官员贪图享受，多有贪腐，视百姓疾苦而不见，这已经是一个不必掩饰的秘密。眼下盐路不通，不光官府缺盐，军营缺盐，市井和百姓也缺盐哪！如果这个时候还不出手疏通盐路，这不就是军人的失职吗?

那夜，明月照清江，涛声入耳如闻民间疾苦之声。陈连升怎么也睡不着。他披衣起床，来到江堤之上，望着清江两岸朦胧的山影，望着盐阳古城那隐隐的轮廓，那洒满清晖的夜幕之下就好比镀上了一层莫名的忧伤……

其实，陈连升这一路走来，早已积累了一腔的忧愤，他没有忘记在鹤峰州城的那个晚上，粮库失火他欲去救，而夫人雪珍叫住了他，并对他说过的那段话。简单地说，或许就是有所为有所不为吧。可眼下，疏通盐路，查禁鸦片应该就是施南协守备营千总的本分。而兵之对头却是寇与匪，待到天下无匪无贼时，兵与军队的职能便会发生变化，只要有国家存在就必然有军队存在。可在当下的官场，除了陈连升这样的官员之外，还有多少官员会思索这样的问题呢?

曾记得陈连升升任施南协守备营千总的那年，几乎与他同时到任的知府谭光祥就和他探讨过有关疏通盐路的事情。这位来自江西南丰，出身进士的谭光祥知府，一开始倒也是一位勤政的官员。上任伊始，谭知府便查阅了大量的史料。当他查悉嘉庆十三年，云南蒙自进士尹英图还在施南府知府的任上时，就获得了鄂川交界处的利川境内发现小盐池和盐水的信息，并派出官员前去查勘后采盐，虽然贮量并不丰厚，出盐量少，却也能够略缓无盐之炊。可好景不长，就在陕西府谷进士杨毓江上任施南府知府的那年，利川盐池盐水也被山匪及乡霸给占有了，他们蔑视盐政，阻碍了盐大路。

那天早晨，就在陈连升准备到施南府与谭光祥知府会商出兵疏通盐路的时刻，恩施知县詹应甲拿着县衙的文书，说是前来拜会陈将军，实则到营里请兵来了。这位来自江苏吴县的举人用一口江苏话报称："恩施东乡境内的新塘、红土一带，由于种植罂粟的山民越来越多，导致烟粮争地，民众已是食不果腹，连年饥荒，且有乡霸垄断市场，欺压百姓，已经快到民不聊生的境地了。因此需请兵惩治乡霸，禁种鸦片，让百姓回归到稼穑自食的日子。"

听了詹县令的一番言辞，陈连升皱起了眉头。他想起了家乡邬阳关，想起了自己的爹娘和叔伯，因为他们也都是稼穑自食的百姓啊！眼下鸦片的危害突显出来，殃及到了黎民百姓的生计，该是奉朝廷之命，严禁严查鸦片的时候了。

就在陈连升皱眉思索的当儿，知县詹应甲两眼盯着挂在墙上的"长举展起"四个大字，不明其意，这副字倒也写得刚劲，但这既不是成语也不是热词，为何还要挂在大帐之中呀？陈连升察觉到了詹应甲脸面上的表情变化，突然想起了什么似的说道："唉呀，早就听说詹知县的字写得刚劲圆润，何不借此机会给我献上一件墨宝?"詹应甲倒也是个机敏之人，连忙松弛了表情，面带微笑说："承蒙陈将军抬爱，下官空手而来，正觉汗颜，若陈将军看得起下官的拙作，我荣幸之至!"陈连升笑着大声叫道："张青麟，快来给詹知县牵纸磨墨，这回我这帐内总算也有一点装饰了。"

张青麟应声入内，忙碌起来。不一会儿，一副上乘的字画就放在案桌之上：

“武陵山中飞将在，越过清江定乾坤。”陈连升欣赏之余心里叹道：“果真是好字！”

詹应甲刚出营帐，陈连升便意识到了什么，心里顿时觉得这詹应甲倒是怪了，说是请兵却又把县衙的文书揣走了。再说这请兵之事应该先到知府，先到守备营里来口述一番，难道这其中还有什么隐情？

这詹应甲在恩施县令的任上也已经有了几年，当然知道施南府的规矩，如果他真把请兵的文书直接交到陈千总的手里，那还真就是找错了门庭。但在詹应甲知县的心里，这位年纪轻轻的陈千总，可与前几任千总大不相同，还真是一个会带兵能打仗的角色。如果他不晓得来守备营打个照面，就算是把那请兵的文书交到了知府谭大人的手上，那兵也未必能够请动，弄不好是兵没有请到，还得罪了守备营的这位千总。

陈连升倒是一个心底坦荡的人，他可没有这些弯弯心肠。他对守候在旁的张青麟说：“等这副字晾干了，好好折起来收着。”张青麟不解地问：“这么好的字，为何不拿去装裱了挂在营帐之内？”陈连升平静地说：“不行啊！你看看这词儿，他分明是在吹嘘于我，如果我在这儿不知道谦虚，将这副字挂在营帐之中，那就是自吹自擂了。你把我写的这几个字也取下一起收拾起来，营帐之内不再搞这些花架子，我是带兵打仗的，不是舞文弄墨的。”

知府谭光祥是个老谋深算的官，他稳坐在施南府的大堂之上，反复看着那些各县请兵的文书，知道眼目下矛盾突显，不出兵恐是不行了。可这兵马未动，粮草先行，身为知府虽不吃那沙场奔袭之苦，但这粮饷之事也是怠慢不得的。更重要的是，这大军一出营帐，便是旌旗飞舞，尘土飞扬，若不权衡利弊，弄出个大漏子来，他陈连升预备一个“将在外军令有所不受”便可搪塞过去，可身为知府的谭光祥就不同了，既要为巡府负责，又要为朝廷负责，不是闹着玩哩。

可这回陈连升不管那么多了，他所信奉的是“养兵千日，用兵一时”的道理，在百姓的生活水深火热之时，在社会矛盾交织突发之时，作为一个有责任感的将军，这时还不出兵更待何时？陈连升端坐在知府谭光祥的面前，射出两道冷凌的目光，非常严肃地问道：“谭大人，你对各县请兵的文书也都仔细看过了，作何打算？”

知府谭光祥沉思了一下之后说：“疏通盐路是当务之急，查禁鸦片次之，围剿清江流域白莲教教匪之事再次之。陈将军意下如何呀？”

陈连升站起身来，仍然用两道冷凌的目光望着知府谭光祥说：“疏通盐道之事，在我营新近训练的精兵之中，挑选二十位高手足矣，你却把这事排在首位；而清江流域一个号称‘白蟒精’转世的人，伙同一个名叫覃家耀的人已经纠集千人，你却认为再次之。你是真的不懂兵法呀？还是故意考察本将呀？”

知府谭光祥知道这回遇到一个铁面将军了，心里咯噔一下之后说："那陈将军的意思是要再出清江？你不是对白莲教的事从不上心，一直主张重安抚，劝其归田归林的吗，怎么这会儿改变了从前的主张？"

陈连升听出了谭光祥话中的锋芒，但他并不想随波逐流，在知府面前踱了几步，略作沉思之后，斩钉截铁地说："查禁吸食和种植鸦片，是朝廷颁布的诏令，且已三令五申，官军必从之；安抚遣散白莲教余匪之事，这也是朝廷明令的军务之急。而疏通盐路，以满足市场供应，这原本就是盐政的本份。可施南府的盐政在你们几任知府的盘剥之下，陷于瘫痪，这该是知府的本位之责，与朝廷的大事相比，理当再次之！"

知府谭光祥已被陈连升的话刺痛了心窝，他从坐位上站起身来说："陈将军今日说话怎就这么冲，竟然连'盘剥'二字都出来了？本知府可是有胸怀之官，倒是不会计较，可陈将军不应该触碰本官的底线，这'盘剥'之说从何而来呀？"

陈连升沉着脸色十分严肃地说："不要纠着这两个字眼不放了，你我同朝为官，虽分文武，可我们拿的都是朝廷的奉禄，难道就不能为朝廷分忧，确保一方平安吗？这么大一个施南府，竟然让万千民众为吃盐发愁，你觉得身为朝廷命官，还有脸面穿着这身官服，戴着这顶乌纱帽吗？"陈连升有些激动，言辞更加激烈，说得知府谭光祥心里发怵，知道这回是遇到一个强硬的千总了。最后陈连升立定在知府谭光祥的面前坚定地说："你若认为本将言之有理，你就即刻签发文书吧！你若坚持己见，那我也就只好与巡府联络了！"

知府谭光祥连忙说："陈将军息怒，陈将军息怒啊！我立刻签发文书便是！"陈连升看透了谭光祥的心思，他这样问着自己："这位江西南丰的进士，难道真的已被腐败了么？"

090

从施南府里出来，陈连升的心里十分忐忑。他甚至责骂自己不够圆滑，不懂世故，不适应在官场上混事。快要走到施南协守备营大门口的时候，他突然记起那年在金鸡口，木材老板林国兴为他侄儿林文章下跪之事大发雷霆时骂过他的那些话来。这个时刻，陈连升似乎突然明白了一个道理：世间之景千姿百态，世间之事千奇百怪，有些事是可以用武功解决的，而有些事却需要的是智慧。

望着清江两岸美丽的风景，听着清江悦耳的涛声，陈连升想着自己作为一名六品军官，离朝廷相隔千山万水，或许根本不在皇上的视线之中，即是被人在背后参了一本，也顶多只在巡府的案前。不求富贵荣华，但求无愧于百姓。他觉得作为官员，只要心中装着百姓，心怀报效国家之志，挺起一根脊骨做人，天就一定塌不下来。

回到守备营，陈连升迅速召开军事会议，研究出兵清江流域的具体方案。最后陈连升语气坚定地命令道：

“练习‘八阵’的官兵继续训练，再续练一个月，把‘八阵’战法练到运用自如，出神入化的程度。五峰山生产营，要尽力负责各营的菜蔬供应，不得有误！骑兵营分兵两路：一路由骑兵营把总李松涛统领，带兵马一百，前往利川川鄂边境疏通盐路，以十日为期，确保施南盐路畅通，对顽固抵抗，作恶多端者，按大清律严惩严办！另一路一百人，由本千总亲率，过清江到新塘、红土一带，查禁罂粟种植和鸦片吸食之祸，恢复粮田，同样以十日为期。其余骑兵在营里待命，随时听从调遣。两路人马十日之内回营后，再另作部署。都听清楚了吗?!”

众军官答道：“听清楚了！”陈连升千总命令道：“回营准备吧！明日卯时起床，晨时开拔！”众军官应声而去。

那是一个晴朗的夜晚，陈连升站在江堤之上，听着清江的涛声，仰望着星空里那颗最亮的星，心胸里升腾起了一种激情。跟在他身后的刘明辉和张青麟却并不明白陈将军心中的那份忧患与情感，因为他们的耳边并没有听见过金戈铁马的声响。

那是一个多雾的早晨，清江多雾必有晴天。一身戎装的骑兵营把总军官李松涛把挑选出来的一百兵马列队于校场之上，请陈连升千总点阅。陈连升扫视了一眼列队的兵马，然后走到李松涛跟前说：“此次出征任重道远，要走山道三百里，还要打击强敌，你要格外谨慎小心哪！”李松涛立正身子挺起胸膛，大声慨气地说：“请将军放心，我们保证旗开得胜，完成将令！”

陈连升一脸凝重，伸手拍拍李松涛的马鞍说：“祝你旗开得胜，出发吧！”李松涛给千总陈连升行了礼，然后飞身上马，绕校场一周。早已上马待命的百名骑兵紧随其后，离开校场奔腾出城，消失在清江岸边淡淡的晨雾之中。

一阵奔袭，到了晌午的时候已经出师百里，在朝东岩北面的山坳上，李松涛勒住马缰，抬起右手，示意队伍隐蔽在岩檐背后。待他仔细观察了前面的情形之后，李松涛跳下马来，大声命令道：“先前挑选的四十骑，都把你们先前预备好的那身行头拿出来换上，扮成盐贩，先过利川城，翻越齐岳山，直抵川鄂边境之地，把阻挡盐路的万恶匪首彭麻子给我引出来。其余六十骑跟着我紧随其后，随时准备出击！”按照先前做好的出兵方案，挑选出的四十骑兵马立刻换了装束，打扮成了贩盐入境的罗马队，先一步越过石板岭朝利川县城进发。

通过慎密侦察和利川知县提供的可靠情报，勒阻西境盐大路的顽匪就叫彭麻子，这人心狠手毒，阴险狡诈，欺压乡里百姓。不仅如此，彭麻子还暗中贿赂官府，无视大清律法，控制盐路以谋取暴利，弄垮了施南府的盐政，使百姓深受其害，敢怒又不敢言。因此，按照千总陈连升的授意，李松涛只要运用方法，引出并生擒了彭麻子押回关进知府大牢，端了他的老窝，将窝内屯积的大量盐巴运往施南古城，盐大路便疏通，官府与百姓就算是解了盐荒之急……

可是，陈连升心里清楚，把疏通川鄂盐大路的军务交给李松涛，而把查禁吸食鸦片种植罂粟的军务留给自己那是明智之举。疏通盐大路的事，只要大军一到，拿下匪首彭麻子，盐大路自然会通。但要过清江出兵东乡的新塘与红土，却有着潜在的风险。

据探悉的兵士回报，新塘与红土的大片土地已由当地土豪垄断，大量种植了黄烟与罂粟，侵占了赖以生存的粮田。尤为严重的是，民间吸食鸦片上瘾者居多，有的债台高筑；有的妻离子散；有的吸烟上瘾骨瘦如柴，完全丧失劳动能力，已经落到民不聊生的境地。要想挖掉劣根，铲除毒瘤，并没有疏通盐大路那么简单，不出狠招，不开杀戒，恐怕难以奏效。

送走了把总李松涛，陈连升率领百骑兵马出了七里坪，朝三岔方向奔袭，准备于当日天黑之前从分水河越过清江，直抵新塘一带。

步入新塘地界，恩施知县詹应甲派出的八品训导官周际明正从新塘赶回复命。当他路遇施南协守备营已出兵驰援甚是欣喜，连忙下马迎到队前，给千总陈连升施了大礼，然后将询查的详情如实汇报给了陈千总。

原来，新塘红土一带的民众已被乡霸刘锡武统领。刘锡武仗着自己武功高强，并养有习武家丁数十名而横行乡里。已将东乡地界的沃田厚土大面积种植了黄烟和罂粟，并占据清江码头，用木船将种植的黄烟运至宜都一带销售。种植的罂粟制成鸦片烟土之后，部分外销，也有部分转入东乡内销。很多青壮吸食鸦片烟土上瘾，弄得倾家荡产，妻离子散。刘锡武则持恶一方，占人粮田，霸人妻女，自家的庄园修得比县衙还要气派许多。刘锡武的庄园之内还设有土牢，对反抗他的乡民想抓就抓，想关就关。被刘锡武的家丁重打致残的乡民就有六十多人，被逼得走投无路而上吊自杀的就有十一人，被刘锡武的家丁毒打致死的就有九人。在刘锡武的眼里根本没有什么“大清律法”，也根本不把官府和朝廷放在眼里，嘴里号称这恩施县以清江为界，东乡境地便是他的天下。

听了八品训导周际明的情况汇报，陈连升怒发冲冠，咬牙切齿地追问道：“周际明！你说的情况当真?!”周际明连忙跪地施礼道：“对陈千总的正直与威严周某早有耳闻，就是借我八个胆子，在下也不敢在陈千总面前胡言乱语。在下说的句句是真，请陈千总明查!”陈连升抬头挺胸，望着东乡的那道山梁，语气坚定地说：“果真是这样的话，你刘锡武遇到我陈连升，你也就算是活到头了!”说完这话，陈连升抬手一挥，百骑兵马紧随狂奔，大道之上卷起了尘烟。

红土坪的刘家大院就坐落在东乡腹地的山坳之上，主人刘锡武承袭了祖产之后，又经过几度扩建修缮，俨然一座庄园的架势。正在三进堂的厅堂里被几个娇美的女人簇拥嬉闹的刘锡武却并未意识到，灾难正在向他逼近。

八品训导周际明凑到陈连升的身边问道：“陈千总！您打算怎么处理刘锡武？如果不出狠招，恐怕就拿刘锡武没辙!”陈连升勒住马缰立于山坳之上，目光冷凌地望着远处的山峰，反问八品训导官周际明道：“按照大清律法，刘锡武该当何罪？”周际明从陈千总带有几分威严的语气里听到了希望，这就肯定地回答说：“按照大清律法，刘锡武的脑袋至少可以砍下十回了!”陈连升转过脸用两道冷凌的目光望着周际明说：“既然刘锡武犯了如此重罪，你们的詹知县为何时至今日，还让刘锡武的脑袋长在项上，不捉拿归案，按律行斩？”周际明低下头去十分惭愧地说：“我们詹知县如果有那能耐，还用得着三番五次到施南府请兵么？”

陈连升听到这话，连忙追问道：“真的是三番五次到施南府请兵？那我怎么现在才知道詹知县请兵之事？”八品训导官周际明连忙答道：“这是詹知县与谭知府之间的公文往来，下官就不知道这其中的缘故了。反正这回有您陈千总出马，东乡的百姓就算是有救了，有救了啊!”

陈连升没有再与周际明多费口舌，骑在马上转过方向，大声对百骑官兵命令道：“各位听令！天黑之前包围刘家大院，活捉刘锡武!”立于山坳之上的百骑官兵齐声吼道：“包围刘家大院，活捉刘锡武!”

喊声刚刚落音，潜伏在树林中间的探子就沿羊肠小道走捷径朝半山腰的刘家大院奔去，把官兵已朝东乡进发的消息禀报给了刘锡武。可左拥右抱着女人的刘锡武没把官军放在眼里，他推开怀中的女人后望着来报的探子哈哈大笑道：“是哪个长红毛的龟儿子，敢口出狂言包围刘家大院，活捉我刘锡武的？你说这世上还真有不知天高地厚的狂徒，敢来东乡惹我刘爷不爽，那就是找死!”

刘锡武从长条椅上站起身来，抖了抖精神之后大声喊道：“来人哪!”几个服装一样且武功高强的家丁，快速来到刘锡武的跟前候着，一个领班的头儿开口问道：“刘爷！您这是有何吩咐？”刘锡武挺起胸膛大声说道：“叫兄弟们掏上家伙，贯起饱籽饱药，准备保家护院!”几个家丁应声而去，按照指定的位置值守去了。

刘家大院在当地百姓的眼中差不多就是一座阎王殿。这让陈连升心中生恨，他对横行乡里、持恶霸强、欺压百姓的恶霸深恶痛绝。因为他的爷爷奶奶，还有爹娘也都是生活在乡里的普通百姓。当然，生活在恩施东乡的广大民众都清楚一件事情，那就是要在这片天地里活下去，就不能与刘家大院为敌，心中的畏惧或者说恐惧，是他们生活中的一种状态，他们似乎也已经习惯了这样的生活。甚至还有人觉得，他刘锡武就是能耐，要把一方阔大的水土，要把数以万计的民众收管得服服帖帖，完全听从自己的调遣和使唤，那也绝对不是一个平庸之辈所能为之的。

八品训导官周际明的马跟不上百骑军马的脚步，远远地落在了后面，被腾起的尘烟堵得睁不开眼，透不过气。不过他的心里算是明白了，这回陈连升出兵东乡，若能将乡霸刘锡武灭了，给东乡人还田种粮，能够填饱肚子，就算是有了活路，县衙也就能够在百姓面前找回一点尊严了。周际明初入官场，心中尚存一线为民做主的理念。他似乎从这奔腾的马群，升腾的尘烟之中看到了一线希望。于是周际明扬鞭催马，拼命追去，想亲眼见证一下眼前的这场恶战。

那一天，西弦的落日射出万道红光，给位于红土坪半山腰的刘家大院镀上了一层淡淡的血色。刘锡武穿上了自己请匠人精心打制的铁靴子，让家丁抬出一把松木红漆圈椅放在了深红色的大门前，跷起二郎腿，把一只铁靴子的尖梢翘得老高，还不停地摇晃着。手中握着两只铁爪，把拴连着两只铁爪的链子盘在了腰间，那姿态、那表情，分明就是把前来东乡的百骑官兵没有放在眼里，因为在他刘锡武的心目之中能够受他一脚，躲过他铁爪的习武之人，他还从来就没有遇见过。

远远望见刘家大院门庭前坐着的那个肥头大耳的武夫，陈连升断定这人十有八九就是刘锡武。陈连升勒住马缰立于塔坝跟前仔细观察了一下地形，待尘埃落定，百马停止嘶鸣之时，他抬手一挥，顿时兵马齐出。守候于陈连升左右的八骑兵马从正面攻入，速度迅猛，却被旋风一般腾起的刘锡武甩出手中的铁链打得人仰马翻。一齐涌出的十余名武功高强的家丁拉开架式，手持兵器在刘锡武的周围散成一个圈，成护卫之状，摆起卷扬式的铜锣阵。

这“铜锣阵”能够攻防自如，运动时如急流旋涡，攻击时如石磙碾来。陈连升还在鹤峰湾潭驻守时就已听说过这种阵法，今日一见，只觉眼前一亮。就在他看出“铜锣阵”破绽的刹那，放马飞奔入阵。散开手中挽着的马缰绳索，如皮鞭抽出，缴下家丁手中的兵器扔了出去。接着他飞身站立于马背之上，一个腾跃竟然一脚踩在了刘锡武的头顶，把这个旋转的“铜锣阵”当成了“梅花桩”。

被刘锡武用铁链打翻在地的兵马爬了起来，退到铜锣阵的外圈也形成了一个旋转的圆。当他们看清陈千总跃上了刘锡武的头顶，并单腿独立调和了心神，稳住了下盘，接着又是一个腾跃，转过身子朝铜锣阵相反的方向飞跃起来，每只脚落下都能精准地点在家丁们的头顶时，不仅在场的官兵傻眼了，就连刘锡武也傻眼了。因为他还从未听说过在施南府的辖区之内，有如此登峰造极一般功夫的高人。就在十几个家丁的头顶都被踩过一脚，个个眼冒金星，昏软倒地的时刻，只听得“嗖”的一声，刘锡武洒出铁爪朝陈连升的双腿抓来。只见声响脚起，陈连升腾空飞起丈许，躲过了横扫而来的铁爪铁链，然后如同燕落树梢，左脚点在了刘锡武的头顶，右脚伸直从刘锡武的颈部横绞一圈，刘锡武应声倒地，用力甩出的铁链回弹转来，缠住了他自己的胳膊和身子。陈连升的双脚轻轻落地，跪姿蹲下，擒住了刘锡武。

这时，躲在一旁吓得瑟瑟发抖的八品训导官周际明倒吸了一口凉气，他以为刘锡武已经断气身亡，心想：如果就这么处死了刘锡武，这与大清律法相悖，恐遭知府谭光祥大人的问责。可接下来的场景又让他傻了眼，包围刘家大院的官兵把院中的妇女老小全部清点押到了院中。陈连升已把刘锡武和众家丁捆扎起来，在门庭外跪成了一排。周围闻讯而来的乡民也顿时傻了眼儿，他们万万没有想到，这横行乡里数十载的刘锡武，多少武功高手都没有逃过他的铁链铁爪，可没有想到他在陈连升千总的面前竟是这般不堪一击。

陈连升对手下的一名军官大声说：“传令下去！放了妇女老小，不得侵犯！将刘锡武及武装家丁押到院中看守；百骑兵马驻院外宿营，严明军纪，不得胡来！”手下军官应声而去。

接着，陈连升把周际明叫到跟前说：“你今晚不能歇着，把这些作恶的家丁挨个询问一遍。把你先前向我报告的那些罪行都给我查实了，让他们签字画押，然后再作惩处！刘锡武你便不用问了，明早押往知府大牢，秋后问斩！”周际明认真其事地说道：“我应遵命行事。不过陈将军得给我派几个助手才是。”陈连升点了点头之后，伸手指着那个名叫吕明的军官说：“就叫他挑选几名兵士协助你吧，询问完的笔录先拿与我过目！”

正在这时，一个军官跑到陈连升千总的跟前低声说：“将军！在刘锡武的女眷之中，发现了一个绝色的美女，将军要不要亲自过目？”陈连升立刻明白那个军官的意思了，绷着脸瞪眼骂道：“哈咯咋！先前的命令你没听见吗？你把我陈连升当成什么人了？滚！”那军官讨了个没趣，红着脸牵了陈千总的马到后院喂养去了……

就这样，陈千总带领百骑兵马，用了七个日子便把东乡的千顷沃土变回了粮田。其间，集结地方官员深入乡间，销毁了黄烟，拔掉了罂粟，强制吸食鸦片者戒毒，劝山民归田归农。对刘家大院仗势欺压百姓致人伤残的二十七名家丁，以拔门牙两粒为惩戒，然后遣散回家归农。并将刘锡武家粮库里的谷米救济给了缺粮的民众。

刘锡武被押往施南府关进了知府的大牢，东乡百姓大快人心。

就在陈连升千总领着百骑兵马回营的那个日子，李松涛也拿下了匪首彭麻子，疏通了连接川鄂边境的盐大路，让百匹军马驮着盐巴回营复命来了。陈连升闻讯大喜，领兵骑马出城迎接。

091

两队兵马凯旋而归，鼓舞了施南协守备营官兵的士气。恩施知县詹应甲亲率属下的官员，备了粮米鱼肉到守备营里慰劳官兵，气氛更加热烈起来。就在大帐之内，恩施知县詹应甲拱手施礼后对陈连升千总说道：“周际明回到县衙，把陈将军捉拿乡霸刘锡武的情形，绘声绘色地给我细说了一遍。真没想到陈将军竟有如此身手，令下官佩服不已啊！”

陈连升细瞧着恩施知县詹应甲略显红润的面部表情，很有几分自信地说：“刘锡武确有一身好功夫，但也没有你们想象的那么可怕，只不过是‘山中无老虎，猴子称大王’而已。当然，我们有些官员之所以不敢碰硬，那是因为拿了人家的手软，吃了人家的口软。古人有云：人心似铁，官法如炉。只要我们这些官员正起来，硬起来，哪有乡霸横行作恶的空间？”恩施知县詹应甲完全明白陈连升千总的话中之意了，连忙迎合着说：“那是，那是！”

是与不是，陈连升的心里自然清楚。但是查处贪官污吏不是他陈千总的职责所在，也就只能是这么敲打敲打了。可是，接下来摆在陈连升面前的已经不只是一个出兵“捉拿乡霸，疏通盐路”那么简单的一项军务了，等着他的将是一场大仗。

再次派出的探悉人报称，清江流域的景阳关、桃符口连接渔峡口一带，以一个名叫覃家耀的人为司令，以一个自称“白蟒精”转世的人为军师的一股武装力量，集结了千余人，正在向施南府逼进。据悉，这个自称“白蟒精”转世的人，时刻穿着白衫白裤，白鞋白袜，浑身透着一个“白”字。难道真与“白莲教”有关联吗？这个疑问在陈连升的脑海里闪现出来。

在随后的一次军事会议上，陈连升千总主持商议出兵清江流域的行动方案。下属军官之中有人提出，要想彻底消除清江流域的匪患，就必须发起攻势，大开杀戒，消灭所有集众的武装力量。可陈连升不赞成大开杀戒，他振振有辞地对下属军官们说：“是的！你们说的倒也没错！但消除与消灭不同，也就是说，消除这股武装力量的方式可以有很多种，一是大开杀戒，斩草除根！可你们认真想过没有？杀人容易，手起刀落，这一条鲜活的生命就没了；二是擒其头目，遣散集众起事之人，这种方式虽不是轰轰烈烈，没有大开杀戒，也没有将其崭草除根来得痛快，可我们的手上少沾人血，算是手下积德，造福了苍生；还有一种最好的方式就是以安抚为本，劝其归林归田，让他们自己稼穑自食，安居乐业。在这三种方式之中，最值得提倡的就是这第三种方式。既达到了消除匪患的目的，又没有让我们的双手沾满同胞的血。作为军人，诛杀自己的同胞算不上什么英雄，我们手中的兵器应该指向真正的敌人!”

这时，千总陈连升的表情凝重，话入人心。可有人则认为军人就是要杀人如麻，用人血染红的官帽才是鲜艳的。陈连升明白这些军官想立功求升的心理，接着大声说：“刘锡武当不当杀？在你们所有人的眼里流露出的光芒告诉了我答案，我也认为刘锡武当杀！当我的一只脚已经踩在了刘锡武的头顶，要置他于死地，只不过是一脚的起落。可我思前想后，还是把他的命暂时留下来了。假若有那么一天，刘锡武在大牢里悔悟过来，能够痛改前非，不还可以坐视阳间的日头，享受人间的美食吗?”

接着，另一位下属军官说：“陈将军！您今天这是怎么啦？竟然与我们这些下属军官谈论起这些道理来了？在我们军人的心中其实也就一个道理——执行上司的命令！陈将军命令我们大开杀戒，我们执行命令！陈将军命令我们注重安抚遣散，劝其归林归田，我们照样执行命令!”

一听这话，千总陈连升对自己这次出兵清江的主张更有信心了。他抬头挺胸，扫视一眼在场的所有军官之后大声命令道：“全体听令！这次出兵清江，清剿匪患的主要策略是安抚为主，剿灭为辅！大家听清楚了吗?”众军官立正行注目礼，并齐声答道：“听清楚了！安抚为主，剿灭为辅!”

发兵的那个日子是一个雨后晴天，清江两岸轻雾朦胧，校场之上旗帜飞扬。陈连升站在点将台上，望着列队的兵马，简短训话之后，见士气高涨，铿锵响应，心里倍感欣慰，顿生了底气。最后陈千总抬手一挥，大声命令道：“出发!”顿时轻雾散去，江岸卷起了一路风尘。

经过陈连升精心挑选出来的千余兵马，按照他的命令，骑兵担任先头部队，步兵紧随其后，军用物资大多由三百骑兵携带。官兵们心目之中的目标是——跨越南里渡，直抵景阳关。

景阳关就在清江的左岸，从景阳关俯瞰清江的碧水，是一种美的享受。千总陈连升对清江有着难以割舍的依恋，浩浩江水是他的激情之源。他站在关口的悬崖之上，望见景阳河谷的江滩之上堆放着许多木材时，心里便有了底气。有江水有木料的地方，就是他能够腾起的地方。说实在的，这次亲率千军行军打仗，对于陈连升来说也还是头一回。当他从江岸收回目光转过身来，望着跟随着他精兵，看到关口的劲风之中猎猎作响的“陈”字旗帜时，心胸里真就升腾起了一种统领千军的豪迈。

平定了一下心气之后，陈连升对跟随他左右的刘明辉大声命令道：“传令下去！今夜就在景阳关安营扎寨！”刘明辉应声而去。陈连升飞身下马，随手把马缰递给张青麟说：“把它给我喂饱了，这一路奔袭而来，让它吃了辛苦。”张青麟知道千总疼马，连忙牵着马朝关口后山的坪地里行走，寻草料喂马去了。

夜幕降临的时候，一弯新月从山口冉冉升起，给清江岸边投下了一层淡淡的清辉，深谷之中涛声悦耳，山影幽深的远处传来了几声夜鹰的鸣叫。空旷之中透着深沉，恐怖而惊悸。这是一个充满杀气的夜晚。

这时，覃家耀集结的千余人就驻扎在景阳关之下清江左岸一个名叫石坝的地方。覃家耀所拜的军师也正是那个自称白蟒精转世的人，这人一身素白的装束，被称之为“白衣大师”。

按照白衣大师拟定的行动计划，他们驻扎在江岸石坝的目的在于作短暂休整之后，择日翻越景阳关，经花坪入红岩寺过南里渡，直逼施南府。这日，当司令覃家耀与白衣大师接到探子来报，称官军精锐已经驻扎景阳关，次日晨时就将直插清江左岸与其交战时，顿觉情势不妙。

白衣大师对司令覃家耀说：“既然官军精锐已出施南府，城里必然空虚，我们可以即刻过清江上官店，经邬阳关走施鹤遥迂回到施南府，趁其城中空虚一举攻下城池。”司令覃家耀皱着眉头反问道：“既然官军今夜就驻扎在景阳关，我方为何不能来个偷袭，歼灭官军，然后抄近道直抵施南城？”白衣大师说：“不可！从石坝上景阳关接近十里陡峭的山道，官军凭高视下占着有利的地形，不可轻举妄动！”司令覃家耀有些性急，叹了声长气说：“我们从官店过邬阳关，绕道施鹤遥，来这么大一个迂回，何时才能到达施南府？”白衣大师装腔作势地慨叹道：“要成大事，切不可心急，迂回一路，或许会有更大的收获。”司令覃家耀急切地问道：“面对官军压境，我们该如何行动？”白衣军师果断地说：“我部连夜开拨，过清江朝官店方向行进，避免与官军遭遇。然后选择有利的地形，设阵防守，抵御官军进攻。”司令覃家耀对下属们说：“就依军师的计策，今夜开拨！”

亥时一刻，景阳关对面清江右岸的山坡上燃起了一路火把，从左岸石坝过江的匪子在连延数里的山道之上燃起一片光亮。站在景阳关前沿的岗哨见此情景，连忙折回帐中，向陈千总报告了这一情况。陈连升披起战袍来到阵前，观察清江右岸的情形之后，用一种讥讽的口吻说：“我还以为你覃家耀真是一个能够成器的角色，不料你也就是一个闻风而逃的胆小鬼！你不是想绕道邬阳关，走施鹤遥直插施南府吗？没门！”

陈连升回到营帐，吩咐刘明辉叫来了军官李松涛，命令他连夜挑选二百精兵，明早赶到江边扎簰抵达桃符口之后，按照指点的方向和路线，于第二天天黑之前赶到八雅寨，并在一个两峰对峙的山口设下埋伏。陈连升千总亲率的主力八百余人，于当日午时越过清江，浩浩荡荡向官店挺进，一路旗帜飘舞，气势逼人。覃家耀和那白衣军师已经感到了脊背上的寒凉，一股杀气正从身后逼近。可覃家耀与白衣军师却万万没有想到，在不远处的山口已经给他们施了笼子。

李松涛自当兵以来其实也没打过大仗，平时也就执行一些维护秩序，捉拿匪首的军务，像这样机动用兵的确还是头一回。但他信赖陈千总，知道陈千总用兵的智谋，传令埋伏山口的兵士吃饱喝足，然后伏于林中，忍受着蚊叮虫咬。千总陈连升知道李松涛什么时候该到伏击地，还给他们留足了吃饭歇息的时间。因为陈连升熟知从桃符口到金鸡口，再到建始八雅寨的路程。他在带领八百主力行军的过程中控制了速度，就好比是在赶一群鸭子进笼子里去。

可让陈连升也没有想到的是，覃家耀率部过了官店口，快要接近枇杷坦的时候，知道紧追不舍的官兵是甩不脱了，便问白衣军师如何是好。白衣军师站在山垭，凝思片刻之后对司令覃家耀说：“依我之计，便是分兵八百出此山口，经红杉溪直插二岔口，在那个名叫石门隙的地方择险要位置安营扎寨，准备与官军激战。其余六百人稍作停留，待分出山口的八百人出山口五里之后，再沿山坳右行，诱官军过枇杷坦进八雅寨，设伏攻打官军。”覃家耀叹了声长气说：“也只能如此了，就依军师之计赶快行动吧！”白衣军师连忙问道：“依司令之见，由谁带八百人出山口？又由谁带六百人诱官军深入？”覃家耀十分无奈地说：“只能是我与军师各领一路。就由军师领八百人出山口插二岔口，由本司令带六百人过枇杷坦，到八雅寨设伏与官军交战了！”白衣军师阴险地笑了一下之后说：“还是司令英明，我便领兵去了！”白衣军师领兵出了山口，往二岔口行进。覃家耀停顿片刻之后，领六百人按预定地点进发。

半个时辰之后，陈连升率领的八百官兵也追到了覃家耀与白衣军师分兵的那个山口。查看了大道之上踩踏的足迹之后，察觉到了覃家耀已经分兵两路的迹象。陈连升对紧跟左右的张青麟说：“传伍通标前来听令！”张青麟应声跑步而往，把伍通标叫到了陈千总的跟前。

陈连升立于马上，命令伍通标：“你带精兵十名，徒步从山口而下，紧随这股匪子的足迹，侦察清楚他们扎寨安营的准确位置之后，立即向我报告。若已抵达二岔口河岸，你便领兵沿茶莲河岸而上往东行进，与主力会合。”伍通标得令而行。接着，陈连升千总命令一个下属的军官：“速派三骑兵马从官店口沿骡马道前往鹤峰州，传我的命令，把配发到营里的十四门火炮备足药料，迅速调到邬阳关配合战斗。这回我要在石门隙弄出点儿响动来！”

望着伍通标领兵远去的背影，陈连升的脸面上展露出了一份自信的神情。他调转马头，望了一眼齐整的兵马，然后抬手一挥。先头部队应声而起，奔袭起来。顿时，山坳之上卷起了风尘，人喊马叫之声震荡着山谷。

那是一个阴云密布的上午，燕子低飞，风雨欲来。已在那个两山对峙的山口潜伏一整夜的李松涛正纳闷自己是否选错了位置时，就见大队奔赴过来的匪子已在开阔地带的大道之上冒出了头。他一惊之后便兴奋起来，即刻传令下去，两百官兵顿时精神大振，各自进入有利地形，准备一齐杀出。

恰在这时，天空之中滚过几声闷雷。覃家耀顿感脊背发凉，双腿微微地抖动了几下，一股寒凉便从心胸里升腾起来。但覃家耀很快镇定下来，对手下的六百队伍命令道：“兵分两路，分别占领两座山峰，准备伏击紧追而来的官军！”

就在覃家耀调整队形奔到山坳，准备迅速占领两座山峰时，只听林中一声号令，突然喊声大起，杀声震天。两路人马从左右两峰之上破竹而下，奔腾扑来。就在覃家耀令众匪掏出刀剑，挺身搏杀之时，即听身后的官军一齐杀出，迅速在坪垱弧形展开，整齐如一张弓。不到一袋烟的工夫，覃家耀的六百余人全部被李松涛缴械俘获。

陈连升立于马上，心中大喜，连忙扬鞭飞马前去检阅战果。李松涛迎到阵前施礼后大声报告说：“报告将军！本次伤敌四十六人，俘敌五百六十二人，缴获刀剑六百零七件，火铳一支。匪子司令覃家耀已被捕获，正押解在俘虏之中！”陈连升哈哈大笑说：“李松涛你干得漂亮！”陈连升催马向前，查看了一下战场的情形之后回到阵前问李松涛道：“可否看到白蟒精转世的那个军师？”李松涛大声回答道：“没有发现白衣军师。”陈连升勒住马缰，对李松涛说：“知道了！这六百俘虏就由你李松涛负责押解到邬阳关。缴获的刀剑兵器，分类打捆，一并随队带到邬阳关！”李松涛立正行礼道：“遵命！”

紧接着，陈连升对跟在身后的传令兵刘明辉道：“传令下去！打起精神，朝邬阳关方向进发！”

官军之中士气大振，一路越过了山口。伴随他们脚步的是几声雷响，天空中下起雨来。

092

白衣军师确有几份奸诈，在官店那个山口分兵时，他就知道眼前的局势已是凶多吉少。于是他就给司令覃家耀献计在山口停顿，让他走出五里确保他的安全。

让这位自称白蟒精转世的“白衣军师”万万没有想到的是，他要奔去的石门隙，正是陈连升少时执石锁打虎的地方。白衣军师使奸诈与司令覃家耀分兵八百，想借石门隙两面临崖的天险抵抗官军的梦境恐怕也是凶多吉少了。

一场大雨淋滑了泥泞的山道。白衣军师率众匪抢在茶莲河涨水之前渡河越过了二岔口，沿山跟脚那条贴于崖壁之上的山道朝石门隙的岩檐爬行，远远望去就好比是蚂蚁搬家。

紧跟其后，奉千总陈连升之命侦察敌情的伍通标隐蔽在黄家村的那道岩檐之上，看清了众匪的去向，并清楚地查清了白衣军师所带匪子的人数是八百一十九人，那个走在其间身着白衫的人，无疑就是白衣军师了。伍通标派兵三人，沿陈千总先前明示的方向，前去向陈连升汇报敌情。伍通标自己却领兵六人仍然坚守在前沿，侦察着匪子的动向。

陈千总领兵从八雅寨的山口沿薄刀梁子朝刘家包方向奔袭。天降大雨，山道湿滑，但官兵士气高昂，就像是守猪的山人见到了猎物一般，处于一种亢奋的状态。

站在刘家包的山垭之上，陈连升望见了轻雾笼罩着的邬阳关，心中升腾着一种激情。当轻雾随风散去，邬阳关的全貌展露在陈连升的面前时，他有些情不自禁，立于山口，大喊一声：“邬阳关！我又回来了！”喊声在山湾里回荡，响起了久久不灭的回音。当陈连升记起儿子长鹏和举鹏都还在陈家棚的家中时，热泪便浸润了眼眶。众兵士见千总这样，知道他是触景生了真情，便簇拥着他朝邬阳关疾走。

雨停了下来，进入沙坡路段，已是雨停路干，河谷间云开日出，竟然折射出一道彩虹来，让陈连升的脑海里闪现出了儿时的记忆。望着陈家棚升腾起的袅袅炊烟，听到陈家棚的鸡犬之声，陈连升难以抑制内心的激动，洒了两滴热泪落在马背上。

控制了一下情绪之后，陈连升立于山口之上，伸出手中的马鞭指着跑马岭之下的那道山梁命令道：“全速前进！跨过十字花河谷，爬上朱老官，直抵冠垭占领有利地形！”全体官兵得令前行，朝邬阳关右侧的冠垭扑去。

过了茶莲河，爬上朱老官之后，陈连升立于杨家岩的山梁上再次命令道：“把所有旗帜都收起来，本将不想在家乡人面前逞威风，更不能让我的爹娘知道是我领兵回到了邬阳关。等我们打完了这一仗，消除了匪患，再考虑其他的事情吧！”众部属明白了陈千总的意思，拨出旗杆收了旗帜，然后绕过邬阳关从沟湾后面的那道山梁越过，抵达到冠垭的山口。陈连升立于岩檐之上，望着邬阳关的雄奇山水，长舒了一口气息，脑海里再一次闪现出了自己当年骑着枣红马离开邬阳关的情景。

这次出兵清江，李松涛又算是立了头功。他初战告捷，拿住六百匪子不说，还活捉了司令覃家耀。可让李松涛没有想到的是，率两百精兵押解六百俘虏可不是一件轻松的差事，虽然被押解的俘虏已经缴械，早已手无寸铁，可一旦发生俘虏反戈，就会乱作一团。望着那些故意缓慢行走的俘虏，李松涛已经急得额头冒出汗来。

入夜，陈连升率军在冠垭下边的那片枞树林中宿了营。伍通标绕道赶到冠垭归队之后，对千总陈连升详细汇报了军情。陈连升伸手拍了一下伍通标的肩膀说："你们辛苦了，今夜你等安心歇息，明天加入战斗！"伍通标行礼答话之后，在枞树林间找了一片空地住了下来。

当一个新的黎明到来时，石龙河谷间的雄鸡急促地鸣叫了一遍又一遍，高耸云端的白虎寨展露出磅礴的气势。随着晨曦的渐渐扩大，山影开始明亮起来，起伏间便如一副画卷，隐隐地透着几份鲜活与神奇。就在阳光从老官寨的那个山坳喷射而出时，奉命从鹤峰州城运抵的十四门火炮和四十几名兵士也已经全副武装赶到了冠垭，向千总陈连升报了到。

陈连升大喜，连忙命令手下的兵士按照选定的炮位构筑炮阵地，十四门火炮成弧形排开，形成一个半圆形的火力网。炮口直接对准了白衣军师率部驻扎在石门隙岩檐内侧的营帐。陈连升熟悉石门隙一带的地形，速调三百兵士分别堵住了倒湾坪、二岔口、冠垭三道口子，以防匪子逃掉。其余五百兵士拉开阵势，紧随千总实施正面进攻，围捕匪子。

这时，白衣军师得到探子来报："官军还在十子花河谷里安营，队伍行进缓慢，好像硬是拖脚不起！"白衣军师仰天大笑说："看来官军也不过如此嘛，定是长途奔袭挫了锐气。"说到这里，白衣军师突然收住笑颜，意识到了什么似的追问探子道："你们一路探去，可否探到覃家耀司令所带的六百兄弟去了何方？"探子答道："没有探到。在十子花河谷间安营的兵马约八百人，正是官军的主力。"白衣军师又是哈哈大笑说："按照他们行军的速度，还要几个时辰才能到达邬阳关，我们的队伍还可以不慌不忙的歇息半晌，等覃司令的六百人马与我等会合之后，一起合围官军，将其吃掉！"

李松涛带领两百官兵押解着六百俘虏，加起来正好八百余人，虽然行动缓慢，走走停停，却正好起到了佯动的作用，给白衣军师造成了错觉。其实李松涛内心的压力很大，脊背凉飕飕地，额头挂着冷汗。但李松涛仍然抖着一脸威严，站在河谷间一块高岩上大声吼道："都站起来开始行走吧！走到邬阳关才能给你们粥喝。官军已在邬阳关给你们准备了米粥！如果有谁不听命令，别怪我李松涛手中的刀剑无情！出发！”

俘虏一听官军的先头部队已在邬阳关给他们准备了米粥，已经饿了一天一夜的六百俘虏看到了一点活命的希望，起身随队一纵线牵着，沿山道爬上了十子花的河岸。

就在李松涛带兵押解俘虏爬完陡坡时，忽听邬阳关东面的冠埡之下响起了密集的炮声。李松涛知道，这是陈千总已经对白衣军师所带匪子发起了攻击。他大声对俘虏们吼道：“官军已经开始给你们煮稀饭了！等我们拢到邬阳关的时候，你们就可以与白衣军师所部汇合了！”

司令覃家耀被绳索五花大绑，表情十分痛苦，心中充满懊悔。早知今日，就不该听白蟒精转世之人的蛊惑，举兵造反抗击官军！他知道，这回落到官军的手中，忍受这绳索捆绑的苦痛之后，最终的结果便是脑袋搬家。

炮火一响，鸡蛋一般大小的铸铁炮弹飞入了敌营，铁弹落在阳钢岩石之上弹片四散，击毙击伤匪子数人。完全没有警惕的匪子顿时乱作一团，有的丢下武器躲入岩隙之间，有的狗急跳崖落入绝境，有的冲出营寨择路逃蹿……白衣军师倒还镇静，隐蔽在一块巨石之后大声吼道：“不要慌乱！不要慌乱！官军的炮是用的火药，五炮之后炮堂烧红之时就不能再灌火药了。大家不要慌乱！炮火一停，听我号令冲锋迎敌！”被白衣军师和司令覃家耀纠集的人马，大多都是猎户和农户，哪里见过火炮齐发的阵势，早已吓得魂飞魄散，只顾了躲避，只顾了逃命，哪里还听得进去白衣军师的吼叫。

而这时，陈连升仍然披着战袍立于马上，手握佩刀。五百官军严整以待跟于千总马后。当十四门火炮连响四排之后，陈连升拨出佩刀，高高举过头顶，然后向前挥去，嘴里大喊一声：“冲啊！捉活的！”官军即刻冲出，齐声大喊，声浪汇成洪流，如滚滚泥石倾扑而下，卷起一股气浪。

炮声一停，石门隙便被巨大的声浪淹没。白衣军师从岩石背后钻了出来，拨出腰间的佩刀举在手中，歇斯底里地呼喊道：“冲啊！活捉官军者赏银元拾块！”还真是重赏之下必有勇夫。一批有功夫的匪子一听说赏银元拾块，便来了勇气和精神，应声从岩隙间钻了出来，摆开阵势猛烈地朝前冲。可他们没冲多远，就被凭高视下的声浪和气浪推卷了回来，吓得魂飞魄散。冲在最前面的几个勇士刚刚伸出刀剑武器拼杀，却如逆水划浆无力抗争，有的仰天倒地，被密集无隙风卷而来的官军踩踏至死。

陈连升骑马立于炮阵地前，通过静听声浪辨别着战场上的情形，远远地都能听见刀剑搏杀的声音。当强大的声浪渐渐停下来的时候，他的马抬起头来，望着尘烟飞扬的石门隙嘶鸣了两长声。陈连升明白，这一仗就算是打完了。

半个时辰之后，下属军官来报：“本次战斗中，炮弹击毙匪子六人，冲击时踩踏至死匪子九人，击伤匪子六十九人，活捉匪子五百四十六人，白衣军师被捉。总共俘获六百一十五人。”陈连升皱起眉头厉声追问道：“白衣军师从官店山口分过来的人马是八百有余，还有二百人哪里去了?”下属军官立刻补充道：“从二岔口方向，从倒湾坪方向都有匪子逃蹿。”陈连升点点头说：“知道了！传令下去，将俘获的匪子全部押解到邬阳关的中心场地上去，把缴获的兵器分类打捆，悉数带上，听候发落!”下属军官应声行礼，转身传达命令去了。

陈连升转过身来对炮阵地上的兵士们说：“你们携装备长途奔袭，日夜兼程，很是辛苦，今日就在邬阳关宿营歇息，明日再回鹤峰州城，晚上我陪你们喝酒。”从鹤峰州城连夜奔袭而来的四十几名官兵对陈将军十分仰慕，一听陈将军这话，感到十分欣慰。他们连忙撤炮收弹，准备前往邬阳关宿营。

那天下午，平时就还很热闹的邬阳关人头攒动，官军的兵马列队走过街巷，集结在了常年“打秋”的那片宽阔的场地上，押解进场的千余俘虏都是一副被打得落花流水的模样，个个蓬头垢面，衣衫破旧。看热闹的乡邻从四处涌到关上。当乡邻们得知是陈连升将军领兵打回了邬阳关的时候，人们开始激动起来奔走相告，都想目睹一下当年那个“打擂获胜”，执石锁在石门隙打虎的那个毛头小子当了将军之后的模样。

等官军押着所有的俘虏全部集结到坪坝里的时候，乡邻们也自由散漫地围了拢来，站在了场地的外围，街巷里早已无人，只见三匹战马从冠垭的横路之上绕沟湾飞驰而来。前面的那一骑便是陈连升，他身材高挑，精干清瘦，脸面上轮廓分明。官帽上的红须在阳光下闪亮，身子前倾在马头，两眼直逼着前方，身上披挂的战袍向后飘去，手中提着一枪长戈，佩刀手柄上的红须随着战马的奔驰而飞扬，真是八面威风，远远地就吸引住了全场数千人的目光，两个紧跟其后的卫兵，正是刘明辉和张青麟。

按照平时当值的排序，今日又该是李松涛当值，他跑到队列前的土台上，向官军下达了口令，将队伍调整得整整齐齐之后，向右转，跑步向前，立于刚刚跳下马来的陈连升千总面前大声报告道：“报告陈将军！千名官兵全部满员集结完毕！在两次战斗中，共捕获俘虏一千四百六十余名，匪司令覃家耀，还有他的白衣军师全部在押，请陈将军号令发落!”陈连升按照军规还礼之后，大声说道：“归队听令!”李松涛归队站在了队列的左前位。

陈连升走上了队前的土台子，站在正中的位置上扫视一眼之后高声说道：“这次我们出兵清江旨在平定匪患！有人说，清江流域的白莲教又起势了。可是当我们接触到这些集结在清江岸边的匪患时，发现他们并非白莲教的余匪，一个军师身穿白衫，声称自己是白蟒精转世，这并不等于就是白莲教，而且所谓‘白蟒精转世’之说也是个弥天大谎！眼下这一千四百多名俘虏，只是覃家耀在白衣军师的蛊惑之下纠集起来的清江流域的猎户和山民。因此，我们出兵清江，不想杀人如麻，手上沾满同胞的鲜血！”

“可你们应该知道战争意味着什么？战争就意味着屠杀！意味着歼灭！意味着生灵涂炭！而我今天要告诉你们的是，我是一个有良知的军人，如果真把这次出兵当作战争，这些俘虏早已成了官军的刀下之鬼。因此，我们这次准备实施安抚遣散的策略，对武装集团的首恶分子押入知府大牢，审讯完毕之后按照大清律论斩。对协从的兵丁，可以采取安抚政策，劝其归田归林，给你们一个活命的机会。如果有人不听规劝，再行集结之事，对抗朝廷，对抗官军，吾将格杀勿论！”

陈连升的话还没有讲完，早已饿得饥肠如鼓，吓得魂飞魄散的俘虏们看到了生还的希望，顿时一排接着一排跪地磕头，嘴里用一种哀求的声音喊道：“谢陈将军不杀之恩！谢陈将军不杀之恩！”围在外圈的当地百姓听了陈连升的话语之后，也觉得情上安理上在，并开始议论起来：“看来陈连升将军还真是一个有良知的军人啊！”

陈连升接着高声说道：“大批官军将在邬阳关驻扎三日，任何人不准侵扰百姓！违抗命令者，斩！”听到这里，千名官兵在下面齐声大喊：“将军威武！将军威武！”停顿了一下之后，陈连升接着高声说：“所有官兵听令：官兵除伙夫之外按建制分为五人一组，每一组负责十名俘虏的核查审讯，登记姓名地址，交于官府留存。凡愿意回家归田归林，安居乐业，遵律守法者，发给路条，遣散回家。路条上盖本将军印，当‘释放俘虏的证件’使用，官府不再追究本次集结为匪的罪恶。本次登记发给路条的俘虏，如若再犯，将罪加一等！都听明白了吗？”跪地不起的一千四百多名俘虏，齐声哀婉地说：“谢将军不杀之恩！我等经此一难之后，一定归田归林，谋衣食做良民，再不听人蛊惑了啊！”

见任务已经明确，大势已经落定，陈连升最后大声吼道：“本次所缴获的兵器刀剑，统一交铁匠铺回炉，打制成农具，分发给邬阳关的百姓，支持农耕。对于受伤的俘虏请郎中医治，汤药钱由官军支付。轻伤者上药包扎后遣散，重伤者边医治边联系家人接回。另外，将司令覃家耀和白衣军师收押营中，由我亲自审讯！其余俘虏，按令行事！”

全场行动迅速，步调整齐，秩序井然。白衣军师透过披散在脸面前的长发看到了眼前情景，心中不禁慨叹道："这还真是一支训练有素的官军，难怪我等几乎没有还手之机，火炮一响就落得如此下场！"白衣军师的长发一直就这样披散着耷拉下来遮住了脸面，好像是怕有谁认出了他真面目来。

倒是陈连升的脑海里闪现出了许多疑问。记得他刚到鹤峰州当兵三年多的时候，把总徐佐虎给他派的第一趟差事，就是到清江流域查访这个白蟒精转世的人。而且当时许多人都认为，这只是江湖之中虚拟的一个传说。没想到许多年后这个自称白蟒精转世的人还真实存在，而且此时此刻就在他的面前。他们既然能够纠集一千四百多人，那么他们的大本营在哪里？他们这样集众起事的目的又是什么？带着这些需要弄清楚的疑问，陈连升令兵士先把司令覃家耀押到了他的帐下。

093

陈连升在亲自审讯司令覃家耀的时候得知：覃家耀就是巴东境内清江岸边苦竹溪的人，原本就是个庄户人家，在村庄里也就是一个拥有几十亩土地的小地主。多年前的一个日子，覃家耀家中正有几十个人在打薅草锣鼓。中饭快要熟的时候，大路上来了一个浑身上下穿着白色衣服的男人，径直走到他家落了脚。

覃家耀问这个一身白衣的人在做哪门子生意？白衣人口气大大地对覃家耀说："经营天地，买卖江山！"一听白衣人这话，覃家耀硬是吓了一跳，心里想，这样的买卖除了皇上敢做之外，谁还敢妄言？这就对白衣人说："你既然是做这等大生意的人，我这庄户人家的屋檐矮小，容不下你这么大的客商，在我这里吃过中饭之后你可请便，我这里不留！"

白衣人却说："我倒不是经营这么大买卖的主儿，可你覃东家是也！我这一路寻访而来，就是奔你来了。别看你当下还只是一个拥有几十亩田地的庄户，可是再过些年代之后，你就有可能成为天下之主！"

覃家耀听了这话，开始确实不信，以为这白衣人就是一个行走江湖骗吃骗喝的浪人。他望了白衣人一眼之后不置可否。哪知道这白衣人还真就赖在他家不走了，每天就给覃家耀灌输一些如何夺取江山，拥有天下的畅快。可久而久之，在覃家耀的头脑里涌起了一个梦境，莫非我覃家耀还真有那气候，有朝一日就能登高一呼？就这样，覃家耀被洗脑之后便开始顺着白衣人的思路走，为了实现这个梦境，一步一步走到了今天这步田地。

在审讯覃家耀的过程中，有一点已经被陈连升肯定了下来：覃家耀所纠集的这股武装力量并非白莲教，他们既没有沿袭白莲教的教规，也没有谋反朝廷的计划和纲领。倒是这个白蟒精转世的男人，更加引起了陈连升的注意，一个疑问涌到了他的心头——这个白衣人的背后到底隐藏着多少秘密？

覃家耀被兵士们押下去了之后，白衣军师又被带到了帐中。可白衣军师披散的长发仍然遮着脸，他低着头跪在地上。陈连升大声吼道："抬起头来！"白衣军师抬起头来了，可头发仍然遮着脸，看不清这人的真面目。

陈连升有些气恼，顺手拾起地上的一截稻草绳子递给身边的刘明辉说："给他把头发扎上披在肩后去，免得等下砍他脑袋的时候裹了我的刀锋！"一听这话，白衣军师打了个寒颤，身子塌拉下去，一副绝望的姿态。

刘明辉站在白衣军师的身后，伸出双手拢起白衣军师蓬乱发臭的头发扎在了肩后。陈连升再次大声吼道："抬起头来！"白衣军师很不情愿地抬起了头，把一张漠然的脸仰了起来，目光呆滞。当陈连升用两道冷凌的目光逼视着，看清了那张脸面时，心里顿时狂跳起来，嘴里惊呼道："邓连甲！怎么是你？"

营帐中的气氛就这样凝固了下来，彼此的心中顿如翻江倒海。过了许久之后，邓连甲低声自语道："我当年就没有看错，你陈连升果然当上了将军！"陈连升仍然惊愣着，没有反应。又过了许久，陈连升这才回过神来大声问道："你那几百门徒呢？都在这些俘虏当中吗？"提起几百门徒，邓连甲惨淡地一笑说："门徒？"话没说完，邓连甲便嚎啕大哭起来，断断续续地说："嘉庆八年，我带着三百多个门徒前往北方，参加了白莲教起义。嘉庆九年十月，北方五省的白莲教起义失败，我带去的三百多个门徒全部成了官军的刀下之鬼！"抹了一把眼泪之后，邓连甲接着说："我有幸逃了回来，可我再不敢以真面目示人，却又想寻找机会给我死去的众多门徒报仇。只得借江湖之中曾经的一个传说，自称是白蟒精转世，一步一步也就走到了今天这般田地。不料又遇到了你！"

陈连升的心里感到隐隐作痛，狠狠地瞪了邓连甲一眼之后说："我当初可就提醒过你，叫你不要误人子弟！可没想到，你还葬送了人家的性命！真是可恶至极！"

邓连甲瘫坐在地上，脸色青黑，泪流满面。哭诉了一阵子之后，他浑身颤抖着向陈连升哀求道："你一刀劈了我吧！我已经是一个十恶不赦的罪人，你陈将军就赏我一个快心吧！"

陈连升渐渐地平静了下来，他大声对身边的兵士们命令道："你们给我听好了，这人可是朝廷的要犯，押下去给他弄些吃食，不能轻易让他死了。待我们把他押入知府大牢之后，交于朝廷问斩！"几个兵士把白衣军师拖出去看守起来。

望着邓连甲被兵士拖下去的背影，陈连升的心里不是滋味。按照陈连升的理解，要说邓连甲的罪在哪里？就是不该把那年纪轻轻的三百门徒拉到北方去送死。武馆里的那些门徒可都是清江流域普通百姓家的儿男。你邓连甲开武馆，把门徒集中起来练武强身这倒是没有过错，可你图谋不轨，投奔白莲教，就这我还是不怪你，人各有志嘛。可这三百门徒死得不值，让我无法原谅。

跟在陈连升身边的刘明辉看出了将军心中的苦痛，他对陈连升坦率地说："我看这邓连甲定是将军的故交，如果真要取他性命，将军必是下不去手；把他押入知府大牢，秋后问斩，也未必就是将军愿意看到的结局。将军的忠义在江湖内外都是闻名的，我看还不如……"陈连升立刻明白了刘明辉的意思，抬手制止了他的话，对他语重心长地说："明辉呀！你是军人，有些事断不可为！你快出去问问那些还未散去的乡邻，看看有谁知道清江簰帮的老大杨贞的下落?"刘明辉明白了将军的意思，立刻出去寻找杨贞的下落去了。

其实杨贞、罗汉章、印紫竹三个人在陈连升先前训话的时候，就已来到了现场。听说陈连升带兵剿匪，本想助他做点什么，可又不便张扬。三兄弟合计着，连升这是带兵打仗来了，不是走亲访友，有事吩咐定会差人调遣。得到陈连升召见的消息，杨贞邀了罗汉章、印紫竹进到营帐之中。陈连升表情凝重，没有言语什么，只是站起身伸出拳头，在杨贞、罗汉章、印紫竹三人的肩窝上轻轻地击了一拳，一切便在不言之中。坐定之后，长话短说。陈连升还特地交待杨贞，救出邓连甲之事，不能伤了官军的兄弟，也不能在邬阳关下手，最好是派人潜入景阳河岸，以免节外生枝。杨贞他们三人心领神会，没有停留，更没有时间叙旧或是家长里短，起身离开了营帐。

陈连升接着对刘明辉说："你去通知李松涛，叫他前来报告俘虏的释放情况。"刘明辉应声而去。接着当值帐军官李松涛进帐报告说："报告陈将军！在押俘虏已经释放八百七十六人，照这个进展，天黑之前可以放完。"陈连升注目望了李松涛一眼之后，十分严肃地说道："传令下去，凡是已经释放的俘虏，必须立刻离开邬阳关，不准逗留。晚上巡逻巡哨时若发现还有逗留者，则一律抓回重处!"李松涛立刻明白陈连升千总的意思了，应声出去将此命令传达给了所有官兵。陈连升下达这道命令的内在原因十分明确，假如这些已经获释的俘虏，在邬阳关街上吃饱了喝足了，看到司令覃家耀和他们的白衣军师还在营中羁押，来个重新集结，死灰复燃，这不等于又是放虎归山么？军中之事，奸诈有余，硬是大意不得。

这时，营中的官兵都已得到了陈千总的这一道命令，营中的情形可谓内紧外松。表面上看起来似乎大局落定，只是一个释放俘虏的问题。官军之中大家都很清楚：眼下的情形毕竟是刚从火线撤回来的敌我双方，随时都有擦出火花、反戈一击的可能。陈连升走出营帐，走入军中，亲自检查安营扎寨的相关细节，叮嘱属下的官兵警惕匪子纠集反扑。

可当他走到外围，准备亲自查看一下营外的情形时，新的情况出现了，他刚到一群乡邻的边沿，便有三个少年结伴来到他的面前。一个高大一些的少年问陈连升道："这位军爷！听说你们是从施南府开拨出来官军，回营时能把我们三个带到施南府去吗?"陈连升有些惊诧，连忙问道："你们要去施南府作甚?"那高个少年答道："去找我爹！我爹也在施南协守备营里当兵。"陈连升更加惊愕，连忙追问道："你爹叫什么名字?"还是那高个子少年自信地答道："我爹与你们这回带兵的将军同名，也叫陈连升，是我爷爷陈万星的大儿子。我的叔叔名叫陈年学！"一听这话，陈连升热泪盈眶，心中顿时激动不已，连忙跪下身子，伸手抱住孩子，声音有些沙哑地说道："是长鹏和举鹏吗？你们都长这么高了！施南协守备营里只有一个陈连升，我就是你们的亲爹！"

大营边沿，这道父子相见的场景凝固在了邬阳关上那千古不朽的灵气里，也映在了千百乡邻们的心壁之上。片刻之后，陈连升松开三个孩子，问长鹏道："你们三个之中，除了你和举鹏之外，还有一个娃娃是谁家的？怎么也要和你们一路前去施南府?"陈长鹏指着那个肥胖一些的儿娃说："他叫廖百羽，比我大几岁，他爹的名字就叫廖大锤，他爹去年得病而故，断气的时候给他说了，叫他前去施南府寻找陈连升。所以他和我们常在一起。"陈连升的眼眶湿润着，再次把三个少年抱在了一起。

三日之后的那个早晨，陈连升下令沿路返回施南府。走的前夜，陈连升在刘明辉、张青麟的陪同之下，领着陈长鹏、陈举鹏、廖百羽三个少年回了一趟陈家棚，看望了父亲陈万星、母亲杨彩莲。还拜访了伯父陈万魁、堂伯陈万顺。并对弟弟陈年学、堂兄陈年高、陈年德分别交待了一些事情。星夜，陈连升告别家人，声称营里军务紧急，不能久留。临别之时，陈连升对陈长鹏、陈举鹏兄弟俩深情地说："都给爷爷奶奶多叩几个头吧！感谢他们把你们哥俩养得门长树大。这次跟爹一走，也不知何时能够再回邬阳关，再回陈家棚孝敬爷爷奶奶了啊！"

陈连升的这句话流露着真情，也温暖了老人的心。

<第九章>

福州城相见恨晚　禁烟土挥师两广

094

从郧阳关返回施南府的路上，陈连升明显地感觉到小儿子陈举鹏少言寡语，似乎怀着满腹的忧怨，经常是一副心事重重的样子。在施南府的家中，陈连升留心观察着陈举鹏的动态，发现举鹏的眼神之中时常透着两道冷凌的光芒，还时常冷冷地盯着二妈康翠莲发愣。尤为严重的是，陈举鹏对展鹏和起鹏两个幼小的弟弟没有一点儿怜爱的迹象，而是表现出一种可怕的冷漠。

陈连升回到施南协守备营后不久，就直接把比长鹏大几岁的廖百羽安排到营里当了兵，并把廖百羽交给了李松涛，要他严管厚爱。对刚满十五岁的陈长鹏，刚满十三岁的陈举鹏，陈连升觉得亏欠他们的太多，不想直接安到营里去当兵，还想把他们兄弟俩先送到学堂里去读书识字，然后再随他行伍，驰骋疆场。可看着陈举鹏那冷若冰霜的模样，作为父亲的陈连升既感到内疚，又感到后怕，他不想自己的儿子从军之后就变成一个杀人的狂魔，于是他决定安排机会与陈举鹏沟通，想办法解开孩子的心结。

秋后的一个日子，陈连升吩咐康翠莲把四个儿子带到北门街口一家最大的裁缝铺里去，用同样的质地，同样的颜色，做同样款式的衣服，他们四位兄弟虽然年龄相差较大，但必定血浓于水，必须尊长爱幼，让“长举展起”四兄弟真正开怀融情，消除隔阂。

次日，陈连升从家里出来准备入营执事的时刻，特地把二儿子陈举鹏提上马背带到了营中。因为这天他要到施南府城的“东西南北”四门去检查布防情况，想把陈举鹏一路带去，让他开开眼界。这时，已经穿上新衣，梳理了发型的陈举鹏完全改变了在乡下时那个随意的模样，脸面上早已展露出了几份自信的神情。进入营中的大帐之后，陈连升对张青麟说：“你去挑一匹结实些的好马，陪我巡营的时候，你把举鹏带在马上，让他前去长长见识吧!”一听这话，张青麟十分高兴，连忙邀了陈举鹏去挑马。陈连升注意到，儿子陈举鹏的脸面上似乎有了一点儿喜色，心里十分高兴。

巡营的时候，张青麟骑马跟在千总的马之后，他把身材尚有些单薄的陈举鹏抱在胸前，教他紧抓马鬃，身子前倾，让陈举鹏头一回感受到了骑马奔驰的刺激……巡营归来，陈连升对张青麟说：“你去告诉夫人，我带举鹏去北门河坝里的小餐馆喝点小酒，就不回去用餐了。”张青麟应声而去，陈举鹏望着爹爹的表情有些不解，他不知道爹爹在想些什么，今日又是带孩儿巡营，又是带孩儿喝酒，似是有话要说。陈举鹏心想：这样甚好，我也正好有许多话要与爹爹理论一番，不然这心里感到委屈几时都不会痛快。

坐在北门河坝的小酒馆里，陈连升给二儿子陈举鹏斟满了一碗包谷酒，给自己也斟满了一碗，接着他慨气地说：“举鹏啊！你已经满了十三岁，爹爹在你现在这个年龄的时候，你的太爷爷准许我出清江刹把子放木簰。我在木簰队里，每次饮酒必是三碗，你饮一碗如何?”

没想到陈举鹏显得沉着冷静，他平静地望着爹爹说：“在邬阳关陈家棚的时候，爷爷经常对我说：‘举鹏与你爹爹儿时的情形极为相像，只可惜我不会武功，只会赶山打猎，算是耽误你了!’从爷爷口中得知了太爷爷对爹爹的疼爱不只是限于温饱，而是决意把您锤炼成了一个武林奇迹。而我却并不怪我爷爷，他赶山打猎也是为了家人的生计，是为了养活我们，而不只是为了自己出人头地。”

听了儿子陈举鹏的这番话，陈连升很感意外，这些天一直沉默不语的陈举鹏，原来还是一个很会谈话的孩子。只是那个“出人头地”似乎是在暗中刺激于他，但为父之人怎能与儿子计较哟。陈连升接着说：“我问的是你饮一碗酒如何?”陈举鹏扬起脸来慨气地说：“爹爹十三岁出清江放木簰，我十三岁的时候随爹爹的队伍进了施南府。既然您是每次饮酒必是三碗，而我岂能弱了爹爹?”听了这话，陈连升开怀一笑说：“你爷爷果真没有看错，你还真有爹爹当年的脾性。至于练习功夫的事，也还为时不晚，既然你们哥俩已经来到了施南府，回到了爹爹的身边，我就会请最好的师傅调教你们。”陈举鹏端起面前的酒碗，举至额前之后对爹爹说：“在此，我代表哥哥长鹏先谢谢爹爹了，这一碗酒我敬您!”陈举鹏动作洒脱，将碗中的酒一饮而尽。

看到儿子陈举鹏这般豪爽的举动，陈连升就仿佛看到了儿时的自己。但父子之间毕竟不是拼酒论道的对象，于是他关切的问道：“举鹏啊！这可是施南古城的陈年腊酒，你不要紧啵?”陈举鹏当然知道爹爹是在关怀自己，就说：“别介意，这叫酒壮英雄胆！孩儿长过这么大，还是头一回陪爹爹喝酒，要喝就喝个痛快嘛!”

陈连升有些动情，觉得自己这些年只顾了自己的前程，对儿子的照顾实在是太少了，接着就端起面前的酒碗深情地说：“举鹏啊！爹爹实在对不起你们兄弟俩，对你们的照顾和培养不够。不过爹爹也是人在军营身不由己，这碗酒就算是爹爹向你们兄弟俩赔个不是了!”陈连升端起酒碗，一口喝了下去，喉咙里“咯噔”了一声。

陈举鹏的脸面有些发红，一听爹爹这话，心里顿时激动起来，于是变了话题冷冷地说：“爹爹对我和哥哥照顾培养不够的事情我们倒是不会怪您！在您小的时候，爷爷奶奶也是没有培养照顾过您，都是太爷爷太奶奶培养和照顾您的，这或许正是咱们陈家的传承。不过说起这‘对不起’三个字，咱爷俩可就得再喝一碗酒了!”

陈连升突然发现儿子陈举鹏的举动有些不对，这就坦诚的说：“举鹏啊，我今日个带你来酒馆喝酒是假，主要是近期以来，我观察到你好像有着满腹的心思，从你的眼神中我似乎能够看出，你对爹爹心存怨恨，是想找个机会让你把心里的想法都说出来。”陈举鹏拿起桌上的酒坛，先给爹爹斟满了酒，然后给自己也把碗中斟满了。他放下酒坛，用两道冷凌的目光望着爹爹冷冷地问道：“您为何要把我妈撵走？是不是就为了娶我二妈才这样做的?”

这正是一直压在陈长鹏和陈举鹏兄弟俩心中的怨气，这一旦坦露出来，却把爹爹陈连升给难住了，他一时竟然找不出任何合适的话语来给儿子解释，只是重重地叹了一声长气，然后端起酒碗闷不做声地把那碗酒喝了下去。哪晓得陈举鹏成熟老练得像个大人，对爹爹陈连升的这一举动不以为然，接着又在那里冷冷地说：“人啊，只要一升官就变坏了。我的外公肖文钲可也曾经是鹤峰的州官，我妈肖雪珍也算是个大家闺秀，没想到爹爹的心竟会这么狠，外公回福建尤溪丁忧之后，您居然先把我和长鹏哥哥送回邬阳关陈家棚交与爷爷奶奶抚养，然后撵走我妈娶了二妈康翠莲。由此看来，您的心真够狠的，您想过没有，我与我哥长鹏这些年思念我妈的情形?”

听到这里，父亲陈连升实在忍不住了，站起身来吼道：“够了！不是这个样子的！眼前的这一切都是你妈精心安排的!”陈举鹏被爹爹突然冒出来的威严镇住了，没再言语什么，伸手端起面前的酒碗一口喝了下去。就在他把那只酒碗放回桌上的刹那间，泪水抛沙似地滚落下来，伤心地哭泣开了。

陈连升心里的痛处被儿子陈举鹏给他捅了一刀，他虽然对肖雪珍没有愧疚，却有着深深的思念。一晃肖雪珍就走了这么些年，算是音信全无，是安全回到了福建尤溪，还是中途出现了什么状况都不得而知。想想这些，作为夫君也实在过于粗心了。陈连升的内心之中疼痛起来，面对酒馆窗外浩浩涌流的清江，凄然滚下两滴泪来。

从北门小酒馆出来的时候，陈举鹏对爹爹陈连升说：“您先回家吧，我到营里去看看廖白羽。”陈连升没有阻拦儿子陈举鹏，他站在北门的街口，望着陈举鹏那单薄的身影，长长地叹了一口气。

刚到家门口，长子陈长鹏赶紧迎上来问爹爹道：“举鹏怎么没有跟您一起回来?”陈连升伸手轻轻地拍了拍长鹏的肩膀说：“举鹏去了营里，他说要去看看廖百羽，我便没有阻拦他。”哪知长鹏一听爹爹这话，大惊失色道：“不妥！弟弟举鹏这几天正在想办法凑足盘缠，准备只身前往福建尤溪。”陈连升一听这话，脸色顿时变得苍白，急促地对长鹏说：“快，你快去营里，把举鹏追回来，真怕他擅自出走，也就难得找寻了!”

陈举鹏被陈长鹏追了回来，坐在客厅里的竹椅上红着脸，喷出一股酒气来。陈连升用威严的口气对二儿子陈举鹏说：“你可不要胡来，爹爹对你慈爱，但绝不会放任。你可以选择习武，也可以选择入学堂读书，就是不可以东奔西跑！年纪不小了，要明事理知轻重!”陈举鹏仍然在那里出着硬气，用一种异样的目光望着爹爹，没再言语什么。

康翠莲是个十分精细的女人，她已经从长鹏和举鹏的眼神里看出了他们的心思。想必两个孩子也是思念母亲了，雪珍姐姐已经去了这么些年，再不去把她找寻回来，恐怕也就说不过去了。有一天，康翠莲对夫君陈连升说道：“今年年关，你恐怕只有告假，亲自去一趟福建尤溪了，不然两个大儿子不会安心，我也于心不忍了!”陈连升深情地望着通情达理的康翠莲说：“也只得如此了！不然这长鹏和举鹏指不定哪个时候就要偷着往外跑，怕他们弄出事情来。”康翠莲轻轻地叹了一声长气说：“也是喃！孩子都这么大了，思念母亲是人之天性。你若不给他们一个承诺，把事情说清楚，他们是不会安心待在施南城里的。长鹏倒还纯善一点，你看那举鹏，恐怕与您少年时代同着性情，也是个敢拼敢闯的角色!”

长鹏与举鹏的归来，搅乱了康翠莲原本安定平静的生活，从前她只要伺候好夫君，照顾好展鹏和起鹏两个小儿子就行了，可而今她不仅要操心家中的事，而且每天都要为两个长大的儿子操劳。家庭中的这些变化无疑也给陈连升带来了很大的压力。从前他常为“长举展起”四个儿子的到来感到欣喜，而作为父亲，把四个儿子养大并教育成人却有着很大的责任与担当……这期间，他常常回忆起自已年轻时曾有的一种意念——有些事是可以用武功解决的，而有些事却需要智慧。

1821 年的冬天是一个暖冬，这年是道光元年辛巳，已经四十四岁的陈连升官居六品。他把长子陈长鹏、二子陈举鹏安顿在书院就读之后，自已告假三月，决定前往福建尤溪探亲。他令刘明辉给他买了十几根粗大的东竹回来，他亲手在清江岸边扎了一块宽大的竹簰，准备择吉日叫号启程，先到宜都。

经过认真考量，也为了体现对岳父肖文钲的敬重，陈连升最终还是决定身穿六品官服前往福建尤溪探亲。农历腊月初八辰时告别康翠莲及长举展起四个儿子，从清江岸边刹竹簰叫号启程，出施南府直抵宜都城，然后乘船沿长江直下到武昌，然后走陆路入湖南走彬州古道，进入广东韶关，一路往南，车马劳顿，在广东连阳营找葛云飞将军借军马一匹，走陆路去福建，腊月二十八日抵福州，除夕夜到达尤溪溪尾镇肖家院子，与岳父母及原配夫人肖雪珍团聚。

一路南下，陈连升的心灵被震撼了，他真的没有想到，中华的山河会是如此壮美，中华的疆域竟然如此广阔。

095

肖家院子就坐落在福建省尤溪县溪尾镇东面的几颗古榕树下，院外的石墙已被古榕树的粗细根条攀缠着，绿油油的苔藓裹着古榕树的根条，显得苍劲而古朴，石板铺成的廊道一直延伸到户外的门庭。几间青砖砌成的房屋坐西朝东，一副迎接新春的对联贴在大门之上，两只喜气的灯笼高高地挂在了大门前边的房梁之上。一位白发苍苍的长者正在打扫庭院和房舍，时不时就沿着长长的廊道走到门厅之前向远方眺望，心胸里那份囤积已久的期待一次次地升腾起来涌到胸口，又一次次地随着一声无奈地叹息回归到心底。这位白发苍苍的老人不是别人，正是告老返乡的州官肖文钲。

自从女儿肖雪珍历经辛苦回到福建尤溪的这些年里，每逢佳节将近，他都在期盼着女婿和两个外孙能从院子外的那条大道之上突然出现。可是，一晃就这么些年过去了，每回都让他失望。因此，肖文钲老人养成了一个叹息的习惯，常常牵着老伴的手叹息，常常望着女儿的身影叹息，也常常望着门庭外的那条大道叹息……肖文钲老人最大的一个心愿就是能与女婿和两个外孙见上一面。因为这，他们家每年过年的年夜饭总是拖到晚晚的，就好比渔村中的人一样，家中有人出海打鱼去了一般，担忧与期待时常忧积在家人的心胸里。

太阳西弦的时候，肖文钲再次沿那条石板铺成的廊道走到门庭外去眺望，他多么希望有一匹军马奔驰而来，多么希望那个矫健的身影能够再次出现在他的眼前……可是等待他的仍然只是一声沉甸甸的叹息。

回到屋里，肖文钲老人走进厨房，对正忙碌着准备年夜饭的老伴和女儿雪珍说：“看来这年，又只有我们三爷子一起过了！”肖雪珍理解爹爹的心思，就安慰老人说：“爹爹呀！您就别想那么多了！连升是军人，而且现在身居要职，哪有时间千里迢迢来探亲啊？但我可以肯定，只要连升有了空闲的时间，他一定会带着您的两个外孙子长鹏和举鹏，前来探望您的！”

肖文钲老人望着女儿肖雪珍叹了一声长气说：“只是苦了你雪珍哪！你是尽了孝道，却又没有尽到夫道，正所谓忠孝不能两全！”这时肖文钲的老伴也叹了声长气说：“过完年，雪珍你还是硬下心来，回一趟施南府，他们爷三没有时间过来探亲，你还不晓得回去呀？都是我们两个老家伙拖累你雪珍了！”

肖雪珍安慰两位老人说：“您们就别想那么多了，连升的事我是安排好了才走的，长鹏和举鹏在邬阳关的陈家棚随他的爷爷奶奶生活，都已经差不多长大成人了。举鹏都已经十三岁了，正是他爹当年出清江放木簰时的年龄了，您们不必过多的牵挂！”肖文钲又轻轻地叹了一声长气说：“就依你娘所说，过完年我便给你准备盘缠，你就安心地回施南府去吧，我们两老稍微几年也还是不要紧的！”肖雪珍深情地望了爹爹一眼，没有说出话来。

肖文钲又轻轻地叹了一声长气说：“那好吧，我们今天干脆把年夜饭弄早点儿，不必再拖到半夜三更了。熟了就吃，吃了年夜饭之后，我们都到戏苑子里去看戏。”肖雪珍连忙说：“要得！反正年年都在等，年年都没有等到，今日除夕，我们也就放下这门心思，别等了，安心看场戏去！”

可就在夕阳西下，从古榕树之间射出一道柔和的红光时，肖雪珍把过年的饭菜端上了餐桌。肖文钲老人拿出一挂鞭炮放了，准备上桌斟酒的那个时刻，就听门庭外的大道之上响起了急促的马蹄声。肖文钲老人连忙沿长廊奔到门庭之外细瞧，只见一个官样打扮的骑马人直奔门庭而来，在不远处飞身下马，牵着马走到肖文钲老人的跟前问道：“老人家，请问您一下，您们这里的肖家院子怎么走？”

肖文钲老人一下子惊呆了，瞧了这人身上的六品官服，再听这人的口音，他已经完全断定，面前这人便是陈连升。他忘了回话，连忙折转身往回跑，并大声惊叫起来：“雪珍，雪珍！你们赶快出来瞧瞧，这回恐怕是陈连升真的回来了啊！”一听肖文钲老人的惊叫，肖雪珍从屋里奔了出来，紧咬着牙关，难以抑制内心的激动，跟着爹爹朝门庭外奔去。

这时，陈连升在门庭外拴好了马，折转身跨入门庭，望着廊道上朝他奔来的老人，扑通一声跪在了地上，大声喊道：“岳父大人在上，请受连升一拜！”跟随在父亲的身后一路奔跑而来的肖雪珍听清了那个熟悉的声音，扑上前去，也是扑通一声跪到陈连升的身旁大声喊道："连升！真的是你?"

陈连升已是两眼模糊，他抬起头来，猛地伸开双臂抱住了身材单薄的肖雪珍大声喊道："雪珍！我终于找到你们了啊！"肖雪珍的母亲随后跟了出来，走到他们跟前问道："陈连升，你来的时候没有把长鹏和举鹏一路带来?"陈连升扶开雪珍的身子，抬头望了一眼面前的老人说："想必这就是岳母大人了，可惜我还是第一次见到您，"他连忙给岳母大人磕了头，抬起头来说，"您不会怪罪女婿吧?"老人含着激动地泪水笑着说："你是大英雄，娘心里高兴！回来了就好！回来了就好啊！"

站在一旁满含热泪的肖文钲老人激动地说："来了就好，来了就好啊！连升你快快起来吧，我们已经备好了团年饭，就等你上桌了！"说完这话，肖文钲老人伸手拉起陈连升和肖雪珍，一路沿着廊道朝屋里走去……

幸福甜美的日子总是过得那么快。肖雪珍精心为夫君陈连升剪了长发，剃刮了胡须，换上了一套得体的便衣，硬是把个夫君收拾打扮得像个富家的公子哥了。已经年逾古稀的肖文钲老人仔细看了陈连升脱了官服的模样之后，十分感慨地说："连升的这身打扮倒是让我想起了你刚进鹤峰州城时的模样了。但岁月不饶人，当年那清秀灵光的面容还是被岁月刻上了皱纹。不过你现在这个样子显得成熟老成，骨子里透着将军的威严！"

陈连升望着满头银发的岳父大人说："您当年在鹤峰做州官的时候，那是何等的威风！"肖文钲望了女婿陈连升一眼之后嘿嘿地笑着说："当官就好比是唱戏，在台上的时候少不了装腔作势，你可别笑话爹。"可这时陈连升心涌真情，一脸真诚地说："怎敢笑话！您不仅是我陈连升应该十分敬重的岳父大人，而且您还是我陈连升的恩人，没有您当年的栽培和提携，哪有我陈连升的今天啊?"肖文钲老人叹了一声长气说："那倒是不假！不过还是你的那一身武功让我动了心思。你那时英俊洒脱，武功高强，换了谁都会器重于你的。只是让我万万没有想到的是，你居然很快就赢得了雪珍的芳心。"

肖雪珍正好从他们爷儿俩的跟前走过，听到这话，便在一旁笑着说："他是用一匹枣红马把我勾去的，我是先喜欢上了他的那匹枣红马，然后才慢慢儿喜欢上他的！"肖文钲望着女儿雪珍红润的脸庞和开心的模样说："你也别在那儿不认账了，记得那天在莲花滩演武的时候，是谁捧着一束火红的杜鹃花把自己许配给人家的呀?"肖雪珍开心地笑着说："我那时不懂事，被他的功夫迷住了！"陈连升望着肖雪珍那一脸幸福的笑颜，送去两道深情的目光。

正月初六是一个阳光灿烂的日子，陈连升与岳父大人肖文钲坐在院中一边品茶，一边谈论官场中事。说到动情之处，肖文钲感慨地说：“连升哪，你现在已经官居六品，再要升迁的难度也就大了。就像我这样，最终也就是一个六品官员。当然，依你陈连升在军中的条件，应该还有上升的空间，不过升官如上楼，上楼得有梯!”陈连升也感慨的说：“不瞒岳父大人说，现在的官场不尽人意，我在六品千总任上已有十余年，升迁之事我倒是没有多想，我只想练成一支精锐部队，待国家需要时，我能尽一个军人的本分。”

沉思了片刻之后，肖文钲慢慢地说：“你的想法和理想我倒是赞成，特别是你身为军人，却不忍手持屠刀残害同胞的仁爱之心我很欣赏。但大清的官员之中恐怕有你这种想法的人为数不多，你不妨把你的主张说与一个人听听，或许你们有共同的感悟。”

一听这话，陈连升眼前一亮，望着岳父大人凝重的神情问道：“您所说的是哪一位官员?”肖文钲仍然很平静地说：“此人姓林，生于福州左营司巷林氏北院后祖室。父宾曰，原名天翰，字梦养，号旸谷，嘉庆候官岁贡生，是一个以教读为生的下层知识分子。母陈帙，闽县岁贡生陈圣灵之第五女。这人名叫则徐，今年三十八岁，嘉庆三年参加县试，考中秀才，就读鳌峰书院。与本城朱紫坊名儒，前河南永城县知县郑大漠的长女郑淑卿婚配。”

陈连升连忙追问岳父道：“这人有何长处？岳父大人如此看中于他?”肖文钲仍然平静地说：“我与林则徐的父亲是故交，曾与林则徐会面多次。凭我的观察，此人将来定是大清之栋梁，眼下还在杭嘉胡道任上。八月，其父生病，他挂印离任回闽。现日就在福州城的家中，你不妨前去拜访于他。”

陈连升急切地问道：“您看，我以一种什么样的方式前去拜访为好?”肖文钲仍然平静地说：“你拿我的名帖前往，就说是替我前去探望他的父亲。你身着官服，又是将军，林则徐定会热情接待，并与你畅谈。”陈连升点点头说：“这个办法甚好，我倒是很想结识这位有志之士。”肖文钲见陈连升已经表明了态度，这才仰起脸望着女婿慨气的说：“是呀！同朝为官，也得有几个志同道合的知己才是。眼下鸦片泛滥，祸国殃民，正是你等为国效力之时。”陈连升顿时眼前一亮，仿佛看到了一条希望之路，也十分感慨地说：“岳父大人所言极是！现在官场之中贪腐严重，难得遇到几个胸怀大志的好官。眼下整个社会又被鸦片这个毒瘤侵害着肌体，真金白银不断外流，这是民族的危难之际啊!”

肖雪珍特地进到房中去换了一件粉红色的袄子，走出门来时见陈连升他们翁婿二人谈得十分投缘，就在一旁咯咯地一笑说：“连升！你这哪里是探亲来了？分明是找老州官取经来了!”陈连升扭过头睁大眼睛看着雪珍红袄裹着的身子，风韵而美丽，他的脸面上顿时露出了灿烂的微笑，脑海里竟然浮现出那个曾经在鹤峰州城的红衣少女的身影。听了女儿雪珍这话，肖文钲睁大眼睛望了雪珍一眼之后笑着说：“连升哪！你快去多陪陪你的夫人雪珍吧，人家都对我有意见了，我老是缠着你说话，想必她也是有很多话要对你说。”

进到屋里，肖雪珍给夫君陈连升沏了一杯香茶端到桌上说：“你先喝杯茶吧，待我收拾一下之后出去走走。”陈连升端坐在桌边的竹椅上，他端起茶杯品了一口，然后深深地吸了一气升腾的清香，幸福地说：“雪珍！你泡的茶与我爷爷泡的茶差不多，那味道不仅有香味而且有回味。”肖雪珍回眸一笑说：“这些年你什么都没变，就是嘴儿比从前甜些了，哄起人来跟真的一样！”陈连升望着雪珍嘿嘿地笑着说：“雪珍，你这话说得过了，我这人心灵手巧倒是真的，可就是嘴笨，不会哄女人开心！”

肖雪珍望着陈连升深情的说：“女人开心快乐并不需要哄，哄只能让女人快乐一时，男人唯有真诚担当才能让女人快乐一生。”陈连升点点头说：“照你这么说，这些年你对我真就没有怨恨?”肖雪珍坦诚的说：“我对你除了思念，便没有怨恨了!”陈连升长舒了一口气说：“那就好，这我也就放心了。”

出门的时候，肖雪珍对爹爹说：“我陪连升出去走走，下午我回来做饭。”肖文钲老人点点头，一脸幸福的表情。陈连升也给岳父大人打了招呼。走出门庭，眼前便是一片闽南风光，春节刚过，这里便如三月阳春。

陈连升拉着雪珍的手说：“海滨的气候真是太好了，难怪你一回来就不想再回去了!”肖雪珍弯着脸儿说：“你这话说得有些重了，哪里是我不愿回去了哟。你看看我那爹娘，都已年逾古稀，你忍心让我丢下他们跟你回去吗?”陈连升叹了一声长气说：“那倒也是，只是你得给长鹏和举鹏写封书信过去，把这边家中的情形给他们讲讲清楚，免得他们不听照护，怪罪于我。长鹏倒还纯善温和，那举鹏的性情与我儿时的德性差不多，骨子里透着一股傲气。”肖雪珍动情地叹了一声长气说：“嗨，儿子都长这么大了，也不知何时才能母子相见。”

两个人就这么谈着走着，不觉到了大路口。陈连升问雪珍道：“面前这条大路莫非就是你们溪尾通往尤溪县城的干道?”肖雪珍点点头说：“是的喃，从福州城往西走，到达尤溪县的地界就是我们溪尾了，再往西走便是尤溪县城。从我们这里向东走一百六十里便到了福州城，往西走三十里就到了尤溪县城。”陈连升点点头说：“我知道了。”肖雪珍平静地问道：“想不想到尤溪县城去看看?”陈连升说：“不去了，下回有机会再去。还是尽量在屋里多陪陪你和两个老人。”肖雪珍点点头说：“那倒也是，尤溪县城不去也罢，等下次有机会我再陪你去看看。不过到福州城去见林则徐的事还是得去，这个官员虽然还很年轻，但志向远大，在闽南一带口碑很好！”陈连升望着夫人肖雪珍说：“是想去见识一番，若能找到一个志同道合的朋友，跑再远的路程也是值得的！”肖雪珍望着夫君陈连升嫣然一笑说：“我就知道福州城你是一定要去的”陈连升也望着夫人肖雪珍会心地一笑说：“那倒也是。”

进入溪尾镇的街口，一群追赶嬉闹的孩童迎面而来。陈连升突然下意识地想到了展鹏和起鹏，想到了康翠莲他们母子。不料他脸上掠过的这一缕表情被心细的肖雪珍察觉了，望着他红着脸儿说：“想翠莲他们母子了不是？想必展鹏和起鹏也已经可以满街跑了。”陈连升没有言语什么，只把雪珍的手轻轻捏握了一下。

096

正月初八，又是一个风和日丽的日子，陈连升吃了夫人雪珍为他准备的早餐之后，骑马踏上了去福州的路程。一路快马加鞭，未时一刻，陈连升抵达福州，几经打听便很顺利地找到了林家的宅院。

原来林家的宅院并没有陈连升想象的那么豪华气派。从门前街口的一颗古榕树下绕道进去，便到了一座古朴的门庭。陈连升在槽门外拴了马，整了整衣冠，拍了拍官服上的灰尘，抬头朝门庭仰视了一眼之后，迈步走了进去。一个书童打扮的人迎上来问道：“这位军爷，您又是前来催促林大人进京的？”陈连升停住脚步立于院中，掏出岳父大人肖文钲的名帖，递于书童模样的人说：“不是，我是从尤溪县尾溪镇而来，受我岳父肖文钲之托，前来探望林则徐大人的父亲，请你前去通禀一声。”书童模样的人十分恭敬地点了点头，接过名帖快步进了厅堂之中。

不一会儿，一个便装打扮的青年人走了出来。这人个头不高，国字脸，五官端正，天庭饱满，浓眉下两眼炯炯有神。他走到陈连升跟前拱手施礼道：“陈将军远道而来，一路辛苦，快快请到厅堂里落座。”陈连升拱手还礼到：“眼前这位莫非就是林则徐林大人了。果然仪表堂堂，气度不凡！”

青年人淡淡地一笑说：“我是林则徐。还不知陈将军现供职何处？”慢步行进之中，陈连升很慨气地说：“我是湖北施南协守备营千总。春节期间告假前来福建尤溪探亲，受岳父大人肖文钲之托，前来探望令尊大人。当然，下官也是仰慕林大人已久，正想前来拜访！”

林则徐很客气地说：“陈将军不必拘礼，看样子陈将军比我年长，应该是则徐的兄长。”陈连升见到林则徐如此儒雅随和，也就笑着说：“下官今年四十有五，加上常年在外带兵操练征战，面色也就显得格外苍老。”林则徐也是开怀一笑说：“则徐今年三十八岁，只是一介书生。不像陈将军驰骋疆场，一脸英武之气！”说话间，已经步入厅堂落座。

端坐在林家的厅堂里，陈连升头一回品味到了一种大雅的文化气息，古香古色的竹椅竹几泛着明亮的光泽，墙面上龙飞凤舞的笔墨字画流淌着芬芳与妙韵，还有主人骨子里展露出的那一份博雅与斯文，都已经隐隐地震撼了他的心，这些似乎都是他以前从未见过的。陈连升这才明白了岳父大人肖文钲为何建议他来一趟福州林家的良苦用心了。看来这“修身齐家治国平天下”需要武功，可更重要的还是“文治武功”的有机融合啊。

这说起来也真是奇了，林则徐入朝为官时间虽然不长，可见过的官员无数，他却从未有过一种心生敬畏感觉。自从林则徐接了名帖走出门去，第一眼见到陈连升的那一刻开始，便被陈连升那沉稳的举止和他眉宇间那两道冷凌的目光所吸引。让林则徐感觉到这位身穿六品官服的军官，将来必是一个将帅之才。

彼此的欣赏使心灵迅速靠近，接下来的交谈也就更加坦诚了。陈连升大胆讲述了自己对当下官场的看法，对贪腐的深恶痛绝，表明对官员不爱惜百姓，抽丝剥茧十分憎恨。同时他还坦露出了鸦片大量流入，大量种植，侵害国人，让金银大量外流的担忧。他还把自己在施南府如何下狠手铲除鸦片，惩治烟贩，以及实施“宽严安抚”政策，遣散匪子归田归林的做法细细说了一遍。让陈连升没有想到的是：这位林大人竟然听得眉飞色舞，还时不时拍手叫好。

交谈之中，林则徐感慨地说：“世局乱时，必有忠臣良将！与陈将军一席谈，让我林则徐了解到了更多的国情。鸦片之祸，朝廷三令五申，禁令迭出，可越禁输入的量越大，境内抗令种植罂粟者有增无减，究其因无非是官员不作为。像陈将军这样动真格下狠手铲除鸦片毒瘤的官员实在太少了！则徐本次进京，必尽全力奏请朝廷，唤醒有志之士痛斥国殇，否则再过数年之后，中原将无御敌之兵，朝中难凑充饷之银了！”

这声音听起来震聋发聩，但绝非危言耸听。一个人的灾难，一个家庭的灾难，乃至一个民族的灾难，往往都是由某一个不良习惯或者说某一个不经意的细节酿成的。如果说某一种坚持能够成就大业，那么某一种不良习性或是风气的泛滥最终便是灾难的根源。鸦片的不断流入，真金白银的不断外流，已经直接威胁到了国家和民族的安危。而尤为让人担忧的则是，很多官员并没有忧患意识，并没有危机感，甚至还在暗中插手鸦片贸易，从中获取利益。

有一种危机与忧患意识在他们彼此之间传递着，同时又有一种力挽狂澜的斗志从他们各自的心胸里升腾起来。交谈之中，陈连升与林则徐彼此之间都有了一种

“相见恨晚”的感觉。

在茶余饭后的进一步深谈中，林则徐对陈连升坚定地说：“从今往后，我与陈将军便如今日所言，无论奉命到任何处，都要尽职尽责，全力铲除鸦片毒瘤，为中华大地多拓一片净土!”陈连升一听这话，如得上官之令，起立施礼道：“林大人年轻有为，志向远大，胸怀坦荡，令下官敬佩。从今以后，下官便有了为官的准则，当以铲除鸦片毒瘤为己任!”林则徐连忙站立起来，握住陈连升的手说：“陈将军不必多礼！你我志同道合，心灵相通便足矣!”

随后，陈连升在林则徐的引领下，走进林家宅院的东厢房，探望正在休病的长者林天翰，转达了岳父大人肖文钲对故交的牵挂与问候。

林天翰十分惊喜与感动，伸手握住陈连升的手说：“你岳父肖文钲越过关山千重，抵湖北鹤峰州任州同，后任州官，那是值了！得了你这么一个重情重义且耿直干练的好女婿，那便是上苍对他最大的奖赏！记得那年文钲兄从湖北鹤峰州州官的任上回福建尤溪时，还特地在福州城里停留了一晚，专程前来探望于我，还给我带了几斤鹤峰的茶叶和金银花。我俩久别重逢，叙谈半夜，他便与我提起过女儿雪珍已经嫁给了陈连升的事情，还赞不绝口夸你是个少年英雄。今日有幸得见，果然一表人才，一脸英雄之气，真是他文钲兄的福气呀!”

陈连升十分恭敬的对林老说：“岳父大人十分牵挂于您！可他自己年岁已高，想来看望您却心有余而力不足了，这才吩咐我专程前来。不瞒您说，我这一趟也是来的值了！与林则徐大人一席交谈，让我茅塞顿开，受益匪浅啊!”

林天翰老人轻轻地扶开陈连升的手，转过身来对儿子林则徐说：“你吩咐下去，陈将军想必是骑马而来，叫他们取一只皮囊，装些陈年米酒给你文钲伯伯带去，略表心意才是。还要吩咐下人用精料喂饱陈将军的坐骑。”

陈连升连忙推辞着说：“您的盛情我带回去，这米酒还是不带了。我的马也已经多谢您吃饱喝足了。您多保重身体！恕连升不能久留，夫人雪珍特地交代，还要等我回去陪岳父大人吃晚饭哩!”

走在长长的廊道之上，陈连升有些情不自禁。他没有想到，岳父大人肖文钲与福州林家竟有着如此深厚的交情。他从林则徐的言谈举止及表情之中预感到，岳父大人肖文钲与林天翰的这份交情，将自今日开始，在他与林则徐之间延续下去。或许这正是岳父大人肖文钲要他专程骑马走一趟福州城的真正愿望。

立于门外话别时，林则徐突然记起了什么似的对陈连升说：“我预计阳历三月二十三号启程赴京，计划绕道武昌。如果陈将军时间相宜，可以安排妥当之后提前抵达福州，与我一路同行，途中便可以进一步畅谈。”

一听林则徐这话，陈连升睁大眼睛十分感激地说："那感情好！下官正有此意，却不敢言说。既然林大人如此甚情，下官从命便是！"两人话别，陈连升飞身上马，并在门庭之前策马绕行一圈，回过马头面朝门庭，自己注目林则徐久久凝视，行注目之礼。礼毕调转马头扬鞭催马，迎着西弦的阳光，朝尤溪方向奔驰……

正月初八这个日子，对于陈连升来说也可以称之为"人生的吉日"，1793 年（乾隆五十九年葵丑），刚满十六岁的陈连升开始了从军之路。二十九年后的今天，已经四十五岁的陈连升站在了 1822 年的早春，也正是正月初八走单骑前往福州城拜访林则徐，开启了新的人生航程。

骑马奔驰在闽南大地上，陈连升的思绪也在急速狂奔。他在想：少年时可以由着性情随意放飞自己，也可以随着心愿展露自己的喜怒哀乐。可是，人到了一定的年龄，或者说一旦上升到了一定的层次，达到了一定的境界的时候，喜怒哀乐便不再属于自己，而是属于大多数人。而这时让陈连升更加惊奇的是：他的人生之中也总是与姓"林"的人有缘，十三岁出郧阳关放木簰时，他遇到了木材老板林国兴，三十二年后他又结识了林则徐，这是巧合，还是奇缘不得而知。

回到溪尾镇的肖家院子，已是落日黄昏。坐在厅堂里的竹椅上，陈连升对岳父大人肖文钲及夫人肖雪珍细细说了在福州林家的所见所闻，以及长者林天翰所说的那些话语。当肖文钲问起陈连升对林则徐的印象时，陈连升慨叹着说："这个年轻人一表人才，且胸怀宽广，雄才大略，将来必是大清之栋梁！"

肖文钲表情凝重，听了陈连升的话之后感慨地说："能不能成为大清的栋梁还得看他的机遇与造化！眼下朝廷最大的忧患便是鸦片，如果真如林则徐所说，与你在查禁烟贩，铲除鸦片方面下得了狠手，尽早作出业绩来，你等便会进入朝廷的视线，天降大任于斯人也！"听了岳父大人的这一番话，陈连升慨叹道："如果真能这样，我愿追随林则徐左右，成就一番拯救民族危难的事业！"听了陈连升这话，肖文钲点了点头，没再言语什么。

肖雪珍从夫君陈连升的言谈举止之中察觉到了一些微妙的变化，层次与境界的提升往往也能从细节之中展露出来……随后的日子，肖雪珍对夫君陈连升的那一份爱慕与敬重更加浓烈，她甚至强烈的预感到，夫君陈连升戎马半生，而真正辉煌的军旅人生还才刚刚开始。

一天早晨，肖文钲老人找出了自己的拐杖，梳头剃须，换了一身整齐的衣衫，弄得体体面面之后，对刚从后院坪坝里练武回来的女婿陈连升说："我与你娘今日要去溪尾的街口走个亲戚，你与雪珍就在屋里歇着。我们可能要晚些回来，你们吃晚饭的时候莫等起。"陈连升连忙说："要不要雇辆车子送二老前往？"肖文钲摇头摆手说："不必了！我们走几步路，还可以活动一下筋骨，不必费那雇车的周折。"说完这话，肖文钲老人牵着老伴的手，沿廊道慢慢地走去。陈连升把两位老人送到门口，叮嘱他们脚步稳当一些。

肖雪珍忙完厨房里的事情之后来到厅堂里，给夫君陈连升炕了茶叶泡了一杯香茶，然后坐在一旁偏着脑袋欣赏着夫君品茶的样子。突然间，肖雪珍问道："康翠莲还好啵？对长鹏举鹏兄弟俩如何呀？"

陈连升放下茶杯，吞下口中的茶水之后坦诚的说："翠莲这女人倒是还好，通情达理，为人贤淑，不愧是大家闺秀。从近期相处的情形来看，她对长鹏和举鹏兄弟俩也还慈爱。只是长鹏举鹏误解我了，以为是我故意把你撵走之后，再给他们找了二妈。这回，你若不给我把个冤子掰抻，那长鹏倒还纯善一点，可那举鹏还真是个烈犟的娃儿，定不会轻饶了我！"

肖雪珍有些得意地笑着说："哟呵！这世间之事还真是奇了！一个十三岁出清江放木簰就当了簰帮老大，十四岁便执石锁打猛虎的少年英雄，居然又被一个十三岁的儿娃给镇住了！"陈连升望着夫人肖雪珍嘿嘿一笑说："你是在下着套讥讽我哟！这回你可要跟我回去，不然举鹏怪起我来，我还真的拿他没辙。"肖雪珍仍然歪着脑袋笑着说："原来你这么急切的要我回去，并不是需要我照顾你的生活起居，而是让我回去降住举鹏？"

陈连升知道又被夫人的话给套住了，就一脸难堪的表情说："我是一个习武之人，嘴皮子没有读书人那么利索，你还给我挖坑让我跳！"肖雪珍哈哈大笑起来，站起身扑过去抱着夫君陈连升的脖颈说："你仍然还是那样单纯可爱，没有染上那些臭官老爷的恶劣习气。"陈连升冲着夫人肖雪珍脸一沉，假装生气地说："我这人原本就是个直肠子，可没那么多心眼子。尤其不会哄女人开心，你可别逗我！"

肖雪珍见夫君陈连升那天真的模样，咯咯地笑着说："我看你还挺会哄女人开心的，不仅把我哄得团团转，还把个康翠莲也哄得云天雾地。我没走多长的时间，人家就又给你生养了展鹏和起鹏，这不是你哄得好又是什么？"陈连升有些难为情的对夫人肖雪珍说："你不要讥笑我了行啵？"

接下来的一段日子，陈连升与肖雪珍陪伴着年迈的父母，过得十分幸福甜美。可是，越是幸福甜美的日子就越是过得轻快。肖雪珍每天掰起指头盘算，眨眼之间就到了夫君陈连升应该启程去福州，准备与林则徐同行的日子。肖雪珍依依不舍，可她又不能丢下年迈的父母，随夫君前行，只得眼含热泪，送夫君到达溪尾的街口。彼此之间心如明镜，别后重逢的日子定会遥遥无期。

097

1822年3月23日，林则徐奉诏从福州启程进京。陈连升如约随行至武昌，作短暂停留之后，与林则徐告别。陈连升绕道宜都城，沿清江流域回到了施南府。

那段日子，康翠莲也是日日想夜夜思，眼巴巴的盼着夫君陈连升的归期。她每天把展鹏和起鹏兄弟俩梳洗得整整齐齐，收拾得干干净净，生怕孩儿他爹回来时看不顺眼挑出毛病。而长鹏和举鹏与营中的新兵廖百羽告假奔回邬阳关陪爷爷奶奶过年的事，也让康翠莲心里担忧，她生怕夫君陈连升埋怨她管教不严。可那几个孩子大了，她劝不听，也拿他们没有办法，只得给他们三个买足了年货，备足了去来的盘缠之后由他们去了。可眼下时日渐渐暖和，却仍不见几个孩子归来。康翠莲的心里硬像是长了草一样焦急，她怕几个孩子在路途之中出现状况，闯出祸来。

再说这施南协守备营里，都已知道陈将军告假探亲的事情，紧绷的神经也就松弛了下来。训练没有从前卖力，执事的军官也没有从前那么严苛，官兵上下一直都还沉浸在清江流域剿匪获胜的豪情之中，日久生惰，也是懒散得不成样子了。而随着陈连升归期的临近，营中的官兵也几乎慌了神智，像眼前这个样子，陈将军回营之日，定是众官军受训之时。众官兵心知肚明，陈将军手下几时都容不得涣散稀拉之兵。

陈连升回到施南府的那个日子是4月16日，早春的清江岸边已是风拂绿柳，春意快然。那天下午，当康翠莲听到门外急促的马蹄声奔出门去时，只见风尘仆仆的夫君正飞身下马，远远地望见了她，朝她大步走来。康翠莲情不自禁地奔跑着扑了上去，嘴里喊道："连升，你可回来了！"紧接着，展鹏和起鹏跟在娘的身后奔跑着扑过去，左右开弓各自抱住了亲爹的一只腿。陈连升喜上眉梢，一把抱住康翠莲母子三人哈哈大笑说："有趣！两个小子也晓得心疼爹爹了！"

拴了马，卸了行装，进到了屋里。陈连升问康翠莲道："长鹏和举鹏跑到哪儿去了？怎么不出来亲候爹爹？"康翠莲沏了香茶端到厅堂里放在夫君的身边之后有些战战兢兢的说："说起长鹏和举鹏的事，我就得先给您认个错了！过年之前，长鹏和举鹏心中不安，说他们的爷爷奶奶在邬阳关的陈家棚定会思念亲人。他俩便与新兵廖百羽合计，硬要回邬阳关去陪爷爷奶奶过年。加上那个廖百羽，哭诉着说他的爹爹廖大锤刚刚过世不久，就留下一个哑巴娘在家孤苦伶仃的，也是执意告假回家陪娘过年。在这种情况下，我便给他们三个准备了年货，备足了盘缠，准许他们三个回邬阳关去了。这件事在我心里一直不踏实，您没交代过我，而我却准了，您责罚我吧！我是一个心软之人，您可千万不要怪罪孩子了！"

陈连升的表情由凝重变得温和，心胸里流淌着一种温暖。他望着体态丰韵的康翠莲深情地说：“你做得很对！说明这三个小子也有良心，这是幸事！孩子长大了，懂得了忠孝，这对于我来说就是最大的安慰！”

康翠莲听了夫君陈连升这话，顿时喜上眉梢，心中的石头也就落地了，一脸柔情地说道：“这么说，您是不会怪罪我了？”陈连升一把拉过康翠莲坐在自己的腿上说：“你这才是贤妻良母的表现，也是对我最大的安慰！相信展鹏和举鹏在你的精心培育之下，也会懂得忠孝的！”康翠莲心里舒坦，感到了一种亲情与温暖。此时此刻，康翠莲已经隐隐地感觉到，这一趟出去，夫君陈连升的性情有了微妙的变化。

要在往常，康翠莲让长鹏举鹏与廖百羽一道回邬阳关过年的事，夫君陈连升至少也会埋怨数落她几句，而这回他是一把拉过康翠莲坐在了自己的腿上，表示出的是友善和爱恋，这让康翠莲有了一种受宠若惊的感觉。陈连升伸手捏了捏她身上的肉巴子，深吸了一气她身上那一股清纯的奶香，然后很平静地说：“翠莲哪！以后四个儿子的生活起居就全靠你了，你的雪珍姐姐一时半会儿是回不到我们身边了，她的父母年岁已高，而她又是两位老人的独生女儿，她怎能丢下两位老人不管呢？这回到福建尤溪探亲，我才真正理解了她当初的良苦用心。你雪珍姐姐要你跟着我，她是真心实意的，她是认准了你的贤良与通达才最终作出了这样的决定。等长鹏和举鹏回来之后，我把雪珍给他们的亲笔书信交于他们，解除了我与孩子之间的疑虑和误解之后，我们便没有任何心理负担了，我们善待四个儿子，让他们长大成人之后也为国家效力，我们也才对得起雪珍的一番苦心！”

康翠莲越听越感动，她没想到一个敢于出生入死的英雄人物，也会有着这样丰富的情感，也能给予一个痴情的春妇精神的抚慰。康翠莲依偎在夫君的胸前动情地说：“只要夫君能给翠莲信赖与温暖，翠莲这辈子也就值了。夫君以后尽管为国尽忠，敬孝之事就由我翠莲尽心了。看得出，长鹏和举鹏迟早也都是军中之人，等展鹏和起鹏长大之后，也尽量让他们跟随您左右，做一个有血性有良知的军人！”

陈连升听了康翠莲的一席话，也十分感动，他很感慨地说：“这回出去，我不仅开阔了眼界，而且头一回感到了自己的渺小。祖国的山河宽广而壮美，作为军人，我们的职责就是保卫这片壮美而宽广的山河。眼目下民族的危难在于鸦片，而查禁鸦片就会触及到许多人的利益，是一场捍卫民族尊严的斗争。我将以英雄为镜，立志精忠报国。从今天起，家中的冷暖，儿子的成长，就都全部托付于你了！翠莲，长鹏与举鹏你当视为己出，平等相待，这也是肖雪珍对你的重托，你明白吗？”

康翠莲深情地说：“我明白，夫君不用多说了，从今往后，我一定担起这个家，不让夫君分心！”

正说话间，忽听屋外有脚步声传来，在门口不远处，马见生人嘶鸣了一声，接着就听有人问正在屋外玩耍的展鹏道：“看这军马的模样，想必是你爹爹回来了啵?”陈展鹏扬起脸来答道：“是我爹爹回来了，你想给他派差事么?”那人答道：“你爹是将军，谁敢给他派差事?”

这是张青麟的声音，康翠莲站起身来进了厨房，陈连升顺手端起茶杯喝了一口。只听张青麟站在门口大声报告道：“报告陈将军！我可以进来吗?”陈连升放下茶杯回答道：“进来吧!”张青麟进到屋里，施了军礼之后说道：“将军远程归来，一路辛苦！请问将军有何吩咐?”陈连升平静地对张青麟说：“没有别的吩咐，但有两件事需要告知于你：第一，我的假期还剩三天，不要让任何人知道我已经回到施南府。第二，军中执事操持依旧，你把门外的那匹马骑到营里好生饲养，这是广东连阳营葛云飞将军的坐驾，是匹好马，切莫喂瘦了它。你听清楚了吗?”张青麟答道：“请将军放心，青麟一定按照将军的吩咐行事，绝无差错!”陈连升仍然平静地说：“那好！你去吧!”张青麟退出屋门，骑马回营里去了。

在吃晚饭的时候，陈连升望着展鹏和起鹏机灵捣蛋的模样，脸面上露出了欣喜之色。他转过脸来对康翠莲说：“明日我们四爷子一起去一趟他们的外公家，算是我去给岳父母拜年，顺便请展鹏、起鹏的外公给两个外孙联系个好些的先生，也该读书识字了。”康翠莲含情脉脉地说：“也是哩！女婿的官当得再大，也是应该亲候一下岳父大人的。记得过年的时候，我与展鹏起鹏三娘母回去吃团年饭的时候，当我提起您已经前往福建尤溪探亲的事情时，我爹的脸面之上明显地露出了不悦之色，还重重地叹了一声长气哩。”陈连升笑着逗康翠莲说：“你爹也是哩，你都没吃醋，他倒叹起长气来了。”康翠莲的脸面上淡淡地红了一下，没再言语什么。

突然，陈连升的眉头一皱，想起了什么大事似地对康翠莲说：“岳父大人的生意做得那么宽广，暗地里没有捣弄鸦片啵？如果有，你可得如实告知于我!”康翠莲听了这话，表情十分平静，没有丝毫紧张的神情，这让陈连升放心了许多。接着康翠莲平静地说：“请您放心吧！自我爷爷手里，我们康家的生意主要经营茶麻和粮米。自我爹爹接管康家的生意之后，涉足过食盐，带人闯过盐大路。但从他的言谈之中可以看出，我爹对鸦片也是深恶痛绝，常常谩骂那些暗地贩烟的恶人!”

陈连升点点头说：“这我就放心了！我这次绕道宜都城不为别的，一是想看望一下那些故交；二是就此行侦查一下清江流域鸦片走私的渠道，掌握一些有价值的信息。”康翠莲淡淡地说：“翠莲在娘家的时候，从不关心爹爹生意上的事情；自从嫁给您之后，我也从不过问官场之中的事情，照顾您和孩子们的生活起居是我的本分，也是我生活的全部!”陈连升望着康翠莲那俊美的脸蛋儿说：“你不仅贤淑，而且机敏。好了，不说这些了！只怪我从福州回来的路上，满脑子都是如何查禁鸦片的事，也是过于敏感了！”康翠莲一脸认真的说：“这也难怪，职业所致，在什么言什么嘛！”

饭快吃到一半的时候，展鹏把筷子搁在碗口上，然后站在那里望着爹爹说：“我有一种预感！”陈连升瞪圆眼睛，一脸惊愕的神情，忙问儿子展鹏道：“你还是一个岁不满十的儿娃，竟然有一种预感？快说给我与你娘听听？”陈展鹏口齿清晰，站在那儿大声说：“我预感到长鹏哥哥和举鹏哥哥，明日也该回来了！”一听展鹏这话，康翠莲笑出声来：“瞧你那作派！还预感哩！”陈连升很是开心，把目光转到洒了很多饭粒在桌面上的起鹏问道：“你可有什么预感？”

陈起鹏放下筷子，立在那里对爹爹大声说：“我预感到，举鹏哥哥回来后又要陪爹爹喝酒！”一听这话，陈连升哈哈大笑说：“哈咯咋！你俩小子机灵，将来读书肯定在行！”陈连升转过身来对康翠莲说：“得赶快给俩小子找个好先生授课，这机灵劲儿绝对都是读书的料！”康翠莲听了夫君陈连升夸赞儿子的话语之后，流露出一脸幸福的喜色。她站起身来，把展鹏和起鹏扶到座位上说：“快把饭吃饱了洗澡去，明天穿新衣去给外公外婆拜年。顺便就按爹爹的吩咐，找先生去求学吧！”听了娘的话，展鹏和起鹏又开始狼吞虎咽吃起饭来。陈连升十分开心，对康翠莲投去了深情的目光。

第二天上午，陈连升带着康翠莲娘儿母子去了挂榜岩康家。康镇江喜出望外，笑呵呵地迎到了大门口，他拉着展鹏和起鹏的手说：“外公现在是离不得你们了，三天不见到你们两个外孙娃子，就好比六神无主了！”陈连升满脸喜色，很恭敬地对岳父大人康镇江说：“这两个娃娃倒是聪明，该是读书习字的时候了，还要外公多费些心思才行！”康镇江拉着两个外孙的手，望着陈连升说：“这事就包在我身上了，先生我请，学费我出，你和翠莲就不用操心他们了！”

康翠莲紧挨在陈连升的身边，满脸红光地进了娘家的门，一个丫环模样的女子迎上来对康翠莲说：“小姐这次回娘家可不同往常，有陈将军亲自陪同，难怪也让老爷喜得合不拢嘴了。”康翠莲对那女子说：“快去吩咐伙房，备上最好的酒菜，午时开餐的时候，将军和老爷可要开怀畅饮了。”听了这话，陈连升驻足望着康翠莲说：“这事不由你吩咐吧，哪有回娘家的人吩咐娘家弄好吃的招待自个儿的？”康翠莲一脸红润，喜笑颜开，十分自信的说：“您就放心吧！尽管我是娘家嫁出门的女儿，泼出去的水，但挂榜岩康家的事我仍然可以说了算。”陈连升伸手搂了搂康翠莲的腰肢说：“这么说，展鹏和起鹏入学的银子真的不用愁了哟！”康翠莲望了夫君陈连升一眼，仍然一脸自信地说：“您也太小瞧挂榜岩康家了吧，别说是展鹏和起鹏入学的银子，就是在这城里建一座书院也难不倒我爹。”一听这话，陈连升心里一怔，既然这样，康大老板就应该做这么一件善事。陈连升望着康翠莲点点头说：“你算是提醒我了。”康翠莲一下子明白夫君的意思了，抿嘴一笑说：“我明白您要做什么了，我一句海话弄不好就害的我爹要支出大把的银子。”陈连升笑着说：“钱财乃身外之物，若能出资建一座书院，让城里的孩子都能入学读书，那可是光宗耀祖的大事，这样的荣耀不是谁都能够拥有的！”

一路说着话就到了厅堂里，康翠莲的母亲也是喜得合不拢嘴，见陈连升陪着康翠莲进到屋里，连忙张罗着烟茶伺候，倒是康镇江早与展鹏和起鹏一路到庭院转悠去了。

午宴的酒席之中，陈连升被请到了正堂的上席。康镇江取出了陈年的腊酒，摆上银杯银壶，翁婿二人开怀畅饮，酒过三巡之后，陈连升见火候已到，便说：“岳父大人果真是一位有胸怀的高人，在施南府的辖区之内也是有名望的大亨，我听翠莲说，您要出资在城里建一座书院，让更多的孩子入学读书，我真是被您的善举所感动，在此我要站起身来敬您一杯。”康镇江从未讲过要在城里建书院的事，那得花去多少银子呀！既然这位官居将军的女婿开了这个口，想必也是女儿翠莲为孩子读书的事许下了愿心，也就顺着女婿陈连升的话说：“我很早以前就有在城中建一座书院的想法，只是怕自家的财力不够，还想邀约几个相与，共同谋划，所以目前就还只是停留在设想之中。”陈连升站正身子，伸出双手端起酒杯，然后面对康镇江深鞠一躬之后，喝了杯中的酒，然后对康镇江说：“这可是一件功德无量的大事，望您老人家早些付诸行动。”康镇江用异样的目光望了女儿康翠莲一眼之后说：“既然翠莲都对你说了，我就尽快选择场地，修建书院便是。”

康翠莲读懂了爹爹那异样的目光，分明是在说：“你带连升回娘家拜年是假，打爹口袋里银子的主意是真，建立书院要多少银子呀？”康翠莲红着脸儿说：“爹爹也不必心急，您先把展鹏和起鹏入学读书的事办妥就行，至于建书院的事还是从长计议为好。”哪知康镇江喝了几杯腊酒之后，那性情也是奔放了，冲着女儿翠莲大声说：“那可不行哩！你夫君是谁呀？施南协守备营的千总将军！那说出来的话就是板上钉钉，爹爹岂敢怠慢？”陈连升见岳父已经有了几分醉意，正在豪言壮语，就在那里淡淡地笑着说：“您老还是听翠莲的建议为好，这事从长计议。”

从挂榜岩回家的时候，展鹏和起鹏被外公康镇江留了下来，看到两个儿子与外公的亲密劲儿，陈连升的心里舒坦，冲着展鹏和起鹏大声说：“听外公的话，规矩些！”两个儿子并没有理会爹爹的话，在庭院里追赶嬉闹着跑远了。

回到家中，康翠莲给夫君陈连升泡了一杯香茶放在了厅堂里的桌上，然后深情地说："您先歇息半晌，我得准备晚饭，等长鹏和举鹏他们到了，您还得陪他们喝酒。"陈连升望着康翠莲温和地说："你也相信展鹏的预感？"康翠莲点点头说："相信，因为我也是这样预感的。"

陈连升坐在竹椅上端起茶杯品尝起来，沉浸在小家的温馨与幸福之中。

098

就是那天下午，陈长鹏和陈举鹏在新兵廖百羽的陪同之下，历时四天走施鹤遥，过分水河爬三岔从七里坪进入施南府的城中。回到家的时候，已是落日西弦。

看到长鹏和举鹏那拖得十分疲惫的模样，作为父亲的陈连升非常心痛，连忙取来脚盆打了温水要两个儿子泡脚。接着他找出铁壶烧了热水要长鹏和举鹏泡澡，待两个儿子换了新装，一切停当之后，康翠莲把准备好的丰盛晚餐也端在了桌上。

这时，陈连升问大儿子长鹏道："廖百羽怎么没有与你们俩一同过来？"陈长鹏很认真地对爹爹说："廖百羽已经回营里去了。由于过年之后，他的哑巴娘病倒了，眼看着假期已尽，他却又不忍心扔下病中的哑巴娘，就在屋里多待了一些时日，这假也就超了十几天。他决意回营中接受责罚去了，所以没随我们一起过来。"

陈连升被廖百羽的行为感动了，就对长鹏说："你速去营里一趟，把廖百羽叫到家里来，不能让他受了责罚。"陈长鹏一听爹爹这话心里很是高兴，连忙出门到营里去了。其实陈长鹏是个心地善良的人，他原本就想把廖百羽叫到家里来，让他吃了晚饭再回营里去，可又怕二妈责怪，也就由他廖百羽去了。这下爹爹要他去叫廖百羽过来，正合他的心意，料想二妈也不会怪罪他了。

长鹏出门去营里之后，陈连升问举鹏道："你爷爷奶奶身体可好？你叔年学还孝顺爷爷奶奶不？"陈举鹏非常认真地回答说："爷爷奶奶的身体很好，过年之前，爷爷还带枪进山打了一头山羊，还给您留了两个腰条的山羊肉，我们这就给您带回城里了。奶奶的身子骨也还硬朗，过年期间仍然是她老人家掌勺煮饭蒸菜。见我和哥哥回去，爷爷奶奶都感动得流下泪来。不过奶奶始终还是惦记着我娘，常在嘴里念叨着我娘的名字……叔叔年学这人纯良，在爷爷奶奶面前很孝顺，只是婶婶做事拖沓，常被奶奶教训，有时候也还使回鼻子气。"

陈连升听了家中的这些情形之后，也就放心了。他点点头说："牙齿和舌头也时有磕碰，天天在一起，难免有个饭不熟气不匀的时候，日子久了也就好了，由他们去吧！"

沉默了一下之后，陈举鹏突然转了话题问爹爹道："您这回去福建尤溪，不是说要接我娘回来吗？为何不见我娘的身影？”陈连升轻轻地叹了一声长气之后对儿子举鹏说：“你外公外婆年岁已高，体弱多病，你娘一时半会儿怕是回不来了！不过，她给你和长鹏写了一封家书，讲明了原由。等你外公外婆的身体好些了，你娘才能抽身回家照顾你们兄弟俩。你娘托我转告你们，叫你们兄弟俩要听二妈的话，说你二妈是你娘亲自选定的，是个贤淑的人，你等必须敬重于她！”可让陈连升没有想到的是，听了他讲的这番话之后，陈举鹏目光冷凌。一提起娘的事，他便端着一副姿态，针对爹爹的话语，只是冷冷地说了两个字：“是吗？”

陈连升倒是心知肚明，当他言说其他话语的时候，儿子举鹏都会深信不疑，唯独提起他娘肖雪珍，他便显露出这种冷凌的姿态。因为在陈举鹏的心目之中始终有一个疙瘩没有解开。陈连升面对儿子的冷凌感到十分无奈，站起身在行李袋中找出夫人肖雪珍写的家书递给举鹏说：“你先仔细读一读。因为这封家书或许能够消除我们父子之间的隔阂，弥合我们父子之间的情感。”让陈连升万万没有想到的是，陈举鹏很平静地接过那封家书，却并没有立刻打开，而是在那里冷冷地对爹爹说：“但愿吧！”听到举鹏这话，陈连升的心里十分气恼，但未动声色，他相信夫人雪珍在信中会给两个儿子交待明白的。

正在这时，陈长鹏领着廖百羽进屋来了。廖百羽见到陈连升那威严的模样，连忙行了军中大礼，然后立在那里准备聆听陈将军的教诲。陈连升望着廖百羽那健壮的身子，端正的五官，脑海里闪现出了师傅廖德贵和其父廖大锤的影子，在那里平静地说：“这是在家里，你就不必拘礼了。你与长鹏举鹏一路辛苦，家中的情形已听长鹏述说，你且不必紧张，尽管开心入列，其余的事我会替你打理。只是以后不得违抗军令，随心所欲！”廖百羽的脸面上顿时露出了惊喜之色，再次向陈连升施礼道：“谢将军护佑，百羽万分感激！”

到了康翠莲走到客厅催夫君他们三父子及同乡廖百羽入席的时刻，陈连升向儿子陈举鹏道：“新年之后，我们父子团圆，当是无酒不成席。你看百羽也到场了，我们是用杯子喝酒，还是用碗喝酒？”谁知陈举鹏竟然是一脸叛逆的表情，他对爹爹说：“当然是用碗喝酒哪！我常听爹爹说在清江簰帮的时候，每逢酒席便是上桌三碗，喝出的那是土家儿男的天地豪情，我们这些晚辈岂能示弱？”陈连升望了儿子举鹏一眼，没再说什么，只对康翠莲轻声说：“用碗斟酒吧！看来我这儿子虽有我当年的气概，却没有我当年的稳沉啊！不让他吃点苦头，他恐怕走出门去就找不到东南西北了！”康翠莲理解夫君与儿子执拗的难处，站在夫君的身旁轻柔地说：“儿子尚小，且心中对您有积怨，不必过余计较！总有一天他会长大，他会敬重爹爹的！”陈连升一边拿酒坛斟酒，一边感慨地说：“但愿如此吧！”

席间，陈举鹏首先端起酒碗，邀了哥哥陈长鹏和廖百羽，一起给父亲陈连升敬了第一碗酒。接着又斟满了四只酒碗，陈举鹏端起酒碗对父亲陈连升说："爹爹在上，孩儿早就听说您儿时崇拜的英雄是那精忠报国的岳飞。可孩儿的理想没有您的远大，孩儿心中崇拜的英雄就是爹爹。孩儿不才！有您当年的雄心壮志，却没有您当年的本事！在这里我单独敬爹爹一碗酒，是顺便有一句话想对爹爹说。"

陈连升抬起手来说："举鹏啊，酒不能喝得太急。你还是先放下酒碗，快把想对爹爹说的话说了吧。说了之后，爹如果觉得儿子举鹏说的话在理，爹爹自然会接受儿子所敬的酒。"

陈举鹏把端起的酒碗放在桌上，凝视了爹爹片刻之后说："您现在就把我和哥哥送进营里当兵吧！古话有云：打架亲兄弟，上阵父子兵。若有一天，爹爹能够统领千军万马时，我与哥哥长鹏也愿成为您的手下之将！"一听陈举鹏说出这话，倒让陈连升吃了一惊。但他心中欣喜，连忙问儿子举鹏道："你说的可是真心话！"

陈举鹏从桌前站起身来，语气坚定地说："我和哥哥长鹏这回从邬阳关出发，与廖百羽同行，走施鹤遥历时四天步行回到施南府，并不是回家来吃您和二妈的闲饭来了。我们愿意练功习武，到营中摸爬滚打。此生即使不能成为英雄，也要成为豪杰！"陈连升被儿子陈举鹏的这番话感动了，他端起酒碗对举鹏说："这件事爹爹准了！爹爹先喝了这碗酒，就算是给你与长鹏壮行吧！"陈长鹏一听这话，连忙端起酒碗慨气地说："长鹏谢谢爹爹了！"

陈连升深情地望了长鹏一眼，然后端起酒碗，一饮而尽，那豪情仍然不减当年。

这时，已经陪长鹏和举鹏敬了将军一碗酒的廖百羽耳脸鲜红，见到陈连升那沉稳大度的气势，心生万般敬畏，却不敢言语什么。陈连升望着廖百羽那单纯憨厚的模样问道："百羽在营中可好？"廖百羽连忙答道："很好！我愿追随将军左右，马首是瞻！"一听廖百羽这话，陈连升眉宇舒展，开了笑脸说："哟嗬，没想到你廖百羽还略有文采，语言简练，看样子你是入过学堂？"廖百羽坐得端正，望着陈连升回话说："我与长鹏举鹏都在您伯父陈万魁的私学里混了三四年，识得几个狗脚迹。说起读书，长鹏和举鹏都比我强些。"陈连升点点头说："我早就听说了，长鹏举鹏读书比我当年也强多了哟。"

廖百羽趁着酒兴，胆子也就大了许多，口气大大地说："咱邬阳关的人都知道，陈连升虽然不爱读书，可在武林之中却是一个奇迹！"陈长鹏听了廖百羽这话，瞪了他一眼说："你是酒逮多了吧？怎就敢直呼我爹爹的名字了？"廖百羽立刻清醒过来，红着脸望着陈连升说："将军可别怪罪百羽啊！邬阳关的人都亲切地叫您连升，我从小就听我爹廖大锤一天到晚念叨着连升，这几碗酒一下肚，竟然忘记自己姓什么了，直呼了将军的名字，您责罚我吧！”

陈连升坦然一笑说：“百羽啊！我还真没有你们想像的那么小气，男人的名号就是让人叫唤的。一个男人的名号如果能让家乡的人时刻都能挂在嘴上，记在心里，那是荣耀！你们三个小娃子都给我听好了！只有让邬阳关的人都记住了你们的名字，你们这辈子才算是做了一回顶天立地的男人！”

陈长鹏和陈举鹏兄弟俩记住了爹爹的这句话，并暗自下了决心，仰视着父亲的豁达与威严。而这时，陈连升却转换了口气，亲切地问廖百羽道：“过年前后，你可曾前去给你的爷爷、你的爹爹扫过墓并送亮烧香?”廖百羽认真地回答说：“去过了！爹爹在世的时候，连年都领我去的。爹爹走后，我只能独自一人去了！”陈连升点点头说：“这就对了！百善孝为先嘛！”说完这话，陈连升转过脸来望着两个儿子，却没再言语什么。陈举鹏倒是机灵，立刻明白了爹爹的心思，连忙说道：“过年的时候，我们每回都按爷爷的吩咐，去给太爷爷太奶奶和大太爷爷扫了墓，送亮烧香，叩拜先祖。”陈连升一听这话，心里十分高兴，面带悦色点了点头说：“你们做得很好！这是前传后教，不得遗忘！”

康翠莲在一旁观察着夫君与三个晚辈的表情变化，心想各自已经饮了两碗，应该换盏进食了。哪知夫君陈连升却对三个晚辈说：“男人的梦想就是骑马奔驰，男人的情感却渗透在酒中。眼下这酒再怎么个喝法，就看你们三个晚辈的了！”

陈长鹏站起身来把各自碗里的酒斟满了，他红着脸儿对爹爹说：“我们也是很多年没与爹爹一起过年，今天就算是与爹爹一起过年了。在这家宴之上，我们再一起敬爹爹一碗酒。等明日，我与举鹏去了清军的大营，那就是将军与士兵的关系了，恐怕再给您敬酒的机会也就少了。不知爹爹能否接受?”陈连升豪情满怀地端起酒碗慨气地说：“长鹏言之有理！自明日早操开始，你与举鹏就该身穿军服入列，就将生活在军营之中。来，我们一起喝了这碗酒，也祝你们三个早日成为真正的男人，真正的军人！”

餐桌上的气氛顿时热烈起来，陈长鹏、陈举鹏、廖百羽同时站起身来，将酒碗举过额前，然后端酒碗于胸前，注目所敬之人后，一饮而尽。陈连升注意到了康翠莲的表情变化，红润之中透着惊喜之色，展露着心灵的震撼。就在三个晚辈一脸豪情时，陈连升沉稳地端起酒碗，一饮而尽。

酒喝到兴头处，康翠莲给火锅里添加了菜肴之后，端正地坐在夫君陈连升的身旁说：“今天是家宴，我能说句话么?”陈连升抬手一伸，望着康翠莲平和地说：“你有话尽管说呀！这都是自家的儿娃，你是长辈，尽管说吧！”

康翠莲脸色红润，望着长鹏和举鹏说道：“长鹏和举鹏是我们陈家的希望，现在子承父业走上了从军之路，共同为国家效力，这是荣耀之事啊！以后有什么难事尽管给我讲，你们父子从军，我就是你们的后盾。等展鹏和起鹏也长大了，我们陈家军就成了一帅四将的格局，该多气派啊！”一听康翠莲这话，陈连升十分高兴，他笑着大声说：“这正是我所期待的，以后只要四兄弟精诚团结，加上还有廖百羽相助，我的手下可就是五员大将！”

在一旁沉默良久的陈举鹏站起身来，面向爹爹陈连升和二妈康翠莲深鞠一躬之后，借着酒兴敞开胸怀感慨万千地说：“孩儿在这儿有礼了！举鹏性情烈犟，过余傲气，心中因有误解而生积怨，说话做事多有冲撞，请您们海涵！同时，也请您们放心，今天喝了这顿酒，举鹏就算过了童关长大成人了，就跟当年太爷爷在陈家棚备酒，送十三岁的爹爹出清江放簰一般。我一定在营中苦练本领，成为一个精兵，跟随爹爹报效国家！”

康翠莲见状喜上眉梢，在那里深情地说：“看来举鹏是真的懂得事理了！以后照顾你们父子五人就是我的职责，只要我们一家子和和睦睦，亲情融融，我们这个家就一定能够更加兴旺起来！”康翠莲的话说到这里，眼中竟然闪出了激动的泪光。陈举鹏见状就又情不自禁地深鞠了一躬。

陈长鹏见状，也拉着廖百羽站起身来说：“举鹏所言极是，从今往后，我们一家子就要尊长爱幼，和和气气，把陈家的优良家风传承下去。请二位长者，也受我们一拜！”陈长鹏说话间，与廖百羽同时深鞠一躬。

陈连升见到席间的场面，心中大喜，这正是他费尽周折想要达到的效果。他开怀大笑说：“这顿酒喝得值！我们陈家屋里真是该兴啊！”

099

康翠莲是个心底亮堂且情感细腻的女人，昨晚夫君陈连升在与长鹏和举鹏两个儿子喝酒时，端起酒碗为兄弟二人壮行的那个动作，已经映在了她的脑海里。她已经隐隐地感觉到，夫君陈连升在为两个儿子壮行时，也似乎是在为自己壮行，言谈举止间正释放着一种不可抑制的力量。

那是一个春天的早晨，也是一个阳光灿烂的早晨，陈连升穿着一身崭新的官服，满面红光，步伐矫健，领着陈长鹏和陈举鹏两个儿子，朝施南协守备营里走去。他挺着胸，抬起头，两眼之中透着坚毅而又自信的目光。

等陈连升在守备营的门庭前一露面，传令兵刘明辉便情不自禁地喊道：“陈将军回营了！陈将军回营了啊！”听见刘明辉的喊声，大营里沸腾起来，接连有人在喊："陈将军回营了！陈将军回营了啊！"顷刻之间，大营里就像是得到了紧急集合的号令，官兵们也是情不自禁地朝大营门口奔去，簇拥着围在了陈连升三父子的周围。

陈连升面带笑颜，在营门内站定之后，望着簇拥而来的部将抬手一挥说道："感谢诸位的牵挂！多日不见众部将，我也是心怀思念！"

值日军官李松涛跑步来到陈连升面前立定行礼，然后大声报告道："报告陈将军！营里的官兵齐装满员，恭迎将军回营！何时操课，请陈将军号令！"

陈连升收住笑颜，扫了一眼众官兵之后对值日军官李松涛命令道："传令下去！各营成建制巳时三刻校场集合，本千总有话要训！"李松涛得令还礼，转身大声对挤在营门口的官兵传令道："都回去准备吧，巳时三刻校场集合！"众官兵得令而散。李松涛复又走到陈连升的身边问道："您把长鹏和举鹏带到营里是何打算？"陈连升停下脚步对李松涛说："陈长鹏、陈举鹏从即刻起正式入列从军。你到后勤主管那里批条，给他们兄弟俩领取被服装备，分配到前卫营里，令其刻苦操练，除新兵应操课程之外，加练骑射，不得懈怠！"李松涛立刻明白陈千总的良苦用心了，得令欣然而去。陈长鹏和陈举鹏兄弟俩随爹爹进了营帐之内，觉得很不自在，便懒散地坐在了条椅之上。

陈连升转过脸来，望着陈长鹏、陈举鹏大声吼道："谁叫你们坐下了！这里是守备营的营帐，不是家中的厅堂。从即刻起，你们就给我听好了，进入营帐便不念父子，只有官兵，你们自当严于律己！"陈长鹏和陈举鹏连忙从条椅上站了起来，立在那里，挺胸抬头，不敢动弹。他们头一回感受到了一个将军的威严。

不一会儿，李松涛叫后勤主管给陈长鹏、陈举鹏领了被服出来，这才打破了营帐中的僵局，把他俩领到前卫营去了。陈连升望着两个儿子的背影，脑海里立刻闪现出了在鹤峰州的时候，把总张旺对他的训斥，于是长舒了一口气息。接着，陈连升大声叫道："刘明辉！给我把伍通标叫来！"刘明辉立在门外，得令而去。

伍通标声音洪亮，立在营帐门外大声报告道："报告陈将军！前卫营伍通标到！"陈连升抬头望了门外一眼，也是大声回答说："进来回话！"伍通标是一个训练有素的军人，进入营帐之中，在陈连升面前行了军礼，然后挺胸收腹，立正在那里回答道："我带前卫营精兵十名，按将军年前面令，对施南府城内的烟馆、烟客进行了全面侦察摸底。城中共有烟馆一百七十二家，吸食鸦片的人数高达三千一百五十九人。鸦片烟土的入境渠道多为清江流域，也有本土种植罂粟制成鸦片吸食的。"陈连升抬起头来一脸凝重，射出两道冷凌的目光盯着伍通标追问道："本土种植罂粟后制成鸦片吸食的具体在什么地方？何人如此胆大包天？"伍通标连忙抬起头来答道："经仔细巡查，主要是恩施县的三岔、太阳河；建城县的景阳、花坪；巴东的清太坪、泗井水；利川的团堡、柏扬等地。多为产地割浆之后送入城中煎制成鸦片，然后销售吸食。"

陈连升再次用两道冷凌的目光望了伍通标一眼之后追问道："回答我！都是何人牵头所为？"伍通标这才说道："种烟人多与城中的烟馆老板勾结，形成利益链条。而城中有一百七十二家烟馆，也就有一百七十二个老板。属下疏忽，还只摸清了烟馆的方位地址，没有弄清各烟馆的老板姓甚名谁！"陈连升声色严厉地吼道："再去侦察！限你三日之内查清一百七十二个老板姓甚名谁，夜栖何处！"伍通标再度行礼领命，后退三步欲转身前去行动时，陈连升望着伍通标的背影吼道："以后办事多动动脑子，多留心眼，懂吗？"伍通标停住脚步，大声说道："谢将军教诲！通标谨记！"

伍通标出了营帐不久，张青麟便进了营帐。陈连升望着张青麟有些紧张的神色问道："几天不见你的人影，是何缘故？"张青麟走近陈连升的身边低声密报道："近几日我常去施南府，总觉得知府大人佟景文哪儿不对。今日一见我倒是全明白了。去年在新塘查禁烟土之时，将军不是还抓有一个名叫刘锡武的头目关押在知府的大牢里吗？"陈连升点点头说："怎么啦？刘锡武依律当斩，可我不想随便杀人，先关押在牢里再说！"张青麟神色有些紧张地说："佟知府一定是收了人家大笔的银子，听说将军您已经回营，便于刚才把刘锡武放了出来，已经往七里坪方向去了。"

陈连升拍案而起，嘴里厉声喝道："有这等事？他这不是放虎归山吗？"张青麟解释说："我就知道这事将军并不知情，所以弄清状况之后，特地回营报于将军。"陈连升点点头说："你做得正确！凡是涉及毒品鸦片的人犯，皆不能轻易释放！你先下去，待巳时在校场集合时，我挑精兵将人犯追回！"

张青麟仍未离开，在一旁念叨道："可是……"陈连升连忙追问："可是什么？"张青麟答道："刘锡武的武功了得！将军若不亲自前去捉拿，谁能将他擒来？"陈连升沉默了一下之后轻声说："刘锡武已被关押半年，牢中无法练功，加上他手中的铁链铁爪已被缴获，单就一个刘锡武应该可以拿下！"张青麟觉得陈将军言之有理，也就长舒了一口气息，然后出了营帐。陈连升十分气恼，一拳打在案桌上，心里骂道："官员贪腐，亦是大清之祸矣！"

巳时三刻，施南协守备营里响起了集结的号令，各营官兵整装出发，迅速往清江岸边的校场集结。陈连升在营门外上马，直奔校场而去。

值日军官李松涛将队伍集结完毕，并下达口令调整好队形，然后前来恭请千总陈连升训示。陈连升大步走到集结的队伍前方，立于正中，大声下达口令道："立正，稍息!”

队列之中响起整齐划一的声音。陈连升面色沉稳，用两道冷凌的目光扫视一眼列队的官兵之后，大声训示道：“古话说：养兵千日，用兵一时。我们拿着朝廷的军饷，吃着朝廷的军粮，我们的职责便是忠于朝廷，报效国家！眼下，朝廷最大的忧患便是泛滥市井、侵蚀乡村的毒品鸦片。如不迅速扼制，数年之后，华夏便无御敌之兵，朝廷便无充饷之银！在国家和民族的危难之机，身为军人理当挺身而出！忠于职守，尽一个军人的职责!”陈连升停顿了一下，左右走动了几步，然后立定，继续说道：“我们的职责是什么？我们的职责就是要让施南府所辖之地成为一片净土，让我们的民众不受鸦片侵害之苦，让鸦片烟贩没有生存的空间！自即日起，本千总将敢为人先，痛下狠手，铲除鸦片之祸！凡愿意跟随与我同心协力，为国效忠者，我将视其为血肉同胞，肝胆相照。把我们的队伍打造成精锐之师!”陈连升再次停顿了一下，用两道威严冷凌的目光扫视一眼之后，大声吼道：“大家愿意与我同心协力吗?”

队伍中齐声吼道：“将军威武！将军威武！我等愿意追随将军，报效国家!”

陈连升很久没有听过这样的声音了，作为一个带兵的将军，一旦离开了自己的兵，也就好比鱼儿离开了水，瓜儿离开了秧。这样的声音是他听到的最美妙的声音，他的心里有了底气，他的脸上更加自信。有一种特殊的情感在他们彼此间传递着交融着。陈连升挺起胸膛，大声对全体官兵说：“从即日起，扬起我们手中的利剑，割去鸦片这块毒瘤，守住我们脚下的这片净土！请将士们苦练本领，时刻准备战斗!”

队伍中再次齐声吼道：“将军威武！将军威武!”

等队伍中平静下来之后，陈连升命令道：“前卫营伍通标听令!”伍通标出列立于队列前，抬头挺胸。在等待命令，整个队列之中静无声息。陈连升的声音透着威严，对伍通标命令道：“你挑二十名精兵，骑马过七里坪朝三岔方向追去，将在逃人犯刘锡武抓回，听候处置!”伍通标得令行礼，转身挑选精兵骑马奔驰而去。陈连升对值日军官李松涛命令道：“传令各营，按序操课，开始训练!”李松涛立正行礼，跑步回到指挥位置下达了操课的口令。

伍通标从陈千总的训话中听到了与往日不同的余音，声音铿锵而坚定，知道这回是真要下狠手铲除鸦片这块毒瘤了。可当他明白，让他领兵前往三岔方向追赶抓捕的在逃人犯，正是陈连升去年亲自擒获的刘锡武时，脊背上冒出冷汗来，依这人的武功，就挑选出的前卫营二十名精兵也未必奈何得了他。可军令如山，哪敢违抗！伍通标只得扬鞭催马，奔驰而去。

陈连升并没有立刻离开校场，他观察了一下手下官兵的操课情况，特别是挑选出的那批练过“八阵战法”的官兵，是他心中的精锐，也是他手中的底牌。观察了一阵之后，陈连升走到值日军官李松涛跟前说：“陈长鹏和陈举鹏你是怎么安排的？”李松涛回答道：“我想等新招的十几名新兵都入营之后，再成立一个新兵训练班，挑选教官集中训练后编入营中。”陈连升点点头说：“练兵之事也是急不得，得循序渐进，但陈长鹏、陈举鹏的事既然交给你了，你就得严加管束，不得松懈！”李松涛明白了陈千总的意思，诚恳地说：“请将军放心！我一定尽职尽责，完成任务。”

陈连升骑马回到营中，准备拟定一个清缴鸦片，查封烟馆，惩治烟贩的行动方案。刚在营门外下马，就接到了知府大人佟景文的帖子，要他速到施南府商谈要事。陈连升接过帖子后支走了送帖的衙役，自己进到营中大帐，解下腰间的佩刀搁在刀架上，对候在帐外的刘明辉说：“给我泡罐香茶，稍后随我前去施南府。”刘明辉喜笑颜开地捧着一罐儿香茶进到营帐里，望着陈千总说：“早就给您泡好了，您的嗜好我知道！”陈连升闻见茶水的清香，深吸了一气，眯缝着眼，脸面上露出了陶醉之色。饮了几口茶水之后，陈连升坐在大椅上望着刘明辉问道：“你在我的身边也有几个年头了，心里就没点什么想法？”刘明辉一脸幸福的神情，笑着说；“能在将军身边听候使唤，明辉感到幸福。只是这几个月，将军去福建尤溪探亲之后，我和青麟时常有些六神无主。听不到将军的声音，我们的心底就不踏实！”陈连升开了个笑脸说：“你小子倒是实诚，不过在这万马军中，差的不是实诚人，差的是忠诚担当、英勇善战的虎将。难道你就不想成为这样的虎将吗？”刘明辉红着脸面说：“我有那心思，却没那能耐，只愿跟随将军左右，泡香茶给您喝！”陈连升放下茶罐，脸色一沉说：“你说的不是真话！过些日子，我想把你和张青麟安排到营里去砺练，不能把你俩始终留在我的身边，耽误你们的前程了！”刘明辉深情地望了陈连升一眼，没敢言语什么。

喝了一罐香茶之后，陈连升脸色红润，精神抖擞。他站起身来从刀架上取下佩刀挂在腰间，拍了拍刚在校场上沾染的尘埃说：“该去施南府了，你佟景文知府即使不来帖子约我相见，我也该去拜会一下了。”陈连升的脑海里这样默想着。见陈千总放下茶罐起身将佩刀挂在腰间时，刘明辉连忙前去牵了马来，候在了营门外。

进到知府的衙中，佟景文迎了上来，拉着陈连升的手说：“陈将军真是大清的栋梁，回到施南地界，还没等本官为你接风洗尘，就去营里校场点兵，鼓舞士气，真是辛苦了！”

一听知府佟景文这话，陈连升心里一怔，知府这话分明是在说：你回到施南地界，不先到知府报到销假，却先去了营里，还校场点兵，你想干啥？你的能耐再怎么大，也不该不把本知府放在眼里吧？但陈连升不动声色，佯装愚钝，顺话说道："确保知府平安乃是本官的职责，不去营里校点兵马，振奋士气，怎敢前来拜见知府大人。身为军事主官，若遇知府大人询问起守备营中的情形，我如何作答呀？"知府大人佟景文倒也是个老奸巨滑的政客，反而笑呵呵地说："那倒也是。"一句简短的话语，便把埋怨与指责掩拭得一干二净。

落座后的谈话之间，知府佟景文轻描淡写地说起了释放在押人犯刘锡武的事情。他对陈连升说："这刘锡武关在知府大牢之中也是一年有余了，要按大清律法该是秋后问斩。春节之后我曾经提审过他，见他面色蜡黄，似是重病在身。本官确是怕他刘锡武死在了知府的大牢之中，也就没来得及与陈将军会商，便签发文书将刘锡武释放。"陈连升记得告假之前还去牢里见过刘锡武，人犯并无蜡黄之像，这才几个月的时间，一个习武之人怎会突然变得重病缠身了？但陈连升不动声色，也很平静地说："坏了，我得到守城官兵来报，说案犯刘锡武已出施南府朝三岔方向逃跑，我还以为是刘锡武越狱而逃，特派前卫营外委把总伍通标带了二十骑精锐兵马追去，这可如何是好？"

知府大人佟景文也是心里一怔，他心里在想，是谁这么多事，将这事捅到你陈千总的面前去了，你派二十名精锐兵马又能如何？但佟景文也是不动声色，在那儿平静地说："也好，你若抓了个活的回来，则还可以仔细地审一审，若是抓个死的回来，也就没有什么价值了。"

正说话间，就听施南府的衙门前响起了急促的马蹄声。陈连升心里一怔，他听出这马蹄声正是营中的军马蹄声，难道是伍通标遇到了什么烈罼之事，回营搬兵来了。陈连升正欲起身前去查问，哪知知府佟景文长舒一口气息说："不用审了，估计刘锡武已经死在路上了。"

一听知府佟景文这话，陈连升更觉莫名其妙，一脸惊愕。还没等他回过神来，随伍通标前去捉拿刘锡武的兵士便前来施南府面见陈连升，并单腿跪在陈连升面前施礼报告道："报告陈将军！我们追到了刘锡武和他的家人。但刘锡武在三岔的山垭之上突然心痒吐血而死。伍把总差我回报陈将军，请示如何处置？"陈连升射出两道冷凌的目光，望了知府佟景文一眼之后，命令道："叫伍通标迅速带兵撤回营中待命！"兵士得令而去。

陈连升明显地感觉到知府大人佟景文的脸上露出了得意的神情。他压住心中的怒火，但言辞激烈地说："这真是巧了！还只听到马蹄声，知府大人就知道刘锡武已经死了，没想到咱大清的官员之中还有如此神机妙算的高人！"

知府佟景文抖了抖官服上的折子，然后望着陈连升冷冷地说：“我在陈将军的档案里发现，陈将军当年在鹤峰州揭榜去长乐县湾潭镇穿心谷捉拿山匪的时候，曾经用的是药攻。也不知道这办法是陈将军自己想出来的，还是得到了高人的指点?”陈连升没有回答知府佟景文的话，但他心里倒是立刻明白了，原来案犯刘锡武正是死于药攻，是知府大人索取巨额贿赂之后杀人灭口了。他望着知府佟景文冷冷地说：“原来知府大人也是精通药理的?”一听陈连升这话，知府佟景文哈哈大笑说：“不瞒陈将军，本官在考中监生之前，就曾经是一个医术高明的郎中。”陈连升也呼合着哈哈大笑一声之后，用讥讽的口吻说：“本官这回还真是遇见高人了!”

100

刘锡武之死，让陈连升对大清的官场和官员有了更加深刻的认识，甚至让他满腹忧虑，一种忧国忧民的情怀常常在他的心胸里涌动。他时刻没有忘记在福州城里与林则徐的约定，那股正义之气始终在激励着他，使他更加坚定了扬起正义之剑，做一个忠于国家，忠于民族的好官的信念。然而，陈连升心里清楚，凭他个人的智慧和力量，是完全没有能力改变大清官场之现状的，自己独树一帜也未必没有风险，就跟当年第一趟放大簰出清江一样，明知前面都是惊涛骇浪，他也要决意闯下去。

陈连升的这种勇气来自责任，来自忧患。但他知道，自己决意这么闯下去将面临很大的政治风险，说得严重一些，还有可能给自己的人生，自己的仕途酿成悲剧。尽管这样，他仍然决意这么闯下去。在他看来，只要我们的国家，只要我们的民族能够避免一场灾难，既是自己为尽这份责任而落得粉身碎骨，也都是值得的。或许这就是英雄的气概，英雄的胆魄。

又是一个晴朗的日子，陈连升身着戎装骑在马上，立于清江岸边，挺胸抬头望向远方，他似乎领略到了气节的力量，信念的力量。在他的心胸里弥漫升腾的已经不只是一种本能的激情，已经有了一种崇高的境界。

虽然情绪时有波动，但陈连升始终没有忘记自己作为军人的职责，更没有忘记与林则徐的约定。他以最快的速度摸清了施南府城的底数，闪电般调兵出击，三日之内捣毁施南城中的大小烟馆一百七十余家，缉拿顽固烟贩七十余人，缴获各类烟枪一千六百余杆，集结强制戒烟六百余人，缴获鸦片烟土数千斤。这一“闪电行动”，强力震慑到了所有涉毒人员，警醒了民众，犹如一声闷雷在武陵山中轰响。

紧接着，陈连升挑选精兵八百，分兵八路出城，奔赴施南府所辖各州县，以催枯拉朽，风卷残云之势，痛下狠手，对涉毒人员从严惩治，对涉毒器具全部销毁，对缴获的所有鸦片全部挖池填埋再用石灰火矿灌水销毁。这一举措让涉毒吸食人员闻风丧胆，谈烟色变。

历时三个月，施南府所辖区域内的鸦片毒瘤基本铲除，让这片曾经被烟毒浸染的土地渐渐变得纯净。可让陈连升万万没有想到的是，就在他带领官兵奋力拼杀之时，一只暗箭正从他的背后冷飕飕地飞来，一本参他胡作非为的奏章正在加急送往巡府，送往朝廷。真是官场凶险，祸福难料。陈连升那张略显黝黑的脸，已被山地里猎猎的冷风摧得皮开肉绽。

在一次总结庆功的军事会议上，陈连升对一批英勇善战的下属军官和士兵大为嘉奖，守备营中军心大振，士气高昂……在作人员调配时，将前卫营外委把总伍通标提拨为前卫营把总；张青麟任前卫营外委把总；刘前辉升任右卫营外委把总；廖百羽和吕明山调守备营大帐之中接替刘明辉、张青麟之职。对一批年纪偏大的下属军官则采取调整安抚之策，消除后顾之忧。

可就在施南协守备营中士气高昂，军心大振之时，陈连升却头一回感到身心疲惫，满腹焦虑。因为先后收到奏章的巡府和朝廷已经派出了联合巡查官员，进入到了施南府管辖的地界，对所奏陈连升“胡作非为”之事进行彻查。而得到这一消息后，知府佟景文却是一脸陶醉，每天咪着蜂蜜腊酒，啃着腊肉排骨，时不时还哼出一嗓南剧的腔调来，展露着得意的神情……

正在这时，巡府接到鄂西北告急，鸦片之祸已经使鄂西北及接壤交界之地惨遭浸染，殃及众生，弄得巡府大人焦头烂额，处于束手无策之境地。

尽管时下的官场贪腐，官员昏庸，但明白人也还是有的。经过巡察官员近两个月的深入彻查，最后得出了一个结论：“施南协守备营千总陈连升不仅没有胡作非为，反而是不畏艰难敢作敢为。陈连升之举，正是一济铲除鸦片毒瘤，治理当下政务秩序，解鄂西北烟毒泛烂之危的猛药良方。”

这一结论大快人心，倒是让知府佟景文大惊失色。他没想到在背后参他陈连升一本，不仅没让他暗箭落马，反而让他声名大震，身披正义的光环。

天地日月长，转眼又是秋。1822 年，庚甲壬午，道光二年的秋天，知府佟景文被罢官，满洲正白旗监生琦昌接任施南府知府。同年，陈连升接到上封命令——任命陈连升为保康营守备，领精兵一千，年内到任保康营。

接到升任保康营守备将军的命令，陈连升的心里难以平静。回顾在施南协守备营出任千总军职的十二年间，曾先后与谭光祥、佟景文等三任知府共事，他经历了太多的磨砺。曲指排算，从军已快三十载，是一个名附其实的职业军人了，经历过许多凶险，也悟出了许多道理。在这一段漫长的军旅生涯中，他有过火热的激情，也有过刻骨的感伤。一个崇拜英雄，且立志报效国家的信念让他始终挺胸抬头，目视前方。在拼杀辗转的近三十年从军之路上，他曾经许多次憧憬过哪一天能够走出大山，在外面宽阔的世界里去寻找人生的机遇，去铸就人生的辉煌。可是，当忧患与责任真正在他的内心交融时，他才真正感觉到，军人的一切都不属于自己，包括灵魂与躯体都只能属于自己的国家，属于自己的民族。这或许就是一个职业军人对“军人以服从命令为天职”这句话最早的诠释，最深刻的诠释。

当这一天终于到来，要他真正离开鄂西南这片美丽的山地，离开浩浩奔流的八百里清江时，陈连升却心生依恋之情，乡愁难以割舍。眼目下更让他犯难的则是——上峰命令他领一千精兵调防保康营。而他精心操练的“八阵”精兵便有两千余人。这些官兵都与他情深意切，这叫他怎么取舍？一时间让他陷入了上峰的命令不能违抗，手下的精兵又一个都不忍心丢下的两难境地。陈连升经过一番思索与权衡之后，他意识到，带领的一千精兵，一旦离开鄂西南这片山地，就只可能勇往直前，听从朝廷调遣，再调回施南协的几率就几乎为零。

想到了这一层，陈连升把新上任的施南协守备营千总李松涛叫到跟前，语重心长地说：“你去把练习八阵的两千余精兵逐个摸排一下，特别是家中的独子、父母高龄，还有家庭十分贫寒的子弟，都给我逐一摸排出来，将名册报我审定！”李松涛跟随陈连升已有十余年，知道陈将军义薄云天的性情，十分感动，也就认真其事地照着陈将军的意思去做了。

在这样一个时间节点之上，陈连升的心中充满疑虑的不是别的，那是因为邓连甲带领三百门徒出清江流域之后，无一生还的阴影始终萦绕在他的脑海之中，每每记起，都让他心生绞痛。

情绪没有波动，那是违背了人之常理；情绪过于波动，却又不是军人的性格。陈连升在审定了李松涛摸排的名单之后，最终还是从有利于征战的角度出发，挑选了一千精锐。但伍通标、张青麟、刘明辉、廖百羽、陈长鹏、陈举鹏等人被他写在了挑选精兵的名单之中，是准备父子同行，挥师北上。

而在这时，情绪最为不安的却还是少妇康翠莲，她万万没有想到夫君陈连升会这么快就离开施南协。军职升迁当然是好，可眼下展鹏和起鹏刚刚进入六角亭的书院就读，若即刻随军北上保康，不仅两个幼小的儿子又要重新择校，而且父母也会无依无靠，实为不妥；若不即刻随军北上保康，夫君陈连升就没人在身边照顾生活起居，也是于心不忍。

正在康翠莲情绪波动，心思满腹之时，陈连升安慰康翠莲说：“你在施南城里还得待上一段时间，既要照顾好展鹏和起鹏的学业，又要多去陪陪娘家的父母。我与长鹏举鹏同在军中，相互有个照应，不必牵挂我们。再说了，我陈连升自幼奔走于江湖，经历过风雨，也没有你和雪珍想象的那么娇贵!”

康翠莲柔情万般地说：“你可不能把我们娘儿母子丢在这里不管了！要时刻记住还有我们的牵挂与思念。”陈连升望着一脸红润的春妇康翠莲说：“等我们安顿好了，定会派兵前来接你们娘仨前去保康。眼下初去保康，也不清楚那边的情形，若急着把你们母子带过去，怕是水土不合。”一听夫君陈连升这话，康翠莲脸开笑颜，眼含泪光，撒娇似地说：“只是……”她欲言又止。陈连升连忙追问道：“只是什么？怎么还吞吞吐吐的呀?”康翠莲红着脸蛋儿说：“只是怕夫君您去了保康任上，又遇到了柔情貌美的女子，再娶一房妻室。”

陈连升望着康翠莲正色道：“不许胡思乱想！有你和雪珍姐妹相伴，肝胆相照，此生足矣！再说，我陈连升是什么样的人，这些年你该是清楚明白了啵?”康翠莲仍旧柔情万般地说：“我只是担心嘛！这一去，相隔关山千重，何时相聚不得而知，作为您的妻室，还不能说几句撒娇的话么?”

话儿说到动情处，陈连升一把拉过康翠莲坐到他的腿上说：“领军开拨之前，你还得准备一顿家宴，我们一家六口还得吃个团圆饭，许多事情都得有个交待才是。”

深秋的阳光温暖着鄂西南这片美丽的山地，清江两岸展露着无限风光，施南城里的街景之中正飘散着秋实的芳香。施南协守备营里正在作开拨前的紧张准备。营里分兵犹如蜜蜂分桶，王举令旗各领一阵，便是军心所归。

在一次校场操课后的讲评时，新任千总李松涛恭请即将领兵开拔的守备将军陈连升训话。陈连升一身戎装，两眼有神，脸面上不再是往日的冷凌与威严，荡漾着几份很少见得的和颜悦色。他走上前，语重心长地说：“就要领兵北上保康了，真是舍不得呀！这十二年间，我与施南协守备营的每一位官兵都结下了深厚的情谊。施南协守备营军中，很多都是我的兄长，感谢你们对连升的抬爱与关照。往后的岁月，不管我们走到哪里，都不会忘了施南协守备营，这里是我们火热而又温暖的家，也是我们心灵的守望。记住我们这些血肉相连的兄弟，才算记住了自己！按照上级的命令，我陈连升只能领一千兄弟北上保康。在此一别，我就拜托留守施南协守备营的兄弟们了，你们一定要听从新任千总李松涛将军的指挥，守护好施南协守备营这个共同的家!”

列队官兵的情绪有些低落，惜别之情油然而生，各自的喉咙里哽咽着喊不出话来。陈连升停顿了一下之后大声说道：“此次出征，任重而道远；留守施南协守备营的官兵更是责任重大！你们要团结协作，巩固禁烟的成果，守住这片宁静而且干净的土地，不能再被鸦片毒源浸染了！在此，我拜托各位了！”说到这里，陈连升拱手向前，施了大礼！

顿时，列队的官兵异口同声地大喊：“将军！”接着便听见了泣哭之声。陈连升也忍不住流下泪来，他牙关紧咬，慢慢平静了一下心绪之后大声说道：“我们都是顶天立地的汉子！我们的情感不能化作热泪！流血流汗不流泪才是军人的性格和本色，我们应该咬紧牙关，挺起胸膛，肩负起报效国家，维护一方平安的责任！”列队官兵的情绪立刻稳定下来，并齐声大喊：“将军威武！将军威武！”

领兵开拔的日子定于古历十月二十八，随着时间的临近，陈连升的心里有些不安，总觉得还有么些事情做得欠缺，经他思来想去，最后还有两件事情堵在了他的心里：一是远在邬阳关的父母兄弟，很想回去看看，可路程遥远没有时间了，此时一别不知何时才能回返。好在去年腊月，长鹏和举鹏还回了一趟邬阳关陈家棚，也算是尽了一点孝心，了却了一个心愿；二是应该去向岳父康镇江辞行，他是康翠莲的父亲，也是展鹏和起鹏的外公，不能缺了这个礼数。

恰在这时，廖百羽领着陈长鹏和陈举鹏来到了陈连升的面前，却又无话可说。陈连升一眼就看透了他们的心思，放低语调说：“是想家了吧？队伍就要开拨了，任何人都是不可能掉队的，你们心里想着爷爷奶奶，这我很清楚。可是，要随我领兵前往保康营的所有官兵，都有这类问题，如果身在营中，还能随心所欲，你们想想看？这样的军队还能打仗吗？这样的军队还有存在的必要吗？”

陈长鹏上前一步，站在父亲陈连升的面前说：“我们这一去，也不知何时才能回转。爷爷奶奶远在邬阳关，且年岁已高，真不忍心就这么不辞而别，丢下不管。”陈连升语重心长地说：“自古忠孝难以两全啊！既然选择了从军之路，选择了报效国家，个人的情感就只能放到一边去了！孝敬你们爷爷奶奶的事，我已经交给你们的叔叔陈年学了，你们完全可以放心！”陈举鹏认真其事地说：“爷爷所言极是，哥哥长鹏心地善良，孝心可佳，倒也可以理解。”陈连升望着陈举鹏点了点头，没有评说什么。

停顿了一下之后，陈连升望着廖百羽关切地问道：“也是放心不下你娘吧？你可要想清楚，如果确实放心不下你娘，我还可以把你留在施南协守备营。可这次跟随我一走，何时能归便不得而知。”廖百羽倒也机灵，站正身子说：“将军所言极是，既然从了军，就不能家长里短，儿女情长，塞外的金戈铁马之声才是男人耳边最悦耳的乐章。我没有顾虑，愿随将军前往保康营。”陈连升对廖百羽十分器重，这男儿口齿伶俐，略有文采，是个好兵。陈连升点点头说：“没错，金戈铁马之声才是男人耳边最响亮的最美妙的乐章！”

101

人生命运的转折，往往始于一个并不经意的早晨。时间一晃就到了当年的十月二十六日，离陈连升领兵北上保康的日子还有两天。正是清江岸边这个轻雾朦胧的早晨，陈连升在校场点名集结了随他北上保康的一千官兵，强调了应该带足的行军物资和武器装备。接下来便是最后一个问题了：施南协守备营与保康守备营同为鄂西，却施南协位于南，保康营位于北，行军需要向北行，但必须要有一条准确的行军路线。

陈连升召集军事会议，查看地图进行研判，从施南府出发北上保康，至少有两条路线可以选择：第一条路线是从施南城出发，经白杨坪到建始县，经建始境内的长梁、茅田等地跨角进入四川巫山县，穿越巫山县境内的抱龙镇，骡坪镇，然后转回湖北境内的神农架林区的下谷坪乡，穿越木鱼镇、松柏镇、阳日镇，进入保康地界的马桥镇，过保康境内的金斗、油坊街，从高涧进入保康城关镇。第二条线路则是从施南府出发，经龙凤坝、熊家岩、崔家坝、红岩寺、高坪、大支坪、绿葱坡、茶店子，然后从巴东县城的信陵镇过长江，从江北的东壤口、溪丘湾出境插跨兴山县境内的高桥，过南阳镇、古夫镇、紫阳坡、大水坑、马家庙，从施家沟进入保康地界，然后从歇马镇、后坪镇、黄堡镇进入保康城关镇。

经过仔细研判，走第一条行军路线，路程要近三百里。可进入巫山地界之后，将面临沟深谷陡，且有长江巫峡的天险。更为严重的是，进入神农架林区之后，要经过下谷坪、木鱼、松柏、阳日这些连片的原始森林，不仅要徒步穿越，还要抵御猛兽与毒蛇的侵袭，行军速度会明显减缓，不利于部队机动。走第二条线路虽然距离远了三百里，但进入保康境内的歇马镇之后，就等于进入到了自己的防区，可以一边行进一边进入查办烟贩，扫清匪患的战斗状态。虽然入营驻扎可能会迟缓几日，可入营之后便已经完成了防区之间的几份任务。经过军事会议仔细研判之后，陈连升最终拍板定舵，按照第二条路线行军北上保康。

又是一个轻雾朦胧的早晨，深秋的气息里透着一缕如酒的凉爽，清江的涛声变得停腔悦耳。起早的挑夫扛着两头拴了绳索的东竹扁担，赶到热闹的街市招揽活计去了。街市的喧啸如同往日，虽是轻雾朦胧，可千名官兵的意识没有朦胧，都把这个难忘的日子铭刻在了心里：十月二十八日。

当一缕阳光穿透朦胧的轻雾，照射在清江右岸的校场时，陈连升飞身上马，面向留守于施南协守备营的官兵拱手施礼后接着转过身来，面向随他北上的官兵抬手一挥，大声传令道：“出发!”

队伍穿越城中的街巷，从红江滩口踏岸出城，一路北行，朝龙凤坝、熊家岩方向走去。这时，留守施南协守备营的新任千总李松涛有些情不自禁，他眼里含着热泪，对骑兵营的军官说：“快给我挑两匹好马出来，陈长鹏和陈举鹏还是两个娃娃兵，北上的路途遥远，实在于心不忍!”骑兵营的军官也有此意，只是不敢言说，连忙挑选了两匹好马，将缰绳递给了新任千总李松涛。接着李松涛飞身上马，骑着一匹牵着一匹，向北追去。

在龙凤坝北头的山口，李松涛拉着陈长鹏和陈举鹏兄弟俩的手说：“陈将军把你们兄弟二人托付于我，可没有想到这么快我们就又分手了。我没有什么值钱的物件相送，特地挑了两匹好马送给你们兄弟二人。前面的路途遥远，关山千重，你们兄弟二人多多保重吧!”

陈长鹏感动得说不出话来。陈举鹏倒是透着一脸英武之气，目光中透着感激。他慨气地说：“李将军果真重情重义，令举鹏心中感动，但您的马我们不敢收受。您是知道的，爹爹把我们兄弟俩管得严苛，若我们兄弟俩私下收受了您的军马，定会遭到爹爹的责骂，万万不可!”

李松涛把脸一沉说道：“陈将军是我的兄长，我也算是你们兄弟二人的叔叔了，叔叔给侄儿送匹马有何不可？你们先留下一匹马，另一匹借我一用，待我追上将军言明此事，并向将军谢恩之后回转，再将这马交还你们。”说完这话，李松涛飞身上马，扬鞭猛催，前行五里之后才追上了陈连升将军。

见千总李松涛骑马追来，陈连升吃了一惊，还以为上封又有了新的命令。他勒马驻足，抬手示意身后的队伍停下。李松涛绕马一圈，立于陈连升的战马头前施礼道：“在下急急追来，不为军务！只是有几句心里话想对将军说说。”陈连升抬头挺胸，望了一眼远山之后，把目光集中在李松涛的眉宇间平静地说：“还有什么话，需要你一个千总将军追出城外数里?”李松涛再次施礼道：“首先感谢陈将军的提携与栽培！松涛不才，却让将军器重！我只想说，我李松涛永远都是您的兵，我一定铭记将军的教诲，做一名合格的军人!”陈连升点了点头说：“这么远追来，就为表达这层意思?”

李松涛连忙说：“也不尽然，松涛还有一事相求!”陈连升睁大眼睛，干净利落地说：“讲吧!”李松涛接下来动情地说：“将军先前把长鹏和举鹏交给我，那是对我的信任，而我却没有尽到责任！在此一别，相隔千里，也不知何时才能重逢。这长鹏和举鹏还是两个娃娃兵，随您北上保康，路途遥远，松涛于心不忍，特地选了两匹好马，送于他们兄弟二人。可他俩却不敢收，害怕将军责骂。松涛请将军念我与长鹏举鹏之间的叔侄情谊，不责骂长鹏举鹏如何?”

陈连升又抬头望了一眼远方之后，收回目光望着李松涛笑着说：“李将军仗义，算我陈连升没有看错人！至于这马，论军规，陈长鹏与陈举鹏没有资格骑马。可这马偏偏就是你李将军亲自追出城外数里相送，若他兄弟二人不骑这马，那便是对李将军不敬！我若责骂于他们，便是无理。就叫他们兄弟俩收下吧，也算是李将军留给他们的一个念想!”李松涛行礼谢恩之后，欣然而返。

就在新任千总李松涛骑马回到陈长鹏和陈举鹏的跟前，下马说明了原由，交接了相赠的军马时，就听龙凤坝的街口响起了急促的马蹄声，接着便是一股尘烟卷到了龙凤坝北头的山口。这时，陈连升已经听到了百马奔腾的蹄声，似比暴风雨卷来，就连陈连升骑着的那匹军马也兴奋得昂头扬蹄，长长地嘶鸣了一声。

陈连升下意识地调转马头，迎着卷起的尘烟沿路回转，像是在检阅纵队前行的队伍一般。当他扬鞭催马，行到队伍的尾翼时，百骑奔驰而来的兵马戛然而止，蹄声立停，只有卷起的尘烟扑面而来。陈连升看清了状况，原来是施南协守备营里留守的一百多骑兵马全部出城追来为开拨的队伍送行了。他迎上前去，正欲问话，就听鞍座上的官兵们拉着不舍离别的悲伤腔调齐声大喊：“将军!”

陈连升立刻明白了事情的原由，这百骑兵马奔腾而来不为别的，追出城外数里只为送他一程来了，心里十分感动。等百骑兵马卷起的尘烟随风散去时，面前展露的全是熟悉的军容，就连百多匹军马他都能记起它们的名字来。陈连升拱手施礼道：“我明白大家的意思了，感谢大家追出城外数里送我一程，这份情谊我将永远铭记于心！有道是：铁打的营盘，流水的兵。兵若流水，是营中之水，也是载舟之水！希望大家精诚团结，把精力和心思都用在报效国家之上，做一个有血性，有担当的军人！我陈连升不管走到哪里，都不会忘记大家，不会忘记家乡的乡亲父老，不会忘记清江的壮美，不会忘记鄂西南这片雄奇的山地！在此我拜托大家了，守住这片纯净的山河，守住百姓的安宁！拜托大家了啊!”

李松涛骑上骑兵军官特意为他带来的一匹马，绕了半圈之后立于陈连升的面前再次施礼，并大声说道：“送君千里，终需一别！祝将军北上保康，旗开得胜!”陈连升已是热泪盈眶，他咬紧牙关，镇定了一下自己的情绪之后拱手还礼，然后大声说道：“都回营去吧！我陈连升也是仗义之人，有机会我一定会回来看望各位的！都回营去吧，别忘了我对你们的托付!”只听列队在陈连升面前的百骑官兵大声吼道：“将军保重！将军保重!”

而这时，百骑官兵的吼声未落，一个神奇的现象就出现了。只见一百多匹军马同时昂头扬蹄，长声嘶鸣，然后俯下身来伸直前腿，低下马头贴于前腿的膝盖之间，在给他们敬畏的将军施大礼。

陈连升见状，立刻跃身下马，跑步奔上前去扶起一匹马来，伸手抚摸着马的鼻梁感慨万千的说：“从前只听说老马识途，现在才懂得老马也识人性啊！没想到我与你们也结下了不解的情缘！”陈连升再度热泪盈眶，心胸里掀起了情感的波澜。待他回过神来，伸手轻轻地拍了拍军马的额头，然后转身大步离开，飞身上马，面向恭送他的兵马抬手一挥之后，调转马头，对跟随其后的传令兵廖百羽大声说：“传令队伍，加速前进！”接着扬鞭催马，奔驰而去。

望着陈连升奔驰的背影越过了龙凤坝北头的山口，李松涛催马向前绕行领兵回营，大道上再次卷起了尘烟……

听令后按队列停止在龙凤坝北头山口的官兵立刻加速前行，顿时旗帜飞扬，马蹄声和脚步声交汇在一起，如同暴雨洒过大漠响成一片，泥路上卷起的尘烟弥漫升腾……一阵快速奔袭之后，陈连升起伏的心潮才渐渐平静下来。他立马站在熊家岩的高处，望着南里渡旷野里的那片秋色，脑海里顿时浮现出了许多闪光的记忆。这时，朦胧的薄雾已经完全散去，深秋的暖阳照耀着大地，连绵起伏的群山，在官兵们的眼里构成了一幅绚丽的画卷，涌起一波眷念故土的情怀。

经过二十八天的艰难行进，陈连升带领的一千精兵出龙凤坝过熊家岩之后一路北行，穿越崔家坝、红岩寺、高坪、大支坪、绿葱坡、茶店子，从信陵镇过了长江之后，从江北的东壤口、溪丘湾出施南境地，绕道兴山县境内的六个乡镇，从施家沟进入保康地界，于冬月二十六日在保康境内的歇马镇安营休整。

陈连升叫传令兵廖百羽摊开军事地图，保康的轮廓立刻在他的眼前明晰起来。原来保康是襄阳府治下的一个县，东邻南漳，西与十堰的房县、竹山交界，北连谷城、老河口，外围与陕西、河南的版图相连接。保康虽然只是襄阳府治下的一个县，但地处咽喉要塞，西、北两方与外界相通，俗有“骑马可征西，抬脚入中原”的说法。朝廷历来屯重兵于此，可见保康地界有着极其重要的战略地位。

接着陈连升传令伍通标，令他带二十人马先行入城，并带他的亲笔手谕，去请守备将军的印信，并传令保康营中的留守人员备齐粮草，备足饷银。陈连升决定部队休整三日之后，就从歇马镇开始，沿后坪镇、黄堡镇采取地毯式搜寻，彻底铲除鸦片种植与吸食之祸，对烟馆头目及鸦片贩子下狠手、动真格，实施铲除毒瘤的行动。

在一个漆黑的夜晚，陈连升站在歇马镇的街头，望着远方的一点微光想着这样一个问题：能够在黑暗中发现微光，是智慧；敢于跟随微光前进，则是勇气。只有把每一次的军事行动当作战争，也只有战争才能真正完成这样的识别，才能激发出军人在和平时期无论多少次周密的审查筛选，也难以发现的潜质……陈连升踏入保康地界，他就已经隐隐地感觉到自己，正沿着那点微光前行，并且看到了希望。

在保康地界的歇马镇休整的几个日子里，陈连升始终在给官兵们传达着一个理念——军队乃国之利器，服从命令乃军人的天职。一名军人只有把国家和民族的安危系于心头，以效忠国家为己任，才称得上荣耀与威武！

到达歇马镇的第三个早晨，陈连升选了一块宽敞的坪坝，传令值日军官集合全体官兵点名，迅速以休整状态进入临战状态。

陈连升身披战袍，手握佩刀，立于队列前大声慨气地说："我们连续行军二十八天，风餐露宿，风雨兼程，历尽辛苦！这次换防，我们翻山越岭，渡过江河，经受了磨砺。这对于一个军人来说十分难得。大家应该清楚：在我手下当兵，注定是要吃苦的，大家一定要有思想准备。我相信，我所带领的这支精锐，今后的路会更长。国家需要我们到哪里，我们就要毫不犹豫地奔赴到哪里！既然我们选择了从军，注定就会风餐露宿，注定就会风雨兼程。正如传令兵廖百羽所说的那样，金戈铁马之声，才是一个热血男人耳边最铿锵悦耳的乐章！"陈连升扫视了一眼齐整的军容之后，接着大声慨气地说道："从即刻起，就已进入临战状态，所有编队按建制入列，必须步调一致，令行禁止！大家听清楚了吗？"列队的官兵齐声大喊："听清楚了！"

陈连升转过身来，对值日的军官说："各营带回，原地待命！"值日军官站到指挥位置，重整队伍，下达了口令。

正在陈连升准备上马返回营帐之时，陈举鹏跑步来到陈连升跟前行了军礼之后报告说："报告将军！出施南府之时，千总李松涛赠送军马两匹，由我与陈长鹏一路保管。现已进入保康地界，两匹军马如何安顿？请将军明示！"

望着陈举鹏那精干的模样，听着陈举鹏清晰明亮且还带有几分稚气的声音，陈连升的心里十分温暖。他深情地望了陈举鹏一眼之后，大声说道："千总李松涛所赠的两匹军马，仍由陈举鹏、陈长鹏保管使用，等队伍入驻保康大营之后再交骑兵营安顿！"陈举鹏得令行礼，应声而去。陈连升望着陈举鹏略显单薄的背影，脸面上露出了欣慰之色。

102

待伍通标领兵二十人，前往保康守备营请来了守备将军印之后，陈连升方才知道保康营的防区并非保康一县，而是西管十堰，东辖襄阳地界，机动范围远跨陕西边境，以及河南信阳区域。原来朝廷屯兵于保康，是把这里作为抵御西域的最后一道防线……当守备将军陈连升明确了自己肩上的责任时，他立马于歇马镇的街口，抬头远眺鄂西北起伏的群山，就仿佛听到了武当山下那金戈铁马的声响。

片刻之后，陈连升把伍通标叫到身边问道："这歇马镇离保康城关还有多少路程?"伍通标立正回答道："回将军话，二百六十里。"陈连升接着问道："保康营里留守的官兵有多少?"伍通标回答道："保康营里留守的官兵共计二千一百人。听当值的军官介绍，两个月前，襄阳营里借去精兵伍百人，前去维修襄阳古城了。现在营里留守的官兵还有一千六百人。"

陈连升沉思了一下之后说："看来我们的行动计划该作一些调整了，得先回保康营里去，与留守的官兵会合，然后重新挑选兵员编队部署行动。"年轻的军官伍通标连忙说："将军所言极是，我们的队伍正值调防的行进途中，长途行军兵马劳顿，各类装备辎重都在队伍之中，不便轻装行动。"陈连升点了点头之后，望着伍通标大声说："传令下去！各营细心准备，午饭后全员启程开拔，先回保康营!"

接到这个命令，全体官兵欢腾雀跃，原来在他们的心中，早就想进驻保康营这个新家看看了。虽说是铁打的营盘流水的兵，可营盘才是兵的归宿，营盘才是兵的家。这一路长途行军奔袭而来，几乎人困马倒，虽是休整了三天，官兵们就好比是疲惫已经入了内，总觉得没有歇好，没有睡足，只盼着早日到达新家保康营，卸下肩上的重负，过几天安稳消停的军营生活。

然而，守备将军陈连升心如明镜，新官上任往往都是军情紧急，政情危难之时。这一旦离开鄂西南这片山地，离开施南协守备营，他陈连升以及他手下的官兵，恐怕就再也不可能有安稳消停的日子了。

进驻保康守备营，环顾关外的山影，这里西高东低，山形和缓，且多为丘陵地带，一条小河穿城而过，还有一条横贯东西的茶麻古道途经保康城关，西行东归的商客驮队如同开兵一般，整天人声鼎沸，罗马嘶鸣，日有八千过客，夜有万盏明灯。在守备将军陈连升的眼里，鄂西北的保康虽然没有施南府地那么风柔雨润，却也别有洞天，是一关通往西域的咽喉之地。

就任保康营守备将军伊始，陈连升可谓军务繁忙，并连续召开军事会议调配兵力，布置防务，按照校场点兵之法，把从施南协调防入营的一千精兵混合编队，调整了建制。一日晌午，守备将军陈连升把军官伍通标、张青麟、刘明辉等人叫到跟前说："别以为你们是随我从施南协守备营而来，其身份就有什么不同，你们要严管一千精兵！本将军也算是个精明之人，在营中本将只分兵之优劣，决不分兵之地域!"手下军官立刻明白守备将军陈连升的意思了，连忙回答道："请将军放心，我等谨记将军教诲，决不会往将军脸上抹黑！”陈连升点点头说：“这就对了！我们既然已经离开故土，就注定是要金戈铁马，东征西讨！我们的脚步从此便不可能停下。”

一晃入驻保康守备营就有一些时日了，勤务兵吕明山把守备将军陈连升的大帐之中收拾得干净整洁，还去茶麻古道穿过的街市之中购买了一些精美的茶具，每日按照廖百羽教给他的沏茶方法，给守备将军陈连升如时奉上。

随着冬天的到来，地处鄂西北的保康地界格外寒冷，每日北风劲吹，寒气袭人。守备将军陈连升派前卫营把总伍通标，带领二十骑精兵，携守备将军亲笔签发的文书前往襄阳府，如期调回了借去的五百精兵，还调回了银两物资，为营里的官兵分发了过冬的被服。

就在保康营里的官兵穿暖了身子，吃饱了肚子，准备在营里安歇几日享享清闲的时候，陈连升突然接到密报，称有一支一百四十人马的驼队，满载着鸦片烟土，正沿着穿越保康城关的那条茶麻古道，西入保康而来，奔陕西方向而去。

得到这个消息，守备将军陈连升皱起了眉头，心里默想：一支一百四十人马的驼队规模不小了，每匹马只驼一百斤货也是一万四千多斤，这么多的鸦片运到陕西，又要祸害多少人家？陈连升握紧拳头，击打在案桌上，接着唤传令兵廖百羽通知伍通标前来大帐领命。

伍通标迅速召集人马，按照守备将军陈连升的命令，领兵马四十骑沿茶麻古道向东机动，寻机查验驮队所运货物，核查真实情况。接着，守备将军陈连升速选精兵三百人，良马三百匹，编成战斗序列，准备选择恰当的时机出击。可陈连升转念一想，敢带一百四十匹马的驼队上路，运载朝廷严令查禁的鸦片烟土的人也一定不是等闲之辈，背后一定会有一个强大的利益集团，官商勾结的隐情必然存在。而且押货上路的标局也一定不是平庸之人。想到了这些，陈连升预感到了事态的严重性，这初到保康守备将军的任上，一定又是遇到恶茬的盘腮胡子了。

可就在守备将军陈连升暗中调兵遣将准备出手缉拿时，保康守备营的大门外来了几名镖局的高手，拿着襄阳府的通关文牒，叫嚷着要见保康营的守备将军陈连升。传令兵廖百羽得到大门外哨兵的通报之后，连忙进入守备将军的大帐之中将这一情况报告给了陈连升。

陈将军手握佩刀走出大帐，对廖百羽大声说：“走，看看去！我倒要亲眼目睹一下，这拨手持襄阳府通关文牒的来者是何方神圣！”

走到大营门口，没等陈连升开口说话，几个镖局模样的人速行单跪大礼，嘴里齐声道：“拜见陈将军！”陈连升站定身子，握紧佩刀，用两道冷凌的目光望着面前施礼的几个人说："起来回话，呈上你们的通关文牒！"

跪施大礼的几个人中，最前面的一个抬起头来，从腰间的布袋里掏出文牒双手递给了廖百羽。陈连升看完文牒中的内容之后，大声慨气地说："原来你们是陕西贝丘镖局的呀！这个镖局在江湖上的名气太大了！不过这襄阳府的通关文牒上说，镖局本次押运的是武陵山区的红茶，驮队共一百四十骑，货物一万四千余斤，规模不小，这可是一笔大买卖呀。可你们也应该懂得大营里的规矩，查验通关的货物可也是守备营的职责，这可不是为难你们吧？"

只见镖局领头的那人站起身来拱手施礼道："陈将军所言甚是，陕西贝丘镖局，行走江湖多年，也为朝廷效力过多次，岂能不懂这点规矩？只是不知道保康营查验通关货物的规矩是抽验还是普验？这还得请陈将军明示！"

陈连升立刻明白这话中的意思了，仰天一笑说："看来你们还真是老江湖。不过我与你们可是初次交道，若抽验通关货物，就怕一百四十骑的货物之中夹带了朝廷严禁的物品啦！"

那镖局领头的人心里一怔，脸色突地一沉，知道这回恐怕是遇到一个不好对付的守备将军了，就在那儿提高嗓门儿说："我可听说陈将军是个重情重义的英雄啊！您的仗义与慷慨在江湖上也是美谈，难道这回真要为难贝丘镖局不成？"

见此情景，机灵地廖百羽上前一步说："瞧你们这话说的！我们陈将军身经百战，所向披靡，可在平时却还从来没有为难过谁。换句话说，只要你们押运的货物，与通关文牒上所填一致，谁还能为难你们呀？"

陈连升收住笑颜，一脸严肃，他已经完全明白贝丘镖局这次所押货物之中暗藏的猫腻了。便手握佩刀，站正身子，用一种严厉的口吻说："你们不必多费口舌了！镖局所押货物必须普验，如若一百四十骑全是武陵山区所产的红茶，是要运往西域发财，我在营中备酒犒劳贝丘镖局的兄弟们。若通关的货物之中夹带了朝廷严令禁止的货物，那保康营便会例行公事，也就由不得你们了！"说完这话，守备将军陈连升紧握佩刀，右转身跨入了大营的门庭，并对跟在身后的廖百羽厉声说道："送客！"

一听这话，一直跪施大礼未起的几个押镖之人吓出了一身冷汗来，连忙从地上爬起，问那领头地说："这可如何是好？驮队已经离城不远，恐怕这会儿已被官兵盯上了！"那领头之人倒也镇静，他说："莫急！这年头在大清的官员之中，我还没见过有几个与银子过意不去的！你们先回去两人，通知驮队立刻停止前进，等我再度与陈将军交涉之后定舵吧！"

片刻之后，镖局的领头之人领着身后的一个同伴离开了大营门口，并托廖百羽禀报陈将军，说他们前去取些货物过来先让陈将军抽验，等驮队全部进入保康城关之后再行普验不退。廖百羽拿着那张通关文牒进了陈将军的大帐之中，言明了情由。

陈连升正襟而坐，不动声色，已在胸中拟定出了应对的方案。他对廖百羽严肃地说："你把这张通关文牒可要给我收好了，这可是一张加盖了襄阳府印的铁证。如果在查验的货物之中找出大量的鸦片来，朝廷不仅会摘了襄阳知府的官帽，而且还要取了他的项上人头!"陈连升一脸杀气，目光冷凌，连廖百羽见了以后，都感到有些发麻。

廖百羽收好了那张通关文牒，正欲溜出大帐透透气去，却被陈连升叫住说："给我把吕明山叫来，这回我得给他派点差事了。"廖百羽应声出了大帐。吕明山则按照陈将军面授的机宜，速去与伍通标会合，并给伍通标传达了守备将军陈连升的命令。

不一会儿，镖局的头人领着几个伙计抬了一箱货物到了保康营的大门之外，大声嚷嚷着要进大帐之中去请陈将军亲自验货。哨兵见是刚才曾经到过营门外的押标之人，也就没有阻拦，准许他们抬着箱子进了营门。

廖百羽听到嚷嚷之声连忙奔了出来，冲着抬箱子进营的一拨人大声问道："你们所抬之物果真是武陵山区的红茶?"那镖局领头之人一见又是陈将军身边的那个小兵，心里顿生几分烦躁，拉着脸孔没好气地说："不是武陵山区的红茶，还是黑茶呀?"

廖百羽倒是一个机灵人，就在那儿不冷不热的回应了一句："这回巧了，我长这么大还从来没有见过用箱子装茶的。再说了，用箱子装茶驮队怎么个运法?"那镖局领头之人更加不耐烦了，干脆停下脚步并叫伙计放下箱子不走了。他用一种异样的目光望着廖百羽说："你是刚到陈将军身边当差的小兵吧？我看门口的那几个哨兵都比你聪明！我们让陈将军亲自验货，你不识相却还要刨根问底，是真的没见过世面不懂得规矩吗?" 一听这话，廖百羽也停下了脚步。他转念一想，也是呢，跟着陈将军也有一段时日了，可这等事的确还是头一回见到，难道真的是自个儿不懂规矩？于是廖百羽停下脚步，由他们抬着箱子进入大帐去了。

陈连升听到帐外的嘈嚷声，心中便明白了什么。他身居官场已有多年，对于这些行事的套路早已见怪不怪了。只见镖局的头人领着伙计抬了箱子进帐，径直放在了他的面前，并向他拱手施礼道："此乃贝丘镖局本次押运的货物，特地呈上，敬请陈将军抽验。"

陈连升用两道冷凌的目光望着镖局的头人问道："箱中所装何物?"那人没有回话，只是让开一步伸手打开箱子，一道银光便从眼前闪过。瞧着箱中整齐排列的银锭，陈连升一脸严肃地说：“贝丘镖局出手如此大方，看来你们所押的这趟镖还真是非同往常，你们应当告诉我实情才是。”

镖局的头人说：“看来陈将军果真是个识货之人，我们也就实不相瞒了。”说话间，他伸手掩了箱盖之后接着说：“我们镖局的兄弟干的也是在血盆里抓饭吃的买卖，拿人钱财替人办差。这回我们所押货物有可能真的是黑货。但是否全是，我们押镖之人也不得而知，只是……”那镖局的头人欲言又止，没说下文。

陈连升瞪了他一眼之后大声问道：“只是什么？快快如实道来！”镖局的头人接着说：“只是货主的地位显赫，如果我等途中闪失，镖局的兄弟们恐怕是脑袋不保！”陈连升再度用冷凌的目光瞪了镖局头人一眼之后大声追问道：“货主是何人物，竟敢如此胆大，大规模运输黑货入陕，污染天地，危害民众！”镖局的头人答道：“陕西的隆天啸可是个杀人不眨眼的人物，想必陈将军早有耳闻。”

陈连升心里默想，你隆天啸这回就算是撞到克星了，既然朝廷调我致此，想必也是事出有因。陈连升点点头说：“这个杀人狂魔我是早有耳闻，不过他何时沾染上了黑货生意的我却不得而知。”镖局的头人答道：“他做黑货生意也已经有些年头了，不过像本次这么大规模贩运黑货还是头一回。”陈连升口气缓和一些说：“你说的倒是实话，不过我可要告诉你了，朝廷将我调任保康营守备，就是缉拿恶人，搜查黑货来了。如果我收了你们的银子，放了此镖，我便是陕西民众的罪人，你等知道黑货对人类的危害有多大吗？”镖局的头人回答说：“后果我等自然知道，可镖局这个行当就是谁给的银子多，我等就给谁卖命，我等都是冲着银子去的。”

陈连升心里烦躁起来，脸色一沉，严厉地呵斥道：“为了银子，你们就连脑袋都可以不要吗？”镖局的几个人一听陈将军这话，知道在劫难逃了，一惊之后连忙下跪叩头道：“陈将军可别滥杀无辜，我等家中可有老小，干这差事就为谋个生计，还请陈将军高抬贵手！”

守候在大帐之外的传令兵廖百羽倒是听明白了，所谓黑货就是鸦片。心想，你们押运这么多的黑货落到陈将军手里，想必已是死人子的眼睛定形了。可就在廖百羽欲进账中，瞧瞧镖局几个人的情形时，就听守备将军陈连升厉声喝道：“张青麟、刘明辉进帐听令！”

早已等候在大帐内室的军官张青麟、刘明辉二人全副武装来到帐前，面向陈将军施礼道：“我二人奉命来此，请陈将军指示！”

守备将军陈连升立于大帐中间，手握佩刀，十分威严地命令道：“张青麟领精兵一百人，前往火药局，打开洞库腾开前堂，然后在库外死守，以三值严防，每一值四个时辰！”张青麟得令行礼，出帐领兵而去。守备将军陈连升接着威严地命令道："刘明辉领精兵二百人，沿茶麻古道东行，速去接应伍通标，围押一百四十匹马的驼队入城关，依次进到火药局前院卸下所有黑货！然后将马匹和其他行装归还给镖局的伙计，不得有误！"刘明辉得令行礼，转身出了大帐领兵而去。顿时，保康城关人喊马叫，卷起一股浓尘。

早被眼前的阵势吓得魂飞魄散的镖局头人及伙计，仍旧久跪帐前不起。只听镖局的那个头人伤心地哭诉道："没想到我们三百兄弟竟然都是这般命运！当年邓连甲带着我们三百兄弟北上参加白莲教，并与官军作战，战死了二百五十八个兄弟，仅剩我们四十二人混入商队这才躲过了官军的追杀，好不容易隐于陕西地界才创下了这点基业，却又因为押运这趟黑货栽了跟斗，这回不死在官军的手里，也要死在隆天啸手里了！上苍为何不给我等兄弟留条活路啊！"

听到镖局头人凄婉的哭嚎之声，守备将军陈连升心里颤抖起来，他转过身，猛地一把抓起镖局的那个头人，情绪激动地大声喊道："三百兄弟?！邓连甲?！"

103

吕明山回到保康营中，向守备将军陈连升细细说了"贝丘镖局"的情形。原来这"贝丘镖局"的四十二人便是陈连升一直惦记着的，"资丘武馆"三百门徒之中战后所剩的四十二人，"贝丘"二字取自"资丘"，去掉"次"字之意在于，预示他们都是死过一次的人了，也难怪一开始听到"贝丘镖局"的名号时就觉得怪异，原来其中暗藏着这么大一个玄机。

陈连升长舒一口气息之后说："也好！资丘武馆的三百门徒，总算还有四十二个保住了性命，当是上苍开眼了！"他转过脸来用两道冷凌的目光望着吕明山说："你速去火药局的洞库，睁大眼睛给我盯紧了，不能让一粒黑货散漏出来！"吕明山立刻明白陈将军的意思了，领命去了火药局的洞库前。

现在几个棘手的问题摆在了守备将军陈连升的面前：一是镖局的四十二人怎么安置，或者说怎么处置，如果让他们再回陕西，必是一死；二是所缴获的"黑货"必须尽快销毁，以免夜长梦多生出事端；三是保康与陕西虽有武当山阻隔，但武当山以北的罗马古道横贯东西，算是通途，相信陕西那边一旦得到一百四十骑黑货全被保康营扣下，隆天啸便会倾其所有疯狂扑来，一场恶仗就在眼前。

守备将军陈连升心里明白，不摆平隆天啸，茶麻古道之上，以及保康营防区之内将从此没有宁日。他握紧拳头，用力打在案桌之上，这就算决心已定，准备迎敌了。

可是怎么迎敌？敌从哪个方向来？守备将军陈连升突然意识到了什么，凭着一个军事指挥员的机敏与智慧，他感觉到首先要稳控的是“贝丘镖局”的四十二人，因为他们才是熟知陕西隆天啸底细的一群人，况且凭着自己当年与邓连甲的故交，拢络“贝丘镖局”的四十二名伙计的心也应该不是一件太难的事情。想到这里，守备将军陈连升手握佩刀走出营帐，对候在帐外的传令兵廖百羽说：“备马，速去驮队！”

出了保康城关的街口，东行三里地后，便遇上了伍通标和刘明辉领兵押解的驮队迎面走来，守备将军陈连升立马大道右侧的小山岭之上，对跟在身后的传令兵廖百羽说：“通知伍通标，令他把贝丘标局的四十二人立刻带到这里问话！”廖百羽得令而去。

不一会儿，伍通标令十名精兵将贝丘镖局的四十二人带到了小山岭跟脚。陈连升飞身下马，健步走到他们跟前问道：“你们都是当年资丘武馆的门徒吗?”众人声音悲怆地答道：“是啊!”守备将军陈连升点了点头说：“真是苦了你们了！当年我便提醒过你们的教头邓连甲，叫他不要误人子弟。可他不听，居然还把你们这批清江流域的儿男带到北方送死，真是罪过！还好，有你们四十二人活了下来，对你们的父母亲人还有个交待。不过，你们都得给我听好了！你们谁也抹不去曾经与朝廷作战的事实。也就是说，当你们落到一个朝廷守备将军的手里时，你们便是朝廷的钦犯，依律当斩！可念我们当年在资丘的旧情，本将军不想屠杀你们。但你们若敢不听指挥，造出乱子来，也就别怪我部将士手中的刀剑不长眼睛。眼下，保康守备营既然查禁了你们此镖的大量黑货，人赃俱在，又是依律当斩！但只要你们四十二人愿意戴罪立功，配合本将军捉拿隆天啸，尔等便还有生还的机会!”

守备将军陈连升的话音刚落，贝丘镖局的四十二人齐齐跪下，并哀求着说：“谢将军不杀之恩！我等愿意齐心辅助陈将军捉拿陕西恶魔隆天啸。若将军不出手除掉这个恶魔，不仅我等性命不保，就是茶麻古道之上，也是不得安宁啊!”

守备将军陈连升用两道冷凌的目光扫了一眼之后说：“在你们中间挑出十名武功高手配合官军行动，其余三十二人将黑货送入洞库之后，便去管理好你们的驮队，等我们拿下隆天啸，再让尔等回清江!”一听这话，贝丘镖局的头人从地上爬起来拱手施礼道：“不瞒陈将军，我们当年在资丘武馆习武的情形您是知道的，正因为我等习武不精，才在战场上遭到重创。虽说剩下的四十二人功夫略为强些，可在陈将军亲自督训的精兵面前都只能算些半吊子，哪里敢称武功高手。既是挑出十个人来，顶多也只能给陈将军手下的精兵当个向导。”

守备将军陈连升慨气地说：“就算是向导吧！你把十个人选出来。交与把总军官伍通标指挥，并向伍通标细说隆天啸的详情，以及行军路线，便于配合行动。”说完这话，陈连升飞身上马，欲去火药局查看张青麟清理洞库的情况。把总军官伍通标骑马追了上来，问陈将军道：“我等领兵多少？何时出击?”陈连升勒住马缰说：“你问明详情之后，速来向我报告，然后确定领兵出击。”伍通标立刻明白了陈将军话中的含意，应声而去。

来到火药局的洞库前，吕明山快速奔到守备将军陈连升面前报告说：“启禀将军！我仔细察看了洞库里的情形，里库药量充足，堆放有序。只是若将这些黑货放置前堂，里外仅有一扇木门相隔，若货主冒险派人前来偷掠黑货，与守军发生火拼，后果不堪设想!”

守备将军陈连升用两道冷凌的目光瞪了吕明山一眼之后冷冷地说：“谁叫你操心这些的？这是你应该思考的问题吗?”吕明山讨了个没趣，迅速离开了陈将军的视线。不过吕明山的这句话倒是戳到了守备将军陈连升的心窝，他之所以前来视察，就因为这正是他最担心的一个问题。

张青麟见守备将军到此，连忙拍了拍身上的尘埃，奔跑过来立定行礼并报告说：“陈将军！洞库清扫完毕，具备存货条件，请将军视察!”陈连升仔细瞧了张青麟一眼，见他浑身沾着粉尘，语气平和地说：“我就不去察堪了，等黑货入库后，你要按令行事，严防死守，确保万无一失!”张青麟心领神会，行了军礼，转身进了洞库。

很快，伍通标从贝丘标局挑选出来的十个人被带到街口的一间空房里，询问到了一些有价值的情报，完全摸清了陕西隆天啸的底细，并对贝丘镖局的四十二人进行了认真盘点。贝丘镖局的头人名叫谭凤桥，湖北长阳人。其中向世杰、谭大进两个人是他们中间武功最高的人。另外还有一个养马的高手名叫向点娃，由于向点娃面色黑沧，在标局之中外号黑娃子。

接着，军官伍通标给领兵的刘明辉交待几句之后，便急忙领着谭凤桥、向世杰、谭大进、向点娃四个人前去面见守备将军陈连升，如实禀报情况。

有时候人与人之间的关系变化也十分微妙，当彼此之间都已经熟知对方姓甚名谁的时候，距离就会立刻缩短许多。

陈连升的表情由冷变暖，语气平和地念着四个人的名字说：“你们四个人的名号，在我的记忆中都还隐约有点印像，能在保康地界相遇，也算是难得的缘分了。你们中间两个姓谭，两个姓向，其实都是清江流域的大姓，和我陈连升也算是老乡见老乡了！既然你们已经知道隆天啸是陕西地界最大的恶魔，那么铲除毒枭、消灭恶魔便是正义之战！也是你们戴罪立功的机会。你们愿意死心踏地配合官军吗?”

一听守备将军陈连升这话，谭凤桥、向世杰、谭大进、向点娃四个人连忙跪地施礼道：“我们愿意追随将军左右，戴罪立功!”

望着眼前的情景，陈连升点了点头说：“那就看你们的表现了。谭凤桥，你可是贝丘镖局的头人，留下来管理好镖局的人和马。向点娃你是识马之人，管好驮队的马匹可是你的本份，这可是你们贝丘镖局的家当。向世杰、谭大进领镖局挑出的十人配合官军行动。快去准备吧!”

就在谭凤桥、向世杰、谭大进、向点娃四个人领命离开不久，就听保康东城外马群奔驰，卷起一股狂风来。刘明辉统领的两百精兵，使出浑身解数，奔跑呼喊，可怎么也不能让狂奔的马群停将下来。就听见贝丘镖局的伙计们连声大喊：“快找向黑娃，快找向黑娃子呀!”

听到狂风般卷来的阵势，伍通标心里一紧，还以为是突遇了杀人越货的匪子，下意识地握紧腰间的佩刀，转眼望了望守备将军陈连升之后，转身冲出门去，上马直奔东街。陈连升也感觉情况不妙，连忙跟了出来，前去察看现场的情形。他们没走多远，便有一股尘烟迎面卷来，密集的马蹄声如暴雨洒过大漠，街市的行人如浪潮一般被气浪推到了边沿，商贾门店里的人们在万般惊恐之中不知所措，街边的摊点被撞击而来的气浪撞击，鸡飞蛋打，果蔬四散。顿时刘明辉所领的精兵二百人早已惊恐万状，不知所措。

在这千钧一发的时刻，就见向点娃冲到街口，挡在了袭卷过来的尘烟之前，把右手指伸向口中，打了三声哨子，狂奔的马群立刻减缓了速度，慢慢儿停了下来。

见到眼前的这一幕，守备将军陈连升一脸惊喜，他站在街口慨叹着说：“向点娃果真是一个相马的奇才!”跟在陈连升旁边的传令兵廖百羽对将军的这句话明白了八九分，连忙凑上前去问了一句：“要不要我去叫伙房准备几个好菜，叫向点娃陪将军喝几碗酒?”陈连升望了生性机灵的廖百羽一眼之后平静地说：“别慌！让我灭了隆天啸，再叫他陪我喝酒不迟。”

这时，远在陕西的隆天啸已经收到所运黑货，全被保康营守备将军陈连升没收扣押的消息，气得暴跳如雷，即刻纠集五百死士，杀气腾腾地沿茶麻古道向东扑来，他不仅要夺回全部黑货，而且决意诛杀守备将军陈连升。在隆天啸的骨子里只有一个理念——敢与他隆天啸为敌的人，就只有一条“死”路!

其实，守备将军陈连升早就预感到隆天啸会疯狂扑来，知道这回不大开杀戒，取了大毒枭隆天啸的性命，已经难以平服当下的情势。就在一百四十骑黑货全部进入洞库的时刻，陈连升把伍通标叫到跟前问道：“你与张青麟、刘明辉三人合力，能够确保洞库里的黑货万无一失吗?”

伍通标立刻明白陈将军意思了，这回将军是要亲自领兵迎敌，他便十分严肃地回答说："请将军放心！我们一定会尽全力确保洞库的绝对安全！"守备将军陈连升点了点头说："很好！你们三人务必严防死守，确保洞库万无一失！"伍通标立正行礼，嘴里应了一声。

这是一场恶战！守备将军陈连升从施南协守备营带到保康营的一千名精兵之中挑选了一百零八名高手，由贝丘镖局的向世杰、谭大进领十名伙计前边带路，总共一百一十九骑兵马，由守备将军陈连升亲率，从保康营出发，绕过五当山北，从郧阳、郧西之间穿越过去，出漫山关进入陕西地界，在陕西丹凤与山阳之间的长廊之中，与率五百死士出西安，经临潼、蓝田，过商洛猛扑而来的隆天啸相遇。

发现敌情之后，陈连升把向世杰和谭大进叫到跟前，如此这般进行了一番布置。向世杰和谭大进放马过去，直接进入隆天啸的安营之地，并对隆天啸谎称他们是从保康营中逃出，欲回陕西搬救兵来了。

隆天啸咬牙切齿地骂道："你陈连升想必也是活得不耐烦了，敢与隆爷作对，你就只有一死！"当向世杰和谭大进告知隆天啸，说驮队的马匹和黑货，还有谭凤桥带领的镖局伙计都被扣押在保康营中之时，隆天啸狂笑着说："只要黑货与马匹还在保康营中，我等一到，定能如数夺回。等我取了陈连升的人头，也算是给你们拔了一个钉子，疏通了我的财路！"向世杰迎合着说："隆爷呀！您可不能只惦记黑货呀？贝丘镖局的那么多兄弟，也还等着您去相救啊！"隆天啸脸色一沉说："你这都是废话，我不救出贝丘镖局的伙计们，你让我把那么多的黑货自个儿背回来呀？"向世杰和谭大进佯装感激涕零，连忙跪地谢恩。几番周折之后，隆天啸完全放松警惕，在小镇的街口杀猪宰羊，炖肉喝酒。

冬日的傍晚，陕西境地寒风猎猎。就在隆天啸率领的五百死士一阵海吃狂饮，个个酩酊大醉之时，向世杰叫谭大进留居营地，自己趁机溜了出来，快马回到山口的密林之中，将隆天啸夜宿小镇的情形细细说给了守备将军。陈连升飞身上马，扬鞭齐出，直奔小镇，偷袭了隆天啸的营地，约莫半个时辰的功夫，五百死士全部成了刀下之鬼，营地里眨眼之间血流成河。缴获好马五百匹，刀剑五百件。隆天啸经过一番搏杀之后，最终死于守备将军陈连升的刀下。

大毒枭隆天啸之死，在陕西大地引起了不小的震动，一时间成了人们茶余饭后必谈之事。而在保康营守备将军陈连升的心里却怎么也乐观不起来，因为他已经预感到，接下来他将会面对更加强大的敌人。

104

经过几天几夜的长途奔袭，加上那天傍晚的恶战，浓浓的血腥味呛过之后，许多参与行动的兵士出现了身体不适的现象。就连守备将军陈连升自己，也时不时心怦怦直跳。自进入鹤峰州城从军，到亲自带兵领兵的近三十年间，也曾多次用兵，经历过无数次大小战斗，可一次诛杀五百人的事对于他陈连升来说，也还是大姑娘上轿头一回。他的心里十分矛盾，虽然从小练功习武，可他并不想把自己变成一个杀人不眨眼的恶魔，这次领兵出营诛杀大毒枭，也是出于无奈。身为朝廷武官，手握国之利器，该出手时岂能束手束脚?

回营的路上，守备将军陈连升是人在马背上奔驰，思绪也在他的脑海里奔驰……回到保康守备营中，陈连升急切地对留守营中的传令兵廖百羽说："快去给我把贝丘镖局的向点娃叫来!"廖百羽应声出了营帐。吕明山前来请示道："陈将军还有什么吩咐?"陈连升瞪着熬得鲜红的眼睛吼道："快去通知伙房，烧上数锅开水，让那些随我长途奔袭的兵士脱了汗透的衣衫，泡一个热水澡。"

就在吕明山转身前去传达命令时，伍通标进入营帐行了军礼，然后大声报告说："洞库防守严密，请将军放心!"陈连升瞪了伍通标一眼之后吼道："洞库属营中危禁之地，谁叫你擅自离开洞库的?没有我的命令，谁都不准擅自离开!"伍通标听出了将军话中从未有过的严厉，抬头施礼之后，应声回到洞库去了。

接着，贝丘镖局的向点娃在廖百羽的引领之下进了守备将军营帐，施单跪大礼，然后抬头望着守备将军陈连升那威严的面孔，小心翼翼地问道："将军传唤小的前来，有何吩咐?"陈连升平静了一下心绪之后，口气和缓地说："你并非军中部下，不必拘礼，起来说话吧!"向点娃连忙低下头去说："不敢!我虽不是军中部下，却愿意追随将军左右，为您效力，也好以此摘去朝廷钦犯之罪名。"陈连升不再与向点娃客套，先由他跪着，接着大声说："我已经亲眼见识了你控制马群的绝技，在我心中你的确算个高人，眼下本将有一件难事，你是否知晓良方?"

向点娃抬起头来说："请将军问话，我黑娃子定当知无不言，言无不尽!"陈连升点点头说："本次西征，经历了几天几夜的长途奔袭，真有人困马倒之感。随我前去的百余兵士被浓烈的血腥气呛过之后，大多出现了恶心呕吐等不良反应，你可有良方根治?"向点娃连忙慨气地说："这个不难!可给每人分发雄鸡一只，当场宰杀，接热鸡血一碗喝下，症状即刻缓解!"陈连升心里一怔，此法从前像是听老兵们说过，就反问了一句："果真有效?"向点娃十分自信地回答道："有效!将军一试便知。"

陈连升信了此法，不仅按照向点娃提供的方法传令下去，而且自己也亲自试了，此法果真有奇效。陈连升暗自默想：是药三分毒，药理之中就有“以毒攻毒”之说，这以鲜热鸡血缓解被血腥呛伤的味觉和肠胃之法，可以称之为“以腥攻腥”。不管此法多么简便易行，让长途奔袭的百余勇士恢复了正常是真。

这时，保康的民众议论风起，原以为领兵前来保康的守备将军陈连升亦不过如此，当下在大清的文武官员之中又有几个不是贪赃枉法之辈？可当扣押巨数黑货，诛杀陕西大毒枭隆天啸的消息传开，民众之心为之一振，看来这回保康营里真的来了一位铁面将军。不过接下来就看这位铁面将军怎么处置扣押下来的这批黑货了，如果决意控制毒源，悉数将缴获的黑货销毁，那么这位守备将军便是民心所向，受人拥戴。如果他吞了这批黑货，暗走其他渠道将其流通出去，大赚一笔黑钱，那这位出手利落的守备将军便与那些“贪赃枉法”的官员又是一路货色，甚至手段更加残忍毒辣，胆大包天。就连保康营中的一批老兵心中也在这般默想，因为镇守在这茶麻古道之上的保康营，像这种瞒天过海之事也是早已司空见惯了。

民众与老兵担心的这个问题，正是守备将军陈连升感到十分棘手的问题。这批黑货存放于火药库里无疑是一颗定时炸弹，如若真有恶匪冒险前来窃货，与守库官兵发生拼杀，引爆了洞库里边的火药，那便是军中大事，他这个守备将军纵有十颗脑袋也不够朝廷砍的。眼下奏请朝廷，处置这批黑货才是当务之急。

喝了鲜热鸡血，定了五脏心神的百名精兵有些情不自禁，他们列队来到大帐之前，想要目睹一下守备将军陈连升此时此刻的威武。听着整齐的脚步声，陈连升从坐椅上站了起来，在案前踱了几步。就听传令兵廖百羽进入帐前报告说：“将军！随您西征的百名精兵已经列队帐前，说不见到您夜间不能安睡。”陈连升手握佩刀大步走出帐前，立定在百名精兵的中间位置，用冷凌的目光扫视了他们一眼之后大声说：“瞧你们这点儿出息！奔袭一个来回，得到点儿小胜，便兴奋得夜间不能安寝了?！当下，本将还只统领朝廷三千兵马，若是有朝一日让我领军三万、三十万！到那时，你们这百名精兵可能就是领兵的将官，还能把这点儿小胜记挂在心上吗?作为军人，心中要有压倒一切困难的英雄气概，要有雄心和本领征服更加强大的敌人！不要一点小胜就还骄躁起来，这点胸怀，何以成大器！”陈连升停顿了一下之后大声吼道：“都回去吧！好好歇息一晚，明早照例出课操练！”守备将军陈连升的语音刚落，列队的百名精兵齐声大喊：“将军威武！将军威武！”

守在火药局洞库之外的伍通标、张青麟、刘明辉三个人听到这齐整的喊声，不知营中发生了什么事情，连忙支会吕明山前来营中探询情况。见营中士气大振，市井一片赞扬之声时，吕明山的脚头子也好像更加欢快了起来。

夜幕降临的时候，寒风在保康的街口吹得嗡嗡作响，卷起石板街的尘沙和纸屑，堆积飘落在街道的拐弯处。一轮凉月正从东边的天宇间透过云层，露出清冷的光亮。在那灰蒙蒙的郊外有几声犬叫传来，融进了城关的喧嚣之中。万家灯火与闪烁的星斗相辉映，西去东归的商客正成群结队停在大路旁的驿站，吆喝着打尖歇宿，罗马的嘶鸣之声中透着疲惫与无奈，唯有街口耀射的灯光让人在寒凉中感受到了那么一丝温暖与希翼。

陈连升脱了战袍和军服，穿上了一身得体的便装出了营帐，想先到营里去转转，然后再去贝丘镖局的驻地会一会那些在血盆里抓饭吃的人。廖百羽跟在身上走了多远，守备将军陈连升突然停住脚步说："别跟着我了，守在营帐之中，如有紧急军情来报，速到街上去找我。"廖百羽应声缩了回去。陈连升先到营里查了岗哨，再绕到火药局的洞库前查看了防守的情况，然后放心地走出营区，走入了保康城关那条繁华的主街。可他刚走出街口几步，就又听到了身后有轻细的脚步声。他警惕地放慢速度，又走了几步之后停下脚步立在那里冷冷地说："听这脚步声应该又是吕明山吧?"

跟在身后的吕明山吃了一惊，然后镇定下来平和地说："将军真是一个奇人，居然能在这寒风猎猎、喧嚣嘈杂的街市之中听出一个人的脚步声。"陈连升冷冷地说："我叫你跟着我了吗?"吕明山连忙解释说："我是怕您走错了地方，喝醉了酒。"陈连升早就在细心地观察吕明山这个人，一听他说出这话，便突然意识到了什么，连忙冷冷地说："我走错过地方吗?"吕明山听出了守备将军陈连升话中的涵意，有些惊慌地说："那倒不是！负责将军的安全也是我们的职责嘛！"听到这话，陈连升明显地感觉到吕明山是在掩饰什么，心里明显不爽，立于街口冷冷地说："你觉得这小小的保康城中，有能够危害到本将军安全的角色吗？回营歇息去吧！别坏了我的心情！"吕明山嘴里应了一声，却仍站在那里一动没动。

贝丘镖局的伙计们就住在保康城北的一座驿站里，这是他们押镖过往保康时常住的一个去处，人熟地熟。驿站的后山有一片白杨树林，可以拴马放马，驿站外的桐油灯盏里摇曳着昏黄的灯火，油烟被寒风吹散在街口，一股桐油的味道袭来。有一曲啸声透着凄婉的情韵流淌在城北的空间里，也飘散在了猎猎的寒风中。

身着便装的守备将军陈连升径直走进了驿站的大门，见贝丘镖局的伙计们正聚在一堆柴火旁闲聊，进门便说："刚才的啸声悦耳，勾起了我的思乡之情啊！"见守备将军陈连升便装前来，伙计们的心中顿时有了一种见到老乡的亲切。谭凤桥、向世杰、谭大进三人起身相迎。接着啸声又起，吹的是一曲土家族的"东方亮"。陈连升的心里一怔，流传清江流域的这首曲子，原本是一首唢呐的独奏曲目，没想到用啸杆儿吹奏便是另外的一番情调了。透过昏黄的灯火，陈连升看清了吹啸人的模样，竟然又是那个向点娃，他心里顿时发出了这样一个疑问——这人的肚子里究竟还揣着多少绝技？

一曲终了，向点娃站起身来面向陈将军鞠了一躬，嘴里说："这一曲'东方亮'就算是敬献给陈将军了！也不知我等的东方何时能亮。"陈连升立在那里，用一种异样的目光望了向点娃一眼，欲言又止。谭凤桥递来一条板凳，让陈连升落了坐，火光映红了他那张有些清瘦的脸，也照亮了他那两道冷凌的目光。陈连升望着众伙计点了点头，见向点娃鞠躬之后仍未落坐，想必是还有话说，所以才欲言又止，没有打断向点娃的话头。只听向点娃接着说道："将军顶着严寒，微服夜访驿站，想必是念老乡之情，前来探望了。有一句话我还得在陈将军面前重说一遍，也不知我等兄弟的东方何时能亮？"

陈连升完全理解贝丘标局这些伙计们的心情，就这样被困在保康城关，走不敢走，动不敢动，看不到明天的希望与曙光，这种日子实属难熬。停顿了片刻之后，陈连升一改往日的威严，语重心长地说："其实，我也想早些给你们自由，可是弟兄们想过一个问题没有？你们这趟镖押得真是不同寻常啊！不仅把货押丢了，而且货未押到陕西，货主及五百死士就成了官军的刀下之鬼。朝廷下令查禁鸦片已经有些年头了，为何屡禁不止？可惜就是像襄阳知府那样的官员多了，所以才为了私欲而不顾政令！眼目下是我下了狠手，决意铲除鸦片这个毒瘤。可这么大一批黑货落到了我的手里，如果不妥善处理，你们这么一走，心里会怎么想？再说了，谁来证明我的清白？今晚老乡之所以来到你们安歇的驿站，就是向弟兄们讨教销毁鸦片的法子来了！"

贝丘镖局的头人谭凤桥，听了守备将军陈连升的这一番话语之后，心中真如翻江倒海。他原以为陈连升也会变着法子吞了这批黑货，然后贩卖出去，获得巨额银两充实自己的小金库。可他谭凤桥万万没有想到，大清的官员之中居然还有这么一位好官，一位好将军。谭凤桥镇定了一下情绪之后，试探着问陈连升道："陈将军您可知道，这么大一批黑货要值多少银子吗？"

陈连升望着谭凤桥摇摇头说："我还从来没有接触到鸦片的买卖，还真的不知道这批黑货能值多少银子呢。"谭凤桥激动地说："这可是几十万两雪花花的银子呀！望着这样一笔巨额的财富，陈将军真的就没有一点儿心动的感觉？"

陈连升呼地一声从板凳上站起身来，用力一拂衣袖发出一声脆响，然后慨气地大声说："几十万两雪花花的银子呀！谁说不心动你们都不会相信！可是，你们想过了没有？如果让这一万多斤黑货流入陕西，流入中华大地，它要侵害多少同胞，它要污染好大一片纯净的国土啊！吸食鸦片烟毒，就是慢性自杀！如果有人昧着良心，拿黑货赚黑钱，就是隆天啸的下场！你们既然是我的老乡，就是清江两岸的兄弟，你们忍心让我背上骂名，遗臭万年吗？快给我出个主意，尽快销毁这批黑货吧！"

贝丘镖局的伙计们被陈连升情真意切的话语震撼了，他们真的没有想到，时下还有为了正义，为了大清子民，望着几十万两雪花花的银子而不动心的好官。向点娃从板凳上站起身来，望了众兄弟一眼之后对陈连升说："我们落到你陈将军的手里也算是服了。销毁黑货之法我倒是有，不过献出此法之前我想问问陈将军，对我们贝丘镖局的一百四十匹马，是准备缴获充军，还是放于市场交易？"

见向点娃起身说话，陈连升的心里十分爽快，这就转换语气很平和地说："我已经说过，这一百四十匹马是你们贝丘镖局伙计们的家当，我既不会缴获充军，也不会流放市场交易。等黑货销毁之后，你们带着驮队，还有送到营帐里的那一箱银锭去谋你们的生计。我会给你们开据文书，免了你们的罪责。"众伙计听了陈将军这话，就算是看到希翼与曙光了，开始议论嘈嚷起来。

向点娃有些情不自禁，扑嗵一声跪在火塘边大声说："陈将军果然仗义，我给你叩头！谢将军的不杀不罚之恩！"陈连升感慨地说："谢什么谢呀，都是老乡，你们也不容易，只是我还有一个想法要对弟兄们说说。"

谭凤桥起身上前一步拱手施礼道："请将军言明，我等兄弟赴汤蹈火也在所不辞！"陈连升点点头说："我看这位名叫向点娃的兄弟，不仅身怀绝技，而且重情重义，本将身边也缺这样的人哪！如果你能忍痛割爱，我想将向点娃留在军中，跟随我报效国家呀！"

向点娃抬起头来，望着陈连升那英武干练的身姿和那庄重冷凌的表情正欲说话，谭凤桥走到他的身边扶起他来说："跟随将军吃皇粮报效国家可比跟随我强啊！镖局的兄弟们虽然舍不得你，可也不能误了你的前程啊！"向点娃伸手拍了拍谭凤桥的肩膀说："这件事还是由你头人作决定吧，兄弟们的命运都归你掌管！"听了向点娃这话，谭凤桥热泪盈眶。他转过脸来对陈连升说："我把黑娃子兄弟就交给将军了！在此我不仅将黑娃子兄弟交给将军，而且从今往后贝丘镖局也随时听从将军调遣！"

陈连升走到谭凤桥和向点娃的跟前说："那就多谢了！贝丘镖局的全体伙计都是向点娃的生死兄弟，今后若有为难之事你们就找向点娃，我有所需也叫向点娃联络你们！"向点娃再次跪施大礼，嘴里颤抖着说："谢将军的知遇之恩！"

从贝丘镖局的伙计们栖身的驿站出来，陈连升的心情好了许多，他领着向点娃朝保康营走去。街口的寒风仍在不停地吹着，卷起的尘埃尚未落定。

105

那是一个极其难忘的夜晚，帐外寒风呼啸，帐内灯火通明。廖百羽知道将军换了便衣是有客人相会，便支会伙房炒了几道下酒的好菜，烫了一壶陈年腊酒，还在大帐里的案桌前生了一盆炭火。当向点娃跟随守备将军陈连升走进营帐之时，不仅一股暖气扑面而来，而且还有一股美味清香沁入心肺。向点娃突然觉得自己的命运终于有了转机。

陈连升坐定之后，廖百羽上了两只土碗，斟了两碗热酒。陈连升见向点娃站在那里表情处于惊愣之中时，他抬手一挥说："坐下吧，今日本将心里舒爽，你陪本将喝一顿小酒。"向点娃有些惊慌失措，扑通一声跪在地上说："将军！我向点娃可是戴罪之人，怎敢与将军平起平坐呀?"陈连升淡淡一笑说："今晚是老乡见老乡，不必拘礼，快快坐下吧!"向点娃从地上爬起来，坐在了陈连升对面的椅子上，两眼望着陈连升那一脸冷凌的威严，一时说不出话来。

陈连升冷凌的面部表情松弛了下来，他右手伸出几根指头亮索地端起酒碗，平静地对向点娃说："来，这碗酒就算是给你接风洗尘了。等你有朝一日穿上了军服，我与你便是官兵相见，关系也就发生了变化，再这么单独喝酒的机会恐怕也就少了。"向点娃也是嗜酒之人，平生喝了多少顿酒一时记不清了，可像今晚这样与将军对坐而饮可还是头一回呀。他有些激动地说："感谢将军的知遇之恩！我向黑娃子这辈子就算是祖上积德，祖坟上冒了青烟了。今晚喝了这碗酒，我就变成了军爷，也就是将军的属下了。我一定肝脑涂地，马首是瞻，誓死效忠将军!"说完这话，向点娃双手举酒碗于额前，面向陈连升行注目礼，然后一饮而尽。

陈连升点了点头，喝下了端在手里的这碗酒，然后放下酒碗说："看来你也是个懂得酒中礼数之人，酒量也一定不小，平时喝酒以几碗为限?"向点娃淡淡一笑说："实话回将军，在下喝酒不能超过七碗，八碗便会飘然，九碗便会恍惚。"陈连升开心一笑说："你倒是实诚，这酒量也算是说得过去"。这时，向点娃已经完全放松了，望着陈连升说："我向黑娃子绝对不能对将军说谎。平时喝酒我也只喝个三四分，不曾醉过。"

吃了一些菜肴，又喝了第二碗酒之后，陈连升望着向点娃说："在你的所有绝技之中，你认为自己最有优势，或者说最有造诣的是哪一方面的技能?"向点娃望着这位让他心生敬畏的将军坦诚地说："我向黑娃子学艺不精，要说最为擅长的技艺还是相马。”陈连升点了点头说：“我看出来了，你的确是一位相马的伯乐。不瞒你说，我自幼爱马，从军之后的这些年来也骑过几匹好马，可我却并不知道最优秀的马该是什么样子的。你可以在我营中看看，也包括贝丘标局的一百四十匹马中，可有上等的好马?”

向点娃仍然十分坦诚地说：“不瞒将军，我已经去了营中的马房仔细查看过了，在役的军马之中和这次将军缴获的马匹之中，好像根本就没有配得上将军的好马!”一听向点娃这话，陈连升似乎吃了一惊，连忙问道：“贝丘标局的一百四十匹马中可有好马?”向点娃连忙说：“我并不是说营中没有好马，贝丘标局的一百四十匹马中确是也有好马。我的意思是说，在这些马中并没有配得上将军的好马。”陈连升收住笑容，认真地说：“你这话是否有些夸大其辞，好马配好鞍，好兵配好马，难道偌大一个保康营，真就没有一匹能够配得上本将的好马?”向点娃慨气地答道：“的确没有！不过这保康营地处咽喉之地，有一条横贯东西的茶麻古道穿越其间，西去东归的客商与驮队不计其数，我一定能够为将军相到一匹好马!”陈连升又点了点头说：“这相马之事也是心急不得，是否能够得到一匹上等的好马，也得看缘分。”话说到这里，各自就有了一份期待在心中，这有关马的话题也就被销毁鸦片黑货的事淹了过去。

酒过三巡，彼此间的话语也就说得格外通透。陈连升与向点娃对销毁鸦片黑货的方法进行了分析研讨，最后确定采用在保康城外挖池，在保康城以北的石灰场里采石灰火矿一万四千斤，按照一比一的比例倒入池中，然后引水灌入池中淹泡的消烟之法。

第二天是一个晴朗枯冷的冬日。早餐时陈连升交待传令兵廖百羽通知当值的军官，令全守备营下辖各兵种，除伍通标、张青麟、刘明辉三人所领守库的官兵之外，巳时全部集结校场，他要下令按照向点娃所献之策，销毁本次缴获的全部黑货。廖百羽的心胸里有些兴奋，因为他很长时间没有见过陈连升将军校场点兵了，他也很想听听将军铿锵有力的声音。

保康营的校场位于城关西边，西南北三面有山丘环抱，东与保康营区相连接。南山跟脚有一条小溪绕城流过，春夏水丰，秋冬也不断流。校场外围栽有木桩，绑有栏杆，形成一个椭圆形。紧挨木栏是一圈三丈宽的跑道，可供官兵早操跑步，也可以骑马奔驰，校场东面有一个筑起的土台子，是将官训话的讲台。官军列队时，面向东方，早操列队时可见朝阳从东方冉冉升起，能给人一点信心。

随着大营之中集结的号角响起，各营官兵跑步向前直奔校场，值日的军官立于土台的中间，指挥着集结的队伍。等列队完毕后，值日的军官跑步来到陈连升面前，立定行礼，然后大声报告说：“报告陈将军！保康营列队集结的官兵二千七百一十六人，请陈将军检阅！”

守备将军陈连升穿着崭新的官服，手握佩刀，大步走到土台中间，用两道冷凌的目光扫视着整齐的队列，然后大声说道：“本将奉命前来镇守保康，已有一些日子了！可本将一连办了几件大事，就把校场点阅，官兵相见之事耽搁了几日！从即刻起，就望各营步调一致，整齐划一，各思其职，令行禁止！凡保康营里的官兵，不论来自哪里，我只管兵之优劣，不管你来自何方！若有不听将令，擅离职守者，轻则军仗伺候，重则崭首示众！”

陈连升踱了几步，接着猛一转身瞪圆眼睛，瞬间拔出佩刀，只见寒光一闪，在列的官兵就像是感觉到迎面吹来一阵寒风，突地打了一个寒颤。然后陈连升语气坚定地吼道：“各营听令！前卫营全体官兵回营后取铁锹镐头，随吕明山前去指定位置，挖一口三丈见方的土池，深七尺许；后卫营全体官兵，前往北山的石灰场，运回石灰火矿一万四千斤，堆放于前卫营挖出的池边，听候使用；左卫营的全体官兵，去南面山脚下引溪水到池边，淹土堵水，听令放水入池！”陈连升镇定了一下之后接着大声吼道：“右卫营的全体官兵，在营中待命，等前、后、左三营的差事完成时，听令随我出击，取黑货依次入池中销毁！整个行动之中，如果有谁不听指挥，别怪我手中的长刀破了你的胸腔！都听明白了吗？”队列之中一齐大吼了一声。陈连升闪电一般将佩刀插入刀屑，大喝一声：“各营带回，火速行动！”

校场之上的官兵正有序带回营中，前去执行命令。吕明山跑步来到陈连升跟前问道：“将军！您令前卫营随我前去指定的位置，可我并不知道指定的位置在何处，特地前来请教一下。”陈连升抬头望了一眼天空，然后长舒了一口气说：“去问向点娃吧，他会领着你前去指定的位置！”吕明山顿时恍然大悟，原来将军昨晚在大帐里请向点娃喝酒，是在商议着销烟大事。

三千兵马的有序行动，在并不很大的保康城中闹出了很大的动静。街口卷起尘烟，山边荡起回声，守备将军陈连升骑马奔驰于各个作业点上。约莫一个时辰之后，吕明山前来报告陈连升说：“土池已经挖好，请将军前去查验！”

陈连升骑马来到土池边，把向点娃叫到跟前低声问道：“你看如何？符合要求不？”向点娃抬起头，仰望着骑在马上的守备将军回答道：“土池合格。土池底部先放一层石灰火矿，然后才能押运黑货入池。”陈连升点了点头之后，把后卫营把总叫到跟前下达了命令。他骑马绕土池一圈之后，对立于土池外沿的前卫营把总命令道：“前卫营全体官兵速回营中，放下锹镐，取上兵器，速来土池周围加强警戒！”前卫营把总得令行礼，然后领兵回营。

石灰火矿扔进土池底部，发出碰撞的声响，刺鼻的微尘升腾弥漫开来，呛得作业的官兵咳喘不停。陈连升对吕明山大声说："快去传令右卫营，严禁携带烟火，跑步前往火药局洞库前，听候命令!"吕明山应声而往。陈连升立马于土池北头的高地上，回过头来仔细查看了一番土池周围的情形，见左卫营的几百官兵已将南山脚下的溪流引到土池的外沿时，这才纵身调转马头，朝火药局的洞库方向奔驰而去。

伍通标迎到门口。守备将军陈连升飞身下马，望着一脸疲惫的军官伍通标说："这几日苦了张青麟、刘明辉你们三个了。等把这批黑货销毁之后，我给你们三个放个假，让你们到襄阳城里去玩几天。"伍通标连忙说："将军不必多虑，您把我们三个全都派到洞库前盯着，说明这趟军务尤为重要，这是对我们三个的信任!"

陈连升停下脚步，望着伍通标傲红的双眼说："你能这么想便是好事。等你们将来在军中成了大器，也就知道为将的苦衷了！军中无戏言，但军中也是智慧之地，诡道之地也。"

走进洞库前的围场，陈连升紧锁着眉头问道："今日该谁当值？何时换岗?"伍通标立正答道："刘明辉当值，正午换岗。"陈连升点点头说："快派人去把张青麟及所领精兵全部调来，加强警戒！右卫营的全体官兵负责搬运黑货出库，通道两旁五步一哨，夹道布防。站哨之兵枪弹上膛，刀剑出鞘，以防万一!"

伍通标立刻明白陈将军的意思了，这黑货一出库，便如抢眼的金银，世外该有多少人想借黑货发财哩。销毁黑货的最后时刻，也就是最危险的时刻。

片刻之后，张青麟领兵赶到。陈连升把张青麟、刘明辉、伍通标三位军官叫到跟前，面色冷凌，语气低沉而又坚定地交待说："每一两黑货都将从你们手中出库。从洞库的围场到土池的距离是七百五十步，按照五步一哨为一百五十人，两边对面站哨正好三百人。你们三人统领的精兵一共三百二十人，抽调二十人在库中点数发货，共拿三百人对面夹道设哨，中间留通道一丈五尺。你们听明白了吗?"伍通标、张青麟、刘明辉三人立正行礼，干脆地答道："明白了!"陈连升用冷凌的目光扫视了围场一眼之后，语气坚定地吼道："为了确保万无一失，行动由伍通标一人指挥。立刻就位!"

伍通标立于洞库门口对守库官兵下达了口令，并点名报数分成两路纵队出洞库围场向外依次行进。

守备将军陈连升观察了一下洞库外的情形之后，紧握手中的佩刀大步走出围场，并对伍通标强调说："待我到土池查看情形，然后传令发货。"接着陈连升飞身上马，朝土池奔去。当他来到土池北口时，吕明山上前报告说："土池之内已垫石灰火矿一尺有余，已经完全具备销毁黑货的条件，请将军下令!"陈连升立马抬头，没有立刻回吕明山的话，他向南望去，见左卫营把总军官奔跑过来报告说：“将军！左卫营已将溪水引入土池边沿，只等将军下令，便可挖开堵水的泥土，放水进入池中。”陈连升抬头望去，只见那条刚开挖出来的水沟里已经灌满了溪水，如一条渠道时，这才转过脸来望着左卫营把总军官说：“退回原位执守，听令放水！”左卫营把总立定行礼，转身回到了原位。左卫营的全体官兵守在水沟两旁，很是威风。

陈连升把向点娃叫到身边低声问道：“可以投掷黑货入池了吗？”向点娃大声回答说：“可以了，请将军下令吧！”只见守备将军陈连升伸出右手嗖地一声，抽出腰间的佩刀高高举起，左手抬起一挥，指着左边的一队哨兵大声吼道：“依次传令过去，开库发货！”哨兵们依次脸朝左转，嘴里大声传令道：“开库发货！”

伍通标接到开库发货的命令，亲自打开了洞库的门房，令挑选出来的二十名精兵，依次前去搬运黑货出库，交给右卫营兵士，按序从哨兵的夹道之中跑步奔向土池。右卫营官兵总共三百四十人，而存于库中的黑货按两袋一挑，共一百四十挑，每挑一百斤，每小袋五十斤。等依次发货二百八十人之后，还有六十人打了空手，无货可发了。

等出库的两百八十袋黑货全部铺在池中时，陈连升将闪着寒光的佩刀指向后卫营，下令将堆放在池坎边沿的石灰火矿全部扔入池中摆放，土池已被填了一半上来。陈连升再次问跟在身旁的向点娃道：“可以放水入池了吧？”向点娃说：“不忙，先将所有兵士退离土池边丈许，以免蒸汽烫伤！”陈连升抬头望着还忙碌着的兵士，大声下令道：“全体都有啦！各营官兵退于池外两丈列队观察，不得拥挤。”

就在各营官兵有序后退列队时，伍通标锁了洞库门房，骑马来到陈连升的跟前报告称：“洞库已经锁严，原来的守库官兵已经上岗，我等是否可以撤回？请将军明示！”陈连升大声对伍通标命令道：“可以撤离洞库，但夹道列队的哨兵立刻撤到列队官兵的外围加强警戒，前来围观者不得闯入警戒线之内，违者当作前来哄抢黑货烟土者论处！”伍通标得令调兵去了。在场官兵都已听到了陈连升给伍通标下达的命令，望着街口涌来看热闹的人流，原本已经平静下来的心里复又紧张起来。

见火喉已到，守备将军陈连升将闪着寒光的佩刀指向南边的左卫营官兵，大声命令道：“放水入池！”只见左卫营把总军官挥手示意，令手持镐头铁铲的兵士挖开堵水的土层，一股溪水立刻奔泻入池。

顿时，奇观出现，石灰火矿见水炸开，在池中发出闷雷一般的轰响，一股刺鼻的蒸汽如浓烟升腾而起，在空中像一朵云雾。压在石灰火矿下面的黑货燃烧起来，散发出一股焦糊的气味。待到溪水灌满土池时，池中沸腾起来，石灰水由白变黑，渐渐化为污水流出。

106

随着溪水入池时的那一缕蒸汽升腾而起，随着黑货在石灰火矿之中发酵燃烧之后的那一股污水流出，这销毁鸦片黑货的事情就算告一段落。这次行动，在保康人的眼里是一次石破天惊的壮举。人们开始评论说，普天之下的所有官员，只要都像陈连升将军这样下得了狠手，朝廷的禁烟的命令何愁不能奏效。守备将军陈连升销毁鸦片黑货的胆魄和决心，不仅震撼了西北的民众，同时也惊动了朝野。

深冬的保康下了一场大雪，一夜之间山川和城郭都变成了白皑皑的一片。寒风卷着凌沫在街巷之中横冲直撞，鹅毛大雪漫天飞舞，朦胧昏沉的天宇之下弥漫着一种莫明的苍凉。那条横贯东西的茶麻古道之上，驮队踏着冰凌，仍在不停地艰难行进……

自从那天送走了贝丘镖局的四十一个人和一百四十匹马之后，守备将军陈连升的心情难以平静。这时刻他才真正地感觉到人在江湖身不由己了。原以为放走贝丘镖局的那些伙计，他们便会立刻回到清江流域，去叩问故土，去找回乡愁。可贝丘镖局的头人谭凤桥却说：“陕西地界已是我跟伙计们不得不回去的地界了，我们的牵挂，我们的眷念都已经安定在了那片土地之上。清江流域已经只是我等心中的一个念想，一个梦境。我等都是死里逃生的血肉之躯，舍不得为了一个念想，一个梦境而丢掉当下所拥有的生活，所以我等必须回到陕西。”谭凤桥的这一席话触动了陈连升的内心，他又何尝不是如此。

那天晚上，廖百羽又给陈连升备了酒菜，并且叫来了向点娃。但这回饮酒已不像头一回那么拘谨，说话间陈连升直截了当地问向点娃道：“贝丘标局的四十一个人都走了，你为何只身留了下来？不去陕西？”向点娃也坦诚地说：“我愿留在军中自然也有我的道理。一是陕西地界已经没有我的牵挂，我平生与马为友，以酒为爱，少时离开资丘便没有停止过飘泊，而今遇见将军也算是找到了归宿；二是而今我已是军服加身，成了将军手下的兵卒，怎敢再有二心，又去飘泊!”

向点娃的话说得陈连升的心里有些激动，他慨叹了一声长气说：“既然你对本将军有情有义，想在军中谋个怎样的职位?”向点娃嘿嘿一笑说：“将军您是误解我了，我可没有贪图享乐的奢望。您把我派到马圈里去当个马倌，为将军相马养马足矣。我向黑娃子脸皮虽黑，可心里亮堂，虽是一个江湖浪荡子，可我有良知，识大体。自从将军说要销毁那批鸦片黑货开始，我便对将军肃然起敬。”陈连升也淡淡一笑说：“那就去当马倌吧，那里倒也清闲。”向点娃一听陈连升这话，连忙起身退后，接着跪地叩首道："谢将军体恤厚爱！"

在陈连升的眼里，这个从贝丘镖局纳来的伙计留在身边，有朝一日可是个能派上大用场的人。就在这个时刻，帐外冰刀霜剑，大雪纷飞，茶麻古道之上马少人稀，保康城里的夜晚也一下子沉寂了许多。

而这时，守备将军陈连升的心胸里却在翻江倒海。自从南山脚下的溪水哗哗地流进土池，一股刺鼻的蒸气冲天而起，池中沸腾的那一刻，他的心也就随之沸腾了。在他看来，这祸害华夏民族的鸦片黑货都应该这样销毁掉，可那得要有多大一口池子呀？既是真有那么大一口池子，谁又有那么大的能耐把成批的鸦片黑货弄到池子里去？就凭我自个儿的一腔热血？就凭保康营里的几千兵马？当然不行！但能销毁一池子就销毁一池子吧！那夜，陈连升没有脱下军服早早地睡去，他手握佩刀走出营帐，迎着猎猎的寒风查哨去了。这保康营，这几千兵，可就是他的本钱哩。望着夜幕下的茫茫雪野，望着沉睡在寒夜里的保康，陈连升似乎感觉到自己也正处在一个昏暗的境地之中。当他走到营区的廊道之上，听到兵士们酣睡的鼾声，才仿佛找到了一丝儿安慰。

别看守备将军陈连升统领着千军，且是重镇要塞的军事主官，但他的内心之中却时常处于一种孤独状态。虽然长鹏和举鹏同在军中，却各思其职。每当他独自身栖营帐之中时，他对肖雪珍，他对康翠莲的那种思念便难以抑控。他们父子当下是人在营中，营在边关，实在没有机会去享天伦。练兵的艰辛，边关的冷月，在陈连升冷凌的表情之上镀上了岁月的沧桑，也刻上了皱纹与苍凉。

然而，尽管世态炎凉，岁月艰辛，历经风雨沧桑，陈连升却始终坚守着报效国家，忠于华夏民族的信念，坚守着一个军人的职责。他在用心血打造一支劲旅，也时刻高举着正义之剑，坚守在扫黑除恶的前沿阵地。在保康营守备的任上，他固守要塞，北至河南边境，西入陕西边界，横扫黑恶势力，清缴销毁鸦片黑货，砸烟馆惩烟贩，在血与火的洗礼之中，还原了一片片纯净的疆土。

当你回过头来再仔细看一看陈连升漫长的军旅生涯，在保康营中的五年征战就好比一个跳板，一个让他的军职"连升"的跳板。陈连升扫黑除恶查禁鸦片的策略，从严治军的操手以及清廉为官的品德，不仅让同朝为官的林则徐倍感欣慰，而且他也已经进入了朝廷的视线，为他往后的升迁打下了坚实的根基。

1828 年（清道光八年戊子），陈连升奉命领精兵两千，升任广西左江镇都司，时年九月领兵入驻广西左江镇。

1832 年（清道光十二年壬辰），陈连升奉命领精兵三千离开广西左江镇调往广东连阳营，升任广东连阳营游击军职，已从中越边境转入查禁鸦片烟土的前沿阵地。

回顾在湖北军界的三十三年间，陈连升铭记着许多难以忘怀的往事。而时常浮现在他脑海里的却又是保康的那一场大雪，那一片茫茫的境地，他当时的那种昏暗的感觉，不仅至今还停滞在他的记忆里，而且弥漫在了他的心头。就在他迈开脚步，离开保康守备营的那个早晨，他就仿佛听到了大海的咆哮，就仿佛看到了他曾经无数次设想过的那场搏杀正在朝他悄然逼近，他曾经无数次设想过的那个超过刘锡武，超过隆天啸千倍万倍的敌手，就要站在他的面前了。作为军人，他早已经看清了自己的人生，早已经感觉到了所有的一切都已经不属于自己，而是属于国家和民族。当他年过半百，终于明白自己少时“报效国家”的那个抱负，就要变成现实时，少时的那份希冀、那个梦境，时常让他的心潮汹涌澎湃。

而在这风霜雪雨的三十三年间，让陈连升倍感欣慰的是，他的部下伍通标、张青麟、刘明辉都已经成长为骁勇善战的职业军人，军职不断荣升。长子陈长鹏机敏过人，心怀宽广，在军中也有了一席之地；二子陈举鹏的身上映衬着陈连升当年的影子，不仅骑射的本领出众，二十一岁那年也中了武举，而且十八般武艺样样精通，在军中渐树威望，展露出了超强的指挥才能。尤其是他倾注心血，亲自操练出来的这支军队，不仅是他手中的一把利剑，而且已经成为朝廷的一把利剑。

自从在保康遇见向点娃之后，陈连升的心灵之中就好比有了一种依托，向点娃就好比是他的“军师”或者说“参将”，每每遇到重大的事情，两个人都要相互议论一番。尽管陈连升的军职越升越高，向点娃却依旧隐居在马棚，他们却常在一起交谈饮酒，关系十分密切。其实兵在营中，除了东西南北有着气候差异之外，不管是保康营也好，广西左江镇也好，还是眼目下的广东连阳营也好，对于久居于军中的官兵们来说似乎没有什么分别。

一天夜里，向点娃煮了一锅猪脚，烫了一壶好酒，在马棚前边的一间干净的小屋里等候着游击将军陈连升到来。酒过三旬之后，向点娃淡淡一笑说：“有件事得先恭喜将军了!”陈连升先是一怔，然后微笑着问向点娃道：“何喜之有？我刚刚升任为广东连阳营游击将军不久，又有何喜事降临?”向点娃收住笑颜，认真地说：“记得将军在保康营的时候就对在下说过，相到好马也得看缘分。这回好马终于出现了，而且今夜就歇宿在离连阳营不远处的一个驿站里。”陈连升摇了摇头说：“那不还是人家的牲口吗？世上的好东西多的是，哪能尽归自己?”向点娃叹了声长气说：“我跟随将军已经十余年，当初在保康我就夸下海口，一定要为将军相到一匹好马的。这回机会来了，好马就在身边，我岂能无动于衷?”

游击将军陈连升见向点娃这样一副认真的样子，就细细问了原由。原来正是当日下午，向点娃远远的听到了马群奔跑嘶鸣的声音，心中暗喜，因为他从这嘶鸣之声中听到了他苦苦寻找的那匹好马，就连忙骑马飞奔过去，在连山和阳山相峙的那个山口见到了经韶关而来，奔广州而去的商队和马群。一匹长着黄铜色毛衣的骏马映入向点娃的眼帘。这马身子修长，四蹄健硕，臀部圆实，伸展的披鬃在斜阳下闪着金色的油光。再细听那嘶鸣之声，向点娃在远处闻之的那个声音正是从这匹马的鼻翼中发出。他转怔为喜，连忙凑过去与商队中人搭讪，了解得知商队的头领名叫陈三喜，这次是贩茶去广州，途经湖南郴州过韶关而来。

听到“陈三喜”三个字，游击将军陈连升竖起眉毛惊叫道：“陈三喜？他今夜就驻在连山脚下的那个驿站里？”向点娃见游击将军陈连升一反常态，也是一惊之后回过神来说：“没错，就叫陈三喜，今夜他就驻在连山脚下的那个驿站里。”陈连升放下酒碗，嗖的一声站起身来对向点娃说：“快快备马，领我前去那个驿站！”

这时，连山脚下的那个驿站里灯火通明，头领陈三喜听到急促的马蹄声朝驿站奔来，不知外面出了什么状况，连忙出来查看。只见一个将军模样的人飞身下马，随继把马韁绳递给了那个引路而来的随从。灯光在驿站前照着两个拉长的人影，就在两人的距离近约两丈时，彼此停住了脚步，借着光亮审视着对方的面部轮郭。向点娃拉着两匹军马，远远地望着眼前的情景，并不知道眼面前将会发生什么事情。只听游击将军陈连升情不自禁地大喊一声：“三喜哥！真的是你！”对方似从惊愕之中回过神来，张开双臂迎面扑来，嘴里也是情不自禁地大喊一声：“果真是连升啊！我可找到你了！”

在进屋落座后的叙谈中，陈连升和陈三喜相互倾诉了一些别后的情形，儿时清江簰帮的那些兄弟都还活得安然自在，只是打通了西域茶道和广东茶道的廖平山受鸦片烟毒所害，已经不成样子了。同时他还了解到了李铁的近况，在宜都城李铁也已经成了有头有脸的人物。

了解到廖平山的境遇，陈连升叹了一口长气说：“可惜呀！为何就染上了鸦片烟土啊！都是有了银子就变坏。”陈三喜动情地说：“想当年，我们兄弟几个在清江簰帮的时候，多么单纯多么快活哟，转眼之间几十年就这么过去了，都已年过半百。这个时候知了天命才懂得珍惜亲情啊！”

向点娃拴好了军马，坐在游击将军陈连升的身边听他们兄弟俩叙旧，早已感动得热泪盈眶。这会儿向点娃似乎觉得，那匹好马的事情也不用费多大的周折了，正欲提起这事，就听陈三喜说道：“连升啊！我们急着想要找到你不为别的，是因为去年我们去西域贩茶的时候得了一匹好马。这常言道，好马配好鞍，良将配好马。早就得到消息，知道连升当上了大将军，我等心中大喜。我们当然也没有忘记你连升从小就爱马，所以这马我们一直带在身边，想遇见你时就把它亲手交给你。”向点娃在一旁急切地插话问道："是那匹黄铜色的马吧？"

陈三喜点点头说："它叫黄骠马，生得健硕，刚满三岁，还是个可以造就的嫩口子！"陈连升没再言语什么，在连阳营外能够这样意外地见到陈三喜，他心里激动。可当他听到廖平山的境况时，又让他十分伤感。片刻之后，他伸手拉起陈三喜的手说："是连升对不起兄弟们啦！当年我走单骑出邬阳关的时候，是平山哥送了我一匹枣红马！没有想到这几十年之后，又是你三喜哥送我一匹黄骠马。你们心中时刻没有忘记兄弟连升，而我却人在军中身不由己，没有机会顾念兄弟们啦！"

商队的头人陈三喜也紧紧地握住陈连升的手说："等你在马背上拼杀不动了的时候，就回邬阳关去吧，我们老哥几个聚在一起逮一顿团圆酒，好好地叙一叙当年的往事。连升啊！你还记不记得金鸡口的那个犀牛洞啊？"陈连升连忙回答说："记得，怎么不记得呀？犀牛洞里我们还藏着从谭天飞那股山匪手里缴获过来的六把单刀。"陈三喜点点头说："是的啦！就因为你和我们都曾经在那个河滩上驻扎过，金鸡口的人听说你早已当上了将军，就把那个犀牛洞改名为'将军洞'了。"听了这话，陈连升激动地说："等我告老返乡的时候，你一定要陪我到金鸡口去看看，你还得陪我在金鸡口的水面上飞一回，我们可都是'水上飞'。"

夜深了，一轮明月悬挂在连山和阳山中间的那个山口，清辉洒满了大地。陈连升告辞离开驿站的时候，陈三喜叫了个伙计把黄骠马牵到驿站前的场地里，拍着黄骠马的脖颈说："眼前的这位将军才是你真正的主人，从此你就跟随这位将军吧！"黄骠马在月光下欢快地跳动起来，发出了一阵悦耳的嘶鸣。接着黄骠马转过身来，伸直前腿低下头去，给陈三喜深深地鞠了一躬。

回到连阳营里，陈连升的心情难以平静。向点娃也是如获至宝，他选好干净的圈舍安顿好了黄骠马转来，见游击将军陈连升立于房前不愿离去，便试探着问了一句："要不咱俩架起火来煮开猪脚，继续喝酒？"陈连升点点头说："如此甚好！今夜不忍入眠！"

<第十章>

守官涌威震敌胆　父与子血染沙角

107

在陈连升漫长的军旅生涯之中，荣升施南协守备营千总之职，这是关键的一步。施南协守备营是他进入朝廷视线，展露军事才能的发祥之地。在这一重要的阶段里，陈连升实现了从木客到将军的转变，让他在不断用兵的过程之中积累了从严治军的经验，为他今后在军旅之中的不断升迁打下了坚实的基础。

从施南府出发，领精兵一千北上保康，为陈连升的仕途打开了希望之门。诛杀毒枭、销毁鸦片黑货之举，使他在西北地界威名大震，举世瞩目。出施南协入保康营，从广西左江镇都司，到升任广东连阳营游击将军，已经完成了他“连升三级”的人生跨越。

回过头来看：出施南协入保康营是一个人生的转折点，保康营就像一个跳板。陈连升踩到这个跳板之上，借助弹性，助他实现了这次人生的飞跃。就连他自己也时常在想——这难道就是廖百川当年执意要把“年升”改为“连升”的缘故么?

而这时，另一个进入朝廷视线的重要人物，也正迈着匆匆的脚步朝仕途的高端进发。这个人不是别人，正是与陈连升时刻相互关注，相互牵挂的年轻官员林则徐。

1837 年 2 月，陈连升仍在广东连阳营游击将军的任上时就获得了林则徐的准确消息：林则徐受道光皇帝召见，奉旨出任湖广总督。林则徐时年 4 月就抵武昌，接任湖广总督。5 月，验收江夏县长江岸堤施工，阅视督抚标兵操练。7 月赴汉川、沔阳、天门、潜江、京山、荆门、钟祥、襄阳一带查看河堤，督防大汛。8 月，至荆州督防荆州水患。9 月至 10 月，赴湖南长沙、衡州、永州、宝庆、凤凰厅、永绥厅、艮州、常德等地校阅营伍。林则徐的每一步行踪，都让他欢欣鼓舞。陈连升已经强烈地预感到——他与林则徐相遇、相见的时间已经越来越近了。

陈连升在连阳营游击将军的任上仍然高举禁烟大旗，下狠手扫黑除恶，用行动率先推进了湖广禁烟。

1838 年 6 月，林则徐再向朝廷奏呈禁烟方略六条，支持黄爵滋严禁主张。再次向游击将军陈连升召示了林则徐严禁鸦片的决心，让他倍受鼓舞。8 月，湖广禁烟初告成效。林则徐借用陈连升在保康运用过的销烟之法，亲督焚毁汉阳、江夏缴获的鸦片和烟枪。就在林则徐至汉川、钟祥一带督防大汛，查看堤工之时，陈连升就好比一个立于“楚河汉界”的前沿“兵卒”，被推向了前线，成了林则徐前往广东禁烟的开路先锋。

1838 年 10 月，陈连升被提升为广东增城营参将，被继广西左江镇都同之后，再次调往前线，集结到了鸦片战争的前沿阵地，领兵驻守官涌山。

记得陈连升领兵离开连阳营时，他骑马立于连阳营外，望着连山和阳山中间的那个山口慨叹道：“想当年，邬阳关上一少年；执石锁，扬马鞭，清江放簰两三年；立大志，敬英雄，四十四年军旅中；挥长戈，焚鸦片，六十花甲上前线……”

就在陈连升到任广东增城营参将的当月，林则徐在武昌校场亲督焚毁烟枪、鸦片。也就在陈连升抓紧备战的时刻，林则徐奉旨入京觐见。12 月 31 日，林则徐受命为钦差大臣，节制广东水师，赴广东查办海口事件。

尽管增城营参将陈连升，并不知晓钦差大臣林则徐赴广州查办的“海口事件”是什么具体内容，可他心里清楚，林钦差来到广东，第一批要召见的人中必定有他陈连升。

在水师提督关天培主持召开的一次高级军事会议之后，陈连升受到了关天培的特别接见。在这次会唔中，关天培对陈连升细说了他就任广东增城营参将之前，有关朝廷在广东禁烟的一些情形。

原来在 1834 年（道光十四年）前后，广州就已经成为鸦片贩卖的中心，朝廷的官员之中早已形成两派意见。一派主张“驰禁”，而另一派则主张“严禁”。散布“驰禁”谬论的人打着拯救银荒的旗号，鼓吹“驰禁，而厚增其税，夷商必与易货，严银买罪名。”不仅如此，这些人还主张民间自种罂粟，与外商竞争，堵塞白银外流，增加国家财用。而在关天培与陈连升的眼里，主张“驰禁”鸦片的观念荒唐至极。

当然既有主张“驰禁”的，也就有主张“严禁”的。在京师，以南方出生的中小官僚和士大夫为主体的，主张严禁鸦片的势力迅速集结并形成了气候。侍郎陈用光、程思泽、姚元之，言官徐宝善、黄爵滋、朱琦、苏廷魁、陈庆镛，翰林向绍基、吴嘉宾，中书梅曾亮、荣稷良，以及一批赴京应试的举人孔继镕、潘德兴、臧行青、洪武、张际亮等，经常唱酬集会，抨论朝政，力主严禁鸦片："查粤海关之税，所入者不过百万，而鸦片烟之银，漏出外洋者不下二三千万，以无用有害之物，毒中国之人，而又竭中国之财，夷人之狡，莫期甚于此……"

关天培仰望天空长叹一声之后说："道光帝从登基后不久便厉声禁烟，但他的决心实际上有多大，那是值得研究的。从历史言路条奏，不令猛烈抨击烟害，却款见深究之案例。由此可见，他在鸦片利益和鸦片毒害之间曾作过许多权衡。"

听了关天培的一席话，陈连升不禁茅塞顿开，而且还义愤填膺。陈连升万万没有想到在他下狠手严禁鸦片的十几年间，朝廷的权力中心会是这个样子。最后他望着一脸忧患的水师提督关天培斩钉截铁地说："看来只有拿我们手中的长戈和刀剑说话了，再靠他们的唇枪舌剑已经无济于事。"关天培紧紧地握住陈连升的手说："老将军的话让人心生敬畏！眼下的局势的确只有拿我们手中的长戈刀剑和大炮说话了。也可能只有大炮的声音才能惊醒那些沉迷者的神智了，我愿为陈将军助力！"

陈连升完全领会水师提督关天培与他单独会晤的意思了。在骑着黄骠马回官涌山的路上，陈连升就仿佛隐隐地听到了由远而近的炮火声。

天际，已是一片昏暗，像一个密封的窒人的穹窿。平时湛蓝的大海，蒙上了一层浓黑的东西，变幻不定的形态朝海岸涌来，像一卷巨大的灰色幕布匆匆滑过，又不断被另一卷席卷而来的幕布替代。朦胧与黑暗交错着，在长长的海岸线上形成了一道帷幔，一道看得见遮着光却又靠不住的帷幔。

陈连升立马于官涌山的高处，望着眼前的情势，耳边仍然回响着水师提督关天培与他交谈时的语音，他的内心充满了忧愤。其实让陈连升和关天培这些将军都没有想到的是，时任两广总督的邓廷桢，面对日渐泛滥的鸦片，内心之中也倾向于"驰禁"。起初关天培和陈连升他们还以为邓廷桢主张驰禁，是揣摩道光帝旨意和片面地强调堵塞漏银，因而顺从幕僚和下属的策划，形成了这个决断。当关天培和陈连升他们完全看出是鸦片的利益群体的要求影响了两广总督邓廷桢政见这一事实时，鸦片利益对清朝官场腐蚀的深刻性便昭然若揭。

"驰禁"一行，鸦片必然如潮涌入，且洋烟、土烟一并盛行。这种以牺牲民众生命和民族素质来增加国家财用的行为和议论一出笼，便受到主张"严禁"鸦片的官僚们强烈反对。

如果说陈连升骑着黄骠马站在官涌山的高处，看到的是一片昏暗的海景，那么当陈连升站在增城营参将这个军事高官的位置上，却让他看清了清朝官员受利益驱动，大行贪腐之实的严酷现实。而凭着陈连升的智慧和机敏，他已经强烈地感受到"扼制贪腐，惩治烟贩"才是下狠手严禁鸦片的当务之急。可眼下官商勾结，利益关系盘根错节，要下狠手该从何处下手？

钦差大臣林则徐抵达广州后，主张严禁鸦片的强硬态度，让主张“驰禁”鸦片的人心里胆寒，却让主张“严禁”鸦片的人看到了扼制毒瘤，拯救华夏民族的希望。

在一次召见军政官员的会议上，林则徐态度强硬，语言坚定，声洪而惊四座，气势之中透着正气。让广东的军政官员感觉到朝廷下了决心，道光皇帝真要下狠手扼制鸦片了。可是仅凭钦差大臣的强势是无法铲除这盘根错节的利益关系的。也就是说，钦差大臣手中除了道光皇帝的上方宝剑之外，还要有一把利剑，一把缉拿烟贩、收缴鸦片的利剑。

那是一个凉月当空，稀星闪烁的夜晚。海面上暗潮涌动，惊涛拍岸。陈连升奉召来到了钦差大臣林则徐的行辕。

坐定之后，林则徐慨气地说：“武昌一别，已有数年，陈将军英武依旧，很让则徐欣慰！”陈连升连忙起身行礼道：“林钦差如此抬爱，让我陈连升受宠若惊！”林则徐抬手一挥说：“陈将军不必拘礼，我们不仅是故交，而且陈将军比我年长，身有铁骨，浩然正气，更让则徐感佩！”陈连升连忙说：“林钦差乃朝廷红人，末将怎敢与您称兄道弟！”林则徐一脸凝重，伸手握住陈连升的手语重心长地说：“陈将军说得不错，皇帝一连召见我八次，商讨严禁鸦片之事。可不瞒陈将军说，我虽有上方宝剑，可我手中如果没有一把运用自如的利剑，再有上方宝剑又有何用?”说到这里，林则徐握紧了陈连升的手。

一股强大的力量传遍了陈连升的全身，他望着林则徐凝重的眼神慷慨地说：“请林大人放心，在步入增城营的那个夜晚我就想清楚了，既然调我来前线，想必也就把我视为林大人手中的那把利剑了！我陈连升甘为林大人手中的这把利剑，而且是林大人手中得心应手的利剑！”林则徐轻轻地松开陈连升的手，点了几下头之后，慨气地说：“有陈将军这句话，我的底气就足了！”

在接下来的谈话中，陈连升更加明确了钦差大人林则徐的意图，眼目下最紧急的军务是“抽调精兵、缉拿烟贩、收缴鸦片”。而要做到这一点，执行这样艰巨的任务，正需要“利剑”所为。可在缉拿烟贩，收缴鸦片之前，最当紧的一项任务则是摸清底数，搜集线索，锁定烟贩，逐个缉拿。

回到增城营中，陈连升皱起了眉头。平心而论，他陈连升的确是一个敢碰恶、敢碰硬的铁面将军，可面对盘根错节的利益网络，面对人鬼混杂的复杂局面，该从何处下手？就在他飞身下马，顺手将黄骠马的缰绳递给迎上来的向点娃时，他不经意地望了向点娃一眼。瞧见陈参将眉宇间的景象，向点娃知道他一定是遇到难事了，这就凑上前去轻声问道："将军脸色不好，是为何事犯难?"陈连升停下脚步，望着向点娃说："情况复杂，要火速挑选精兵侦察敌情，摸清烟贩的具体情形。"听了陈连升这话，向点娃哈哈大笑道："这个倒是简单，我已经给您弄得一清二楚了。"

陈连升先是一脸疑惑，然后一脸严肃地说道："军中无戏言，你可切莫轻率!"向点娃收住笑颜，也是一脸严肃地说："岂敢！自保康营跟随将军以来，少说也有十多年了，岂敢不懂军中的规矩。"说话间，向点娃从怀中掏出一个薄薄的本子来，递给陈参将说："您要的东西都在这里，您只要不追究我的擅自行动之责就行了!"

陈连升接过薄本翻看一遍之后，心里激动起来，用两道极其冷凌的目光盯着向点娃问道："你居然能在这么短的时间之内，搜集到这么全面、这么重要的情报，这可不是一个马倌所能够做到的!"情急之下，陈连升一把抓住向点娃的胳膊急切地吼道："你到底是什么人?"

向点娃即刻睁大眼睛吼道："我是什么人？我是一个既不想当官，也不想出人头地的老兵，一个为将军相马的人!"陈连升放开向点娃的胳膊，心情平静了下来。而在陈连升参将的下意识里却突然冒出了这样一个想法——是我自个儿老了，还是这人隐藏得太深？但片刻之后，陈连升的情怀释然，松开了紧锁眉头，心里暗自说道："都是自己人，都是我的兵，哪有什么藏得深与不深的问题?"

或许这就是人们常说的境界落差，陈参将刚与皇上身边的红人林则徐钦差商议了严禁鸦片的大计出来，心绪还完全笼罩在一种神秘之中，却在不经意间突然被一个马倌悟透了心机并捅破了这层神秘，这难道还不能在他的心胸里掀起波澜?

然而，此时此刻的广东沿海，局势十分紧张，凡能听到大海涛声的地方，就能闻到硝烟刺鼻的味道。

那个夜晚，增城营参将陈连升把已经升任千总将军的部下张青麟叫到跟前命令道："你在营中挑选二十名武功高强的精兵，交与向点娃指挥，执行缉拿鸦片烟贩的任务!"张青麟听了陈参将这话之后展露一脸惊愕，不屑地问道："将军！挑选二十名武功高强的精兵交与一个马倌指挥?"陈连升用冷凌的目光瞪了张青麟一眼之后反问道："难道你张千总也以为向点娃只是一个马倌吗？实不相瞒，此人乃是藏在营中的顶级高手，武功、马术均远在你们之上，该是派上用场的时候了!"

一股海风迎面吹来，突地让张青麟打了个寒颤。

108

入夜，千总张青麟把挑选出来的八名高手叫到跟前面授机宜，并叮嘱他们只能绑了马倌向点娃，绝对不能伤了向点娃。安排停当之后，张青麟吩咐后厨准备好上等的酒菜，要请陈参将前来宵夜喝酒。这醉翁之意却是想让一向器重这个马倌的陈参将看看他的笑话。

参将陈连升接到爱将张青麟的恭请，自然也就来了。步入营帐，见张青麟摆了满满的一桌，就问道："还邀约了陪客?"张青麟很恭敬地回答道："末将知道您常在夜间与马倌向点娃喝酒，特地派人到马房去请他了。"陈连升扫了桌上所摆的碗筷一眼，然后转过脸望着张青麟说："看得出，你是不服气我说向点娃的武功和马术远在你们之上了，这才派人前去试探他的深浅!"

张青麟连忙解释说："不敢！我是怕向点娃不给我面子，请而不来，这才派了八个兄弟去的。"陈连升望着张青麟冷冷一笑说："看你桌上摆的这些碗筷我就知道，你一共派了八个人，既是把向点娃绑来了，也没有给他安排坐椅和碗筷，对吗?"张青麟低下头去说："什么事都瞒不过您陈将军的眼睛!"

陈连升这才望着自己的爱将张青麟淡淡一笑说："你赶快撤下七副碗筷和坐椅，你我之外再给向点娃留一副就行了。如果我没有猜错的话，这个时候你派去的八个人都已经被向点娃给绑了，正用绳索牵着八个人前来找你算账"。

正说话间，一阵嘈杂声传来，接着就听向点娃大声狂气地骂道："张青麟！你小子给我滚出来！我什么时候招惹你了，你竟敢给老子使坏！给小杂种的，就凭你手下的八个孬麻雀儿就想绑了我向黑娃，你是有眼无珠！你快给老子滚出来，你手下的几个孬麻雀儿，我给你一串串儿牵来了!"

听到这话，千总张青麟的脸面上立刻露出羞愧之色，抬起眼皮望着陈参将有些不好意思地说："向点娃果然厉害，还是将军您有眼力!"陈连升望着爱将张青麟淡淡一笑说："这便是人们常说的真人不露相。"接着陈连升抬手一挥说："青麟，快快前去迎接向师傅，叫他进帐陪我喝两碗。那几个被绑的兵士先不必松绑，等我们把酒喝完了再说，也让他们长长记性!"张青麟起立施礼，出营帐去迎接向点娃了。

当向点娃丢下牵人的绳索，步入千总将军张青麟的营帐，一眼瞧见身着戎装的陈参将，闻到一股陈年腊酒的醇香时，心中的愤怒顿时消了下去，还以为是陈将军出的这个主意。走到陈参将跟前，向点娃立正行礼，并恭敬地说："早知参将在此，哪敢高声喧哗!"

陈连升望着向点娃那一身宽大的军服，和那收拾得体的须发时，便平和地说："不必再骂青麟了，就当是几个晚辈与你闹着玩哩。不过这一闹倒是好了，你这一身绝好的武功就算露了出来，正好派上用场。"向点娃一听陈参将这话，吓得脊背上冒出汗来，连忙跪施大礼解释说："请陈将军饶我瞒报之责。在保康营跟随将军时，只与将军说了相马之事，却隐瞒了也会一些武功的实情。可我跟随将军已有十余年的光景，忠诚之心不容置疑，绝无不轨的图谋，请将军明查！”

听了向点娃的这些话，陈连升变得面色冷凌，目光如炬，抬手一挥说：“起来吧！别在那里啰七八嗦的坏了本将的酒兴！”向点娃连忙从地板上站立起来，沾在裤褂上的微尘散开，他站在那里双手掩腹抱前，不敢落座。陈连升见状，有些不耐烦了，正色道：“叫你落座，你没听见？”向点娃这才落座，却不敢抬眼去望陈参将脸面上的威严。

酒过三巡之后，三人对饮的气氛便缓和过来。陈连升对向点娃语重心长地说：“论年龄，你比我还大两岁；论官职，你还只是普通一兵。我知道你是一个颇有心境之人，不求功名利禄，且从不计较个人得失。可眼下有一项十分重要的任务要交给青麟，而这项任务的特别之处又在于青麟不便亲领二十精兵去缉烟贩，最后他便想出了这个方案，想请你向师傅出山，去领这二十精兵。眼下的海边情势可是险向环生，盘根错节，矛盾尖锐复杂一触即发。我也觉得你向师傅是最为合适的人选。常言道：养兵千日，用兵一时！这回你可不能再隐于马房之中清闲享福了！”

听了陈参将的这一番话语，向点娃有些受宠若惊，正要与陈参将客套，不料千总张青麟端起酒碗对向点娃恭敬地说：“以前若有冒犯前辈之处，万望海涵。晚辈在此先敬向师傅一碗，就算是拜请您了。您可要拿出看家本领，抖出八面威风，为我们共同敬仰的陈将军效力！”向点娃更加激动，他端起酒碗慨气的说：“能为陈将军效力我向点娃在所不辞！只是这酒你张千总不能敬我。你可是千总将军，哪能给一个马倌敬酒？军中以军职级别论道，不能坏了规矩！我提议这碗酒，我俩共同敬了陈参将，就算是我俩领了任务，敬酒壮行如何？”

陈连升端起酒碗，望着爱将张青麟和向点娃说：“这碗酒就依你所说，一齐干了，就算是一碗壮行酒！”喝了这碗壮行酒，陈连升望着向点娃那一副机灵敏捷的模样，胸中禁不住涌起了些许酸楚。他心里在想——我作为一个职业军人，且是朝廷命官，六十花甲还上前线那是正说。可你向点娃就不同了，六十花甲已过两年，按照常理该是在家抱孙子享天伦的时候了，可你却跟随我转战南北，身上沾满了马汗味，到而今还是要职位没职位，要名分没名分。虽然你向点娃并没计较，可我这心里实在过意不去。想到这里，陈连升望着张青麟有些伤感地说：“别太委屈了向师傅啊！你明早前去军需处给向点娃领两套千总的官服，配上一匹好马，再穿这样一套马倌的军服，实在不便与我等一起行走。再说了，既然是去执行这样一项特殊的任务，敢向顽固的烟贩亮剑，这也是要气势与地位的。若让钦差大人看见，也失了军中的体面！”向点娃一听这话，连忙起身退后，向参将陈连升跪施谢恩大礼。

片刻之后，陈连升望着爱将张青麟问道："你打算挑选哪些精兵交给向师傅执行任务？"张青麟恭敬地从衣袋之中掏出一份名单双手递给陈参将说："都是一些您所熟悉的兵，名单在此，请参将过目！"陈连升拿起名单仔细看了一遍。当他的目光落到"廖百羽"的名号上时，眉头突然皱了起来，轻轻地叹了一声长气说："你把廖百羽给我换下来吧，我准备叫他依然回施南协守备营去当兵。这孩儿命苦！不能把他留在前线了。"张青麟立刻明白陈参将的意思了，点点头说："还是将军您想得周到，我另外挑一个兵补充进去。"

陈连升又轻轻地叹了一声长气说："廖百羽的爷爷廖德贵是个银须老者，晚年是我的师傅，给我教了许多绝技，而且死得异常悲壮；廖百羽的父亲廖大捶是个憨厚愚钝的大力士，一直对我忠心耿耿，临终的时候给尚未成年的廖百羽说，叫他到施南协守备营去找陈连升。可见人家是把廖百羽这根独苗托付给我了，我不能让廖家在邬阳关的板桥沟断了香火。我要给他备足盘缠差他回去！"听了陈参将的这一番话，千总张青麟的心底里也涌起了一种莫名的伤感，他望着老将军慨叹着说："这就是您值得我们敬重的地方！您把廖百羽安排回施南协，却不是安排长鹏和举鹏回施南协！您重情重义，重情重义啊！"陈连升摆摆手连忙说："这种事我们三个人知晓就行了，别再张扬。我们现在是在前线，军心不可动摇啊！"

向点娃一直闷在那里没有说什么，直到这顿酒快要喝完的时候，他才起身给陈参将和张千总施礼道："请二位给我明示，一是我的行动直接听谁指挥？二是缉拿烟贩要分先后，缉拿之后羁押何处？"陈连升望着向点娃口吻十分严厉地说："你直接听从千总将军张青麟指挥，未接到命令时不得擅自行动！缉拿烟贩的先后次序也必须按令行事！明白了吗？"向点娃行了军礼，然后大声说："明白了！"

不几天的光景，边防的情形日渐紧张起来，军官们的脸上折射着冷凌，兵勇们的腰杆子挺直了，脚头子也快了。经过几场校点，参将陈连升掌握了增城营的家底，除了他从广东连阳营亲领而来的三千兵马之外，增城营中留守的两千兵马大多都是惠州兵。惠州兵的特征也是英勇善战，算是清军中的精锐。参将陈连升心中有了底气，随即抽调精兵三百人交与千总张青麟配合收缴鸦片之外，其余人马全部调往前线进行战前训练。

就在向点娃脱下马倌的服饰，穿上那套千总将军官服的日子里，已升任前卫营把总军官的廖百羽，带上参将陈连升的亲笔书涵，孤身一人踏上了回鄂西南施南协守备营的路程。望着关山千重，廖百羽的心里没底，更不明白此番回程意由何在。倒是向点娃面色红润有了精神，就像是一名穿上了戏装扮演千总将军的名角，那表情和步伐也都发生了微妙的变化。难怪古话有云——佛靠金装，人靠衣装。向点娃在烟贩与英商们面前展现的就是一名千总将军的严酷与威猛，在他向点娃拔刀亮剑的场合，还真没有胆敢违抗命令的角色。

参将陈连升心如明镜，这缉拿烟贩羁押，然后逼其交出鸦片黑货，罚没银两没收货物，获取自由。这似乎是中国官场历来惯用的技法。可眼下的情形是天朝遭遇帝国，每一个大小烟贩的背后所牵涉的后台都会触及到英帝国的利益。说白了，每一次的行动，都有可能是天朝与帝国的较量。而参将陈连升可是身在天朝的职业军人，且是高级将领，凭他的机敏与智慧，不会不明白这严查鸦片走私只是表明天朝的决心，凡是在严禁鸦片的高压态势之下能够交出鸦片，甘惠罚没换取自由之身的那都只是一些附庸小商，而那些真正身靠帝国背景的大亨，为了利益的最终结果只会是在开阔的洋面，用炮火说话。也正是这样一个不断炽热升温的态势，告诉给了参将陈连升一个极其浅显的道理，那就是当帝国渺视天朝而用炮火在开阔的洋面说话的时候，谁敢代表天朝发出铿锵有力的回声？

那是一个晴朗无风的日子，林则徐在陈连升一行的陪同下，来到广东东莞县的太坪镇，站在珠江入海口的岸堤之上，望着湛蓝的江海，他对一脸凝重，两眼冷凌的参将陈连升语气坚定地说："销烟的地点就定在虎门海滩。陈将军在缉拿烟贩，收缴鸦片的同时，还要征集一些销烟之法，对收缴归拢的鸦片更要严防死守，绝不能让鸦片再度流入市场，祸害大清的子民！"

参将陈连升迎着海岸的风景，挺胸抬头，把目光从远处的洋面折转回来，望着林则徐说："请林大人放心，只要是已经收缴回来的鸦片，颗粒都不会再度流失。只是……"没等参将陈连升的语音落下，思维和敏锐的钦差大臣林则徐便急切地问道："只是什么？陈将军遇到什么难处了么？"

陈连升镇定了一下自己的情绪之后，这才转过身来对儒雅之中透着坚毅之态的林大人说："只是缉拿的这批烟贩得选一个远离市井和近海的安全地带集中看守起来，然后逐一提审，按律处置。不能久而羁押在军营之中，省得节外生枝！"林则徐点点头说："这倒真是个问题。陈将军已令手下缉拿了多少烟贩？"陈连升连忙说道："回报林大人，在缉拿烟贩时，我们采取的是'先剪裙边，再拿主襟'之法，已缉拿中烟贩四百余人。如果按照摸底的详情全部缉拿的话，可能要突破千人。"林则徐的脸面之上顿时露出了惊讶之色，嘴里慨叹道："有这么多?!"陈连升认真地回答说："就有这么多！我们缉拿的基本上还只是经销烟土的主犯，要有一定规模才纳入我们监控的视线之内，如果连一些零卖的小贩都抓，还远不止这个数！"

林则徐挺起胸膛，望着洋面上卷起的浪涛慨叹道："也难怪鸦片之祸漫延得如此迅速，原来这鸦片贸易已经自成体系了！"接着林则徐急转过身子，望着参将陈连升急切地问道："将军可有良策?"

参将陈连升胸有成竹地说："我的想法是奏报林大人获准之后，在东莞太坪镇建一个收押烟贩的集中营，选调精兵看守，然后逐一审讯，按律法落!"林则徐听后，面露沉稳之色，语气坚定地说："就按陈将军的良策施行!"

这时，珠江口外的洋面上驶过一队扬帆的海船，大清的龙旗飘扬在领航的船头，船舷的两边排列着粗壮的火炮，水兵列队整齐，远远望去像一条游走的巨龙。参将陈连升握紧佩刀上前一步，欣慰地对钦差大人林则徐说道："这便是水师提督关天培亲率的水师，很是气派!"林则徐望着洋面的景象，脸面上充满了自信，慨叹着说："天朝的水师，定会越来越强大!"

一阵海风迎面吹来，撩起了他们官帽上鲜艳的红缨，发出嗖嗖的声响。近海的栅栏在起伏的海潮中时隐时现，铁链碰撞出铿锵之声。海岸的轮廓清晰起来，展露出壮丽的景色。

109

回到增城营后的那一夜，参将陈连升难以入眠。他的脑海里闪现出了石龙河谷、金鸡口、桃符口那壮美的山影，清江的惊涛骇浪在他的心怀里奔腾翻滚，在他的耳边发出震荡与轰鸣。他兴奋，是因为他觉得自己报效国家的志向得以实现，与朝廷钦差大臣林则徐并肩站立在海岸共商"禁烟"大计的那个时刻，早已铭刻在了他的记忆里。这或许就是一个邬阳关的儿男，自幼放木簰出清江，最后心怀报国之志，决然离开清江簰帮决意投军报国时的梦境……当鄂西南壮美的山影在他的脑海里切换成海疆那壮美的景色时，他的眼角竟然含着两滴热泪，他的心怀里竟然涌起了一缕豪迈的激情。

很快，参将陈连升的情绪平静了下来，他开始冷静的思考当下的军务。摆在参将陈连升面前的要务起码有两件：一件是缉拿烟贩，收缴鸦片；另一件则是与水师提督关天培同心协力筑牢海防。而按照军职的高低，参将应是水师提督的属下，于是陈连升决定近日前去虎门，拜见水师监督关天培。

或许正是因为他自身武功高强的原故，多年来陈连升养成了一个习惯，无论平时还是战时出门，都不喜欢按照标准带上随从和卫兵。可前往虎门拜见关天培将军的那个日子，他破了先例，领着卫队骑马前往，抖出了八面威风，他想让英商睁眼瞧瞧，在天朝的军队之中也有所向无敌的常胜将军。

当他步入东莞县太平镇，得知关天培将军已经前往威远炮台试射从顺德调入海防的几门新炮时，顿时高兴起来，扬鞭催马领着卫队狂奔而去。进入威远炮台阵地的后廊，关天培远远地就认出了参将陈连升，挥手指示炮手暂停，接着转过身来迎面笑道："陈将军果真机敏，我今日来威远炮台试射新炮，您便准时赶来，真是眼福不浅!"参将陈连升愣了一下，水师提督关天培先行拱手之礼，这让他有些不知所措，连忙施礼道："关将军这是折煞末将了，见到下官哪有先行礼之理呀!"关天培笑呵呵地说："陈将军比我年长几岁，且为人忠义，是我敬仰之人，怎能怠慢了老将军!"陈连升第一次听到这个"老"字，心里又是咯噔了一下，即行礼之事倒也这么顺滑过去了。当他看到炮位上新铸的几门火炮时，望着关天培笑着说："这回我可真要开开眼界了，亲眼看看关将军新铸的六千司马斤火炮的威力!"关天培果真英武干练，抬手一挥示意陈将军及卫队前往指定位置观看，自已进入阵地下令试炮去了。陈连升放眼望去，这里海蓝蓝天蓝蓝，从古至今，虎门就是兵家必争之地，海防驻军始于唐宋，兴于清乾隆年间。在没去虎门的时候，陈连升一直以为"虎门炮台"就是一个炮台而已。当他身临现场极目远眺，方明白"虎门炮台"是整个虎门海防的总称。沙角北遗为官涌，沙角炮台，鹅夷炮台，威远炮台，晴远炮台，在整个虎门的海防体系中形成一个扇形海防网。威远炮台的炮台群和沙角炮台的炮台群形成两大体系，就像两把铁锁，牢牢地锁在虎门之上，并由海岸线上若干个炮阵地组成交叉火力网。陈连升渐渐地看出眉目来了，这沙角炮台不仅是整个虎门海防的前哨阵地，也是整个南海海防的前沿阵地，与威远炮台相互支撑，因此才有了"虎门第一隘"的称谓。

随着一声震耳的炮响，陈连升被惊醒过来，顺着炮弹飞出的弹道望去，炮弹准确地射中了设置的目标。关天培见状，脸面上露出了喜色，并伸出大拇指夸奖道："好家伙！射程虽是短了些，精准程度还能让人满意!"听到水师提督关天培的夸奖，炮兵们顿时露出满脸得意的神情，接着试射了其余的几门火炮。可就在关天培将军和试射火炮的炮兵们眉飞色舞，脸面上洋溢着胜利者的神情时，参将陈连升却皱起了眉头。

原来清军的大炮都是广东顺德铸造的，用火药做基药，射出的炮弹都是实心铸铁弹，每一枚铸铁炮弹重约二十公斤，没有击中目标后二次爆炸的功能与威力。打炮的过程用简单的比喻就好比用力扔出了一块石头，砸到坚硬的墙体或是铁板上便只有一声轰响，没有很强的杀伤力或者说破坏作用。

更为严重的是，一门火炮打完之后，炮膛的温度瞬间升至五百多度，必须经过半个时辰的冷却之后才能再次装填火药和炮弹发射第二炮。而这种炮身的后坐力和声响都大得吓人，有时候还怕炮膛自身爆炸。因而炮兵的点火手，站到炮位手持檀香火把点燃导引之后，必须快步离开炮身隐蔽在炮阵地之后的战壕里。如果瞄准炮击固定目标倒也还好，可海上的舰船是运动的，且火炮射出的时间有快有慢，凭经验设置提前量，命中率很难确保。

让参将陈连升皱起眉头的还不止这些原因，更重要的还是火炮的射程问题，这些火炮的最大射程不超过一千五百英尺。沙角炮台与威远炮台之间的目测距离为三千四百英尺，也就是说两边的炮阵地架炮对射只够三千英尺的射程，中间还有一个四百英尺的空巷难以火力封锁控制。有了这个破绽，敌舰便可以大摇大摆地从这个四百英尺的空巷之中随意穿行，这正是海防体系中的薄弱环节，难道关天培将军居然没有察觉?

试炮完毕，水师提督关天培退出炮阵地来到后壕，扫视了一眼参将陈连升的卫队之后，径直走到陈连升的面前，见他面色冷凌，便问道："陈将军亲眼目睹了试炮的全过程，有何见解?"陈连升语调低沉地说："我初到前线，不懂海战，怎敢对关将军亲自部署的海防乱评妄议? 只是这炮倒是让我有点疑惑?"

水师提督关天培虽比参将陈连升年轻了五六岁，可在军中也是威风八面，有胆有识的将军，岂能观不出陈连升脸面上那冷凌的颜色? 他转过身来与陈连升面向大海并肩站立，然后小声问道："陈将军的心目之中到底有什么疑惑? 您尽管坦言相告，也好让我加以改进!"

陈连升点点头说："既然关将军胸怀坦荡，让在下亲眼目睹了试炮的全过程，如果我有话不讲，那便是对关将军不忠了! 在下看来，这批火炮应该优于前面已经配置的火炮，声音倒是不小，威力确是不大，尤其是火炮的射程只不过一千五百英尺，既是沙角和威远两大体系开炮对射，密集交叉的火力体系仍然封锁不了虎门，因为中间还有一条四百英尺的廊道，将军是想用舰船载火炮冲进廊道之中狙击敌人吗?"

关天培一听这话，就像是短刀插进了心窝。他曾经多少次想到过这个破绽，却并没有想到过填补之法，今日却被一个初来乍到的陆上将军看出了海防的破绽，让他深感惭愧。关天培转过身来，望着陈连升那冷凌中透着威严的脸面低声说："陈老将军果然慧眼独具，一眼就看出了虎门海防的虚弱之处，陈将军可有修补虚弱之良方?"陈连升沉稳地说："不妨加足药量再试。"陈连升在给关天培将军说出这话之时，脑海里闪现出了儿时的一片记忆，就是他的爷爷陈富教他爹爹陈万星，给猎枪之中加一角子火药之后打下十子花河对岸山羊的情形……关天培望着陈连升摇摇头说："此法显然不妥! 我打炮时所用的药量已经多了三分，若是再加，恐有炸膛之险!"

陈连升不再提及这件事情了，只是抬头挺胸长舒了一口气息，走到威远炮台后沿的营区里，坐在院中的石凳之上。关天培与陈连升两位高级军官一边品茶，一边商讨军务。陈连升言明了这次前来虎门拜会关将军的初衷，表明自己虽然身经许多战事，打过不少硬仗，但大多都是在山地、平原或者河谷，均是陆战，不曾经历海战。本次奉命来到海防前线，面对汪洋大海，心中实在没有底数。他非常谦虚地对关天培将军说："从今往后，你要教我熟悉水军，训练水军的实战之法。"

关天培倒也坦诚，直爽地说："请陈老将军放心，我将抽调水军军官和士兵归于老将军属下，解决水陆联合作战的问题。"关天培停顿了一下之后慨叹道："在天朝的官员之中，大多只知道有两万两千多公里的边境线，却并不关心这一万八千多公里的海防线。当下的天朝真是需要一支强大的水军啊!"

参将陈连升点点头说："关将军所言极是！你驻守海防要塞多年，练兵固防均有良策。我只是带一部陆军来助一臂之力，一切愿听关将军指挥!"关天培用敬重的目光望了陈连升一眼之后说："陈老将军的品德和节操，以及屡立奇功之事，本将早有耳闻。这次朝廷调您前来虎门战区助战，也正是本将所盼。今后我与陈老将军处置军务，不必拘理主协之分，请陈老将军大胆行事!"

听了关天培将军的这番肺腑之言，陈连升起身拱手施礼道："感谢关将军如此器重！以后练兵固防、以致战事，凡需水军协同事宜，在下就要仰仗关将军了!"

望着洋面升腾的烟波，听着海浪轰鸣的声响，陈连升挺起了胸膛，咬紧了牙关，腰杆子硬了起来。

与关天培将军的此次相见，让增城营参将陈连升看到海防的薄弱，也让他感受到了自己肩上的责任。他一直在想，既然朝廷把我派到了这样一个关键的战略前哨，也就是一种信任啊！有林则徐这样一位钦差大臣，又有关天培这样一位开明坦荡的主将，该是我陈连升一显身手，为国效力的时候了！如果天朝真有一支强大的水军，还要我陈连升上前线做什么？如果海防固若金汤，还要我陈连升奔赴前线来做什么？

为了尽快让参将陈连升所属的陆军部队熟悉海战和反登陆作战，关天培随后下令并挑选水军的中级军官马良领精锐二百，前往增城营协助战前练兵，充实海防。

回到增城营中，陈连升经过周密的思考之后，迅速召集把总以上的军官举行军事会议，进一步明确两大任务：第一，缉拿烟贩，收缴鸦片；第二，加强战前训练，全营进入一级战备状态。伍通标、张青麟、刘明辉、黎志安、马良、鄢如敏、吕明山、陈长鹏、陈举鹏等军官依次列于大帐之中，听着参将陈连升清晰而又坚定的声音。

陈参将用竹鞭指着地图上标示的箭头和记号进行认真解说，众军官才对虎门海防的基本轮廓有了一个清晰的印象。原来虎门位于珠江三角洲的东南方向，是珠江水系各系干流汇入南海的八大口门之一，是东江全部经流的入海口，更是从南海进入中国内海并北上广州的要道，被军界称为“南海要塞”。虎门海岸的十多个山头，都被合理利用地形地物构筑成了炮阵地，并形成了一个弧形火力网，像一张拉开的弓，构成了虎门海防的防御体系。而北以威远，南以沙角各为前沿。

陈参将进一步对着地图解释说：“虎门海防共有三道防线：第一道防线是沙角炮台和大角炮台，被称作预警线，这两个炮台首先御敌，并起着信号台的作用，一遇敌情开炮，就可以迅速传递信号到其他炮台；第二道防线，是洋面设有排链作为障碍物，用成堆垒积的石块加固，水深处栽梅花桩，防止敌船靠近海岸；第三道防线则是大胡山岛防线，山上设有炮台建有炮位群，在于防御来犯之敌突破关口，抢滩登陆。”

接着，参将陈连升放下竹鞭提高嗓门说：“我部所处的是海防的前沿阵地，而对的是帝国的坚船砺炮，我们必须振作精神，挺直腰杆，拿出天朝军队所向无敌的气魄，坚守每寸疆土，坚守每一寸海防！”

自此，增城营里的气氛紧张起来，完全进入备战状态。参将陈连升令伍通标、刘明辉、黎志安领兵配合马良加强战前训练，自己再挑精兵数百，亲自前去指挥配合千总张青麟缉拿烟贩，收缴鸦片的战役。

那天开完军事会议之后，陈长鹏在大帐之外徘徊了一阵，见弟弟陈举鹏出了营帐便走上前去说：“举鹏啊！我听爹爹今日讲话的语气倒是还好，但是自从出了连阳营，调入增城营以来，我看他的鬓发早已现出灰白的颜色。爹爹已经六十花甲，而今还上前线，真是苦了爹爹了！”陈举鹏身材高挑，气宇轩昂，见哥哥陈长鹏这么多愁善感，便停下脚步说：“我们是该关心关心爹爹了！他虽然是个将军，可人心都是肉长的，孩儿的孝敬他是不会拒之门外的。”陈长鹏点点头说：“我俩不如留在大帐之内，陪爹爹吃一顿晚饭，给他敬一杯酒。”陈举鹏站在帐外，抬头望了一眼显得高大威严的增城营大帐，然后对哥哥长鹏说：“你的主意倒是很好，就怕爹爹的帐内没有备酒。”

正说话间，一匹快马奔驰而来，一个身着千总军服的军官在大帐之外飞身下马，快步向大帐奔来。陈举鹏与陈长鹏对视一眼，然后低声相问：“向点娃何时当上了千总？”急匆匆奔来的向点娃并没有听见陈举鹏与陈长鹏相问的声音，有些气喘地说：“长鹏举鹏，快快陪老伯去见你爹爹！”

天色渐渐地暗淡下来，海风在轻轻地吹，海浪在轻轻地摇。大帐之内，向点娃向参将陈连升仔细汇报了缉拿烟贩，收缴鸦片烟土的情形。陈连升没有立刻言明什么看法，见长鹏和举鹏兄弟俩前来探望，心中顿时感到欣慰与温暖，连忙吩咐卫兵通知后厨准备上好的酒菜，拿出一坛好酒对向点娃说：“这缉拿烟贩，收缴鸦片烟土之事，咱俩回头再议，今晚难得长鹏和举鹏有这番孝心，留下来陪陪爹爹，咱哥俩也就不淡军务，开怀饮酒!”向点娃虽是一身疲惫，但闻见酒香便来了精神，眉宇间早已神采飞扬。

110

这个夜晚，对于广东增城营参将陈连升来说，的确是一个温暖的夜晚，眼望着陈长鹏和陈举鹏都已经成为天朝的职业军人，虽然与他同在清军的大营之中，却也很少有机会这样聚在一起开怀同饮。尽管这样的聚会并不算完美天伦，可对于长在军中奔波于沙场的三父子来说，已经是一次难得的相聚了。

酒过三旬之后，陈连升再斟了半碗酒。只见他端起酒碗深情地望着长鹏和举鹏兄弟俩说：“爹爹喝酒的规矩你们兄弟俩都是知道的，也最多就是三碗的酒量。现在我再自斟半碗，就想给你们兄弟俩赔个不是!”

一听这话，陈长鹏抬手制止父亲说：“爹爹什么都好，对我与弟弟举鹏更是关爱有加，教育有方，哪有什么不是之处?”陈连升端着酒碗轻轻地摇了几下头，眼眶有些湿润，然后长长地舒了一口气。

陈举鹏端坐地那里挺胸抬头，两眼望着爹爹说：“别再责怪自己了！我与哥哥都已从军多年，早已明白您的苦衷了。您不仅是我们应该好好孝敬的爹爹，更是值得我们崇敬的将军！您的胸怀，您的智慧，都是我们尊崇的典范。作为天朝的子民，应该为有您这样能征善战的将军而感到自豪!”

听了陈举鹏的这一番话，陈连升的眼眶之中生生地挤出两滴泪来。他举起酒碗，将那半碗酒一饮而尽，然后放下酒碗动情地说：“广东与福建连田处界，相距不是很远。在连阳营的后期，本打算派你们兄弟俩前去福建尤溪探亲，到溪尾镇的肖家院子看看你们的亲娘！看看你们的外公外婆！可接到调往增城营的命令之后，就把这事给耽搁下来。没想到一进增城营就进入了一级战备状态，这里是前线，禁烟和备战成了当务之急，准你们兄弟前去福建尤溪探亲之事，又只有等到收缴鸦片的战役结束之后了！这就是我要给你们兄弟俩个赔不是的地方!”

话说到这里，陈长鹏和陈举鹏兄弟俩低下头去，喉咙里哽咽了，就好比有一支穿心的冷箭射中了他们俩心底的痛处，半晌没有说出话来。最后还是向点娃打破了沉闷的气氛，感慨地说：“你们几父子都别伤感了，我们抓紧时间，加快节奏把收缴鸦片的任务完成，尽量让你们兄弟俩早些前去探亲!”陈连升摇摇头说：“近段时间就别提探亲的事了！我们都是天朝的军人，忠孝难以两全啊，我们的职责是孝忠国家!”向点娃自斟了一碗酒，他端起酒碗望着陈连升说：“我自罚一碗，但有句话我得说说，您孝忠国家是您的事，我等孝忠将军足矣!”

陈连升对向点娃的这句话显得有些不以为然，但他很快平静下来，两眼望着向点娃那一脸真诚坦诚地说：“你不去见张青麟，却这样火急火燎地来找我，有什么解决不了的问题吗?”向点娃望了望陈长鹏和陈举鹏各自沉默不语的样子说：“喝酒不谈军务，军中无戏言。等我想明白了再找机会说与将军为好!”陈连升望着向点娃假装生气地说：“你是想下次再来帐中混一顿酒喝?”四个人开脸一笑，那沉闷的气氛也就烟消云散了。

陈长鹏和陈举鹏按照作息的时间告别爹爹回了各自的营中，向点娃装作酒醉瘫坐在椅子上迟迟不起。陈连升见长鹏和举鹏已经走远，这才望着向点娃假装酒醉的样子说：“有话快说，有屁快放，什么情况连我儿子都不能知晓了?”

向点娃立刻来了精神，脸面上露出了诡异的表情，在那儿像讲醉话一般慢条斯理地说：“将军有所不知，我在缉拿烟贩之时，发现了一个绝色美女，金发蓝眼，身材丰满肥嫩，嘻嘻……”一听这话，陈连升立刻变了脸色，用两道极其冷凌的目光望着向点娃吼道：“你想干嘛?!”向点娃吓了一跳，连忙竖起身子解释道：“我倒是不想干嘛，我只是想把那鲜嫩水灵的金发女郎抓来慰劳一下将军!”

陈连升接着大声吼道：“你把我陈连升看成什么人了？我俩还不讲是老乡，也算是这么多年的交情了，你对我陈连升的为人还不知道吗?”向点娃知道这回是讨好卖乖撞到风头上了。陈连升借着酒意又骂起来：“我叫张青麟破格用你，那是抬举你，假若你自己抵挡不住银子和美女的诱惑，坏了我陈连升的名节，即使我俩的交情再深，我也会一刀把你劈成两半!”向点娃见陈将军这是真的发火了，求饶似地说：“将军息怒！在下知罪了!”

这时，在帐外静候的勤务兵听到将军发怒，以为是他喝酒有些过量，连忙炕了茶叶泡了一罐茶水送到桌前，并用两只干净的瓷碗倒了两碗茶水放在桌上。陈连升伸手端起茶碗喝了一口，顿觉这茶淡然无味，没有香醇之感，便一脸怒气地冲着勤务兵大声骂道：“你这是泡的哪门子茶呀？跟马尿无异。要泡就给我泡邬阳关的茶，以后像这样的茶就不必给我泡了!”勤务兵连忙上来大着胆子客气地说：“将军息怒！您攒的那包邬阳茶早就没有了，上次连茶沫都给您泡了最后一罐。”陈连升听了这话，叹了一声长气之后伤感地说：“这可如何是好！没了邬阳关的茶叶，我这日子也就极其难熬了。”

向点娃的脸上再次露出了那种怪异的表情，他在那里望了陈连升一眼之后说：“我就晓得将军的嗜好，离了那口就过不得日子，这才攒了斤把没舍得喝。好在廖百羽走的时候我已经给他交待过了，叫他一定要给将军您挑些邬阳关的好茶叶捎过来！”陈连升这才缓了一下口气说：“那还愣着干嘛呀？快快随他前去，把那点茶叶给我取来，给我再泡一罐！”向点娃这才起身领着勤务兵去取茶叶了。

大帐之中，一盏孤灯照着陈连升那一张明显苍老的脸，海浪的咆哮之声撞击着他的耳鼓和心怀。其实向点娃要献美色于将军的那一席话无意之间刺激到了他的痛处，激活了一个健康男人极其灵敏的神经。在他那半醒的醉意之中浮现出了肖雪珍和康翠莲的影子，心腹之中溢满了思念之情。那夜，一湾新月挂在海岸的上空，清辉弥漫在海面，展露出如梦一般的朦胧。

出了营帐之后，陈举鹏的心胸里在起伏翻腾，却一直沉默不语。陈长鹏看透了弟弟举鹏的心思，爹爹最后不自斟那半碗酒陪什么不是也就好了，本来这些年他们兄弟俩已经淡泊了对于母亲的记忆，爹爹端起酒碗陪的这个不是，勾起了举鹏的心思，再是五尺男人，再是武举，也都是血肉之躯，哪有儿子不想娘的？现在儿子都有了一官半职，娘大概也已经年迈体弱，两鬓斑白了吧？

陈长鹏一直以为弟弟举鹏心里还在责怪爹爹，便语重心长地安慰他说：“举鹏啊！你在很多方面都与爹爹同着性情，可在胸怀方面你却远远不如爹爹！”陈举鹏转过脸来望着哥哥不解地问道：“我的胸怀怎么啦？你是在说我心眼子小吗？”陈长鹏轻摇了几下头说：“那倒不是！我要表达的意思是，你陈举鹏以后也有可能当上将军，成为天朝的栋梁。爹爹十九岁中武举，你是二十一岁中了武举，虽比爹爹晚中武举两年，可毕竟还是中了。中了武举意味着什么？意味着要当一辈子的职业军人，因此你的胸怀要宽广，不要因为个人的私情而忘却了一个军人的天职。我们既然已经跟随爹爹上了前线，就要顾全大局，不要给爹爹添乱。娘的事情不是爹爹的过错也就罢了，不必再为此事纠结，爹爹也有他的难处，他一步一步走到今天这个位置也不是一件容易的事情，靠的是忠诚勇武。再说了，康家的小妈不是带着展鹏和起鹏，也没跟随爹爹前来军中吗？”

陈举鹏抬手打断哥哥陈长鹏的话说：“哥哥你是误解我了，我对爹爹只有敬畏没有怨恨！他一身正气，两眼敏锐冷凌，而且六十花甲还上前线，这不是一般人能够做到的！即使我将来当不了将军，我也要像爹爹那样做一个有气节的军人！”陈举鹏望了哥哥陈长鹏一眼之后接着说：“从爹爹送廖百羽回施南协守备营这件事起，我就好比一下子读懂了他的心，爹爹这是义薄云天！是在给廖百羽留一条生路，万一海防前线起了战火，廖百羽有个闪失，板桥沟的廖家就可能断了根苗。”

听了陈举鹏的这一番话，陈长鹏心里吃惊，没想到当年的那个执拗的小子，而今也有了境界与高度。他非常欣慰地说：“弟弟你能这么想，就是爹爹之福！由此看来，举鹏也是一个有胸怀的人物！”

自古军队纪律严明，大清也不例外。但军人的个人情感，思乡想家的情怀谁也控制不了，因为人心都是肉长的，再勇猛的将士也都是血肉之躯，就连黄骠马都知道忠诚眷念主人，更何况是人呢！

就在陈长鹏与陈举鹏准备分手，各自回到营房歇息时，夜幕下的增城营外传来了急促的马蹄声，有一单骑奔驰在前，一队兵马紧追其后，忽然传出喊声：“快追！抓活的！看是不是烟贩集中营里的烟贩逃跑出来了？”

陈长鹏和陈举鹏听出了话尾，原来是张青麟营中巡夜的兵马在追一个可能是烟贩的人。而这种追赶与喊声对于久居营中的军人来说，早已司空见惯。于是陈长鹏与陈举鹏没有理睬，分道回了各自的营房。

一队兵马追到增城西端的街口，被追的那人调转马头，立于街心之中大声喝问道：“你们都是哪个营里的兵马？一路追着喊着，是冲我而来的吗？”一听被追之人竟然是一个女人的声音时，追兵们紧张的心弦立刻松弛下来，头领反问那女人道：“你一个女人家在夜幕下骑马奔跑是为哪般？”那女人慨气地答道：“我骑着自己花钱租来的马，趁着暮色急匆匆的赶路，这是违反了大清律中的哪条王法？”

追兵的头领一听，便知道这不是一个等闲的女人，立刻放缓了口气平和地问道：“我们一再喊你站住，你为何不站住？”那女人抬头挺胸，大声慨气地说：“你这话倒是问得奇怪了，你喊我站住我就得站住吗？我明明骑在马上，你们怎么不喊我的马站住？”这话倒是幽默，把众追兵逗乐了。那头领却没有笑，他略带严肃地大声说：“既然我们一路紧追而来，必是军情紧急，战时不比平时，得特事特办！请你跟我们走一趟，到千总的营帐之中给我们的长官交待清楚，然后才能根据情况放你走。”

那女人坐在马背之上，手握马缰，仍然慨气十足地问道：“你们要带我去哪个营见你们的长官？”头领冷冷地答道：“增城营！”那女人松了一口气，然后一脸惊喜地说：“我要到的正是增城营，我要找的也正是增城营的长官，那就快快领我去吧！”

正在千总营帐里值夜的张青麟，听到帐外传来急促的马蹄声，知道又有了什么新的情况，连忙起身迎出帐外。头领快步上前报告说：“报告千总将军，我等在增城西端追到了一个骑马奔跑的女人，看样子不像是烟贩集中营里逃出来的烟贩，特地领来请千总将军发落。”千总将军张青麟显得十分威严，冲着那个头领说：“既然判定这个女人不是烟贩集中营里逃出来的烟贩，那还领她前来营中发落什么？”

骑马的女人在营外下了马，大步走过来时听到了张青麟的声音，接着大声说：“别问下属之责了，是我叫他们领我进入增城营的。不过我听这位千总将军的声音，怎么有点像张青麟?!”

一听这话，那个带兵的头领大声吼道：“休得无理！我们千总将军的名号也是你可以随便叫的吗？”可张青麟一听这女人的话语，心里便是一怔。他哪里会想到，一队兵马追赶的这个女人竟能听得出我张青麟的声音。他连忙上前一步，趁着帐外的光亮看个仔细之后，顿时惊叫起来，跪施大礼道：“原来是夫人驾到，青麟在此有礼了!”

张青麟跪施大礼并称作“夫人”的女人不是别人，正是陈长鹏和陈举鹏兄弟俩的亲娘、陈连升参将的夫人肖雪珍。围在周边的兵士们也是一脸惊愕，连忙跟在千总将军身后跪施大礼道：“请夫人恕罪！是我等有眼无珠，在此给您赔罪了!”

肖雪珍上前一步扶起张青麟说：“想当年你和刘明辉在施南协守备营的时候，还是两个娃娃兵，而今还都当上将军了，连升当年果真没有看错人啊!”张青麟十分激动地说：“青麟当年多亏了将军的提携与栽培，多亏了夫人的教诲与照顾!”接着张青麟转过脸来对士兵们说：“快去一人通知后厨做些好菜送到我这营帐之中；去两人分别去请长鹏和举鹏速速到此；一个去请参将大人，另外还去一人把夫人的坐驾安顿好，让它吃饱喝足!”肖雪珍见状点了点头笑着说：“青麟还如当年一样机灵，怪不得连升那么欣赏你的!”张青麟望着参将夫人肖雪珍谦虚地说：“夫人过奖了！见到您我真的很激动，说话有点语无伦次了。”

走进千总张青麟的营帐之内，肖雪珍有些情不自禁，她想着长鹏和举鹏的模样，量想他们兄弟俩也应该都是英武干练的军人了。大帐之中的摆设庄重肃穆，没有浮华做作之态。张青麟吩咐勤务兵给参将夫人打来温水，洗去了一路的风尘，然后敬上香茶恭敬侍候。

刚刚脱了军服宽衣睡下的陈长鹏和陈举鹏，分别得到了亲娘肖雪珍前来营中探亲的消息，兄弟俩从各自的床上一轱辘爬起来，像是得到了紧急集合的号令，全副武装出了寝室。陈长鹏咬紧牙关，眼含热泪；陈举鹏泣不成声，热泪双流，许多年来未曾见过的亲娘，那是他们兄弟俩的心胸里隐隐作痛地牵挂。很快兄弟俩便在先前分手的那个岔路口会了合，然后直奔千总将军张青麟的营帐。

然而，当增城营参将陈连升得到夫人肖雪珍前来增城营中探亲的消息时，心情更加难以平静，也是热泪盈眶。他在吩咐卫兵备马之时，心中暗自想着：雪珍啊！你前来探亲，与我们父子三人团聚倒是一件十全大美的好事，只是眼下硝烟弥漫，海防的局势紧张，你来得还真不是时候啊！

111

在增城营的这次团聚虽然短暂，却让陈长鹏和陈举鹏兄弟俩感受到了无比温暖的亲情。尽管肖雪珍已是两鬓凝霜，可在陈连升的心中仍然还是那个身穿红棉袄，骑着枣红马，在鹤峰州的九峰桥头迎接他的那个女孩，仍然还是那个在莲花滩演武时为他献上一束鲜花的女神。岁月的沧桑虽然已经刻在了他们的脸上，那浓浓的亲情却依旧珍藏在他们心底。

几天之后，肖雪珍执意要回福建尤溪，理由是长鹏和举鹏的外公外婆年岁已高，家中没有人照顾不行。其实陈连升心里清楚，夫人肖雪珍是一个懂得官场世故的人，定是看到营中军务繁忙，海防前线战事吃紧，这才执意要回福建龙溪的。

夫人肖雪珍走的那天，陈连升心里不忍，特地把长鹏举鹏叫到跟前吩咐道："这回我也动个私念，给你们兄弟俩安排七天探亲假，准你们兄弟俩把娘安全送回福建尤溪，探望外公外婆之后速速归队！"

肖雪珍却对两个儿子说："你们兄弟都是军务在身，也就不必送我了！有你爹爹这句贴心体已的话，我感到温暖和欣慰。等你们处理完鸦片的事，或者说打完了这一仗，再去福建尤溪看望外公外婆也不迟呀！"听到夫人这话，陈连升感动得热泪盈眶，他拉着肖雪珍柔软的双手说："准长鹏和举鹏送你前去吧！我亏欠你和孩子的太多，如若你还推辞，那便是置我陈连升于不仁不义之中。只要长鹏和举鹏七个日子能够回转，也就不会耽搁军务！其实我们三父子也都不是铁打的心肠，虽在军中却也是血肉之躯，让你就这样只身走单骑独自回返，他们兄弟俩又怎么能够放心得下？再说了，让年迈的外公外婆见见两个外孙，那也是情上安理上在的事情，你就不必推辞了！"

陈连升的话说到这里，肖雪珍感动得热泪长流，望着陈连升深情地说："你尽管当上了大将军，可你的侠义心肠还在，这便是人生之幸家运之幸啊！"

肖雪珍上马走了，陈连升立于增城街口，望着她们母子三人远去的背影，眼前浮现出了当年他在施南府追雪珍到恩施三岔的那个山口时，望着分水河两岸高耸的群山，心里万般不舍的情形。

夫人肖雪珍在增城营里出现，让陈连升的心里掀起了情感的波澜，他觉得自己不仅对不起夫人肖雪珍和长鹏举鹏两个儿子，而且更对不起康翠莲和展鹏起鹏母子三人。他在心里暗暗地立下大誓，等打完这一仗之后，一定告老返乡，把雪珍和翠莲都聚在一起陪自己安度晚年，陈家军的事就交给举鹏领阵。自己还要领着雪珍和翠莲回到郧阳关，去看看那起伏高耸的群山，听听家乡的小河里那轻悦如琴的流水声……

回到营中，陈连升的眼眶湿润着，心胸里仍然不是滋味。可当他转过身来，望着南海上空那一朵翻卷的乌云时，便如触电一般警醒过来，转过身大步跨入营帐，一抬头便看见了候在帐中的千总将军张青麟。

见张青麟紧锁着眉头，陈连升警觉起来，连忙问道："有什么重要的情况吗?"张青麟十分谦恭地对陈将军说："还是让夫人走了?"

一听这话，陈连升立刻变了脸色，目光冷凌地说："大帐之内，不淡私家之事，这是规矩，快说正事吧!"张青麟连忙变换口气说："缉拿烟贩之事是否可以告一段落了?到今日晨时为止，烟贩集中营里已经收押六百六十余人，清缴鸦片之后释放的烟贩一百二十余人，营中在押烟贩尚有五百四十多人。照这个速度下去，收缴的鸦片烟土可能突破五万箱，陆内的鸦片可以尽数收缴完毕。如若再缉拿下去，可能就是大沙鱼了。"陈连升望了张青麟一眼之后问道："你说'陆内的鸦片可尽数收缴完毕'是什么意思?难道北京、天津的鸦片也都掌控在这六百烟贩手中?"张青麟立刻反应过来，连忙解释说："是我的表述不准确，我说的'陆内'是指广州沿海一带。"

陈连升抬头挺胸，长舒了一口气息，然后望着爱将张青麟说："你是想我亲自出马去拿十三行的总头目伍秉鉴吗?有你张青麟和伍通标、刘明辉这三把利剑握在我的手中，难道还要我亲自出手吗?"张青麟再次解释说："将军可别误解青麟了。我是觉得先前所缉之人都是些不法商人，还有些烟贩和老板。伍秉鉴是世界首富，府中所养各国的高手如云，他所居住的宅地比土司皇帝的"九进堂"还要深遂许多。不是我等不敢动手，而是怕行动不慎惹恶了十三行，给您和林大人摊上不必要的麻烦。

陈连升镇定了一下，然后立在那里坚定地说："十三行并非一个单纯的贸易群体，它还肩负着海关的责任。当下广州的鸦片走私如此猖獗，作为十三行的领军人物，伍秉鉴父子自然脱不了干系。据我所知，伍秉鉴已经安排其子伍绍荣暗自警告那些外国商人，不要往林则徐的刀尖上撞!十三行不仅是鸦片走私的重要推手，而且阴险狡诈。只有拿下他们，才能给英商释放一个强烈的信号，不然外国商人谁会把价值昂贵的鸦片拱手交给我们销毁?!"

听了陈连升这话，张青麟的心中有了底数，接着请示道："将军!眼下我们应该怎么行动?"陈连升语气坚定地说："缉拿十三行伍秉鉴的事，待本将请示钦差林大人之后再作具体部署。眼下你要争取时间，将已经缉拿在集中营里的烟贩逐一审结，并将鸦片全数收缴！另外，加强警戒，以免节外生枝！”张青麟得令行礼，转身离开了大帐。

而这时，钦差大臣林则徐经过调查研究，制定了“双管齐下”的策略，号令海防全军一方面查封烟馆，禁止买卖鸦片，严惩不法商人，从源头截断鸦片的流通；另一方面，严禁民众吸食鸦片，从广州城区和边邻城镇分别设立戒毒所，强制戒烟。而要彻底堵住鸦片的源头，就必须再拿外国烟商开刀。而林则徐也已经察觉到，要拿外国烟商开刀，就必须先动十三行。

经查十三行商馆集中在广州城郊的西南，紧靠珠江口岸，那里是一个十分繁忙的水码头。早在一六八六年，广东政府奏请朝廷获准，招募了十三家较有实力的商家，指定他们与洋船上的外商实施贸易往来，并行使海关职责征缴关税。一七五七年，清廷推行闭关锁国政策，十三行则是当时中国唯一合法的外贸渠道。处于对外贸易的垄断地位，加上行商的商家努力经营，十三行得以迅速繁荣起来，清廷每年从十三行处获得的关税，很快由起初的几十万两上升到百万两，十三行也逐渐被称之为“天之南库”。由此，一批世界级的大富商应运而生。伍秉鉴也就沿袭着家族的实力，迅速成为时下的世界首富。

林则徐站在珠江岸边，望着波涛汹涌的水面，在心里慨叹道：“看来不动十三行，这收缴鸦片烟土的差使就难以再往前推进了！”可眼下谁又能够担此重任，拿下十三行？林则徐还是第一个想到了六十花甲上前线的老将军陈连升。

在一次会晤中，陈连升根据自己所掌握的十三行的情况，坦诚地对林则徐说：“从表面上看，伍家的怡和行做的都是正经贸易，茶叶生意是伍家的主要业务。但是，一些伍家担保的外国商人为了牟取暴利，经常在货中夹带鸦片，在伶仃洋外与不法商贩进行鸦片交易。这其中就包括英国最大的鸦片贩子颠地，还有伍秉鉴的干儿子，美国旗昌洋行的老板约翰·福布斯。”

听了这一番话，林则徐望着一脸沧桑的老将军陈连升，语言坚定地说：“先以文明的方式传唤伍秉鉴，必要时武办缉拿！”

在询问伍秉鉴之前，林则徐详查到了十三行走私鸦片的劣迹。早在一八一七年，按照当时的“保商制度”，外商走私鸦片一旦查实，为其担保的十三行必须承担主要责任。曾有一艘由怡和行担保的美国商船私运鸦片被中国官府查获，伍秉鉴曾被罚银十六万两，其他行被连带罚银五千两，罚金相当于夹带鸦片价值的五十倍以上。这一情况让林则徐在审训伍秉鉴的事情上立刻有了底气。

不出所料，在态度强硬，底气十足的钦差大臣林则徐的面前，伍家早已无力争辩。当1839年3月18日，参将陈连升亲自领兵进入十三行，将伍秉鉴的儿子伍绍荣和其他行商传唤到林则徐面前时，林则徐面色冷凌，没有给任何人辩解的机会，语气威严地指责他们道：“对如此猖獗的鸦片走私，你们尽到了督查与阻止的责任吗?！责令你们即刻传令外商，三日之内主动缴烟，违令者严办!”

听到钦差大人林则徐如此威严的语气，伍绍荣心里发怵，他匆匆赶到洋行向外商们宣布了林则徐要求各国外商呈缴鸦片的严令，并警告来华外商必须申明：“嗣后来船，永久不得夹带鸦片，如有夹带，一经查获，货尽没官，人即正法!”

而在伍秉鉴看来，这对于十三行来说就是一场危机。一方是朝廷官府，一方是有着多年贸易往来的生意伙伴，真是两方面都得罪不起。而伍秉鉴心里更加清楚，事情到了剑拔弩张时，对谁都没有好处。一旦停止对外贸易，伍家和十三行必将遭受难以估量的损失。因此，伍秉鉴意识到自己必须尽全力化解这场危机。

但伍家和洋商的交涉并不顺利，洋商不想拱手交出鸦片，眼看清廷官府的限期已到，伍秉鉴不得不承诺以伍家自己的财产来抵赔外商损失，希望换来外商与官府的合作。尽管如此，也只有夹带鸦片较少的外商作出了反应，而最大的英国烟贩颠地则态度顽固，拒绝合作。

嗅觉灵敏的伍秉鉴闻到了战争的气息，他心知肚明，一旦失去了清廷的贸易政策，十三行将无以为继。另一方面，如果失去了外商的支撑，伍家的商业大厦顷刻之间便会轰然倒塌。眼目下他唯一的选择就是竭尽全力化解矛盾，阻止战争暴发。

可是，按照钦差大臣林则徐严令的时限，英商仍然拒不交烟，伍秉鉴之子伍绍荣将外商上缴的1037箱鸦片烟土送往虎门交给林则徐，以为就此能够交差结案。不料，事先已经做过周密调查的林则徐怒发冲冠，认定十三行分明是在与英商串通，以欺骗技法搪塞清廷。于是他对执行任务的参将陈连升严肃地说：“必须要给伍秉鉴一点颜色看看！否则英商不会交出鸦片!”陈连升心领神会，立刻布置抓捕行动。

1839年3月23日（农历二月九日），参将陈连升奉钦差大臣林则徐之命，锁拿伍绍荣等到钦差大臣林则徐的行辕审讯。伍家见官府动了真格，再次向林则徐妥协，表示愿以巨额家资报效。但伍家的意图遭到林则徐的断然拒绝，并铿锵有力地吼道：“本大臣不要钱！若是交不出鸦片，就要你等的脑袋尔!”接着当堂下令，革去伍绍荣职衔，逮捕入狱。

同日，参将陈连升奉命亲领精兵数人，进入庞大宏伟的伍氏花园时，突破十几丛由各类高手把持的哨卡，将伍秉鉴锁拿出来押上了囚车，来到钦差大臣林则徐的行辕受审。林则徐望着浑身发抖的伍秉鉴威严的宣布：“摘去顶戴，押往宝顺洋馆！若颠地不念旧情仍不交烟，就将伍秉鉴处死!”哪知英国最大的鸦片贩子颠地根本不顾朋友伍秉鉴的死活，依然拒绝交烟。

1839 年 3 月 24 日（农历二月十日）黄昏，义律抵达广州。他身着海军官服，手握英军佩剑，登陆戒备森严的商馆区，进到十三行商馆颠地住处。众鸦片贩子仿佛抓到了一根救命稻草，纷纷赶来聚到义律跟前商议逃避清廷官府缴烟之策。义律闻到了紧张的火药味，立即将颠地等人带往自己的办公室。而这时在十三行商馆周围的中国国营店工人发现动静，以为颠地企图逃跑，立刻大声吆喝，警报迅速拉响，商馆周围的所有通道立刻戒严。义律、颠地等人见势不妙，匆匆钻入商馆公所躲避。

林则徐当晚接到陈连升来报，义律进省“即愿引带颠地脱逃，以阻呈上缴烟土之议。”禀报后立即采取“以静制动”的措施，移咨豫堃。林则徐回令陈连升将军，速将黄埔外国货船暂行封舱，停其贸易。并警告已被释放的伍绍荣、卢继光、潘绍光等人，自即日起“一概不许上下货物，各色工匠、房屋，不许让给夷人雇货。在林则徐压倒一切的高压态势之下，义律显得无可奈何，但他仍然要作最后的顽抗。”

1839 年 3 月 25 日（农历二月十一日），义律递文书于邓廷桢，以“急想保住驻省本国诸人之命及家资”，要求三天之内发给夷人离奥红牌，否则，“就要采取相应行动”，并“以本国国主名义宣布他对于可能发生的后果不负责任，故为本国主言明，由此诸出关系，自无责成，并无于连”。邓廷桢当即对此作出批示，措词严密地指责义律：只字不提缴烟，妄求请牌，断不可行！

义律见到邓廷桢的批示，知道再坚持用“坚决的语调和态度”进行公开抗拒已经无济无事，接着他改换手法，再递一份文书，并申明收回前一次递交的禀片，要求派官员到商馆，他准备详细陈明，请求撤销前令，准许中国工役先进入商馆，供应食物。

1839 年 3 月 26 日（二月十二日），邓廷桢派遣广州府知府等官员进入洋行会馆，传令义律和颠地为首的一些外商前来谈话，而诸夷无一人听令前来，义律也拒而不到。林则徐得知这一情况后，立即咨复邓廷桢，指出义律未到之前，鸦片贩子“尚皆口称愿意缴烟，不过未报实数，即颠地自千欠惯贩卖，不敢出来见官，亦尚未敢逃走。”

经过一番激烈地较量，义律的心理防线崩溃，他起草了一道命令。

1839 年 3 月 27 日（二月十三日），早晨六时许，义律宣布：“以大不列颠女王陛下政府的名义并代表政府，责令在广州所有女王陛下的臣民，为了效忠女主人，将各自掌管的鸦片即刻缴行，以便转交中国政府……”

义律的通告一宣布，英国烟贩纷纷把存烟数量向义律呈报。林则徐得到英商情愿呈缴鸦片烟土的禀复，当即派人送上羊肉和食物，给断绝供应五日的外国商人以示犒赏，并向义律查取鸦片存货的准确数据。

1839年3月28日（二月十四日），林则徐接到义律呈报趸船鸦片实数为20283箱后，立即出城到两广总督署中，和邓廷桢商议收缴鸦片的具体措施和时间，分缴示谕。

林则徐传令陈连升将商馆中的鸦片于次日尽数搬到馆外，悉数验收；零丁洋、九州洋、沙沥角等处抛泊的趸船，令义律写涵，由陈连升将军分别传谕驶入沙角洋面，等候林则徐、邓廷桢次日亲临虎门，会同水师提督关天培逐船验收；散泊外洋远处船上的鸦片，令义律发涵，由陈将军即令驶至沙角海口，随到随缴。

经查验，缴获的鸦片烟土，每一箱计装鸦片烟土四十个，每个约重三斤，每箱鸦片烟土重一百二十斤，即使日久阴干，每箱也是百斤出头。以眼下报缴的箱数核实，总数已达几十万斤。

钦差大人林则徐把陈连升将军叫到跟前，示意陈将军再次详查，恐义律使诈，所报数据尚有不尽不实之嫌。陈连升将军速令伍通标、张青麟等领兵找在行洋商贾人等详查核实，并亲自率兵搜船，确定每船所贮货物不越千箱之数，共有趸船二十三只，与所报箱数基本相符时，这才让陈将军报与钦差大臣林则徐，让他放下心来。

接着，林则徐令广州知府传谕各国领事，要他们效仿义律，速将该国商人所囤鸦片烟土尽数呈缴，听候处理。当晚，林则徐再次传见十三行总商伍绍荣等，详细盘问洋商在义律呈报缴烟过程中，是否有通同作弊行为，并严厉警告说："汝为官商，倘有私许夷人以价而后设法赔偿者，慎汝脑袋!"伍绍荣等吓得浑身发抖，跪地叩首，力言不敢而退。

112

在陈连升严密布控，穷追不舍的高压态势之下，收缴鸦片的进展越来越顺利，钦差大臣林则徐烦躁的心绪平顺了许多。六个月之后，伍秉鉴被释放出来，虽然林则徐没有处死伍秉鉴，但经此番折腾，他在广州已经颜面尽失，斯文扫地。伍秉鉴花巨资捐来的三品顶戴并没有保住他的权势，甚至没有能力保护自己的财产和尊严。而他以身家性命担保的英商，却在他的生命受到严重威胁的时候，毫不犹豫地抛弃了他。

在狱中，伍秉鉴经过认真反思之后，反而对那位六十花甲还能以自身的武功，闯过伍氏花园十几道高手把守的哨卡，将他锁拿伏法的陈连升将军生出无限的敬畏来。伍秉鉴走出大狱的那个日子，他望着威风凛凛的陈连升将军慨叹着说："你不仅是钦差大臣林则徐手中的一把利剑，而且也是天朝的一把利剑啊！如果没有你陈连升这把利剑握在钦差大人林则徐的手中，义律绝不会给清廷官府交出一箱鸦片烟土！”陈连升用冷凌的目光望着伍秉鉴冷冷地说：“你用银子轻易地捐出一个三品官来，可当你头顶三品乌纱之后却又为了银子不惜损害国家的利益、国民的肌体，真是罪该万死！而我立志报效国家和民族，靠的就是一腔赤诚，一身功夫，在万马军中经过四十多年的打拼，也才弄到一个三品顶戴。用我们邬阳关的话说，那便是堂屋里屙牛屎——硬挣起来的。因此，我这个三品顶戴可比你的这个三品顶戴贵重了许多！”伍秉鉴听了陈连升这话，羞愧地低下头去，抱着双手无地自容地离开了。

那天傍晚，参将陈连升亲自巡察了沙角的岗哨，并叮嘱黎志安、伍通标两位部将严防死守，然后骑着黄骠马回到了增城营。就在卫兵前来接过黄骠马的缰绳时，陈连升急切地问道：“向点娃回营没有？速去叫他前来大帐见我。”卫兵对陈将军威严的面孔没敢多看一眼，快步前去安顿好了黄骠马之后，叫来了向点娃。

参将陈连升端坐在大帐之内，用两道冷凌的目光望着急匆匆来到帐前的向点娃吼道：“你知罪吗？”向点娃抬头望了一眼面目威严的陈将军，脊背上顿时吓出汗来，连忙跪地回答道：“将军！您可别吓我呀！我跟随将军来到前线，一切按令行事，不知犯了何罪，请将军言明。”

陈连升从椅子上坐起来，背剪着手踱了几步之后大声说：“你这身千总的官服还准备穿多久啊？”向点娃立刻明白到底是怎么一回事了，连忙低下头去说：“这千总的军服可是将军令我穿上之后前去忽悠那些洋人的，是由千总张青麟领来叫我穿上，我可没有冒充千总将军的熊胆呀！”

镇定了一下之后，陈连升的语气平和了许多，但仍然冷凌地说：“你向点娃就真的不想弄个名正言顺的千总将军当当？这可是光宗耀祖的荣誉，你难道真的没有动过半点儿心思吗？”向点娃跟随陈将军已有十余年，对陈将军的性情也是了解至深。一听这话，知道有了好事，就连忙回话道：“我是将军手下的兵卒，也是忠于将军的战士，命运完全掌握在将军手里，就看您愿意把我怎么发配，或者说怎么发落。”陈连升点点头说：“既然无罪，何谈发落？眼下倒是有一个让你立功的机会，干好了指不定还真能弄个千总的军职。”向点娃一听这话，心里发颤，连忙额头叩地，口念“谢恩”，然后抬起头来问道：“有何军务，请将军下令！”陈连升又踱了几步之后，望着向点娃俯地时那圆实的脊背说：“起来说话吧。”接着陈连升对候在一旁的卫兵说：“沏两杯上好的茶来，我与向千总可有要事商谈。”

品了几口茶水之后，陈连升望着向点娃说：“你是个精明人，你可知道钦差林大人眼目下，最棘手的一件事情是什么吗？”向点娃心里一怔，然后摇摇头说：“不知道，是海防缺少银子吗?”陈连升望了向点娃一眼，也摇摇头说：“那倒不是。我刚才到了沙角海岸，那里收缴的鸦片烟土堆积如山，这应该就是林大人的心病。你向点娃若能想出个法子来，给林大人献上一计，你便立了大功。”

向点娃明白了，他一脸惊喜地说：“那硝烟的法子不是现成的吗？陈将军您在保康的时候不是就用石灰火矿试了一回?”陈连升点点头说：“我也想过此法，可在保康那不过一万多斤鸦片烟土，眼下若要销毁如此巨额的鸦片烟土，此法应该不妥。”向点娃胸有成竹地说：“此法当然可行！数额巨大便可以分批销毁，还可加些桐油进去，先用火攻将石灰火矿烧红，然后灌海水入池销毁。只要分批次进行，不过是多些石灰火矿，把土池的比例放大便可。海防前线不差兵勇，销烟时可采用‘蚂蚁搬家’之法。”

陈连升再度站起身来背剪着手，踱了几步之后感慨地说：“能为林大人解难，便是为皇上解难，为国家解难。你连夜带人前去沙角海岸，选好挖池的地点，确定挖池的尺寸，然后按照收缴鸦片的总量制订出一个销毁鸦片的具体方案之后速来见我!”向点娃起身立于陈连升将军面前行了军礼之后出了大帐，速速揣了笔墨骑马前往沙角海岸。

其实，陈连升洞察到的这个问题又一点儿都没有错，摆在钦差大臣林则徐面前的是一个三难的境地：收不到鸦片烟土他无法向道光皇帝交待；可是收到了这堆积如山的鸦片烟土之后，如何处置？假如要把这堆积如山的鸦片烟土运送到京城交给朝廷，免不了节外生枝，虎视眈眈的洋人，仗着自己手中的坚船砺炮，怎能容得下这么大一笔财富从眼皮子底下流去？而让钦差大臣林则徐更加清楚的是，战争的威胁已经一步紧跟一步在向天朝逼近，无论他用什么样的方式处置收缴来的这批数额巨大的鸦片烟土，最后燃起的必然还是战争的硝烟。

1839 年 4 月 9 日（二月二十六日）晚上，林则徐接到关天培从虎门送来的密件，称收缴鸦片烟土的数量还在递增，当日又收缴烟土五十箱。同日，林则徐用六百里加急发出密奏，向道光皇帝奏请如何处置收缴的巨额鸦片烟土的事宜，海防前线的事态已呈瞬息万变之状。林则徐深深地感到，考验他气魄和胆略的时候真正地到来了。而这时，钦差大臣林则徐也强烈地预感到，他给道光皇帝的密奏不过是在履行一个钦差大臣必走的程序，要把几万箱鸦片烟土运往京城交与朝廷处置的事情基本上不可能实现。如若朝臣同意就地销毁鸦片烟土，道光皇帝也会把这个棘手的事情又给钦差大臣林则徐推回来，交给他来就地处置。那么摆在他面前的当务之急便是寻求行之有效的销烟之法。

思虑之中，钦差大臣林则徐下意识地朝增城营方向望了一眼，已有三天不曾相见的老将军陈连升，你是在找寻销烟之法吗？眼下鸦片烟土是收缴上来了，且数额巨大，如果寻求不到一个万全之策，妥善处理这堆积如山的鸦片烟土，这不仅会让朝廷颜面无存，我林则徐的手中也就多了一个烫手的山芋。而每到这个时候，他都会抬一抬手臂，似在掂量手中的这把利剑。

那是一个晴天的晌午，从增城通往官涌连接虎门的那条大道之上行走着执勤的兵马。海面上雾如烟波飘散在低空之中，一群海鸥展翅盘旋，忽地钻进那烟波一般的雾中，隐隐地传来一阵凄凉地鸣叫。那声音让领着向点娃骑马飞奔的参将陈连升陷入了一片意境之中，在他的耳边回响起前一日在增城街头时，听一群孩童哼唱过的那首歌谣。

劝君莫畏大炮子，
百炮才闻几人死；
劝君莫畏火箭烧，
彻夜才烧二三里。
我所知者鸦片烟，
杀人不计亿万千；
家破人亡何计数，
银若流水夷吞咽……

顿时，一缕莫名的阴影如同海面上如雾的烟波，笼罩住了参将陈连升的心境，增添了他对鸦片烟土的仇恨。黄骠马似是明白了将军的心思，鼻孔里喷着气息，昂头腾蹄，飞快地朝钦差大臣的行辕奔去。

下马之时，陈连升给紧跟其后的向点娃丢下一句话：“看我的脸色行事!”一向机灵的向点娃，知道陈将军又要别出心裁了，便点了点头，没再言语什么。

进到钦差大臣的行辕，参将陈连升上前施礼。林则徐起身迎上来说：“老将军不必拘礼！几日不见，老将军可好?”陈连升抬起头来，上前几步走到林则徐面前说：“我是带着向点娃请罪来了。”说着，陈连升转过身来望了紧跟其后的向点娃一眼，然后威严地吼道：“见到钦差大人，还不赶快跪下!”向点娃一听，连忙跪施大礼，不敢抬头。

林则徐见状，先是一怔，然后问陈连升将军道：“这是何人？老将军手下还有如此年长的千总?”陈连升解释说：“他叫向点娃，原是本将营中的一个马倌，跟随我已有数年。这人身怀绝技，武功高强，却不爱升官发财，一直以来为人忠诚，安分守己。自随我来到海防前线，缉拿烟贩，收缴鸦片的时候倒也十分卖力。可这三日，他却犯了大错，甚至有欺骗钦差大人之罪，所以领他前来，请钦差大人法落。”林则徐细看了跪在地上的向点娃一眼，然后问老将军道：“快说与我听听，一个马倌怎就穿上了千总的臣服？又有何等罪状？”

陈连升将军连忙说：“前几日，我从沙角海岸回到营中，叫了向点娃前来问话，不慎说漏了一嘴。哪知道向点娃便自作聪明，未经钦差大人授命，他却利用到沙角海岸担任警戒和巡察之时，选好了挖池的地点，设计了挖池的尺度，还算出了销毁鸦片烟土的批次与数量，并一一用纸笔记录了下来。林大人你说，这等大事于他向点娃何干？这不是欺骗钦差大人又是什么？”

林则徐接过陈连升递给他的那叠纸张，速速翻阅起来，查看了一遍之后便是一脸欣喜，嘴里慨叹着说：“这哪里是什么罪过呀？分明就是大功一件。本钦差正在寻找销烟之法，没想到又是陈将军为我排忧解难啊！”陈连升将军的脸面上也顿时露出喜色来，连忙说：“这么说来，林大人是不会治向点娃之罪了？”

林则徐又将陈连升递过来的那叠纸压在案上之后望着陈将军问道：“这向点娃又是怎么当上千总的？”陈连升认真地回答说：“进入海防前线之后，我令千总张青麟挑了二十名精兵交与向点娃领阵，要他执行缉拿烟贩，收缴烟土的军务。可行走于市井和洋人之中，怎么能失了咱中国人的脸面？就让他穿着一身马倌的衣服前去执行军务吗？于是我才叫张青麟给他找来一套千总的官服穿上。没想到他这一穿便脱不下来了，虽是有了衣装，却没有千总的职级，也太名不副实了。”

林则徐算是明白事情的原由了，就淡淡一笑说：“陈将军身为三品参将，想提拔一个千总军官还不就是一道命令的事吗？为何还要弄得如此繁琐？”陈连升面露难色道：“林大人有所不知，我手下全是一些能征善战的勇士，若让向点娃突然平步青云当上了千总，恐怕难以服众啊！”林则徐点点头说：“老将军的想法我算是明白了，意思是让我下一道命令，提升向点娃为千总之职。既然在缉拿烟贩、收缴鸦片之时，向点娃已经立下大功，而这次又献了销烟之法，提拔一个千总军官倒也绰绰有余。”

陈连升连忙说：“如此甚好，还请钦差大人拟一道任命文书。”林则徐走到案前，提笔写了文书递与陈连升说：“眼下正是用人之急，执此文书便要尽心尽职，待我接到朝廷旨意，便要采用有效的方法销毁收缴的鸦片烟土。叫他持此令到军需处领一身崭新的千总官服，领取千总将军的饷银吧！”一听这话，陈连升连忙冲着跪地未起的向点娃大声说：“还不赶快磕头谢恩！”向点娃兴奋不已，他没想到自己已经六十有三，还真能当上千总将军。他的额头着地，叩得三声脆响，然后起身接过陈将军传递而来的任命文书，到军需处领取官服去了。

接下来，林则徐与陈连升坐在厅堂里仔细研判了向点娃献出的“销烟之法”。沉思片刻之后，林则徐问陈连升道：“此法可行乎？”陈连升肯定地说：“此法甚好，我在保康已经试过。”林则徐仔细收好文稿之后，起身对陈连升将军说：“走！老将军陪我速去沙角海岸，实地察看一番！”陈连升起身出了钦差大臣的行辕，骑上黄骠马跟随林则徐飞奔而去……

经过一番激烈地较量和周密地准备之后，于1839年6月3日，林则徐主持了震惊中外的“虎门销烟”。当一缕刺鼻的浓烟从海岸升腾而起时，颠地和义律写给英国外交大臣巴麦尊的密函也正在去往大不列颠的路上，一场针对中国的战争正在酝酿。

1839年6月3日，是一个历史永远镌刻的日子。这天，虎门镇沙角海岸天气晴朗，当地居民从四面八方赶来，站在销烟池用杉条木搭成的栅栏之外现场参观。下午2时左右，林则徐下令开始销烟。但见一群赤脚的民工由水沟车水进池，然后将盐撒入池中酿成卤水，并将一箱箱鸦片烟土搬运到销烟池，逐一开箱过秤，逐个切成四小瓣后抛入池中浸泡半天，再将一筐筐烧透了的石灰火矿倒下去。顷刻之间，整个销烟池中沸腾开来，深褐色的鸦片上下翻滚，浓油上涌，渣滓下沉。所雇用的民工站在条板之上，手拿铁锄、木耙反复翻戳，使鸦片全悉尽化。等到海水退潮之时开启涵洞，让所有残渣污水随潮水汇入大海，再用清水冲刷池底，不让涓滴留存。就这样多轮次反复销烟，两池轮番使用，直到6月25日才告结束，历时20余天，共销化销毁鸦片237625斤。

当一个壮举被历史记录下来时，发生这个壮举的时日也就成了岁月长河之中一个闪亮的光点：1839年6月3日，成了一个展亮中国人气节的历史符号。

113

随着虎门销烟的行动画上圆满的句号，海防前线剑拔弩张，战争已是一触即发。而这时，一个严竣的问题摆在了钦差大臣林则徐的面前：谁来镇守官涌？

官涌的具体位置在沙角炮台北遗，与沙角炮台后面的扯旗山相连接，是一道隆起的山梁，与龙鼓、筲洲、长沙湾、赤沥等处外洋相连接。站在九龙尖沙咀北眺官涌，那是海岸上一座并不很高的山。正是因为尖沙咀洋面群山环抱，浪静风恰，开阔的海湾地势良好，所以英军才想把这里建成巢穴之后，长期作为基地使用。在英军的高层看来，要占据尖沙咀洋面，必须首先占领官涌山。

其实，还在英军想把这里建成巢穴之前，一些鸦片贩子早就集中在这里疯狂走私鸦片，无所不为。从穿鼻洋之战败阵，狼狈逃窜的英舰“窝拉疑”号和“海阿新”号，当时就驶去澳门，并把盘踞在澳门的英国人一齐带回尖沙咀，借这个海湾停泊休整，停桡修理，准备再度进攻，负隅顽抗。林则徐经过深思熟虑之后，下令参将陈连升领兵调防驻守官涌山，并传令参将陈连升明察英军和鸦片贩子的不轨意图，断绝一切对其接济。参将陈连升迅速完成调防布防，并严令官涌各营：“固垒深沟，相机剿办。”

让增城营参将陈连升没有想到的是，自穿鼻洋之战给“东方远征军”一个迎头痛击之后，官涌竟然迅速变成了与英军交战的前沿阵地。但作为镇守官涌的守将，陈连升无所畏惧，胸中有着压倒一切来犯之敌的英雄气概，面对拥有坚炮砺舰的英吉利侵略军，他胆魄非凡，坚决压倒敌人的气焰，以展露中国军人雄狮怒吼般的威严。

为了察看官涌山海岸的地形，参将陈连升骑着黄骠马来到海边，在一片浅滩上飞身下马，他把马缰绳盘在了黄骠马的头上，任由黄骠马奔腾而去，独自立于海边，任由滚动而来的海浪浸润着双脚上那漆黑的牛皮战靴。陈连升抬头挺胸，望着波涛汹涌的大海，目光冷凌如炬。他牙关紧咬，心中暗自在想——本将地处前沿阵地，注定是第一个向英吉利小儿开炮的人。来吧！我等随时恭候！

黄骠马沿海岸向东奔驰一阵之后，突然转过马头向陈将军奔来，并用嘴角轻扯将军的袍角。陈连升从凝望中回过神来，伸手抚摸着黄骠马的额头，然后迈开脚步，在浅滩的海沙之中留下一路深深的脚窝。

查看了海岸的地形地物之后，参将陈连升凭着多年的作战经验，已经初步判定英军将会抢滩登陆的地点，并根据洋面的情形确立了炮击的地点和位置。掌握这些一手军情之后，陈连升随令官涌山守备伍通标睁大眼睛，日夜坚守。传令其他各营官兵调配到指定的位置修筑防御工事，备足武器弹药。

这时，英军战舰“窝拉疑”号和“海阿新”号停泊在尖沙咀洋面。旗舰“窝拉疑”号宽阔的前甲板上，站着几个身穿英军军服，态气骄横的军官。早已换上英军官服的驻华商务监事义律，正在向舰长华伦叙说着中国军人销烟给英国人带来的经济损失和精神创伤。舰长华伦鼻子高挺，两个大鼻孔又深又黑，两撮黄色的鼻毛塞满了鼻孔的缝隙，两大片兜腮胡子一直漫延到鼻孔边。他大大咧咧地狂笑着，露出鲜红的牙床，脸面上挤出粗犷的皱纹。华伦拿起搁在平台上的酒瓶，咬开瓶盖用手指弹了出去，狂饮一口，然后用讥讽的口吻对义律说道：“监理先生，林则徐禁烟销烟的举措让你伤透了脑筋，却无法征服我的舰船和大炮！”

义律的大脸上白里透红，一层细密的绒毛布满了大脸，大大的脑袋上生着一头金发，细密的皱纹像波纹一般写在前额，一双深凹的碧眼布满了血丝，仁丹胡泛着黄光，血红的舌头时不时舔着干裂的嘴唇。他望着海岸伤感地说：“舰长阁下，你应该知道，6 月 3 日的虎门销烟事件，不仅使女王殿下的威风扫地，也使大英帝国在华经营了许多年的鸦片贸易毁于一旦。”他心里烦恼，大步走向舰载炮台，用手抚摸着帆布炮衣，恼怒地说：“中国人中，有林则徐这样的干臣，还有陈连升这样的将军，也就必然会有许许多多对付我们这些大炮的勇士！能不能征服舰长阁下的大炮，还得试了再说。”

华伦用渺视的眼神望着义律哈哈大笑说：“监理先生，虎门的缴烟销烟让你丧胆，这不奇怪，可眼下我们将要实施的炮舰政策，会让陈连升他们乖乖投降的！”

舰长华伦的骄横与自信在义律看来那是一个十分危险的信号，通过亲历缴烟销烟的全过程，义律早已领教了林则徐的胆魄和陈连升的铮铮铁骨。

陈连升心知肚明，狗急会跳墙，面前的这群饿狼既然已经开动了炮舰，就不会轻易放过要报虎门销烟之仇的机会。他把心血倾注在官涌山炮阵地之上，每一个炮台，每一门大炮，他都会亲历炮位，抚摸炮身，合理配制，构成火力网。每一段战壕，每一处掩体，他都亲临现场检查。每天清晨，他立马官涌校场，挥动令旗苦练精兵，狠抓战前训练，随时准备歼灭来犯之敌。官涌山上下，营盘森严壁垒，各营依令就位，坚守阵地，备足了弹药，只要陈将军骑马飞刀，一声令下，便会百炮齐发，射向来犯的敌舰。

1839 年 10 月 6 日，英舰“窝拉疑”号和“海阿新”号回到尖沙嘴洋面后，用望远镜反复侦察官涌山守军的动静，隐约看见官涌山半山腰尘土飞扬，大量中国守军正在修筑工事。在穿鼻洋之战遭到陈连升部重创的英军官兵害怕遭受俯攻，于是稳住舰船，多次放出舢板派侦察兵偷偷驶近山边，弃舢板爬上官涌山坡来秘密侦察情况，窥探虚实。守备伍通标立刻将军情报请给了参将陈连升。陈连升立刻命令守备伍通标派兵截拿。伍通标振作精神，速选精兵 30 余人沿官涌山梁而下，打伤英兵数名，缴枪数支，其余英兵在慌乱中滚下山崖，摔死 7 人，其余英兵驾舢板逃走。

时隔不久，于 1839 年 11 月 4 日夜里，英国武装商船趁洋面大雾，守军不宜发现之机，一字形排列在海面上。然后船跟船依次跟进，偷越近海，到达有效射程之内后发出了攻击信号，向官涌山营盘猛烈炮击。哪知早有准备的中国军队，在参将陈连升的统一指挥下，早已撤出营盘，坚守在了炮台之上。他们居高临下，猛烈反击，以守为攻，击毙英军数十名，一连打退了英军的 8 次进攻，打得武装商船落花流水。

这一仗取得胜利后，中国守军士气大振，群情激昂。参将陈连升亲临阵前，骑马挥刀，面对列队整齐的官兵大声吼道：“我们中华儿男，当有雄心铁骨！我们的美好河山岂能容强盗践踏，我们的华夏民族岂能容外夷侵蚀！当下，英吉利小儿犯我疆土，危害我中华民族，我等岂能答应！兵勇们，振作起来，打起精神，紧握刀枪，准备随时剿杀来犯之敌！”参将陈连升的话音刚落，列队阵前的数千名官兵齐声大吼：“保卫海疆，保卫国土！”那喊声真是气壮山河，威震敌胆。紧接着守备伍通标，进一步在阵前鼓舞士气，安排守备事宜，并随令增城右营千总刘明辉，前营千总陈举鹏，轮番执守前沿，准备随时歼灭来犯之敌。

随后，一连几天几夜，尖沙咀洋面之上风平浪静，薄雾轻绕。守备伍通标来到参将陈连升的帐前请求指示。陈连升紧锁眉头，一脸凝重，抬起手掌屈指起了一个“乌鸦数”，掐了一个“生死掌”之后，对部将伍通标说：“你火速派些兵勇回增城营里一趟，多调些猪肉和牛肉前来，给兵勇们打牙祭加餐，让所有的官兵吃饱喝足，养足精神，近日必有大战！”伍通标退后三步，行了军礼，应声而去！

伍通标离帐回营，急挑兵勇回增城营办差，众官兵一听参将陈连升要慰劳他们，顿时军心大振，群情激昂，阵前一片欢呼。

增城营里，听到参将陈连升急令购买肉食犒劳官涌山官兵的消息后，顿时欢腾雀跃。众将了解陈参将的为人，深知他是一个重情重义的将军，既然犒劳官兵，必然大战在即，从上到下呈现出一派严肃活跃的景象。而这一消息不胫而走，很快传遍全城，增城民众争相送来鸡鸭鱼肉。他们知道，参将陈连升虽来增城时间不长，但为人仗义，热爱民众，且从不扰民。这回陈参将驻守官涌前沿阵地已有数月，还接连打了胜仗，增城军民欢欣鼓舞，正愁找不到机会慰劳前沿阵地的官兵。一时间，增城营里的肉食菜蔬差不多堆成了小山，留守官兵挑选了上等的肉食菜蔬，按照守备伍通标传达的陈参将的命令，一一备齐发出，运往官涌各营。

11 月 7 日早晨，各营伙房收到了按人分拨下来的肉食菜蔬，按照次序先后下锅煮米炒菜。各营伙房正按守备伍通标的命令，把分发到各营的黄豆芽菜，用大锅煮成清淡的葱花汤。并传陈将军令，战时不能饮酒。伍通标灵机一动，就用豆芽菜汤代酒助兴。官涌守军将士从中午一直乐到傍晚，各自吃饱喝足之后接到传令，哨兵加强巡查，其他官兵早些熄灯安睡，养足精神、准备战斗。

11 月 8 日清晨，官涌营里号声大起，各自集合入阵，进入一级战备。上午，英船果然又发动进攻，只见一艘大船从正面驶入阵前，首先向官涌守军开炮。列队的数十艘小船，从大船两边包抄过来，借大船的炮火掩护，乘海潮涨水之机抢滩登陆，并有百余人登陆成功，冲上山冈，开枪击伤中国兵勇 2 名。陈参将传令守备伍通标出击。伍通标即令增城右营千总刘明辉率军截击。正面炮火早与大船交战，打得几多激烈顽强。千总刘明辉率领兵勇布阵，手持大刀、火枪，频高视下一路杀出，砍死打伤英军数十名。不到半个时辰，英兵登岸的百余人已经死伤大半，其余英兵吓破了胆，见势丢枪弃甲，狼狈逃窜。顿时，官涌阵上喊声大起，形成一道震撼洋面的和声……

11 月 9 日，英船死不甘心，又列装到官涌东面的胡椒角开炮试探，准备再次抢滩登陆，从东翼包抄，夺取官涌阵地。参将陈连升果断迎敌，传令守军用大炮、抬炮一齐回击，势如排山倒海，英军措手不及难以抵挡，调转船头落荒而逃。

11 月 10 日，威远炮台守备马民，带领关天培增拨给官涌营的 200 多名官兵和 6 门得力大炮赶到官涌，在炮台后的校场向参将陈连升交点完毕之后，分五路增兵到达指定位置，准备主动进攻。下午 4 时左右，英军潜入近海，用望远镜侦察官涌山营盘之内还在安装炮位，立即赶装炮弹，准备深入近海趁其不备，打官涌营守军一个措手不及。次日凌晨，英军凭着海雾的掩护闯入近海洋面，先行打炮攻击。已经等候半夜的中国兵勇沉着迎战，五路大炮以排山倒海之势一齐射向英船。参将陈连升站在高处，隐约听到炮弹击破之声接连不断，心中大喜。用手拍拍黄骠马温热的额头说："逮好了！打死你们这些来犯的英吉利小儿！打死你们这些来犯强盗！"他接着骑马奔袭至官涌前沿阵地，传令前哨炮位重磅出击，压倒英军气焰。又是一阵猛烈炮击，一开始英军还在开炮抵抗，一个时辰不到，英军大败。只听遥远的洋面上有叽哩哇啦的叫喊之声，再无能力回击。各船的灯火相继熄灭，偷偷开船潜逃。天亮时，只见英军船只已经逃去大半。一条双桅三板舰船被官涌守军击沉，翻在海面上呈半浮半沉之状态。参将陈连升见状哈哈大笑说："英吉利强盗，你们也不过如此嘛！"阵地前的官兵见英船被击沉，顿时士气大振，列队站在炮台前沿，望着逐渐下沉的舰艇和 10 余艘退到远处抛锚的英船欢呼，并齐声高喊："保卫海疆，保卫国土；保卫海疆，保卫国土……"

11 月 13 日，在九龙之战中被打断手腕的英军败将得忌刺士，对中国参将陈连升恨之入骨，不甘心失败，又纠集十几只舰船组成船队，向官涌海岸逼近，计划伺机偷袭，想报断腕之仇。参将陈连升得到情报后，即令守军分赴五路在山梁迎敌，并反复强调："炮不可空发，要等英船到达大炮射程之内后方可开炮"。此战中"多利"号连中两弹，船身急剧摇晃，只得仓皇逃蹿。一只探水划船被击翻，船上兵丁哇啦怪叫，后面参与偷袭的英船见状，惊恐万分，连忙调头逃跑。得忌刺士大惊失色，知道又是遇到了参将陈连升，怪叫道："又是陈连升，又是陈连升，我们又遇到了东方战神陈连升！快撤，快撤！我们又遇到了东方战神陈连升……"

官涌战役大捷的战报陆续送到两广总督府，林则徐大喜，手握胡须抚握数下之后感叹道："陈连升果真是一位智勇双全的帅才！算我林则徐没有看错人啦！"感叹之后，林则徐连忙叫来纸笔，书写奏折上奏"官涌大捷"的具体战况，并奏请道光皇帝提升功臣陈连升为"三江协副将"。奏章写好后盖了官印，速令六百里加急，连夜传送进京。

官涌战役接连6仗，陈连升亲率部将大获全胜，被称为"官涌大捷"，共歼敌1400余人，击沉英军舰船9艘，缴获排枪80余枝，火枪120余枝。粉碎了英军和鸦片贩子夺取官涌山梁，企图把尖沙咀洋面作为侵略基地的计划……

1840年3月（清道光二十年庚子），六十二岁的参将陈连升接到圣旨，对陈连升指挥的"官涌大捷"大加赞赏，并按林则徐奏请提格颁旨，擢升增城营参将陈连升为三江协副将，赏二品顶戴花翎。

114

那天，钦差大臣林则徐正在行辕之中与水师提督关天培商议，如何庆祝"官涌大捷"鼓舞士气的事情，突然接到官涌大营来报说："伍通标、张青麟、刘明辉等军官，准备筹备给陈连升老将军举办六十二岁寿宴的事情。"

关天培听完禀报，连忙转身望着钦差大臣林则徐说："这倒是个好机会，以贺寿为由，让驻守官涌的官兵尽情狂欢一回。"林则徐也点点头说："好倒是好！只是我等该准备些什么寿礼好呢？"关天培淡淡一笑说："依我对陈连升将军的了解，他是一个爱兵爱马不爱钱的人，喝酒贺寿他可能会应允，但敞开营帐收取贺礼之事，陈将军未必喜欢。"

林则徐呷了一口茶水之后，儒雅地转过脸来对水师提督关天培说："设寿宴喝酒，以犒劳官兵作为庆贺倒是件好事，如果敞开营门收取寿礼，那就俗了。关将军不妨想个法子向陈老将军试探一下他的想法。"关天培很是客气地说："试探就不必了，如果陈老将军真的允许部下设宴贺寿，必会送喜帖过来宴请你我前去参加，收不收礼便可以从帖子上分辨出来。"林则徐点点头说："那倒也是，不过这位老将军着实让我心生敬畏！自从收缴鸦片烟土以来，老将军身先士卒；战义律、拿伍秉鉴，展露出了无畏的气概与胆魄；官涌六仗打得漂亮，为我大清部署海防的六十万大军树立了榜样，如果全体官兵都有陈老将军骨子里的那股气节，天朝的海防便会固若金汤，英帝国的二十万东方远征军纵有坚炮砺舰也无法突破我们的防线！"

听了钦差大人林则徐这一番话，水师提督关天培的心里起了波澜，他被林大人的话语深深地触动了，就在那里慨叹道：“既然是这样，那我们干脆就给陈老将军准备一份厚礼。”林则徐一脸惊喜地说：“快说来听听，关将军准备给陈老将军送什么厚礼?”关天培感慨地说：“海防前线有陈连升这样英勇善战的将军，是大清之福，也让我这个水师提督心里踏实。要不我干脆就把新铸的二十门6000司马斤的大炮送十门给陈老将军，作为贺寿的礼物?!”

林则徐开怀一笑说：“这倒真是一份厚礼！不过这炮不能送到官涌山的大营里去，就先放到沙角炮台。”关天培立刻明白了钦差大臣林则徐的意图，连忙问道：“林大人一定是想把老将军陈连升调来镇守沙角炮台群。”林则徐毫不隐瞒地说：“本钦差确有此意。威远炮台群有你关天培将军镇守，那是万无一失。可威远与沙角成崎角之势，正如虎门的两大门轴，你与老将军一边一个镇守着虎门，我在广州城里也就能够睡个安稳觉了。”

作为军人，关天培感到欣慰。他心里在想，这回也算是对得起陈老将军了，皇上不过给陈老将军赏了二品顶戴花翎，我送十门6000司马斤的大炮过去，这就让老将军如虎添翼了。而钦差大人林则徐接下来的一句话，倒是让水师提督关天培大吃了一惊。林则徐望着他说：“皇上赏了二品顶戴花翎，关将军送了十门大炮，而我呢就只有两只肩膀抬张嘴了!”让水师提督关天培大吃一惊的不是别的，他万万没有想到林则徐会有如此敏锐的洞察力，会一眼看透他的心思。

三月的广东风和日丽，虎门海岸木棉花开红似火焰。古榕树支起的片片绿影，掩去了炮击的伤痕，湛蓝的海面上轻雾莹绕，如同散淡的烟波。海鸥飞翔在水岸之间，时而发出惊恐的鸣叫，撩起一串串低婉的回声。

站在海岸上，望着眼前的情景，陈连升将军的脑海里浮现出了磨刀洋一战的全景画面。那一日，英舰在磨刀洋海面向中国渔船开炮轰击，一艘艘渔船先后被击沉，渔民发出绝望的哀嚎。帆落船破间，海水如注涌进船内，鲜血溅出染红了海水。

陈连升观察到海面的情形，见渔船受重创，渔民遭屠杀而无法救援，忍不住怒火中烧。即令水师出动舰船数只，向英舰包抄冲击。他立刻飞身骑上黄骠马朝海岸奔去，并亲领战船五十艘，兵勇三千，直插第二道防线。

“窝拉疑”号舰上，义律见中国水师兵舰齐发却不屑一顾，站在船头冷笑道：“大清国的兵舰太小太小，陈连升你这只旱鸭子也敢下海迎敌?”英舰见中国的水师围来，急忙调舰向前，想以大舰压小舰的战术，直插珠江口。“路易莎”号一马当先，紧紧逼了过来。

水师舰船见陈连升将军举起黄色令旗，纷纷后退，拉开口子慢慢放英舰进入江口。各舰船依次后退，英舰误认为“以大压小”的战术奏效，死死追逐前行。

接着，陈连升将军举起蓝色令旗，两岸兵勇见令齐声大喊，扯起铁链拴于水中的木桩之上，如同当年陈连升在桃符口拖簰时的锚钩，铁链挂于船尾，依次前行朝英舰靠拢。英舰见状立刻开炮，但炮火虽猛却无法射中近前小船。小舰上的水勇齐齐射出醮油的火箭，燃烧的箭头汇聚一起，如火龙腾空卷来，一齐射向英舰的甲板。

华伦看出了陈连升布下的水上口袋，知道中计上当，慌乱中大声惊呼："上当，快撤!"传令返航退出珠江口。可英舰被水下的木桩和铁链死死缠住，动弹不得。小舰船上的水勇仍然火箭齐发，英舰燃起了大火。华伦狂吼乱叫一阵之后，慌乱间抢过救生衣穿上后跌入水中，英军随跟其后纷纷狼狈落水，弃舰而逃。

陈连升见时机已到，立刻举起红色令旗，两岸顿时炮火齐发，一炮正中"路易莎"号，船鼻爆炸，舰船后倾。华伦见状，魂飞魄散，痛苦地嚎叫起来。接着成百小艇箭一般向英舰冲去，舰上水勇持火枪、火炮、炸弹，一齐向"路易莎"号进攻。珠江口顿时硝烟弥漫，磨刀洋海岸火光冲天。猛攻之下，"路易莎"号缓缓下沉。义律见状大惊失色，站在"窝拉疑"号舰船之上惊慌呼喊，惊恐怪叫，急令加大马力，火速退出磨刀洋。"路易莎"号后倾沉下海底，只有一个长长的桅尖露出海面，就像一个侵略者必败的耻辱标记……

回想起这些惨烈的场景，陈连升将军的心中升腾起了胜利者的豪情。作为军人，胜利才是荣耀的标志！他为自己是第一个挥展令旗，向英军开炮的将军而感到无比的荣耀。转眼之间，六十花甲还过了两年，按照大清军旅的规定，过了六十三岁，就该告老还乡享受天伦了。他盼望着那一天早日到来，他想带着肖雪珍，带着康翠莲回到邬阳关去，享一年四季的清闲，赏春夏秋冬的风景。家乡起伏连绵的山影，家乡小河里轻悦的水声，一直是他心中深深地眷念。

就在陈连升将军望海思乡，满怀乡愁的那个时刻，陈长鹏和陈举鹏兄弟俩骑马来到他的身边，跳下马来说："爹爹，您入席吧，寿宴已经摆好，您不入席，众官兵均不敢入席哩!"陈连升望着长鹏和举鹏兄弟俩深情地说："感谢你们的孝心了，想来已是很久没有开怀畅饮，今日个就让官兵同乐，开怀畅饮吧!"说完这话，三父子飞身上马，朝官涌大营里奔去。一路上，三父子没有言语什么，只有马蹄声急促的节拍清脆悦耳。

只见官涌大营外的校场之上，用南竹筒扎了六十二个八角灯架，八根竹筒里灌满了桐油，插了棉花灯芯。见陈连升三父子骑马朝大营奔来，六十二名手持火把的兵勇同时点燃了八角灯盏，四百九十六点灯火同时亮了起来，形成一个极其壮观的围场。围场内摆满了三百张餐桌，餐桌上摆满了大鱼大肉，正热气腾腾，清香四溢。每桌的酒坛的坛口上包了红绸，洋溢着喜气。每张餐桌周围坐着十二个官兵，放了十二只土碗。前面摆放的一张大餐桌，是陈将军的主席位。当陈将军步入席位在上席落座时，全场官兵齐声欢呼："将军健康！将军威武！"

但看席间全部坐定，陈长鹏拧开主席大桌上的酒坛高高举起，示意每桌开坛斟酒。当三百张桌面的酒碗全部斟满时，张青麟在前排的桌上端起酒碗，举到额前时下达了口令："全体起立，端酒碗面向将军，祝将军生日快乐！"

陈连升见状，端起酒碗站起身来，感动得热泪盈眶。当他正欲畅饮此碗寿酒之时，就听营门之外有人大声禀报："林大人到！关将军到！"陈连升连忙放下酒碗迎了出去，把林则徐和关天培请到了主席的桌前。

林则徐端起了酒碗，大声对全体官兵说："官涌大营的全体将士！你们不仅是陈将军手下的精锐，更是天朝的功臣！今天借老将军六十二岁大寿的喜庆之期，祝大家健康幸福，同时衷心祝愿你们在陈将军的带领下，精诚团结，再建新功！"林则徐的话音刚落，陈连升端起酒碗举到额头，然后放酒碗于胸前，扫视全场，转过身来面向林则徐、关天培行注目礼，礼毕之时一气喝下了碗中的酒水。

就在张青麟举酒碗于额前，面向陈连升行注目礼时，全场官兵齐声高呼："祝将军生日快乐！身体康健！"就在张青麟喝下第一碗酒时，全场官兵同时举酒碗于额前，向陈连升、林则徐、关天培行注目礼后，一气喝下了第一碗酒。

关天培见状，感慨地对陈连升将军说："从喝酒这个层次和场景便可以看出，陈将军的部属真乃威武之师，言行举止整齐划一，是乃治军的典范！"坐定之后，陈连升客气地说："感谢林大人和关将军的光临！官涌六战之时，我令部队用豆芽煮汤代酒畅饮，今日可是喝的谷米酿酒，图个痛快，以此慰劳一下将士，鼓舞士气！"

林则徐面色红润，从内心深处生出许多感慨。自从"虎门销烟"开始，林则徐便对老将军陈连升存有敬畏之心，他甚至时常在想，许多年前福州城里的那次会面，就像是上苍的眷顾，没有那一次的同行，没有武昌城里的那一次离别，或许就没有海防前线的这次重逢。林则徐动作儒雅，他端起面前的酒碗，面向坐在陈连升将军左右的长鹏和举鹏说："二位公子！我们共同给你们的父亲，我们的将军敬一碗酒，以抒发我心中的敬畏之情！"

陈连升见状，连忙端起酒碗说："哪里受得起林大人敬酒！长鹏和举鹏虽然与我同在军中，可都还是些基层军官，怎敢与林大人同举酒碗?!"

林则徐感慨万千地说："陈老将军就不必推辞了！论年龄，老将军大我七岁，您是我心目中的英雄！今日是您的寿宴，我与关将军可是带着厚重的寿礼来的，陈将军就不必推辞了！"

陈连升将军受此一敬，顿时感动得热泪盈眶。不料，关天培也端起酒碗对林则徐说：“如果林大人不介意的话，我愿与林大人一起陪长鹏举鹏二位公子给陈老将军敬酒！”林则徐点点头说：“如此甚好！”

陈长鹏和陈举鹏见状，十分感激，哥俩同时端起酒碗举于额前，给林大人与关将军行了注目礼。接着长鹏开口说道：“感谢林大人和关将军对家父的厚爱，这碗酒还是我们兄弟俩敬了二位大人吧！”

林则徐端着酒碗见他们父子再三推辞，便有些不愉快了，见公子长鹏也出口说话，便垂下眼皮说：“你们没有听见我先前的提议吗？”一听钦差大人林则徐这话，陈连升心里一怔，知道再也不能推辞了，于是双手举酒碗于额前，十分恭敬地说：“谢钦差林大人和水师提督关将军的知遇之恩！”然后将碗中的酒一饮而尽。这时林则徐与关天培也同时喝下了这碗酒。

平时就很机智的陈举鹏在一旁迎合着酒局上的门道，没有言语什么，望着钦差大臣林则徐儒雅中透着刚毅与果敢的言谈举止，心中很是敬佩；而对水师提督关天培的机敏圆滑也是记在了心里。这碗酒下肚，倒也让陈长鹏和陈举鹏兄弟俩明白了一个道理，官场中的酒局也不是闹着玩的，那中间的规矩也是不能轻视的。

当然，钦差大人林则徐和水师提督关天培的到来，倒是让伍通标、张青麟、刘明辉、向点娃等一些下级军官陷入了拘谨之中，他们本想敬将军一碗酒，可有钦差大人和水师提督在此，又怕失了分寸，只得闷在桌上使劲吃肉。可是陈连升将军心里清楚，你们几个小子再机敏，能机敏过林大人去？你们是想利用我的生日狂欢一下，可有钦差在此，尔等怎敢狂欢！

敬了这碗酒之后，钦差大人林则徐非常郑重地宣布：“陈老将军！官涌之战你们是打出了八面威风，重创了来犯的英军，助长了中国军人的志气。可英军也不是傻子，不会老想着再吃你们的败仗，下一步他们肯定要在虎门找突破口。因此决定调三江协副将陈连升将军领兵驻守沙角炮台，与关将军驻守的威远炮台形成畸角之势，牢牢地卡住虎门！”

陈连升立刻放下酒碗，站正身子，接受了钦差大人的命令。关天培将军接着钦差大人林则徐的话说：“我给陈老将军送的寿礼就是十门6000司马斤的大炮，随后派兵给陈老将军送往沙角炮台！”陈连升十分感动地说：“这可真是一份厚重的大礼呀！感谢关将军的厚爱！”

接着，钦差大人林则徐说：“陈将军多饮几碗寿酒！我与关将军还有要事急需处理，就先行一步了！等老将军调防沙角炮台之后，我与关将军再来看望！告辞！”林则徐与关天培拱手施礼而别。

随着钦差大人林则徐和水师提督关天培的马蹄声远去，官涌大营校场里的寿宴上欢腾起来，纷纷举杯敬酒，展露着各自的豪放与快乐。最后陈连升将军站在上席中间，面色凝重，高举酒碗于额前，对着全体官兵深情地大声说道："本将敬各位将士一碗酒！你们跟随我多年，南征北战，一路艰辛到如今，不是一件容易的事情！今天，我已经六十有二，却受命于危难之机！钦差大人与水师提督关将军，已经传令于我，让我领着大家去守沙角炮台，这是重任！本将敬各位一碗酒，以谢大家的追随忠义之恩！"说完这话，他注目全场官兵之后，将碗中的酒一饮而尽。

当夕阳的余晖把海岸映照得一片金黄时，远处的天际却有一片乌云在飘动。望着校场上展亮的灯火，望着借着酒兴尽情狂欢的官兵，老将军陈连升的心胸里却升腾起一片阴影，他的耳边回响着邬阳关的一句老话："三喜必有三忧。"天际之间飘动的一片乌云，难道不是在预示天朝遭遇帝国之后的忧患吗？陈连升似乎预感到了什么，突地打了一个寒颤。

115

又是一个极不平凡的年号，在这个时间节点上，号称天朝的大清再度遭遇到了帝国侵犯。而陈连升作为天朝的军人，作为大清的将军，注定是要经历人生之中一段极不平凡的岁月。

1840 年 1 月 16 日，英国维多利亚女王在国会上发表了侵华演说，叫嚣中国禁烟、销烟使英商蒙受损失，触犯了英王的尊严，明目张胆地鼓吹侵华战争。

1840 年 2 月，英国政府正式任命乔治・懿律，查理・义律分别为侵华战争的正副全权公使，组成舰队，调集兵力 20 万，组成东方远征军上舰，舰入深海，向大洋西岸进发。

可是，作为一名高级军事将领，陈连升迅速弄清了整个海防的军事态势。天朝在长长的海防线上屯军六十万，面对远航而来的二十万东方远征军，只要朝廷硬气，英人纵有坚炮砺舰，也完全不可能突破清军的防线。

那么，一个主宰这场战争胜负的先决条件摆在了六十万清军的面前——朝廷硬气吗？陈连升心知肚明，如果天朝的文武百官，都有林则徐这样的雄心与胆魄，海防前线必然捷报频传，中国的海防也必然是固若金汤，坚不可摧。

战争的阴云密布，大军压境，海防前线的官兵时时处于神经紧绷的状态。可天朝的政治风云如何变幻，就连林则徐、关天培、陈连升以及前线众将谁也没有料到。

1839 年以来，英军在广州九龙的炮舰政策连连失败，知道遇见了强硬的对手，虽是恼羞成怒，但也不敢轻易再攻虎门沿海。为了向清廷施加压力，便采用迂回战术，调转炮舰向东南沿海进发。英国舰船编队气势汹涌，沿海岸线向东挺进，一路浓烟滚滚，白浪滔天。

由于清廷腐败，江浙沿海城市戒备薄弱，不堪一击，经过战争的检验，朝廷没有“硬气”，英舰东进如入无人之境，攻定海，入天津，最后逼向北京。

英军攻陷定海之时，大肆屠杀掠夺，城乡数十里之内人畜惨遭屠杀，屋舍被焚，鸡犬不留。英舰在南江口劫夺中国沙船，侵犯乍浦，开炮轰塌四城。接着，英舰直逼天津，顿时浓烟滚滚。

英舰“窝拉疑”号在广州九龙受挫，这回却成了东进的先锋。舰长华伦趾高气扬，坐在转椅上抽着一支粗大的雪茄烟，在淡薄的烟雾之中两颊的横肉抽搐，面色狰狞。舰外海面上，英舰排成弧形编队逼进天津港。华伦猛然揉灭手头的雪茄烟跳起来吼道：“开炮炸，轰平天津！”仓内的桌面上，义律背影宽大，他俯身审视着地图，那肢毛茸茸的右手中指在地图上画出一道甲印，直指北京。

而这个时刻，北京的皇室里仍然回响着低沉的朝乐声，道光皇帝和文武百官都还沉浸在“虎门销烟”和“官涌大捷”的喜悦之中，他每日被宫女搀扶着上朝，夜夜沉迷春宫，导致每日睡眼惺忪，也像吸食了鸦片。

当道光皇帝接过当值太监递上来的“英国舰队攻克天津”的告急文书时，他猛然一惊，差点从龙椅上摔了下来。大惊失色之后，道光皇帝急扫了一眼朝堂上的文武百官，但见上朝议事者也是寥寥无几，少许上朝的官员也是满面惊恐，神不守舍，几乎没有一个干臣敢于站出来为他分忧解愁了。殿外炮声隆隆，如雷贯耳。道光皇帝眼冒金星，巨大的金龙铜柱和宫殿穹顶似在一阵阵地摇晃，洒落下些许穹顶尘埃。

殿外太监奔来急报：“直逮总督琦善求见皇上！”脊背上正冒着虚汗的道光皇帝从惊恐之中回过神来，声音颤抖地说道：“快传！”太监踮脚施礼，折转身碎步跪到大殿门口，尖着声嗓大声喊道：“传直隶总督琦善上殿！”琦善端着一副忧国忧民的神态，快步进入午门，直奔朝堂而来。身材矮胖，脸庞肿圆的他身着一套崭新的官服，一对三角眼儿溜溜乱转，三绺胡子微微飘颤，远远望去就好比一个球体在向前滚动。琦善进入朝堂，伏于殿前。已被洋人的枪炮吓破了胆的道光皇帝似是抓到了一根救命的稻草，柔声地说：“琦爱卿请起，你可有退兵的良策?!”

琦善连忙从地上爬起来，正了衣冠，抬起头来说：“依臣之见，眼下大清正处于危难之机，再不能像林则徐、关天培、陈连升他们那么莽撞，只能诚心议和，让英军退至广东沿海，确保朝廷安危！”

一听琦善这话，道光皇帝似是见到了一抹阳光，连忙颁旨：“联令琦爱卿为我朝全权公使，前去议和退兵吧!”在朝堂议事的文武百官脊背发凉，双腿发软，都用一种怪异的目光望着琦善的背影，发出一片唏嘘之声，似乎都已明白，琦善的出现，意味着大清岌岌可危唉。

退朝之后，琦善秉承道光皇帝的旨意，赶赴天津向义律卑躬屈膝地表示：只要英军退至广东沿海，一切问题均可以在谈判桌上得到满意的答复。义律在沉思之中露出得意之色，他从琦善的言谈举止之中获取了大量有利的信息，看到了清廷软弱可欺的本质，弄清了清廷的态度，知道舰队东进的目的已经达到，心里甚为乐呵。而华伦并不理解义律的心思，他是一个只知道用炮火说话的角色，望着琦善卑躬屈膝的奴才模样，骄横之中坦露出了不安的情绪。

琦善抛出的一系列妥协政策，让义律胃口大开，兴奋不已。在双方基本达成退兵协议之后，琦善恭敬地对义律说道：“监理阁下，我等商谈的结果，待臣回禀皇上之后，速赴广东再议。”

琦善一行在天津港离开英夷舰船，乘小船回京城。英军舰队随后离开天津港，一路冒着浓烟，向南海驶去。

道光皇帝闻听英军舰队已经停止炮击，并撤离天津港的消息后龙颜大悦，大赞琦善的功德，并在次日的早朝上说：“琦善立奇功，不战而去人之兵!”随即，琦善昂头挺胸，面露得意的神情，面见道光皇帝得了旨意之后，踏上了南下的航船。

而这时，钦差大臣林则徐并没有停下自己的脚步，他除了与邓廷桢督促地方官员推行颁布的禁烟法令，清理鸦片余毒之外，便是与关天培、陈连升将军，号令海防官兵加固炮阵地，新修工事，抓紧备战。

记得在沙角督收趸船鸦片的日子里，林则徐便留心观察过虎门的形势。站在海岸上瞭望，号称中国南大门的虎门，确实险要天成。此前，沙角和大角两山隔岸斜峙，是出入珠江口进入南海的第一道门户。往内河望去，约七海里处有一小岛屹立水面，地名横档，前面耸立着巨石，俗称饭箩排，其前又有一座小屿，便是下横档，这就是当地人所称的“上下横档岛”。这几个岛屿、礁石，宛如英姿雄健的哨兵，和左岸俗名亚娘鞋的南山并列雄踞，组成第二重门户。沿上下横档岛再进五里，大虎、小虎两山，伏波冲流，是第三重门户。虎门三重，沙角大角是为前沿。

虎门设防始于1717年（康熙五十六年），其始只有横档、南山两座炮台，各置大小铁炮十二门。先后于1800年（嘉庆五年），1810年（嘉庆十五年）和1815年（嘉庆二十年间），添建沙角炮台，新建官涌炮台于亭涉山麓，建蕉门炮台于黄角山麓，并在横档炮台前加筑月台，炮位添置至四十门；又在南山炮台西北建镇远炮台，也置炮四十门。至此，这个炮台群的火力已经达到大炮一百四十门。1818年至1830

年间，又建大虎炮台，置炮三十二门，建大角炮台，置炮十七门。

1835年（道光十五年）初，关天培到此担任水师提督以后，殚精竭虑，整顿海防，又在南山炮台前筑月台，合称威远炮台，新置连同旧有的炮位共四十门。还在横档背面山麓建永安炮台，置炮四十门，在对岸的芦湾山脚建起巩固炮台，置炮二十门。关天培还亲自督铸6000司马斤和8000司马斤大炮各二十门，使主要炮台的火力进一步加强。1836年（道光十六年），关天培又督铸了3000司马斤大炮九门，分置于永安、巩固、蕉门三个炮台。

林则徐奉命使粤之际，关天培和邓廷桢会商合议，并奏请朝廷获准添建靖远炮台和两道拦江大排角链。新建工程基本完工，只剩下兵房、望楼、官厅、军装和火药两库还在加紧施工。林则徐移舟到南山、横档一带，察看了木排铁链，又从威远炮台登岸，在关天培的陪同下视察了威远炮台，观看三门5000司马斤铁炮的试演。林则徐听着震耳的炮声，看到铁链锁岸的景象，见关天培考虑周密，布置的防御阵地很是坚固时，对其大为赞赏。

林则徐在广东沿海收缴鸦片烟土，组织虎门销烟所经历过的艰难困苦，炮火硝烟，那里是深居皇宫的道光皇帝和琦善等官员能够体会到的？

定海的失守，虽是清朝腐败的政治所决定的，但当局者迷。“腐败的半文明制度”似乎是留给后人话题，与世隔绝的状态，早已养成了朝廷奢靡和不问世界大势的情形，迷信天朝的声威“可以”慑服蛮夷的愚昧心理，完全缺乏对强大帝国的认识。而在辽阔的海岸线上，长期武备不修，将不知兵，兵不知战，久享承平的虚幻景像，灯红酒绿，醉生梦死的糜烂生活，又铸成对现实生活的麻木不仁。在英寇入侵警报频传的时刻，都没有发奋振作的打算，也完全没有发奋振作的意志，道光皇帝的愚昧无知，是一个极具嘲弄色彩的典型。当林则徐奏报传闻英国大号军舰驶入南海的情况时，道光皇帝仍然不以为然，还蔑视地说：“主客之势自制，彼何能为也。”

道光皇帝接到英军进犯定海的奏报时，仍然很不在乎地说：“此等丑类，不过小试其技，阻挠禁令，仍欲借势售私，他何能为？”几日之后又说：“该夷等亦不过稍逞小技，恫疑虐喝，迨至计穷势蹙，自必返掉入洋，无所希冀。”这种麻痹轻敌的荒唐旨意，只会带来自毁长城的恶果。

而这些情节，似乎是对三江协副将陈连升有关六十万对二十万军事态势研判的一个嘲弄。他哪里能够想到，由于奢靡与腐朽，天朝在东南海防的几十万军队，几乎只是一个摆设。

沙角台高，敌帆收向无边。站在海防的前沿阵地之上，陈连升心生豪迈。几十年来，用万恶的鸦片毒害中国人民的英国鸦片贩子，第一次俯首听命，不仅查禁鸦片的斗争取得胜利，官涌之战也给侵略者以迎头痛击。陈连升望着波涛汹涌的大海，面色冷凌，心里却在立着大誓："有我镇守沙角，就是你英吉利小儿的克星，只要你们胆敢闯入这片海域，这里就是尔等的葬身之地!"

林则徐为民族仗言，那种理直气壮的胆魄，几乎成了陈连升挺起胸膛的精神支柱。

那日，林则徐和邓廷桢同舟来到沙角，在关天培将军的船上亲自查点陈连升将军调守沙角以来，调集兵勇的册籍，"是时战船多貔貅，相随大军树驱蚍蜉。炮声裂山杂鼓角，樯影蘸水杨旌游。"八十余艘兵船，火船前后排列，军威雄壮。这天正是八月十五日中秋节，邓廷桢向林则徐提议，同邀关天培将军登沙角炮台陪陈连升老将军饮酒赏月。

陈连升闻之大喜，连忙吩咐温酒烤羊。天色朦胧之时，海岸的晚风吹散了炎热的气流。圆月冉冉升起，四个人同登绝顶晾楼，只见"穴底龙眠，沙头欧静，镜奁开出云际，万里晴同"，入夜，海面清澈如镜，三山倒影如画……陈连升依次敬酒，性情爽朗，常有开怀的笑声飞出晾楼。

可眼下，正是备战抗敌的余瑕，面对千古诗人赞赏不绝的中秋佳月，林则徐多么愿意"举杯邀月与月醉"。但是，他想着海防的战事，克制着自己的性情，并没有在良辰美景之中抒发个人的情感，而是与邓廷桢、关天培一起指点山河，运筹要议，叮嘱老将军陈连升筑牢前沿阵地。

当林则徐、邓廷桢在明月下，乘船迎着汹涌的夜潮返抵镇口时，一股强劲的凉风迎面卷来，让林则徐眼皮猛跳，打了一个寒颤。

琦善抵达广州，林则徐被革去钦差大臣和两广总督之职。这突如其来的变故在广东民众和海防官兵的心里击起了波澜。城中街巷与乡野渔村，开始议论纷纷："林大人英雄胆魄，严禁鸦片，为民除害，却被贬官革职。新来的钦差琦善是个怕死的胆小鬼，广州危矣!"民众呼喊着："林大人可万万撤不得呀，他一走，严禁的鸦片还会如潮卷来，广州就会陷于英夷手中!"

尽管议论如潮，军民愤愤不平，但丝毫不影响新任钦差的得意性情。琦善高坐软榻，一副春风拂面的模样，正笑容可掬的接受着军政官员的叩拜。

林则徐满腹忧愤，个人的安危荣辱倒是无所畏惧，他知道琦善抵达广东，必会以议和为名撤防削兵，并没有战胜帝国的胆气。在林则徐的私邸，他已素装布衣，背手面壁而立，耳边响着轰鸣的涛声。

听到钦差大人林则徐被革职的消息，正在沙角前沿阵地指挥构筑工事，加固炮台的老将军陈连升如同五雷轰顶。在他看来，林则徐是天朝的一根脊骨，如果这根脊骨折断，天朝的穹顶将用什么来支撑？琦善这人他早有耳闻，这位满洲正黄旗人乃世袭一等侯爵，曾在多省任巡抚和总督要职，是道光皇帝朝堂之上的重臣之一。问题是琦善在查禁鸦片的事情上，也是主张驰禁鸦片的代表人物之一。此人的到来意味着什么？陈连升的心情顿时沉重起来，望着波涛汹涌的大海，他重重地叹了一声长气。

116

让三江协副将陈连升万没有想到的是，琦善已经让道光皇帝走上了一条求和苟安的路线，在大臣的层面之中，早已走出“严禁”和“驰禁”的派别之争了。义律仗着“炮舰政策”的威慑力，向道光皇帝提出严处“强暴官员”的条件，逼迫道光皇帝下令以“处理不善”为罪名，革去林则徐和邓廷桢的官职。而让陈连升将军更没有想到的是，在义律向道光皇帝提交严处“强暴官员”的档案之中，除了林则徐与邓廷桢这样的重臣之外，首当其冲要问责严处的将军便是他陈连升。

随后的一天，陈连升实在按捺不住内心的忧愤，安排好了当急的军务之后，带了两个随从骑马来到了林则徐的私宅，见到一身布衣的林则徐便说：“我来看看林大人，只要人还安好，其他之事也就不必言语了！”林则徐望着陈连升将军感慨地说：“陈将军果然重情重义，居然不去琦善那里道贺，反倒跑到我这个已被革职钦差的私宅来了，很是让我感动！”

陈连升在林则徐私宅的厅堂里踱了几步之后说：“我敬重你林大人，是因为你的骨子里有一股正气，你是我陈连升从心底里敬重的英雄！你心中有百姓，肩上有担当，雄才大略，乃国之栋梁！这回，也不知晓道光皇帝犯的是哪门子糊涂！”

林则徐显得十分淡定，抬起手制止了陈老将军的话语，感慨地说：“陈老将军切莫为我林某的荣辱犯了官场的大忌，以后不要乱评妄议，我听了不碍事，若有别人听了，这可能就是罪状！为官慎行慎言，这是一条铁的规则。”

陈连升仍然难以平复内心的激动，在一旁气狠狠地说道：“我若不是慎行慎言，早就去了琦善的官第，三句话谈不到一堆，我便一刀将琦善劈成两半！”一听陈连升将军这话，林则徐脸色大变，一脸严肃地说：“陈将军切莫冲动，万不能背一个‘企图谋反’的罪名，如果让人抓住把柄，必将让人小题大作，那么沙角炮台也就不攻自破了！”

陈连升感动了，他眼含泪光望着林则徐说：“这便是你林大人让我敬重的地方！

都已经这样了，仍然操心的是社稷的安危，自己何去何从却未曾细想！”林则徐也十分感动地说：“陈老将军不必担心我了。我们自福州相见，约定严禁鸦片，但我坚信严禁鸦片的斗争最终会取得胜利。只是琦善为了苟安，必将推行‘撤防削兵’的政策，会搅乱或打破虎门海防的格局，削弱前线的力量。但无论局势怎么变化，我们的炮口必须锁住海岸，我们的河山一寸也不能丢失！”听了林则徐这坚定的话语，陈连升如得军令一般，拱手施礼道：“请林大人放心！我陈连升不是个软骨头，我一定率部坚守前沿阵地，严防死守，只要我在，阵地一定就在！”林则徐激动地握着陈连升的手，望着他那张饱经风雨沧桑的脸，目光之中透着坚毅的光芒。

而这时，虎门口外战云密布，从天津撤回来的舰队列阵于穿鼻洋上，形成大军压境之势，在采用各种手段给新到任的钦差大臣琦善施加压力，要他加快惩治“强暴官员”的速度。

接着，驻守沙角前沿阵地的三江协副将陈连升接到了钦差琦善的传唤，并声称不准携带卫士和武器，只能孤身一人前往钦差府领旨。陈连升接到这样的传唤，心里凉了半截，知道这回想必是摊上大事了。当他平静下来仔细一想：我陈连升虽然是三江协副将，可也是道光皇帝亲赐的二品大员，军人佩带武器乃是军制所定，你琦善想干什么？镇定之后，他取下腰间的佩刀交与卫士。钦差府的人见状这才松了一口气，因为他们早就听说了陈连升缉拿十三行伍秉鉴的全过程，既是他手无寸铁，也不是一般人奈何得了他的。见他解下了腰间的佩刀，还以为他是被琦善钦差的威严震慑住了。不料，陈连升立于大帐之外吼道：“给我把大刀请出来，我要让琦善见识见识！”

两个卫士听到将军的吼声，连忙从内帐的刀架上取了那把大刀抬了出来，呈给了陈将军。陈连升伸出右手紧握刀柄，竖起刀身耸身一摇，即刻闪出一道寒光，吓得钦差府来传唤他的人也倒吸了一口凉气，后退了几步。其中一个领班望着陈将军结结巴巴地说：“令上说了，不准携带武器！”陈连升怒目而视，冷冷地吼道：“佩刀是本将的装备武器，我已卸下不予佩带，可这把大刀只是本将的一件玩物，钦差大人新来广州，哪有不送去让他见识一下的道理！”说着，他扬起大刀扛在肩上，跟着钦差府的人走了。

到了地方，陈连升这才明白了。传唤他来根本不是到钦差大人府领旨，而是要他到琦善与洋人义律谈判的地方接受训斥。在一间宽敞的厅堂里，摆着一张条状长桌，两边摆着红木大椅，漆光闪亮。矮胖的琦善穿着官服，对面坐着的那个洋人西装革履，一脸泛红的横肉抽搐了几下，蓝色的眼神里透着傲慢之气。当对峙而坐的双方看到身穿清军官服的三江协副将陈连升肩上竟然扛着一把寒光闪闪的大刀时，突地吓出一身冷汗来。

镇定之后，琦善大声吼道："陈连升！你想干什么？"陈连升立于条桌的头前，理直气壮地大声说道："你是天朝的重臣，海防前线的第二任钦差，竟然要在敌人面前审问大清的二品官员，我倒想问一问，你想干什么?!"

琦善抬眼望了义律一眼之后说道："我传你前来领旨，什么时候说要审问你了？我作为皇上的钦差，向你询问一些情况怎该不违章法吧?!"

陈连升抬头挺胸，镇定自若地说："钦差大人询问下官倒是无可非议！那你就开始问话吧，我立而作答，决不含糊其辞!"琦善心里打了个寒颤，知道遇到傲气之人了，这才转换口气问道："官涌六战可都是你的杰作？你可知道这六战给英军船舰造成了多大的损失吗？"陈连升一听这话，气就不打一处来，他用讥讽的口气反问道："你知道什么叫做战争吗？外寇仗着坚船砺舰，远涉重洋都打到我们的家门口来了，身为军人，身为统领千军的将军，还能等闲视之吗？"

琦善装腔作势地点了点头之后，慢条斯理地说："这么说来，你对炮击过英军舰船的事实并不否定，只是没管那是邮船还是商船。"

陈连升望着琦善气恨恨地说道："这很重要吗？战争就是战争！拼的就是速度与实力，只有精准地打击对方消灭敌人，才能主宰战争，取得胜利!"

在一旁望着两个中国官员的义律愤怒了，他站起身来，望着陈连升用很熟练的中文吼道："今年六月，你下令炮击我，'皇后'号船队，那可是邮船和商船。这也是主宰战争吗？你这是公然挑衅国际规则!"陈连升大声反驳道："英方已经向我大清开战，宣布封锁珠江口，这就是公然在我们的家门口撒野，这是什么国际规则？再说了，英方的船队既然声称是邮船和商船，那船上为何全是荷枪实弹的兵丁，还装备有多门火炮，我不向这样的船队开炮向谁开炮?!"

义律对陈连升的反驳无可奈何，转过脸用一种蔑视的目光望着钦差琦善大声吼道："这就是你们求和的诚意吗？陈连升向我方邮船开炮射击，是违反国际准则，必须向我方道歉认错，并递呈书面保证，不再冒犯帝国的尊严!"琦善附和着说："陈将军你也不必逞强了，就给义律特使道个歉认个错吧！为了求得和平与安宁，低下架子又何妨!"一听琦善这话，陈连升怒发冲冠，大声吼道："英吉利小儿，你们犯我疆土，欺压我人民，我身为统领千军的将军，要我给敌人认错，得先问问我这把大刀，看它答不答应!"吼声未落，陈连升手起刀落，一刀砍破了条形桌案，吓得琦善和义律差点栽倒在桌前。

可是，陈连升这一刀下去，并没有改变大清的命运，更没有改变自己的命运。不管琦善是出于外交策略，还是出于别的什么原因，总之"三人对质"的这场谈判算是没有结果。待琦善和义律从惊恐之中回过神来，瞪着陈连升这个完全不懂外交策略的老将军，琦善大声说道："陈连升！你要为你的蛮横负责！从现在起，你被停职待查!"陈连升一听这话，伸手取下砍在条形案桌上的大刀提在手里，转身便走，弄得琦善无所适从。

听到陈连升将军已被钦差府的人传唤而去的消息，沙角炮台的官兵顿时荒了阵脚，以为陈连升将军也步了林则徐大人的后尘，被革职查办了！张青麟心急如焚，连忙挑选了随从准备前往钦差府去接将军回营。

就在准备上马时，向点娃跑到张青麟的跟前说："陈将军此去必有麻烦，不知是骑马去的，还是坐了钦差府的马车。你要去接将军回营那得算我一个，不过还必须带上黄骠马。"张青麟并不讨厌向点娃，就应允着说道："你快去把黄骠马牵来，我们一同前往。"

得到陈连升将军已被钦差府传唤的消息，水师提督关天培预感到事情不妙，连忙令卫士备船，说要亲自前往沙角查看备战情况，实则要去看望老将军陈连升。

这时，夕阳下的海面泛着波光。关天培站在船头抬头远眺着天际的云朵，胸中积满了忧患，他似乎预感到林则徐与邓廷桢被革职，陈连升被传唤，下一个要采取措施的无疑就是他这个水师提督了。当然此次前往沙角，也是想与老将军陈连升研究一下对策。

暮色苍茫时，陈连升回到了沙角营中，在庭院里与水师提督关天培有过一次简短的交谈。

关天培开门见山地说："琦善是一幅投降的作派，虽然显得深不可测，但没有雄才大略，并非大清的栋梁，切莫寄予希望!"陈连升将军也是话入正题，很坦然地说："琦善给我的结论是'停职待查'，在回来的路上我也仔细琢磨过了，这'停职待查'与'革职查办'是有本质区别的，他是怕我一刀把他劈成了两半。"关天培点点头说："着实起了作用！据我所知，他们给陈老将军定的罪名应该是'炮击邮船，挑起边衅'。这样大的罪名弄个'停职待查'，那可真是便宜陈老将军了!"

陈连升叹了一声长气说："该来的迟早都会来的，就像台风和海潮，定会如约而至!"关天培点点头说："任凭风浪起，全力守沙角!"

针对海防的布置及如何应对眼前局势的问题，两人达成了共识：积极备战，要为固守海防作出最大的努力。若琦善下令坚守沙角，就坚决执行命令；若琦善下令放弃沙角，则采取拖延执行命令。也就是说，对于琦善的命令，只要是有利于抗英的便坚决执行，对不利于抗英的命令，便采取围绕推诿之法，拖而不办。

星夜，关天培离开沙角炮台，乘船回威远炮台去了。陈连升站在海岸仰望星空，像是要叩问苍天："这世道到底是怎么了？打击来犯之敌，都还成为罪过了！"

就在陈连升仰天长叹，满腹忧患时，驻守沙角炮台的官兵全体集结在了他的身后，并齐声大吼道："我们愿意追随将军左右，誓与阵地共存亡！"这是陈连升将军熟悉的和声，这声音给了他鼓舞，这声音也给了他心灵的抚慰。

作为将军，兵就是他的底气，兵就是他的胆量；作为一个久经沙场的老将军，兵就是他的骨肉同胞，兵就是他的生死兄弟，兵也就是他的孩子！陈连升转过身来，抬头挺胸，面对三千熟悉的面孔，他深吸一口气，然后大声命令道："各营带回，坚守阵地！"

沙角炮台的前沿阵地上响起了整齐的脚步声，见到了陈老将军的真容，听到了陈老将军的声音，官兵们的心里才算踏实了，有了主心骨。因为将军还是那个指挥他们连打连胜的将军。

伍通标、张青麟、刘明辉三位部将把各自的部队带回，并安顿好了之后依然来到了陈连升将军的住所，因为钦差大人林则徐被革职的阴影仍然笼罩在他们的心间，他们仍然担心着陈连升将军的安危。

而这时，被原任钦差林则徐命为千总，而手下却并未带兵的向点娃几乎成了陈连升将军的贴身侍卫，他只有一个信念，只要陈连升将军还安全地待在沙角的前沿阵地，这支部队就不会散，沙角的阵地就不会丢。在向点娃看来，陈连升将军的安危就是驻守沙角的全体官兵的安危，就是沙角这个前沿阵地的安危。

在沙角炮台的前沿阵地，三江协副将陈连升的住所就在扯旗山下半腰的那座院子里，一排单进的营房背靠着大海，面向扯旗山的山坳。营房前有一座很宽敞的院落，三面围墙，左右两侧设哨卡。院中有花木翠竹，两侧的院墙之外有几棵参天的古榕树遮挡着猎猎的海风。风和日丽时，院中便可以纳凉听潮，也可以对月饮酒，在官兵的眼中，那是一个极其神秘的地方。

就在几位部将围坐在院中的石凳之上，听陈连升将军说起与琦善在谈判桌上舌战的情形时，众军官只聆听不喝彩，就仿佛在听一个传奇故事，都在等待最后的精彩之举。正在这时，就听陈长鹏和陈举鹏兄弟俩上了左侧的哨卡，在哨兵面前回了当夜的口令之后进到了院中，在爹爹陈连升的身边坐了下来。

片刻之后，陈长鹏凑到爹爹陈连升的耳边说："展鹏和起鹏兄弟俩来信了，告诉了他们三娘母现在的情形，并说近日要从江苏南京出发，前来广东增城营看望我们父子三人！"一听长鹏这话，陈连升大喜，并开怀大笑，连忙吩咐向点娃去他屋里取出好酒来，准备与在坐的爱将开怀畅饮。

117

那是一个极其难忘，也极其难熬的夜晚。沙角炮台后沿，扯旗山半山腰的这座院落，就像一艘停靠在海岸的舰船，在黑夜的海浪中轻轻地飘摇。

与爱将们尽了酒兴的三江协副将陈连升，处于一种极其复杂的情感之中，思念的激情在胸中燃烧，飘惚的眼帘前全是康翠莲和展鹏、起鹏活泼的身影。康翠莲的温柔体贴，高雅大方，是他珍藏在心底里的闪光记忆；展鹏、起鹏是他心中的眷念。然而，战争的阴影又像一团黑灰色的迷雾在他身边笼罩缠绕，扯不开撕不断，时常撩得他心神烦乱。而让他十分伤感的是，就连他的那个打完这一仗之后便告老还乡，带着肖雪珍，带着康翠莲回到邬阳关去共享天伦的愿望也好像变得遥不可期。

康翠莲要带两个儿子到增城营看望他们三父子的消息让他万分惊喜，这是他内心之中的一个奢望。可眼下战事吃紧，相聚时难别亦难。但陈连升顾不得这些了，他总觉得这些年亏欠康翠莲的太多，太对不住康翠莲他们母子三人了，按照他在军中的职级，是完全可以带康翠莲他们母子三人随军，可他又怕刺痛了肖雪珍母子三人的心。更重要的是相隔关山千重，路途遥远，要从施南府的清江岸边车马劳顿来到南粤，谈何容易。眼下可好，康翠莲母子在翠莲父亲康镇江的安排之下，已经顺长江南下，到了江苏南京，展鹏和起鹏还进了南京的学堂，真是天佑忠良。这下好了，能在广东相聚，也就终生无憾了。

可让陈连升将军又没有想到的是，在他怎么也难以入眠的几个日子里，钦差琦善也没有消停。中国的官场自古如此，你对上官百般遵从，人家并不一定欣赏你记得你，可你一旦有一丁点儿冒犯，你的行径就会刻在人家的心壁之上，往后的日子也就难得混了。既然一点儿冒犯都会导致这样，陈将军这一刀砍下去，损坏了人家的红木条桌不说，砍掉的还有两国大臣的尊严，琦善怎么咽得下这口恶气？指不定这个时候正在给你使绊子下套呢。

义律虽然十分阴险狡猾，望着身后整装待发的舰船也还底气十足，可他还是被陈连升的英勇果敢给震慑住了。在义律眼中，如果天朝的官员、天朝的军队都像陈连升，都像陈连升所带的部队，那么再强大的帝国也不敢远涉重洋前来侵犯。在硝烟炮火的战场上，陈连升是所向披靡的常胜将军；而在谈判桌上，陈连升的胆魄与气度也让英国人望而生畏。但不管义律出于什么样的角度，来看待陈连升这样一个强硬的敌人，但作为军人，作为对手，义律也被胆寒和畏惧的心理折磨着。

没过几日，陈连升将军一刀劈了琦善谈判的条桌，不屈服，不认错，大义凛然的气节便被广东沿海传得神乎其神，给了沿海民众极大的鼓舞。就在琦善为讨英人所好，送去鸡鸭鱼肉的时刻，广东抗英义勇队也给沙角炮台的官兵送来了羊肉和鸡鱼。陈连升将军十分感动，他握着义勇队长的手说：“没想到广东的民众也能如此深明大义，义勇队是民众的主心骨，你们也是军队可以依靠的力量!”义勇队长也感慨万千地说：“我们敬畏您陈将军！您的胆魄与忠义，与三国时的关云长好有一比！而我们敬陈公不敬关公，有您陈将军在前线，我们心里踏实安稳！琦善不是要撤防削兵吗？请陈将军放心，只要陈将军一声令下，我们都是您的兵!”陈连升十分感动，他感慨万千地说：“关键时刻有你们义勇队的支持，我们就有底气了!”

钦差大臣琦善是打着退敌建功的如意算盘前来广东的，义律的态度强硬让琦善十分意外，原以为仗着皇帝的尚方宝剑，便可以再拿三江协副将陈连升开刀，降罪于三江协副将，以讨好英人。但琦善万万没有想到，陈连升的胆魄不仅能够抗英拒敌，而且还能向他的软弱开战，民众与文武官吏的气势，也让琦善不得不收回“停职待查”的成命。

降罪于陈连升不成，接着改派张殿元、白含章、鲍鹏为代表，前往“登舟服礼”，再次亲自起草文稿，用广东水师提标中军参将的名义发出，向英国侵略者声明：“未询原委，擅先开炮，系由兵丁错误，现在严查惩处。同时命令沿海文武，以后如遇夷船游奕，须先询明来由，若其意不在滋扰，我兵毋入时率先施枪炮，贪功愤事。”这样一来，虽然三江协副将陈连升幸免革职，但是琦善却给坚决抵抗英国侵略者的爱国官兵当头泼了一盆冷水。

对于琦善的所作所为，林则徐是极其悲愤的，而且最后变成了激愤。而让琦善也万万没有想到的是，英国侵略者的野心之大，胃口之大，使他“退敌建功”的如意算盘打不下去了。

义律向“登舟服礼”的张殿元等人提出了议和的十四项条件，其中包括讨还“烟价”、“兵费”、“行欠”，割地一处，开放口岸六处，北京建立英国使馆，两国公文平等往来，及领事裁判权，自由传教等等，并用胁迫的口吻叫嚣：“如有一条不从，便要攻打虎门、香山等处。”

这些条件琦善当然不敢应允，就连道光皇帝也觉得烦了。尽管这样，琦善还是想尽力促成议和，为自己建功。一方面向义律溜须拍马，令张殿元、白含章、鲍鹏往返传话，讨价还价，“折其贪而慰其望”；一方面加紧搜集诬陷林则徐的“罪证”，以巩固自己的地位。可琦善费尽心机，却仍然查不出林则徐的劣迹，一个朝野和民众都十分尊崇的英雄，一个为了国家和民族敢于挑战帝国的英雄，哪有什么劣迹?其间，一个名叫怡良的官员，把道光皇帝饬令琦善追查的内容，和琦善胁迫他作假证的情况函告了林则徐。

林则徐在复信中感慨地说："各国之友无愤恨，与英国之有无公文，难瞒粤东亿万耳目，似不必深辩，若有心置之重罪，即辩亦无益也。敬斋可叹，区区亦即继之矣。"

为了"退敌建功"的如意算盘，琦善把自己也推进了斗争的旋涡，宫廷的派别斗争没有停止，他与林则徐的较量也从未放松。而此时的林则徐，虽然被琦善彻底排斥在外，得不到琦善"议和"的任何具体情况，但他从海防紧张的氛围之中感觉到了英国侵略者的嚣张气焰。林则徐出于一种对国家和民族的责任感，出于对广东防务的高度关注，在缄默半个月之后，出面向琦善建议造船铸炮，加强战守，防备英军进犯。

但琦善用蔑视的目光看待林则徐，对林则徐的建议充耳不闻，反而以美食慰问英军，乞求英军退让。让林则徐更加气愤的是，琦善不仅没有加强战守，反而还在抓紧推行"撤防削兵"的愚蠢策略。

林则徐不能置琦善的倒行逆施于不顾了，他表示："待不敢为一身计，而不能不为国体惜也。"而且对自己有可能遭到更大打击的严重后果也作了充分的准备。他挥笔写道："良下羁滞羊城，听候查问，如可蒙恩放归田里，则养疴誓墓，正惬夙怀。倘须一出玉门，亦属无可如何之事，临时再作计较可耳。"

林则徐心里清楚，在道光皇帝的宠幸之下，琦善的议和，妄想"退敌建功"的事已经铁铸难翻。不料，由于义律的反目，广东的局势出现激烈的反复。在和与战飘摇不定的海防态势之下，关天培、陈连升等一批爱国将领，又得到了报国的机会，愤然而起，开始与琦善一流作尖锐的抗争。

陈连升没有忘记八月十五中秋节那天的庄严承诺，也就是林则徐和关天培来到沙角炮台，登台饮酒赏月时作出的战略部署，他始终没有动摇团结全体官兵打击侵略者的坚强决心。

一晃就到了1840年的冬天，海岸上风和日丽，宛若早春的风光。陈连升在巡营视察时，见各营官兵都在晾晒潮湿的衣被，便叫向点娃给他把已有几个月未曾晾晒过的被子拿到院中。向点娃几番抖落，却把陈将军藏于枕下的一叠已成蜡黄色的字纸抖了出来。

"长、举、展、起"四个大字，是陈连升将军在施南协守备营任千总时所书，先是挂在施南协守备营的营帐之内，后将这副字收起来带到了保康，然后一路带到了广西左江镇，带到了广东连阳营，带到广东增城营。他把这副字视为珍宝，因此一直珍藏着。

当向点娃小心翼翼地拾起那叠纸，送到陈连升将军的面前时，只见陈将军小心翼翼地将这副字展开，他的眼眶顿时湿润了，他望着向点娃声音有些嘶哑地说："怪不得我们都已经老去了，长举展起四兄弟都已经长大成人，只可惜眼下的这个世道，并不适合大鹏展翅啊！"

向点娃懂得陈将军的心思，他与将军在保康相遇，一直跟随至今，彼此之间几乎不再有任何秘密。眼下的形势严峻，如果说陈连升将军还有一点什么私心的话，那可能也就是想见康翠莲和展鹏起鹏一面了。作为夫君，作为父亲，这点私心也丝毫不影响他作为英雄的形象。前段时间，就听长鹏说过，展鹏和起鹏他们母子三人要从南京前来增城的嘛！于是向点娃在一旁低声说道："说不定这个时候，康翠莲他们母子三人已经快到增城了！"

一听向点娃这话，陈连升一反常态，睁大眼睛盯着向点娃吼道："你不是精通掐指排算之术吗？这会儿怎么就失灵了！"向点娃如梦惊醒，连忙掐指一算，接着惊叹道："哎呀呀，他们母子三人正在车马劳顿，明日黄昏时刻就该到达增城了！"陈连升将军把折好的那副字递给向点娃说："依然给我放于枕下。"

向点娃感动着，他为将军高兴，接着道："你们全家团聚的地点还是只有定在沙角炮台，若在增城，你们三父子都有指挥任务，不可能同时离开阵地。"陈连升将军点点头说："你想得周全，我也是这么考虑的。你明早挑选四名警卫人员一路出发，在增城营等候，连夜将他们接到沙角！"

这一天，陈连升将军处于一种亢奋状态，他眉目高扬，面带喜色，跟了他多年的部下和卫兵也很少见过陈将军的这种神态。他独自牵着黄骠马来到海边，漫步遛马，似乎是在盘算和规划告老还乡之后要过的清闲日子。

陈连升将军自幼喜欢戏水，年轻时辰时练武，戌时练水的习惯一直保持到增城营，"水上飞"的功夫也一直保持到广西左江镇。望见钢蓝色的海水，他就想起了碧绿地清江，想起了少年的时光。想到了清江，他就想起了与康翠莲在清江岸边的施南府相亲相爱的那段美满的日子，想起了展鹏和起鹏儿时的清纯与可爱……

屈指盘算，展鹏和起鹏都是二十出头的年岁，该是风华正茂，英俊洒脱儿男，他们的母亲康翠莲已是年近半百的人了。陈连升从内心深处发出一声慨叹：这些年真是苦了翠莲了，让她年纪轻轻守着活寡不说，培养教育两个儿子的任务也全由她一个人承担了！他的眼眶湿润了，望着浩瀚的大海，他想大喊一声，可喉咙里哽咽着，却又没有喊出声来。

晌午，陈连升牵着黄骠马离开海岸回到了营里，他的心情平静了下来。午餐之后，他躺在竹椅上打了一个盹，很少做梦的他，居然在睡梦之中与师傅廖德贵在清江之上飘了一个来回，银须老者那怪异的声音，银须老者那飘逸的身影，仍然是那样亲切鲜活……从睡梦里醒来，他却流了一身大汗，仍然一动不动躺在竹椅上，两眼望着海岸的天空，深蓝处闪现的全是家乡郛阳关的影子，雄奇的山影，阡陌的田原，还有少年时伙伴们鲜活的面容。而这些从脑海深处浮现出来的东西，不仅没有让他的心灵得到慰藉，反而让他更加伤感。他的脑海里闪出一句话来："少时离家老大回。"他在想，该回家了，鹤峰郛阳关才是我陈连升真正的家！

而这时，他的耳边响起了急促的马蹄声，接着便是一声嘶鸣传来。陈连升心里一惊，连忙从竹椅上竖起身子来朝院外的哨卡望去，只见黄骠马冲过左边的哨卡朝院中奔来，望见陈连升将军坐在竹椅上，便在不远处一声长嘶之后跪地施礼。陈连升情不自禁的站起身来，扑上去抱着马头说："还是你懂得我的心！"

康翠莲领着展鹏和起鹏来到了前线，三母子在沙角炮台扯旗山半腰的这座院子里住了十几天。面对丰满温顺的妇人，老将军陈连升已经没了当年的冲动与激情，平静得如深秋的大海。倒是长鹏和举鹏领着展鹏和起鹏两个小弟弟，看遍了海岸的风景，手足情深，亲情融融。

在那个月明风轻的夜晚，老将军陈连升把康翠莲拉到腿上坐下，是想回味一下当年在施南府家中时的那一份激情。他问康翠莲道："嫁给我你后悔不?"康翠莲笑着说："不后悔！您永远是我敬仰的人。您这一生虽是辉煌，但是太不容易，从木客到将军，经历了无数的风雨沧桑，尤其是为了报效国家，年过花甲还上前线，您是我们母子三人心目中至高无上的英雄！"陈连升伸手拍着康翠莲柔润的肩背说："只是苦了你了！我陈连升愧对你们母子三人啊！"说到动情处，双双热泪流。

依依惜别时，老将军陈连升与夫人康翠莲有个约定：等他打完这一仗，击退英国侵略军之后，他便告老还乡，先去南京接她，然后同去福建尤溪接上肖雪珍一同回郛阳关，去颐养天年，过一段清静安稳的乡野生活。老将军陈连升还叮嘱展鹏和起鹏，一定要努力完成学业，要立报国之志，切莫清闲虚度时光。展鹏和起鹏对父亲陈连升的话一一应允，铭记。

站在扯旗山高处的哨卡之上，老将军望着康翠莲和展鹏起鹏两个儿子远去的背影，心里说："就祝你们一路平安吧！你们安心读书，你们安心生活。有我和长鹏举鹏三父子坚守在海防，在为你们守护一片安宁！"

这时，一阵海风吹来，几片残存的落叶随风吹到了哨卡。老将军陈连升弯腰拾起一片，放在手心里欣赏着，他意志坚定地告诫自己："无论是脚下的这片土地，还是我手中的这片落叶，这可都是我们中华民族自己的东西，岂能被外寇掠夺！"陈连升迎着海风，紧握着手中的佩刀坚定地走下那个岗亭，牵着黄骠马朝沙角炮台的前沿阵地走去，他目光如炬，脸面上镀上了冷凌的表情。

118

1840年12月26日（腊月初三），海防前线的局势发生了明显的变化。琦善“退敌建功”的梦想完全破灭，道光皇帝获悉琦善的退兵策略已经难以奏效时，突然又觉得还是林则徐、关天培、陈连升固守海防的战略思想更具威慑力，也就是说道光皇帝又想和英军开战了。

而这时，义律不满琦善在通商地点上的固执和拒绝面谈发出强硬照会，限琦善12月28日（腊月初五）零点以前对英方所提出的议和条件作出满意的答复，否则“藉兵法办行”。

与此同时，琦善也装出样子，表面上佯装向虎门增兵，虚张声势，做给英国人看，以掩盖心中的空虚。在给义律的复昭之中，琦善写道：“自古君尊臣卑，中外一理，而天朝于君臣之分尤严，”琦善还说：“身为臣下，断不敢稍自专擅。”那意思是说：“答允让出两处贸易码头，我都还没敢奏明天朝的皇帝。如果你义律硬要苦苦相逼，必将导致天朝皇帝对本钦差大臣质疑，召回朝堂治罪，你义律公使切莫辜负了我的心愿。”

义律得到复昭之后，仔细研判了一番，最终还是改变了立即开战的主意，于12月29日（腊月初六）再次昭会琦善，提出了更加无理的要求：“予给外洋寄居一所，俾得英人竖旗自治，如西洋人在澳门竖旗自治无异。”作为替换条件，并要求琦善速到澳门会晤，细谈提出的条件，签订盟约。

义律的得寸进尺和偷换概念变卦所商事宜的做法，再度引起了琦善的恐惧和不安，他已陷入这个自掘的旋涡之中难以自拔。进不能轻易退敌，退守天朝的底线却又无力号令千军迎敌。到这时，琦善似乎才明白，自己的行为已经给天朝埋下了祸根，也把自己逼上了绝地，可这时早已没有回天之术。

1841年1月2日（道光二十年腊月初十），琦善在照会中提出责问：“贵公使大臣来文内声明不再求他，可何以又有予给寄居一所之语？”并表示绝不会前来澳门会晤，给他寄居一所没有先例，说定各款可以写一纸印文，作为凭据，不必另言什么盟约。关天培、陈连升等见义律口口声声以动武为要挟，密请将撤防出去的部队增还原处防守虎门，琦善却又严拒不许，还埋怨关天培、陈连升等将军是在阻挠议和的进程。

1841年1月5日（道光二十年腊月十四日），英国公使义律对天朝钦差琦善的责问持渺视态度，故而不作任何解释，反而以打仗肆其恫喝，并宣布“抱忧自退，任令军师统帅伯麦，依照兵法办行”，明确要大战一场之后，再与天朝谈条件讲和。英军总司令伯麦也同时下了战书，并限定1月7日（十二月十五日）前让琦善考虑，并作出明确答复。

琦善慌了手脚，但又心存侥幸，还以为义律和伯麦仍是以武力要挟，不会贸然开战。1月6日（腊月十四日）一整天，他一再下令不准添加兵勇，增援虎门，还亲自反复修改照会义律，妄想以文字游戏的方式“加意羁縻”，预备第二天发出。

好在关天培和陈连升按照事先的预定，在琦善严令不准添兵防守虎门时，立即联络“义勇队”挑选了千余人，调入沙角四百人，调入威远六百人，连夜进入阵地，准备迎敌。

1841年1月7日（道光二十年腊月十五日），上午八时，义律和伯麦还没有接到琦善的回文，即刻下达命令，指挥部队按照预定计划对虎门发起攻击。

英军以陆军少校伯拉特为前线总指挥，兵分虎门的前沿阵地沙角和大角两处炮台。陈连升将军指挥撤防后仅剩的六百官兵和四百义勇队员进入临战状态，准备开炮拒敌。忽有前哨来报：两队英舰分别从正面进入沙角、大角阵前洋面，拉开了激战的架势。另以舢板和轮船运载英军陆战队一千四百余人，迂回到穿鼻湾登陆，以便抢占沙角炮台后山。

八点三十分，英军陆战队从穿鼻湾登陆蜂拥而上，从百草山攀爬上冲，朝扯旗山峰顶扑来。正面的英舰分别就位，从前沿向沙角和大角炮台发起猛烈炮击。陈连升指挥守台官兵，猛烈反击。可不到半个时辰，大角炮台被撕开，前沿的灰沙炮墙被敌炮轰坍数段，山后围墙倒塌数处，炮耳也被打断六位。更为严峻的是：大角炮台的火药局中弹焚毁，延烧兵房十四间，打塌三间。在这一危急关头，陈连升将军把向点娃叫到身边命令道：“你与陈长鹏，速领兵前去大角炮台支援！”向点娃得令前往，速与陈长鹏从沙角炮台左弦顺崖而下，准备跳上停靠岸口的兵船向大角炮台驶去。不料，敌炮在崖前炸开，陈长鹏与向点娃坠入深海殉国。

英军见炮击大角炮台得逞，立即从撕开的口子上强行登陆，从大角后沿而上，入墙缺处打进炮台，用排枪攻击守台官兵。大角炮台的守将黎志安见大势已去，把十四门大炮推落海中，然后向后沿突围。

英军攻破大角炮台之后，气焰更加嚣张，于是将两队炮舰合为一队，疯狂向沙角炮台扑来。陈连升在调防沙角炮台之时，早已察看过穿鼻湾南沿的登陆地点，曾派张青麟领精兵一千固守，撤防削兵之后，张青麟只有精兵百余人，布防时，陈连升增调义勇队员二百人，交与张青麟指挥，令其死守后山，绝不能陷沙角炮台于腹背受敌之境。

张青麟带领三百兵勇死守扯旗山顶，英军陆战队一千四百余人，用推轮式大炮轮攻递进，地毯式搜索上山。登陆部队分四路纵队，装备排枪入境。张青麟率部奋力拒敌，多次打退陆战队的疯狂进攻。

午时许，张青麟丢掉了扯旗山顶的防御阵地，血战中张青麟遭排枪扫射，胸前中数弹倒地牺牲，三百多名兵勇死伤大半，所剩守兵朝沙角炮台半山败退。

陈连升看见陆路营盘被毁，延烧草棚数间，心中更加愤怒，他冲到阵地前沿靠前指挥，鼓舞士兵不断调整部署炮击英舰和登陆部队。得到爱将张青麟阵亡的报告，陈连升知道山顶阵地已被攻陷，急令刘明辉、陈举鹏领兵阻击后山敌军，以减轻沙角炮台的压力。

可这时，攻下高地后稍作调整的英军陆战队，如乌云一般席卷而来，火力格外猛烈。约莫未时三刻，刘明辉中弹阵亡，陈举鹏集笼打散的兵士约三十余人退到半腰再守，由于势单力薄，防线被疯狂压来的陆战队击溃。陈举鹏利用地形地物迅速撤出，钻入爹爹院中取了那把大刀跳入房后树丛中，攀藤滑下进入炮阵地拒敌。

三江协副将陈连升陷入孤立无援，腹背受敌的危急之中。但他仍然镇定指挥官兵阻击，发动地雷，并用大炮、扛枪多次打退敌人的进攻。

面对疯狂扑来的敌人，听到后山的枪炮声和呐喊声，陈连升的胸中燃烧着怒火。他原本是一个身经数战的常胜将军，也是一个会用兵会布阵能征善战的老将军，可眼下他却被琦善的撤防削兵害得无兵可用，原来镇守沙角前哨阵地的三千兵马被调撤之后只剩下六百人，被抽调而来协同作战的四百义勇队员，昨晚才进入沙角阵地，今日便参战迎敌。而且这些义勇队员大多没有接受过严格的军事训练，更没有作战经验，难以抵挡装备精良的英军。

沙角前哨阵地的血腥与惨烈前所未有，洋面的炮火硝烟如乌云弥漫，炮声密集如雷，血腥扑面呛喉，噩耗接踵而至。陈连升先后接到报告：陈长鹏、向点娃在领兵驰援大角炮台的途中，遭炮击坠海殉国；张青麟领兵一百余人与义勇队员二百余人协同作战，扯旗山高地在打退敌人数次进攻后失守，张青麟阵亡；刘明辉在领兵阻击后山疯狂扑来的英军陆战队时，英勇顽强，身中数弹牺牲；大角炮台已被攻陷，守将黎志安将大炮推入海中，然后带伤突围撤出阵地……

这时，在前沿阵地指挥战斗的爱将伍通标退到后沿，他命令十几名训练有素的陆营精兵守护在陈连升将军的周围，并强调领队的军官，若见危急关头，迅速撕开口子杀出血路，护卫陈连升将军沿百草山秘密小道撤出阵地。陈连升见到伍通标的身影，心里立刻有了底气，他大声命令周围的兵勇："迅速集拢有生力量，调整部署，齐心拒敌!"陈连升多次率领集拢的散兵冲入激战的旋涡缴杀敌军。前沿阵地早已血流成河，砍下的人头如烂掉的西瓜一般随地乱滚。陈连升将军的战靴和战袍上糊满了腥臭的血浆，脸面和眉宇间沾满了血点，双眼已经杀得通红。

匍匐在前沿阵地，用排枪瞄准射击炮台官兵的英国陆战队员见到陈连升的身手，吓得哇啦怪叫。又经过一番激战之后，陈连升将军胸前中数弹跪地，用战刀支撑着身子怒视英军，用尽最后的气力大声吼道："英吉利小儿，朝我的胸前开炮吧！我们的国家，我们的民族，一定会站起来，一定会富起来，也一定会强起来的！当下，你们用铁蹄践踏的是一头沉睡的雄狮，当雄狮醒来时，怒吼声便会震荡山河，响彻云霄！雄狮一定会屹立在世界的东方！"陈连升的吼声在阵地上空回荡。

隐蔽在山后林中的黄骠马听到将军的吼声，以为是对它的召唤，急忙冲出来扬蹄奔腾，嘶鸣着冲过硝烟烈火，穿过混杀一片的敌阵，来到了陈连升将军的跟前。它见将军跪地不起，瞪着血红的眼睛怒视敌军，军刀的尖梢入地支撑着身子时，以为将军还能骑马冲杀，连忙顺势一滚，背靠将军双腿，想将军爬上马背。可黄骠马连续三次作同样的姿势，见将军仍然没有顺势爬上马背时，这才警觉起来调转马头贴到将军腮边嗅闻，而将军脸上除了扑鼻的血腥味道之外，已经没了气息，方才明白将军已经弃它而去。接着黄骠马仰天一声悲鸣，围着将军急转三圈之后浑身发颤，然后叉开前腿身向前倾护住了将军的身体，像是要等援兵来救。

前方仍在激战，伍通标已经身中数弹扑地。从炮台后沿领着十几名战士包抄而出的陈举鹏，看到爹爹陈连升跪地不起，已经慷慨捐躯时，心中无比愤怒，手持大刀大吼一声冲入敌阵，砍死砍伤英军数人，身中数弹，最后含恨阵亡。

经过整整一天的血战，下午五时许，沙角炮台最终陷入敌手。占领炮台的英军蜂拥而至，围着仍然跪地怒视英军的将军遗体欢呼，当英军士兵欲举战刀砍杀分割陈连升将军遗体泄愤时，被已经踏上沙角炮台的陆军少校伯拉特制止，他大声对手下士兵吼道："陈连升乃是东方战神！不得冒犯他的尊严！一个真正的军人，要学会尊重一个强硬对手的尊严！"

陆军少校伯拉特虽然下令维护了"东方战神"最后的尊严，却将陈连升将军的黄骠马擒获掳走。并令士兵在陈举鹏手中取下那把寒光闪闪的大刀，傲慢的对士兵们说："这才是最有价值的战利品！陈连升曾在谈判桌上一刀劈了下去，冒犯了帝国的尊严。我要把陈连升的这把大刀带回英国去，这才是我们胜利的标志！"

当日晚上，沙角炮台被攻陷，陈连升、陈长鹏、陈举鹏三父子及千名镇守沙角的将士为国捐躯的消息传到广州城里，林则徐悲愤欲绝。连夜提笔给朝廷书写奏章，提出对陈连升及其家人给予抚恤，对其子陈展鹏、陈起鹏安抚。

1841 年 1 月 7 日（道光二十年腊月十五日），三江协副将陈连升成为中国近代史上第一位为国捐躯的将军，也是中国近代史上第一位民族英雄。

大山含悲天流泪，清江咆哮入海潮。

接下来的日子，天朝遭遇帝国后的较量仍在继续。连续几日，英军围困虎门镇远炮台、威远炮台、靖远炮台，并破坏了江面的第一道木排铁链，放回守排弁兵，带来义律口信："打平炮台，即赴省城，再与琦善商议。"没过多时，威远炮台、靖远炮台、镇远炮台被依次攻陷，水师提督关天培将军殉国。

一场惨烈的鸦片战争，牺牲的是忠良，背负的是屈辱，让中华民族陷入了灾难深重的境地。

文人刘炳元在《节马与陈连升》一文中这样写道："马有马有，公忠马忠。公心唯国，马心唯公。公歼群丑，马助公斗。群丑伤公，马驮公走。马悲马悲，公死安悲。公死安归，马守公尸。贼牵马怒，贼饲马吐。贼骑马拒，贼弃马舞。公死马跨，马死马髁。死所死所，一公一马。"

关于陈连升将军的黄骠马，后人立节马碑，有七言律诗为证：

逆夷牵向香港中，悲嘶首北难朝东；
抚摸叫跳跨摇堕，侧目疾驶仇雠同。
贞操耻食夷人粟，只受吾华刍一束；
忍饥忍痛骨如柴，山下采薇犹自辱。

清代的爱国诗人张维屏写《三将军歌》，以悼念鸦片战争中三位殉国的将军，第一位便是沙角之战时英勇捐躯的将军陈连升；第二位是 1842 年在定海殉国的葛云飞将军；第三位是 1842 年在吴淞口殉国的陈化成将军。

诗的全文是：

三将军，一姓葛，两姓陈，捐躯报国皆忠臣。英夷犯粤寇气恶，将军奉檄守沙角。奋前击贼贼稍却，公奋无如兵力弱。凶徒蜂拥向公扑，短兵相接乱刀落。乱刀斫公肢体分，公体虽分神则完。公子救父死阵前，父子两世忠孝全。陈将军，有贤子，葛将军，有贤母。子随父死不顾身，母闻子死数点首。夷犯定海公守城，手轰巨炮烧夷兵。夷兵人城公步战，炮洞公胸刀劈面。一目劈去斗犹健，面血淋漓贼惊叹。夜深雨止残月明，见公一目犹怒瞪。尸如铁立僵不倒，负公尸归有徐保。陈将军，福建人。自少追随李忠毅，身经百战忘辛勤。英夷犯上海，公守西炮台。以炮击夷兵，夷兵多伤摧。公方血战至日旰，东炮台兵忽奔散。公势既孤贼愈悍，公口喷血身殉难。十日得尸色不变，千秋祀庙吴人建。我闻人言为此诗，言非一人同一辞。死夷事者不止此，阙所不知诗亦史。承平武备皆具文，勇怯真伪临阵分。天生忠勇超人群，将才孰谓今无人？呜呼！将才孰谓今无人，君不见二陈一葛三将军！

然而，不管文人墨客怎样讴歌，怎样书写，却难以还原英雄的那一份天地豪情。无论历史经历过多少沧桑岁月，唯英雄最后的那个吼声，永远激励着炎黄子孙：

英吉利小儿！
朝我的胸前开炮吧！
我们的国家，
我们的民族！
一定会站起来，
一定会富起来！
也一定会强起来的！

当下，你们用铁蹄践踏的，
是一头沉睡的雄狮！
当雄狮醒来时，
怒吼声便会震荡山河，
响彻云霄！
雄狮一定会屹立在世界的东方！

但见虎门海岸木棉花开，殷红如血，灿烂如霞，似乎是为锦绣中华凝聚起了未来的颜色。

（2018 年 12 月 28 日草就于铁敞坪凝霜书斋，2020 年 6 月 15 日改就于湾潭河书屋。）

附录一

陈连升世系表

按照陈氏家谱排行推算，陈大才应是陈氏家族在邬阳关陈家棚安居乐业后的第五代裔孙。陈大才属陈连升鼻祖，世系如下表：

启（白胡子婆婆传说年代）

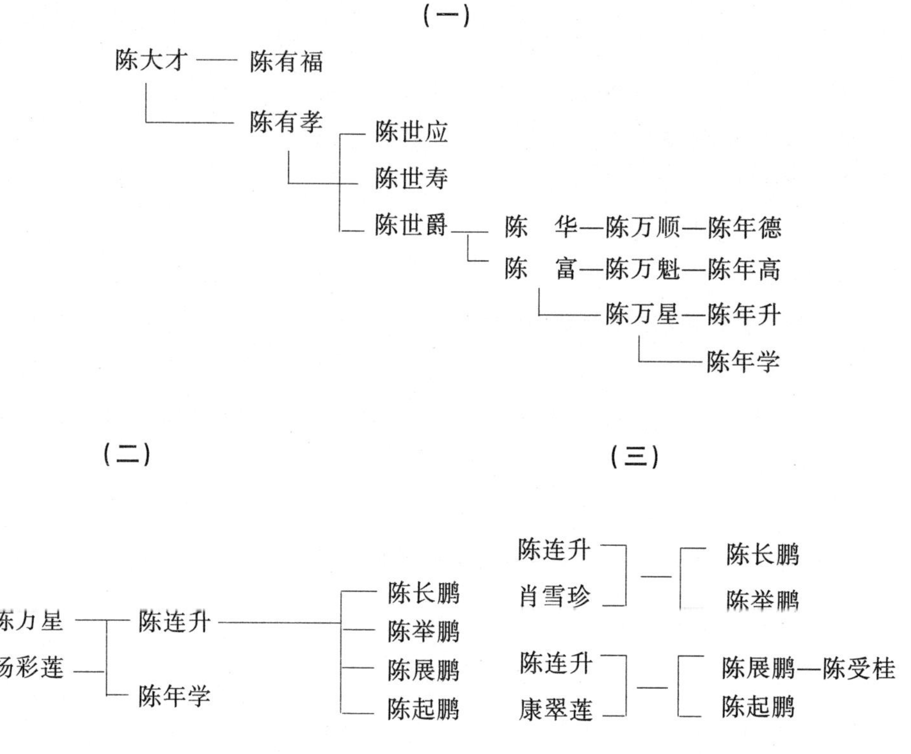

附录二

陈连升年谱略图

1777 年（清乾隆四十二年丁酉）出生

农历三月十九日，陈万星、杨彩莲夫妇恭请父亲陈富给新生儿子起名。经商议后依陈氏族谱，起名陈年升。

1778 年（清乾隆四十三年戊戌）一岁

1782 年（清乾隆四十七年壬寅）五岁

常去茶莲河捉鱼摸虾，在陈家棚玩耍。

1784 年（清乾隆四十九年甲辰）七岁

随伯父陈万魁入邬阳关私塾学堂读书、识字。但陈年升更爱习武，偷学板凳拳、螳螂拳、长拳。其间，被父亲陈万星，伯父陈万魁多次规劝，回私塾读四书，五经，习字。

1786 年（清乾隆五十一年丙午）九岁

陈年升自行辍学，回到陈家棚后四处寻师习武，练醉拳，跟父亲陈万星间习打猎。

1788 年（清乾隆五十三年戊申）十一岁

八月十五，在邬阳关打秋时的打擂比武中，获得擂主之位，爷爷陈富大喜。

1789 年（清乾隆五十四年巳酉）十二岁

陈年升欲偷跑到金鸡口，出清江流域刹把子放木簰，被爷爷陈富察觉其心思，觉得陈年升年纪尚小力气单薄，不允许偷跑出清江。为约束其行为，爷爷陈富向孙子陈年升提出：只要陈年升能够单臂举起八十斤重的石锁，在陈家棚的塔坝里跑三圈，即放陈年升出清江放木簰。于是陈年升拜大爷爷陈华、爷爷陈富为师，练习石锁功。

同年九月，因宜都木材行大老板廖百川前来陈家棚向陈富老人谢媒时，将“陈年升”改名为“陈连升”。

1790 年（清乾隆五十五年庚戌）十三岁

三月，陈连升练成石锁功，能单臂推拉抛掷缠绕一百二十斤重的石锁。

三月二十日，陈连升十三岁生日的第二天，在爷爷陈富的特许之下，与陈三喜、杨贞、郭小虎、李铁、印紫竹、刘金堂、罗汉章等儿男到石龙河谷驻扎。并由廖百川特别关照，在咸盈河木客老板林国兴手下务工，学刹把子放木簰。

六月，从石龙河谷转入金鸡口驻扎，刹把子到清江桃符口。其间整顿金鸡口一带木客驻扎的秩序。与五峰木客、建始猪耳河木客，巴东后河木客融合，成为清江簰帮老大。

八月，从金鸡口转入清江桃符口驻扎。其间，排兵布阵，捉拿三里城山匪，废匪首谭天飞武功。同时，缴获山匪木船一只，在桃符口开设渡船摆渡，方便两岸过客。

九月，从金鸡口回邬阳关时，月夜路过二岔口东面的石门隙，打死公母老虎两只。

1791 年（清乾隆五十三年辛亥）十四岁

五月，拜银须老者廖德贵为师，学武艺习药方得真传。

六月，从清江桃符口放大簰到宜都时，遇宜都城里疫情蔓延。陈连升运用师傅银须老者廖德贵传授的药方，采集本草，磨制药浆，施药救人，控制了疫情蔓延，救下了宜都城，深得宜都百姓的拥戴。

1792 年（清乾隆五十七年壬子）十五岁

冬月，陈连升在宜都叩拜陆逊将军雕像，决意从戎。

腊月，陈连升决定离开清江簰帮从军。并派簰帮兄弟陈三喜助木材老板廖百川的儿子廖平山，往西至新疆，往南至广州疏通茶道。清江簰帮交与兄弟杨贞掌管。

1793 年（清乾隆五十八年葵丑）十六岁

正月，陈连升走单骑进入鹤峰州城投军，巧遇州官肖文钲。

三月，捉拿长乐县湾潭镇穿心谷山匪头目十九人入狱，并被接入营中当兵。

四月，由州官肖文钲出面协调，陈连升入百斯庵演武堂练习骑射。

八月，在鹤峰州城溇水河下游莲花滩演武获大胜。

1796 年（清嘉庆元年丙辰）十九岁

正月，颙琰继位，改年号嘉庆。乾隆弘历称太上皇。本年鸦片输入 1070 箱，嘉庆帝诏裁鸦片税额，禁止鸦片输入。

五月，陈连升中武举。

八月，陈连升与州官肖文钲的女儿肖雪珍结婚，在州城鹤峰建起美满家庭。

1800 年（清嘉庆五年庚申）二十三岁

清政府再次申禁鸦片输入，并禁民间种植罂粟，吸食鸦片。

陈连升提升为外委把总，驻守长乐县湾谭镇。

1804 年（清嘉庆九年甲子）二十七岁

历时九年，纵横北方五省的白莲教起义，于当年十月失败。残余势力向南部潜移，进入湘鄂川桂一带发展势力。其间，陈连升曾与白莲教接触。

九月，陈连升的爷爷陈富老人病故，终年八十六岁。

十月，肖雪珍生育长子，起名陈长鹏。

1805 年（清嘉庆十年乙丑）二十八岁

陈连升调恩施崔坝任把总，驻守南里渡。

1806 年（清嘉庆十一年丙寅）二十九岁

十一月，肖雪珍生育二子，起名陈举鹏。

1807 年（清嘉庆十二年丁卯）三十岁

十一月，晋升为外委千总，调宣恩驻守。

1808 年（清嘉庆十三年戊辰）三十一岁

8 月，英船强行闯入虎门，停泊黄埔，11 月始退出。

陈连升在宣恩外委千总任上。

1810 年（清嘉庆十五年庚午）三十三岁

九月，清廷增设广东水师提督，驻扎虎门。

十月，陈连升由宣恩营外委千总，升任施南协守备营千总。

1811 年（清嘉庆十六年辛未）三十四岁

陈连升因军务繁忙，冬月将七岁的长子陈长鹏，五岁的二子陈举鹏送回邬阳关陈家棚，交与爷爷陈万星、奶奶杨彩莲抚养。

1813 年（清嘉庆十八年葵酉）三十六岁

七月，娶施南城挂榜岩康家的小姐康翠莲为妾。

八月，夫人肖雪珍走施鹤遥到邬阳关，看望儿子陈长鹏，陈举鹏。次年五月，肖雪珍走清江水道到宣都，然后从宜都顺长江乘船武昌，绕道去福建，回尤溪溪尾镇。

1815 年（清嘉庆二十年乙亥）三十八岁

四月，清廷再次严禁鸦片输入，明定赏罚章程。

五月，康翠莲生育三子，起名陈展鹏。

1817 年（清嘉庆二十二年戊寅）四十岁

四月，康翠莲生育四子，起名陈起鹏。

五月，陈连升奉命出兵清江流域剿白莲教残部。

1819 年（清嘉庆二十四年已卯）四十二岁

九月，从清江景阳关追残匪至建始八雅寨，碑垭。九月下旬在邬阳关东面冠垭下的石门隙与残匪激战后活捉匪首覃家耀及军师“白莽精”，提审问斩时认出“白莽精”竟是邓连甲，刀下留人遣散。

十月，率军走官店口，过景阳关从南里渡回施南府守备营。时年，已年满十五岁的陈长鹏，已年满十三岁的陈举鹏，随军离开邬阳关到施南府，入清江书院读书。

十二月，清江流域匪患平息，陈连升受清廷嘉奖。

1820 年（清嘉庆二十五年庚辰）四十三岁

8 月，嘉庆皇帝薨，次子旻宁继位，是为道光皇帝。

1821 年（清道光元年辛巳）四十四岁

本年鸦片输入达七千箱，白银外流日益严重。

1822 年（清道光二年壬午）四十五岁

1 月，告假赴福建尤溪探望夫人肖雪珍及岳父母大人。2 月 5 日抵福州，2 月 7 日（除夕）傍晚抵达尤溪县溪尾镇肖家院子与亲人团聚。

2 月 15 日，陈连升与时年三十八岁的林则徐在福州会面，并畅谈。

3 月，清廷命广东督抚，海关监督严查出口洋船，杜绝白银偷漏。

3 月 23 日，林则徐奉诏从福州启程入京，陈连升随行至武昌。在武昌作短暂停留后，陈连升绕道宜都沿清江回施南府。林则徐 5 月 29 日抵京，举荐陈连升调任鄂西北保康营守备。

12 月，陈连升率部到任鄂西北保康营守备。

1823 年（清道光三年葵未）四十六岁

陈连升在保康营守备任上。

11 月底，查获陕西贝丘镖局押运的鸦片一万四千斤，下令悉数扣压于保康营。

12 月 6 日，领精兵百余人，绕道武当山北进入陕西地界，夜袭向保康营疯狂扑来的大毒枭隆天啸，诛杀隆天啸及五百死士。

12 月 11 日，在保康营西端挖土池，用石灰火矿灌水淹泡发酵之法，销毁扣压于保康营中的鸦片一万四千斤。

12 月 16 日，放贝丘镖局四十一人，马一百四十匹离开保康，西入陕西，留下向点娃在营中当兵。

1828 年（清道光八年戊子）五十一岁

陈连升奉命领精兵两千出保康营，升任广西左江镇都司军职，时年九月领精兵两千入驻广西左江镇。

1832 年（清道光十二年壬辰）五十五岁

陈连升奉命领精兵三千，离开广西左江镇，升任广东连阳营游击军职，时年八月入驻广东连阳营。

1834 年（清道光十四年甲午）五十七岁

陈连升在连阳营游击任上。

本年，英国输华鸦片增至两万一千余箱，导致巨额白银外流。

1837 年（清道光十七年丁酉）五十九岁

陈连升在广东连阳营游击任上。

2 月，获悉林则徐奉旨升擢湖广总督，陈连升欣喜，预感与林则徐相聚的日子近了。

1838 年（清道光十四年甲午）六十岁

6 月，鸿胪寺卿黄爵滋奏请厉禁鸦片，严塞漏洞。道光皇帝命名各将军督抚各抒已见，妥筹章程。

10 月，提升陈连升为广东增城营参将，正式进入禁烟前线，驻守官涌山。

11 月 30 日，林则徐受命为钦差大臣，节制广东水师，赴广东查办海口事件。林则徐抵达广东后，特地与陈连升会面。

1839 年（清道光十九年巳亥）六十一岁

6 月 3 日，陈连升带兵执行林则徐“虎门销烟”命令。

6 月 15 日，朝廷颁布《钦定严禁鸦片烟条例》三十九条。

7 月 7 日，英船水手在尖沙咀村纵酒闹事，欧死村民林维喜。陈连升闻讯大怒。

8 月 31 日，英驻华海军司令官士密率舰“窝拉疑”号和“海阿新”号回到尖沙咀后，见官涌山中国守军修筑工事，害怕遭受俯攻，屡次放出舢板，偷偷驶近山边，爬上坡来窥探虚实。陈连升令守备伍通标派兵截拿，打伤英人两名，夺枪一支，其余英兵滚岩逃走。

11 月 1 日，英国内阁会议决定发动侵华战争。

11 月 4 日夜里，英国武装商船一字形排列在海面，向官涌营盘猛烈炮击，陈连升率军居高临下，击退敌人数次进攻。

11 月 8 日，英船又发动进攻，大船一只从正面开炮，小船结队两边包抄，乘着潮水有百余人抢滩登陆，爬上山岗，开枪击伤清兵 2 人。陈连升令增城右卫营把总刘明辉率军截击，用大刀、木棍打伤英兵数十名。英兵见势丢盔弃甲，狼狈而散。

11 月 9 日，英船又至官涌稍东的胡椒角开炮试探。官涌守将陈连升令守军用大炮、抬炮一齐回击，英船落荒而逃。

12 月，道光皇帝下令断绝英国贸易，并示其罪状，宣布各国。

1840 年（清道光二十年庚子）六十二岁。

1 月 16 日，英国维多利亚女王在国会发表侵华演说，叫嚣中国禁烟使英国蒙受损失，触犯英王的尊严，明目张胆地鼓吹侵华战争。

2 月，英国政府正式任齐治·懿律和查理·义律为侵华的正副全权公使。

3 月，道光帝收到林则徐奏报，对陈连升指挥的“官涌大捷”大为赞赏，并按林则徐奏请颁旨，擢升增城营参将陈连升为三江协副将，赏二品顶戴花翎。

7 月，陈连升离开官涌山，调守沙角炮台。他带兵积极备战，把沙角炮台建成了一个坚固的阵地。新铸 6000 司马斤大炮尤为得力。

1841 年（清道光二十一年辛丑）六十三岁

1 月 6 日，在大军压境，镇守沙角炮台的三江协副将陈连升与镇守威远炮台的水师提督关天培联系中断，处于孤悬前沿阵地的境地。

1 月 7 日上午八时，英国侵略军发出进攻虎门海口第一道防线的信号。1500 人左右的英军在伯麦的率领下，分左右两路进攻。右路由“加略普”号、“海阿新”号、“拉尼”号、“皇后”号、“进取”号、“马达加斯加号”、“复仇”号 7 艘军舰组成，由荷伯特船长指挥，攻打沙角炮台。左路由“萨马兰”号、“都鲁壹”号、“摩底士底”号、“哥伦拜恩”号 4 艘军舰组成海上编队，由斯可特船长指挥，攻打大角炮台。

1 月 7 日九时许，英陆军少校伯拉特率陆战队 1400 人绕到沙角后背穿鼻湾抢滩登陆。

1 月 7 日十时许，大角炮台告急，陈连升令陈长鹏、向点娃领兵支援大角炮台，前往途中遭炮击，陈长鹏、向点娃坠海殉国。

在这样的危急关头，副将陈连升并未退却，而是没法召集被英军冲散的士兵，镇定地指挥战斗，多次打退敌人的进攻。紧接着前方英舰蜂拥而至，背后英军顺势扑来。陈连升率守军退入炮台阵地，由于沙角炮台与虎门各炮台之间的联系、接济被英军完全切断，处于孤立无援之境。英海陆军会合后，肆无忌惮地用排枪向炮台阵地扫射。陈连升身先士卒，英勇拒敌，不幸身中数弹用军刀支撑身子跪地，血流如注，英勇捐躯。黄骠马从扯旗山奔嘶而来，冲入敌阵，护住将军遗体。

陈举鹏见父亲陈连升英勇殉国，悲痛欲绝，面对穷凶极恶的英军，怒火万丈，挥刀奋力冲杀，杀死杀伤英军多名，虽身负重伤，血染战衣，仍勇战不止，最后壮烈牺牲。

下午5时，黄骠马被英军掳走，沙角炮台完全陷落敌手！英军攻占炮台后，以陈连升顽抗为由，准备用军刀砍杀他的遗体泄愤，被英军的陆军少校伯拉特制止。伯拉特大声吼道："陈连升乃是东方战神！不可侵犯他的尊严！"英军散开，炸毁了炮台，破坏了大炮。

经过近一天的血战，镇守沙角炮台的官兵全部壮烈牺牲。

3月16日，沙角炮台阵亡将士的尸骨由虎门当地民众自发挖坑掩埋，建"节兵义坟"于海岸扯旗山下。

后 记

作家是一种荣耀，作家更是一种责任。

记得还在邬阳关读中学的时候，就常常听到邬阳关的陈家人提到“陈家三父子”的事情，使我这个热血儿男心潮澎湃。可当时对有关“陈家三父子”的概念有些模糊，因为在邬阳关陈家的家族历史中有着一个惊人的巧合。鸦片战争中出现了陈连升三父子；二次国内革命战争时期又出现了陈连振三父子。

当“陈家三父子”的概念在我的头脑里渐渐清晰起来时，我才弄清楚了：陈连升是抗英的民族英雄，而陈连振则是革命英雄。陈连升出生在邬阳关陈家棚，是从木客儿到将军；陈连振出生在邬阳关板桥沟，则是从设神坛练神兵开始，继而组织农民自卫军，成立特科大队，最后被贺龙收编成为红三军的五路指挥。

我们儿时的那个年代，是一个崇尚英雄的年代。当我们从中国近代历史中，读到鸦片战争期间，陈连升父子血染沙角的历史片段时，我的心被强烈地震撼了：没有想到我们居然与中国近代史上第一位民族英雄陈连升同着故乡。

对英雄的追思与敬畏之心一直伴随我的成长，特别是从事文学创作的几十年间，总觉得要为民族英雄写点什么才是当作家的正道，也才对得起与民族英雄陈连升同着故乡的这份荣耀。

起初，准备写作陈连升的故事是2004年，也就是2000年加入湖北省作家的协会之后，总想找一个重大的题材进行创作。但写《陈连升传》太难了，因为现存的资料实在太少，几乎无从着手。为了找到陈连升青少年时代的点滴信息，向国平老先生几乎踏遍了邬阳关陈家棚的每一寸土地，找遍了每一座古墓的石碑，搜寻着珍贵的信息，并把《陈氏族谱》翻了个遍。而向国平老先生执着严谨的学术态度深深地打动了我。当向国平老先生将搜集到的这些信息和资料，毫不保留地交给我时，我感到这是前辈对我的信任与重托，是一位作家的责任传递，我当即在向老面前立下大誓：保证完成任务！

2015年3月27日（农历乙未年二月初八），我第一次飞往广东虎门，先后到威远炮台、晴远炮台、海战博物馆、鸦片战争博物馆、虎门销烟池遗址和沙角、大角炮台，以一个退役老兵的视角实地查勘之后，我的心肺被震撼被撕裂。我曾在海战博物馆第三展厅陈连升将军的铜像前情不自禁地大喊；我曾在沙角炮台的“节兵义坟”前悲痛欲绝，痛哭流涕。陈连升父子是我们邬阳关的人，也就是我们的亲人啊！

随后的一段日子，我几乎沿着陈连升将军的足迹重新走了一遍，从施南府到鄂西北保康营，到广西左江镇、去广东连阳营、增城营，上官涌山，踏浪穿鼻湾、磨刀洋……过中的艰辛与寂寞经常让我感到力不从心，多少回产生了放弃创作的念头，几乎没有足够的勇气继续写下去。

但是，再难有陈连升当年那么难吗？我渐渐地走进了陈连升将军的内心，走进了他的生活。在《陈连升传》的创作过程中，陈氏后裔陈永远、陈永国也付出了心血，提供了一些宝贵的资料。乙未年的三月十九，我与陈永超、陈宏父子举行了一个动笔前的隆重仪式。按照土家族的习俗用最高的礼仪，请道士先生为陈公连升写了灵牌，立在他家的故地，焚烧香纸，鸣放礼炮，讫求英雄魂归故里。

自那个日子开始，我进入石龙河谷，出金鸡口到桃符口，沿清江水道到达宜都。我常常坐在金鸡口、桃符口的河岸之上，望着起伏高耸的山影发愣……但水系的灵动，山道的崎岖与艰辛让我受到启迪，就仿佛听到了陈连升放簰的号子，开怀的笑声和悠扬的歌唱；看到了他那矫健的身姿，他的侠肝义胆给我传递着力量，这条河流在我的眼前活灵活现地展露出了当年的木客文化。我开始坚定地认为，陈连升并不是一生下来就成了英雄，而是邬阳关大山的磅礴气势和清江水系的惊涛骇浪造就出了这样一位英雄。

鹤峰邬阳关、金鸡口，是一个地标性的名称，山水相依的风景里蓄积着千古不朽的灵气，正是这种灵气浸润了英雄的心怀，才孕育出英雄无畏的胆气。这是一种精神，也正是这种精神激励着邬阳关出英雄、出精英。

弘扬连升精神，铸就邬阳自信。这是民族英雄陈连升牺牲176年之后，邬阳人提出的一个口号。“连升精神”的核心内容当是“自强不息，拼搏进取”。在这种精神的激励之下，涌现出了全国最美乡村教师邓丽，全国最美家庭朱永翠，全国模范司法所长罗才胜。这些精英的出现，正是“邬阳自信”的完美展现。

而更加可贵的是，现在英雄的家乡把“弘扬连升精神，铸就邬阳自信”的一句口号，变成了各行各业争先进位的号角，“自强不息、拼搏进取”基本成为邬阳人的行为准则。在这种精神的引领之下，邬阳关已成为这个伟大时代的闪亮光点。“三治融合”，“全域有机”，是邬阳乡开拓创新的标志，也是连升精神的传承与延续。

《陈连升传》一书的创作出版，经历了五年时间，得到了恩施州委宣传部、恩施州文学艺术界联合会的大力支持，原州文联副主席田苹同志为这部书的创作出版给予了有力的帮助。

《陈连升传》一书的创作，主要是在鹤峰邬阳乡完成。在采访写作的过程中，得到了中共鹤峰县委、鹤峰县人民政府，鹤峰县委组织部、宣传部、鹤峰县文化旅游局、鹤峰县民族宗教事务局的大力支持。县委书记王小平，副县长熊敏，县委组织部部长熊翔，县委宣传部副部长魏建平、向红艳，局长赵长生、庾云彰、张万华、余少莉等同志给予了倾情帮扶。得到了邬阳乡党委、政府的鼎力支持。乡党委书记汪娟同志；乡党委副书记、乡长刘迪成同志；乡人大主席徐斌同志；乡党委宣传委员龙明同志；多次深入作家的书斋送温暖、送关怀，及时解决创作过程中遇到的困难和问题，为这部书的采访写作倾注了心血。在《陈连升传》一书的创作过程中，还得到了社会各界人士的支持，特别是鹤峰县宝通旅游开发公司董事长熊家喜、湖北忠翔现代农业有限公司董事长贺德林、恩施州鹤峰古树茶族发展有限公司董事长李银、恩施诚耀广告公司董事长任忠诚、骑龙公司董事长郭国、金阳公司董事长朱永翠、邬阳民族中心学校教师唐先春、楚天视讯电视网络公司彭家国等同志给予了极大的帮助和支持。在此，对所有支持《陈连升传》创作出版的单位和个人，一并表示衷心的感谢！

尽管《陈连升传》已经是一部60多万字的大书，但仍然只是一个粗略的文本，很多地方都还没有展开细写，这既是给作家自己，也是给后来者留下了一个再创作的空间，为今后创作《陈连升大传》留有余地。

我们深入挖掘连升故事的工作仍然还在继续。同时，我们还在继续找寻陈展鹏和陈起鹏的去向与下落，力争再过一些年后，仍然用文学语言的方式，为读者解开《陈连升传》一书中留下的诸多悬念。当下，我们更应该做的是：传承连升精神，铸就民族自信，为中华民族的伟大复兴添砖加瓦，努力创造，做出每一个人应有的贡献。

在建国七十周年、建党一百周年的伟大时刻，谨以此书献给祖国七十华诞和伟大的中国共产党百岁生日；谨以此书献给为国家和民族解放事业做出贡献、献出宝贵生命的英雄们！

宋福祥

（2020年8月28日于恩施滨江花园）